Hontheim · Herzog-Kienast: Das TYPO3-Buch

open source
PRESS

Erwin Hontheim ▪ Andrea Herzog-Kienast

Das TYPO3-Buch

Schritt für Schritt zur professionellen Web-Präsenz

2. Auflage

Bibliografische Information Der Deutschen Nationalbibliothek

Die Deutsche Nationalbibliothek verzeichnet diese Publikation in der Deutschen Nationalbibliografie; detaillierte bibliografische Daten sind im Internet über http://dnb.d-nb.de abrufbar.

Gesamtlektorat: Dr. Markus Wirtz
Lektorat: Franz Mayer
Satz: Open Source Press (LaTeX)
Umschlaggestaltung: Olga Saborov, Open Source Press
Gesamtherstellung: Kösel, Krugzell

ISBN 978-3-941841-27-7 http://www.opensourcepress.de

Vorwort von Jochen Weiland

TYPO3 hat sich in den letzten Jahren fest auf dem Markt der Content-Management-Systeme etabliert. Mit seinem Funktionsumfang und seiner Flexibilität bietet es eine echte Alternative zu kommerziellen Lösungen. Beim Einsatz von TYPO3 wird man nur selten an Grenzen stoßen – fast alles ist möglich.

Durch seine Leistungsfähigkeit ist TYPO3 jedoch auch komplex: Viele Neueinsteiger brechen nach einiger Zeit wieder ab, wenn sich der Erfolg nicht einstellt. Dabei lohnt es sich durchaus, sich in das System gründlich einzuarbeiten. Wer durchhält hat ein Werkzeug zur Realisierung professioneller Webseiten an der Hand, das kaum Wünsche offen lässt.

Als TYPO3 auf den Markt kam, hatten es Anwender noch ungleich schwerer. Brauchbare Dokumentation war nur spärlich vorhanden und vieles musste nach dem Prinzip „Trial and Error" ausprobiert werden. Trotzdem verbreitete sich TYPO3 immer weiter, und 2004 erschien – übrigens im selben Verlag – das erste deutschsprachige Buch zur Software.

Inzwischen sind viele Bücher und Videoanleitungen zu TYPO3 auf dem Markt, doch noch immer steht ein Neueinsteiger vor der Frage: Wo soll ich anfangen? Gefragt sind hier vor allem praxisnahe Anleitungen.

Dem vorliegenden Buch von Andrea Herzog-Kienast und Erwin Hontheim gelingt der Spagat zwischen ausführlicher Vermittlung des erforderlichen Wissens und praxisnaher Anwendbarkeit.

Mit einem Umfang von knapp 700 Seiten wird es dem Leser zwar nicht gelingen, ein komplettes Projekt innerhalb eines langen Wochenendes zu realisieren. Aber dieses Buch bietet einen soliden Leitfaden für die Umsetzung eines umfangreichen Internetauftritts mit vielen sinnvollen und oft benötigten Funktionen. Viele Fragen, Stolperfallen und Probleme, die bei einer komplexen Installation aufgeworfen werden, sind hier angesprochen, Lösungen wurden erarbeitet.

Die einfach nachvollziehbaren Anleitungen sowie die Erläuterungen zu allen Eingabefeldern und Optionen machen es auch einem Einsteiger leicht, sich in dem komplexen System zurechtzufinden.

Die beiden Autoren tragen durch dieses gelungene Buch sicher dazu bei, den Kreis der begeisterten TYPO3-Nutzer zu erweitern!

Inhaltsverzeichnis

Einführung

Dieses Buch bietet einen praxisorientierten Einstieg in die Welt von TYPO3. Ausgehend von den uns immer wieder begegnenden – und meist sehr ähnlichen – Problemen vieler TYPO3-Neulinge beim *konkreten* Einstieg in die Arbeit mit dem System, beschreiben wir hier den soliden Aufbau einer Internetpräsenz: Installation und Sicherung der TYPO3-Instanz, Template-Erstellung, Design und den schrittweisen Ausbau durch den Einsatz häufig genutzter TYPO3-Erweiterungen, der sog. *Extensions.* Das Redaktionssystem, Workflows und Benutzerrechte, Mehrsprachigkeit und andere Themen behandeln wir ebenfalls. Vorausgesetzt werden zum einen Kenntnisse in HTML und CSS, die allerdings nicht tiefgehend sein müssen. Zum anderen werden mindestens Grundkenntnisse im administrativen Umgang mit Linux- oder Unix-Systemen benötigt. In diesem Buch gehen wir nicht auf die Installation auf einem Server mit dem Betriebssystem Windows ein, da TYPO3 und die verwendeten Werkzeuge für Linux-Systeme optimiert sind.

Unser Ziel ist es, Ihnen mit diesem einen Buch den Aufbau eines ersten produktiven Webauftritts auf der Basis von TYPO3 zu ermöglichen. Dieser pragmatische Ansatz bedeutet zugleich den Verzicht auf theoretische Grundlagen zur Programmierung, zum internen Aufbau des TYPO3-Systems oder gar zum PHP-Quellcode – zu all diesen Spezialthemen haben freie Dokumentationsprojekte wie auch der Buchmarkt bereits einiges zu bieten.

Durch die unmittelbare Nachvollziehbarkeit der einzelnen, stets aufeinander aufbauenden Arbeitsschritte gewinnen Sie rasch Sicherheit im Umgang mit dem komplexen System und entwickeln zugleich ein Gespür für dessen Tücken. Eben dies wird Sie in die Lage versetzen, bei Bedarf die für Ihren Arbeitsbereich als Redakteur, Administrator oder Programmierer wichtigen Themen durch Speziallektüre zu vertiefen. So verfolgt das in diesem Buch – insbesondere bei der Integration wichtiger Erweiterungen – simpel scheinende „Nachmachen“ oder gar „Abschreiben“ fertiger Lösungen zwei Absichten: Sie erhalten rasch ein lauffähiges Ergebnis, und Sie lernen die typische Arbeitsweise auch von TYPO3-Spezialisten kennen, die darin besteht, gute Lösungen zu finden, zu übernehmen und an die eigenen Bedürfnisse anzupassen – denn all dies setzt vor allem eines voraus: Erfahrung. Das Ideal auch im Sinne der Open-Source-Entwicklung wäre dann erreicht, wenn Sie Ihre neuen Lösungen zuletzt wieder der Allgemeinheit zur Verfügung stellen – aber so weit können wir in diesem Buch für Einsteiger nicht gehen.

Um all dies zu erreichen, sind wir folgendermaßen vorgegangen: Unser fiktiver Kunde, der Sportverein „TUS Easi 1970", hat seine Wünsche an eine Internetpräsenz formuliert, und unser ebenso fiktives Projektteam hat die Umsetzung Schritt für Schritt ausgearbeitet und dokumentiert.

Damit das Projekt und die Ausführungen in diesem Buch nicht am wirklichen Leben vorbeigehen, haben wir als gute Agentur zwei TYPO3-Neulingen ein (buch-)begleitendes Praktikum verordnet. Jeder einzelne Schritt, beginnend mit einer lokalen Installation wie auch der auf einem Webserver, wurde von den beiden nachvollzogen, um den Praxisbezug und die Richtigkeit der Anweisungen zu gewährleisten. Beide hatten bis zu diesem Zeitpunkt lediglich grundlegende Erfahrungen als TYPO3-Redakteure und auch nur einfache Kenntnisse in HTML und CSS.

Das Projektteam des Sportvereins „TUS Easi 1970" beginnt umgehend mit der Installation und Sicherung auf einem Webserver, bevor es HTML-Vorlagen, Templates und die Seitenstruktur aufbaut sowie verschiedene Menüs erstellt. Es folgen Formulare und Seiteninhalte. Im nächsten Schritt legt es verschiedene Benutzer(gruppen) an und stattet diese mit unterschiedlichen Rechten aus, so dass sie sich gezielt an Aufbau und Pflege des Webauftritts beteiligen können. Schließlich verfügt unser Sportverein über einige Redakteure, für die ein Workflow nach dem Vier-Augen-Prinzip eingerichtet wird. Dieser grundlegende erste Teil des Buches beschreibt sowohl das klassische Vorgehen über Subparts und Marker wie auch den Einsatz von TemplaVoilà. Die Kapitel und Unterkapitel sind mit Icons markiert, je nachdem, ob sie das klassische Vorgehen (TS), TemplaVoilà (TV) oder beides (TS+TV) behandeln.

Der zweite Teil beschäftigt sich mit zahlreichen TYPO3-Erweiterungsmodulen, den Extensions. Als Beispiele seien hier das Nachrichtensystem, der Editor, die Erstellung von Newslettern, der Kalender, die Anmeldung und Registrierung von Besuchern und eine Bildergalerie genannt.

Die Webseiten, die im Rahmen dieses Projekts entstanden sind, finden Sie unter `http://www.tus-easi1970.de`. Unseren Lesern stellen wir das Bildmaterial, die HTML-Templates sowie die CSS-Dateien zum Aufbau dieser Webpräsenz zum Download zur Verfügung. Die Dateien finden Sie auf der Webseite `http://dasbuch.tus-easi1970.de`, jeweils nach Kapiteln getrennt. Bitte beachten Sie, dass zum Zeitpunkt der Erstellung und des Tests dieses Buches andere Versionen von TYPO3 und den verwendeten Erweiterungen zur Verfügung standen als zu dem Zeitpunkt, an dem Sie dieses Buch lesen. Änderungen in der Funktion und der Darstellung (dazu gehören auch aktualisierte Sprachdateien), von Erweiterungen und/oder auch

TYPO3 sind nicht auszuschließen. So lange Sie sich innerhalb einer Version bewegen, z. B. TYPO3 4.5.0 zu TYPO3 4.5.1, ist davon auszugehen, dass es sich bei diesen Änderungen im Wesentlichen um Bugfixes handelt. Dennoch kann es gerade durch korrigierte Sprachdateien zu Abweichungen zwischen der Darstellung im Buch und dem Backend Ihrer frisch installierten Webseite kommen.

Die ursprüngliche Idee, auch die Sicherungen der Datenbank und der Webseite zu jedem Kapitel einschließlich des verwendeten TYPO3-Quellcodes zur Verfügung zu stellen, musste aufgegeben werden. Wesentlicher Grund dafür ist, dass die Webseite beginnend mit der TYPO3-Version 4.5.0 aufgebaut wurde, während sich TYPO3 insbesondere auf Grund von Sicherheitsupdates bis Ende 2011 bereits bis zur Version 4.5.10 entwickelt hat. Wir hielten es nicht für angebracht, alte und vor allem nicht sichere Versionen zur Verfügung zu stellen.

Ausführbare Dateien und/oder Installationsdateien für *ImageMagick* bzw. *GraphicsMagick* sowie Werkzeuge wie z. B. *pdftohtml* können wir nur eingeschränkt zur Verfügung stellen. Hintergrund ist, dass diese Werkzeuge, angepasst auf Ihren Webserver/Webspace, überwiegend bereits von Ihrem Internetprovider zur Verfügung gestellt werden, so dass hier kein Bedarf besteht. Sollte dies nicht der Fall sein, müssen Sie die Werkzeuge auf Ihrem Webserver/Webspace selbst als lauffähige Versionen erstellen. Dazu müssen Sie sich die aktuell gültigen Werkzeuge samt Installationsanleitung passend für Ihr Betriebssystem im Internet besorgen.

Auf der Download-Seite `http://dasbuch.tus-easi1970.de` stellen wir auch Hinweise und Korrekturen zur Verfügung. Die Hinweise können der Verdeutlichung von Sachverhalten dienen und/oder auch um weitere Codebeispiele zu liefern, die angefragt wurden und die wir für sinnvoll und hilfreich erachten. Trotz aller Sorgfalt und obwohl wir das Buch mehrfach Kapitel für Kapitel durchgespielt haben, können Korrekturen erforderlich werden. Aus diesem Grund haben wir uns auch gegen eine Buch-CD entschieden, denn über die Download-Seite können wir Ihnen immer das aktuelle Material zur Verfügung stellen. Bitte schauen Sie also immer zuerst auf der Download-Seite nach.

Und noch ein Hinweis: Webseiten ändern sich – manche häufig, andere eher selten. So ist zur Drucklegung des Buches der Verweis zur Supportseite eines Werkzeugs wie beispielsweise *PuTTY* noch korrekt, nach einiger Zeit aber möglicherweise veraltet. Oder die Version der Software ist geändert, womit sich auch der Verweis ändert. Wir weisen auf unserer Download-Seite auf solche Änderungen hin, gerne auch mit Ihrer Unterstützung.

Die Webseite ist für den Firefox in der zur Drucklegung aktuellen Version optimiert. Die Webseite ist ansehnlich, wird aber keinen Design-Preis erhalten – sie ist eine Arbeitsgrundlage, mit der Sie nach der Arbeit mit diesem Buch nach Ihren Vorstellungen verfahren können und sollen!

Natürlich interessiert es uns sehr, wie Sie mit Hilfe unseres Buches auf die „Herausforderung TYPO3" vorbereitet waren; Ihre Verbesserungsvorschläge werden wir in einer künftigen Neuauflage gern berücksichtigen – schreiben Sie uns:

`feedback@tus-easi1970.de`

Besonders freuen wir uns über URLs von Webseiten, die auf der Grundlage unserer Beschreibungen entstanden sind. Ihre Zustimmung vorausgesetzt, listen wir diese auch gerne auf der buchbegleitenden Webseite, so dass sich aus dem parallelen Nebeneinander möglicherweise ein Miteinander bei weiteren Fragestellungen zur Arbeit mit TYPO3 ergibt.

Danksagungen

Wir danken allen, die dieses Buch erst möglich gemacht haben. Unseren Familien (Jörg, Jana, Judith) für die entgangene Zeit und ihre moralische und kulinarische Unterstützung. Danke an alle, die TYPO3 mit ihrer Arbeit voranbringen: allen Entwicklern und Extension-Programmierern. Besonders Mario Matzulla für die Unterstützung beim Calendar Base, Franz Holzinger für die Mehrsprachigkeit des Forums tt_board, Ivan Kartolo für seine Unterstützung für Direct Mail, Patrick Lobacher für geduldiges Korrekturlesen beim RTE; Matthias Stübner gilt Dank für das Korrekturlesen, Michael Roth und Michael Jansen für die Anregungen bei der Suchmaschinenoptimierung, Daniel Zielinski vom L10N Manager Team für eben dieses, Riona Kuthe für das neue Layout des „TUS Easi 1970", Sepp Kessler für die Radsport- und Skibilder sowie das Video, Jürgen Altenhofen für die Bilder der Schwimm-WM 2004, Jana Kienast für die Baseballfotos (und natürlich Dank den Solingen Alligators) und unseren „Vollblut-Testern" Michael und Gerd für die Beispielinstallationen. Und last, but not least, Dr. Markus Wirtz von Open Source Press.

Andrea Herzog-Kienast und Erwin Hontheim Januar 2012

Kapitel

1

Pflichtenheft zum Projekt

Auf seiner Jahreshauptversammlung hat der Sportverein „TUS Easi 1970" beschlossen, eine Agentur mit dem Aufbau einer neuen Internetpräsenz zu beauftragen. Die Mitglieder waren zuvor zu den Ansprüchen an einen Webauftritt des Vereins befragt worden; auf deren Grundlage entstand ein Pflichtenheft, das von der Agentur stichpunktartig um die geplanten Arbeitsschritte ergänzt wurde.

1. Modernes, leicht zu pflegendes System, das sich über das Web „von überall" bearbeiten lässt.

   - TYPO3 Version 4.5.x

2. Ein-, zwei- oder dreispaltiges Layout, optimiert für 1024×768 Pixel. Der Code sollte tabellenfrei und so weit wie möglich und sinnvoll auch W3-konform sein. Als Menüs werden gefordert: Ein horizontales Menü für spezielle Menüpunkte (Kontakt, Impressum etc.), ein linkes Hauptmenü mit 2 Untermenüebenen sowie ein Klickpfadmenü (*Breadcrumb*).

- Standardlayout ein- oder zweispaltig
- FCEs für mehrspaltiges Layout
- HTML-Vorlagen
- CSS (Basis-CSS und CSS-Dateien für Menüs, `tt_news` etc.)
- Varianten für das linke Menü (Listenzeichen, Untermenüs mit Pluszeichen oder speziellen Icons kennzeichnen o. Ä.)

3. Vorbereitung für Mehrsprachigkeit; Inhalte sollen in mindestens einer weiteren Sprache neben Deutsch abrufbar sein.

   - Standardsprache Deutsch, Zusatzsprache Englisch
   - Wechsel der Sprache über die Erweiterung `sr_language_menu` mit Flaggen/Text

4. Aktuelle Informationen für Gäste, Mitglieder oder Presse sollen über ein Nachrichtensystem auf der Webseite wie auch Benachrichtigungsmails verbreitet werden. Die Anzeige/Verteilung der Nachrichten erfolgt pro Abteilung oder für den gesamten Verein. Besucher können sich für Newsletter an-/abmelden:

   - Newsmodul (`tt_news`)
   - Newsletter (`direct_mail`)
   - Benutzerregistrierung (`fe_user_register`)

5. Um den Internetauftritt zu finanzieren, wurden Sponsoren geworben, denen im Internetauftritt Werbefläche eingeräumt werden soll.

   - nach dem Zufallsprinzip wechselnde Anzeige von Sponsorenlogos mit Link zu deren Website (`tt_news`)

6. Angaben zu Vereinsmitgliedern sollen entsprechend ihrer Funktion/Mannschaft erscheinen (Mitgliederliste, Vorstand, Mannschaftsaufstellungen etc.). Vereinsinterne Kontakte dürfen nur für angemeldete Vereinsmitglieder sichtbar sein.

   - Benutzerregistrierung (`fe_user_register`)
   - Adressverwaltung (`tt_address`)

7. Die inhaltliche Pflege des Internetauftritts erfolgt durch mehrere Redakteure. Die Beiträge noch unerfahrener Redakteure müssen von „Chefredakteuren“ geprüft und freigegeben werden.

   - Arbeitsumgebungen (`workspaces`)
   - abgestufte Berechtigungen (`be_acl`)

8. Dokumente wie die Vereinssatzung, Anmeldeformulare etc. können die Besucher einsehen/herunterladen. Formulare sind einschließlich der Plausibilitätsprüfung von Eingaben zu integrieren.

   - Formulare
   - Download-Links

9. Der Verein hat viele eigenständige Abteilungen, was einen komplexen Aufbau der Webseite erfordert; Besucher sollen aber die relevanten Informationen/Seiten schnell finden; eine Suchfunktion ist notwendig, die auch die Suche in bereitgestellten Dokumenten einschließt.

   - `macina_searchbox`
   - `indexed_search`

10. Datenbank und Dateien müssen täglich gesichert werden und wiederherstellbar sein.

    - Cronjob zur automatischen Sicherung

11. Häufige Fragen an den Verein sollen in Manier der bekannten „Frequently Asked Questions“ (FAQ) beantwortet werden.

    - `irfaq`

12. Ein gegen Spam abgesichertes Gästebuch; allgemein sollen E-Mail-Adressen verschlüsselt und Seiten mit Eingabemöglichkeiten (Forum, Gästebuch) mit einer zusätzlichen Prüfung versehen werden.

    - Gästebuch (`ve_guestbook`)
    - Captcha (`sr_freecap` und `captcha`)

13. Der Vereinsvorstand möchte wichtige Informationen, Sitzungsprotokolle etc. bereitstellen. Diese sollen nur angemeldeten Mitgliedern zur Verfügung stehen. Je nach Abteilung oder Funktion im Verein sind verschiedene Zugriffsberechtigungen möglich.

    - Frontendbenutzer/-benutzergruppen
    - Zugriffsberechtigungen

14. Die Abteilungen führen einen Kalender; alle Termine sind in verschiedenen Ansichten abrufbar. Der Kalender enthält Einzeltermine ebenso wie Serientermine (z. B. Trainings). Mitglieder und Gäste können Termine abonnieren und werden über Änderungen informiert.

    - Kalender (`cal`)

15. Jede Abteilung möchte den Seitenkopf mit eigenen Bildern füllen. Das Layout muss entsprechend variabel sein.

    - Media mit mehreren Bildern

16. Bildergalerien sollen einfach zu pflegen sein und Besucher durch ansprechende Funktionalität zum Betrachten animieren.

    - Bildergalerie (`perfectlightbox`)

17. Der Erfolg der Webseite soll über eine Zugriffsstatistik überprüfbar sein. Zugriffe der Besucher sollen protokolliert werden.

    - Statistik (`cc_awstats`)

18. Informationen für Mitglieder und Journalisten sollen direkt aus der Webseite heraus erstellt und als Newsletter an alle Abonnenten verschickt bzw. zum Download bereitgestellt werden.

    - Newsletter (`direct_mail`)
    - Frontendbenutzerregistrierung (`sr_feuser_register`)

19. Das Backend muss für Administration und Redaktion einfach bedienbar sein. Soweit Extensions bei der Arbeit helfen, sind diese zu integrieren.

    - Editorerweiterung (`rtehtmlarea`)
    - Datei-Explorer (`t3quixplorer`)

20. Filme von den sportlichen Aktivitäten sollen abrufbar sein.

    - Videos und Bilder (`rgmediaimages`)

Kapitel

2

Installation des Basissystems

TS + TV

Um TYPO3, wie im Folgenden beschrieben, auf einem Webserver zu installieren, muss der vom Internetprovider zur Verfügung gestellte Server/Webspace – aber natürlich auch ein lokaler Testrechner – einige Voraussetzungen erfüllen. Diese sind nicht TYPO3-spezifisch, sondern betreffen die allgemeine Administration eines solchen Rechners ebenso wie die Webserver-Funktionalität, weshalb wir sie hier nicht im Detail behandeln.

Wir setzen hier bewusst *nicht* auf die Pakete der Linux-Distributionen, sondern greifen direkt auf die Quellpakete von TYPO3 zurück, um einerseits das Zusammenspiel der einzelnen Komponenten deutlich zu machen, aber auch aus rein praktischen Erwägungen, denn auf diese Weise ist Ihr System aktueller und bei Updates deutlich unabhängiger.

Die folgende Installationsbeschreibung gilt sowohl für lokale Linux-Systeme (also den Zugriff auf `http://localhost`) wie auch Ihren (vermutlich gemieteten) Webserver, wo Sie dann jedoch eine angemeldete und von Ihrem Provider eingerichtete Domäne und den entsprechenden Zugang per FTP (*File Transfer Protocol*) und idealerweise auch SSH (*Secure Shell*) benötigen.

Die Voraussetzungen auf Ihrem nun entstehenden TYPO3-Server sind also ganz allgemein folgende:

- ein laufender Webserver (meist Apache)
- PHP 5.x
- MySQL 5.x
- ein Einrichtungswerkzeug wie Confixx oder entsprechende Zugangs- und Administrationsmöglichkeiten (FTP/SSH)
- ggf. ein Werkzeug zur Einrichtung von Cronjobs

Ob all dies gewährleistet ist, werden wir im Rahmen der folgenden Vorbereitungen herausfinden.

Die Arbeit auf Ihrem lokalen Rechner bzw. die Verwaltung des Webservers sollten Sie sich möglichst komfortabel gestalten. Empfehlungen sind hier allerdings schwierig, denn diese hängen einerseits vom Betriebssystem, andererseits – gerade bei Linux-Nutzern – von den persönlichen Vorlieben („Kommandozeile oder GUI") und nicht zuletzt von Ihren Zugangsrechten ab. Mindestens benötigen Sie jedoch einen FTP-Client (wie z. B. SmartFTP[1] für Windows) und ein Werkzeug zum (Ent)Packen von Dateien im ZIP- und TAR-Format. Falls Sie über einen SSH-Zugang zu Ihrem Server verfügen, sind darüber hinaus PuTTY[2] und WinSCP[3] praktische Windows-Tools, um „remote" auf dem Server zu arbeiten.

Da Sie jedoch dieses Kapitel lesen und somit offenbar selbst installieren und administrieren möchten, gehen wir davon aus, dass Ihnen die dafür üblichen Tools auch zur Verfügung stehen. Die Webserver der meisten Hoster laufen unter einem Unix-artigen Betriebssystem (meist Linux), und so ist Erfahrung mit den wichtigsten Befehlen zur Navigation im Verzeichnisbaum (`cd, dir, pwd,...`) und zu dessen (grundlegender) Manipulation (`cp, mv,...`) von Vorteil. Im Zweifelsfall hilft ein

```
$ <befehl> --help
```

bei ersten Zweifeln und Problemen, denn die systemeigene Dokumentation unter Unix/Linux ist sehr umfangreich.

Eines sollten Sie bei der Installation unbedingt mitbringen: Geduld! Die einzelnen Schritte sind nicht allzu komplex, müssen aber nacheinander und sorgfältig ausgeführt werden. Es kann je nach Version und Betriebssystem zu Fehlern kommen, von denen wir die bekanntesten ansprechen und

1 `http://www.smartftp.com/`
2 `http://www.heise.de/software/download/putty_portable/48885`
3 `http://winscp.net/eng/docs/lang:de`

deren Lösung beschreiben werden. Keinesfalls sollten Sie trotz vermeintlich „kleiner" Installations- oder Konfigurationsprobleme mit der Arbeit im TYPO3-System beginnen, da diese Fehler irgendwann und irgendwo ihre Wirkung zeigen und sich dann nur noch mit sehr viel Aufwand finden und beheben lassen.

Die folgenden Schritte zum Aufbau eines TYPO3-Basissystems haben wir also nun vor uns:

- die notwendigen TYPO3-Pakete herunterladen und entpacken
- Verzeichnisse und sog. Symbolic Links anlegen
- Zugriffsrechte für Verzeichnisse und Dateien anpassen
- ImageMagick herunterladen und in die TYPO3-Installation integrieren
- Installation für PHP 5 einstellen
- TYPO3 selbst installieren
- Erweiterungen installieren
- das Backend grundsätzlich einrichten
- Sicherungen einrichten und wiederherstellen
- Sicherungen mittels Cronjob automatisieren

2.1 Die TYPO3-Pakete

Die beiden aktuellen, für Ihre Neuinstallation erforderlichen Softwarepakete finden Sie auf der TYPO3-Webseite:[4]

Introduction Package
: eine voll funktionsfähige vorbereitete Installation für ein schnelles Ausprobieren. Dieses Package werden wir nicht verwenden.

Source
: nur der TYPO3 Quellcode.

Blank Package
: Quellcode und Grundgerüst an Ordnern und Dateien für eine Webseite. Dieses Package verwenden wir für die Installation einer neuen Seite.

[4] `http://typo3.org/download/packages/` – beachten Sie bitte, dass zum Zeitpunkt Ihrer Installation die Packages vermutlich bereits mit höherer Versionsnummer vorliegen.

Abbildung 2.1: Download-Seite von TYPO3

	TYPO3 4.5 LTS	TYPO3 4.4	TYPO3 4.3	TYPO3 4.2
Status	stable	old stable	deprecated	obsolete
Release date	2011-01-26	2010-06-22	2009-11-30	2008-04-23
Latest	4.5.3 (2011-05-24)	4.4.8 (2011-05-24)	4.3.11 (2011-02-23)	4.2.17 (2010-12-28)
PHP version	5.2.x-5.3.x	5.2.x-5.3.x	5.2.x-5.3.x	5.2.x
MySQL version	5.0.x-5.1.x	5.0.x-5.1.x	5.0.x-5.1.x	4.0.x-5.1.x
End of maintenance	2014-04	2012-04	2011-10	2011-01
How to upgrade	Upgrade instructions Release notes	Upgrade instructions Release notes	Upgrade instructions Release notes	Upgrade instructions Release notes
Installation	Instructions	Instructions	Instructions	Instructions
GIT repository	GIT location	GIT location	GIT location	GIT location
Download	Introduction Package [tar.gz] [zip] Source [tar.gz] [zip] Blank Package [tar.gz] [zip]	Source [tar.gz] [zip] Blank Package [tar.gz] [zip]	Source [tar.gz] [zip] Source + Dummy [zip] Dummy [tar.gz] [zip]	Source [tar.gz] [zip] Source + Dummy [zip] Dummy [tar.gz] [zip]

Das Paket **Source** enthält das eigentliche CMS, den Quellcode von TYPO3. Es ist möglich und sinnvoll, diese einmal installierte Quelle bei Bedarf für verschiedene Webauftritte zu verwenden, d. h. mehrere Webseiten können sich *eine* Installation des Grundsystems teilen. Das hat unter anderem den Vorteil, dass bei einem Upgrade das TYPO3-System nur einmal angepasst werden muss. Wie Sie den Quellcode mehrfach nutzen, beschreibt der Abschnitt 2.1.4 über Symbolic Links.

Die grundlegende Verzeichnisstruktur für jede Website ist bereits in dem Paket **Blank Package** hinterlegt. Es handelt sich hierbei im Wesentlichen um Verzeichnisse wie `fileadmin` oder `uploads` sowie um wichtige Dateien wie z. B. `_.htaccess` und `localconf.php`. Zudem enthält das Package Hinweisdateien wie `Readme.txt` etc.

2.1.1 Packages auf den Server bringen

Das Paket **Blank Package** ist also nun auf Ihrem Server bzw. Ihrem Webspace zu installieren, auf den Sie, wie bereits beschrieben, Zugriff mit entsprechenden Berechtigungen benötigen. Da hier unmöglich alle Varianten und Administrationswerkzeuge beschrieben werden können, beschränken wir uns auf die Arbeit mit der Kommandozeile oder *einfache* grafische Tools.

Die Nutzung kleiner, spezialisierter Tools bietet – neben dem geringeren Ressourcenverbrauch – den Vorteil, dass Sie stets den Überblick über die einzelnen Arbeitsschritte behalten und Fehlermeldungen meist aussagekräftiger sind. Für komplexe Anwendungen wie beispielsweise das erwähnte Confixx empfiehlt es sich, die Dokumentation Ihres Providers oder des Herstellers hinzuzuziehen. Da sich die Installation ausschließlich über FTP von der via SSH in einigen Punkten deutlich unterscheidet, beschreiben wir beide Verfahren separat (ab Seite 33 bzw. 36).

Wichtige Unix-Kommandos

Gerade Windows-Nutzer, die auch mit einem Windows-PC auf den vom Provider bereitgestellten Server/Webspace zugreifen, müssen sich zunächst an verschiedene Konventionen gewöhnen, wozu beispielsweise die konsequente Unterscheidung von Groß- und Kleinschreibung gehört: Datei.txt und datei.txt sind also verschiedene Dateien. Wenn Sie bei Ihren Arbeiten auf dem Server eine Fehlermeldung wie Datei oder Verzeichnis nicht gefunden bzw. No such file or directory erhalten, so ist häufig ein Tippfehler bei der Groß-/Kleinschreibung die Ursache.

Darüber hinaus sind es die (sehr!) vielen kleinen Spezialbefehle auf der Kommandozeile, die einen Windows-Nutzer anfänglich verwirren können; aber – und das ist die gute Nachricht: Sie benötigen diese Befehle nur im Rahmen der Installation und dann auch nur eine kleine Auswahl, die wir hier kurz zusammengestellt haben:

pwd
: (*print working directory*) nennt das aktuelle Verzeichnis

dir
: listet alle Dateien und Verzeichnisse im aktuellen Verzeichnis auf

cd <verzeichnis>
: (*change directory*) wechselt in das angegebene <verzeichnis>

cd ..
: wechselt auf die nächsthöhere Verzeichnisebene (achten Sie auf das Leerzeichen zwischen cd und ..)

mv <dateialt> <dateineu>
: (*move*) benennt <dateialt> in <dateineu> um

mv <dateialt> <verzeichnis>/<dateialt>
: (*move*) verschiebt <dateialt> in das <verzeichnis>

cp <quelle> <ziel>
: (*copy*) kopiert <quelle> nach <ziel>

rm <datei>
: (*remove*) löscht <datei> (*ohne* weitere Rückfrage!)

rmdir <verzeichnis>
: (*remove directory*) löscht (leeres!) <verzeichnis>

rm -r <verzeichnis>
: (*remove directory -recursively*) löscht <verzeichnis> samt Inhalt (einschließlich Unterverzeichnissen)

mkdir <verzeichnis>
: (*make directory*) legt <verzeichnis> an

exit
: verlässt die Shell und beendet die SSH-Verbindung zum Server

ln <name> <alias>
: legt einen (harten) Link für <name> unter <alias> an

ln -s <name> <alias>
: legt einen symbolischen Link für <name> unter <alias> an

chmod <modus> <datei>
: (*change mode*) ändert die Zugriffsrechte für <datei> gemäß <modus>

crontab
: bearbeitet die Crontab, also die Tabelle mit Befehlen, die vom System regelmäßig zu einem bestimmten Zeitpunkt ausgeführt werden sollen

date
: zeigt Systemdatum und -zeit an und bietet die Möglichkeit, diese zu verändern

vi
: ein umfangreicher, in der Bedienung jedoch sehr gewöhnungsbedürftiger Editor, den wir hier nicht beschreiben können, der aber auf allen Linux-Systemen zur Verfügung steht

tar <datei>
: (ent)packt eine TAR-Datei

unzip <datei>
: dekomprimiert ein Archiv (kompatibel zu PKZip auf MS-DOS/Windows-Rechnern)

gunzip <datei>
: entpackt .gz- und .z-komprimierte Dateien

`wget <weblink>`
: (*web get*) kopiert Dateien aus dem Internet auf das lokale System

Für einen genaueren Blick auf Syntax und Funktion der Befehle bieten die meisten von ihnen eine umfangreiche Erklärung über die Option **`--help`**, also beispielsweise:

```
$ cp --help
Aufruf: cp [OPTION]... [-T] QUELLE ZIEL
 oder:  cp [OPTION]... QUELLE... VERZEICHNIS
 oder:  cp [OPTION]... -t VERZEICHNIS QUELLE...
Kopieren von QUELLE nach ZIEL, oder mehrere QUELLE(n) in VERZEICHNIS

Erforderliche Argumente für lange Optionen sind auch für kurze
erforderlich.
  -a, --archive              genau wie -dpR
      --backup[=KONTROLLE]   eine Sicherung existierender Zieldateien
                             erzeugen
  -b                         wie --backup, akzeptiert aber kein Argument
      --copy-contents        wenn rekursiv, Inhalt von Spezialdateien
                             kopieren
[...]
```

Zugang über SSH

Stellen Sie nun – sofern vom Provider zur Verfügung gestellt – eine SSH-Verbindung zu Ihrem Server her. Hier am Beispiel von PuTTY, in dem Sie Ihren Hostnamen angeben.

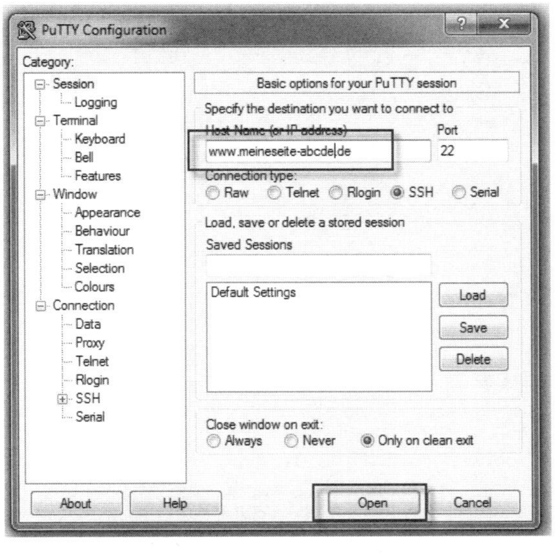

Abbildung 2.2: Hostnamen angeben

Geben Sie anschließend Benutzernamen und Passwort ein.

Abbildung 2.3: Benutzer-Id und Passwort angeben

Legen Sie im Verzeichnis, das die sog. `htdocs` enthält (also die HTML- und PHP-Dateien, die vom Webserver ausgeliefert werden[5]), das Verzeichnis `TYPO3CMS` an und wechseln Sie hinein:

```
$ cd /<pfad>/<zu>/<webverzeichnis>
<pfad>/<zu>/<webverzeichnis># mkdir TYPO3CMS
<pfad>/<zu>/<webverzeichnis># cd TYPO3CMS
<pfad>/<zu>/<webverzeichnis>/TYPO3CMS#
```

Nun geht es darum, das TYPO3-Paket auf den Server zu kopieren: Liegt das Paket bereits lokal auf Ihrem Rechner, können Sie dieses per FTP oder SCP übertragen; einfacher ist es jedoch, es von der TYPO3-Website direkt auf den Server zu holen. Wir gehen davon aus, dass der Server/Provider dieses Verfahren zulässt (Firewall etc.), und nutzen dazu den Befehl `wget`.

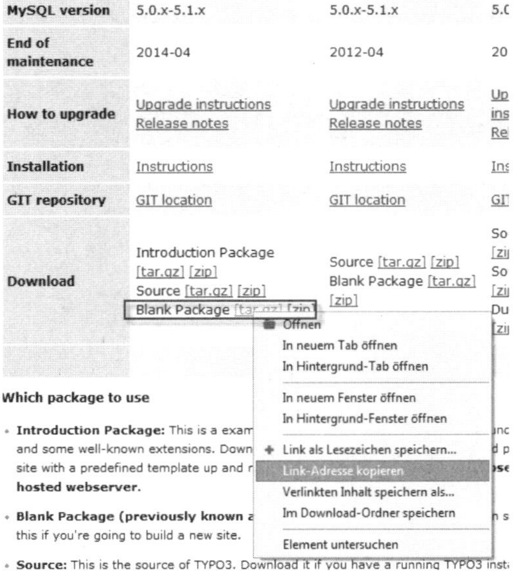

Abbildung 2.4: Link-Adresse kopieren

5 Auf gängigen Linux-Systemen ist das meist `/var/www` (Debian) oder `/srv/www/htdocs` (SUSE)

Rufen Sie zunächst in einem Webbrowser `http://www.typo3.org/download/packages` auf und kopieren Sie den Link des tar.gz gepackten Pakets **Blank Package** (z. B. über das Kontextmenü der rechten Maustaste).

Gehen Sie zurück zur Shell und geben Sie den Befehl `wget` gefolgt von einem Leerzeichen und dem soeben kopierten Link ein, den Sie nun über die **Einfügen**-Funktion bequem einsetzen (in PuTTY z. B. über die rechte Maustaste, unter Linux oft die mittlere oder die rechte und linke gleichzeitig), ggf. müssen Sie den Zusatz `?download` in der Befehlszeile löschen – selbstverständlich können Sie die Adresse auch einfach eintippen:[6]

```
TYPO3CMS# wget \
http://prdownloads.sourceforge.net/typo3/blankpackage-4.5.3.tar.gz
```

Sobald Sie den Befehl durch Drücken der Eingabetaste bestätigen, wird das im Link angegebene Paket in das aktuelle Verzeichnis heruntergeladen. Abhängig von der vom Internetprovider zur Verfügung gestellten Bandbreite geschieht dies in der Regel sehr schnell.

Nun müssen Sie die heruntergeladene Datei noch entpacken. Abhängig davon, welches Paket Sie gewählt haben (`.tar.gz` oder `.zip`), verwenden Sie den passenden Befehl, also entweder

```
TYPO3CMS# tar xzf blankpackage-4.5.3.tar.gz
```

oder, falls Sie doch die gezippten Dateien verwendet haben

```
TYPO3CMS# unzip blankpackage-4.5.3.zip
```

Schauen Sie sich das Ergebnis mit Eingabe des Befehls `dir` an.

```
TYPO3CMS# dir
blankpackage-4.5.3.tar.gz  blankpackage-4.5.3
```

Benennen Sie das entpackte Verzeichnis um:

```
TYPO3CMS# mv blankpackage-4.5.3 www_tus-easi1970_de
```

Jetzt ist auf dem Server/Webspace das Verzeichnis `www_tus-easi1970_de`. Natürlich ist Ihnen überlassen, ob Sie den Namen `www_tus-easi1970_de` für Ihr Verzeichnis verwenden. Die Beispiele in diesem Buch gehen jedoch von dieser Verzeichnisstruktur aus. Gegebenenfalls müssen Sie die Verzeichnisnamen anpassen. Wenn Sie sich das Verzeichnis erneut mit `dir` anschauen oder im Midnight Commander, den Sie mit `mc` aufrufen, sieht die Verzeichnisstruktur wie in Abbildung 2.5 aus.

[6] In manchen Fällen – so wie hier – passt die Kommando- oder Codezeile nicht in den Satzspiegel; bei Befehlen setzen wir dann am Zeilenende einen Backslash (\), der signalisiert, dass die Eingabe in *einer* Zeile erfolgen soll. Tatsächlich können Sie auf diese Weise Eingaben auch auf der Kommandozeile umbrechen.

Abbildung 2.5: Verzeichnisstruktur im Midnight Commander

Zugang über FTP

Steht kein SSH-Zugang zur Verfügung, müssen Sie das Installationspaket zunächst auf Ihr lokales System herunterladen und entpacken, um es anschließend per FTP auf den Server zu übertragen. Der Nachteil dieses Verfahrens besteht darin, dass der Transfer des entpackten Archivs deutlich mehr Zeit in Anspruch nimmt. Richten Sie vor dem Hochladen auch hier ein Verzeichnis ein, das das Paket enthalten soll, also z. B. `TYPO3CMS`.

Das entpackte Paket liegt nun also auf Ihrem Rechner in einem Verzeichnis (hier: `blankpackage-4.5.3`); der Verzeichnisname kann sich zum Zeitpunkt Ihrer Installation entsprechend der aktuellen Version von TYPO3 in der Versionsnummer unterscheiden. Benennen Sie das Verzeichnis in `www_tus-easi1970_de` um und übertragen Sie dieses in das Verzeichnis `TYPO3CMS` auf dem Server.

Nach dem Hochladen, das je nach Verbindungsgeschwindigkeit mehr oder weniger lange gedauert hat, befindet sich auch auf dem Server/Webspace das Verzeichnis `TYPO3CMS/www_tus-easi1970_de`. Und auch hier gilt: Haben Sie einen anderen Namen für Ihr Testverzeichnis gewählt, müssen Sie dies bei den Beschreibungen in diesem Buch berücksichtigen.

2.1.2 Rechte vergeben

Die Vergabe der passenden Schreib- und Leserechte für TYPO3 (bzw. für den Webserver) unter Linux ist immer wieder Gegenstand von Diskussionen. Einerseits darf man nicht zu restriktiv vorgehen, sonst fehlen dem Webserver z. B. die Rechte, nötige Schreiboperationen auszuführen, und die TYPO3-Installation funktioniert nicht; ist man andererseits zu freizügig oder macht Fehler, handelt man sich mehr oder weniger gravierende Sicherheitsprobleme ein.

Weil sich die Vergabe von Zugriffsrechten unter Unix-artigen Betriebssystemen (wie Linux, BSD oder auch Mac OS X) vom Vorgehen unter Windows deutlich unterscheidet, die Installation von produktiven TYPO3-Systemen aber meist auf Linux stattfindet, folgt ein ausführlicher Exkurs zu Zugriffsrechten unter Linux/Unix. Er soll es dem TYPO3-Administrator ermöglichen, genau abzuwägen, wie er auf einem Linux-System vorgehen sollte, auch wenn er keine oder kaum Erfahrung mit Unix-artigen Systemen hat. Im Anschluss wollen wir uns dann mit der möglichst sinnvollen Rechtevergabe für eine typische TYPO3-Installation beschäftigen.

TYPO3 ist bereits so vorkonfiguriert, dass es den Anforderungen an die Rechte entspricht und Sie mit dieser Grundeinstellung gleich weiterarbeiten könn(t)en. Dies gilt ebenfalls, wenn Ihr Internetprovider bereits eine fertige Dummy-Installation bereitstellt. Dennoch empfehlen wir dringend, dass Sie sich die folgende Beschreibung der Zugriffsrechte und der Symbolic Links zumindest durchlesen.

EXKURS: Zugriffsrechte unter Linux und Unix

Grundsätzlich werden die Zugriffsrechte unter Unix-artigen Systemen für jede Datei und jedes Verzeichnis[7] für drei Entitäten vergeben: den Eigentümer der Datei (`user`), die Benutzergruppe (`group`), der die Datei gehört, und alle anderen (`others`), also alle Benutzer des Systems.

Für jede dieser drei Entitäten (Benutzer, Gruppe, alle) kann man bestimmen, ob die Datei lesbar (`r` für readable), schreibbar (`w` für writable) und/oder ausführbar[8] (`x` für executable) ist. Diese Rechte werden in einer einfachen Dreiergruppe von Buchstaben dargestellt und vergeben: `rwx` bedeutet z. B., dass die Datei lesbar, schreibbar und ausführbar ist. Drei solcher Buchstabengruppen zusammen stellen die Rechte auf die Datei dar für die drei genannten Zielgruppen (`user`, `group`, `others`).

Im folgenden Beispiel gehört `eine-datei` dem Benutzer `typo3`, der sie lesen und beschreiben darf (`rw` ganz links in der Buchstabenreihe). Sie gehört der Gruppe `users`, die sie nur lesen darf (`r` in der Mitte). Alle anderen Benutzer dürfen sie ebenfalls lesen (`r` ganz rechts). Die Rechte sind also von links nach rechts zu lesen, die Minuszeichen sind Platzhalter an Stellen, an denen das entsprechende Bit, z. B. `w` (für write) nicht gesetzt ist:

```
root@server:/tmp/tmp# ls -l
insgesamt 0
-rw-r--r-- 1 typo3 users 0 2011-02-05 19:12 eine-datei
```

Betrachten wir nun ein Verzeichnis:

```
root@server:/tmp/tmp# ls -l
insgesamt 4
drwxr-x--- 2 typo3 users 4096 2011-02-05 19:24 ein-verzeichnis
```

7 Ebenso auch alle Spezialdateien, wie Devices, symbolische Links, Pipes usw., die uns aber hier nicht weiter interessieren müssen.

8 Bei Dateien bedeutet *ausführbar* plausiblerweise, dass es sich um eine möglichst lauffähige Programmdatei handelt, die aufgerufen werden kann; bei Verzeichnissen bedeutet das Recht *ausführbar*, dass das Verzeichnis Teil eines aufgerufenen Pfades sein darf, salopp gesagt, dass es „betreten" werden kann.

Hier ist ganz links durch das d angezeigt, dass es sich um ein Verzeichnis (directory) handelt. Dieses Verzeichnis gehört dem Benutzer typo3, der darin lesen, schreiben und es betreten darf (rwx) es gehört der Gruppe users, die darin nur lesen und es betreten darf (r-x), alle anderen Systembenutzer dürfen weder darin lesen noch schreiben noch es betreten, ersichtlich aus den drei Minuszeichen (---). Das bedeutet, dass bis auf den Benutzer typo3 und alle Mitglieder der Gruppe users – und natürlich root, der immer alles darf – *niemand* Zugriff auf dieses Verzeichnis hat.

Die *Eigentumsrechte* an einer Datei bezüglich der Gruppe (in unserem Fall users) kann übrigens nur der Benutzer ändern, dem die Datei oder das Verzeichnis gehört – und natürlich wieder der Superuser root.

So kann der Benutzer typo3 die Datei mit dem Befehl chgrp einer anderen Gruppe übergeben, jedoch nur Gruppen, denen er selbst auch angehört! Einem anderen Benutzer kann er die Datei *nicht* übertragen, denn das wäre sicherheitstechnisch natürlich ein Unding – das kann nur root mittels des Befehls chown. Als root übergeben Sie also das Eigentumsrecht an einer Datei oder einem Verzeichnis an einen Benutzer, im folgenden Beispiel www-data, wie folgt:

```
root@server:/tmp/tmp# ls -l
insgesamt 4
-rw-r--r-- 1 typo3 users    7 2011-02-05 13:04 eine-datei
drwxr-xr-x 2 typo3 users 4096 2011-02-05 13:04 ein-verzeichnis
root@server:/tmp/tmp# chown www-data eine-datei ein-verzeichnis
root@server:/tmp/tmp# ls -l
insgesamt 4
-rw-r--r-- 1 www-data users    7 2011-02-05 13:04 eine-datei
drwxr-xr-x 2 www-data users 4096 2011-02-05 13:04 ein-verzeichnis
```

Mit chown und chgrp modifiziert man also ganz einfach die Eigentumsrechte von Dateien und Verzeichnissen bzgl. Benutzer und Gruppe. Der hier gewählte Benutzer www-data ist übrigens der Benutzer, unter dem auf Debian-basierten Linux-Systemen der Webserver Apache läuft.

Die *Zugriffsrechte* auf Dateien werden mit dem Befehl chmod geändert. Man kann dabei eine symbolische Angabe benutzen, die mit den drei Buchstabenkürzeln u (User), g (Group) oder o (others) arbeitet, und so die Rechte r (lesen), w (schreiben), x (ausführen) oder auch Kombinationen vergeben:

```
typo3@server:/tmp/tmp$ ls -l
insgesamt 0
-rw-r--r-- 1 typo3 users 0 2011-02-05 21:50 eine-datei
typo3@server:/tmp/tmp$ chmod u+x,g-r,o-r eine-datei
typo3@server:/tmp/tmp$ ls -l
insgesamt 0
-rwx------ 1 typo3 users 0 2011-02-05 21:50 eine-datei
```

Sie sehen, dass Rechte mit einem + hinzugefügt, mit einem - weggenommen oder mit einem = genau gesetzt werden. Auch lassen sich mehrere

Angaben, durch Kommata getrennt, aneinander reihen. Durch die Angabe `g-r` haben wir also zum Beispiel bewirkt, dass die Leserechte (`r`) für die Gruppe (`g`) entfernt werden. Im Beispiel wurden also für `eine-datei` die Leserechte für die Gruppe und alle anderen Systembenutzer entfernt, und sie wurde für den Benutzer (meist Besitzer der Datei) ausführbar gemacht (`u+x`).

Die Alternative zur symbolischen Angabe bei der Rechtevergabe ist die numerische Angabe. Diese sieht zunächst etwas geheimnisvoll aus, ist aber ganz einfach erklärt:

Wenn Sie die Dreiergruppe `rwx` als drei Bits betrachten (was sie für das Betriebssystem auch sind), die nebeneinander stehen, dann ergeben diese drei Bits eine Zahl: `rw-` stünde also z. B. für binär `110`, und das ergibt die Zahl 6 (4+2+0). Die Rechtegruppe `rwx` ergibt also die Zahl 7 (4+2+1), die Rechtegruppe `r-x` ergibt 5 (4+0+1).

Geben wir also zur Übung der Gruppe und allen anderen Benutzern Leserechte (4) auf `eine-datei`, und geben wir dem Benutzer Schreib- und Leserechte (6):

```
typo3@server:/tmp/tmp$ ls -l
insgesamt 0
-rwx------ 1 typo3 users 0 2011-02-05 21:50 eine-datei
typo3@server:/tmp/tmp$ chmod 644 eine-datei
typo3@server:/tmp/tmp$ ls -l
insgesamt 0
-rw-r--r-- 1 typo3 users 0 2011-02-05 21:50 eine-datei
```

Diese Methode der Rechtevergabe hat den Nachteil, dass Sie *nicht* berücksichtigen können, welche Rechte die Datei *vorher* hatte. Mit `u+x` z. B. vergeben Sie das Executable-Bit *zusätzlich* zu den bestehenden Rechten. War die Datei also vorher für den Benutzer lesbar, ist sie es immer noch, die beiden anderen Bits der Dreiergruppe bleiben also unberührt. Nutzen Sie die numerische Angabe mit einer Oktalzahl (z. B. `644`), werden *genau* diese Rechte gesetzt, ungeachtet der Rechte, die vorher gegolten haben, Sie überschreiben also alle zuvor bestehenden Rechte.

Die oben als `644` vergebenen Rechte entsprechen übrigens genau den Standardrechten für Dateien unter Linux. Wenn Sie eine Datei neu anlegen, wird sie mit diesen Zugriffsrechten generiert: Sie ist lesbar/schreibbar für den Besitzer und lesbar für alle anderen. Für Verzeichnisse gelten die Standardrechte `755`, was – wenn Sie Lust haben, die Binärzahlen zu vergleichen – genau `644` entspricht, nur dass das Executable-Bit `x` zusätzlich gesetzt ist; dieses Bit hat die Zahlenwertigkeit 1, und 644 plus 111 ergibt 755. Der einfache Grund: Lesbarkeit allein ist bei Verzeichnissen nicht sinnvoll, man muss sie ja auch betreten dürfen.

Wenn man noch wenig Erfahrung im Umgang mit Dateirechten unter Linux hat, macht man gerne den Fehler, einen ganzen Verzeichnisbaum mit

Rechten wie 644 oder 755 auszustatten. Das ist nicht klug, weil sinnvolle Rechte für Dateien und für Verzeichnisse sich voneinander unterscheiden.

Und noch ein wichtiger Hinweis zum Schluss dieses Exkurses: Der Intuition eventuell widersprechend bedeuten Schreibrechte auf eine Datei unter Linux/Unix nicht, dass die Datei auch gelöscht werden kann. Es würde hier zu sehr in technische Details gehen, genau auszuführen, warum das so ist. Merken muss man sich nur einfach: Schreibbar heißt, dass man den *Inhalt* der Datei ändern kann, die Datei *löschen* und *umbenennen* kann man nur, wenn man Schreibrechte auf das *Verzeichnis* hat, in dem sich die Datei befindet.

So kommt es in dem abschließenden Beispiel zu einem zunächst vielleicht verblüffenden Effekt: Ein beliebiger Benutzer (hier `typo3`) kann eine Datei löschen, die `root` gehört und auf die er *keinerlei* Zugriffsrechte besitzt:

```
typo3@server:/tmp/tmp$ whoami
typo3
typo3@server:/tmp/tmp$ groups
typo3 users
typo3@server:/tmp/tmp$ ls -l
insgesamt 0
-rw------- 1 root root 0 2011-02-05 22:25 datei-von-root
typo3@server:/tmp/tmp$ rm datei-von-root
rm: reguläre leere Datei (schreibgeschützt) datei-von-root entfernen? j
typo3@server:/tmp/tmp$ ls -l
insgesamt 0
typo3@server:/tmp/testverzeichnis$ ls -l ..
insgesamt 40
[...]
drwxrwx--- 2 root users 4096 2011-02-05 22:28 tmp
```

Nachdem der Benutzer sich mit dem Kommando (`whoami`) davon überzeugt hat, dass er als `typo3` arbeitet, und geprüft hat, welchen Gruppen er angehört, sieht er mit `ls -l` zunächst, dass im Verzeichnis genau eine Datei existiert; diese gehört `root`, und niemand außer `root` hat irgendwelche Rechte auf die Datei. Dem Benutzer `typo3` ist es dennoch möglich, die Datei zu löschen! Warum? Weil er der Gruppe `users` angehört, und die Gruppe `users`, wie man beim abschließenden Befehl `ls -l ..` sehen kann, hat Schreibrechte auf das Verzeichnis `tmp`, in dem `datei-von-root` lag.

2.1.3 Sinnvolle Zugriffsrechte für TYPO3

Wenden wir diese Überlegungen auf die TYPO3-Installation an. Wir haben im Verzeichnis `TYPO3CMS` zwei Verzeichnisse, nämlich `typo3_src-4.5.3` und `www_tus-easi1970_de`, in denen weitere Dateien und Verzeichnisse liegen.

Im Folgenden müssen wir uns Gedanken machen über Verzeichnisse, in denen der Webserver nur lesen können muss (z. B. `t3lib`), und über Verzeichnisse, in denen der Webserver schreiben und löschen können muss (z. B. `uploads`), damit TYPO3 erfolgreich arbeitet.

Der Aspekt Sicherheit legt nun nahe, dass die Verzeichnisse von niemandem sonst gelesen und schon gar nicht geschrieben werden können. Um dies zu erreichen, gibt es, banal gesagt, zwei Ansätze:

- Die Verzeichnisse gehören dem Benutzer, unter dem der Webserver arbeitet, und einer Gruppe, der Sie angehören.
- Die Verzeichnisse gehören dem Benutzer, als der Sie auf dem System arbeiten, und der Gruppe, unter der der Webserver arbeitet.

Wenn Sie mit einem Webspace arbeiten, zu dem Sie ausschließlich FTP-Zugang haben, ist das Nachfolgende für Sie i. d. R. unerheblich, da Sie die Eigentumsrechte an Dateien ohnehin nicht ändern können und Ihr Provider dafür gesorgt hat, dass Dateien und Verzeichnisse, die Sie per FTP hochladen, der Benutzergruppe des Webservers gehören, damit dieser sie lesen kann.

Sie müssen dann lediglich Schreibrechte auf die vier Verzeichnisse in `www_tus-easi1970_de` geben, in denen TYPO3 schreiben muss, und das sind `typo3conf`, `fileadmin`, `upload` und `typo3temp`. Darüber hinaus müssen Sie darauf vertrauen, dass der Provider die Zugangs-, Zugriffs- und sonstigen Rechte so vergeben hat, dass Ihre TYPO3-Installation nicht gefährdet ist.

Wenn Sie aber mit einem Root-Server, vServer oder einem lokalen Server arbeiten und `root`-Zugang per SSH oder auf einer Shell haben, dann stehen Sie vor der Qual der Wahl: Wie sind die Eigentums- und Zugriffsrechte zu vergeben? – Sicherheit und Benutzbarkeit müssen sich hier die Waage halten.[9]

Wir haben uns hier bzgl. der beiden oben genannten Ansätze für letzteren entschieden. Denn obwohl man in der Praxis oft die erstgenannte Variante antrifft, dass also die Dateien und Verzeichnisse dem Webserver-Benutzer (z. B. `www-run` unter SUSE) gehören und einer Gruppe, der Sie auch angehören, damit Sie weiter mit den Dateien arbeiten können, spricht eigentlich mehr für den zweiten Ansatz.

Wenn die Verzeichnisse nämlich einer Gruppe gehören, deren Mitglied Sie sind, müssen Sie zumindest einen größeren Teil der Dateien und Verzeichnisse für diese Gruppe schreibbar machen – eventuell wollen Sie ja hin und

[9] Professionelle Provider mit sog. Shared Hosting lösen dieses Problem mitunter dadurch, dass sie PHP nicht als Webservermodul, sondern als **`FastCGI`** mit **`suexec`** benutzen; dies zu erläutern würde den Rahmen dieser Anleitung jedoch sprengen.

wieder auch auf der Shell an der Installation arbeiten. Das bedeutet aber, dass die Dateien für *alle* Mitglieder der Gruppe schreibbar sind, nicht nur für Sie.

Zweitens kann eine Datei vom Eigentümer, nicht aber von Mitgliedern der Gruppe, der sie gehört, an eine andere Gruppe übergeben werden, sprich: Es stellt ein restriktiveres Szenario dar, wenn Sie Eigentümer aller Dateien bleiben und nur als *Gruppe* für diese die Hauptgruppe des Webservers einsetzen (damit der Webserver die PHP-Seiten abarbeiten und ausliefern kann). Wir wollen also das folgende Ergebnis erreichen (Beispiel mit Debian):

```
root@server:/var/www/TYPO3CMS# ls -l
insgesamt 8
drwxr-x--- 5 typo3 www-data 4096 2011-02-06 12:12 typo3_src-4.5.3
drwxr-x--- 6 typo3 www-data 4096 2011-02-06 12:59 www_tus-easi1970_de
```

Dies lässt sich mit ein paar Befehlen bewerkstelligen. Wir gehen hier im Beispiel davon aus, dass die zwei Pakete (die TYPO3-Sourcen und das Dummy-Paket) als `root` heruntergeladen und im Verzeichnis `TYPO3CMS` ausgepackt wurden[10]; das Ganze sollte also zunächst so aussehen:

```
root@server:/var/www/TYPO3CMS# ls -l
insgesamt 8
drwxr-xr-x 5 root root 4096 2011-02-06 12:12 typo3_src-4.5.3
drwxr-xr-x 6 root root 4096 2011-02-06 12:59 www_tus-easi1970_de
```

Eine kleine Hürde stellt nun noch dar herauszufinden, unter welchem Benutzer und mit welcher Hauptgruppe der Webserver Apache überhaupt läuft. Für Debian ist das i. d. R. `www-data`, für SUSE `www-run` für Cent-OS (ein Red-Hat-artiges Linux) ist es z. B. `apache`. Mit folgendem Befehl können Sie das für jede Linux-Installation herausfinden:

```
root@server:/var/www# ps -C apache2 -o pid,user,group
  PID USER     GROUP
 5604 root     root
 5676 www-data www-data
[...]
 5681 www-data www-data
```

Mit dem Kommando `ps` können Sie sich als `root` alle auf dem System laufende Prozesse anzeigen lassen, mit der Option `-C apache2` teilen Sie dem Kommando mit, dass Sie sich nur für `apache2` interessieren, also den Webserver. Für alle laufenden Apaches möchten Sie die Prozess-ID (`PID`) und außerdem den Benutzer und die Gruppe wissen, unter dem dieser Prozess läuft (Option `-o`).

Sie sehen, dass Apache nicht nur einmal läuft, sondern dass der erste Apache-Prozess, der noch `root` gehört, mehrere sog. Kindprozesse startet, die

[10] Der Pfad `/var/www` gilt dabei für Debian-basierende Linux-Systeme wie Debian selbst, Ubuntu, Grml, Knoppix usw. – unter SUSE lautet er z. B. `/srv/www/htdocs`.

dann unter `www-data` operieren. Und genau diese Gruppe `www-data` wollten wir herausfinden. Wenn Sie nicht den Webserver Apache benutzen, müssen Sie den Befehl natürlich anpassen, indem Sie den Programmnamen des von Ihnen benutzten Webservers benutzen.

Nun übertragen wir also einfach alle unsere TYPO3-Dateien rekursiv (`-R`) dem Benutzer `typo3`, als der wir im Beispiel arbeiten wollen,[11] und der Gruppe `www-data`. Zudem entfernen wir alle Rechte für `others` – außer dem Webserver und uns hat nämlich niemand etwas in unserer Installation zu suchen:

```
root@server:/var/www# ls -l
insgesamt 32
[...]
drwxr-xr-x  4 root     root  4096 2011-02-06 12:58 TYPO3CMS
[...]
root@server:/var/www# chown -R typo3.www-data TYPO3CMS
root@server:/var/www# chmod -R o-rwx TYPO3CMS
root@server:/var/www# ls -l
insgesamt 32
[...]
drwxr-x---  4 typo3    www-data 4096 2011-02-06 12:58 TYPO3CMS
[...]
```

In diesem Beispiel sehen Sie übrigens, dass Sie mit dem Befehl `chown` nicht nur den Benutzer, sondern durch einen Punkt getrennt auch gleich die Gruppe angeben können.

Nun müssen Sie nur noch Schreibrechte vergeben auf die Verzeichnisse, in denen TYPO3 (also der Webserver) auch schreiben möchte, wie oben bereits für FTP-User erwähnt:

```
root@server:/var/www# cd TYPO3CMS
root@server:/var/www/TYPO3CMS# ls -l
insgesamt 8
drwxr-x--- 5 typo3 www-data 4096 2011-02-06 12:12 typo3_src-4.5.3
drwxr-x--- 6 typo3 www-data 4096 2011-02-06 12:59 www_tus-easi1970_de
root@server:/var/www/TYPO3CMS# cd www_tus-easi1970_de
root@server:/var/www/TYPO3CMS/www_tus-easi1970_de# ls -l
insgesamt 48
[...]
-rw-r----- 1 typo3 www-data 7087 2011-02-06 12:12 INSTALL.txt
[...]
drwxr-x--- 5 typo3 www-data 4096 2011-02-06 12:12 uploads
root@server:/var/www/TYPO3CMS/www_tus-easi1970_de# chmod -R g+w \
fileadmin typo3conf uploads typo3temp
root@server:/var/www/TYPO3CMS/www_tus-easi1970_de# ls -l
insgesamt 48
[...]
```

11 Einen solchen Benutzer können Sie als `root` einfach mit `useradd typo3` anlegen und ihm anschließend mit `passwd typo3` ein Passwort geben.

```
-rw-r----- 1 typo3 www-data 7087 2011-02-06 12:12 INSTALL.txt
[...]
drwxrwx--- 5 typo3 www-data 4096 2011-02-06 12:12 uploads
```

Damit haben Sie die Zugriffs- und Eigentumsrechte für Ihre TYPO3-Installation sinnvoll vergeben, sowohl in Bezug auf Benutzbarkeit wie auch auf Sicherheit.

In den folgenden Beispielen werden wir den sog. *Prompt*, also die Darstellung des aktuellen Users und Verzeichnisses auf der Kommandozeile (z. B. `root@server:/var/www/TYPO3CMS#`), der Lesbarkeit halber auf das aktuelle Verzeichnis abkürzen (z. B. `TYPO3CMS#`).

2.1.4 Symbolische Links

Wie bereits erwähnt, ist die webseitenspezifische Installation idealerweise von dem Quellcode des eigentlichen TYPO3-Systems getrennt, wobei jeder Webauftritt natürlich „wissen" muss, auf welches System er zugreifen soll. Um nun nicht – zum Beispiel nach einem Update, bei dem sich der Verzeichnisname der Systeminstallation versionsbedingt ändert – das Systemverzeichnis jeder Webseite neu zuordnen zu müssen, nutzt man unter Unix/Linux sog. *symbolische Links*.

Das Prinzip: Ein solcher Link (hier z. B. `typo3_src` genannt) ist lediglich ein Verweis auf ein anderes, „richtiges" Verzeichnis (hier `typo3_src-4.5.3`). Greift nun eine Webseite auf den Link `typo3_src` zu, nutzt sie tatsächlich das „dahinter stehende" Verzeichnis `typo3_src-4.5.3`). Ändert sich die Version und wird ein anderes System installiert, so muss lediglich der Link verändert werden und auf dieses neue System zeigen – schon sind alle Abhängigkeiten wieder in Ordnung.

Bei Bedarf lassen sich auch mehrere Installationen mit unterschiedlichen TYPO3-Versionen so auf einem Server betreiben, was beispielsweise für Tests interessant ist: Erst nach erfolgreicher Prüfung setzt man zuletzt den Link auf die passende Version.

Auch in dem von Ihnen installierten Paket (jetzt das Verzeichnis `www_tus-easi1970_de`) sind bereits einige symbolische Links enthalten (Auszug aus dem Listing):

```
TYPO3CMS/www_tus-easi1970_de> ls -gG
[...]
lrwxrwxrwx 1   15 2011-02-06 13:16 t3lib -> typo3_src/t3lib
lrwxrwxrwx 1   15 2011-02-06 13:16 typo3 -> typo3_src/typo3
[...]
lrwxrwxrwx 1   18 2011-02-06 13:16 typo3_src -> typo3_src-4.5.3
```

`t3lib`
: zeigt auf das Verzeichnis `typo3_src/t3lib`

`typo3src`
: zeigt auf das Verzeichnis `typo3_src/typo3`

`typo3_src`
: zeigt auf das Verzeichnis `typo3_src-4.5.3`

Sofern Sie wie bislang beschrieben vorgegangen sind, ist damit alles in Ordnung, denn das „allgemeine Systemverzeichnis“ `typo3_src` ist bereits ein Link, und dieser zeigt korrekterweise auf das Systemverzeichnis `typo3_src-4.5.3`, das allerdings im gleichen Verzeichnis liegt. Dies widerspricht dem Ansatz, bei mehreren Webseiten den Quellcode nur einmal installiert zu haben. Auch wenn Sie erst mal nur eine Webseite betreiben wollen, so sollten Sie dennoch diesen Ansatz verfolgen und den Quellcode in einem Verzeichnis außerhalb des Webseitenverzeichnisses anlegen.

Verschieben Sie dazu das Verzeichnis `typo3_src-4.5.3` eine Ebene höher mit dem Befehl:

```
TYPO3CMS/www_tus-easi1970_de# mv typo3_src-4.5.3 ../typo3_src-4.5.3
```

Nun müssen Sie lediglich noch den Link `typo3_src` aktualisieren und auf das gewünschte, nun eine Ebene höher liegende Verzeichnis zeigen lassen. Auf der Kommandozeile sieht der Befehl dann so aus:

```
TYPO3CMS/www_tus-easi1970_de# ln -s ../typo3_src-4.5.3 typo3_src
```

In einem Programm wie PuTTY mit integriertem Dateimanager MC (*Midnight Commander*) lassen sich diese Schritte ebenfalls bequem ausführen und sichtbar machen: Navigieren Sie z. B. in das Verzeichnis `TYPO3CMS/www_tus-easi1970_de` und klicken Sie den Eintrag `!typo3_src` an. Gehen Sie auf den Menüeintrag **File**, wählen Sie hier **Edit SymLink** (Abbildung 2.6) und fügen Sie `../` vor `typo3_src-4.5.3` ein, um auf das eine Ebene höher befindliche Verzeichnis zu verweisen.

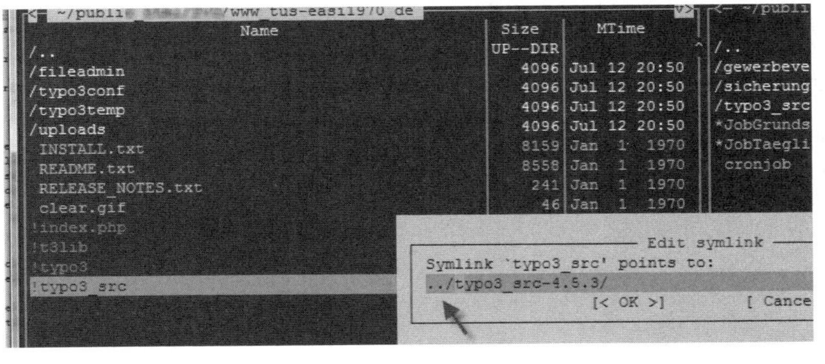

Abbildung 2.6: SymLink über PuTTY anlegen

Den Eintrag müssen Sie selbstverständlich an Ihre Verzeichnisstruktur anpassen.

2.2 Weitere Software

Neben der eigentlichen TYPO3-Software wird zur Bildbearbeitung eines der Pakete *ImageMagick* oder *GraphicsMagick* benötigt, ohne die wesentliche Funktionen wie die Verwendung von Bildgrößen und selbst die Erstellung grafischer Menüs über TYPO3 nicht zur Verfügung stehen. In den allermeisten Fällen stellt Ihr Internetprovider bereits mindestens eine der Versionen zur Verfügung. Erkundigen Sie sich, ob eines der beiden Pakete zur Nutzung bereit steht oder Ihr Internetprovider sie kurzfristig zur Verfügung stellt. Dann müssen Sie hier nichts mehr tun und können zum nächsten Abschnitt springen.

Falls nein, müssen Sie aktiv werden. Idealerweise können Sie die Installation selbst vornehmen, vorausgesetzt, Ihr Internetprovider hat Ihnen auch entsprechende Rechte eingeräumt. Um die Installation so einfach wie möglich zu halten, werden wir nur die Installation dieser Version von ImageMagick anreißen.

Legen Sie auf Ihrem Server im Verzeichnis `TYPO3CMS` ein Unterverzeichnis `tools` und darin wiederum ein Unterverzeichnis namens `imagemagick` an.

```
TYPO3CMS# mkdir tools
TYPO3CMS# mkdir tools/imagemagick
```

Gehen Sie nun zur Webseite von Sourceforge[12] oder des ImageMagick-Herstellers[13] und kopieren Sie dort den Link zur aktuellen ImageMagick-Version passend zu Ihrem Betriebssystem, z. B. zu `ImageMagick-6.6.3-0.tar.gz`

Wechseln Sie hier in das Verzeichnis `linux`; kopieren und entpacken Sie das Archiv `imagemagick-6.6.3-0_i386-static-3.tar.gz` im soeben angelegten Verzeichnis `TYPO3CMS/tools/imagemagick` Ihres Servers; je nach Zugang (FTP/SSH) nutzen Sie dazu die oben ausführlich besprochenen Verfahren und Werkzeuge. Nun liegt die Bildbearbeitungssoftware also unter `TYPO3CMS/tools/imagemagick/ImageMagick-6.6.3-0`.

Leider ist die Installation stark von Ihren Benutzerrechten, vom verwendeten Betriebssystem (eines der Linux-Derivate oder Windows-Varianten) und auch von der verwendeten ImageMagick-Version abhängig. Sollte es bei der Installation zu Problemen kommen, so konsultieren Sie bitte das Handbuch von ImageMagick und/oder kontaktieren Sie Ihren Internetprovider. Wenn Sie eher auf *GraphicsMagick* setzen wollen, dann schauen Sie auf der Webseite[14] nach einer geeigneten Version.

12 `http://sourceforge.net/projects/imagemagick/files/`
13 `http://www.imagemagick.org/`
14 `http://www.graphicsmagick.org/`

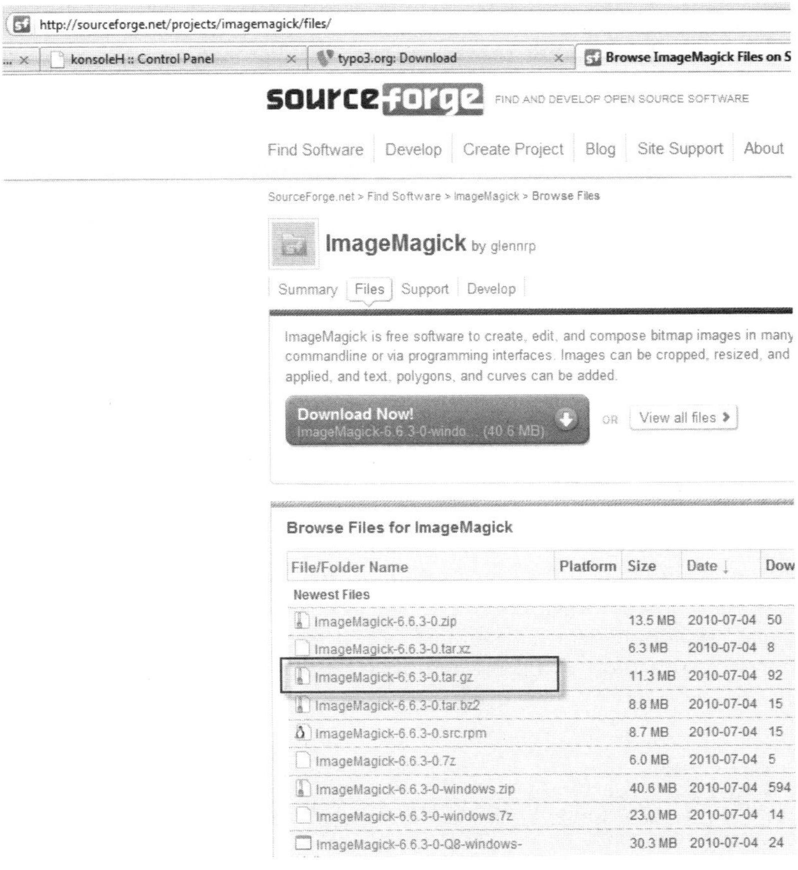

Abbildung 2.7: ImageMagick bei Sourceforge

Und für alle Fälle haben wir Binaries auf der Buch-Webseite hinterlegt – allerdings ohne Garantie, da die Binaries für ein bestimmtes Linux-System (Debian Lenny) kompiliert wurden und möglicherweise nicht zu dem von Ihnen verwendeten Linux-System/-Version passen. Für Windows bieten beide Hersteller auf ihren Webseiten entsprechende Installationen an.

2.3 Letzte Vorbereitungen

Sicherheitshinweis: Da gerade während des Installationsprozesses und bei den sich anschließenden ersten „Gehversuchen“ mit TYPO3 die Experimentierfreude verständlicherweise hoch ist, dürfen Sie eines jedoch nicht vergessen: Sobald Sie Ihren externen Webserver im nächsten Schritt mit dem Browser ansteuern können, können das potentielle Angreifer auch! Achten Sie darum bei der Rechtevergabe und insbesondere beim Zugang zum Install Tool und zum Backend darauf, dass Sie Standardpasswörter *direkt* ändern und auch für „kurze" Tests keine Sicherheitslücken in Ihrem System öffnen.

2.3.1 Auf PHP-Version prüfen

Die meisten Internetprovider haben auf ihren Servern PHP-Version 4.x und 5.x installiert. Es ist davon auszugehen, dass Ihre Installation standardmäßig bereits die Version 5.x verwendet. Überprüfen können Sie dies zum Beispiel über die Installationsseite Ihres Internetproviders, oder Sie erstellen eine kleine Datei namens `phpinfo.php` mit dem folgenden Inhalt:

```
<?php
phpinfo();
?>
```

Kopieren Sie diese Datei nach `TYPO3CMS/www_tus-easi1970_de` (bzw. in Ihr Webverzeichnis) und rufen Sie sie im Browser auf: lokal über `http://localhost/www_tus-easi1970_de/phpinfo.php` oder eben über Ihre bereits erreichbare Internet-Domain (siehe dazu Abschnitt 2.3.2). Daraufhin werden Ihnen die PHP-Informationen des Servers angezeigt (Abbildung 2.8).

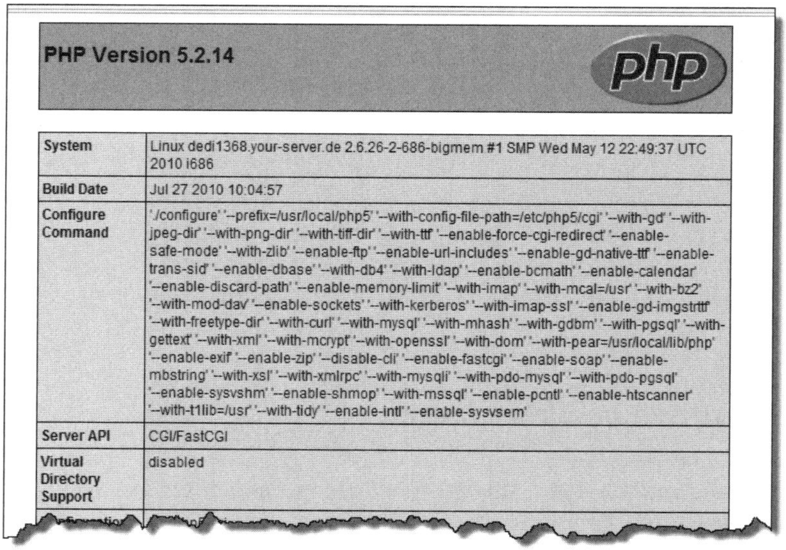

Abbildung 2.8: PHP-Info

Sollte sich hier zeigen, dass der Server noch Version 4.x nutzt, ist ein Upgrade auf 5.2 oder höher dringend erforderlich. Sofern Ihr Internetprovider beide Versionen anbietet, ist dies einfach durchzuführen. Bietet Ihr Anbieter die Konfiguration über ein Tool an, so stellen Sie dort von PHP 4 auf PHP 5 um. Andernfalls führt der Weg dann über die Datei `_.htaccess`, die im Verzeichnis `TYPO3CMS/www_tus-easi1970_de` liegt.

Diese kopieren Sie nach `.htaccess` und fügen am Ende der Datei hinter `# Add your own rules here` den folgenden Code ein:

```
# generelle Umstellung auf php5
AddType x-mapp-php5 .php
```

Bei manchen Internetprovidern wird zusätzlich der folgende Eintrag empfohlen, den Sie verwenden sollten, wenn Sie Probleme mit PHP 5 feststellen:

```
# zusätzlicher Code gem. Empfehlung einiger Internetprovider
AddHandler x-mapp-php5 .php
```

Rufen Sie anschließend die PHP-Info-Seite erneut auf, sollte die PHP-Version 5.x angezeigt werden.

PHP-Info liefert übrigens viele Informationen, die im Laufe der weiteren Arbeit, z. B. bei der Installation von Erweiterungen, durchaus hilfreich sein können. Wir kommen darum später noch darauf zurück.

Sicherheitshinweis: Die Informationen sind natürlich nicht für jedermann bestimmt. Löschen Sie die Datei umgehend wieder und kopieren Sie nur kurzzeitig bei Bedarf die `phpinfo.php`-Datei wieder in Ihr Verzeichnis.

2.3.2 Internet-Domain bzw. Webverzeichnis

Die Anmeldung einer Internet-Domain können Sie getrost Ihrem Provider überlassen; sobald sie Ihnen gehört und auf Sie eingetragen ist, folgen Sie der Beschreibung Ihres Providers und geben als Zieladresse das zuvor angelegte Verzeichnis `TYPO3CMS/www_tus-easi1970_de` an. Normalerweise wird dieser Eintrag innerhalb von 10–15 Minuten wirksam.

Sollten Sie einen Rootserver oder vServer betreiben, auf dem Sie für die Konfiguration des Apache-Webservers selbst zuständig sind, müssen Sie diese höchstwahrscheinlich für die neue Domain anpassen, z. B. indem Sie einen sog. *Virtual Host* einrichten. Eine detaillierte Beschreibung des hierzu notwendigen Vorgehens gehört allerdings nicht zum eigentlichen Thema dieses Buches.[15]

Arbeiten Sie mit einer lokalen Installation, sollten Sie den Webserver neu starten und können dann Ihre (natürlich noch vollkommen unkonfigurierte) Test-Website des „TUS Easi 1970“ in einem Browser aufrufen.

[15] Lektüre-Empfehlung zu diesem Thema: Stefan Schäfer, „Root-Server“, Open Source Press, 2010.

Der Neustart des Webservers Apache erfolgt unter gängigen Linux-Systemen mit folgendem Befehl, den Sie als Systemverwalter (`root`) aufrufen müssen:

```
root@webserver# apache2ctl graceful
```

2.3.3 MySQL-Datenbank

Sie starten nicht nur in diesem Buch üblicherweise mit einer neuen TYPO3-Installation und müssen so auch keine MySQL-Datenbanken und -Tabellen aus anderen/früheren Webauftritten importieren. Somit besteht die einzige Vorbereitung in einer lauffähigen MySQL-Installation.

Für diese benötigen Sie – von Ihrem Provider oder durch Ihre eigene Konfiguration – den *Benutzernamen*, das *Passwort* und den *Hostnamen*; mit diesen Angaben überlassen Sie dem **Database Analyser** des Install Tools den Rest der Arbeit, nämlich das Anlegen einer Datenbank und der notwendigen Tabellen. Wir kommen dazu im Detail ab Seite 67.

MySQL-Datenbank über providerspezifisches Werkzeug anlegen

Die Einrichtung einer MySQL-Datenbank geschieht für gewöhnlich über die Werkzeuge, die Ihnen Ihr Internetprovider zur Administration Ihres Servers oder Ihres Webspace zur Verfügung stellt. Da diese Werkzeuge providerspezifisch sind, kann hier keine detaillierte Beschreibung erfolgen. Bitte bemühen Sie hier gegebenenfalls die Hilfe Ihres Internetproviders. Üblicherweise ist die Einrichtung einer Datenbank in wenigen Schritten erledigt. Achten Sie darauf, dass Sie eine MySQL-Version entsprechend den Anforderungen verwenden.[16]

Die Datenbank soll mit `UTF-8` angelegt werden. Je nach dem vom Internetprovider zur Verfügung gestellten Werkzeug erfolgen die Vorgaben an unterschiedlichen Stellen im Ablauf der Einrichtung. Üblich ist, dass die Internetprovider auch `phpMyAdmin` anbieten. Hier ein Beispiel für die Angaben:

Arbeiten Sie auf dem Server Ihres Providers und verfügen Sie dort *nicht* über Administratorenrechte (`root`) für die Datenbank, so bitten Sie Ihren Provider, die für TYPO3 notwendige leere MySQL-Datenbank anzulegen. *Datenbankname*, *Benutzername*, *Passwort* und *Hostname* werden Ihnen dann mitgeteilt. Das Verfahren ist nicht aufwendig und gehört zum Standard entsprechender Hosting-Angebote. Passen Sie dabei auch die Kollation auf `utf-8` an, hier im Beispiel `utf8_general_ci`.

[16] Siehe **`http://www.typo3.org/download/packages`**

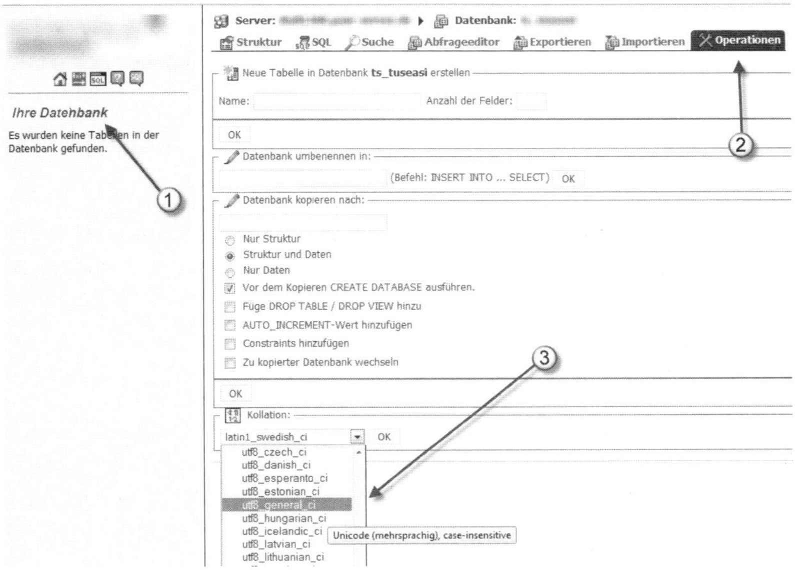

Abbildung 2.9: Beispiel phpMyAdmin mit Anpassung der Kollation

Haben Sie auf den künftigen TYPO3-Server uneingeschränkten Zugriff – wenn Sie ihn beispielsweise lokal auf Ihrem eigenen Rechner einrichten –, so können und müssen Sie die angeprochene leere Datenbank selbst anlegen. Voraussetzung: Das Datenbanksystem MySQL ist korrekt installiert.

Der erste Schritt ist hierbei also das Anlegen der Datenbank, die wir im Beispiel `typo3` nennen:

```
$ mysqladmin -u root -p<mysql-root-passwort> create typo3
```

Anschließend vergeben Sie die notwendigen Rechte auf diese Datenbank an einen neuen Datenbankbenutzer, in unserem Beispiel `t3user`[17]; dies geschieht über den Befehl `grant` innerhalb des Datenbanksystems, an dem Sie sich folglich zuvor anmelden müssen. Anschließend vergeben Sie ein Passwort für den neuen Datenbankbenutzer:

```
$ mysql -u root -p<mysql-root-passwort>
Welcome to the MySQL monitor.  Commands end with ; or \g.
Your MySQL connection id is 5
Server version: 5.0.51a-3ubuntu5.1 (Ubuntu)

Type 'help;' or '\h' for help. Type '\c' to clear the buffer.

mysql>  ALTER DATABASE typo3 DEFAULT CHARACTER SET utf8
```

17 Es ist aus Sicherheitsgründen nicht empfehlenswert, TYPO3 mit dem Datenbankuser `root` zu benutzen.

```
COLLATE utf8_general_ci
Query OK, 0 rows affected (0.24 sec)

mysql> grant CREATE,INSERT,DELETE,UPDATE,SELECT,LOCK TABLES on
typo3.* to t3user@localhost;
Query OK, 0 rows affected (0.24 sec)

mysql> set password for t3user@localhost = PASSWORD('<passwort>');
Query OK, 0 rows affected (0.17 sec)
```

Anschließend machen Sie die Änderungen per `flush` wirksam und verlassen die Datenbankverwaltung:

```
mysql> flush privileges;
Query OK, 0 rows affected (0.06 sec)

mysql> quit
Bye
```

Damit sind auch auf MySQL-Seite alle Voraussetzungen für die Einrichtung des TYPO3-Systems erfüllt. Merken Sie sich an dieser Stelle Ihren *Benutzernamen*, das *Passwort* und auch den *Hostnamen* (z. B. `localhost`) oder die Serveradresse.

2.3.4 Das Verzeichnis typo3conf

In dem Verzeichnis `typo3conf` Ihrer Installation liegen u. a. die folgenden Verzeichnisse und Dateien:

`ext/`
: Nach der Grundinstallation werden Sie verschiedene Erweiterungen in das System integrieren; alle lokal, das heißt nur für diese Installation verfügbaren Erweiterungen legt der Erweiterungsmanager in diesem Verzeichnis ab – dazu später mehr.

`l10n/`
: Hier legt der Erweiterungsmanager Sprachdateien ab – auch dazu später mehr.[18]

`localconf.php`
: Die wichtigste Datei überhaupt! Hier werden alle „Eckdaten" Ihrer Installation wie Datenbank, Passwort, installierte Erweiterungen etc. hinterlegt.

[18] Der merkwürdige Verzeichnisname folgt der Konvention, von dem (langen) Wort „localization" lediglich den Anfangs- und den Endbuchstaben zu setzen und dazwischen die Anzahl der ausgelassenen Buchstaben. Ebenso steht `i18n` häufig für „internationalization".

Um im nächsten Schritt das TYPO3-eigene Installations- und Konfigurationswerkzeug *Install Tool* starten zu können, muss es aus Sicherheitsgründen eine leere Datei `ENABLE_INSTALL_TOOL` im Verzeichnis `typo3conf` geben. Auf das Install Tool ist nur mit einer aktuellen `ENABLE_INSTALL_TOOL` ein Zugriff möglich. Diese Datei wird ungültig, wenn Erstellungsdatum bzw. -zeit um mehr als 1 Stunde von der Systemzeit abweichen und die Datei wird automatisch durch TYPO3 entfernt. Legen Sie diese Datei darum jetzt – lokal oder auf dem Server – mit folgendem Befehl an:

```
TYPO3CMS/www_tus-easi1970_de/typo3conf> touch ENABLE_INSTALL_TOOL
```

Selbstverständlich können Sie die Datei auch lokal erzeugen und anschließend per FTP übertragen. Wie erwähnt, wird diese Datei bei einer Stunde Differenz zum Systemdatum ungültig. Diese Differenz tritt auch auf, wenn Sie z. B. von Ihrem PC diese Datei um 10:00 Uhr MESZ übertragen, der Server aber mit GMT aufgesetzt ist und so als Systemzeit 09:00 Uhr aufweist. Letztendlich sollte die Datei aber wie folgt angezeigt werden.

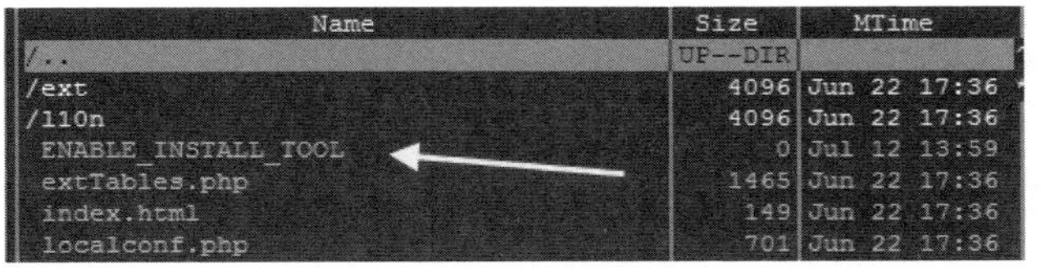

Abbildung 2.10: ENABLE_INSTALL_TOOL

2.4 Das Install Tool

Der TYPO3-Installer hilft Ihnen nun im letzten großen Installationsschritt bei der Einrichtung des TYPO3-Systems. Dazu müssen Ihnen die folgenden Angaben bekannt sein bzw. von Ihnen im weiteren Verlauf bestimmt werden:

- Benutzer und Passwort der MySQL-Datenbank sowie der Hostname, auf dem MySQL läuft (z. B. `localhost`)
- Pfad zur Software ImageMagick
- Name und Passwort, die Sie für den TYPO3-Administrator vergeben
- ein neues Passwort, das Sie als Installationspasswort vergeben

Rufen Sie Ihre Installation mit `http://<name-der-domain>` oder lokal mit `http://localhost/TYPO3CMS/www_tus-easi1970_de/` im Browser auf. TYPO3 bietet zwei Varianten des Install Tools: Die schnelle 3-Schritt-Installation mit wenigen Eingriffsmöglichkeiten oder die ausführliche Installation.

Da wir einige Einstellungen vornehmen und zudem das Installationstool kennenlernen wollen, vermeiden wir die geführte 3-Schritt-Installation, die als Standard angeboten wird, und nutzen stattdessen die „ausführliche Variante". Klicken Sie hierzu auf **Skip this wizard (for power users only)**.

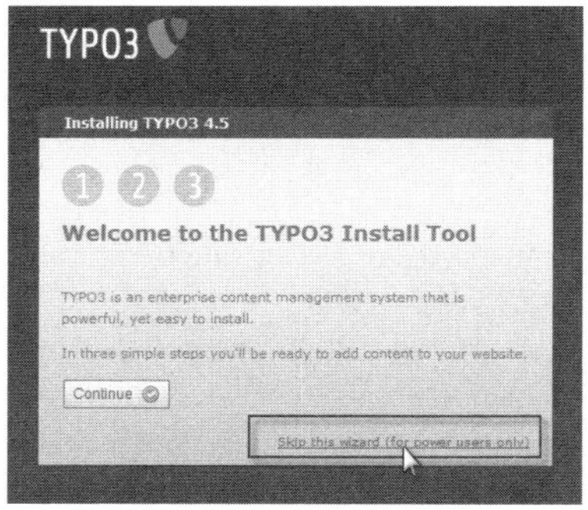

Abbildung 2.11: Install Tool beim ersten Aufruf

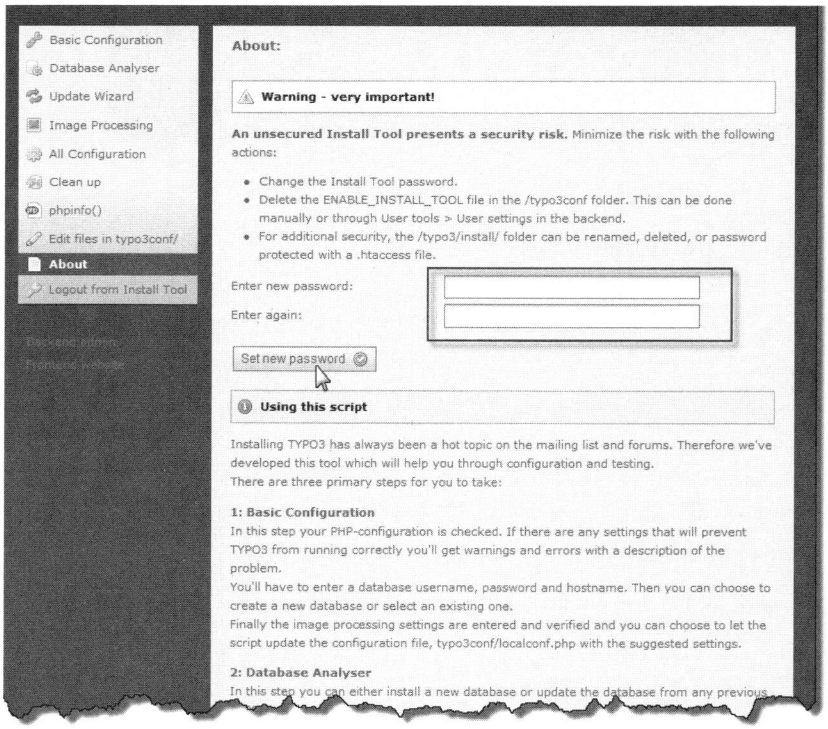

Abbildung 2.12: Install Tool – neues Passwort vergeben

Das Default-Passwort lautet `joh316`, das Sie umgehend (!) ändern sollten: Geben Sie Ihr neues Passwort ein, klicken Sie auf **Set new password** und dann auf **Click to continue**. Nach erfolgter Änderung müssen Sie sich mit dem geänderten Passwort neu anmelden.

Wenden wir uns also nun den verschiedenen Installations- und Konfigurationsmenüs des Install Tools zu; wir beschränken uns zunächst auf die wichtigsten und sinnvollsten Einstellungen und werden dabei auch nicht der Reihenfolge der Menüpunkte links im Bild folgen.

All Configuration

Wählen Sie im Menü **All Configuration** aus. Bevor Sie die Datenbank mit Tabellen und Inhalten füllen, ist ein wichtiger Schritt erforderlich, nämlich die Festlegung eines geeigneten Encodings für Datenbank und Webauftritt. In der Regel ist dies `latin-1`.

Möglicherweise soll Ihr Webauftritt neben westeuropäischen beispielsweise auch osteuropäische Sprachen unterstützen, die dem Encoding `latin-2` folgen – oder Sie benötigen gar arabische oder asiatische Sprachen. Um hier für alle Fälle gerüstet zu sein, empfiehlt sich der Zeichencode `utf-8`. Dieser ließe sich zwar auch später noch „nachrüsten", dann aber wären Installation und Datenbank nicht mehr im Einklang, was zu merkwürdigen Effekten bei der Darstellung von „Sonderzeichen" (etwa auch deutschen Umlauten) führen kann. Dies kann darüber hinaus insbesondere bei Sicherung und Wiederherstellung bzw. Kopie auf einen anderen Server zu erheblichen Problemen führen. Zwar gibt es eine Erweiterung, die Sie bei einer ggf. erforderlichen Umstellung unterstützt, aber der hier beschrittene Weg ist der einfachere und sicherere.

Suchen Sie nach `[UTF8filesystem]` und setzen Sie dort ein Häkchen. Jetzt wird für das Filesystem utf-8 verwendet.

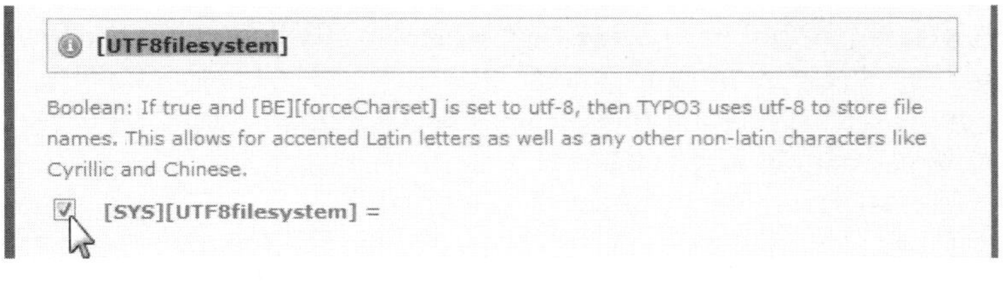

Abbildung 2.13: utf-8-Filesystem einrichten

TYPO3 hält per Default die Datenbankverbindung dauerhaft aufrecht. Das geht zu Lasten der Ressourcen. Suchen Sie nach `[no_pconnect]` und setzen Sie dort ein Häkchen.

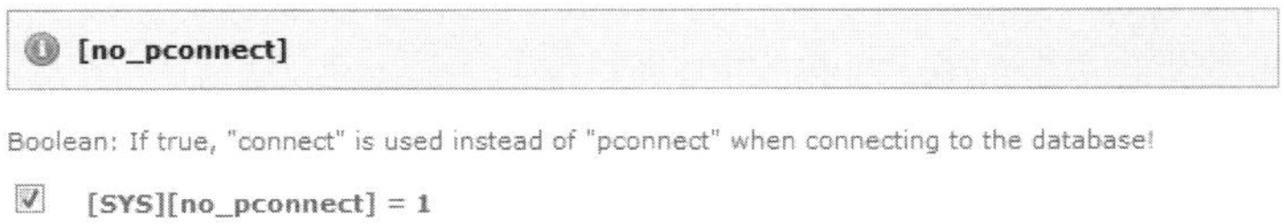

Abbildung 2.14: no_pconnect setzen

Suchen Sie nach `[textfile_ext]`. Hier wird gesteuert, welche Dateitypen Sie später im Backend im Dateisystem bearbeiten dürfen. Wir werden später auch Dateien mit der Endung `.ts` für TypoScript verwenden. Fügen Sie hier einfach diese neue Dateiendung mit `,ts` hinzu:

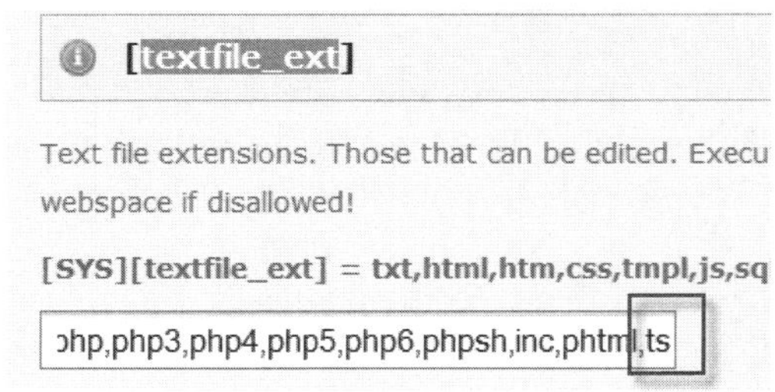

Abbildung 2.15: Dateiendung ts einfügen

Und zum Abschluss noch ein Sicherheitsaspekt: Schutz der Cookies gegen XSS. Suchen Sie nach `[cookieHTTPonly]` und setzen Sie dort ein Häkchen.

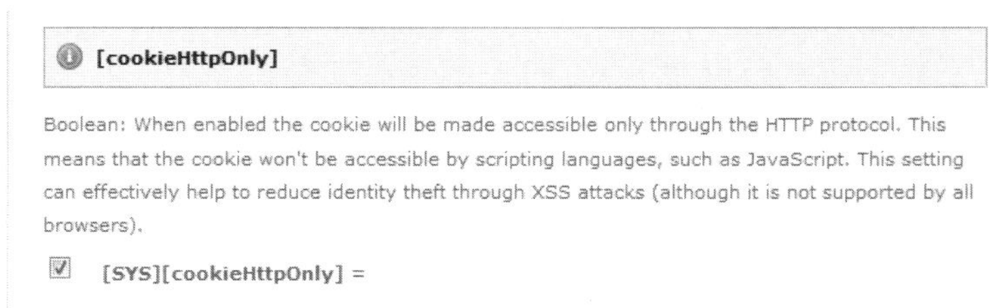

Abbildung 2.16: Cookies gegen XSS schützen

Im Folgenden zeigen wir noch einige kleinere, nützliche Einstellungsmöglichkeiten, die Sie anpassen können, aber nicht oder nicht jetzt vornehmen müssen. Die Dokumentation aller übrigen Parameter entnehmen Sie bitte deren Beschreibung im Install Tool.

`[sessionTimeout]`
: Zeitraum in Sekunden, den ein Backendbenutzer eingeloggt bleibt, auch wenn keine Aktivitäten zu verzeichnen sind. Standard ist der Wert 3600 (eine Stunde). Eine Erhöhung des Wertes während der Entwicklungsphase kann hilfreich sein.

[maxFileSize]

Maximale Dateigröße in KB; sofern Sie größere Dateien im Filemanager hochladen möchten, müssen Sie den Standardwert von `10240` entsprechend erhöhen.

[interfaces]

legt fest, welche Oberflächen (Backend, Frontend) beim Login im Backend zur Auswahl angeboten werden. Diese Möglichkeit ist insbesondere dann interessant, wenn Sie *Frontend Editing* ermöglicht haben. Für den Fall, dass Sie beide Oberflächen anbieten wollen, geben Sie in dem Feld `backend,frontend` ein (bzw. umgekehrte Reihenfolge, wenn gewünscht).

[loginLabels]

Beschriftung des Backend Logins anpassen, indem Sie zum Beispiel die englischsprachige Vorgabe durch deutsche Texte ersetzen. Passen Sie dazu zum Beispiel das Feld wie folgt an:[19]

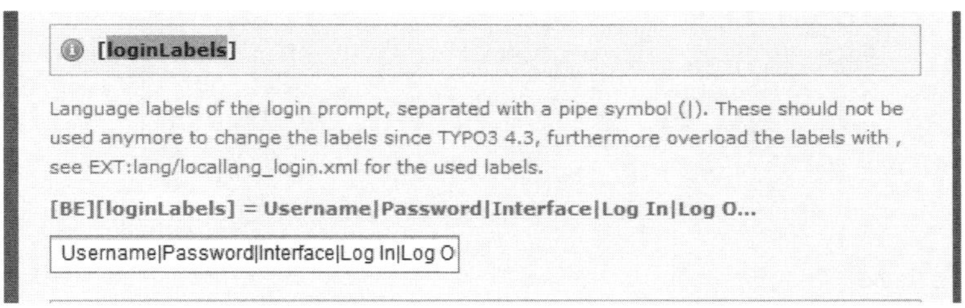

Abbildung 2.17: loginLabels

```
Benutzername|Passwort|Oberfläche|Anmelden|Abmelden|Backend,Front
End,Traditional Backend|Benutzeranmeldung an ###SITENAME###|
(Hinweis: Cookies und JavaScript müssen eingeschaltet sein!)|
Wichtige Nachricht:|Ihre Anmeldung ist leider fehlgeschlagen.
Bitte stellen Sie sicher, dass Sie Ihren Namen und Ihr Passwort
unter Beachtung der Groß-/Kleinschreibung richtig geschrieben
haben!
```

[ddmmyy]

Format der Datumsanzeige (Standard `d-m-y`) (entspricht der PHP-Funktion `date()`)

[19] Sind in der Eingabe keine Leerzeichen vorgesehen oder ist (z. B. in Code) kein Zeilenumbruch möglich, umbrechen wir den Text wie in diesem Beispiel „hart“ am Rand des Satzspiegels. Ihre Eingabe sollte dann entsprechend in *einer* Zeile erfolgen.

[hhmm]
Format der Uhrzeitanzeige (Standard H:i) (entspricht der PHP-Funktion date()

[textfile_ext]
Dateiformate, die im Backend bearbeitet werden dürfen (Standard: txt,html,htm,css,inc,php,php3,tmpl,js,sql)

[binPath]
Liste der absoluten Systempfade, in denen nach externen Programmen gesucht wird, z. B. der Pfad zum Verzeichnis Tools mit der selbst durchgeführten Installation von ImageMagick.

[setMemoryLimit]
Speicherlimit in MB; wenn ein Wert größer als 16 vorgegeben wird, passt TYPO3 über die Funktion ini_set() den Wert in PHP an. Sollte die Funktion ini_set nicht möglich sein, da Ihr Systemadministrator/Internetprovider dies nicht zugelassen hat, bleibt Ihnen nur der Weg über eine Anpassung der php.ini. Legen Sie in dem Fall in Ihrem Webseitenverzeichnis www_tus_easi1970_de eine Datei mit dem Namen php.ini an und tragen Sie dort memory_limit = 64M ein.

[serverTimeZone]
Abweichung der serverTimeZone zur Greenwich Mean Time; für Deutschland zum Beispiel 1.

Klicken Sie jetzt abschließend ganz unten auf der Seite auf **Write to localconf.php**, um die Eingaben zu speichern.

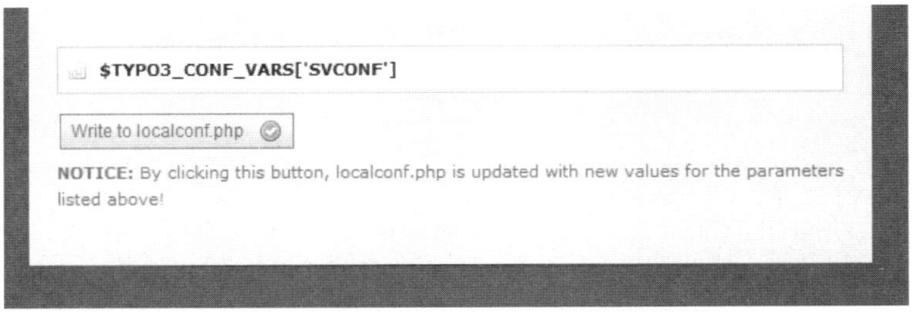

Abbildung 2.18: Install Tool – localconf.php aktualisieren

Anschließend wird Ihnen angezeigt, welche Änderungen vorgenommen wurden. Klicken Sie nun auf **Click to continue**.

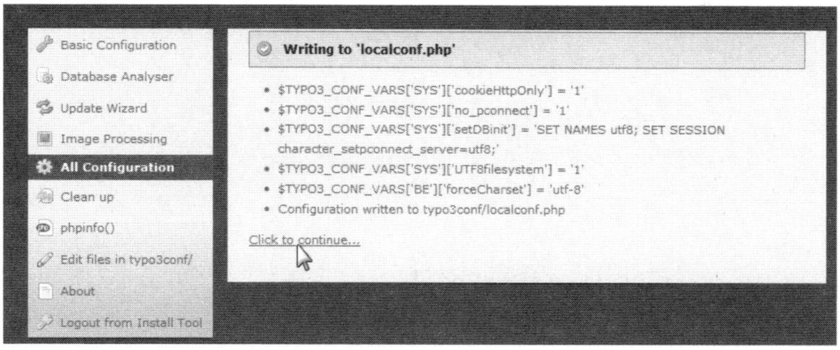

Abbildung 2.19: Install Tool – Click to continue

Basic Configuration

Wählen Sie bitte im Menü **Basic Configuration** aus. Hier werden verschiedenste Prüfungsergebnisse angezeigt, z. B. die Prüfung, ob TYPO3 die erforderlichen Zugriffsrechte auf die Verzeichnisse hat. Sollte hier ein Fehler aufgeführt werden, schlägt das Installationstool gleich einen Lösungsweg vor. Unter Umständen müssten Sie hier bei den Zugriffsberechtigungen auf Verzeichnisse noch einmal nacharbeiten.

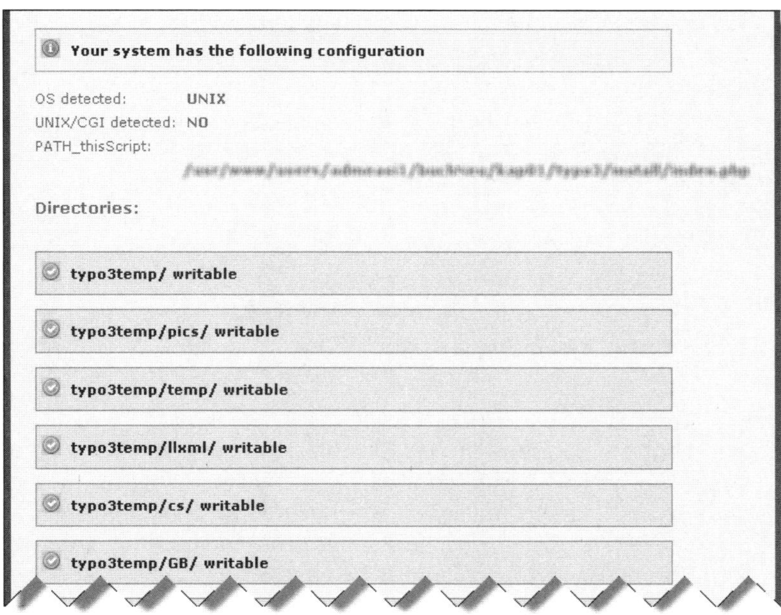

Abbildung 2.20: Basic Configuration – Prüfungen durch TYPO3

Wenn keine Fehler aufgeführt werden, stellen Sie zunächst die Verbindung zum Datenbanksystem her. Blättern Sie bis beinahe an den unteren Rand des Fensters und geben Sie die geforderten Informationen ein:

Username
: Ihr Benutzername für die MySQL-Datenbank

Password
: Ihr Passwort für diese Datenbank

Host
: `localhost`, sofern die Datenbank – wie hier vorausgesetzt – auf demselben Rechner läuft wie die TYPO3-Installation, oder die Host-Adresse, die Ihnen beim Anlegen der Datenbank genannt wurde (z. B. die Webadresse Ihres Webauftritts).

Database
: Wenn Sie eine bereits bestehende Datenbank nutzen – z. B. die oben erzeugte Datenbank `typo3` – geben Sie zunächst Username und Passwort ein, speichern durch Anklicken von **Update localconf.php** unten auf der Seite, und wählen dann, wenn die Seite neu geladen ist, die Datenbank aus. Blättern Sie erneut ganz nach unten und klicken Sie auf **Update localconf.php** und die Datenbankverbindung ist konfiguriert.

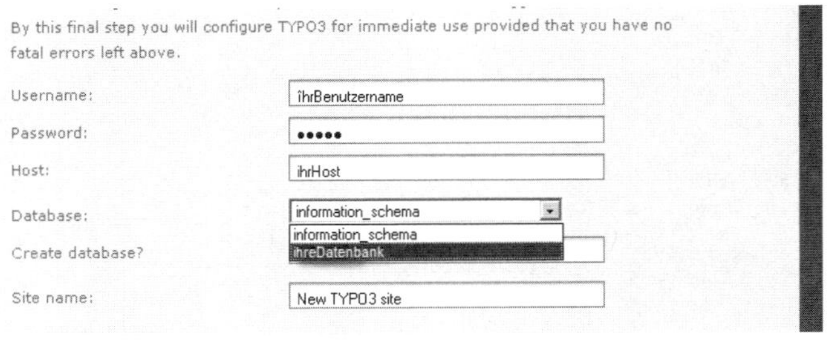

Abbildung 2.21: Install Tool – Datenbank auswählen

Soll nicht auf eine bestehende Datenbank zurückgegriffen werden, tragen Sie im Feld **Create database? (Enter name)** einen Namen ein (hier: `typo3`). Durch Anklicken von **Update localconf.php** unten auf der Seite wird eine neue, leere Datenbank angelegt. Immer vorausgesetzt, Ihr Internetprovider hat, wie bereits oben erwähnt, das Anlegen von Datenbanken erlaubt, auch wenn nicht das vom Internetprovider bereitgestellte Konfigurationswerkzeug benutzt wird.

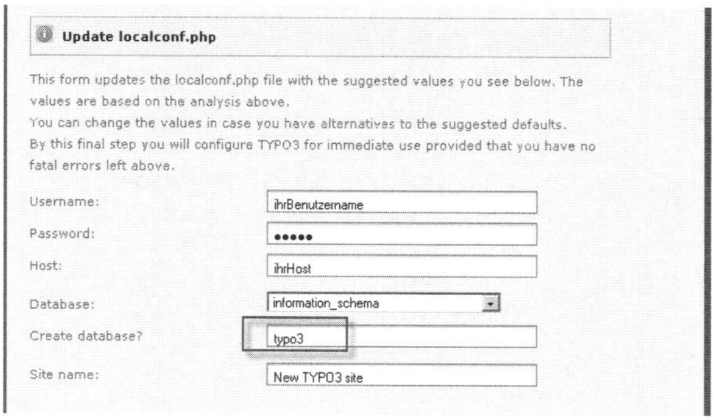

Abbildung 2.22: Install Tool – Neue Datenbank anlegen

Damit ist ein wichtiges Ziel erreicht: Die Verbindung zur Datenbank steht.

Datenbankverbindung lässt sich nicht herstellen?

In seltenen Fällen ist zu hören, dass die Verbindung nicht greift und keine Auswahl der angelegten Datenbank möglich ist, obwohl Benutzer, Passwort und Host korrekt eingeben wurden. Hier hilft oft ein Eingriff in die Datei `localconf.php`. Gehen Sie im Install Tool zu **Edit files in typo3conf/** und öffnen Sie (1) die Datei `localconf.php` zum Editieren.

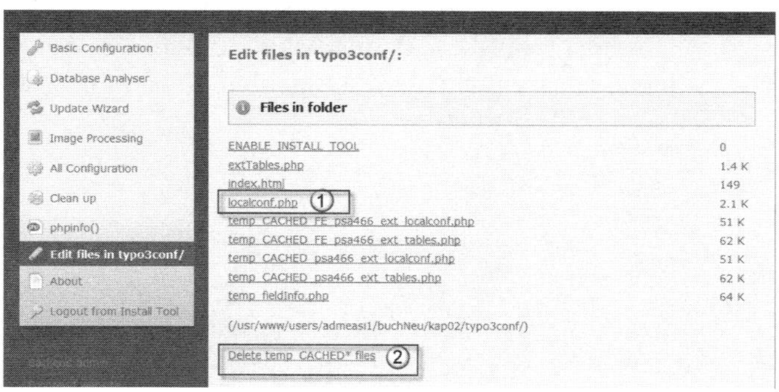

Abbildung 2.23: Install Tool – localconf.php bearbeiten

Kopieren Sie den Inhalt der Datei in einen lokalen Editor auf Ihrem PC und schauen Sie sich die folgenden Zeilen an:

```
$typo_db_username = 'ihrBenutzername'; // Modified or inserted by TYPO3
Install Tool.
$typo_db_password = 'ihrPasswort'; // Modified or inserted by TYPO3
Install Tool.
$typo_db_host = 'ihrServer'; // Modified or inserted by TYPO3 Install
Tool.
```

Diese Zeilen spiegeln die korrekte Eingabe über das Install-Tool wider. Fügen Sie darunter folgende Zeile ein

```
$typo_db = 'ihreDatenbank';
```

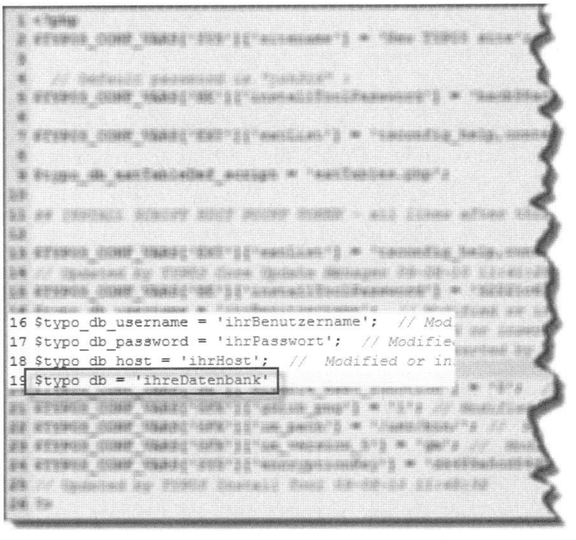

Abbildung 2.24: Install Tool – Datenbanknamen direkt in localconf.php einfügen

und kopieren Sie den gesamten Inhalt aus dem lokalen Editor wieder in die Datei `localconf.php`. Löschen Sie dann auch (2) die temporären Dateien. Prüfen Sie anschließend, ob sich jetzt die Datenbank auswählen lässt.

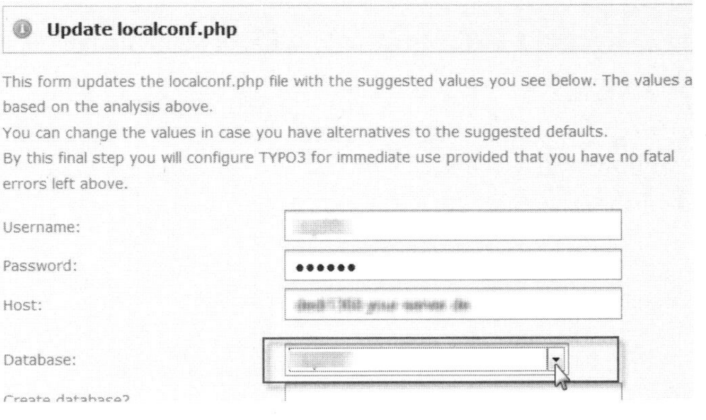

Abbildung 2.25: Install Tool – Datenbank auswählen

Bevor aber die Datenbank mit Tabellen und Daten gefüllt wird, passen Sie zunächst noch die anderen Einstellungen in Basic Configuration an.

ImageMagick angeben und weitere Einstellungen in Basic Configuration

Suchen Sie nun den Abschnitt **Check ImageMagick** und geben Sie dort den Pfad zu Ihrer ImageMagick-Installation an, also, ausgehend von unserer Beispiel-Installation: `../tools/imagemagick/imagemagick-4.2.9/bin/` In manchen Fällen ist es erforderlich, den vollständigen (absoluten) Pfad anzugeben, der natürlich von der Verzeichnisstruktur Ihres Servers oder Webspace abhängt, also z. B. `/usr/www/users/ihrInstallationsverzeichnis/tools/imagemagick/imagemagick-4.2.9/bin/` .

Setzen Sie das Häkchen bei **Check LZW-capabilities** und klicken Sie auf **Send**. Jetzt sollte Ihnen ImageMagick als verfügbar angezeigt werden. Wird ImageMagick nicht als verfügbar angezeigt, überprüfen Sie den Dateipfad und versuchen Sie es noch einmal.

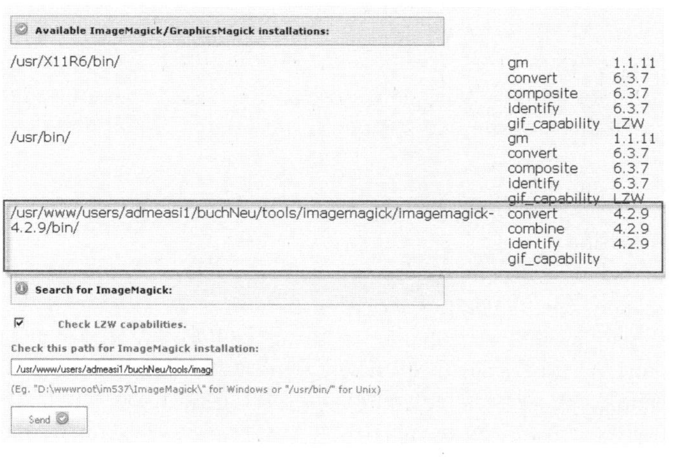

Abbildung 2.26: Pfad zur ImageMagick- oder GraphicsMagick-Version

Möglicherweise stellt Ihr Internetprovider bereits eine ImageMagick-Version (z. B. Version 6.x) zur Verfügung, die das Install Tool auch erkennt. Sie haben dann später im Abschnitt **5: All Configuration** die Möglichkeit, eine Anpassung vorzunehmen und die bevorzugte Version auszuwählen. Ihre bevorzugte Version wählen Sie nun ganz am Ende der Seite aus.

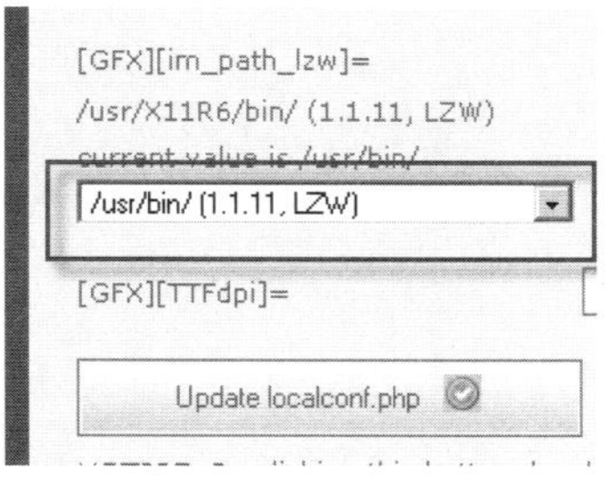

Abbildung 2.27: Auswahl von ImageMagick- oder GraphicsMagick

Blättern Sie noch einmal etwas hoch und generieren Sie unter **Encryption key** eine Prüfsumme mit Klick auf **Generate random key**.

In der Zeile darüber tragen Sie unter **Site name:** noch den Namen der Webseite `Sportverein TUS Easi 1970` ein, so wie er später in den Webbrowsern angezeigt werden soll.

Und noch einmal etwas hochgeblättert: Wenn die Schrift im gelb hinterlegten Abschnitt **FreeType quick-test (as GIF)** nicht korrekt angezeigt und z. B. am rechten Rand abgeschnitten wird, so ist die Einstellung der Schriftgröße für Ihre Installation nicht korrekt. Blättern Sie ganz nach unten und geben Sie dort bei `[GFX][TTFdpi]=` den Wert 96 statt 72 ein.[20]

Abbildung 2.28: TrueType support

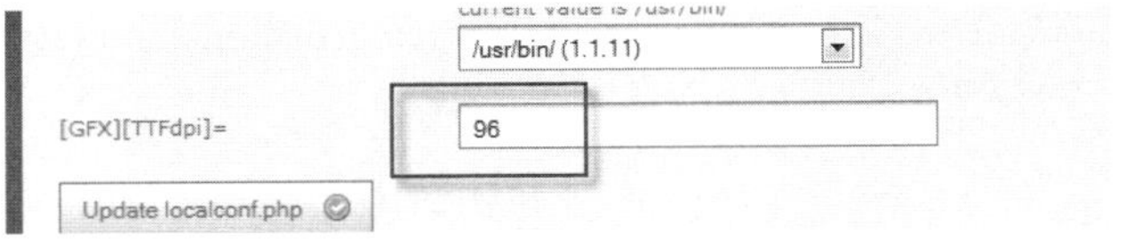

Wählen Sie jetzt abschließend ganz unten auf der Seite erneut **Update localconf.php**, um die Eingaben zu speichern, und danach auf **Click to continue**.

Image Processing

Wählen Sie im Menü **Image Processing** aus. Hier können Sie überprüfen, ob Ihre Einstellungen zur Bildverarbeitung greifen. Wenn Sie etwas nach unten blättern, sehen Sie Ihre bisher getroffenen Einstellungen (Pfad zu ImageMagick, die Version etc.) und haben darunter die Möglichkeit, die Funktionalität von ImageMagick zu überprüfen. Klicken Sie auf **1: Reading image formats** und überprüfen Sie das Ergebnis.

Abbildung 2.29: Bildverarbeitung testen

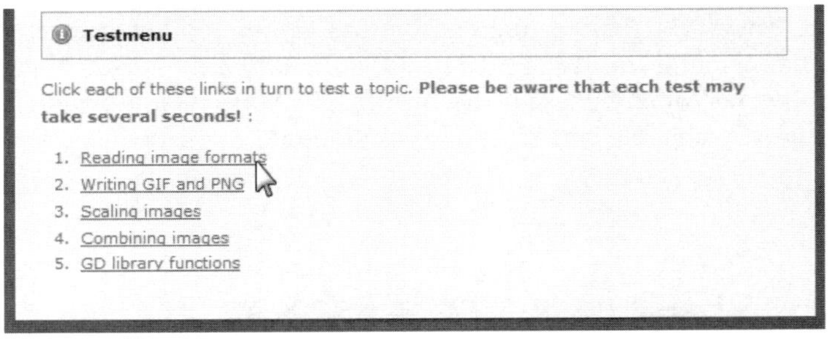

20 Sollte dieser Schrifttest gar nicht angezeigt und die GDLib nicht gefunden werden, so prüfen Sie (ggf. über den Support Ihres Internetproviders), ob dieses PHP-Modul überhaupt installiert ist (bei Debian z. B. das Paket `php5-gd`).

Sofern ImageMagick oder GraphicsMagick korrekt installiert wurde, werden Original (rechts) und die mit ImageMagick oder GraphicsMagick bearbeitete Grafik (links) angezeigt. Abweichungen in der Bildgröße können durch eine unter **All Configuration** im Punkt `jpg_quality` vorgenommene Anpassung der Bildqualität entstehen. Wird links nichts angezeigt, überprüfen Sie bitte die Installation und die Einstellungen von ImageMagick: Stimmt der Pfad bzw. die unter **All Configuration** angegebene Version?

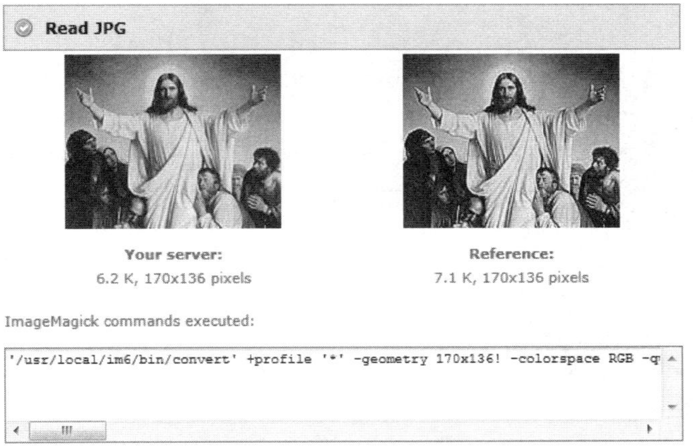

Abbildung 2.30: Ergebnis der Bildbearbeitung

Um auch PDF- und AI-Dateien (Adobe InDesign) anzeigen zu können, muss ImageMagick entsprechend kompiliert sein. Dieser Punkt wird hier nicht näher ausgeführt, da Sie je nach Server/Hosting-Angebot dies gar nicht dürfen. Um die Bearbeitung der Dateitypen PDF und AI generell zu unterbinden, sind im Abschnitt **All Configuration** unter `[imagefile_ext]` die beiden Dateiendungen zu entfernen.

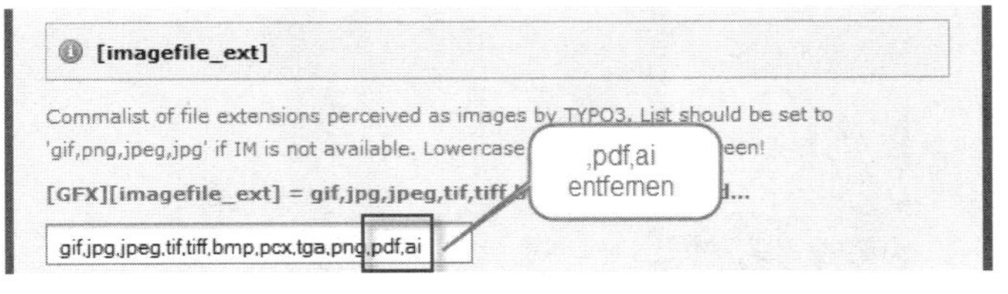

Abbildung 2.31: PDF und AI entfernen

Upgrade Wizard

Wählen Sie im Menü **Upgrade Wizard** aus. Es wird angezeigt, dass das System bereits **Up to date** ist, weil Sie ja eine neue (frische) Installation durchgeführt haben.

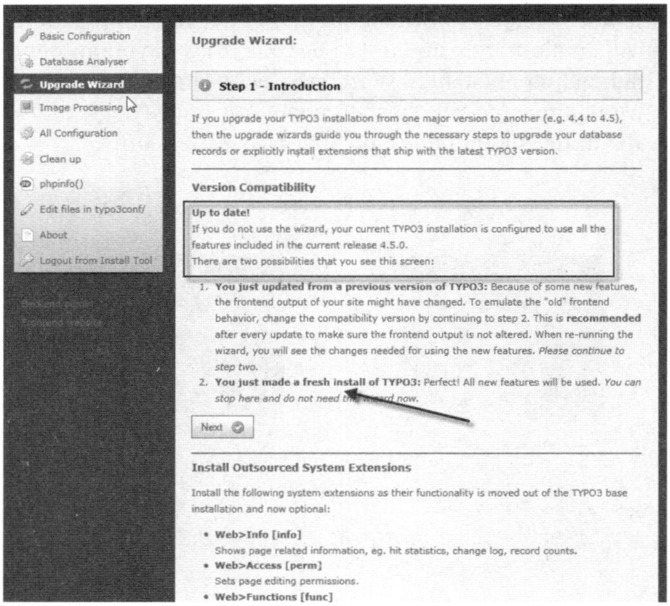

Abbildung 2.32: Upgrade Wizard – Schritt 1

Weiterhin wird die Installation von einigen Systemerweiterungen angeboten. Sie können die Erweiterungen auch später nach Bedarf im Erweiterungsmanager installieren.

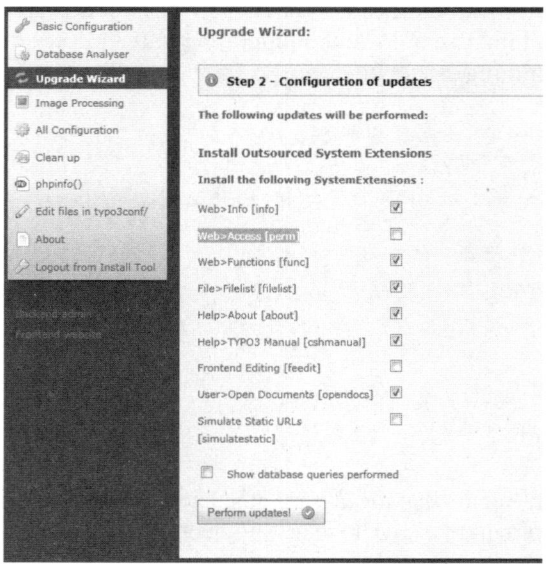

Abbildung 2.33: Update Wizard – Erweiterungen installieren

Aber wenn Sie schon mal hier sind, können Sie gleich die Erweiterungen installieren, die Sie von Anfang nutzen. Klicken Sie unter **Install Outsourced System Extensions** auf `Next` und wählen Sie auf der nächsten Seite der Erweiterungen **User>Open Documents [opendocs]** wieder ab, denn diese benötigen Sie erst einmal nicht! Klicken Sie auf **Perform updates**.

Damit sind die Erweiterungen installiert – mehr ist hier nicht zu tun. Klicken Sie also *nicht* auf **Go to the next update wizard**, sondern klicken Sie stattdessen links auf **Database Analyser**.

2: Database Analyser

Sie können nun am Ende der Seite im **Database Analyser** auf **COMPARE** klicken. Es erscheint eine größere Anzahl von Tabellen, die angelegt werden, sobald Sie am unteren Rand dieser Seite auf **Write to database** klicken. Nach dem Klick sind die Tabellen in der Datenbank angelegt.

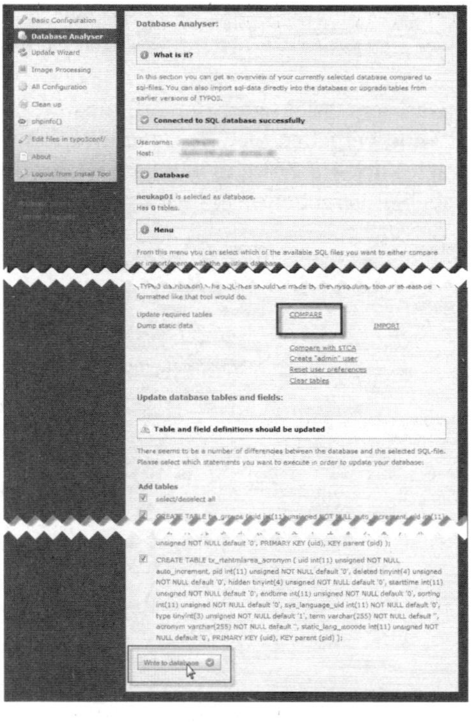

Abbildung 2.34: Mit COMPARE die Datenbanktabellen anlegen

Jetzt fehlen in den Datenbanktabellen nur noch Daten, die Sie im weiteren Verlauf auch benötigen: Daten in den Tabellen `sys_ter` (TER steht für *TYPO3 Extension Repository*) und Static Data (Ländercodes etc.); wählen Sie darum im Database Analyser **IMPORT**, machen Sie je ein Häkchen bei

sys_ter und **static_tsconfig_help** und wählen Sie abschließend **Write to database**. Nach einem kurzen Moment sind nun die Tabellen mit Daten gefüllt.

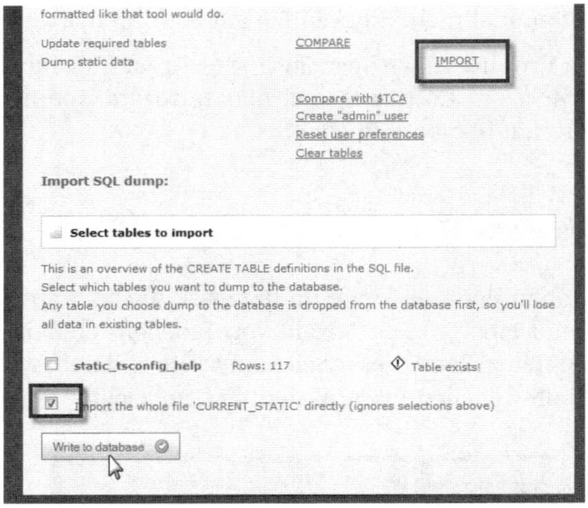

Abbildung 2.35: Static Tables füllen

Jetzt fehlt noch etwas sehr Wichtiges: der Administrator! Klicken Sie auf **Create "admin" user** und vergeben Sie einen Benutzernamen und ein Passwort Ihrer Wahl. Nach Klick auf **Write to database** ist der Benutzer angelegt. Vergessen Sie das soeben vergebene Passwort nicht!

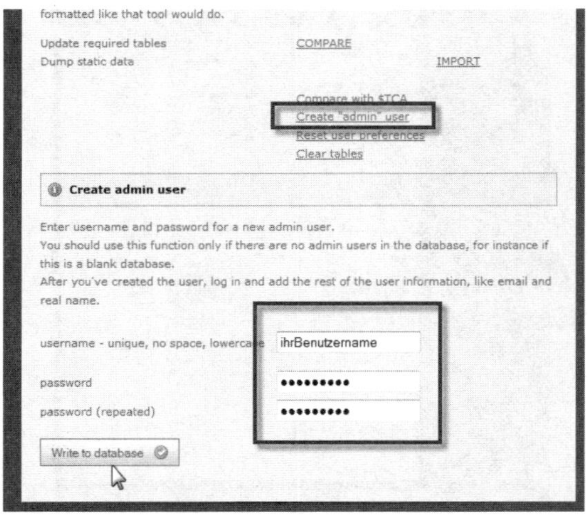

Abbildung 2.36: AdminUser im Install Tool anlegen

Bevor Sie sich nun mit den soeben definierten Zugangsdaten in das Backend – also die „Schaltzentrale" Ihres Webauftritts – einloggen, sollten Sie `ENABLE_INSTALL_TOOL` im Verzeichnis `typo3conf` löschen. Auf diese Weise behindert TYPO3 Einbruchversuche in das Install Tool. Wenn Sie zu einem späteren Zeitpunkt das Install Tool wieder benötigen, können Sie die Datei als Admin direkt aus dem Backend Ihrer Installation bequem anlegen.

Sie können nun auf der linken Seite mit Klick auf **Backend admin** das Backend öffnen – alternativ geben Sie im Browser Ihre Domain mit dem Zusatz `/typo3` an, also etwa `http://www.tus-easi1970.de/typo3`.[21]

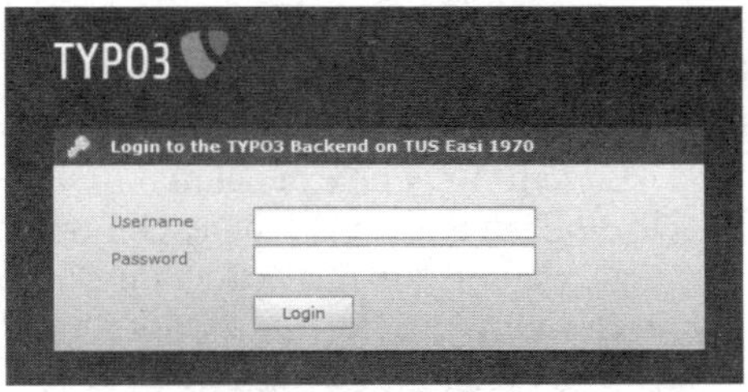

Abbildung 2.37: Log-In

Geben Sie den Namen und das Passwort des zuvor angelegten Administrators ein und klicken Sie auf **Login**. Haben Sie in Ihrem Browser sowohl Cookies als auch JavaScript erlaubt, öffnet sich nun das Backend.

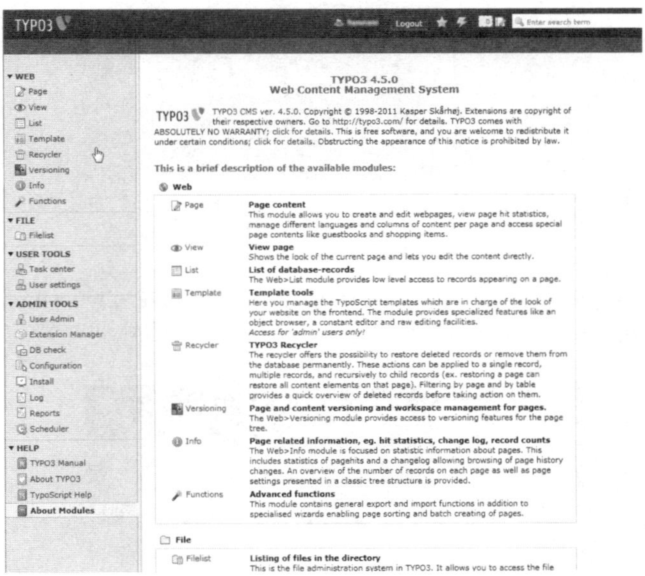

Abbildung 2.38: Der erste Blick ins Backend

21 In manchen Fällen ist der Webserver so konfiguriert, dass die Datei `index.php` nicht automatisch aufgerufen wird, in diesem Fall müssen Sie die URL einfach ergänzen: `/typo3/index.php`

2.5 Das Backend einrichten und benutzen

Das Backend sieht zwar schon gut aus, doch hätten wir gern Deutsch als Sprache. Der Weg führt über das *TYPO3 Extension Repository*, das TER.

2.5.1 Das TYPO3 Extension Repository (TER) einrichten

Bevor Sie sich eingehend mit dem Backend beschäftigen, richten Sie zunächst den Erweiterungsmanager ein, also das Werkzeug zur Verwaltung der zahlreichen TYPO3-Erweiterungen (Extensions). Bei dieser Gelegenheit werden Sie auch gleich die Dateien für die deutsche Sprachunterstützung herunterladen und einige weitere für die Arbeit im Backend interessante Erweiterungen einrichten.

Wechseln Sie also über den Menüpunkt **Extension Manager** auf der linken Seite in den Erweiterungsmanager.

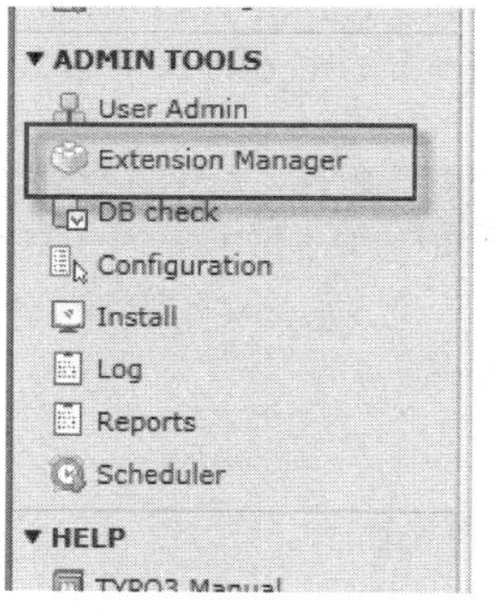

Abbildung 2.39: Button des Erweiterungsmanagers

Nach Auswahl von **Loaded Extensions** im Ausklappmenü oben sehen Sie alle Erweiterungen, die in dieser Installation aktuell aktiviert sind.

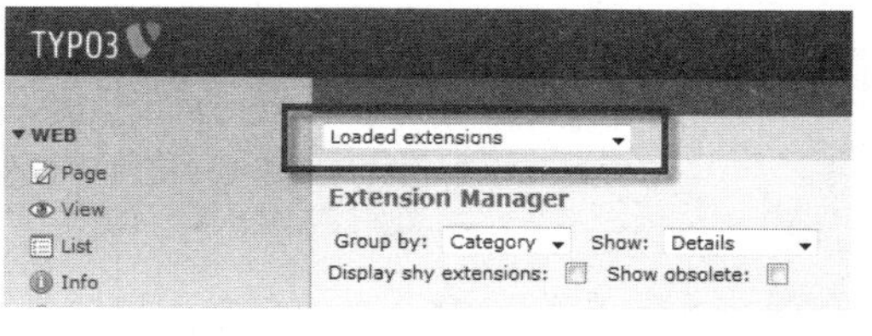

Abbildung 2.40: Loaded extensions/Geladene Erweiterungen einblenden

Dies sind nach einer Grundinstallation nur wenige, was die viel zitierte Aussage bestätigt, dass TYPO3 letztlich aus vielen Erweiterungen besteht.

Wenn Sie jetzt ein Häkchen bei **Display shy extensions** setzen, werden alle übrigen Systemerweiterungen angezeigt. Die Spaltenüberschriften sind selbsterklärend. In der vorletzten Spalte sehen Sie, dass alle Erweiterungen vom Typ **System** sind. Für Sie ist das der Hinweis, dass diese Erweiterungen im Verzeichnis `typo3_src-4.5.3/typo3/sysext/` liegen, also mit dem Paket **TYPO3 Source** ausgeliefert wurden. Die Systemerweiterungen sind für die Lauffähigkeit der Installation wichtig und sollten darum nicht deinstalliert werden!

Ihre installationsspezifischen Erweiterungen werden in dem Verzeichnis `/TYPO3CMS/www_tus-easi1970_de/typo3conf/ext` abgelegt. Wollen Sie also einmal direkt auf Dateien einer Erweiterung zugreifen, werden Sie in einem der beiden Verzeichnisse fündig.

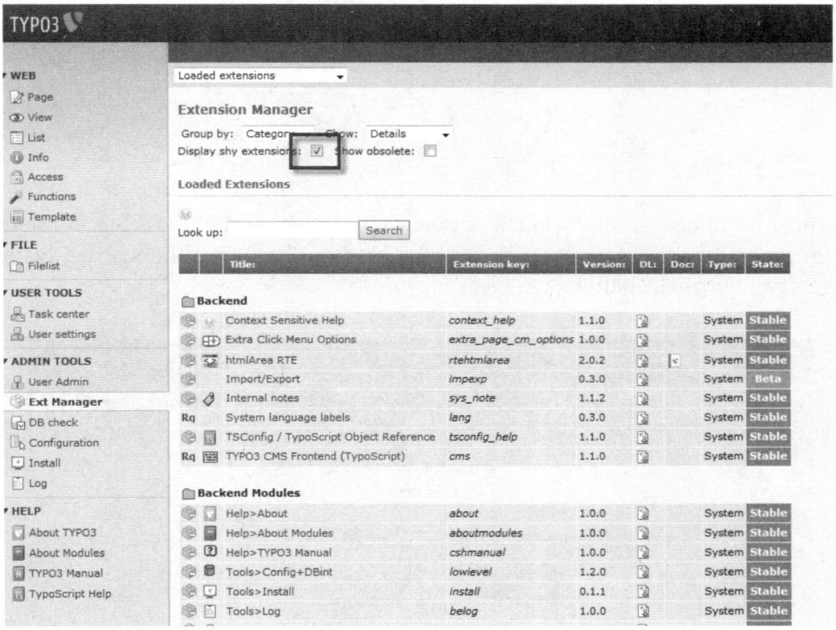

Abbildung 2.41: Shy extensions/Systemerweiterungen einblenden

Wählen Sie nun aus dem obersten Ausklappmenü den Eintrag **Settings** aus.

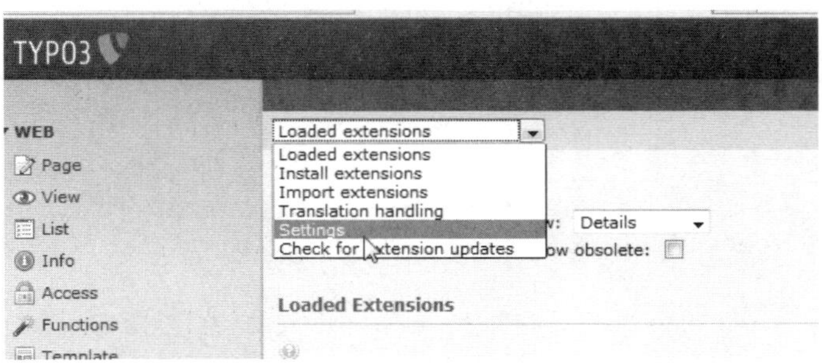

Abbildung 2.42: Settings auswählen

Sie können die Einstellungen unter **User Settings** vorläufig übergehen; diese Optionen werden erst relevant, wenn Sie selbst eine Erweiterung entwickelt haben und ins TER hochladen wollen. Wichtig zu wissen ist allerdings, dass Sie hier zu gegebener Zeit Benutzernamen und Passwort selbst definieren können.

Nach der Installation ist nur die Sprache Englisch installiert. Wählen Sie daher im obersten Ausklappmenü den Eintrag **Translation handling**

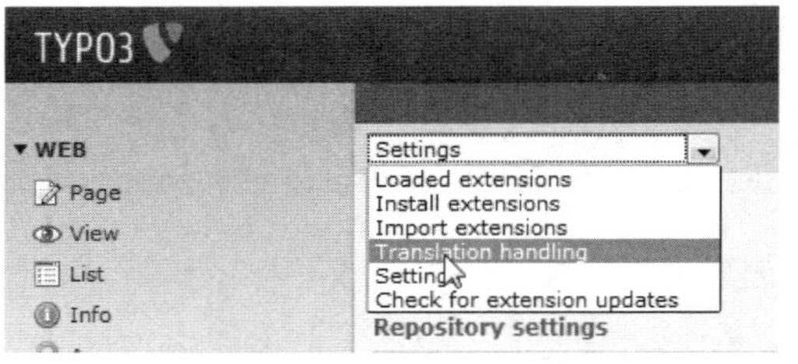

Abbildung 2.43: Translation handling

und anschließend die Sprache **German** aus (Abbildung 2.44). Sie können übrigens mehrere Sprachen auswählen, indem Sie beim Klicken die Taste [Strg] gedrückt halten.

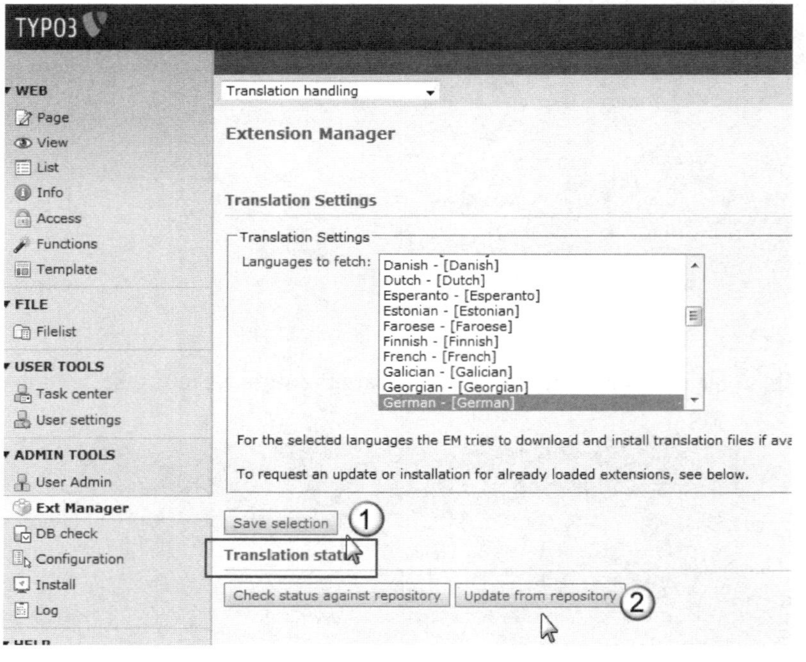

Abbildung 2.44: Sprachdateien für Erweiterungen auswählen

Nach Klick auf **Save selection** sehen Sie nun den neuen Abschnitt **Translation Status**.

Für die bereits installierten (System-)Erweiterungen wollen Sie selbstverständlich auch die deutschen Sprachdateien haben, um im gesamten Backend mit der gewünschten Sprache zu arbeiten. Um die Aktualisierung durchzuführen, klicken Sie auf **Update from repository**, woraufhin die deutschen Sprachdateien – sofern verfügbar – nachgeladen werden. Diese werden übrigens im Verzeichnis `www_tus-easi1970_de/typo3conf/l10n` abgelegt. Es kann vorkommen, dass eine bestimmte Sprache gar nicht angeboten oder eine Übersetzung noch nicht vollständig ist; in diesen Fällen greift das System auf die Standardsprache Englisch zurück.

Nach Klick auf **Update from repository** werden die Sprachdateien für die deutsche Sprache der in Ihrer Installation vorhandenen Erweiterungen geladen.

Eigentlich könnten Sie zunächst ohne weitere Erweiterungen arbeiten, aber wir wollen direkt einige herunterladen, die Ihnen die Arbeit erleichtern:

`phpmyadmin`
: Für den direkten Zugriff aus Ihrer TYPO3-Installation auf die MySQL-Datenbank. Wenn Ihr Internetprovider Ihnen ebenfalls `phpmyadmin` zur Verfügung stellt, müssen Sie die Erweiterung nicht installieren. Allerdings ist es schon bequemer, direkt aus dem TYPO3-Backend auf die Datenbanktabellen zugreifen zu können.

`t3quixplorer`
: Ein Dateiexplorer, der die Arbeit im Dateisystem Ihrer Installation erleichtert; Sie können damit Dateioperationen ausführen und bestimmte Dateitypen auch editieren, ohne eigens einen FTP-Client zu starten.

`mw_shell`
: Eine einfache Shell-Anwendung, mit der Sie ähnlich wie mit PuTTY Zugriff auf Ihren Server haben und Linux-Kommandos absetzen können, allerdings sind die Möglichkeiten deutlich eingeschränkter. Dennoch kann die Erweiterung sehr hilfreich sein.

Wählen Sie im Ausklappmenü den Eintrag **Import extensions** und klicken Sie auf **Retrieve/Update**, um die Liste der aktuell im TER vorhandenen Erweiterungen zu laden.

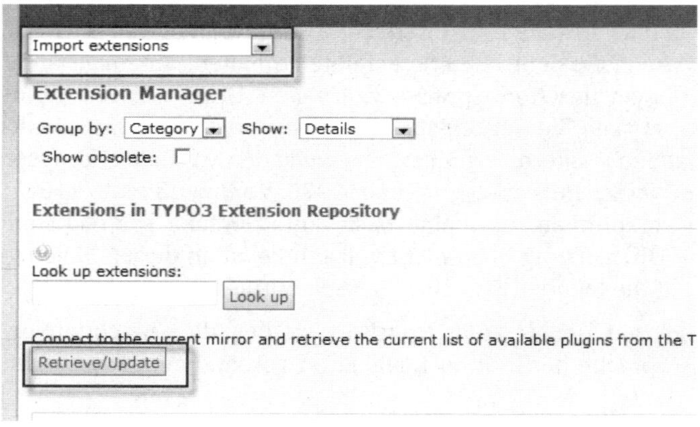

Abbildung 2.45: Retrieve/Update

Nach einer kurzen Weile sollte diese Liste dann zur Verfügung stehen. Hier – wie auch später beim Download der Erweiterung selbst – kann es jedoch zu Problemen kommen. Entsprechende Fehlermeldungen der Art „Fatal error: Maximum execution time... exceeded" oder „Allowed memory size... exhausted" weisen auf das zugrunde liegende Speicherproblem hin. Meist ist es lösbar durch eine Erhöhung des Wertes `memory_limit` in der zentralen PHP-Konfigurationsdatei `php.ini`. Setzen Sie in diesem Fall dort den Wert wie folgt:

```
memory_limit = 64M;
```

Das setzt entsprechende Administratorrechte voraus; sollten Sie diese nicht besitzen, müssen Sie sich mit Ihrem Provider in Verbindung setzen.

Wenn es keine Probleme gab oder Sie das Problem schon gelöst haben, tragen Sie in das Eingabefeld `phpmyadmin` ein und klicken auf **Look up**.

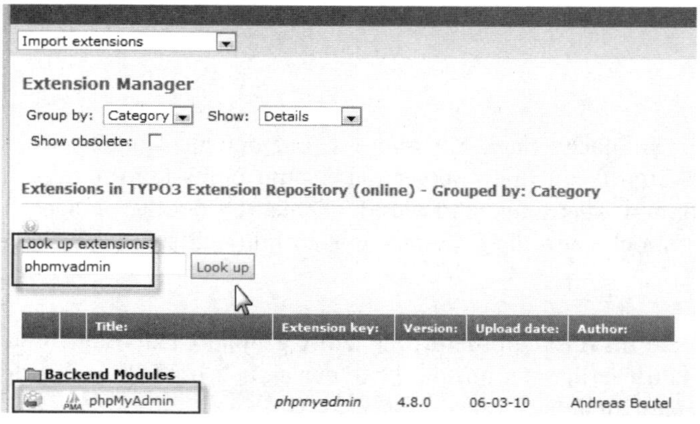

Abbildung 2.46: phpMyAdmin laden

Nun wird die Erweiterung `phpMyAdmin` zum Herunterladen und Installieren angeboten. Klicken Sie auf den roten Pfeil und anschließend auf **Install extension**.

Hinweis: Manchmal ist es erforderlich, eine ältere Version einer Erweiterung herunterzuladen. Klicken Sie in diesem Falle nicht auf den roten Pfeil, sondern auf den Titel der Erweiterung. Anschließend können Sie im nächsten Fenster oben links eine frühere Version auswählen. Hier am Beispiel der Erweiterung `perfectlightbox`.

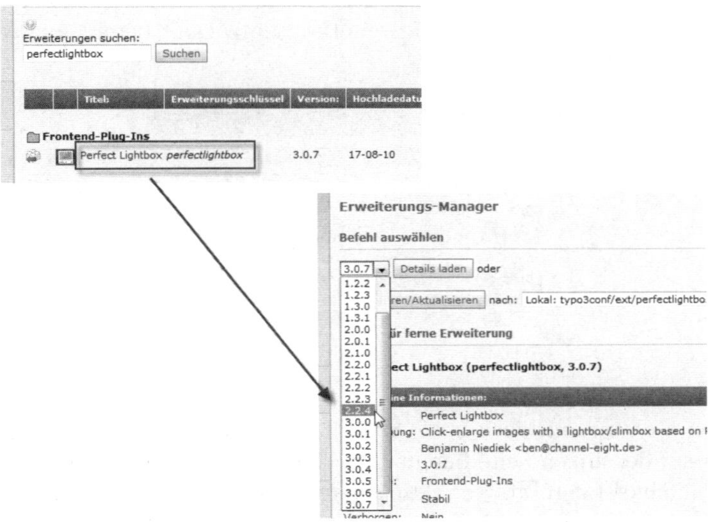

Abbildung 2.47: Ältere Version einer Erweiterung herunterladen

Die Erweiterung wird nun im Hintergrund vom TYPO3 Download-Server in Ihre Installation heruntergeladen. Bei großen Erweiterungen wie `phpMyAdmin` kann das eine Weile dauern. Wenn der Download fertig ist, können Sie die Installation beginnen.

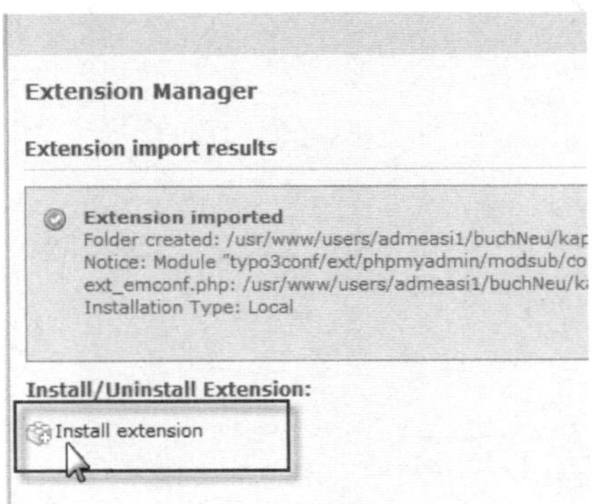

Abbildung 2.48: phpMyAdmin installieren

Der Erweiterungsmanager ist so konstruiert, dass automatisch Abhängigkeiten, die der Entwickler in der Erweiterung eingetragen hat, berücksichtigt werden. Das können positive Abhängigkeiten (eine andere Erweiterung wird ebenfalls benötigt) wie negative Abhängigkeiten (Version der Erweiterung passt nicht zur TYPO3-Version oder zu einer anderen Erweiterung) sein. Warnungen bezüglich der TYPO3-Version können Sie manchmal ignorieren, wenn Sie beispielsweise darauf hingewiesen werden, dass die TYPO3-Version 4.5.0 höher ist als die erlaubte 4.4.99. Sie ignorieren die Warnung, indem Sie das Häkchen bei **Ignore this version requirement** setzen und auf **Try again** klicken. Bei der Installation Ihres Webauftritts kann diese Abhängigkeit durch den Erweiterungsentwickler bereits aufgehoben worden sein.

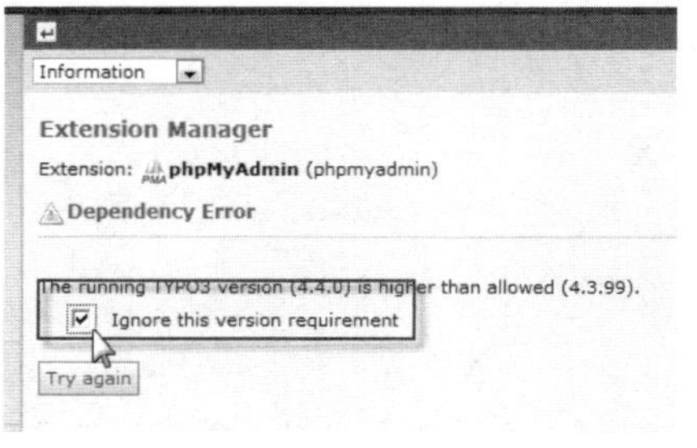

Abbildung 2.49: Beispiel einer Abhängigkeitswarnung bei der Installation von phpMyAdmin

Klicken Sie nun auf **Make updates**, und die Erweiterung ist installiert. Sie sehen auf der linken Seite bereits den Menüpunkt **phpMyAdmin** (eventuell müssen Sie erst den Browser aktualisieren, z. B. mit [F5]).

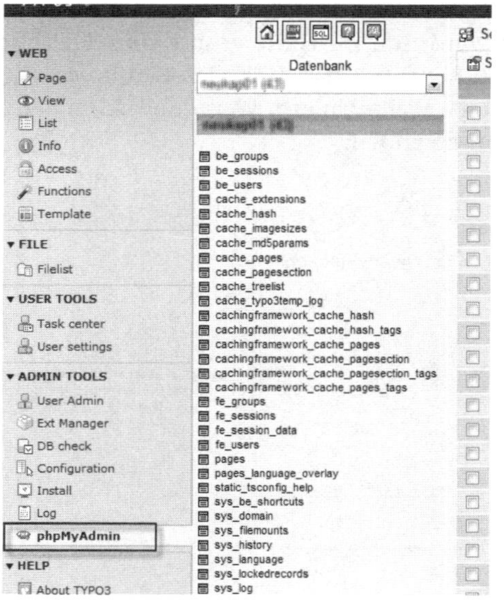

Abbildung 2.50: Installiertes phpMyAdmin

Beim Zugriff auf das TER kommt es in seltenen Fällen zu einer Fehlermeldung, dass der Zugriff nicht möglich war und Sie `allow_url_fopen` oder `curl` einschalten sollen.

Abbildung 2.51: Fehler beim Zugriff auf TER

`allow_url_fopen` wird in PHP gesetzt, während `curl` als alternative Fetch-Funktion im Install Tool gesetzt werden kann. Oft ist in Standard-PHP-Installationen `allow_url_fopen` nicht eingeschaltet. Sie können dies leicht überprüfen, indem Sie die bereits angelegte Datei `phpinfo.php` aufrufen (vgl. Seite 48). Suchen Sie in der Ausgabe nach `allow_url_fopen`.

Ist es deaktiviert, legen Sie im Verzeichnis `www_tus_easi1970_de` eine Datei `php.ini` an und tragen Sie dort folgenden Code ein:

```
allow_url_fopen = 1;
```

Starten Sie erneut `phpinfo.php`, sollte `allow_url_fopen` eingeschaltet sein. Sollte dieser Weg nicht zum Ziel führen und `allow_url_fopen` nicht aktivierbar sein, müssen Sie Ihrem TYPO3-System eine andere Methode der Dateibehandlung anbieten.

Wechseln Sie über den **Install**-Button auf der linken Seite in das Modul **Installation**, nachdem Sie zuvor wieder die Datei `ENABLE_INSTALL_TOOL` angelegt haben.

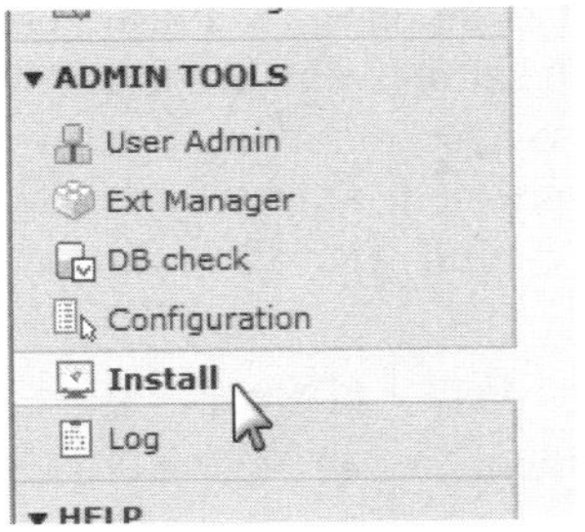

Abbildung 2.52: Zum Installationstool wechseln

Melden Sie sich an und gehen Sie unter **All Configuration** zu dem Eintrag `[CurlUse]`.

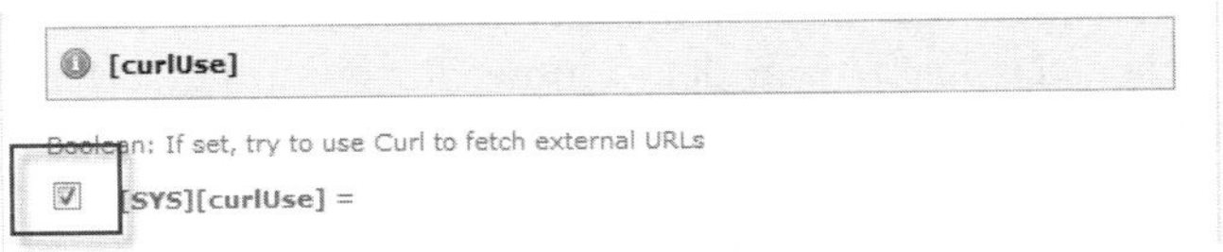

Abbildung 2.53: curl einschalten

Setzen Sie dort das Häkchen und speichern Sie die Änderungen in gewohnter Weise mit Klick auf **Write to localconf.php** ab. Nun sollte der Zugriff auf das TER möglich sein.

Setzen Sie die Installation der Erweiterungen `t3quixplorer` und `mw_shell` fort. Um das Ergebnis zu betrachten, wählen Sie im Ausklappmenü wieder den Eintrag **Loaded extensions** und sollten in der daraufhin erscheinenden Liste nun auch die soeben installierten Erweiterungen sehen. Sie können über das Eingabefeld **Look up** und den Button **Search** auch danach suchen. Für diese drei Erweiterungen liegen zwar keine deutschen Sprachdateien vor, aber im Normalfall müssen Sie am Ende der Installation die Sprachdateien unter **Translation handling** aktualisieren.

Bitte schauen Sie sich in allen Fällen die zugehörige Dokumentation auf der TYPO3-Webseite an.[22] Geben Sie dort den Extension Key (z. B. `phpmyadmin`) ein und öffnen Sie die Dokumentation.

Um eine Erweiterung zu deinstallieren, klicken Sie übrigens links von der gewünschten Erweiterung auf die grüne Schaltfläche mit dem Minuszeichen und folgen den Anweisungen.

Sie werden im weiteren Verlauf noch einige Erweiterungen installieren und ggf. auch wieder deinstallieren. Wohl die meisten haben ordnungsgemäß eingetragene Abhängigkeiten, und so erfordert eine bestimmte Erweiterung zum Beispiel die TYPO3-Version 4.1. Sollte diese Version nicht vorliegen, warnt Sie der Erweiterungsmanager, bietet aber auch die Gelegenheit, eine solche Warnung zu ignorieren. Leider beschwert sich der Erweiterungsmanager beispielsweise auch, wenn statt der Version 4.1 die Version 4.1.5 installiert ist. Lassen Sie sich also von solchen Systemnachrichten nicht grundsätzlich aus der Ruhe bringen.

Leider sind jedoch längst nicht alle Erweiterungen vorbildlich eingerichtet und dokumentiert, und so kann es – insbesondere bei alten oder nicht mehr gepflegten Erweiterungen – zu einem folgenschweren Fehler kommen: Ihre Webseite lässt sich nicht mehr aufrufen, da immer der Fehler **Extension <xxx> was not loaded** erscheint. Hier hilft nur noch folgendes Vorgehen:

1. Gehen Sie per FTP, PuTTY oder über das Administrationswerkzeug Ihres Internetproviders in das Verzeichnis `www_tus-easi1970_de/typo3conf`.

2. Kopieren Sie sicherheitshalber die Datei `localconf.php` z. B. nach `localconf_meinesicherung.php`.

3. Suchen Sie in der originalen Datei `localconf.php` nach dem Verursacher, das heißt nach dem Eintrag für die in der Fehlermeldung genannte Erweiterung <xxx> und entfernen Sie diesen Eintrag ein-

[22] `http://www.typo3.org/Extensions`

schließlich des Kommas aus der `localconf.php` und speichern Sie anschließend die Datei.

4. Löschen Sie im Verzeichnis `www_tus-easi1970_de/typo3conf` alle temporären Dateien `temp_CACHED*`.

Abbildung 2.54: Fehlerhafte Erweiterung entfernen

2.5.2 Benutzer einrichten

Zu guter Letzt steht noch die Pflege des Backend-Benutzers an – das sind derzeit nur Sie selbst. Klicken Sie dazu auf das Modul **User Admin**. Grundsätzlich ließe sich das auch über den Eintrag **User Settings** erledigen, aber dort stehen Ihnen die Administratorfunktionen nicht zur Verfügung.

Nach Auswahl des Moduls **User Admin** finden Sie unterhalb von **Usernames** ein Personen-Icon pro Benutzer und daneben dessen Namen – hier also jenen, den Sie sich bei der Einrichtung des Systems gegeben haben. Rechts davon befinden sich einige weitere Icons, u. a. ein Stift, den Sie nun anklicken, um diesen Benutzer zu bearbeiten.

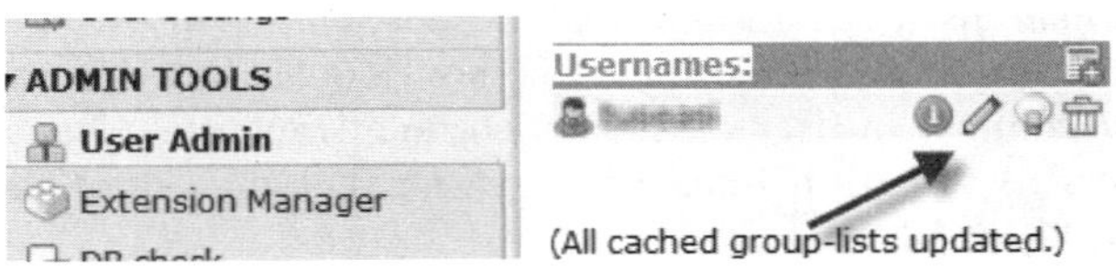

Abbildung 2.55: User Admin – Benutzer zur Bearbeitung anklicken

Danach wird Ihnen der Benutzer mit allen vorhandenen Daten und Einstellungen angezeigt.

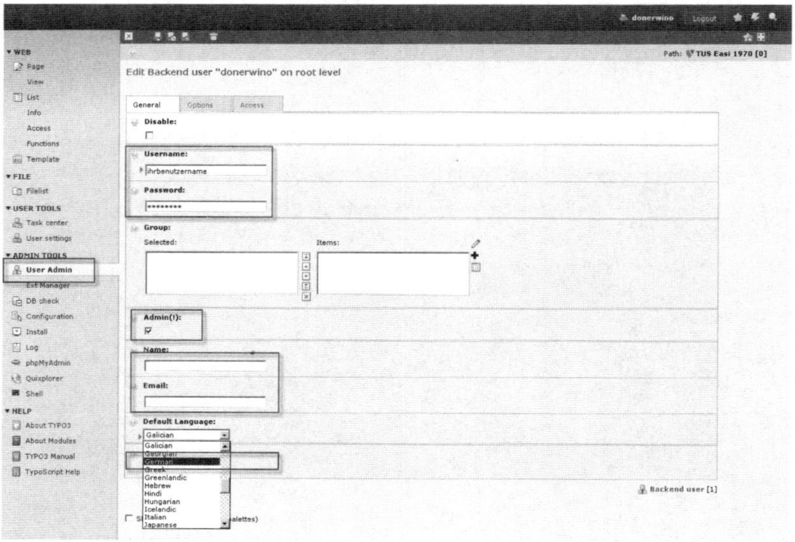

Abbildung 2.56: User Admin – General

In der Konfigurationsmaske auf der Registerkarte **General** tragen Sie folgendes ein:

Password
: Hier können Sie das einmal gewählte Passwort ändern.

Group
: Zu einem späteren Zeitpunkt werden Sie verschiedene Benutzergruppen anlegen. Daher wird an dieser Stelle nicht weiter darauf eingegangen.

Name
: Ihr vollständiger Name

Email
: Ihre E-Mail-Adresse

Default Language
: Hier wählen Sie die zuvor im Erweiterungsmanager installierte Sprache **German** als Ihre Backend-Sprache aus. Diese Änderung bezieht sich nur auf die Admin-Module. Aber so lange Sie Ihre Benutzersprache als Benutzer in **User settings** noch nicht umgestellt haben, wird das Backend weiterhin Englisch angezeigt. Diese zweite Einstellung nehmen Sie gleich vor.

Admin

Sehr (!) wichtig ist das Häkchen bei **Admin**, denn damit stehen dem User/Ihnen *alle* Rechte zur Systemverwaltung zur Verfügung. Haben Sie das Häkchen irrtümlich gelöscht, müssen Sie über das Install Tool einen neuen Administrator anlegen.

Ihre Einstellungen speichern Sie per Klick auf das Diskettensymbol (speichern ohne schließen) oder per Klick auf das Diskettensymbol mit Kreuzchen (speichern mit schließen) am oberen Rand des Fensters.

Abbildung 2.57: Benutzer mit Admin-Rechten

Die übrigen Einträge werden wir im weiteren Verlauf des Buches noch behandeln.

Nun ist noch ein kurzer Wechsel zum Modul **User settings** erforderlich. Auf der Registerkarte **Language & Personal data** (noch ist die Default-Sprache Englisch aktiv) wählen Sie ebenfalls Deutsch aus und bestätigen mit **Save configuration** – daraufhin wechselt die Sprache im Backend nach Aktualisierung der Seite.

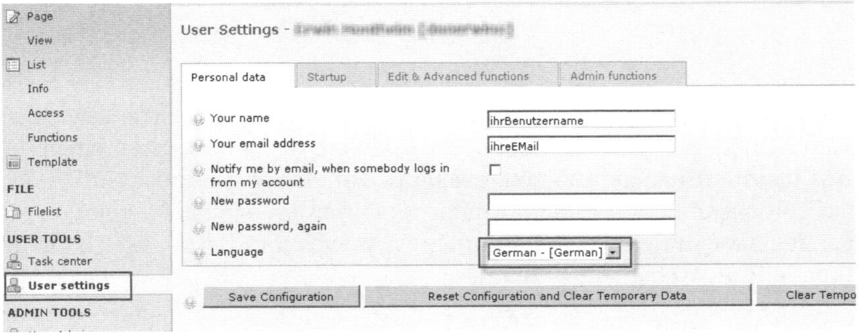

Abbildung 2.58: User Settings

Auf der Registerkarte **Bearbeiten und erweiterte Funktionen** sind zwei Einstellungen bisher nicht belegt, aber für die weitere Arbeit durchaus wichtig. Zum einen setzen Sie bei **Rekursives Kopieren** einen Wert ein, beispielsweise 5. Damit können Sie bis zu 5 Unterebenen einer Seite beim Kopieren mitkopieren. Und unter **Rekursives Löschen(!)** setzen Sie ein Häkchen. Damit können Sie eine Seite samt Unterseiten löschen. Aber seien Sie vorsichtig! Speichern Sie die Eingaben mit **Konfiguration speichern**.

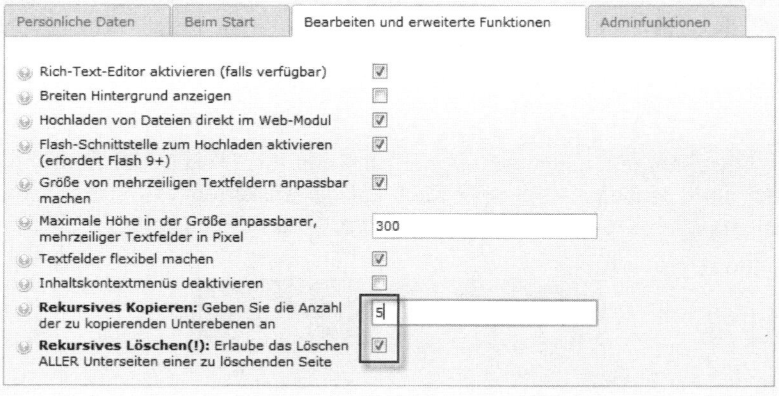

Abbildung 2.59: User Settings - Erweiterte Funktionen

Auf der Registerkarte **Admin-Funktionen** sehen Sie ein wichtiges Hilfsmittel: Sie können hier mit Klick auf **Aktivierungsdatei für Installationsprogramm löschen** die Datei ENABLE_INSTALL_TOOL löschen und auch wieder anlegen. Es ist also kein Umweg mehr über ein Unix-Kommando erforderlich.

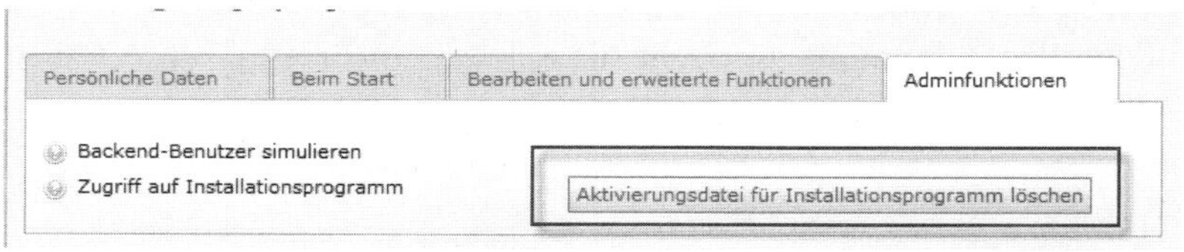

Abbildung 2.60: User Settings - Adminfunktionen

Damit ist die Grundkonfiguration abgeschlossen und die Grundlage Ihres Webauftritts gelegt. Diese sollten Sie, nachdem Sie ja nun schon einige Arbeit investiert haben, unbedingt sichern, um im Bedarfs- oder Notfall darauf zurückgreifen zu können. Fahren Sie darum bitte zunächst mit den folgenden Abschnitten zur Sicherung Ihres Systems fort, bevor Sie sich um die Inhalte Ihres Webauftritts kümmern.

2.6 Sicherungen anlegen und wieder einspielen

Auch wenn Sie nach erfolgreicher Installation und Konfiguration nun gerne ausprobieren möchten, wie alles funktioniert, sollten Sie auf die nachfolgend beschriebenen wichtigen Schritte nicht verzichten! Gerade als Neuling in Sachen TYPO3 können Ihnen schnell Fehler unterlaufen, zumal nicht alle Erweiterungen, die Sie installieren möchten, sauber programmiert und dokumentiert sind – und im Fehlerfalle wissen Sie sich darum kaum zu helfen. Dann ist eine gute Sicherung, mit der Sie den letzten sauberen Zustand wiederherstellen können, Gold wert.

2.6.1 Sicherungen anlegen

Legen Sie im Hauptverzeichnis `TYPO3CMS` ein Verzeichnis `sicherungen` an. Unter Umständen bietet Ihnen Ihr Internetprovider auch ein gesondertes Verzeichnis zur Ablage von Sicherungen an. Sofern Sie in absehbarer Zukunft mehrere Webseiten installieren wollen, empfiehlt es sich, jede in einem eigenen Verzeichnis zu sichern. Erstellen Sie darum also das Unterverzeichnis `sicherungen/tus-easi1970_sicherung`.

Mit dem hier beschriebenen Verfahren sichern Sie zum einen die Datenbank und zum anderen sämtliche Dateien in Ihrem Webverzeichnis `www_tus-easi1970_de`. Sie benötigen stets beides, um das System konsistent zurückzusetzen. Zwar ist es auch möglich, nur einzelne Dateien aus einer Sicherung wieder herzustellen, aber dann besteht die Gefahr der Inkonsistenz. Machen Sie dies bitte nur, wenn Sie wirklich wissen, was Sie tun.

Tägliche Sicherung von Datenbank und Dateien

Legen Sie auf dem Server im Hauptverzeichnis `TYPO3CMS` eine Datei namens `JobTaeglicheSicherung` an und geben Sie ihr mittels `chmod` Ausführungsrechte (oktal 770).

Sie können die Rechte selbstverständlich auch mit einem FTP-Client oder den von Ihrem Provider angebotenen Möglichkeiten anpassen. Überprüfen Sie das Ergebnis mit `ls` – hier sämtliche Schritte mit den üblichen Unix-Tools:

```
TYPO3CMS# touch JobTaeglicheSicherung
TYPO3CMS# chmod u+rwx,g+rwx,o-rwx JobTaeglicheSicherung
TYPO3CMS# ls -gG JobTaeglicheSicherung
-rwxrwx--- 1 0 2008-09-23 16:11 JobTaeglicheSicherung
```

In diese Datei tragen Sie nun folgenden Code ein (z. B. über den Midnight-Commander, den Sie in der Shell mit `mc` aufrufen, oder über das Administrationswerkzeug Ihres Internetproviders):[23]

```
#!/bin/bash
dayofweek=`date '+%u'`
dayname=`date '+%A'`
dayofmonth=`date '+%d'`
```

[23] Wenn Sie die Datei z. B. auf Ihrem Windows-System erstellen und dann hochladen, beachten Sie bitte, dass Sie dann unerwünschte Steuerzeichen am Ende jeder Zeile haben, und zwar das Zeichen ^. Verwenden Sie entweder einen Editor, der Unix-Steuerzeichen statt Window-Steuerzeichen setzt, oder entfernen Sie zuletzt auf dem Server zum Beispiel mit Hilfe des Midnight Commander die Steuerzeichen.

```
# Sicherung der Webseite www.tus-easi1970.de
# Quellverzeichnis
sourcedir=www_tus-easi1970_de
# Zielverzeichnis
targetdir=sicherungen/tus-easi1970_sicherung
# Datenbankangaben
db=<ihreDatenbank>
dbuser=<ihrUser>
dbpass=<ihrPasswort>
host=<ihrHost>

#Sicherung der Datenbank
mysqldump --opt -h$host -u$dbuser -p$dbpass $db | gzip > \
  sicherungen/$targetdir/$dayofweek.$dayname.dump.sql.gz
```

Passen Sie die Variablen `sourcedir`, `targetdir`, `db`, `dbuser`, `dbpass` und `host` auf die Werte Ihrer Installation an. Dieser kleine Job bewirkt, dass Ihre Datenbank ausgelesen und in einer ZIP-Datei gespeichert wird. Die ZIP-Datei wird in dem unter `targetdir` angegebenen Verzeichnis in dem Format `<Wochentag>.<Tagesname>.dump.sql.gz`, also beispielsweise `1.Monday.dump.sql.gz` gespeichert. Der Wochentag, hier die 1 für Montag, ist diesem Beispiel nur zur besseren Sortierung vorangestellt. Wenn Ihnen die alphabetische Sortierung der Wochentage genügt, lassen Sie den Parameter `dayofweek` weg.

Mit diesem Beispiel-Skript lassen sich immer nur 7 Generationen einer Datenbank speichern. Möchten Sie aber eine tägliche Sicherung über den Zeitraum eines Monats, so verwenden Sie statt `dayofweek` besser die Variable `dayofmonth`. Damit haben Sie bis zu 31 Generationen einer Sicherung. Beim nächsten Monatsersten wird die Sicherung des ersten Tages aus dem Vormonat wieder überschrieben. Sie können die Variablen nach Belieben weiter ausbauen, z. B.:

```
month=`date '+%m'`  #Kommentar: %m=Monat 01-12, %B=Monat.
```

Testen Sie nun bitte Ihre Sicherung, indem Sie `JobTaeglicheSicherung` ausführen: Wechseln Sie z. B. via PuTTY (oder die installierte Erweiterung `mw_shell` im Backend Ihrer Installation) in das Verzeichnis `TYPO3CMS` auf Ihrem Server und geben Sie `./JobTaeglicheSicherung` ein. Der Job läuft durch, und Sie erhalten keine Meldungen? Perfekt!

Wechseln Sie jetzt in das Verzeichnis, das Sie unter `targetdir` angegeben haben (hier: `sicherungen/tus-easi1970_de`) und prüfen Sie, ob eine Sicherungsdatei angelegt wurde. Häufige Fehler bei der Ausführung sind, dass das Sicherungsverzeichnis nicht beschreibbar ist oder dass bei Datenbankname, Datenbankuser oder Passwort ein Tippfehler eingegeben wurde. In manchen Unix-Installationen muss auch der vollständige Pfad zum Sicherungsverzeichnis angegeben werden.

Die Verwendung von Variablen z. B. für den Namen des Verzeichnisses, die Datenbank etc. scheint auf den ersten Blick unnötig. Aber warten Sie einfach ab – erstens müssen auch noch die Dateien Ihrer Installation gesichert werden, und zweitens können Sie so ganz schnell den kompletten Sicherungsabschnitt kopieren und zuletzt nur die Werte der Variablen austauschen, um eine weitere Installation zu sichern. Wie das Ganze dann aussieht, sehen Sie gleich.

Zur Sicherung der Dateien im Verzeichnis `www_tus-easi1970_de` erweitern Sie den Job am Ende um die folgenden Zeilen:

```
#Sicherung der Dateien
tar -czf sicherungen/$targetdir/$dayofweek.$dayname.dateien.tgz \
  $sourcedir
```

Die `tar`-Anweisung sorgt dafür, dass ein Archiv mit sämtlichen Dateien Ihres Webverzeichnisses `www_tus-easi1970_de` erstellt (Option `c` für „create"), dann komprimiert (Option `z` für „zip") und zuletzt in eine Datei (Option `f` für „file") geschrieben wird, der Sie die übliche Dateiendung `tgz` geben. Bitte testen Sie auch diese Sicherung, indem Sie das Skript ausführen. Danach sollten sich im Verzeichnis `sicherungen/tus-easi1970_de` zwei Dateien befinden, z. B.:

```
TYPO3CMS/sicherungen/tus-easi1970\_de# ls
2.Tuesday.dateien.tgz  2.Tuesday.dump.sql.gz
```

Um nun die Sicherung z. B. für einen zweiten Webauftritt `www_zweitewebseite_de` zu erweitern, legen Sie im Verzeichnis `sicherungen` einfach ein passendes Unterverzeichnis an, kopieren im `JobTaeglicheSicherung` die Anweisungen und ändern im zweiten Teil die Variablen (hier durch Anhängen einer 2, um Verwechslungen zu vermeiden) und ihre Werte:

```
#!/bin/bash
dayofweek=`date '+%u'`
dayname=`date '+%A'`
dayofmonth=`date '+%d'`

#Sicherung der Webseite www.tus-easi1970.de
# Quellverzeichnis
sourcedir=www_tus-easi1970_de
# Zielverzeichnis
targetdir=tus-easi1970_de
# Datenbankangaben
db=typo3
dbuser=t3user
dbpass=<geheimespasswort>
host=<ihrHost>

#Sicherung der Datenbank
mysqldump --opt -h$host -u$dbuser -p$dbpass $db | gzip > \
  sicherungen/$targetdir/$dayofweek.$dayname.dump.sql.gz
```

```
#Sicherung der Dateien
tar -czf sicherungen/$targetdir/$dayofweek.$dayname.dateien.tgz \
$sourcedir

#Sicherung der Webseite www.zweitewebseite.de
# Quellverzeichnis
sourcedir2=www_zweitewebseite_de
# Zielverzeichnis
targetdir2=zweitewebseite_de
db=<name_der_zweiten_datenbank>
dbuser2=<user_der_zweiten_datenbank>
dbpass2=<passwort_der_zweiten_datenbank>
host2=<ihrHost>

#Sicherung der Datenbank
mysqldump --opt -h$host2 -u$dbuser2 -p$dbpass2 $db2 | gzip > \
  sicherungen/$targetdir2/$dayofweek.$dayname.dump.sql.gz

#Sicherung der Dateien
tar -czf sicherungen/$targetdir2/$dayofweek.$dayname.dateien.tgz \
  $sourcedir2
```

Das Skript lässt sich beliebig erweitern und mit wenig Aufwand für die Sicherung zahlreicher Webauftritte nutzen.

2.6.2 Automatische Sicherung via Cronjob

Statt diese Sicherung immer wieder von Hand anzustoßen – und es vielleicht gelegentlich auch einmal zu vergessen –, ist es besser, einen *Cronjob* anzulegen, also eine Anweisung, die vom System regelmäßig zu einem definierten Zeitpunkt ausgeführt wird.

Legen Sie dazu im Verzeichnis `TYPO3CMS` eine Datei namens `cronjob` an und tragen Sie dort folgende Zeilen ein:

```
#BACKUP Datenbanken und Dateien taeglich um 03:00 Uhr
0 3 * * * /<vollstaendiger>/<pfad>/JobTaeglicheSicherung
```

Für den Cronjob ist es erforderlich, dass Sie den vollständigen Pfad zu dem Skript `JobTaeglicheSicherung` angeben. Die Zahlen am Zeilenanfang geben an, zu welcher Minute (hier 0), zu welcher Stunde (hier 3 Uhr), an welchem Tag (hier an jedem Tag, symbolisiert durch den *), in welchem Monat (hier in jedem Monat, *), an welchem Wochentag (hier an jedem Wochentag, *) der Job ausgeführt wird.

Diesen Cronjob müssen Sie anschließend in die `Crontab` eintragen, damit das Betriebssystem sie auch findet. Wechseln Sie in das Verzeichnis `TYPO3CMS`, in dem sich die Datei `cronjob` befindet, und geben Sie hier den Befehl `crontab cronjob` ein. Damit wird die Crontab mit dem Inhalt der Datei `cronjob` überschrieben. Wenn Sie sehen möchten, was in der Crontab eingetragen ist, so geben Sie `crontab -l` ein.

Wie gesagt, wird der Inhalt der Crontab mit dem Inhalt der Datei `cronjob` überschrieben und damit ggf. bereits angelegte Cronjobs gelöscht. Sollten Sie bereits Cronjobs angelegt haben, dann achten Sie darauf, dass Sie diese ebenfalls in der Datei `cronjob` eingetragen haben.

Möglicherweise bietet Ihnen Ihr Provider auch die Möglichkeit, die Crontab über ein Werkzeug zu pflegen. Nutzen Sie die Gelegenheit!

2.6.3 Sicherung spezieller Zustände während der Installation

Hinter dieser Überschrift steckt die Idee, zu bestimmten Zeitpunkten eine Komplettsicherung anzulegen, denn während der Installation und der folgenden ersten Versuche mit TYPO3 werden Sie durchaus einmal das Bedürfnis haben, die Installation wieder in einen sauberen und bekannten Zustand zurückzusetzen. Statt nun wieder ganz von vorne zu beginnen, können Sie das System auch auf einen definierten Stand zurücksetzen. Im Laufe dieses Buches werden Sie immer wieder darauf hingewiesen, einen solchen Sicherungspunkt zu erstellen.

Die Sicherung unterscheidet sich von der täglichen – eigentlich nächtlichen – Sicherung nur darin, dass Sie sie „von Hand" anstoßen und den Sicherungsdateien einen sinnvollen Namen geben. Und jetzt haben Sie genau einen solchen Punkt erreicht: Die Grundinstallation ist erfolgt und sollte gesichert werden!

Nutzen Sie dazu das Skript `JobTaeglicheSicherung`, rufen Sie es zu den geeigneten Zeitpunkten „von Hand" auf (über `./JobTaeglicheSicherung`) und benennen Sie die beiden Backup-Dateien so um, dass Sie sie dem jeweiligen Zwischenschritt Ihrer TYPO3-Installation zuordnen können, also etwa in folgender Weise:

```
TYPO3CMS/sicherungen/tus-easi1970\_de# cp 2.Dienstag.dateien.tgz \
  tus-easi1970_grundinstallation.dateien.tgz
TYPO3CMS/sicherungen/tus-easi1970\_de# cp 2.Dienstag.dump.sql.gz \
  tus-easi1970_grundinstallation.dump.sql.gz
```

2.6.4 Sicherungen wiederherstellen

Bevor Sie mit dem Aufbau Ihres Webauftritts fortfahren, sollten Sie auch das Wiederherstellen des Systems mit Hilfe der beiden Sicherungsdateien testen, um für den Ernstfall wirklich gewappnet zu sein.

Die beiden folgenden Befehle, die Sie selbstverständlich auch in einem ausführbaren Shell-Skript[24] zusammenfassen können, erledigen die Wiederherstellung; diese *müssen* in Ihrem Hauptverzeichnis `TYPO3CMS` ausgeführt werden, damit die Dateien in die richtigen Verzeichnisse entpackt werden:

Zunächst die Anweisung für das Einspielen der Datenbank.

```
TYPO3CMS# gunzip -c \
sicherungen/tus-easi1970_de/tus-easi_grundinstallation.dump.sql.gz |\
mysql -h<ihrHost> -u<ihrUser> -p<ihrPasswort> <ihreDatenbank>
```

Hier wird also der Datenbank-Dump mit `gunzip` entpackt und die Ausgabe (über das Pipe-Zeichen) an den Befehl `mysql` geleitet; dieser stellt über Benutzername und Passwort die Verbindung zur Datenbank her und erzeugt dort aus dem Output von `gunzip` den Inhalt der Datenbank `typo3`.

Und der Befehl zur Wiederherstellung der Dateien:

```
TYPO3CMS# tar xzf \
sicherungen/tus-easi1970_de/tus-easi_grundinstallation.dateien.tgz
```

`tar` entpackt (`x`) und dekomprimiert (`z`) das angegebene Archiv und stellt so dessen Struktur und Inhalt wieder her. Bestehende Verzeichnisse und Dateien werden überschrieben. Dateien, die seit der letzten Sicherung angelegt wurden und darum nicht im Archiv enthalten sind, werden *nicht* entfernt. Sollten Sie dies jedoch wünschen, müssen Sie zunächst das Zielverzeichnis entfernen (oder umbenennen).

2.7 Das Hilfe-Modul im TYPO3-Backend

TYPO3 bietet im Modul **Hilfe** einige Informationen und Hilfestellungen, die Sie sich einmal in aller Ruhe anschauen sollten.

Über Typo3
: Hier finden Sie Links zu TYPO3 und den installierten Erweiterungen.

Über Module
: Eine kurze Beschreibung der TYPO3-Module und der installierten Backend-Erweiterungen.

TYPO3-Handbuch
: Eine Beschreibung verschiedener Funktionen und Module, so beispielsweise das Modul **Web>Seite** mit Erklärungen zum Erstellen und Bearbeiten von Seiten und Seiteninhalten. Die Beschreibungen beziehen sich hier nur auf die traditionelle Vorgehensweise, nicht auf das später im Buch beschriebene TemplaVoila.

[24] Herunterzuladen auf der buchbegleitenden Webseite `http://www.tus-easi1970.de` als `JobRestoreDB` und `JobRestoreDateien`.

TypoScript-Hilfe
Beschreibungen in englischer Sprache zu TypoScript.

2.8 Der Kopfbereich des Backends

Über die Module und ihre wesentlichen Funktionen haben Sie sich schon informieren können. Bevor Sie sich aber dem nächsten Kapitel zuwenden, noch einige Hinweise zu den im Kopfbereich des Backends hinterlegten Funktionen:

Abbildung 2.61: Der Kopfbereich des Backends

Angemeldeter Benutzer (1)
Angezeigt wird der Benutzername (nicht der volle Name) des gerade angemeldeten Benutzers.

Abmelden (2)
Mit Klick auf den Button melden Sie sich aus dem Backend ab.

Verweise (3)
Sie können für jede Seite einen Verweis anlegen, beispielsweise für Seiten, auf die Sie häufiger zugreifen.

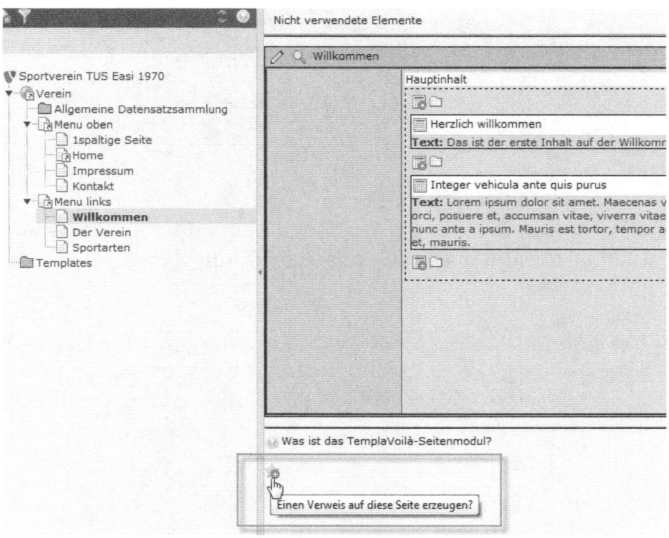

Abbildung 2.62: Verweis im Backend erzeugen

Cache löschen (clear cache) (4)

Die wichtigste Funktion in dieser Leiste. TYPO3 legt einen Zwischenspeicher (Cache) an, um nicht immer wieder jede Seite, jeden Inhalt neu rendern zu müssen. Dies führt manchmal dazu, dass Änderungen nicht sofort im Frontend sichtbar sind. Für die Entwicklungszeit an dieser Webseite werden Sie im nächsten Kapitel die `cache_period` auf einen niedrigen Sekundenwert setzen. Das gilt aber nur für die Entwicklungszeit und sollte danach wieder geändert werden. Wenn Sie Inhalte anlegen oder ändern oder auch nur Einstellungen im CSS vornehmen, diese aber nicht sofort im Frontend sichtbar werden, dann ist häufig der noch nicht aktualisierte Cache dafür verantwortlich. In diesem Falle löschen Sie den Cache über **Seiteninhalts-Cache löschen**. Auch die Konfigurationsdateien der Erweiterungen werden gecachet und im Ordner `type3conf/` abgelegt mit den Dateinamen `temp_CACHED_*.php`. Löschen Sie die gecacheten Konfigurationen über **Konfiguration-Cache löschen**, wenn Sie Änderungen an Einstellungen der Erweiterungen vorgenommen haben, die sich nicht umgehend bemerkbar machen. **RTE-Cache leeren** betrifft in gleicher Weise die Änderungen am RTE-Editor. Und mit **Alle Caches löschen** werden alle drei Caches gelöscht. Gehen Sie aber sorgfältig damit um: In produktiven Installationen mit vielen Inhalten und insbesondere Bildern müssen nach Löschung des Caches alle Inhalte wieder neu gerendert werden. Das führt zu einer erhöhten Last auf Ihrem Server.

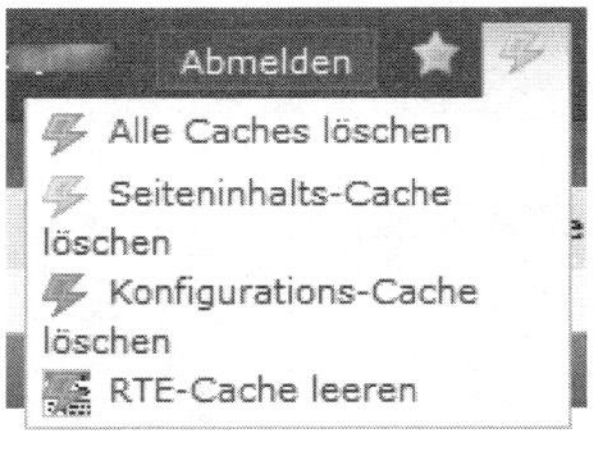

Abbildung 2.63: Cache löschen

Zuletzt verwendete Dateien (5)

Hier werden die zuletzt von Ihnen verwendeten Dokumente (Seiten, Inhalte) für einen schnelleren Zugriff aufgelistet.

Suchen (6)

Hier können Sie nach Seiten, Seiteninhalten und Datensätzen Ihrer Webseite suchen.

3 Kapitel

Vorlagen und Seitenstruktur

Das Prinzip von TYPO3 als Content Management System besteht darin, die Vorgaben zur Darstellung strikt von den Inhalten zu trennen. Dem entspricht auch eine gewisse Rollenverteilung im Umgang mit dem System: Während Inhalte von den *Redakteuren* eingegeben und gepflegt werden, die dazu lediglich Anwenderkenntnisse im Umgang mit dem TYPO3-System benötigen, definieren die *Entwickler*[1], wie die – ausschließlich in Datenbanken abgelegten – Inhalte abgefragt und gemäß den Anforderungen des Auftraggebers zur Darstellung gebracht werden.

Darum legen wir in der Rolle des Entwicklers in diesem Kapitel die notwendigen Grundlagen und beginnen mit der einfachsten Art von „Rahmen", in den die Ergebnisse der Datenbankabfragen fließen können, mit der sogenannten „HTML-Vorlage".

[1] Die TYPO3 Association bietet eine Zertifizierung an, die im Grunde das Skill Set abbildet, das – zumindest zum Teil – in diesem Buch vermittelt wird. Die Association hat hierfür den Titel „TYPO3 Integrator" gewählt.

Das Zusammenspiel dieser HTML-Vorlage und dem aus der Datenbank generierten Seiteninhalt kann jedoch auf zweierlei Weise organisiert sein.[2] Es hängt vom Kenntnisstand des Entwicklers, seiner Erfahrung und seiner bevorzugten Arbeitsweise ab, für welchen dieser beiden Ansätze er sich entscheidet. In der Regel trifft er diese Entscheidung zu Beginn eines Projekts – also genau an dem Punkt, an dem wir uns gerade befinden –, und so möchten wir im Folgenden versuchen, die Alternativen parallel zu beschreiben, um Wiederholungen zu vermeiden. Kurz zusammengefasst:

TypoScript
: Bei der „traditionellen" Vorgehensweise definiert der Entwickler die Methoden, wie der Inhalt zur Darstellung kommt, in *Templates*. Diese sind in einer TYPO3-eigenen Syntax, *TypoScript* genannt, abgefasst. Die Verbindung zwischen HTML-Vorlage und TypoScript-Templates entsteht durch „Platzhalter" (*Marker* genannt) im HTML-Code, die das Template erkennt und für die endgültige Ausgabe im Frontend durch die Inhalte aus der Datenbank ersetzt.

TemplaVoila
: Bei der Verwendung der Erweiterung *TemplaVoila* erfolgt die Zuordnung über das sogenannte *Mapping*. Statt die Platzhalter im HTML-Template einzutragen, wird hier über ein visuelles Werkzeug der für die endgültige Ausgabe im Frontend zu füllende Bereich, beispielsweise ein `div`-Element, ausgewählt.

In den nachfolgenden Kapiteln werden wir beide Methoden als mögliche Alternativen beim Aufbau unseres Webseitengerüsts beschreiben und darauf hinweisen, wo sie sich möglicherweise ergänzen oder aufgrund von Konflikten ausschließen. Kapitel und Abschnitte sind mit den entsprechenden Icons für TypoScript bzw. TemplaVoila (siehe oben) markiert.

Unabhängig von der Entscheidung für eine der beiden Methoden besteht ein TYPO3-Webauftritt, sehr vereinfacht dargestellt, stets aus folgenden drei Grundbausteinen:

- HTML-Vorlage und Stylesheet (CSS)
- TypoScript- bzw. TemplaVoila-Template[3]
- Seiten und Inhalten

2 Reine TypoScript-Templates ohne HTML-Vorlagen lassen wir unberücksichtigt.

3 Wenn Sie statt dieser „traditionellen" Vorgehensweise den Einstieg mit *TemplaVoila* bevorzugen (Kapitel 5), so gelten die folgenden Ausführungen bezüglich Layout und Steuerung via CSS grundsätzlich auch. Die wesentlichen Unterschiede werden in den einzelnen Kapiteln angesprochen.

Um diese Bausteine müssen wir uns in diesem Kapitel zunächst kümmern, indem wir sie anlegen und bereits an die Anforderungen unseres geplanten Vereinsauftritts anpassen.

3.1 Eine einfache HTML-Vorlage erstellen

Ausgangspunkt für unseren anspruchsvollen Webauftritt ist eine einfache Internetseite, bei der wir das „echte" Design vorerst außen vor lassen – in diesem ersten Schritt geht es ausschließlich um Funktionalität.

Starten Sie also einen Editor, um eine HTML-Datei anzulegen. Unser Verein wünscht ein dreispaltiges, in der Breite fixes Layout. Ein fixes Layout ist deutlich einfacher zu handhaben als variable Breiten, durch die es bei unterschiedlichen Bildschirmauflösungen (z. B. 1680×1050 auf einem Widescreen statt 1024×768) zu unerwünschten Verschiebungen kommen kann.

Entsprechend den Vorgaben soll ein Aufbau wie in Abbildung 3.1 entstehen.

Abbildung 3.1: Erste Struktur der Webseite

Der Quellcode einer solchen HTML-Seite sieht zunächst wie folgt aus:[4]

```
<html>
  <html>
  <head>
```

[4] Die Datei `main_verein.html` finden Sie samt dazugehörigem CSS auf der buchbegleitenden Webseite. Beigefügt ist auch eine Version `beispiel.css` bzw. `beispiel.html` mit eingefügtem Blindtext. Die Datei `beispiel.html` können Sie einfach in Ihrem Browser öffnen und sich das Ergebnis anschauen. Die Beispielversion ist aber nicht für eine weitere Verwendung vorgesehen.

```
    <title>HTML-Template Verein TUSEasi 1970</title>
    <meta http-equiv="Content-Type" content="text/html;
          charset=utf-8" />
    <meta http-equiv="language" content="de" />
  </head>
  <body>
    <div id="alles">
      <div id="seite">
        <div id="oben">
          <div id="obenspezial"></div>
        </div>
        <div id="oben_2"></div>
        <div id="inhalt">
          <div id="links">
            <div id="linksspezial"></div>
            <div id="inhaltlinks" class="clearer"></div>
          </div>
          <div id="rechts">
            <div id="rechtsspezial"></div>
            <div id="inhaltrechts" class="clearer"></div>
          </div>
          <div id="mitte">
            <div id="mittespezial"></div>
            <div id="inhaltmitte" class="clearer"></div>
          </div>
        </div>
        <div id="footer"></div>
      </div>
    </div>
  </body>
</html>
```

Nach dem HTML-Header werden über `div`-IDs die Seitenbereiche definiert: Der Bereich `alles` umfasst das gesamte Dokument; darin eingebettet sind der Header der Seite (`oben`), ein weiterer Bereich für ein horizontales Menü (`oben_2`), eine linke, eine rechte und eine mittlere Spalte sowie eine Fußzeile.

Der im Beispiel „ausformulierte" HTML-Header (`<head>`) dient lediglich einer eventuellen Vorschau außerhalb von TYPO3, denn er wird später über TypoScript definiert.

3.2 Die CSS-Basisdatei

Erstellen wir nun eine erste CSS-Datei für die HTML-Vorlage. Warum eine „erste"? Weil wir für sämtliche Bereiche der Seite, die später wesentlich umfangreicher wird, zumeist eine eigene CSS-Datei anlegen, um die Übersicht zu erhöhen.

Wir beginnen mit einer Datei namens `1_basis.css`, in der die für alle Seitenbereiche gültigen Stil-Anweisungen definiert werden. Der folgende Code zeigt die Basisdefinitionen der Seite, die Sie ohne Anpassungen übernehmen können (weitere Informationen zu den CSS-Definitionen finden Sie in den entsprechenden Abschnitten).[5]

Die in diesem Kapitel beschriebenen CSS-Dateien sind übrigens für den Firefox optimiert.

```
/* ### Basis CSS für TUS Easi 1970 ### */
/* ### Spaltenlayout formatieren ### */
/* Reduzierung der Schriftgroesse für body auf 12 px
   (Standardschriftgroesse der Browser 16 Pixel).
   Im weiteren Verlauf wird für alle Schriftgroessen,
   die Einheit em verwendet (1em = body font-size = 12px) */
body {
  font-size: 12px; /* Damit ist 1em = 12 px*/
  font-family: tahoma,Verdana,sans-serif;
  text-align:left;
  font-weight: normal;
}

/* Alles umfassendes Element */
#alles {
  width:970px;
  margin-left:auto;
  margin-right:auto;
  height: auto;
  border: 1px solid #CCC;
  clear: both;
}

#seite {
  clear: both;
}

/* Header */
#oben {
  background-color: #E98A00;
  width: auto;
  height: 125px;
  background-repeat: no-repeat;
  clear: both;
}

/* Bereich fuer horizontales Menu */
#oben_2 {
  position: relative;
  top:0px;
  clear:both;
```

5 Die Datei finden Sie auf der buchbegleitenden Webseite als Teil der Datei `main_verein.zip` unter dem Namen `1_basis.css`.

```
  background-color: #C4CFEE;
  text-align:right;
  color:#333;
  padding-right: 10px;
  padding-top: 5px;
  padding-bottom: 5px;
  height: 15px;
  width: auto;
  text-decoration: none;
}

/* Linke Spalte */
#links {
  float:left;
  background-color: #E98A00;
  height:auto;
  padding-bottom: 0px;
  padding-top:0px;
  position:relative;
  width:200px;
  height: 0px;
}

/* Mittlere Spalte */
#mitte {
  width: auto;
  margin: 0 210px;
  margin-top: 0px;
  background-color: #FFA065;
}

/* Rechte Spalte */
#rechts {
  width:200px;
  padding-top: 5px;
  padding-left: 5px;
  padding-right: 5px;
  padding-bottom:0px;
  height: auto;
  float:right;
}

#inhaltlinks, #inhaltmitte, #inhaltrechts {
  position: relative;
}

/* Fusszeile */
#footer {
  clear: both;
  background-color:#4D473D;
  padding: 10px 0;
}
```

```
/* clearer, damit die mittlere Spalte immer so lang ist wie die
   längste Spalte getestet mit IE 8, FF 3.6, Opera 10.6, Safari 5,
   Chrome 5 */
.clearer:after {
  clear:both;
  content:".";
  height:0;
  display:block;
  font-size:0;
  visibility:hidden;
}

div.csc-textpic-clear {
  clear:none;
}


/* ### Inhaltselemente formatieren ###*/
/* Listenelemente */
ul, li {
  margin-top: 0px;
}

/* Schriften und Ueberschriften*/
p {
  font-style: normal;
  font-variant: normal;
  font-weight: normal;
  line-height: normal;
  padding: 0px;
}

h1 {
  font: normal 1.25em tahoma,Verdana,sans-serif;
  /* 15px: body font-size 12 px * 1.25 em*/
  font-weight: bold;
}
```

Die Angaben für die generelle Seitengröße und einen Rahmen um die Seite bestimmt die ID `#alles`; weiter sind die Überschriften und die Standardschrift für die Inhalte definiert. Im Anschluss sind für die Bereiche, die als `div`-IDs definiert sind (`#links`, `#mitte`, `#rechts` und `#footer`) die Größe des einzelnen Bereichs, die Abstände und jeweils eine Hintergrundfarbe festgelegt. Die Farben dienen hier nicht dem Design, sondern sollen lediglich anzeigen, wo Bereiche anfangen und enden. Ohne Kunstgriff sind die drei Spalten immer so lang wie ihr Inhalt. Dieses logische Verhalten wird dann störend, wenn Sie beispielsweise die mittlere Spalte mit einem Rahmen rechts und links versehen wollen, um sie optisch abzugrenzen. Was aber, wenn die linke Spalte viel länger ist als die mittlere? Dann sehen Sie nur für einen Teil der mittleren Spalte, beispielsweise für die Hälfte der linken Spalte, den Rahmen. Dieses Problem wird gelöst über die CSS-Klasse `.clearer`.

Wie im Code zu sehen, sind die Angaben für die Schriftgrößen in der relativen Einheit `em` angegeben, was deutlich mehr Flexibilität erlaubt, denn dadurch ändern sich Schriftgrößen jeweils abhängig vom gerade aktuellen Font. Aber Achtung: Die Angabe in `em` bezieht sich immer auf das Elternelement. Betrachten wir folgende Situation:

```
<html>
  <head>
  </head>
  <body>
   <div id="alles">
      <div id="div_in_alles">
      </div>
   </div>
  </body>
</html>
```

Hier hat das Element mit der ID `div_in_alles` als Elternelement das `div` mit der ID `alles`, das wiederum `body` als Elternelement besitzt. Wenn Sie nun die `font-size` wie folgt setzen:

```
body: 12px;
alles: 1.5em;
div_in_alles: 1.5em;
```

so ist das Elternelement für `div_in_alles` nicht `body`, sondern `alles`. Damit ergibt sich zur Berechnung der Schriftgröße für `div_in_alles`:

```
12px * 1.5em * 1.5em = 27px
```

Denken Sie also immer daran, dass die Angaben eines Elternelements (nicht nur die Schriftgrößen) an die Kindelemente vererbt werden.

Wenden wir uns nach diesem kurzen Exkurs wieder unserer eigentlichen Aufgabe zu.

3.3 Heraufladen und Erstellen von Dateien

Die beiden Dateien `main_verein.html` und `1_basis.css` laden Sie bitte von der buchbegleitenden Webseite auf Ihren PC herunter und entpacken die zip-Datei. Die vorgenannten Dateien sind nun in Ihre TYPO3-Installation zu integrieren, also zunächst auf Ihren Webserver hochzuladen. Wechseln Sie dazu ins TYPO3-Backend (vgl. die auf Seite 68 beschriebene Konfiguration des Zugangs) und dort in das Webmodul **Dateiliste**.

Hier haben Sie Zugriff auf das TYPO3-Dateiverwaltungssystem, über das Sie alle benötigten Dateien wie Vorlagen, Bilder, CSS-Dateien etc. in entsprechend anzulegenden Ordnern verwalten. Während der Installation wird das Hauptverzeichnis `fileadmin` angelegt.

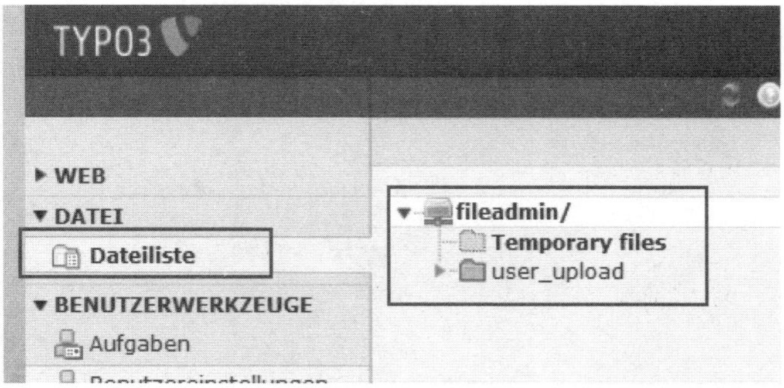

Abbildung 3.2: Erster Aufruf des Moduls Datei|Dateiliste

Durch Klick auf das Dreieck vor `fileadmin` klappt der Verzeichnisbaum auf und zeigt die Unterverzeichnisse `Temporary files` und `user_upload`[6].

Unterhalb von `fileadmin` legen Sie per Klick mit der linken Maustaste auf `fileadmin` und der Auswahl **Neu** einen Ordner mit dem Namen `templates` an.

Alternativ klicken Sie mit der linken Maustaste auf `fileadmin`, woraufhin sich im rechten Backend-Bereich eine Übersicht öffnet. An deren oberem Rand finden Sie zwei Icons für **Dateien hochladen** bzw. **Neu** (Abbildung 3.3).

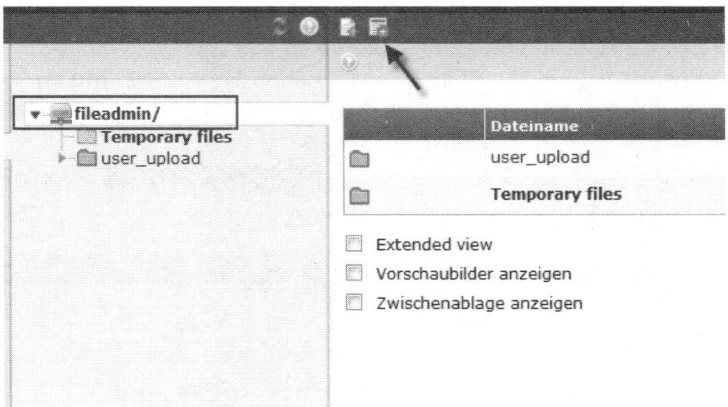

Abbildung 3.3: Neuen Ordner erstellen

[6] Hier noch einmal der Hinweis, dass bis zum Erscheinen des Buches sowohl die Version von TYPO3 eine höhere sein kann als auch die Sprachdateien bis dahin aktualisiert wurden. Damit kann es bei dem ein oder anderen hier im Buch gezeigten Screenshot zu Abweichungen gegenüber Ihrer aktuellen Installation kommen. Zum Beispiel kann der Verzeichnisname dann `Temporäre Dateien` statt `Temporary files` lauten.

Sie können hier bei Bedarf gleich einen ganzen Stapel von Ordnern oder Dateien anlegen. Legen Sie auf der gleichen Ebene wie der bereits angelegte Ordner `templates` zunächst jedoch nur einen weiteren Ordner namens `styles` an.

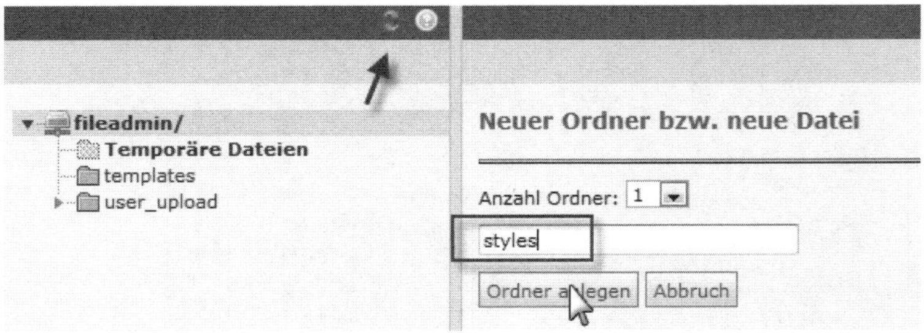

Abbildung 3.4: Ordner styles erstellen

Sollte der neue Ordner unterhalb von `fileadmin` nicht sogleich sichtbar sein, klicken Sie auf das Icon für **Baumansicht aktualisieren**. Ihre Verzeichnisstruktur sollte nun aussehen wie in Abbildung 3.5.

Abbildung 3.5: Aktualisierter Verzeichnisbaum

Auf ähnliche Weise laden Sie auch Dateien in das TYPO3-Dateisystem hoch: Wählen Sie den Ordner `templates` aus, klicken Sie mit der linken Maustaste darauf und wählen Sie **Dateien hochladen**.

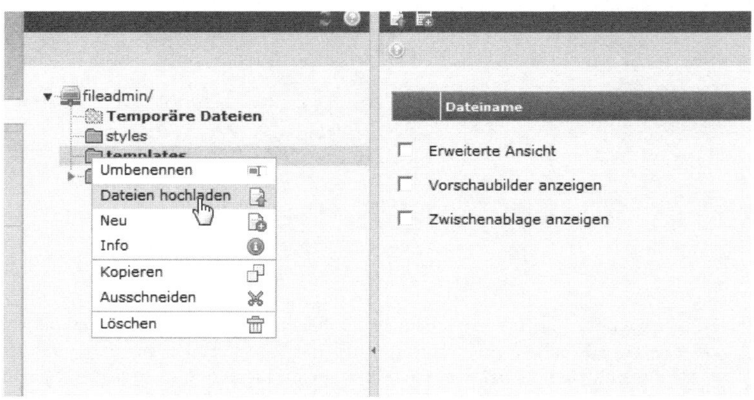

Abbildung 3.6: Datei(en) hochladen

Wollen Sie mehrere Dateien auf den Webserver transferieren, dann klicken Sie in dem sich öffnenden Popup-Fenster alle benötigten Dateien an.[7] In unserem Fall soll lediglich die Datei `main_verein.html`, die Sie ja schon zu Beginn des Kapitels heruntergeladen haben, von Ihrem PC in den Ordner `templates` heraufgeladen werden (Abbildung 3.7).

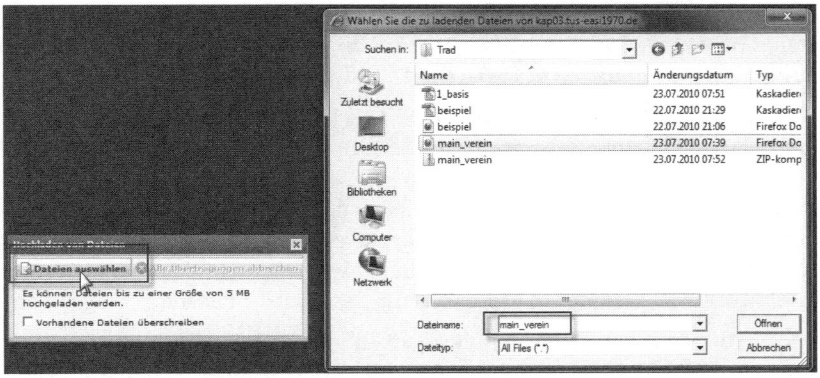

Abbildung 3.7: HTML-Vorlage ins Verzeichnis templates laden

Suchen Sie die Datei per Klick auf **Dateien auswählen** auf Ihrem lokalen System und speichern Sie sie im Ordner `templates` ab. Die Datei hat somit den Pfad `fileadmin/templates/main_verein.html`.

Ebenso verfahren Sie mit der Datei `1_basis.css`, die Sie in den Ordner `styles` hochladen.

Wenn Sie nun im Verzeichnisbaum den Ordner `templates` auswählen, sehen Sie im rechten Bereich die darin enthaltene Datei `main_verein.html` (Abbildung 3.8). Setzen Sie auch das Häkchen bei **Erweiterte Ansicht** (**Extended view**), um auch die Icons für die Bearbeitung angezeigt zu bekommen.

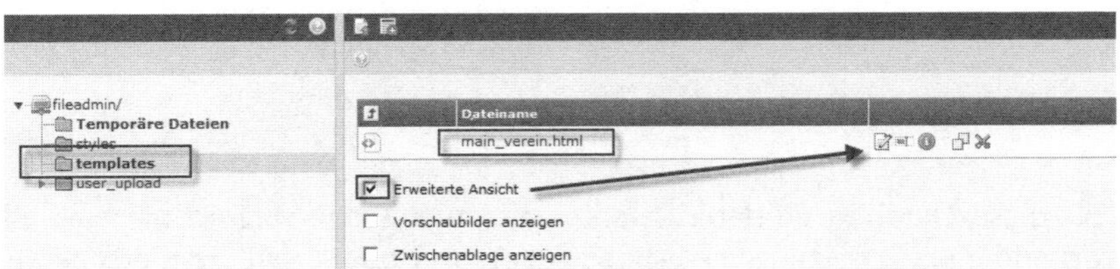

Abbildung 3.8: Inhalt des Ordners templates

7 Diese Flash-Schnittstelle funktioniert nur, wenn Sie eine aktuelle Flash-Version in Ihrem Browser installiert haben. Eventuell haben Sie je nach Version Ihres Browsers auch Probleme. Schalten Sie daher ggf. das Hochladen per Flash ab, und zwar links im Backend-Menü über den Menüpunkt **Benutzereinstellungen**. Im Registerblatt **Bearbeiten und erweiterte Funktionen** entfernen Sie das Häkchen bei **Flash-Schnittstelle zum Hochladen aktivieren (erfordert Flash 9+)**

Falls Sie später viele oder sehr große Dateien hochladen müssen, empfiehlt sich allerdings eher die „klassische" Dateiübertragung per FTP. Je nach Server-Variante und Konfiguration Ihres Providers können die Pfadangaben variieren. In der Regel ist der FTP-Zugang so eingerichtet, dass er genau auf das Verzeichnis zeigt, in dem Sie Ihre Webseite hinterlegt haben. Wenn Sie gemäß dem Installationskapitel vorgegangen sind, sollten Sie bei Benutzung des FTP-Zugangs den Ordner `TYPO3CMS` sehen und darin das Installationsverzeichnis Ihres Webauftritts. In diesem Falle wäre das Ziel also `TYPO3CMS/www_tus_easi1970_de/fileadmin/`.

Bleiben wir im Fileadmin-Verzeichnis: Das Stylesheet `1_basis.css` ist nur ein Teil des Ganzen. Zusätzlich zu diesem Stylesheet werden wir im Laufe des Buches noch weitere erstellen für die Menüs, für den Inhalt, für spezielle Erweiterungen. Diese Aufteilung in mehrere Stylesheets dient nur der Übersicht und ist technisch nicht notwendig. Die einzelnen Stylesheets werden in ein „Eltern-Stylesheet" über die Anweisung `import` eingebunden. Im HTML-Template wird dann nur das Eltern-Stylesheet aufgerufen.

Wir werden nun unser Basis-Stylesheet in ein solches Eltern-Stylesheet integrieren und auf diese Weise auch das Anlegen einer Datei im TYPO3-Backend üben.

Erstellen Sie in `fileadmin/styles` also eine Datei `standard.css`: Wählen Sie das Verzeichnis `styles` aus und erstellen Sie über das Icon **Neu** diesmal eine Datei (keinen Ordner!). Vergeben Sie den Namen `standard.css` und speichern Sie die Datei ab (Abbildung 3.9).

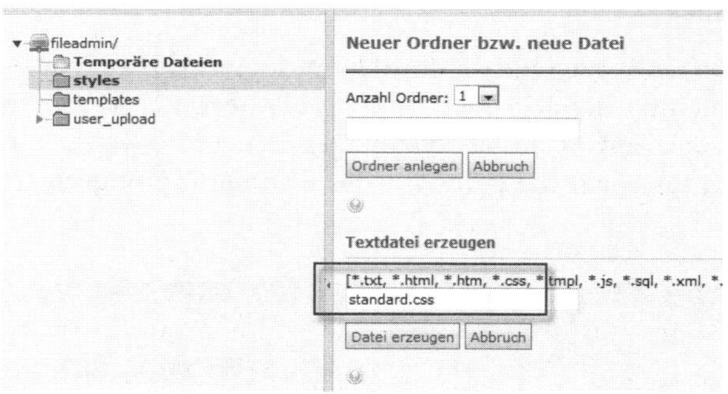

Abbildung 3.9: Datei standard.css erstellen

Um diese Datei zu editieren, wählen Sie zuerst das Verzeichnis aus; alle vorhandenen Dateien, also `1_basis.css` und `standard.css`, erscheinen im rechten Backend-Bereich.

Wählen Sie die Datei `standard.css` durch einen Klick mit der linken Maustaste auf das Icon vor dem Dateinamen und wählen Sie in der Combobox **Bearbeiten** aus. Jetzt öffnet sich ein einfaches Editorfenster, in dem Sie die noch leere Datei bearbeiten. Ergänzen Sie lediglich die Zeile

```
@import url(1_basis.css);
```

um unsere erste CSS-Datei `1_basis.css` einzubinden, und speichern Sie den Datensatz ab.

CSS-Dateien mit `import` in eine Masterdatei einzufügen ist nur während der Entwicklungsphase empfehlenswert, da eine sehr übersichtliche Struktur entsteht und die Arbeit mit diesem Buch einfacher wird. Im „richtigen Leben“ sollten CSS-Dateien entweder nur auf den Seiten aufgerufen werden, auf denen sie benötigt werden, oder alle CSS-Dateien zu einer zusammengefasst werden, die dann beim ersten Aufruf der Seite geladen wird.

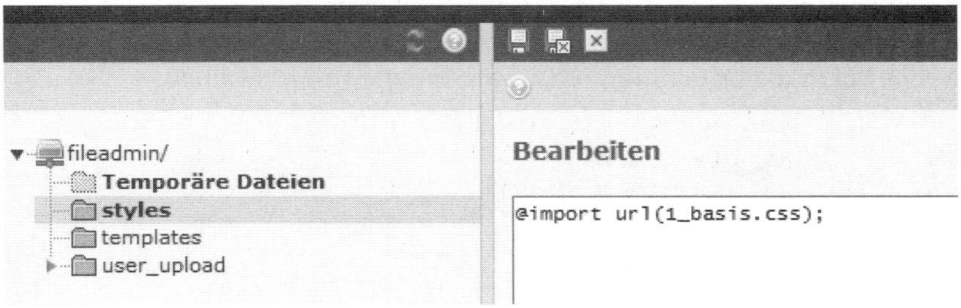

Abbildung 3.10: Datei standard.css bearbeiten

Auf diese Weise können Sie grundsätzlich alle Dateien im ausgewählten Verzeichnis direkt über das TYPO3-Backend aufrufen und bearbeiten. Um jedoch Datenverlust zu vermeiden, sollten Sie gerade wichtige und umfangreiche Dateien zunächst lokal bearbeiten und erst danach in das System hochladen oder per Copy & Paste in den eben beschriebenen Editor übertragen; einmal falsch gespeichert oder überschrieben, ist eine Datei im System und kann dieses bei Fehlern erheblich beeinträchtigen!

3.4 Erste Seiten im Backend anlegen

Nach diesen Vorarbeiten werden wir zunächst einige Seiten anlegen und im nächsten Kapitel das TypoScript- bzw. TemplaVoila-Template erstellen, das in Zusammenarbeit mit unserer HTML-Vorlage und den CSS-Definitionen für die Darstellung der Webseite im Frontend zuständig ist, also das Rahmenlayout definiert. Das Erstellen der Seiten ist im TYPO3-Backend eine einfache Übung, zumal das Projektteam sich in Bezug auf die Seitenstruktur des Webauftritts bereits Gedanken gemacht hat.

Wechseln Sie ins Webmodul **Seite**, und Sie erhalten folgende, dreigeteilte Ansicht des Backend: Links die Modulleiste, in der Mitte der Seitenbaum – der aktuell lediglich die Root-Ebene mit dem TYPO3-Symbol umfasst – und rechts der Content-Bereich, in dem Sie Seiten erstellen, bearbeiten und mit Inhalten füllen (Abbildung 3.11).

Abbildung 3.11: Webmodul Seite

Klicken Sie mit der linken Maustaste, also wie im `fileadmin`-Verzeichnis beim Anlegen von Dateien und Ordnern, auf das TYPO3-Symbol und wählen Sie **Neu**. Im rechten Backend-Bereich erscheint daraufhin die Übersicht **Neuer Datensatz** (Abbildung 3.12), wo Sie **Seite (in)** auswählen.

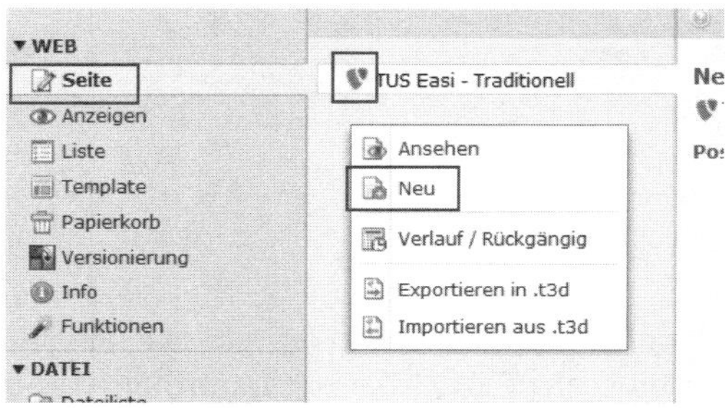

Abbildung 3.12: Seiten anlegen

Es erscheint das Formular zur Seiteneingabe mit verschiedenen Registerkarten. Damit alle Felder des Formulars direkt zur Verfügung stehen, setzen Sie unten den Haken bei **Zweite Optionspalette anzeigen**.

Abbildung 3.13: Registerkarte Allgemein

Probieren Sie aus, womit Sie sich besser zurecht finden: mit den Symbolen, die zeigen, dass es hier weitere Zusatzfelder gibt, oder mit der permanenten Anzeige dieser Zusatzfelder. Auf der Registerkarte **Allgemein** tragen Sie den **Seitentitel** der Seite ein: `Verein`. Pflichtfelder, also solche, die ausgefüllt werden *müssen*, sind mit einem Warn-Icon (Ausrufezeichen auf gelbem Grund) gekennzeichnet, z. B. **Seitentitel**. Weitere Eintragungen werden hier nicht vorgenommen.

Wechseln Sie zum Registerblatt **Zugriff** und entfernen Sie den Haken bei **Seite verbergen (Disable)**.

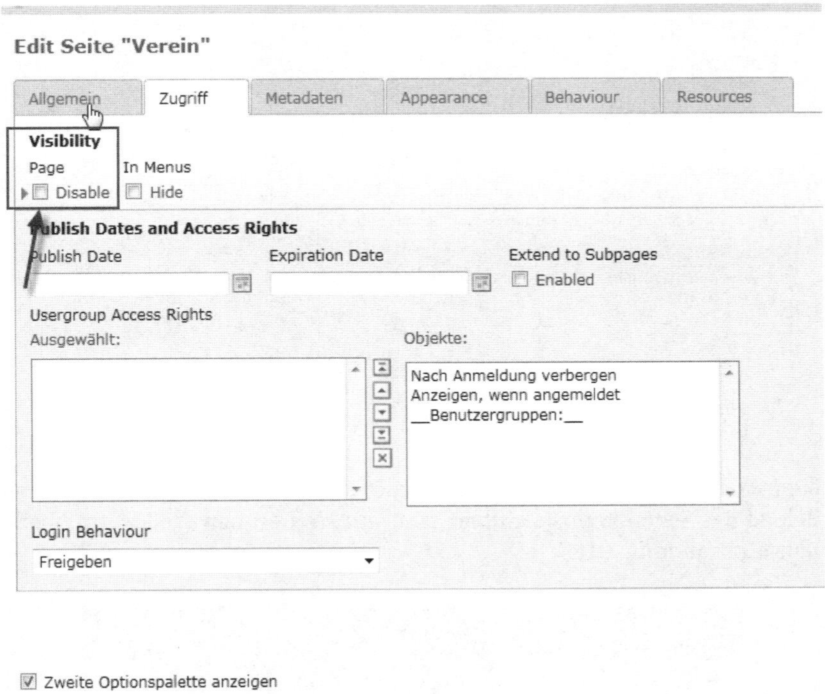

Abbildung 3.14:
Registerkarte Zugriff

Wechseln Sie auf die Registerkarte **Behaviour (Verhalten)**. Hier ist der Haken bei **Ist Anfang der Web-Site (Use as Root Page)** sehr wichtig, denn damit definieren Sie die Startseite Ihres Webauftritts. Weitere Angaben sind vorerst nicht notwendig.

Über das Diskettensymbol am oberen Rand speichern Sie den Datensatz und verlassen ihn anschließend per Klick auf das Kreuz-Icon links daneben. Oder Sie verwenden gleich das Icon rechts für speichern und schließen.

Abbildung 3.15:
Registerkarte
Verhalten

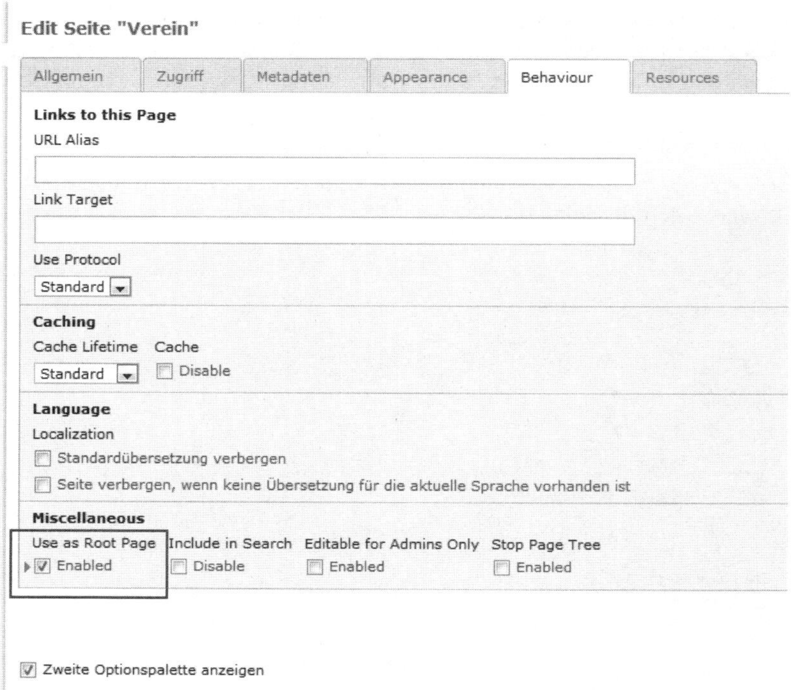

Nun sehen Sie Ihre erste Seite im Seitenbaum oder machen sie durch einen Reload des Seitenbaums sichtbar (Icon mit zwei grünen Pfeilen am oberen Rand) (Abbildung 3.16).

Abbildung 3.16:
Seitenbaum

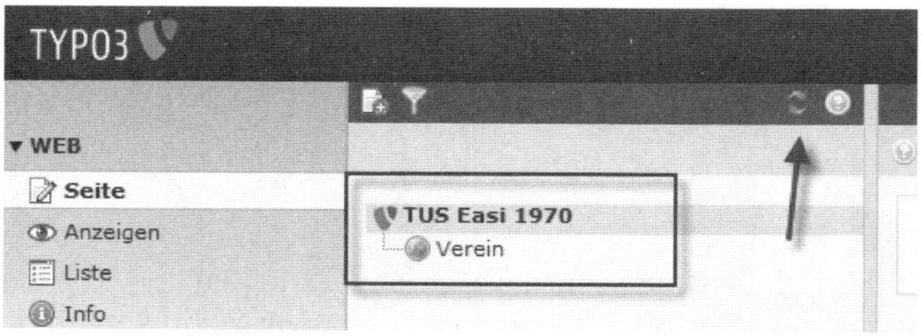

Klicken Sie die Seite **Verein** an und erstellen Sie hierarchisch eine Ebene tiefer eine weitere Seite. Dazu müssen Sie jetzt nicht mehr über einen Klick mit der linken Maustaste auf das Icon der Seite **Verein** vorgehen, sondern können nach Auswahl der Seite im Inhaltsbereich auf das **Neue Seite anlegen**-Icon (Abbildung 3.17) klicken.

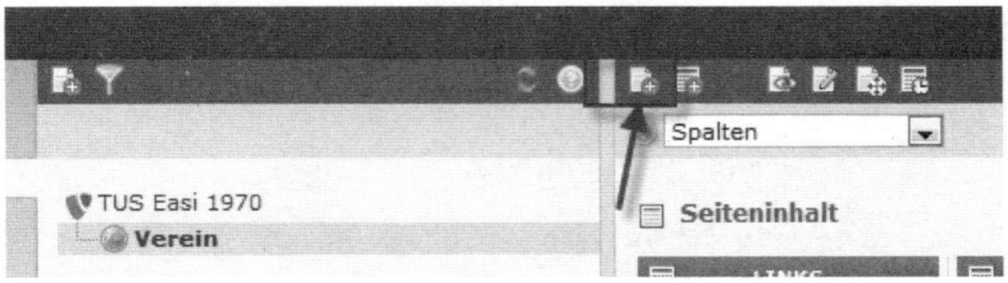

Abbildung 3.17: Seiten einfügen

Es wird eine Art Baumstruktur angezeigt, in der Sie die Position der neuen Seite im Seitenbaum per Klick auf einen der Pfeile festlegen (Abbildung 3.18).

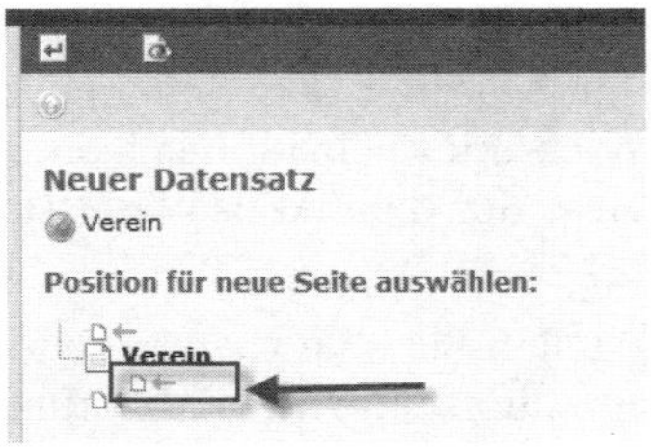

Abbildung 3.18: Position der Seite bestimmen

Nachdem Sie die Position eine Ebene tiefer als `Verein` ausgewählt haben, sind Sie wieder im Formular zum Anlegen der Seite, wo Sie den Haken bei **Seite verbergen** entfernen. Vergeben Sie den **Seitentitel** `Menu oben` und speichern Sie den Datensatz ab: Diesmal verwenden Sie das Diskettensymbol mit dem Kreuz, um die Seite nach dem Speichern sofort zu schließen.

Seit der TYPO3-Version 4.5 wird ein dritter Weg zum Anlegen und Positionieren neuer Seiten angeboten: Klicken Sie dazu zunächst oben links auf das Icon **Neue Seiten anelegen** (**Create new pages**). Daraufhin werden Icons mit den in TYPO3 möglichen Seitentypen angezeigt: **Standard**, **Backend-Benutzerbereich**, **Einstiegspunkt**, **Link zu externer URL**, **Ordner**, **Papierkorb**, **Visuelles Trennzeichen für Menüs**. Klicken Sie auf das Icon für die Standardseite und ziehen Sie das Icon auf die Seite `Verein`.

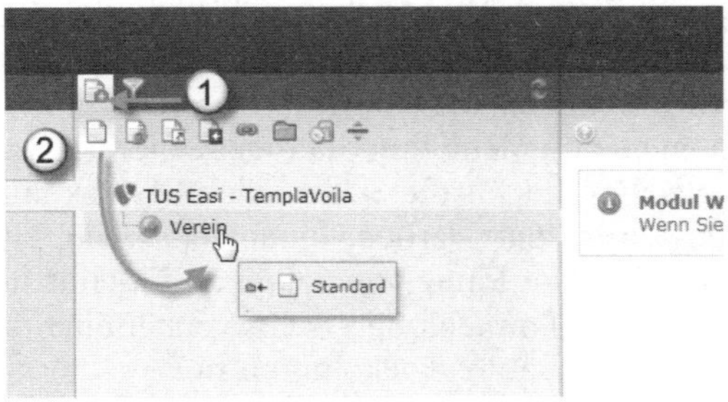

Abbildung 3.19: Per Drag&Drop eine Seite vom Typ Standard einfügen

Je nachdem, wie Sie den Mauszeiger positionieren, wird die neue Seite oberhalb, innerhalb oder unterhalb der Seite eingefügt. Dies ist erkennbar am Einfüge-Icon.

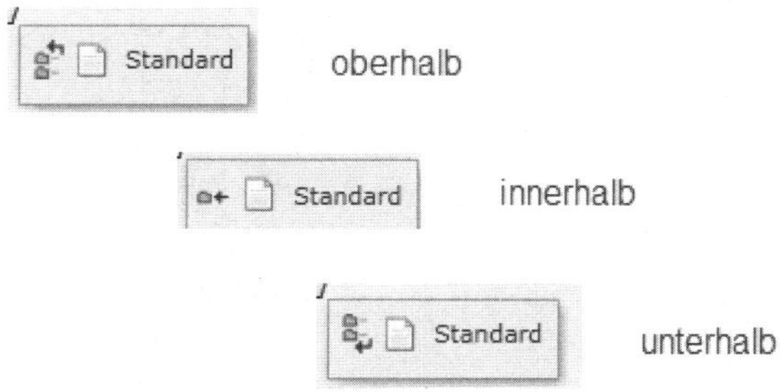

Abbildung 3.20: Position der Seite per Drag&Drop bestimmen

Auf diese Weise wird eine Seite mit dem Seitennamen `[Default Title]` angelegt, die Sie dann noch mit Klick auf das Icon **Seiteneigenschaften bearbeiten** anpassen müssen. Auf diese Weise lässt sich schnell eine Seitenstruktur aufbauen.

Auf derselben Ebene erstellen Sie eine weitere Seite namens `Menu links`. Ihr Seitenbaum sollte nun aussehen wie in Abbildung 3.21.

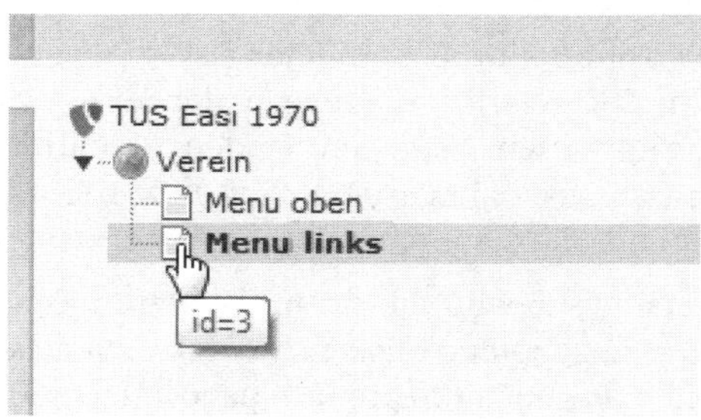

Abbildung 3.21: Neu angelegte Seiten

Wenn Sie mit der Maus über das Icon vor einem Seitentitel im Seitenbaum fahren, wird eine Nummer angezeigt; diese vom System vergebene, eindeutige Seiten-ID (auch Page-ID oder PID genannt) ist Teil der URL, wenn die Seite im Browser aufgerufen wird. Weitere Informationen zur Seiten-ID folgen im Verlauf des Buches.

Mit dieser Struktur erreichen wir eine gute Übersicht, denn später werden alle Seiten aus dem oberen Menü innerhalb des Seitenbaums der Seite `Menu oben` angelegt; gleiches gilt für die Seiten, die über das linke Menü angesprochen werden. Das erspart darüber hinaus ein wenig TypoScript-Code, der andernfalls für die Zuordnung von Seiten und Menüs notwendig wäre. Dies ist jedoch nur eine Empfehlung – selbstverständlich sind Sie bei der Strukturierung des Seitenbaums vollkommen frei.

3.4.1 Seiten mit dem Assistenten erstellen

Wenn Sie schnell mehrere Seiten erstellen möchten, gehen Sie wie folgt vor: Wählen Sie im Seitenbaum die Seite `Menu oben` und wechseln Sie im Webmodul auf **Funktionen**; es erscheint ein Assistent, der die Eingabe von standardmäßig bis zu neun Seitentiteln mit Vorgabe des Seitentyps erlaubt. Wenn mehr Seiten auf einmal angelegt werden sollen, können mit Klick auf **Add more lines** weitere Zeilen hinzugefügt werden. Vergeben Sie hier die Namen `Home`, `Impressum` und `Kontakt`, denn im oberen Menü sollen später genau diese Seiten wählbar werden. Klicken Sie anschließend auf **Seiten anlegen** und bestätigen Sie den Warnhinweis mit **OK**.

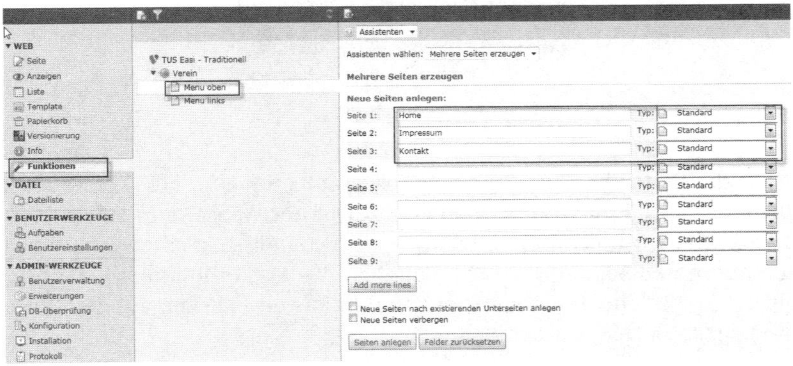

Abbildung 3.22: Assistent zum Erstellen mehrerer Seiten

Verfahren Sie nun analog für `Menu links` und erstellen Sie dort die Seiten `Willkommen`, `Der Verein` und `Sportarten`. Wechseln Sie wieder ins Webmodul **Seite**. Ihr Seitenbaum sollte nun aussehen wie in Abbildung 3.23.

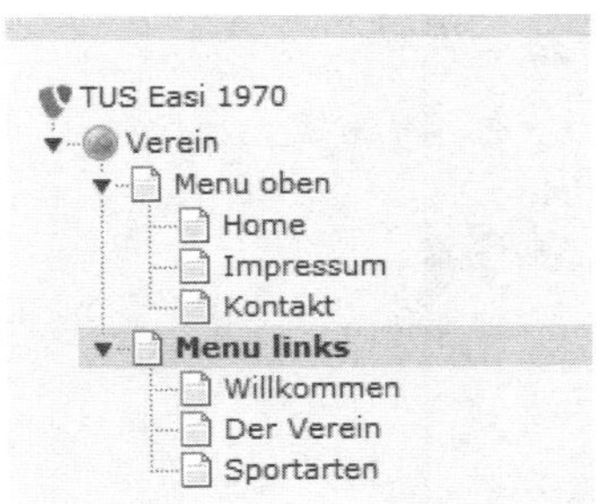

Abbildung 3.23: Seitenbaum nach Erstellen der Seiten mit dem Assistenten

3.4.2 Die Seitentypen Standard, Verweis und SysOrdner

Wie Sie in der Bearbeitungsmaske vielleicht gesehen haben, war die erste Seite, die Sie erstellt haben (`Verein`) vom Typ **Standard**. Das vererbt sich auf alle neu angelegten Seiten, doch kann der Typ jederzeit geändert werden, was je nach Zweck der Seite auch notwendig ist. Im Verlauf des Buches werden Sie die unterschiedlichen Seitentypen kennenlernen.

Beginnen wollen wir hier mit dem Seitentyp **Verweis**, also einer Seite, die auf eine andere Seite im Seitenbaum verweist. Wechseln Sie dazu wieder ins Webmodul **Seite**.

Zum Verständnis: Natürlich sollen für Besucher unseres Webauftritts im Frontend nur die Seiten unterhalb von `Menu oben` und `Menu links` sichtbar sein. Alle anderen Seiten, die nur der Strukturierung und Übersicht dienen, bleiben verborgen.

Abbildung 3.24: Seiteneigenschaft bearbeiten

So soll die Startseite `Verein` ein Verweis auf die Seite `Willkommen` sein, welche dann im Frontend beim ersten Aufruf der Webseite in einem Browser angezeigt wird. Bearbeiten wir also die Seiteneigenschaften von `Verein` und ändern den Seitentyp von **Standard** auf **Verweis** (Abbildung 3.25). Dazu wählen Sie die Seite `Verein` im Seitenbaum aus und klicken auf den Button **Seiteneigenschaften bearbeiten**.

Abbildung 3.25: Seitentyp Verweis

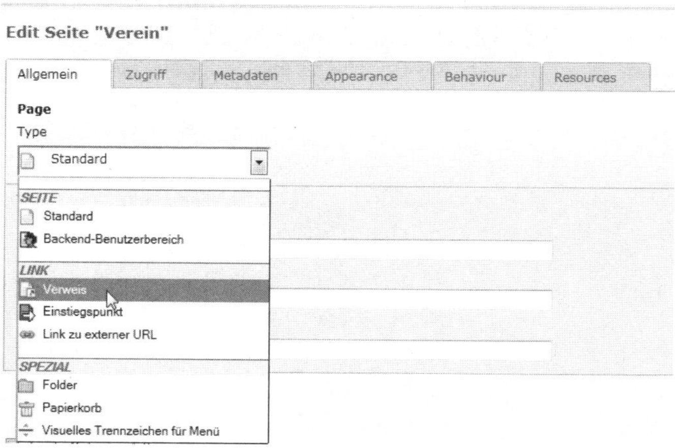

In der Registerkarte **Allgemein** ändern Sie in der Combobox **Typ** den Eintrag auf **Verweis**. Den Warnhinweis nehmen Sie mit **OK** zur Kenntnis und müssen daraufhin nur noch angeben, auf welche Seite verwiesen werden soll.

Auf der gleichen Registerkarte wird nun ein weiteres Feld angezeigt: **Verweis auf Seite** (**Shortcut Target**) (Abbildung 3.26).

Es gibt zwei Möglichkeiten, die Seite zu finden: Klicken Sie auf das Ordnersymbol **Datensätze durchblättern** und wählen Sie in dem neuen Popup-Fenster mit der Ansicht Ihres Seitenbaums die Seite `Willkommen`.

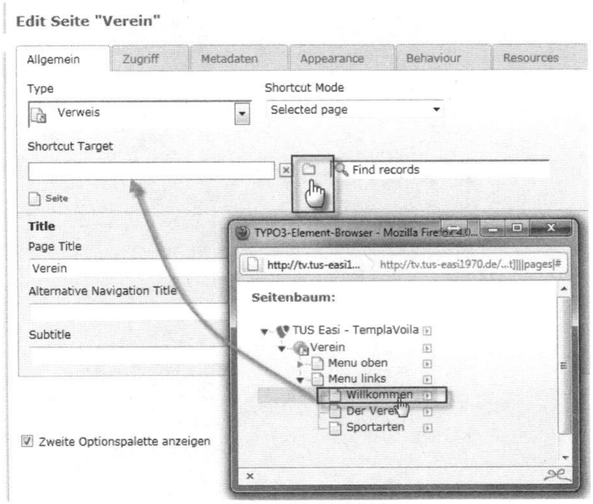

Abbildung 3.26: Pop-up: Durch Seitenbaum browsen

Oder: Geben Sie den Namen der Seite ein und wählen Sie anschließend die Seite aus.

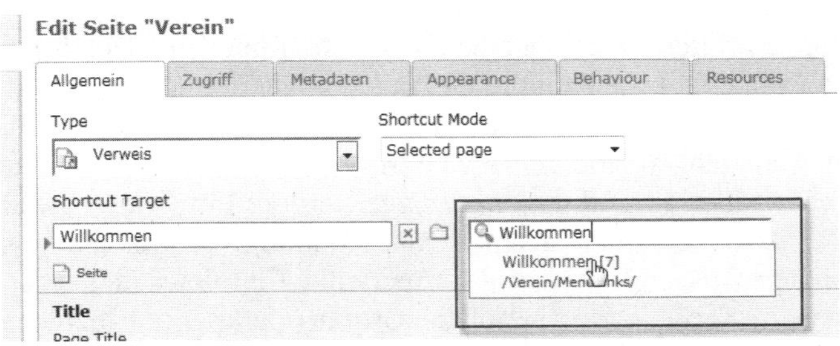

Abbildung 3.27: Seite suchen

Speichern Sie den Datensatz ab. Im Seitenbaum wird dadurch das Icon für die Seite `Verein` um einen Pfeil ergänzt (Abbildung 3.28). Wenn Sie mit der Maus über das Icon der Seite `Verein` fahren, erhalten Sie die entsprechenden Informationen (**Verweis auf Seite: /Verein/Menu links/Willkommen/**).

Genauso gehen Sie bitte für die Seiten `Menu oben`, `Menu links` und `Home` vor, die alle auf die Seite `Willkommen` verweisen sollen, denn sie dienen allein der Strukturierung der Webseite, sollen aber nicht angezeigt werden. Über ihre ID sind diese Seiten aber grundsätzlich aufzurufen, beispielsweise unsere Seite `Menu oben` über

```
http://localhost/TYPO3CMS/www_tus-easi1970_de/index.php?id=2
```

Allerdings würde dann nicht die leere Seite `Menu oben` angezeigt, sondern die Seite, auf die verwiesen wird.

Im Seitenbaum sehen Sie jetzt also vor den Seiten `Verein`, `Menu oben`, `Home` und `Menu Links` das Symbol für den Verweis (Abbildung 3.28).

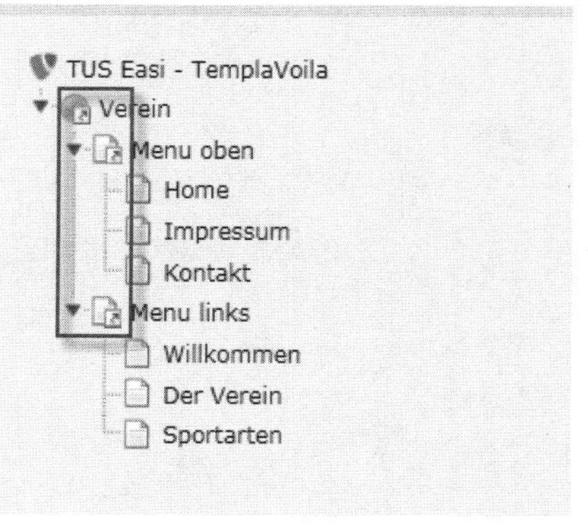

Abbildung 3.28: Seitenbaum mit den Verweisseiten

3.5 Systemordner erstellen

Ein weiterer, immens wichtiger Seitentyp ist **Ordner**. Im Detail gehen wir auf dessen verschiedene Funktionen in den folgenden Kapiteln immer wieder ein. Verschiedene Erweiterungen benötigen beispielsweise Ordner, um Datensätze anzulegen und zu verwalten, aber auch TypoScript-Templates können und sollen in Ordnern hinterlegt werden. Ein Ordner ist also eine Art Container für Dateien. Beispielsweise benötigt TemplaVoila zwingend einen solchen Ordner, in dem die TemplaVoila-Templates abgelegt werden. Mehr dazu in Kapitel 5. Zwei solche Ordner gilt es nun anzulegen: Erstens einen übergreifenden Systemordner für TypoScript-Templates, in dem später besondere TypoScript-Templates z. B. für Menüs hinterlegt werden, zweitens einen Ordner als *Allgemeine Datensatzsammlung*[8].

Da Ordner keinerlei Anzeigefunktion besitzen, ist es nicht notwendig, den Ordner als versteckte oder im Menü verborgene Seite zu definieren. Dennoch achten Sie bitte darauf, dass in der Registerkarte **Zugriff** das Häkchen bei **Seite verbergen** nicht gesetzt ist, da andernfalls die Datensätze wie z. B. Templates nicht angezeigt werden. Die Seiten vom Typ **Ordner** werden Sie später immer im Webmodul **Liste** bearbeiten.

[8] Auch bekannt als *General Record Storage Page* oder GRSP.

3.5.1 Systemordner: Templates (Allgemeine Datensatzsammlung)

Gehen Sie bitte in das Modul **Web**, klicken Sie auf die Seite **Verein** und legen Sie auf der gleichen Ebene (**Seite nach**) eine neue Seite mit dem Namen `Templates` und vom Typ **Sysordner** an.

Gehen Sie in das Modul **Web**, klicken Sie auf die Seite `Verein` und legen Sie eine Ebene tiefer (**Seite in**) eine neue Seite mit dem Namen `Allgemeine Datensatzsammlung`[9] vom Typ **Ordner** an.

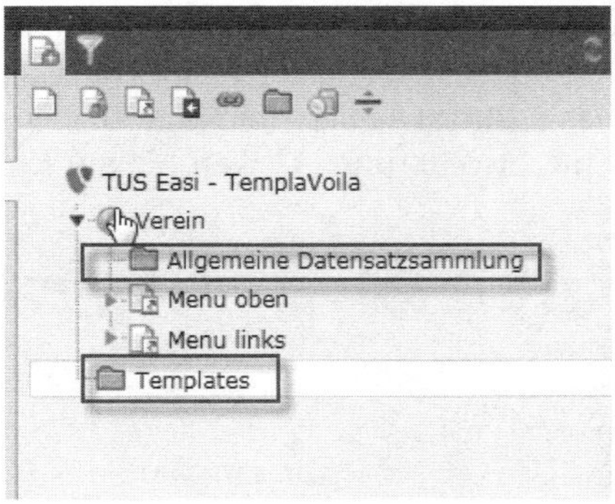

Abbildung 3.29: Ordner anlegen

Die Seite `Allgemeine Datensatzsammlung` müssen Sie nun noch mit der Seite `Verein` verbinden. Öffnen Sie dazu die Seite `Verein` zu Bearbeitung und verknüpfen Sie im Register **Ressourcen** (**Resources**) die soeben angelegte Seite.

Abbildung 3.30: Allgemeine Datensatzsammlung verbinden

[9] Sie sind selbstverständlich in der Wahl des Namens frei. Nur zwecks Nachvollziehbarkeit haben wir diesen prägnanten Namen gewählt.

3.6 Grundlagen des ersten TypoScript-Template

Das Rahmenlayout ist in der HTML-Vorlage definiert und einige Seiten sind bereits angelegt. Damit wir schnellstmöglich zur Darstellung der Seite auch im Frontend kommen, soll es jetzt um das erste TypoScript-Template gehen, welches das Zusammenspiel der HTML-Vorlage mit den Daten für die Ausgabe, die von TYPO3 in einer Datenbank verwaltet werden, steuert.

Ein Webauftritt kann zahlreiche verschiedene TypoScript-Templates enthalten; wir kümmern uns zunächst um das Haupttemplate unserer Rootseite `Verein`. Dazu wählen Sie im Seitenbaum die Seite `Verein` aus und im Webmodul den Eintrag **Template**. TYPO3 meldet nun, dass noch kein Template vorliegt und bietet die Neuanlage eines Templates an. Dabei wird unterschieden zwischen einem neuen Template für eine Webseite und einem Template für eine Erweiterung. Klicken Sie auf **Create template for a new site**.

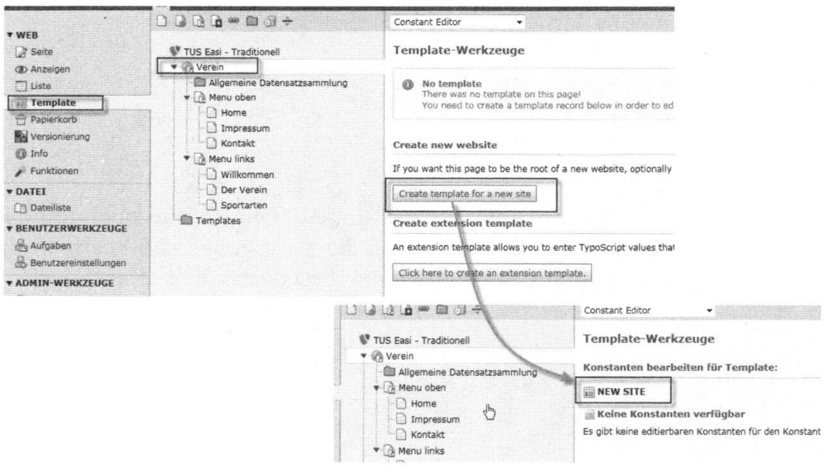

Abbildung 3.31: Template anlegen

TYPO3 legt umgehend ein neues Template mit dem Namen `NEW SITE` an. Im Arbeitsbereich finden Sie oben eine Combobox, in der Sie **Info/Bearbeiten** ausgewählen. Erst dann erscheint im Arbeitsbereich ein Formular zum Bearbeiten des kompletten TypoScript-Template (Abbildung 3.32).

Abbildung 3.32: Vorbereitung zum Anlegen der ersten TypoScript-Vorlage

Das TypoScript-Template ist eines der Herzstücke Ihrer TYPO3-Präsenz. Es ist sehr empfindlich, und Fehler werden hier nicht so leicht verziehen – darum: Pflegen Sie es gut! Auch hier gilt: Sichern Sie die Arbeitsdateien lokal, damit Sie immer auf eine funktionierende Version zurückgreifen können, falls etwas schiefgegangen ist. Fügen Sie den Inhalt der lokalen Datei dann mit Copy & Paste ins Template ein und speichern Sie es ab. Das Template wird sich zur Schaltzentrale des Webauftritts entwickeln; über TypoScript

- bestimmt es auf dem traditionellen Weg (mit Markern) die HTML-Vorlage, die das Rahmenlayout definiert, oder ruft TemplaVoila auf,[10]
- regelt es die Erstellung von Menüs,
- ist es für die Verwendung und auch Darstellung von Inhalten (Plugins, Datum, Sprache, Links, usw.) zuständig.

Um einen Eintrag vorzunehmen, klicken Sie auf das Bleistiftsymbol neben dem jeweiligen Bereich. Klicken Sie auf das Bleistiftsymbol neben **Titel** und vergeben Sie den Namen des Templates `main_verein`.

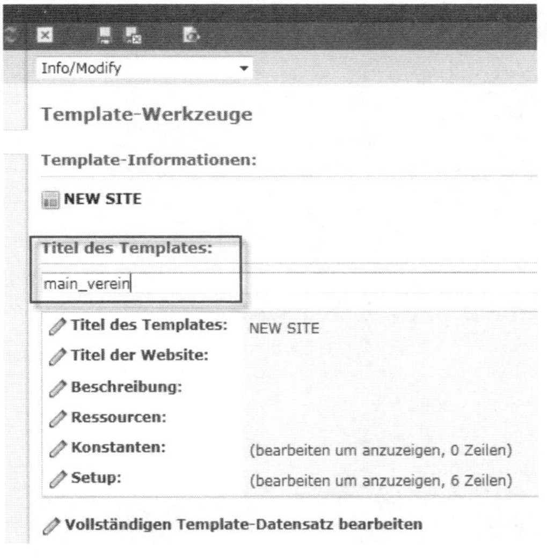

Abbildung 3.33: Namen des Templates vergeben und speichern

Wenden wir uns nun dem **Titel der Webseite** zu. Er wird bei der Generierung des HTML-Codes für die Ausgabe ausgewertet und in das HTML-Tag `title` geschrieben. Dieses wird wiederum von den Browsern ausgewertet und erscheint in der Titelleiste des Browsers auf jeder Seite.

10 Mehr zum Unterschied zwischen traditioneller Vorgehensweise und TemplaVoila finden Sie im Abschnitt 3.9

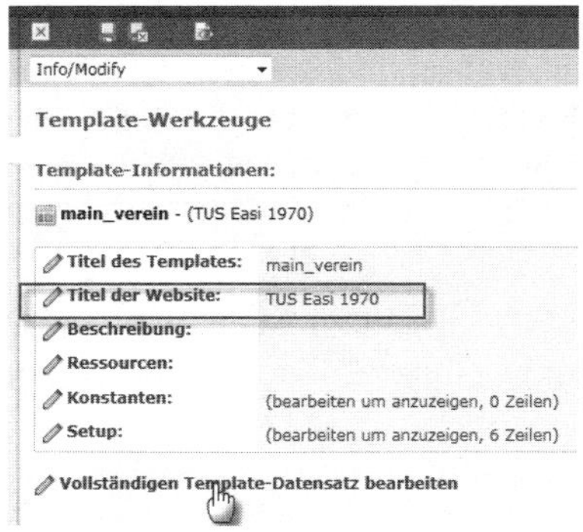

Abbildung 3.34: Titel der Webseite eintragen

Klicken Sie anschließend auf **Vollständigen Template-Datensatz bearbeiten**, um das Template zu bearbeiten. Das Formular besteht auf der Registerkarte **Allgemein** aus den Bereichen **Konstanten**, **Konfiguration** und **Beschreibung**.

In der Konfiguration steht, wie Sie in Abbildung 3.35 sehen, bereits ein kurzer TypoScript-Eintrag, der von TYPO3 vorgegeben ist.

Abbildung 3.35: Von TYPO3 erstellter Code im Setup

Das Beispiel mit einer Ausgabe des Textes „HELLO WORLD!" können getrost löschen und mit einem leeren Template starten.

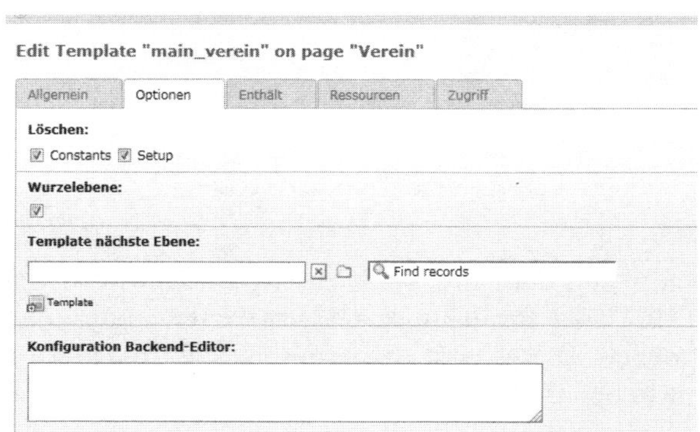

Abbildung 3.36: Registerkarte Allgemein zur Bearbeitung des Templates

Wechseln Sie auf die Registerkarte **Optionen**. Sollten die Häkchen unter **Löschen** bei **Constants** und **Setup** nicht gesetzt sein, so setzen Sie diese jetzt. Sofern es ein übergeordnetes TypoScript-Template gäbe, wird dadurch die Vererbung von dessen Einträgen in Constants und Setup verhindert. Da es derzeit keine übergeordneten Templates gibt, ist das eigentlich überflüssig. Sie sollten die Haken aber trotzdem setzen, denn es wäre möglich, dass Sie später solche Templates definieren und die Kaskadierung verhindert sein soll. Sie vermeiden damit zeitaufwendige Fehlersuche bei „merkwürdigen" Effekten. Der Haken bei **Wurzelebene** muss ebenfalls gesetzt sein. Damit legen Sie fest, dass mit diesem TypoScript-Template die Wurzel des Seitenbaums inklusive seiner Unterseiten dargestellt wird.

Abbildung 3.37: Template – Registerkarte Optionen

Wechseln Sie zur Registerkarte **Enthält** und wählen Sie in der zweiten Optionsbox unter **Statische einschließen (aus Erweiterungen)** (**Include static (from extension)**) den Eintrag **CSS Styled Content** aus (die anderen Versionen sind für die älteren TYPO3-Versionen und werden hier nicht benötigt).

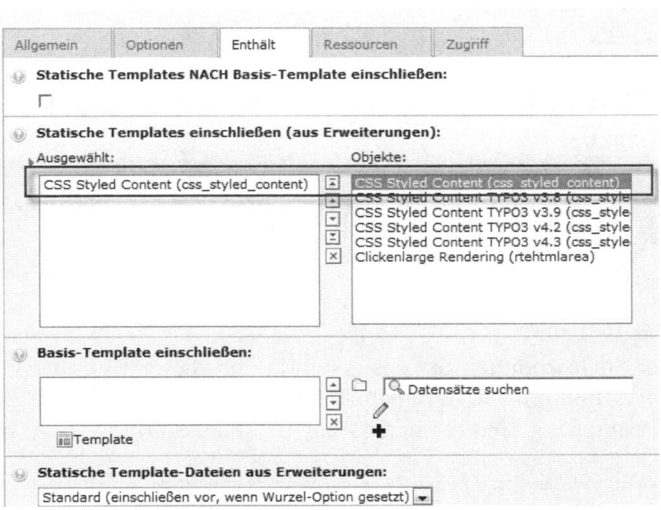

Abbildung 3.38: Statisches Template CSS Styled Content einbinden

Damit binden Sie die Systemerweiterung *CSS Styled Content* ein, also eine Erweiterung, die ein statisches TypoScript-Template und einige Hilfsmittel für CSS- und XHTML-konformes Rendering der Inhaltselemente zur Verfügung stellt.[11] Speichern und schließen Sie das Template per Klick auf das Disketten-Icon mit dem Kreuz.

3.6.1 Das TypoScript-Setup

Der Registergarte **Allgemein**, u. a. mit den Bereichen **Konstanten** und **Konfiguration**, werden wir uns gleich zuwenden, denn hier wird via TypoScript die Seite konfiguriert.

In den **Konstanten** werden Werte eingestellt, die, wie der Name schon sagt, konstant bleiben, zum Beispiel als Variablenzuweisungen, die vom Setup ausgelesen werden. Damit werden Änderungen nur an einer Stelle notwendig. In der Praxis allerdings gibt es häufig keine saubere Trennung beider Bereiche. So werden in den Constants häufig kurze Definitionen, meist „Einzeiler", festgelegt, im Setup dagegen komplexe Anweisungen. Zudem können mit Hilfe des *Constant Editor*, zu dem wir später noch kommen, bestimmte Einstellungen vorgenommen werden, die dann in den Konstanten gespeichert werden.

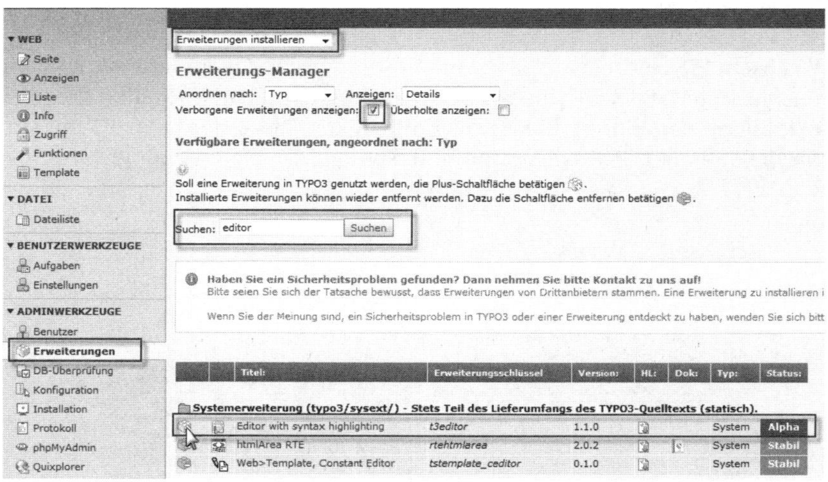

Abbildung 3.39: Installation der Erweiterung t3editor

An dieser Stelle kommen Sie das erste Mal auf dieser Webseite mit TypoScript in Verbindung. In den aktuelleren Versionen von TYPO3 gehört die Systemerweiterung *t3editor* bereits zur Grundausstattung. Falls wider Er-

[11] Weitere Informationen finden Sie in der Dokumentation der Erweiterung über den Erweiterungsmanager.

warten der *t3editor* nicht installiert sein sollte, dann wechseln Sie jetzt zu den **Erweiterungen** und wählen Sie im DropDown-Menü den Eintrag **Erweiterungen installieren**. Geben Sie im Suchfeld `editor` ein und klicken Sie auf **Suchen**.[12] Klicken Sie anschließend auf das Pluszeichen links vom Eintrag **Editor with syntax highlighting** zur Installation der Erweiterung *t3editor*, die Ihnen anschließend zur Verfügung steht.

Bevor Sie mit der Eingabe von TypoScript beginnen, zwei Anmerkungen:

- Setup und Konstanten finden Sie zwar buchbegleitend zum Download, aber ein Download und die Arbeit mit dem fertigen Ergebnis ließe zu viele Fragen offen, die Sie für ein tieferes Verständnis von TYPO3 einmal gestellt und selbst beantwortet haben müssen. Kopieren Sie nicht einfach das Ergebnis aus dem buchbegleitenden Download, sondern erarbeiten Sie sich die Webseite Stück für Stück
- Sie können Ihren TypoScript-Code direkt im Template einfügen und/oder als Datei, die Sie dann in `fileadmin` ablegen und anschließend im Template einbinden. Zu Demonstrationszwecken verwenden wir hier beide Methoden.

Wechseln Sie wieder in Ihren lokalen Editor, um das Setup der Webseite zu erstellen. Als Editoren empfehlen wir z. B. *PSPad*[13] oder *notepad++*[14], die beide auch Syntax-Highlighting für TypoScript anbieten.

Wenn TYPO3 die Webseite erstellt und an den Browser ausliefert, wird auch ein XHTML-Header erstellt mit elementaren Informationen wie Dokumententyp, Sprache und vieles mehr. Auf den grundlegenden Teil gehen wir hier ein. Definieren Sie zunächst in Ihrem lokalen Editor den XHTML-Header wie folgt:

```
### Umstellung auf XHTML ###
  # Verwende XHTML Transitional
  config.doctype = xhtml_trans

  # Führt einige Bereinigungen durch, um die Ausgabe XHTML-konform zu
  # machen
  config.xhtml_cleaning = all

  # Setzen der Parameter xml:lang und lang im html-tag
  config.htmlTag_langKey = de

  # Die von TYPO3 vor/nach jedem Inhaltselement generierten Kommentare
  # werden entfernt
  config.disablePrefixComment = 1
```

12 Sollten Sie die Erweiterung *t3editor* nicht angezeigt bekommen, so fehlt wahrscheinlich das Häkchen bei **Verborgene Erweiterungen anzeigen**, das Sie jetzt bitte setzen.

13 `http://www.pspad.de/`

14 `http://notepad-plus.sourceforge.net/de/site.htm`

```
# Wenn Browser = Microsoft Internetexplorer, dann doctypeswitch
# Fehlt dieser Switch, so wird die Seite in äleteren IE-Versionen
# nicht zentriert!
[browser = msie]
  config.doctypeSwitch = 1
[END]
```

Die Raute ist innerhalb von TypoScript das Kommentarzeichen. Setzen Sie also eine oder mehrere Rauten, wird genau diese Zeile nicht berücksichtigt. Sie können stattdessen auch den Doppelslash (//) verwenden – das Ergebnis ist dasselbe. Ganze Blöcke kommentieren Sie mit der von einigen Programmiersprachen bekannten Slash-Stern-Syntax aus:

```
/* Dies ist ...
... ein Kommentarblock */
```

Die Bedingung `[browser = msie]` für die älteren Versionen des Internet Explorers ist zwingend erforderlich, da dieser andernfalls nicht mit dem unten angegebenen `doctype` zurechtkommt. Der IE erwartet im generierten HTML die Zeile mit `<!DOCTYPE html ...` (abweichend von der Konvention) in anderer Reihenfolge als z. B. der Firefox.

Jetzt noch ein paar Anpassungen, um die Ausgabe der gerenderten Webseite performanter zu gestalten. Dazu gehören

- die Bereinigung von HTML-Kommentaren, die durch *css_styled_content* generiert werden,
- die Erstellung von Cache-Informationenen für die Browser. Die Browser verwenden selber einen Cache. Wenn nun über den *CacheHeader* die Information übermittelt wird, dass die Seite sich nicht geändert hat *und* der Browser diese Seite in seinem Cache hat, muss sie nicht mehr angefordert werden.
- die Auslagerung von Inline-Styles und JavaScript. TYPO3 und einige Erweiterungen legen Styles und JavaScript direkt im gerenderten HTML-Code ab. Durch die Auslagerung in Dateien wird das Caching der Webseite verbessert.

```
### Bereinigung css_styled_content von HTML-Kommentaren ####
  tt_content.stdWrap.PrefixComment >
  lib.stdheader.stdWrap.prefixComment >
  lib.stdheader.5.prefixComment >

### Cache-Header generieren, damit die Browser informiert werden, das
### sich der Inhalt der Webseite genändert/nicht geändert hat      ###
  config.sendCacheHeaders = 1
```

```
### Inlinstyles und JavaScript in Datei auslagern ###
  config.removeDefaultJS = external
  config.inlineStyle2TempFile = 1
```

Weiter geht es mit dem Schutz von E-Mail-Adressen auf unserer Seite. Mit einer Config-Anweisung sollen diese vor Spam geschützt werden – sie ist im `config{...}`-Block einzufügen.:

```
# Schutz der angezeigten Emailadressen:
# Die Buchstaben der Emailadresse werden um den
# angegebenen Offset (hier 2) verschoben, bei Klick
# auf die Emailadresse wird die Verschiebung via
# JavaScript wieder korrigiert
  config.spamProtectEmailAddresses = 2
# das @-Zeichen wird durch den folgenden HTML-Code ersetzt/ergänzt
# (in einer Zeile schreiben)
  config.spamProtectEmailAddresses_atSubst = @<span class="nichtzusehe
n">ich-will-keinen-spam</span>
```

Das `@` wird im Frontend normal angezeigt. Für SpamBots jedoch sieht der Quelltext durch die Einfügung von `ich-will-keinen-spam` (oder eines anderen beliebigen Textes) aber „unverwertbar" aus. Der Mail-Link funktioniert selbstverständlich weiterhin. Um die Maskierung der E-Mail-Adressen in dieser Form nutzen zu können, müssen Sie im Stylesheet `1_basis.css` (vgl. Seite 94) noch folgenden Code am Ende hinzufügen:

```
/* Spamschutz - nicht sichtbar im Browser, nur im HTML-Code */
.nichtzusehen {
  display:none;
  }
```

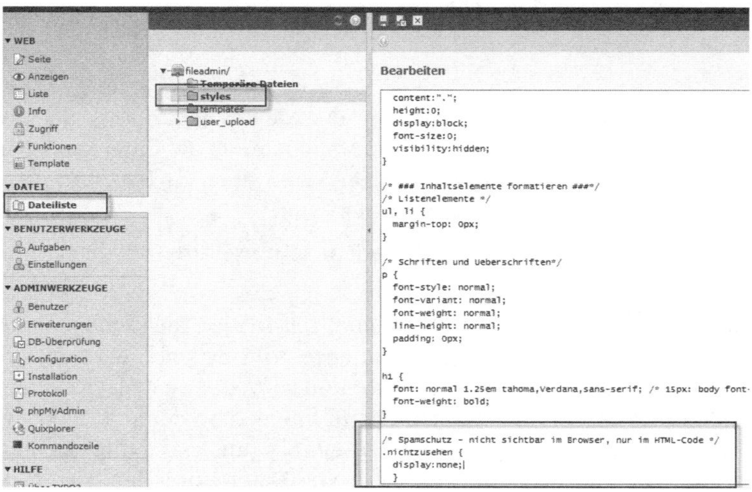

Abbildung 3.40: CSS-Klasse für Spamschutz einfügen

Jetzt aber ist es an der Zeit, dass Sie die TypoScript Codeschnipsel sichern. Speichern Sie in Ihrem lokalen Editor die Datei unter dem Namen `xhtml_und_spamschutz_setup.ts` ab. Legen Sie nun in `fileadmin` einen weiteren Ordner namens `typoscript` an und laden Sie die soeben angelegte Datei hoch.

Wechseln Sie nun wieder in das Webmodul **Template** und in das TypoSript-Template `main_verein` und tragen Sie im Setup folgenden Code ein:

```
<INCLUDE_TYPOSCRIPT: source="FILE: fileadmin/typoscript/xhtml_und_spams
chutz_setup.ts">
```

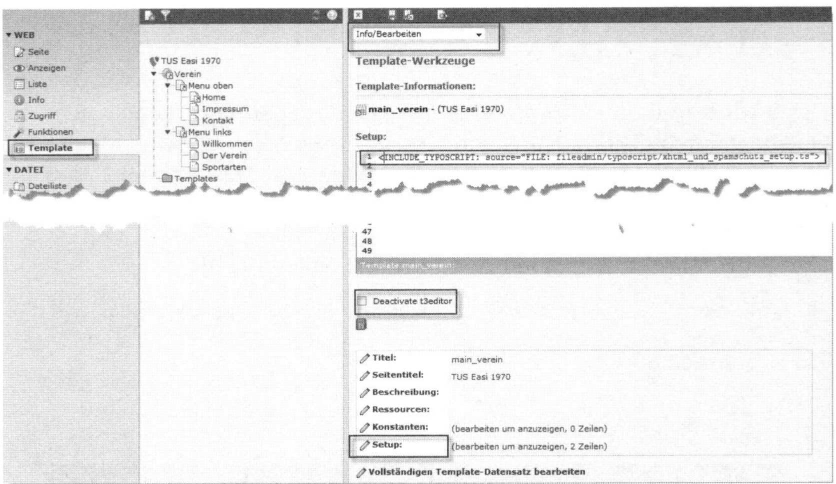

Abbildung 3.41: TypoScript über eine Datei einbinden

Sie sehen jetzt auch schon den *t3editor*, den Sie bei Bedarf auch deaktivieren können. Wenn Sie jetzt kontrollieren möchten, ob die Datei auch gefunden wird, so wechseln Sie im DropDown-Menü oben zu **Template-Analyse** und klicken Sie das Template `main_verein` an.

Sollten Sie keinen TypoScript-Code sehen, so überprüfen Sie noch einmal Pfad- und Dateinamen!

Sie können auf diese Weise leicht thematisch in sich abgeschlosse Codeschnipsel über mehrere Dateien einbinden. Zum Beispiel den vollständigen TypoScript-Code für *tt_news*, für *cal* und so weiter. In dem Dateinamen sollten Sie als Präfix oder Suffix den Begriff `setup` bzw. `constants` verwenden, wie auch in unserer Beispieldatei. Ob Sie nun den TypoScript-Code direkt im Template editieren oder über eine Datei einbinden, richtet sich nach Ihrem Arbeitsstil. Letztendlich funktionieren beide Wege.

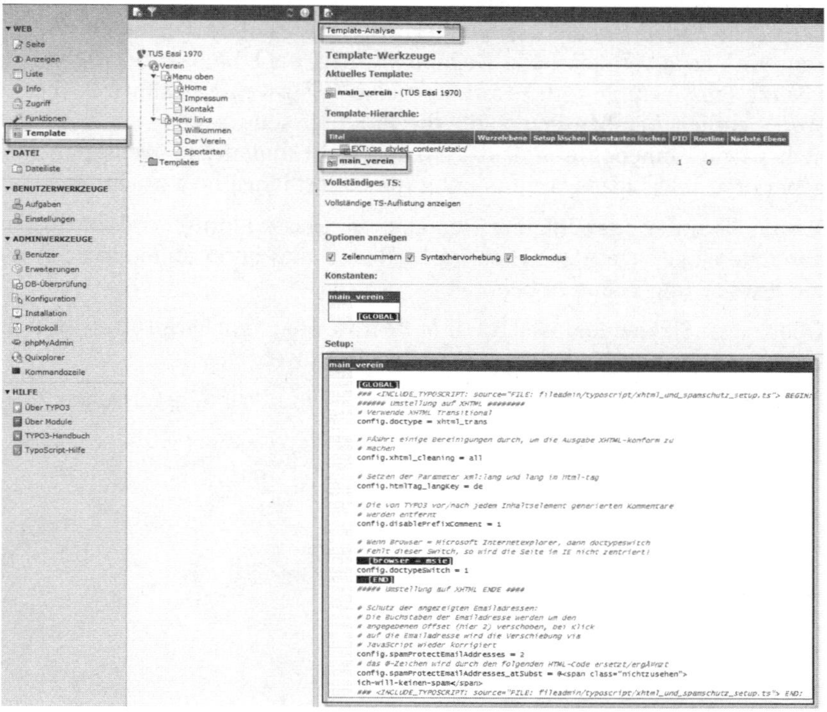

Abbildung 3.42: So sieht es aus, wenn die eingebundene Datei gefunden wird

Im nächsten Schritt legen Sie im Editor unterhalb der Zeile mit der soeben eingebundenen Datei folgende Grundkonfiguration fest (wir gehen hier bewusst nicht den Weg über eine Datei, um Ihnen a) beide Möglichkeiten zu zeigen und b) müssen Sie an den folgenden Code immer wieder mal ran):

```
config {
   linkVars = L
   sys_language_uid = 0
   language = de
   locale_all = de_DE.utf-8

   htmlTag_langKey = DE

   cache_period = 10
   baseURL = http://ihreDomäne.tld/
}
```

Bestimmen Sie zunächst Deutsch als Standardsprache der Webseite – ohne Angabe wäre es Englisch. Die Standardsprache muss immer die UID 0 haben, diese ist ein eindeutiger Identifier in der TYPO3-Datenbank. Über `linkVars` wird vorgegeben, dass den Links immer ein Parameter L angefügt wird, welcher dann den Identifier des Sprachcodes enthält.[15]

Die Cache Period ist auf 10 gesetzt. Das ist die Anzahl der Sekunden, die die Seite im Cache verbleibt. Der Defaultwert liegt bei 86 400, also 24 Stunden. Für die Entwicklungs- und Testphase einer Website ist es sinnvoll, diesen Wert deutlich herabzusetzen, für die Produktivseite sollten Sie ihn dann aber wieder anheben, damit das System nicht andauernd Webseiten neu generieren muss (das würde unnötig die Performance beeinträchtigen).

Tragen Sie unter `baseURL` Ihre Domäne ein. Dieser Eintrag wird im Header der Seite eingetragen (zu sehen im Quelltext) und unter anderem auch für die Erweiterung `felogin` benötigt.

Übertragen Sie den im lokalen Editor bearbeiteten TypoScript-Code mittels Copy & Paste in das TypoScript-Template Ihrer Webseite.

Das TypoScript im Setup des Templates sollte nun wie folgt aussehen.

```
<INCLUDE_TYPOSCRIPT: source="FILE: fileadmin/typoscript/xhtml_und_spams
chutz_setup.ts">

config {
   linkVars = L
   sys_language_uid = 0
   language = de
   locale_all = de_DE.utf-8

   htmlTag_langKey = DE

   cache_period = 10
   baseURL = http://ihreDomäne.tld/
}
```

An dieser Stelle belassen wir es bei diesen grundsätzlichen Einstellungen, bevor wir in den Kapiteln 4 bzw. 5 den Ausbau des TypoScript-Templates systematisch fortsetzen.

3.7 Constant Editor

Grundsätzliche Vorgaben etwa zu Bildgrößen, Behandlung von Links etc. erfolgen über die *Konstanten* des TypoScript-Templates. Dabei hilft der *Constant Editor*. Wechseln Sie gegebenenfalls wieder zum Webmodul **Template** und wählen Sie die Seite `Verein` im Seitenbaum. Im Inhaltsbereich sehen Sie oben rechts die Combobox mit der Auswahl **Info/Modify**, in der Sie nun den **Konstanten-Editor** wählen. Dieser bietet Hilfe bei einigen Konfigurationsschritten, indem er im Konstanten-Editor ausgewählte bzw. eingetra-

[15] Dies kommt dann zum Tragen, wenn Sie Websites mehrsprachig gestalten und es eine `language_uid` gibt, die ungleich 0 ist.

gene Werte in den Konstanten des TypoScript-Templates speichert. Über **Info/Bearbeiten** sehen Sie später alle Angaben. Beachten Sie, dass alle Einträge, die Sie im Verlauf dieses Projekts vornehmen, *am Ende* der Constants angefügt werden. Sie sollten darum anschließend Zusammengehörendes in Blöcken zusammenfassen und kommentieren. Die Reihenfolge der Einträge hat keinerlei Auswirkungen auf die Reihenfolge der Abarbeitung.

3.7.1 Erste Schritte im Constant Editor

Wir wollen es zunächst bei den Default-Einstellungen belassen, diese aber im Folgenden erläutern.

Der Konstanten-Editor erlaubt den Zugriff auf die verschiedenen Bereiche des Templates, die Sie über die Combobox **Kategorie** am oberen Rand aufrufen. Beginnen wollen wir mit **Content**, also dem Bereich, der die Inhalte betrifft.

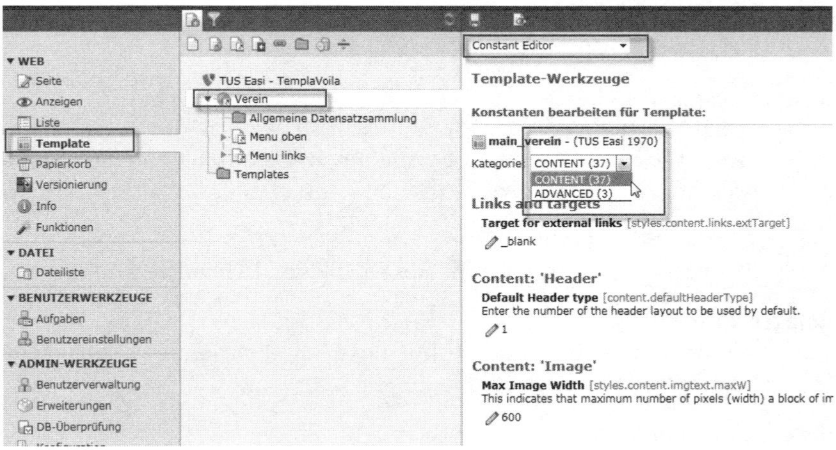

Abbildung 3.43: Constant Editor - Content auswählen

Hier ist die Bearbeitung von 37 Einträgen möglich, wie die Zahl in Klammern anzeigt.[16] Hier die kurze Beschreibung der wichtigsten:

Links and targets

Target for external links

Mit `_blank` werden externe Links in einem neuen Fenster geöffnet.

[16] Zum Zeitpunkt Ihrer Installation und abhängig von der verwendeten TYPO3-Version kann die Anzahl der Einträge abweichen.

Content: 'Header'

Default Header type
Die Überschrift erster Ordnung (<h1>) wird als Default gesetzt.

Content: Image

Max Image Width
die maximal erlaubte Größe von Bildern in Inhaltselementen; der Defaultwert ist 600 Pixel.

Max Image Width (Text)
Hier wird – wie oben – die maximal erlaubte Größe von Bildern in Inhaltselementen definiert, allerdings mit dem Unterschied, dass dies Bilder betrifft, die von Text umgeben sind. Der Defaultwert ist 50% der maximalen Bildgröße, in diesem Fall also 300 Pixel.

Click-enlarge Image Width
maximale Breite eines Bildes, das nach anklicken vergrößert wird; Default sind 800 Pixel.

Images, text split
Die Bildtexte (Alt, Titel, Bildunterschrift) werden durch Zeilenumbruch getrennt. So können bei mehreren Bildern auch mehrere Bildtexte angegeben werden.

Images, empty title handling
definiert, wie ein nicht vorhandener Bildtext behandelt wird.

Images, title in link
definiert, dass das Titel-Attribut im `a`-Tag übernommen und damit im Browser angezeigt wird.

Images, title in link and IMG
definiert, dass das Titel-Attribut im `a`- und im `img`-Tag angezeigt wird.

Advanced, Column space
horizontaler Abstand der Bilder in einem Bilderblock.

Advanced, Row space
vertikaler Abstand der Bilder in einem Bilderblock.

Advanced, Margin to text
horizontaler Abstand der Bilder zum Text in Inhalten vom Typ **Text/Bild**.

Image border, color
Farbe des Rahmens, der um die Bilder gelegt werden kann; Default ist schwarz.

Image border, thickness
Breite des Rahmens in Pixel, der um die Bilder gelegt werden kann.

Image border, padding
Padding, Innenabstand des Rahmens.

Image border CSS-selector
definiert, ob der Rahmen z. B. auch um die Bildunterschrift gelegt wird.

Content: 'FileLinks'

Labels of file size
definiert, in welcher Maßeinheit die Dateigröße bei angezeigten Dateilinks angegeben wird

Content: 'Form'

Message, Formmail Missing
definiert, ob eine Nachricht erscheint (JavaScript Pop-up), sobald der FE-Benutzer auf einen Absendebutton in Formularen klickt und nicht alle Felder korrekt ausgefüllt sind.

Message, Formmail OK
definiert, ob eine Nachricht erscheint (JavaScript Pop-up), sobald der FE-Benutzer auf einen Absendebutton in Formularen klickt und alle Felder korrekt ausgefüllt sind.

Content: 'Search'

Message, Searchform
definiert, ob eine Nachricht erscheint (JavaScript Pop-up), wenn der FE-Benutzer eine Suche durchführt.

Content: 'Login'

Message, Login
definiert, ob eine Nachricht erscheint (JavaScript Pop-up), wenn sich der FE-Benutzer einloggt.

PID of user archive
PID des Ordners mit den Frontendbenutzern (vgl. Kapitel 17).

Media

Angaben zum verwendeten Mediaplayer und den Default-Anzeigegrößen von Videos

Others

Content Element margins (before)
Abstand in Pixeln vor Inhaltselementen.

Content Element margins (after)
Abstand in Pixeln nach Inhaltselementen.

Wechseln Sie nun über die Combobox zum Bereich **Advanced**.

Links and Targets

Target for internal links
definiert, ob interne Links in einem neuen oder demselben Fenster geöffnet werden.

Others

News Content PID
Wenn Ihr Template eine Spalte für News-Inhalt besitzt, stellen Sie hier die PID ein, aus der die Inhalte abgerufen werden.

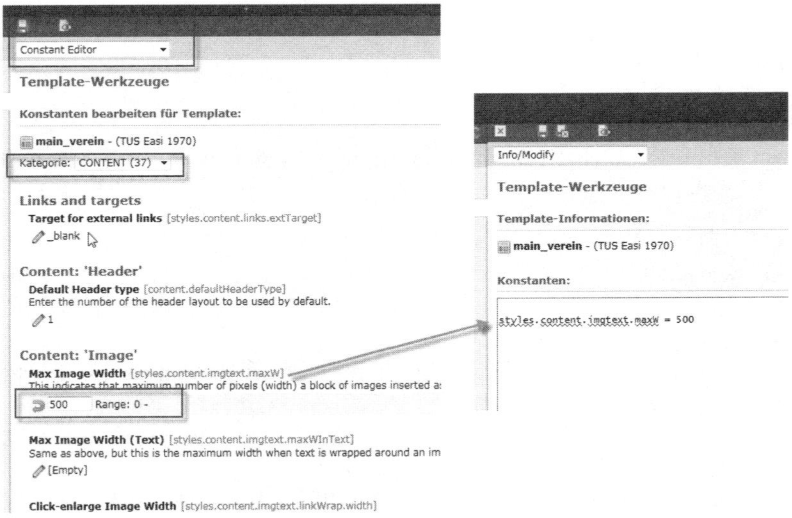

Abbildung 3.44: Geänderte Konstante

Und nun eine kleine Übung, damit Sie das Ergebnis im Template nachvollziehen können: Ändern Sie im Bereich **Content** die maximale Größe der Bilder auf 500 Pixel. Nachdem Sie die Änderungen gespeichert haben (über das Diskettensymbol ganz oben), ist das Ergebnis in den Konstanten des Templates eingetragen, z. B. bei `styles.content.imgtext.maxW = 500`.

3.8 Fehleranalyse in TypoScript Object Browser und Template Analyzer

Falls Sie Fehler im Setup bzw. den Constants aufspüren müssen, hilft Ihnen der *TypoScript Object Browser*. Sie erreichen ihn über dieselbe Combobox wie den *Konstanten-Editor*. Für uns ist an dieser Stelle wichtig, dass oberhalb des angezeigten Baumes keine Fehlermeldung erscheint. Wechseln Sie in der Combobox **Browse** zwischen **Konstanten** und **Setup**. Ist alles in Ordnung, sollte die Ansicht der von Abbildung 3.45 für das Setup entsprechen.

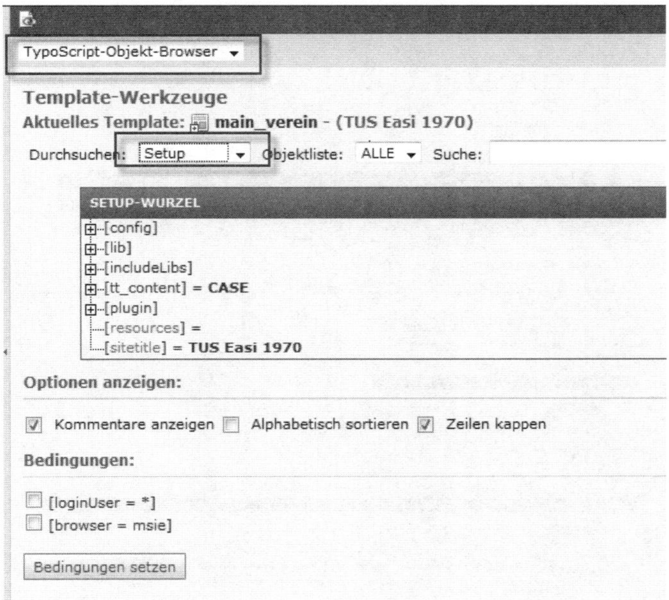

Abbildung 3.45: TypoScript-Template im Object Browser

Simulieren wir einen Fehler und „vergessen", eine Klammer zu schließen. Löschen Sie in **Info/Bearbeiten** die letzte geschweifte Klammer. Speichern Sie die Änderung und gehen Sie zurück in den **TypoScript-Objekt-Browser**. Sofort beschwert sich der Object Browser mit folgender Meldung:

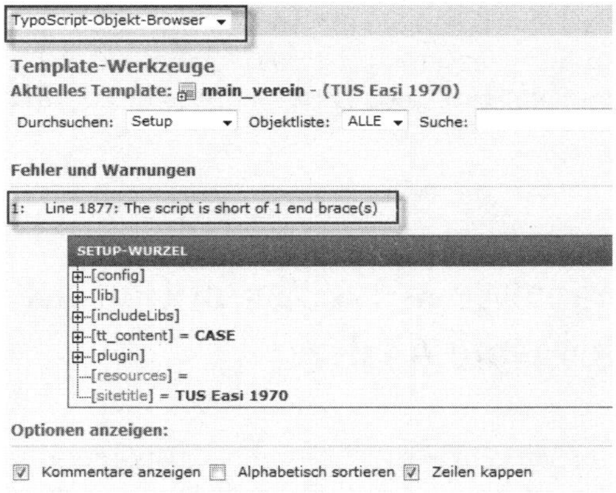

Abbildung 3.46: Fehlerhaftes TypoScript-Template im Object Browser

Den Fehler finden Sie über die angegebene Zeilennummer, hier die Zeile 1877; wechseln Sie aus dem Objekt Browser zur **Template Analyse**. Da es nur ein Template gibt, `main_verein`, ist die Baumstruktur sehr übersichtlich (Abbildung 3.47, Template-Hierarchie).

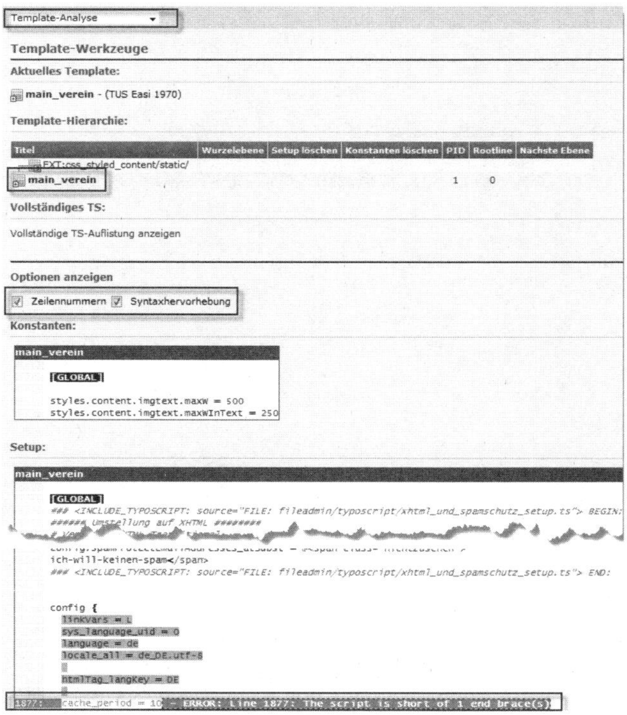

Abbildung 3.47: Der Template Analyzer: Das TypoScript-Template mit Zeilenangaben

Damit jetzt aber das ausgewählte Template abgebildet wird, setzen Sie die Häkchen wie in der Abbildung. Wählen Sie das Template `main_verein` durch Anklicken aus. Unterhalb der Template-Struktur wird daraufhin Ihr Template mit Zeilennummern angezeigt (Abbildung 3.47).

Scrollen Sie zur angegebenen Zeile, in der die fehlende Klammer bemängelt wurde. Leider können Sie nicht direkt in dieser Anzeige eine Korrektur des TypoScripts vornehmen. Wechseln Sie daher wieder zurück in Ihr TypoScript-Setup und fügen Sie die gelöschte Klammer wieder ein. Eine solche Überprüfung mittels des Template Analyzers sollten Sie nicht nur im Problemfall vornehmen, sondern von Zeit zu Zeit, wenn Sie Änderungen im Template vorgenommen haben. Denn auch wenn die Seite korrekt ausgegeben wird, können Fehler versteckt sein, die sich erst später auswirken.

3.9 Traditionell vs. TemplaVoila

Wir haben auf Seite 92 bereits auf die beiden verschiedenen Ansätze beim Umgang mit Templates hingewiesen. Dieses Thema wollen wir nun vertiefen, indem wir beide Methoden – also die „traditionelle" Arbeit mit Markern und Subparts sowie die Alternative mit TemplaVoila – nacheinander vorstellen.

Wir können Ihnen die Entscheidung, welches Verfahren Sie verwenden wollen, nicht abnehmen, doch sollte sie Ihnen nach einem genaueren Blick auf die jeweiligen Vor- und Nachteile leichter fallen. Die Entscheidung hat aber auch zur Folge, dass sich der Weg unserer Schritt-für-Schritt-Anleitung an dieser Stelle – wenn auch nur für kurze Zeit – teilt. Haben Sie beide Verfahren in den beiden folgenden Kapitel nachvollzogen, laufen die Stränge für den weiteren Ausbau des Webauftritts anschließend in Kapitel 6 wieder zusammen, denn

- die Stylesheets sind gleich,
- der Aufbau der Menüs unterscheidet sich nur darin, ob die Zuweisung im TypoScript-Template für die traditionelle Vorgehensweise z. B. über `marks {MENU_OBEN = ...}` oder für TemplaVoila über `lib {MENU_OBEN = ...}` erfolgt,
- das Anlegen von Inhaltselementen ist bis auf optische Unterschiede im Backend gleich,
- die Nutzung von Erweiterungen ist (fast) immer identisch; Unterschiede gibt es wie beim Menü meist nur in der Syntax der Zuweisung.

Natürlich können Sie auch erst die eine Methode ausprobieren, wieder auf einen älteren Sicherungsstand zurückgehen und dann die andere testen.

Grundsätzlich stehen Sie jedoch vor einer Entweder-oder-Entscheidung. Zwar könnten Sie in einer Installation beide Methoden in unterschiedlichen Seitensträngen Ihrer Webseite verwenden – dies ist aber nicht empfehlenswert und sollte nur erfahrenen TYPO3-Benutzern zugemutet werden.

Bevor Sie sich nun für die traditionelle Vorgehensweise oder für TemplaVoila entscheiden und davon abhängig machen, mit welchen Kapiteln Sie Ihre Lektüre fortsetzen, hier noch einige kurze Hinweise:

TS

TYPO3 bietet mit dem traditionellen Weg der Erstellung des Seitenlayouts über *Marker* und *Subparts* ein seit Jahren bewährtes Verfahren. Diese Platzhalter für die dynamischen Inhalte werden direkt im HTML-Code der Vorlage verankert und editiert. Gerade der erfahrene TYPO3-Entwickler schätzt es, hier direkten Zugriff und damit Kontrolle über das System zu haben, und mit ein wenig Übung finden auch Einsteiger rasch Zugang zu diesem Vorgehen. Diesen Ansatz beschreiben wir im folgenden Kapitel 4, dessen Lektüre wir – gegebenenfalls zu einem späteren Zeitpunkt – auch den Nutzern von TemplaVoila für ein besseres Verständnis der TYPO3 zugrunde liegenden Mechanismen empfehlen.

Oft steht für den TYPO3-Neuling als „Ein- oder Umsteiger“ allerdings ein rasch sichtbares Ergebnis im Vordergrund, und hier bietet sich TemplaVoila an, das wir in Kapitel 5 vorstellen. Die Kinderkrankheiten früherer Versionen sind längst überstanden, so dass es stabil läuft und produktiv einsetzbar ist.

TV

Im Gegensatz zur Arbeit mit Markern bietet TemplaVoila eine grafische Oberfläche, über die die Inhaltsbereiche dem Layout in der HTML-Datei zugeordnet werden; diesen Vorgang bezeichnet man als *Abbildung (in früheren TemplaVoila-Versionen Mapping)*. Statt Marker einzufügen, wird ein Bereich – z. B. ein `div`-Container – abgebildet und so an TYPO3 die Information gegeben, dass hier der Hauptinhalt stehen soll. Sie können direkt sehen, welche Inhaltsbereiche wo zugeordnet wurden und wie die Webseite anschließend aussehen wird. Über *Flexible Content Elements* (FCE) können Sie zudem eigene Typen von Inhaltselementen erstellen und sind nicht mehr auf Standards wie „Text“ oder „Bild mit Text“ beschränkt.

Es sollte aber nicht verschwiegen werden, dass nicht alle Erweiterungen einwandfrei mit TemplaVoila zusammenarbeiten. Dabei handelt es sich überwiegend um ältere oder sehr spezielle Erweiterungen. Die hier im Buch verwendeten sind selbstverständlich nicht davon betroffen.

TS + TV

Entscheiden Sie sich also jetzt für traditionell oder TemplaVoila und setzen Sie entsprechend mit Kapitel 4 oder 5 Ihre Arbeit fort, und spätestens in Kapitel 6 treffen wir uns alle wieder.

Und denken Sie bitte daran, jetzt eine Sicherung anzulegen.

Kapitel

4

Der traditionelle Weg mit Markern und Subparts

TS

Sie haben sich also dafür entschieden, die traditionelle Vorgehensweise kennen zu lernen. Die bisher recht überschaubare HTML-Vorlage muss um einige TYPO3-spezifische Anweisungen ergänzt werden. Damit TYPO3 die Seite und insbesondere die Bereiche erkennt, in denen es aktiv werden muss, ist das Dokument als *Subpart* zu kennzeichnen. Dies geschieht mittels sogenannter *Subpartmarker*, die einen solchen Bereich quasi „einwickeln". Die Syntax dieser Marker ist folgende: Umgeben von HTML-Kommentarzeichen und drei vorangestellten und drei nachgestellten Rauten, steht die Bezeichnung in Großbuchstaben, also beispielsweise:

```
<!--###DOKUMENT###-->
```

Ein solcher Marker muss sowohl am Anfang wie auch am Ende des Arbeitsbereiches stehen, so dass die HTML-Vorlage folgende Form annimmt:

```
<html>
  <head>
    <title>HTML-Template Verein TUSEasi 1970</title>
    <meta http-equiv="Content-Type" content="text/html;
          charset=utf-8" />
    <meta http-equiv="language" content="de" />
  </head>
  <body>
  <!-- ###DOKUMENT### begin -->
    <div id="alles">
        .....
    </div>
  <!-- ###DOKUMENT### end -->
  </body>
</html>
```

Da der Subpart alles innerhalb des HTML-Body einklammert, kann TYPO3 später auf sämtliche Bereiche der HTML-Seite zugreifen. Gehen Sie zum Dateimodul **Dateiliste** und öffnen Sie die Datei `main_verein.html` im Verzeichnis `fileadmin/templates/`.

Den so ausgezeichneten Gesamtbereich wollen wir nun weiter untergliedern. Im oberen Bereich definieren wir einen Seitenheader (ein statisches Design-Element), der im weiteren Verlauf noch gestaltet wird. Hier geht es zunächst um ein Bildelement, das über CSS zugewiesen wird und damit nicht weiter TYPO3-spezifisch behandelt werden muss. Später werden wir dieses Bildelement allerdings weiter verarbeiten, deshalb muss es im Subpart stehen.

Wenden wir uns nun dem Bereich `oben_2` für ein horizontales Menü zu. Auch hier kennzeichnen wir die Stelle im HTML-Dokument durch einen Marker, der als Platzhalter dient und später durch TypoScript-Definitionen gefüllt wird. Wir nennen ihn `MENU_OBEN` und umgeben den Namen wieder mit je drei Rautenzeichen, also `###MENU_OBEN###`. Wie auch beim Subpart ist prinzipiell jeder Name erlaubt, der aber stets in Großbuchstaben geschrieben sein sollte.

Für das vertikale Menü setzen wir den Marker `###MENU_LINKS###`, für das Inhaltselement den Marker `###INHALT###` (der später unsere Seiteninhalte anzeigt) und für die rechte Spalte – ebenfalls für Seiteninhalte bestimmt – den Marker `###RECHTS###`.

Die Fußzeile enhält lediglich einen Abstand oder bei Bedarf ein Bildelement und bleibt zunächst unberücksichtigt. Die so vorbereitete HTML-Vorlage sollte nun folgendes Aussehen haben:[1]

[1] Die Datei finden Sie auf der buchbegleitenden Webseite im Downloadbereich unter dem Namen `main_verein.html`.

```
<html>
  <head>
    <title>HTML-Template Verein TUSEasi 1970</title>
    <meta http-equiv="Content-Type" content="text/html;
          charset=utf-8" />
    <meta http-equiv="language" content="de" />
  </head>
  <body>
  <!-- ###DOKUMENT### begin -->
    <div id="alles">
      <div id="seite">
        <div id="oben">
          <div id="obenspezial"></div>
        </div>
        <div id="oben_2">###MENU_OBEN###</div>
        <div id="inhalt">
          <div id="links">
            <div id="linksspezial"></div>
            <div id="inhaltlinks"
                 class="clearer">###MENU_LINKS###</div>
          </div>
          <div id="rechts">
            <div id="rechtsspezial"></div>
            <div id="inhaltrechts" class="clearer">###RECHTS###</div>
          </div>
          <div id="mitte">
            <div id="mittespezial"></div>
            <div id="inhaltmitte" class="clearer">###INHALT###</div>
          </div>
        </div>
        <div id="footer"></div>
      </div>
    </div>
  <!-- ###DOKUMENT### end -->
  </body>
</html>
```

Speichern Sie die Datei nun ab. Sofern Sie sie von der buchbegleitenden Webseite verwenden, sind die hier benötigten Marker und Subparts bereits enthalten. Wechseln Sie in Ihr Root-Template auf der Seite `Verein`. Dazu klicken Sie im Webmodul auf **Template**, im Seitenbaum wählen Sie die Seite `Verein` aus. Erstellen wir nun nach dem Config-Block, den wir bereits eingetragen haben, die Seitendefinitionen.

```
# Default PAGE object:

page = PAGE
page.typeNum = 0
page.stylesheet = fileadmin/styles/standard.css
page.meta.AUTHOR = ihrName
page.meta.DESCRIPTION = TUS EASI 1970
```

In der ersten Zuweisung wird page durch den Operator = als *Objekt* vom Typ PAGE definiert. Der Name page ist eigentlich frei wählbar,[2] hat sich jedoch eingebürgert. Die Erfahrung hat gezeigt, dass sich die ein oder andere Erweiterung auf ein Objekt mit dem Namen page bezieht, dieses Objekt aber nicht finden kann, wenn Sie beispielsweise seite statt page verwendet haben. Verwenden Sie daher am besten schlicht und einfach nur den Namen page.

Ein Objekt kann *Eigenschaften* haben, denen wiederum mittels *Operatoren* bestimmte *Werte* zugewiesen werden: So wird in der nächsten Zeile der Eigenschaft typeNum des Objekts page über den Operator = der Wert 0 zugewiesen, was dem Defaultwert entspricht. typeNum bestimmt den Typ der Seite und wie sie gerendert wird, und mit dem Wert 0 stellen wir sicher, dass alle Seiten standardmäßig mit den nun folgenden Eigenschaften dargestellt werden, wenn sie nicht z. B. absichtlich mit einem anderen type aufgerufen werden.

Anschließend wird der Objekteigenschaft stylesheet der Pfad zu unserem Stylesheet zugewiesen. Mit den letzten beiden Zeilen werden Metaangaben indiziert, in diesem Fall der Autor und eine kurze Beschreibung; diese Angaben werden bei der Ausgabe für die HTML-Metatags der Seite verwendet. Im Kapitel 23 gehen wir im Zusammenhang mit der Suchmaschinenoptimierung näher auf solche Metaangaben ein.

Nun soll auch endlich die HTML-Vorlage angesprochen werden:

```
page.10 = TEMPLATE
page.10 {
     template = FILE
     template.file = fileadmin/templates/main_verein.html
     workOnSubpart = DOKUMENT
     marks {
     ...
     }
  }
```

Innerhalb des Objekts page können wir nun mit .10 ein Inhaltselement angeben; die 10 ist eine beliebige Zahl, die aber in Verbindung mit anderen Inhaltselementen die Reihenfolge der Abarbeitung bestimmt. Wir könnten also z. B. später mit page.20 ein weiteres Element hinzufügen, und TYPO3 würde die Inhaltselemente der Reihe nach, also erst 10, dann 20 usw., bearbeiten – unabhängig davon, *wo* im Template die entsprechende Anweisung steht. Die 10er-Schritte haben sich eingebürgert, damit man bei Bedarf noch etwas „zwischenschieben“ kann.

Wir weisen nun diesem Inhaltselement den Objekttyp TEMPLATE zu, und dieses Objekt hat wiederum definierbare Eigenschaften: Das Template soll

[2] Bis auf einige reservierte Begriffe (z. B. Toplevel-Objekte); vgl. dazu die ausführliche TypoScript-Referenz (*TSref*) unter http://typo3.org/documentation/document-library/core-documentation/.

z. B. eine Datei sein (Objekttyp FILE), und dem Template wird dann eine Datei zugewiesen, die HTML-Vorlage main_verein.html. Innerhalb dieser HMTL-Vorlage soll TypoScript den Subpart DOKUMENT berücksichtigen. Dadurch gelten innerhalb dieses Subparts die in diesem TypoScript-Template festgelegten Definitionen.

Wie Sie sehen, haben wir hier unterschiedliche Schreibweisen gewählt. Prinzipiell können und sollten gleichartige und logisch zusammengehörende Definitionen in Blöcken zusammengefasst werden.

Statt des obigen Codes könnten Sie auch die folgende Schreibweise verwenden und damit auf einige Klammern verzichten. Der Übersicht dient es aber sicher nicht:

```
page.10 = TEMPLATE
page.10.template = FILE
page.10.template.file = fileadmin/templates/main_verein.html
page.10.workOnSubpart = DOKUMENT
[...]
```

Fassen Sie also Anweisungen in Blöcken zusammen, wenn sie zusammengehören.

4.1 Inhaltsbereiche definieren

Zur Darstellung der Seite im Frontend fehlen jetzt nur noch die Menüs und die Marker für die Inhaltselemente in der mittleren und rechten Spalte, die Sie innerhalb des Blocks marks definieren:

```
[...]
marks {
  MENU_OBEN < lib.menu_oben
  MENU_LINKS < lib.menu_links

  INHALT < styles.content.get
}
[...]
```

Die Menüs sind über die Marker MENU_OBEN und MENU_LINKS in der HTML-Vorlage definiert. Da die Menüs später ein eigenes TypoScript-Template erhalten, wird für die entsprechenden Marker hier lediglich der Inhalt des Objekts lib.menu_oben bzw. lib.menu_links kopiert. Wenn wir die Menüs erstellen, werden wir in Kapitel 6 dieses Vorgehen genauer beschreiben.

Ebenso wird (über den Operator <) das Objekt styles.content.get für die Inhalts-spalte kopiert; dieses Objekt stammt aus der Erweiterung css_styled_content und ist für die Darstellung von via CSS gestalteten Inhalten zuständig. Damit wird der Inhalt der Spalte **Normal** zugewiesen und die Inhalte werden aus der Tabelle `tt_content` der TYPO3-Datenbank entnommen, in der sämtliche Seiteninhaltselemente verwaltet werden.

```
[...]
RECHTS < styles.content.getRight
[...]
```

Für den Marker des rechten Inhaltselements gehen Sie analog vor. Allerdings wird hier das Objekt `styles.content.getRight` für die rechte Inhaltsspalte kopiert, damit die Inhalte an der gewünschten Position erscheinen.

Für die Positionierung ist in unserem Fall die Erweiterung `css_styled_content` verantwortlich. Interessierte finden die Definition für die Spalten über den Erweiterungsmanager in der Datei `typo3_src/typo3/sysext/css_styled_content/static/setup.txt`.

Zur Übersicht hier noch einmal der vollständige Code des Setup mit allen Bereichen. Bitte prüfen Sie bei eventuellen Fehlern insbesondere, ob alle Klammern korrekt gesetzt sind und Datei- und Pfadangaben zu Ihrer Installation passen.

```
<INCLUDE_TYPOSCRIPT: source="FILE: fileadmin/typoscript/xhtml_und_spams
chutz_setup.ts">

config {
   linkVars = L
   sys_language_uid = 0
   language = de
   locale_all = de_DE.utf-8

   htmlTag_langKey = DE

   cache_period = 10
}

# Default PAGE object:

page = PAGE
page.typeNum = 0
page.stylesheet = fileadmin/styles/standard.css
page.meta.AUTHOR = ihrName
page.meta.DESCRIPTION = tus-easi1970.de

page.10 = TEMPLATE
page.10 {
  template = FILE
  template.file = fileadmin/templates/main_verein.html
  workOnSubpart = DOKUMENT
  marks {

  MENU_OBEN < lib.menu_oben
```

```
  MENU_LINKS < lib.menu_links
  INHALT < styles.content.get
  RECHTS < styles.content.getRight
  } # Ende Marks
} # Ende Page
```

Speichern und schließen Sie zuletzt das Setup.

4.2 Ersten Seiteninhalt anlegen

Rufen Sie über das Webmodul **Seite** die Startseite (für die Frontend-Besucher des Vereins) auf, also die Seite `Willkommen`. Im Inhaltsbereich **Normal** klicken Sie auf den Button **Einen neuen Datensatz am Anfang dieser Spalte erstellen.**

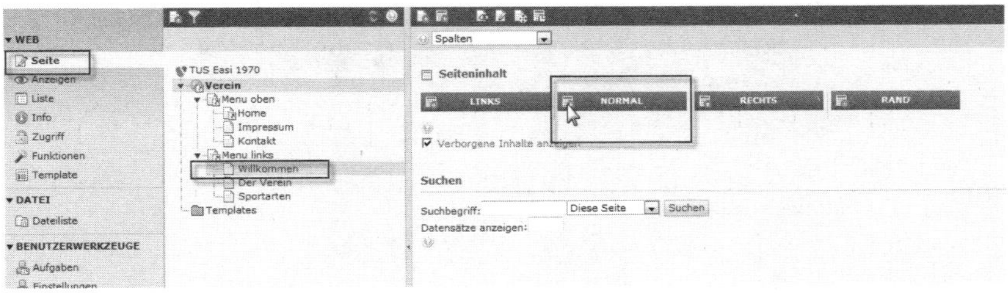

Abbildung 4.1: Seiteninhalt anlegen

In der Folge werden die möglichen Inhaltstypen angezeigt. Auch diese werden Sie im weiteren Verlauf genauer kennen lernen. Wählen Sie hier einfach den typischen Seiteninhalt **Normaler Text** aus. Zum Hintergrund: Diese Spalte **Normal** hat die Spaltenposition Null, die im TypoScript-Setup mit `colPos=0` angegeben werden kann. Sie entspricht der Spalte des Hauptinhaltsbereichs, die wir in der HTML-Vorlage über den Marker `###INHALT###` ansprechen. Da wir CSS Styled Content verwenden, ist die Positionsangabe dort definiert und wird über `styles.content.get` in unser Setup übernommen.

Abbildung 4.2: Inhaltselemente anlegen

Im Formular (Abbildung 4.3) tragen Sie auf der Registerkarte **Allgemein** lediglich eine **Überschrift** wie `Herzlich willkommen` ein. Im Feld **Text** weiter unten geben Sie einen beliebigen Text ein.

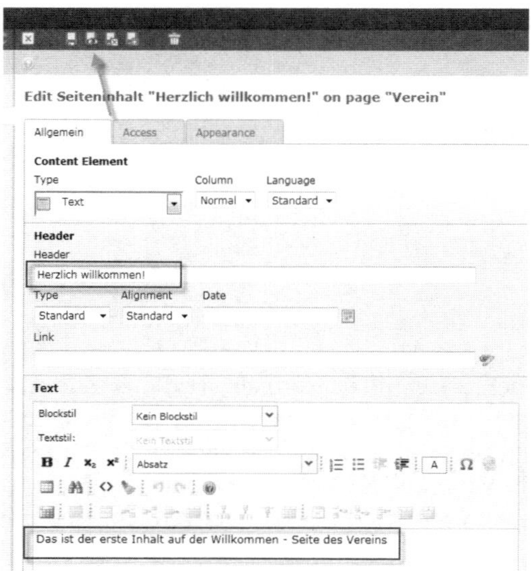

Abbildung 4.3: Seiteninhalt anlegen: Registerkarte Allgemein

Speichern Sie das Inhaltselement und lassen Sie sich die Webseite gleich anzeigen, indem Sie auf das Symbol mit Diskette und Auge klicken.

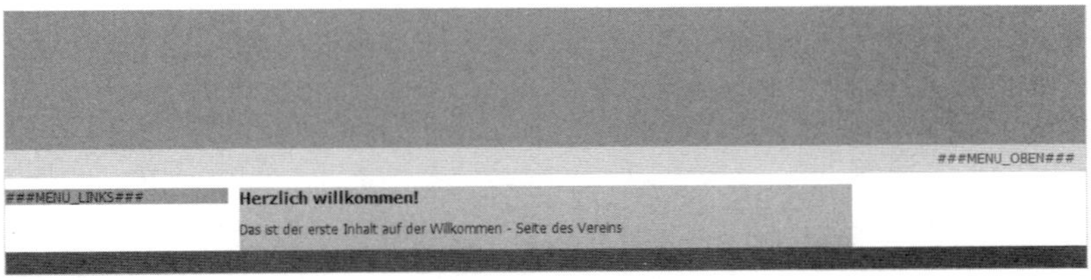

Abbildung 4.4: Anzeige der Webseite mit dem ersten Inhalt

Die Seite wird im Backend mit dem ersten Seiteninhalt angezeigt. Sie enthält noch kein echtes Design. Die Marker für die beiden Menüs werden noch nicht ersetzt, denn die Menüs haben wir ja noch gar nicht erstellt.

Im folgenden Kapitel wird die Installation der Extension TemplaVoila und die Seitenerstellung unter TemplaVoila beschrieben. Wenn Sie den traditionellen Weg weitergehen wollen, können Sie das Kapitel zu TemplaVoila überspringen. In den nachfolgenden Kapiteln werden wir jeweils auf die spezifischen Unterschiede zwischen der traditionellen Vorgehensweise und TemplaVoila eingehen.

Und denken Sie auch daran, jetzt eine Sicherung anzulegen.

5

Kapitel

Die Erweiterung TemplaVoila

Dieses Kapitel setzt auf den Ergebnissen des Kapitels 3 auf. Sollten Sie allerdings auch Kapitel 4 durchgearbeitet haben, haben Sie bereits das HTML-Template und das TypoScript-Template verändert – und damit sind die beiden Templates nicht mehr kompatibel zu *TemplaVoila*. Setzen Sie daher unbedingt wieder auf die Sicherung aus dem Kapitel 3 auf!

Die Erweiterung TemplaVoila – betreut und weiterentwickelt vom TemplaVoila-Team – wurde fast 300 000 Mal heruntergeladen, und auch das Rating spricht für ihre Beliebtheit. TemplaVoila ist eine visuelle Template Engine, die es ermöglicht, auf Basis eines bestehenden Layouts aus HTML-Datei und CSS-Stylesheet schnell eine funktionstüchtige Seite zu erstellen.

Wie Kapitel 3.1 gezeigt hat, bietet TYPO3 mit den Markern ein mächtiges Werkzeug nicht nur für Traditionalisten. Dabei schließen sich TemplaVoila und die bereits beschriebenen Methoden keineswegs aus. Wie so häufig gibt es mehr als einen Weg zum Ziel. Der TYPO3-Neuling ist meist nicht der CMS-erfahrene Entwickler, sondern der „Ein- oder Umsteiger", der möglichst schnell die Vorteile von TYPO3 nutzen möchte, und das bedeutet:

rasch ein sichtbares Ergebnis erzielen. Gerade dazu ist TemplaVoila sehr gut geeignet, wie dieses Kapitel zeigen möchte. Gehen Sie aber unbedingt in der beschriebenen Reihenfolge vor und erliegen Sie nicht der Versuchung, alle Schritte auf einmal zu machen oder gar Abschnitte zu überspringen.

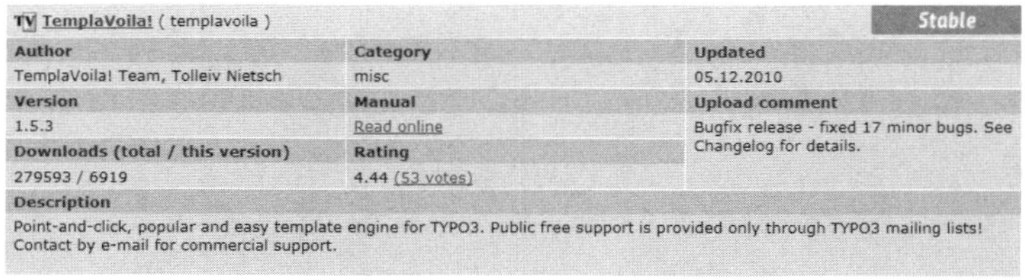

Abbildung 5.1: TemplaVoila auf www.typo3.org

Beim traditionellen Weg wird das Template z. B. über TypoScript erstellt und meist eine HTML-Datei eingebunden. Dabei dienen Marker wie etwa `###INHALT###` als Anweisung an TYPO3, diesen Marker durch eben den Hauptinhalt zu ersetzen. Der wesentliche, weil sichtbare Unterschied bei TemplaVoila ist die grafische Oberfläche, über die die Inhaltsbereiche dem Layout in der HTML-Datei zugeordnet („abgebildet" in den neuen Versionen von TemplaVoila, „gemappt" in früheren Versionen) werden. Statt einen Marker einzufügen, wird der Bereich – z. B. ein DIV-Container – abgebildet und so die Information an TYPO3 gegeben, dass hier der Hauptinhalt stehen soll. Sie können direkt sehen, welche Inhaltsbereiche wo zugeordnet wurden und wie die Webseite anschließend aussehen wird.

5.1 TemplaVoila installieren

Die Installation erfolgt wie üblich über den Erweiterungsmanager, den Sie ja schon im Kapitel 2 kennengelernt haben. Wählen Sie **Erweiterungen importieren**, geben Sie `templavoila` ein und klicken Sie auf **Suchen**.

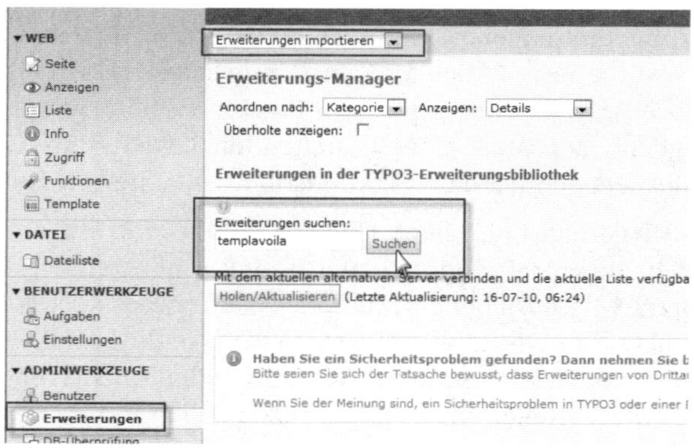

Abbildung 5.2: TemplaVoila im TER suchen

Sie erhalten eine Auswahl an Erweiterungen, auf die das Suchkriterium zutrifft. Dabei handelt es sich sowohl um TemplaVoila selber als auch um die ein oder andere Erweiterung, die TemplaVoila ergänzt. Nicht alle von diesen Erweiterungen sind brauchbar, da manche nicht mehr weiterentwickelt werden und/oder nicht mehr mit der aktuellen Version von TemplaVoila kompatibel sind.

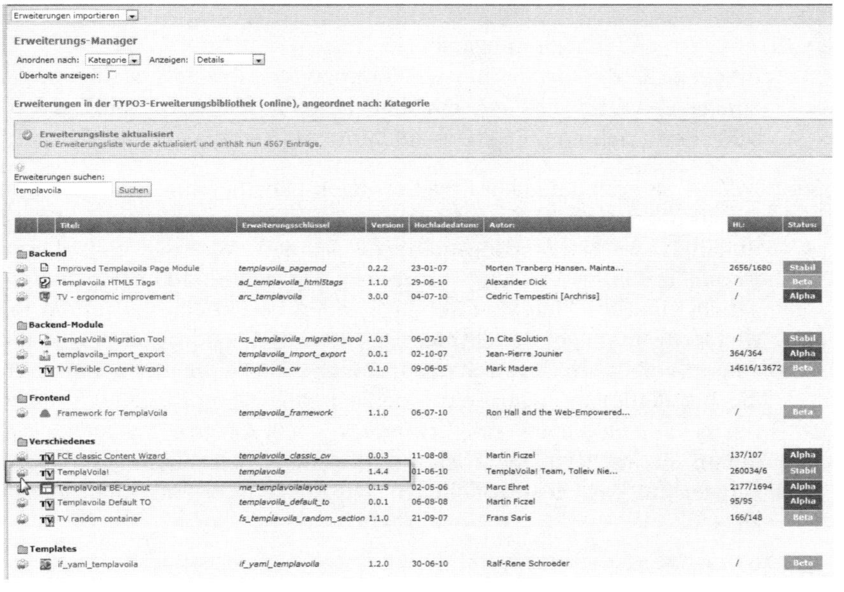

Abbildung 5.3: TemplaVoila importieren

Importieren Sie nun TemplaVoila, indem Sie auf das Icon links von der Erweiterung klicken, und installieren Sie die Erweiterung.

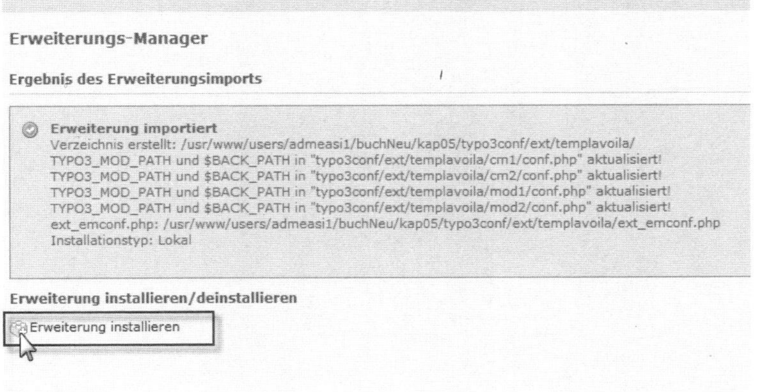

Abbildung 5.4: TemplaVoila installieren

5.1.1 Static Info Tables

TemplaVoila ist, neben dem TYPO3-Grundsystem, nur von der Installation der Erweiterung *Static Info Tables* (Key: `static_info_tables`) abhängig. Daher muss diese Erweiterung für eine einwandfreie Installation von TemplaVoila vorab installiert sein. Ist dies nicht der Fall, meldet TemplaVoila dies als Konflikt. Sie haben jetzt zwei Möglichkeiten:

`static_info_tables` vorab installieren
: Brechen Sie die Installation von TemplaVoila ab und installieren Sie zunächst die Erweiterung mit dem Key `static_info_tables`. Anschließend nehmen Sie die Installation von TemplaVoila wieder auf.

TemplayVoila samt abhängigen Erweiterungen installieren
: Dies ist der komfortablere Weg, und so lernen Sie eine wichtige Funktionalität des Erweiterungsmanagers kennen: Vorausgesetzt, die zu installierende Erweiterung wurde vom Entwickler(-Team) ordnungsgemäß einschließlich aller Abhängigkeiten beschrieben, prüft der Erweiterungsmanager diese Abhängigkeiten und meldet gegebenenfalls einen Konflikt. Im Gegensatz zu früheren TYPO3-Versionen kann nun die Installation erfolgen, ohne den Vorgang abzubrechen. Installieren Sie einfach die fehlende Erweiterung, hier `static_info_tables`, indem Sie auf **Jetzt importieren** und in dem sich öffnenden Popup-Fenster auf **Das Fenster schließen und Abhängigkeiten erneut prüfen** klicken.

Jetzt können Sie die Erweiterung `templavoila` installieren:

Abbildung 5.5: TemplaVoila – Tabellen anlegen

Im Erweiterungsmanager wählen Sie nur die Option **Enable Header for FCE's** aus. Alle anderen Optionen lassen Sie unverändert. Speichern Sie die Auswahl mit **Aktualisieren** (Update).

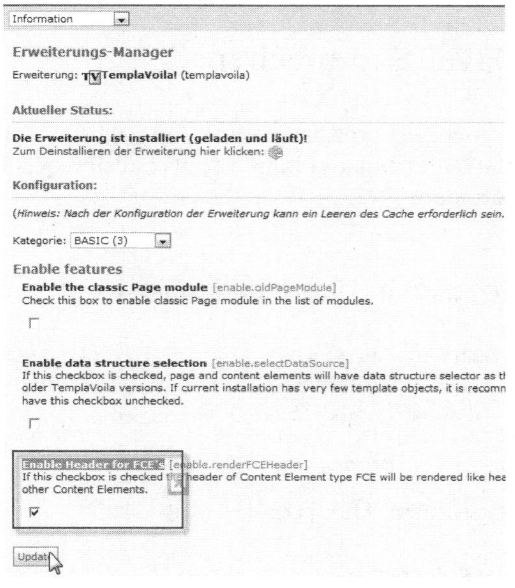

Abbildung 5.6: Option Header für FCEs aktivieren

5.1.2 Das veränderte Backend

Nach der Installation von TemplaVoila aktualisieren Sie den Browser (z. B. mit [F5]). Danach sollte sich die Anzeige im Modul **Web** wie folgt geändert haben: Das Icon für **Seite**, über das Sie Seiten und Seiteninhalte pflegen, hat sich geändert; der Menüpunkt **TemplaVoila** ist hinzugekommen; dieser führt zum TemplaVoila-Kontrollcenter, über das Sie TemplaVoila selbst pflegen: die Datenstrukturen (DS), Template Objects (TO), die Abbildung (Mapping).

Abbildung 5.7: Verändertes Backend

Der Menüpunkt heißt bei Ihnen noch **Page** statt **Seite**? Dann aktualisieren Sie im Erweiterungsmanager die Sprachdateien wie im Kapitel 2 bereits beschrieben und aktualisieren Sie erneut die Ansicht in Ihrem Browser.

5.2 TemplaVoila vorbereiten

Auch wenn die Ungeduld groß ist, nehmen Sie sich die Zeit und bereiten Sie die Arbeit mit TemplaVoila in Ruhe vor. Es hilft Ihnen, sich in der Folge besser zurechtzufinden.

5.2.1 Verzeichnisse in Fileadmin organisieren

TemplaVoila erwartet im Verzeichnis `fileadmin` ein Unterverzeichnis namens `templates`. Dieses Unterverzeichnis haben Sie bereits (im Abschnitt 3.3 ab Seite 99) angelegt, ebenso wie das Verzeichnis `styles`.

5.2.2 Die Grundlage: Das HTML-Template

Im Kapitel 3 dieses Buches haben Sie das HTML-Template und die Stylesheets bereits erstellt. Diese Vorlagen werden hier nun weiterverwendet und für TemplaVoila angepasst.

5.2.3 Die Steuerung des Layouts: CSS-Dateien

In der HTML-Datei wird lediglich das Grundgerüst der Webseite beschrieben (vgl. dazu auch Seite 93); die Formatierung der Webseite wird über die CSS-Dateien (Seite 94) gesteuert. TemplaVoila bietet die Möglichkeit, ein HTML-Layout für verschiedene sog. *TemplaVoila-Templates* zu nutzen. Im einfachen Fall geht es nur darum, verschiedene Stränge des Webauftritts in unterschiedlichen Farben für Schrift, Hintergrund etc. darzustellen. Das Verfahren lässt sich aber auch ausweiten, so dass beispielsweise die Spaltenbreiten an den Seiteninhalt angepasst werden.

Die CSS-Datei, in unserem Beispiel `standard.css`, wird zur Verwendung in TemplaVoila aus dem HTML-Template heraus aufgerufen. Dies geschieht durch die Anweisung `link rel=...` im Head-Bereich des HTML-Template. Beispiel:

```
<html>
<head>
<link rel="stylesheet" type="text/css" href="../styles/standard.css" />
</head>
```

Ein wichtiger Tipp: CSS-Dateien haben die Tendenz, immer weiter zu wachsen und unübersichtlich zu werden. Denken Sie daran, dass nicht nur das grundlegende Layout der Webseite über CSS gesteuert wird. Im weiteren Ablauf werden Haupt- und Untermenüs, Nachrichten, Kalender und vieles mehr auf diese Weise beeinflusst. Lagern Sie daher alle thematisch zusammengehörenden Anweisungen in eigene CSS-Dateien aus; aus der HTML-Datei heraus wird nur eine generelle CSS-Datei, z. B. `standard.css` aufgerufen, die wiederum über die `@import`-Funktion die einzelnen CSS-Dateien importiert. Vorteile: Übersicht, gute Wartbarkeit, einfache Aktualisierung.[1]

Da Sie nun die Extensions installiert, die Verzeichnisse erzeugt und die HTML-Vorlage und das Stylesheet bereits angelegt haben, kann die eigentliche Arbeit mit TemplaVoila beginnen.

5.3 TemplaVoila in Handarbeit

TemplaVoila bietet einen *Neue-Seite Assistent*, den Sie erreichen, wenn Sie links im Webmodul auf **Templavoila** klicken. Aber der Assistent legt eine neue Seitenstruktur an, die Ihnen im weiteren Verlauf überhaupt nicht helfen würde. Und außerdem wollen Sie ja lernen, wie TemplaVoila arbeitet. Aber vor allen Dingen: Hier haben Sie die Entscheidungsfreiheit, alles so zu gestalten, wie Sie möchten, und nicht, wie der Assistent es vorgibt.

Die wichtigste Anpassung, die nun noch erfolgen muss, ist die Verwendung der Stylesheets. Fügen Sie dazu im HTML-Template `main_verein.html` die beiden Zeilen mit `link=` ein:

```
<html>
 <head>
  <title>HTML-Template Verein TUSEasi 1970</title>
  <meta http-equiv="Content-Type" content="text/html; charset=utf-8" />
  <meta http-equiv="language" content="de" />
  <link rel="stylesheet" type="text/css"
        href="../styles/standard.css"/>
  <link rel="stylesheet" type="text/css"
        href="../styles/standard-tv-1spaltig.css"/>
 </head>
```

Sie können also mehrere Stylesheets[2] verwenden, die in der angegebenen Reihenfolge verarbeitet werden. TemplaVoila erlaubt es, pro Template die zu verwendenden Stylesheets auszuwählen. Dies geschieht bei der Auswahl der Kopfteile (Header Parts), die etwas später im Kapitel beschrieben wird.

1 `@import` sollten Sie aber nur in der Entwicklungsphase nutzen. Nach Abschluss des Projekts, fassen Sie entweder alle CSS-Dateien in *einer* Datei zusammen oder schließen einzelne Dateien nur dort ein, wo sie benötigt werden.

2 Die Datei `standard_tv_einspaltig.css` finden Sie auf der buchbegleitenden Webseite.

5.3.1 TypoScript-Template anpassen

Gehen Sie auf **Web | Template** und klicken Sie die Seite `Verein` an. Das TypoScript-Template `main_verein` haben Sie ja bereits in Kapitel 3 angelegt.

Allerdings muss für TemplaVoila dieses TypoScript-Template noch angepasst werden. Wählen Sie dazu den Bearbeitungsmodus **Info/Bearbeiten** und klicken Sie dann auf **Vollständigen Template-Datensatz bearbeiten.** Führen Sie darin folgende Änderungen durch:

- Fügen Sie im Abschnitt **Setup** die folgenden Zeilen hinzu:

```
# TemplaVoila! Page Object
page = PAGE
page.typeNum = 0
page.10 = USER
page.10.userFunc = tx_templavoila_pi1->main_page
```

Abbildung 5.8: TemplaVoila – Template Allgemein

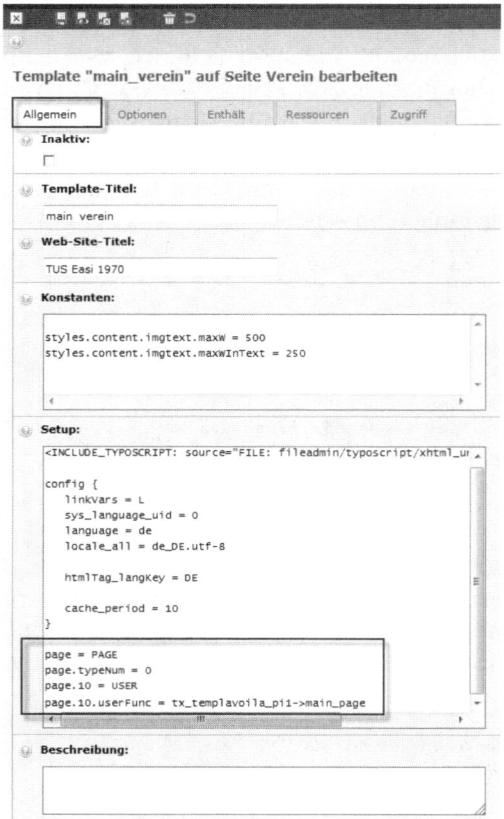

Der Name page ist eigentlich frei wählbar, hat sich jedoch eingebürgert (vgl. Seite 135). Verwenden Sie daher am besten nur den Namen page.

Über das Objekt USER wird ein externes PHP-Script eingebunden, in diesem Fall TemplaVoila. Diese wichtigen Anweisungen sorgen dafür, dass TemplaVoila nun die Arbeit aufnehmen kann.

- Achten Sie auf der Registerkarte **Optionen** darauf, dass die Häkchen bei **Constants**, **Setup** gesetzt sind. Wie schon in Kapitel 3 auf Seite 117 beschrieben, verhindern Sie dadurch die Vererbung (Kaskadierung) aus einem übergeordneten TypoScript-Template, falls es eines gibt. Das ist derzeit nicht der Fall, aktivieren Sie diese Optionen zur Sicherheit aber dennoch.

  Die Option bei **Wurzelebene** (**Rootlevel**) muss ebenfalls aktiviert sein, damit dieses TypoScript-Template für den gesamten Seitenbaum, d. h. für die Wurzel inklusive aller Unterseiten wirksam wird.

- Prüfen Sie zur Sicherheit noch, ob **css_styled_content** verwendet wird. Wählen Sie dazu auf der Registerkarte **Enthält** (**Includes**) und im Abschnitt **Statische einschließen (aus Erweiterungen)** (**Include static (from extensions)**) **css_styled_content** aus, falls noch erforderlich.

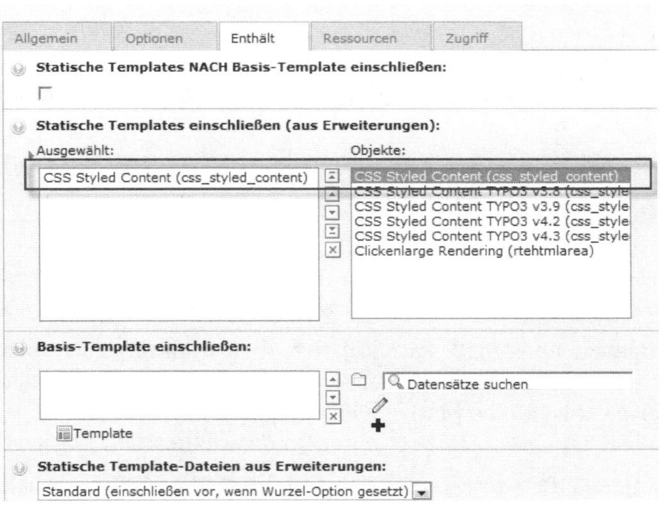

Abbildung 5.9: TemplaVoila – Registerkarte Enthält

Die Registerkarten **Ressourcen** und **Zugriff** benötigen Sie im Moment noch nicht.

- Der übrige TypoScript-Code bleibt unverändert, so wie Sie ihn im Abschnitt 3.6 angelegt haben.

Speichern Sie nun Ihre Eingaben. Damit ist das TypoScript-Template fertig für TemplaVoila.

5.3.2 Der Abbildungsprozess (Mapping)

Vom Abbildungsprozess, also der Zuordnung von Inhalt zu den Darstellungsanweisungen, war bereits die Rede; hier wollen wir uns mit diesem Vorgang ausführlicher auseinandersetzen und uns ansehen, wie das Layout Ihrer Webseite, das bislang nur aus dem HTML-Rahmen im Ordner `fileadmin/templates` und dem zugehörigen CSS besteht, über TemplaVoila gesteuert wird.

Wählen Sie dazu über **Datei | Dateiliste** den Ordner `fileadmin/templates`. Klicken Sie dort auf das Icon der Datei `main_verein.html` und wählen Sie im Popup-Menü **TemplaVoila**.

Abbildung 5.10: TemplaVoila auswählen

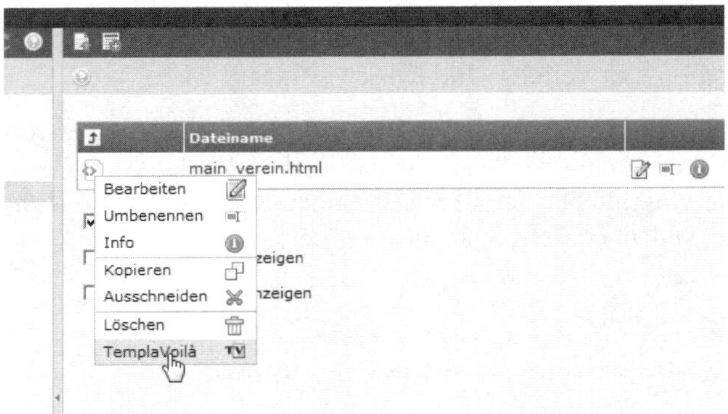

Grundsätzliches

In dem sich öffnenden TemplaVoila-Abbildungsbereich können Sie nun beginnen, die sogenannte *Datenstruktur* (DS) anzulegen und abzubilden.

Das Vorgehen entspricht grundsätzlich dem traditionellen Vorgehen mit Markern und Map-Parts (vgl. Seite 133). Die bei der traditionellen Vorgehensweise verwendeten Marker wie `###INHALT###` oder `###MENU_OBEN###` werden hier als *Data Elements* in der Datenstruktur (DS) angelegt.

Mit der Datenstruktur legen Sie fest, welche *Felder* (dies entspricht im weiteren Sinne den Markern) in diesem TemplaVoila-Template verwendet werden. Im *Template Object* (TO) wird dann festgehalten, mit welchem HTML-Element dieses Feld verbunden („abgebildet") wird.

Ein Beispiel: Für die Webseite benötigen Sie einen Hauptinhalt, der sich in dem DIV-Container <div id="inhaltmitte"></div> befinden soll. Auf traditionellem Wege würden Sie in der HTML-Vorlage den DIV-Container wie folgt erweitern:

```
<div id="inhaltmitte">###INHALT###</div>
```

Mit TemplaVoila sieht das Vorgehen wie folgt aus:

1. Sie legen ein Data Element namens `field_inhalt` an, das im weiteren Sinne TYPO3-intern wie ein Marker `###FIELD_INHALT###` behandelt wird.

2. Sie definieren in TemplaVoila, dass es sich bei diesem Data Element um den Typ **Content Element** handelt, der weitere Inhalte aufnehmen darf, also etwa **Text**, **Text mit Bild**, **Plugin** etc.

3. Sie weisen TemplaVoila an, dieses Element mit dem DIV-Container `<div id="inhaltmitte"></div>` zu verbinden (abzubilden).

All dies geschieht im Abbildungsbereich, den Sie jetzt vor sich sehen (Abbildung 5.11).

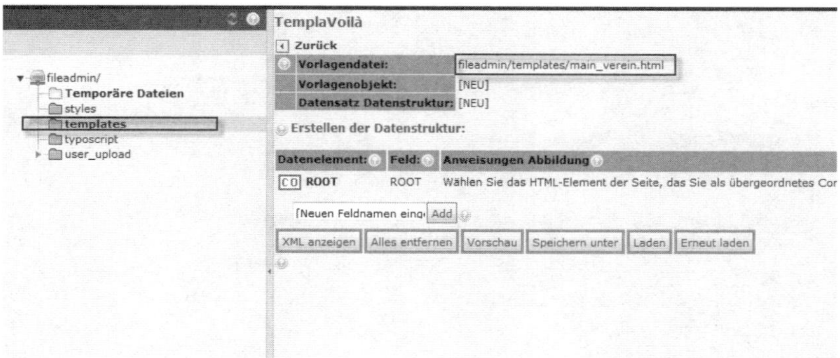

Abbildung 5.11: Abbildungsbereich

Das Root-Element abbilden

Als erstes Data Element benötigen Sie zwingend ein Element vom Typ **ROOT**, das bereits angelegt ist und in der Spalte mit der Überschrift **Anweisungen Abbildung** folgenden Hinweis zeigt: „Wählen Sie das HTML-Element der Seite, das Sie als übergeordnetes Container-Element der Vorlage möchten." Da Sie das Element noch gar nicht sehen können, klicken Sie erst in den Buttons unterhalb auf **Vorschau**; im Abbildungsfenster wählen Sie dann **Mode: HTML Source** aus und klicken noch einmal auf **Vorschau**.

Hinweis: Im Modus **Exploded Visual** würde die Webseite so angezeigt, wie sie nun – zu Beginn des Abbildungsprozesses – im Frontend aussieht.

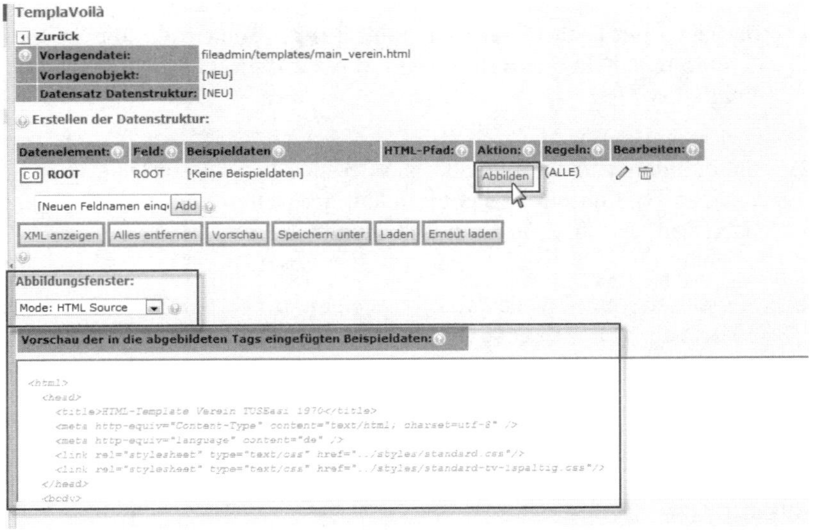

Abbildung 5.12: TemplaVoila – Vorschau im Modus: HTML-Source

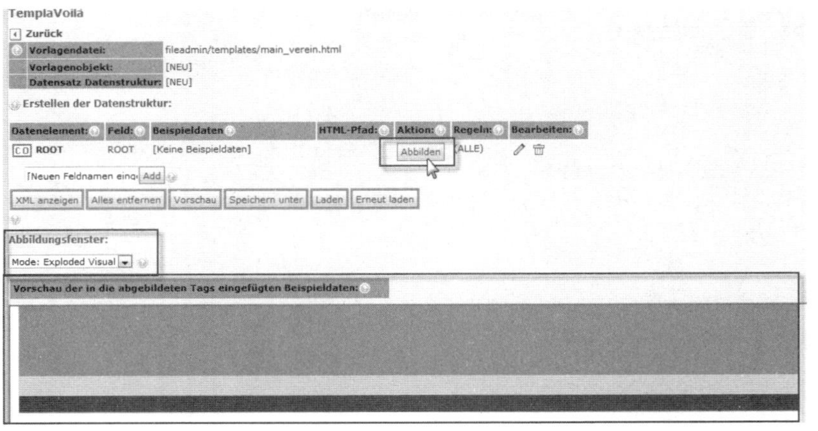

Abbildung 5.13: TemplaVoila – Vorschau im Modus: Exploded Visual

Klicken Sie nun oben rechts auf **Abbilden**. Im Vorschaufenster werden in beiden Fällen die HTML-Tags, die abgebildet werden können, farbig markiert. In unserem Beispiel vom TUS Easi 1970 sehen Sie in dem HTML-Tag `body` nur HTML-Tags vom Typ `div`. Tatsächlich können Sie in Ihrer HTML-Vorlage auch jedes andere HTML-Tag verwenden. Wenn Sie beispielsweise auf einer bestehenden Webseitenvorlage aufbauen, die Sie in Ihrem Verein, Ihrem Unternehmen etc. bereits verwenden oder die Sie gekauft haben, so sind diese Vorlagen in der Regel vollständig erstellt und enthalten HTML-Tags wie `ul`, `a`, `h1`, `p` etc., die alle im Abbildungsprozess nutzbar sind.

Bilden Sie das Element **ROOT** ab, indem Sie auf body klicken.

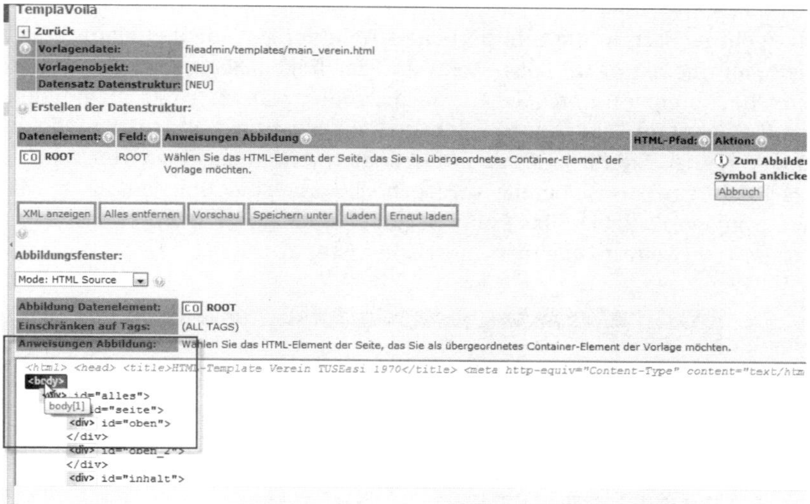

Abbildung 5.14: TemplaVoila – body abbilden

Die Vorschau wird geschlossen und Sie sehen nun oben rechts in der Spalte **Aktion**, dass das HTML-Tag body mit dem Typ **INNER (Exclude tag)** ausgewählt wurde (die Erklärung zu den Auswahl- und Eingabemöglichkeiten des Abbildungsbereiches folgt im Anschluss). Klicken Sie nun auf **Festlegen**, um Ihre erste Abbildung abzuschließen.

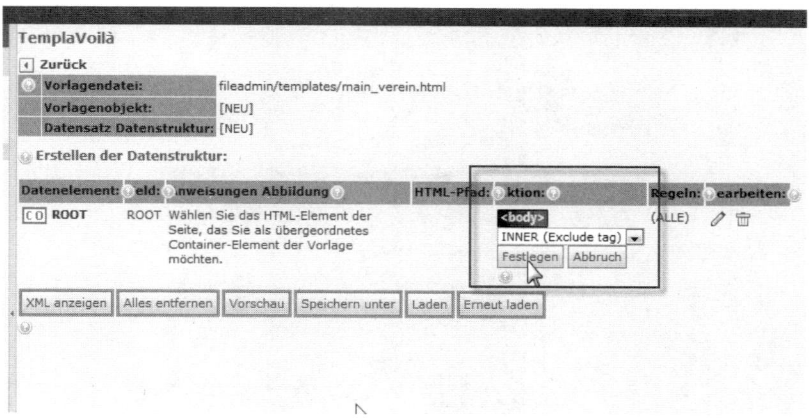

Abbildung 5.15: TemplaVoila – Aktion festlegen

Die Bestandteile des Abbildungsbereichs

Jetzt geht es darum, die erforderlichen Abbildungen für den Hauptinhalt, das Hauptmenü (oben), das Menü auf der linken Seite und ggf. weitere Bereiche durchzuführen. Geben Sie dazu den Namen eines abzubildenden Elements im Feld **[Neuen Feldnamen eingeben]** ein und klicken Sie auf `Add` . Vergeben Sie für jedes neue Element einen aussagekräftigen Namen. Das Präfix `field_` ist bereits vorgegeben, kann aber überschrieben werden. Gängige Praxis ist, das Präfix beizubehalten und um einen passenden Namen zu erweitern, wie hier im Beispiel `field_inhalt`.

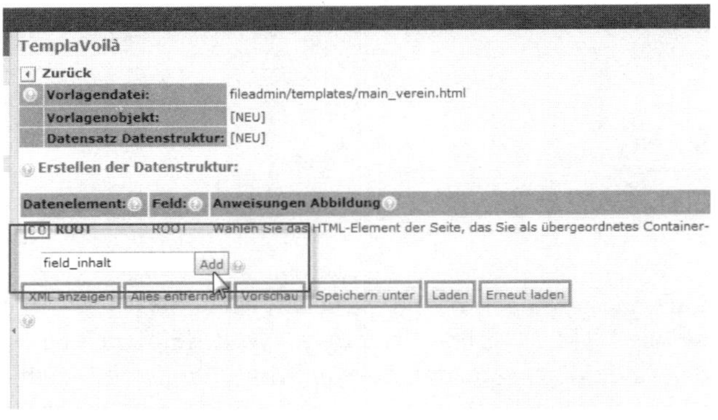

Abbildung 5.16: TemplaVoila – Feldnamen vergeben

Der Feldname ist kein Pflichtfeld und wird, falls Sie nichts eintragen, von TemplaVoila nach Klick auf **Add** durch eine Zahlenkombination gefüllt.

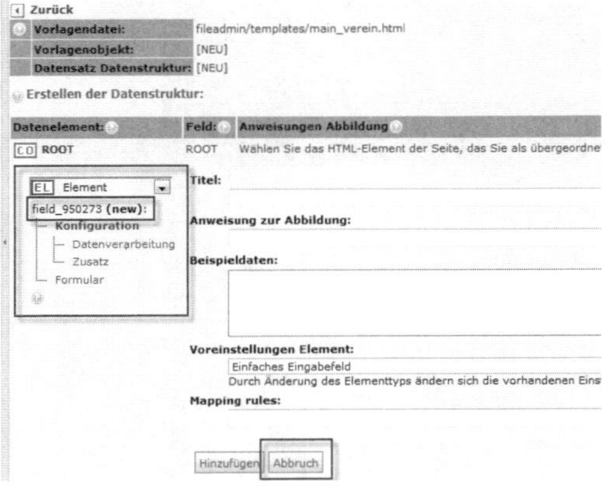

Abbildung 5.17: TemplaVoila – kryptischer Feldname

Sollte Ihnen das passiert sein, weil Sie beispielsweise vorschnell auf **Add** geklickt haben, beenden Sie den Vorgang mit **Abbruch** und beginnen Sie von vorn mit der Eingabe eines „sprechenden“ Namens, z. B. `field_inhalt`.

Sie haben nun den Feldnamen `field_inhalt` eingegeben und auf **Add** geklickt. Aber bevor Sie in den Abbildungsprozess starten, erst eine Erklärung der angezeigten Auswahl- und Eingabemöglichkeiten. In der linken Spalte die Auswahlmöglichkeiten für das Datenelement:

[SC] Abschnitt von Elementen
: ein Behälter für sich wiederholende Inhaltselemente

[CO] Container für Elemente
: ein Behälter für Inhaltselemente

Elemente
: Über die Voreinstellungen **Element** legen Sie fest, wie das Element mit einem Teil der HTML-Struktur abgebildet wird. Zur Verfügung stehen folgende Typen:

  Element
  : ein HTML-Tag wie `<div>` oder `<ul>`

  Attribut
  : das Attribut eines HTML-Tag wie in `<a href="#">` das Attribut `href`, um beispielsweise Links zu definieren

  Nicht abgebildet
  : Das Element wird zwar nicht abgebildet, im Backend kann aber Inhalt eingegeben werden.

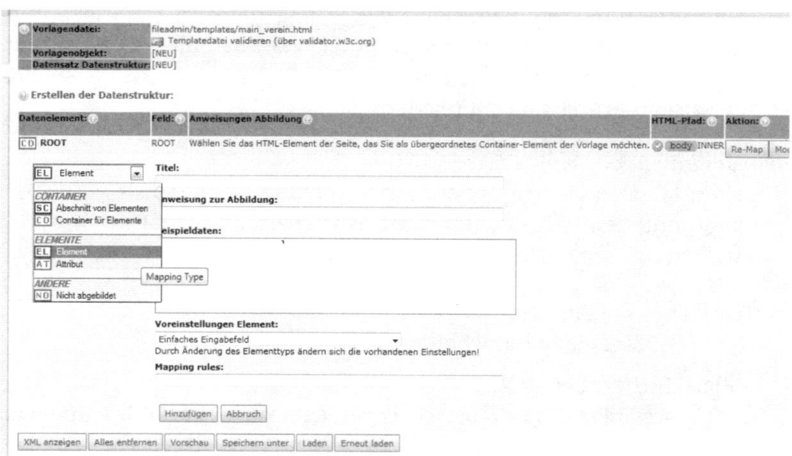

Abbildung 5.18: TemplaVoila – Mapping Type

In der Mitte die Auswahl- und Eingabemöglichkeiten für die Felder:

Titel
: Vergeben Sie einen aussagekräftigen Titel für das Element, der später

im Modul **Seite** verwendet wird (1). So sorgen Sie dafür, dass den Benutzern im Backend Spaltenüberschriften wie „Linke Spalte", „Hauptinhalt", „Rechte Spalte" angezeigt werden.

Abbildung 5.19: TemplaVoila – Feld Titel

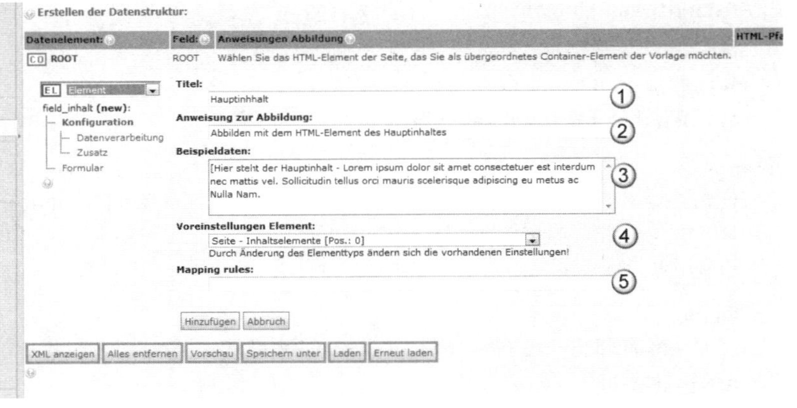

Anweisung zur Abbildung

In einer Art Notizfeld (2) können Sie hier kurz beschreiben, warum und wie das Element verwendet wird.

Beispieldaten

Hier (3) sollten Sie etwas Beispieltext angeben. Im Laufe des Abbildungsprozesses können Sie sich mittels **Vorschau** über den Zwischen-/Endstand Ihrer Arbeiten informieren, da ist ein wenig Beispieltext zur Orientierung sehr hilfreich.

Voreinstellungen Element

Hier (4) legen Sie fest, welche Art von Inhalt das Element aufnehmen kann und dementsprechend, wie es im Backend behandelt wird. Zur Verfügung stehen folgende Typen:

Einfaches Eingabefeld

ein einfaches Eingabefeld

Überschriftenfeld

Eingabefeld für Überschriften, das auch die Verlinkung einer Überschrift erlaubt

Überschriftenfeld, grafisch

wie **Überschriftenfeld**, jedoch erscheint die Überschrift mittels `GIFBUILDER` als Grafik

Textbereich für Textinhalt

Textbereich (mehrzeilig)

Linkfeld
Feld zur Angabe eines Links für eine URL

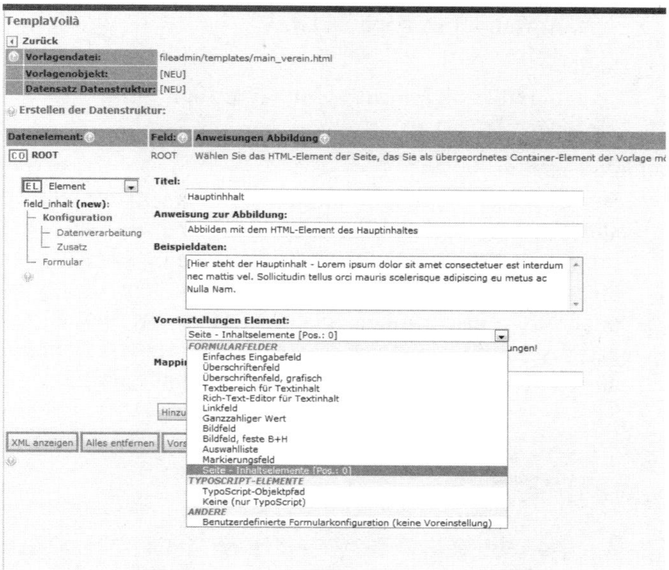

Abbildung 5.20: TemplaVoila – Editing Type

Ganzzahliger Wert
Eingabefeld für Zahlen

Bildfeld
Auswahlfeld mit der TYPO3-üblichen Auswahl für eine Grafik

Bildfeld, Feste B+H
wie **Bildfeld**, jedoch mit festgelegter Breite und Höhe; die Angaben zu Breite und Höhe lassen sich im Constant Editor eingeben.

Auswahlliste
Hier lässt sich eine benutzerdefinierte Auswahlbox anlegen.

Markierungsfeld
Hier lässt sich eine benutzerdefinierte Checkbox anlegen.

Seite – Inhaltselemente
Inhaltselemente wie **Bild**, **Text mit Bild**, **Plugins** und so weiter

TypoScript-Objektpfad
TypoScript-Objekte – nicht nur für Menüs, sondern auch andere Objekte, um auf jeder Seite z. B. die Loginbox anzuzeigen. Data Elements vom Typ **TypoScript-Objektpfad** werden über TypoScript angesprochen.

Keine (nur TypoScript)
Macht, wie der Name schon sagt, nichts. Kann aber dennoch

abgebildet werden, damit steht auch der **Aktion Typ** (z. B. **INNER (Exclude tag)**) zur Verfügung. Bei der Erstellung einer einspaltigen Seite mit TemplaVoila in diesem Kapitel zeigen wir eine Anwendungsmöglichkeit.

Andere
benutzerdefinierte Formularkonfiguration

Mapping rules
Sie sehen, dass auch in der Version 1.5.x von TemplaVoila noch nicht alle Übersetzungen vollständig sind. Hier können Sie mit den Mapping rules (5) die möglichen Elemente eingrenzen. Wenn Sie z. B. für Menü-Elemente die Auswahl auf HTML-Tags des Typs `<div>`, `<ul>` oder `<li>` einschränken möchten, so geben Sie hier `div,ul,li` ein. Beim Abbildungsprozess sind dann nur HTML-Elemente dieses Typs auswählbar, was Irrtümern beim Abbilden vorbeugt.

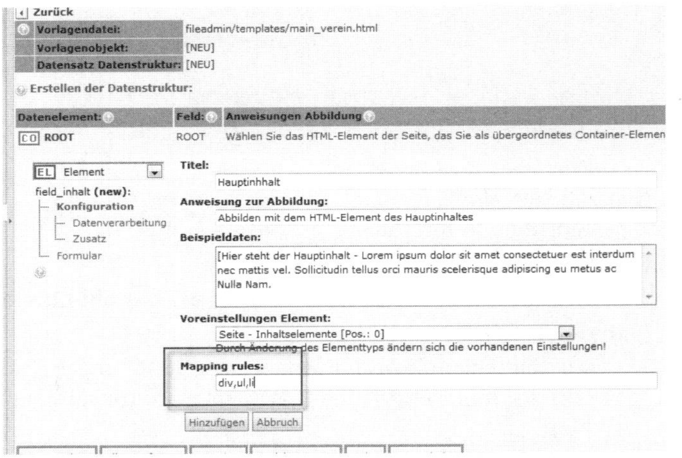

Abbildung 5.21: TemplaVoila – Verwendung des Feldes Mapping rules

Die Bestandteile der Webseite abbilden

Für die Webseite des TUS Easi 1970 müssen wir neben dem bereits abgebildeten Element **ROOT** die folgenden Elemente abbilden. Für den **Hauptinhalt** verwenden Sie die folgenden Vorgaben:

Feldname:	`field_inhalt`
Titel:	`Hauptinhalt`
Anweisung zur Abbildung:	`Abbilden mit dem HTML-Element des Hauptinhaltes`
Voreinstellungen Element:	**Seite - Inhaltselement**

HTML-Element: HTML-Tag `<div id="inhaltmitte">`
Beispieldaten: `Hier steht der Hauptinhalt`
Aktionstype: **INNER (Exclude tag)**

Falls nicht schon geschehen, geben Sie jetzt unter **Feldnamen** den Wert `field_inhalt` ein und klicken Sie auf **Add**.

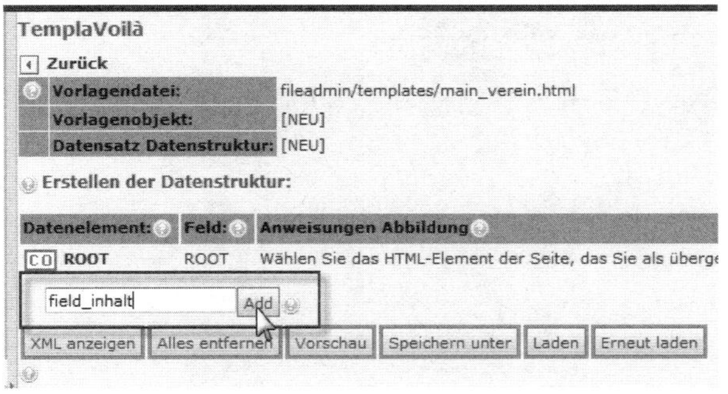

Abbildung 5.22: TemplaVoila – field_inhalt anlegen

Geben Sie unter **Titel** den Wert `Hauptinhalt` ein. Im Feld **Anweisungen zur Abbildung** geben Sie `Abbilden mit dem HTML-Element des Hauptinhaltes` ein. Bei **Beispieldaten** fügen Sie den Beispieltext `Hier steht der Hauptinhalt` oder einen Beispieltext nach Belieben ein. Wählen Sie jetzt in der Auswahlbox **Voreinstellungen Element:** den Eintrag **Seite Inhaltselement [Pos.: 0]** aus. Klicken Sie auf **Hinzufügen**.

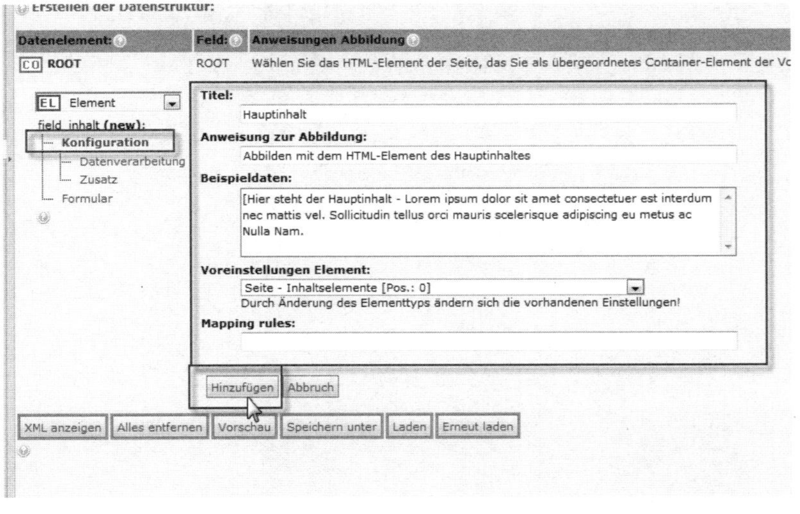

Abbildung 5.23: TemplaVoila – Abbildung Hauptinhalt

Und nun noch eine wichtige Neuerung in TemplaVoila: Sie können gezielt für Seiten-Inhaltselemente die Verwendung von Drag&Drop erlauben oder unterbinden[3]. Klicken Sie dazu links auf **Zusatz**. Sie sehen, dass das Häkchen bei **Ziehen und Übergeben für diesen Container aktivieren** standardmäßg bereits gesetzt ist, Sie müssen die Drag&Drop-Funktion also nicht extra aktivieren. Klicken Sie nun auf **Aktualisieren** und anschließend oben rechts auf **Abbilden**.

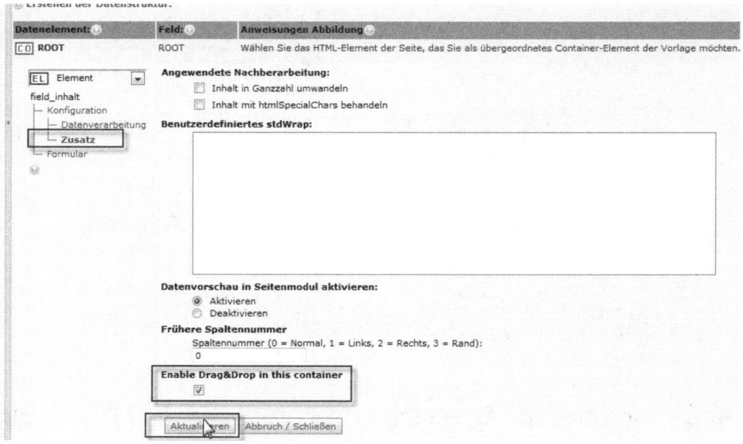

Abbildung 5.24: TemplaVoila – Drag and Drop erlauben

Sie bilden das HTML-Tag mit der ID "`inhaltmitte`" ab, indem Sie auf das farbig markierte `div` klicken.

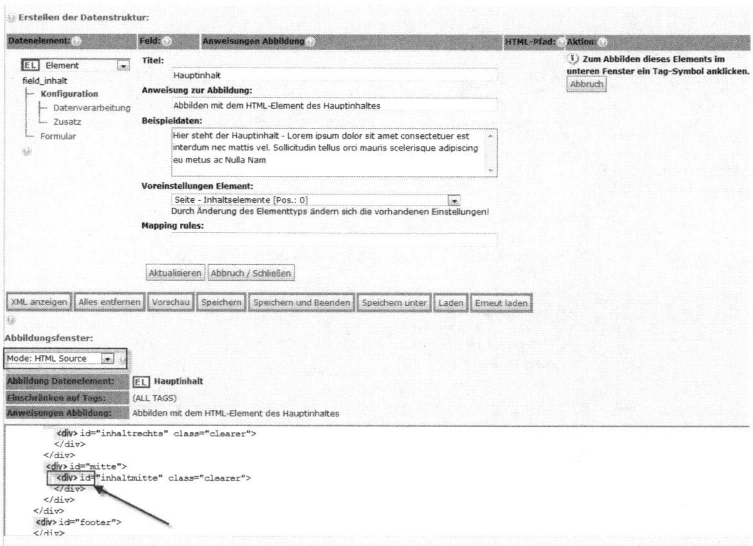

Abbildung 5.25: TemplaVoila – Abbildung mit div inhaltmitte

[3] Seit TemplaVoila Version 1.4.4 ist das Häkchen per Default gesetzt und muss im Bedarfsfall (kein Drag&Drop) entfernt werden.

Nun müssen Sie noch mit dem **Aktionstyp** die Art der Verknüpfung auswählen. Zur Verfügung stehen:

INNER (Exclude tag)
: Der Inhalt des Tag ohne Start- und End-Tag selbst wird ausgewählt. Im Beispiel `<div id="inhaltmitte" class="clearer"></div>` würde der Teil zwischen `<div>` und `</div>` vollständig durch die Abbildung ersetzt. Der DIV-Container an sich bleibt erhalten. Sollten sich zum Beispiel Text und/oder weitere HTML-Elemente innerhalb des DIV-Containers befinden, so würden diese durch die Abbildung ersetzt. Aber keine Sorge, das geschieht nur aus der Sicht von TemplaVoila. In der HTML-Datei bleibt der Code unversehrt.

OUTER (Include tag)
: Das komplette Tag wird ausgewählt und vollständig ersetzt. In diesem Falle gäbe es `<div id="inhaltmitte" class="clearer"></div>` nicht mehr, und der später eingegebene Hauptinhalt wäre nicht mehr von diesem DIV-Container umgeben.

RANGE
: Hier wählen Sie einen Bereich von Tags, die alle auf derselben Ebene liegen müssen. Bestes Beispiel ist eine HTML-Liste mit den Tags vom Typ `<ul>`, an deren Stelle Sie ein Menü setzen wollen. Wählen Sie zunächst den Typ **RANGE** und klicken Sie auf das erste `<ul>`-Element. Anschließend können Sie jenes wählen, mit dem Ihr „Range" endet. Das muss nicht zwingenderweise das letzte `<ul>`-Element der Liste sein – Sie könnten verbleibende `<ul>`-Elemente für eine andere/weitere Abbildung verwenden.

Wählen Sie, da der DIV-Container erhalten bleiben und nur eventuell vorhandener Beispielinhalt ersetzt werden soll, den Eintrag **INNER (Exclude tag)** aus und speichern Sie Ihre Eingabe mit Klick auf **Festlegen**.

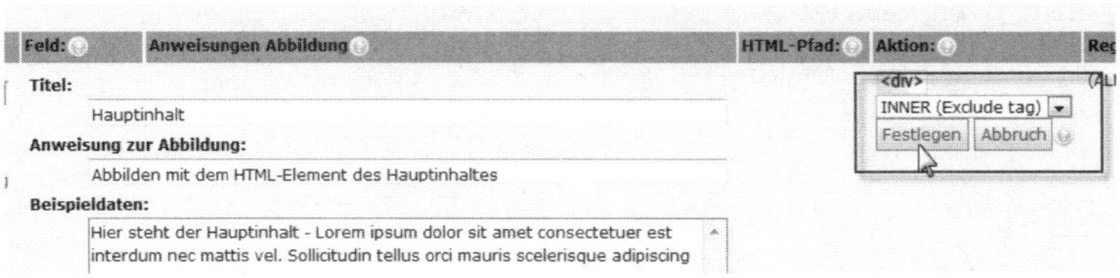

Abbildung 5.26: TemplaVoila – Aktionstyp INNER (Exclude tag)

Setzen Sie das Abbilden mit den weiteren Teilen fort. Für den Inhalt in der rechten Spalte verwenden Sie die folgenden Vorgaben:

Feldname:	`field_rechts`
Titel:	`Inhalt rechte Spalte`

Voreinstellungen Element:	**Seite - Inhaltselement**
HTML-Element:	HTML-Tag `<div id="inhaltrechts">`
Beispieldaten:	`Hier steht der Inhalt der rechten Spalte`
Aktionstyp:	**INNER (Exclude Tag)**

Gehen Sie wie in dem Beispiel für den Hauptinhalt vor und verwenden Sie die Vorgaben aus obiger Liste.

Beim Abbildungsprozess kommt es zu einem Fehler, wenn Sie ein falsches HTML-Element auswählen. In dieser Fehlersituation haben wir absichtlich daneben geklickt und nicht das HTML-Element `inhaltrechts` für die rechte Spalte, sondern das drei Zeilen darunter liegende HTML-Element mit der id `mitte` ausgewählt.

```
    <div id="rechts">
      <div id="inhaltrechts" class="clearer">
      </div>
    </div>
    <div id="mitte">
      <div id="inhaltmitte" class="clearer">

      </div>
    </div>
  </div>
```

Wenn Sie dann die Abbildung mit **INNER: Exclude tag** festgelegt haben, wird Ihnen ein Fehler angezeigt.

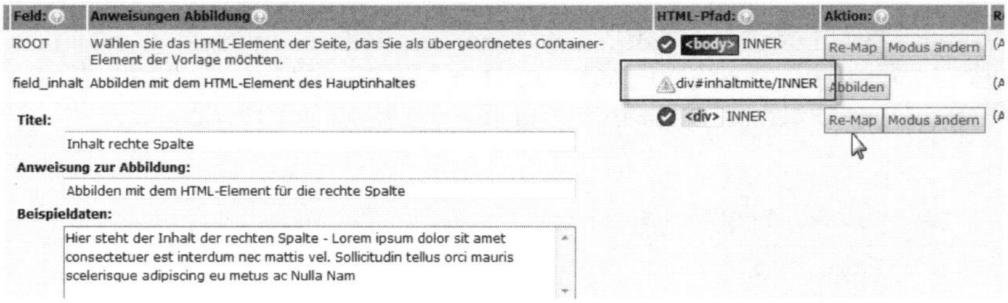

Abbildung 5.27: TemplaVoila – Fehlersituation durch falsches Abbilden

Was ist passiert? Sie erinnern sich, dass der Aktionstyp **INNER: Exclude tag** bedeutet, dass *alles* innerhalb des abgebildeten HTML-Elements ersetzt wird. Somit wird auch der zuvor abgebildete Hauptinhalt mit dem HTML-Element `inhaltmitte`, welches sich innerhalb des HTML-Elements `mitte` befindet, ersetzt. Die Abbildung geht schlichtweg verloren und TemplaVoila meldet dies mit einem Fehler. Zur Behebung des Fehlers klicken Sie auf **Re-Map** und wählen nun das richtige HTML-Element `inhaltrechts` aus.

Für das Hauptmenü oben verwenden Sie die folgenden Vorgaben:

Feld:	`field_menu_oben`
Titel:	`Hauptmenü`
Voreinstellungen Element:	**TypoScript-Objectpfad**
Objektpfad:	`lib.menu_oben`
HTML-Element:	HTML-Tag `<div id="oben_2">`
Beispieldaten:	`Hier steht das Hauptmenü`
Aktionstyp:	**INNER (Exclude tag)**

Das Abbilden eines Menüs weicht ein wenig von dem zuvor beschriebenen Ablauf ab. Als **Voreinstellung Element** muss **TypoScript-Objektpfad** verwendet werden. Mit Klick auf **Hinzufügen** wird der Bereich verändert. Klicken Sie links auf **TypoScript** und vergeben Sie einen Namen für das Objekt: **Objektpfad** `lib.menu_oben`. Dieses Objekt `lib.menu_oben` wird später im TypoScript-Code angesprochen und mit Inhalt gefüllt (analog zu Markern). Der TypoScript-Code für die Menüs wird im Kapitel 6 behandelt. Erst damit wird der Inhalt, sprich: die Menüstruktur, in die abgebildeten Teile Einzug halten.

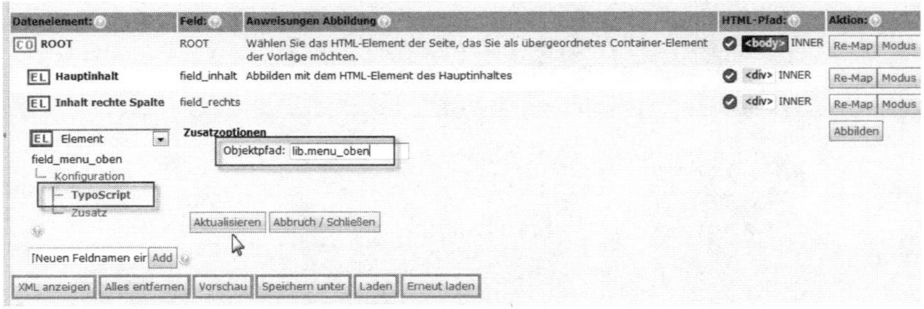

Abbildung 5.28: TemplaVoila – Abbilden des Hauptmenüs mit TypoScript Object Path

Nun ist noch zusätzlich ein Klick auf **Aktualisieren** erforderlich, damit das Objekt angelegt wird. Und Sie müssen die Abbildung noch auf das HTML-Tag `oben_2` festlegen.

Für das Menü in der linken Spalte verwenden Sie die folgenden Vorgaben:

Feld:	`field_submenu`
Titel:	`Untermenü`
Voreinstellung Element:	**TypoScript-Objektpfad**
Objektpfad:	`lib.menu_links`
HTML-Element:	HTML-Tag `<div id="inhaltlinks">`
Beispieldaten:	`Hier steht das Untermenü`
Aktionstyp:	**INNER (Exclude tag)**

Legen Sie das Untermenü in der gleichen Weise wie das Hauptmenü an.

Sollten Sie beim Anlegen eines Elements oder beim Abbilden einen Fehler gemacht haben oder etwas ändern wollen, so können Sie das Element mit Klick auf das Bleistiftsymbol jederzeit wieder editieren bzw. mit Klick auf das Löschsymbol entfernen.

Das TemplaVoila-Template speichern

Wenn alles in Ordnung ist, geht es mit Klick auf den Button **Speichern unter** weiter.

Nun können Sie einen „sprechenden" Namen für Ihr Template vergeben. In diesem Beispiel verwenden Sie `TUS_MainTemplate`. Der **Template Type** ist **Seitenvorlage**. Die TemplaVoila-Templates werden im SysOrdner `Allgemeine Datensatzsammlung` gespeichert, den Sie als **allgemeinen Systemordner** wie auf Seite 112 beschrieben angelegt haben. Speichern Sie das TemplaVoila-Template mit Klick auf **DS / VO erstellen** ab.

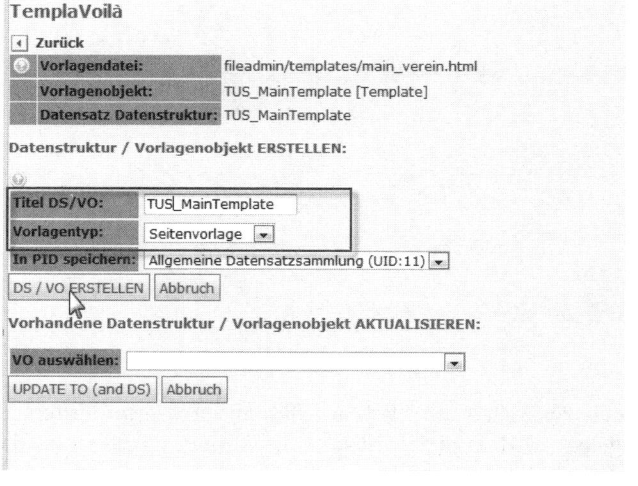

Abbildung 5.29: TemplaVoila – Template abspeichern

Die Kopfteile zuweisen

Nun muss TemplaVoila noch mitgeteilt werden, welche Kopfteile (*Header Parts*) aus dem HTML-Template aktiviert und damit verwendet werden sollen. In diesem Fall handelt es sich um das HTML-Tag `body` sowie den Link zum Stylesheet.

Gehen Sie dazu zurück in das Webmodul **TemplaVoila**-Kontrollcenter (mit Klick auf den **Zurück**-Button oben links).

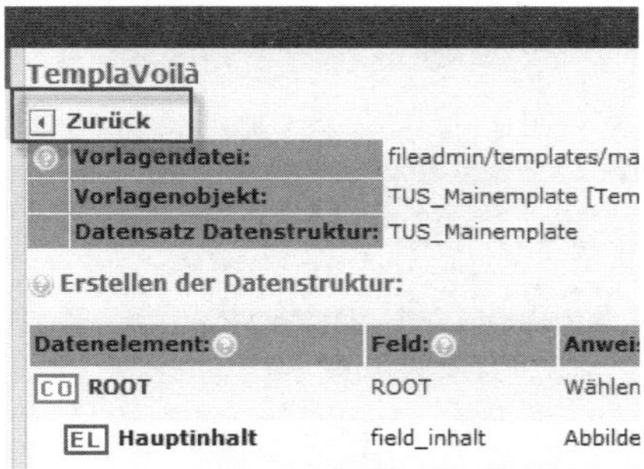

Abbildung 5.30: TemplaVoila – Zurück-Button

Oder Sie starten das **TemplaVoila**-Kontrollcenter neu.

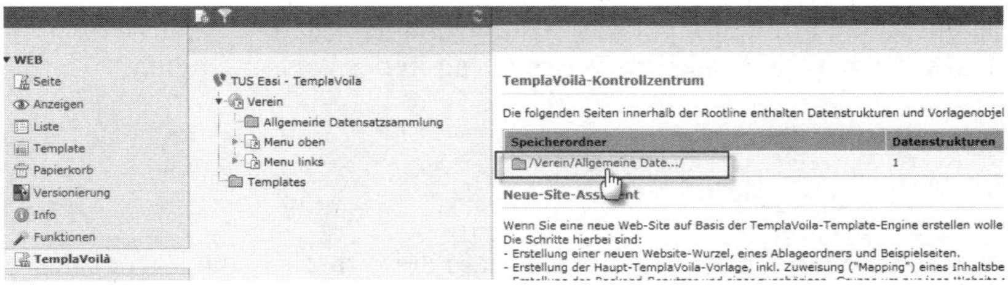

Abbildung 5.31: TemplaVoila-Kontrollzentrum

Die Registerkarte **Seiten-Templates** sollte ausgewählt sein. Klicken Sie nun auf **Abbildung aktualisieren**.

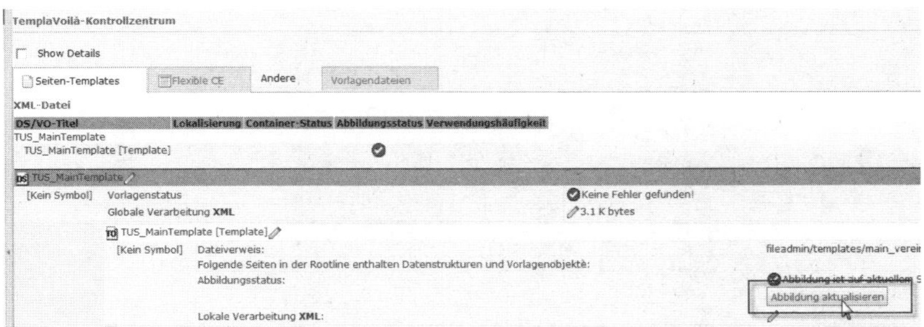

Abbildung 5.32: TemplaVoila – Abbildung aktualisieren anklicken

Wählen Sie die Registerkarte **Kopfteile** aus. Die möglichen Kopfteile werden zur Auswahl angeboten. Setzen Sie ein Häkchen bei dem Link zum Stylesheet `standard.css` und beim HTML-Tag `<body>` und schließen Sie die Bearbeitung mit **Festlegen** und dann **Speichern und zurück** ab. Das zweite Stylesheet `standard-tv-1spaltig.css` werden wir später verwenden.

Abbildung 5.33: TemplaVoila – Kopfteile auswählen

Damit ist die Abbildung für das TemplaVoila-Template `TUS_MainTemplate` abgeschlossen und steht zur Verwendung in der Webseite bereit.

Der Webseite das Layout zuweisen

Nun müssen Sie noch dafür sorgen, dass die Webseiten das Layout des gerade angelegten Templates `TUS_MainTemplate` nutzen. Gehen Sie dazu auf das Modul **Seite** und wählen Sie die Seite `Verein` aus. Klicken Sie auf das Icon der Seite und wählen Sie **Seiteneigenschaften bearbeiten**. In der Registerkarte **Erscheinungsbild** wählen Sie unter **Vorlagen-Design benutzen** das Template `TUS_MainTemplate` aus; speichern Sie Ihre Eingaben.

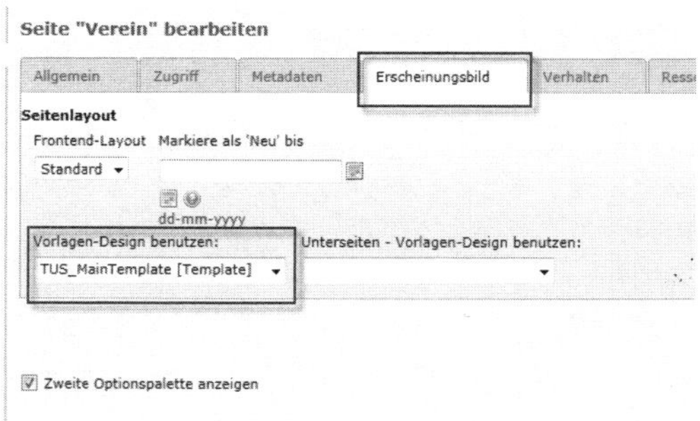

Abbildung 5.34: TemplaVoila – Vorlagen-Design auswählen

Es ist nicht erforderlich, das **Vorlagen-Design** in allen Unterseiten einzutragen. TYPO3 verwendet den Eintrag rekursiv für alle Unterseiten, die Angaben werden sozusagen über den gesamten Seitenbaum vererbt. Dieser Vorgang wird erst unterbrochen, wenn Sie auf einer der Unterseiten ein anderes TemplaVoila-Template angeben.

Wählen Sie jetzt die Seite **Willkommen** aus. Sie sehen, dass TemplaVoila Ihnen im Backend Bereiche zur Eingabe von Inhalt anbietet. Es handelt sich hierbei um die bei der Abbildung angelegten Bereiche für **Hauptinhalt** und **Inhalt rechte Spalte**.

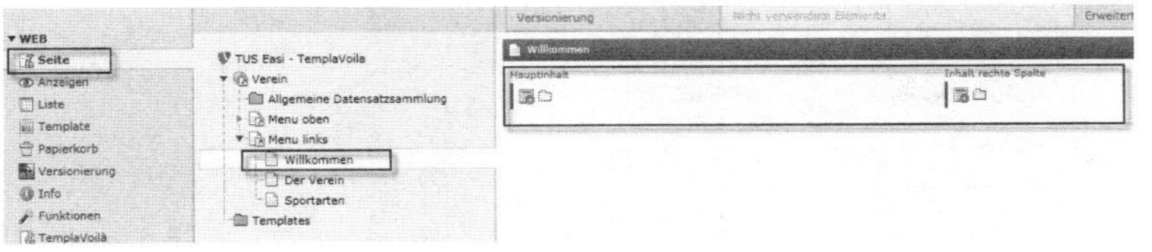

Abbildung 5.35: TemplaVoila – Ansicht im Backend

5.3.3 Ersten Seiteninhalt anlegen

Rufen Sie über das Webmodul **Seite** die Startseite (für die Frontend-Besucher des Vereins) auf, also die Seite `Willkommen`. Im Inhaltsbereich **Hauptinhalt** klicken Sie auf den Button **Seiteninhalt anlegen**.

Abbildung 5.36: TemplaVoila – Seiteninhalt anlegen

Es erscheint eine Auswahl möglicher Inhaltstypen, übrigens genau wie bei der traditionellen Vorgehensweise.

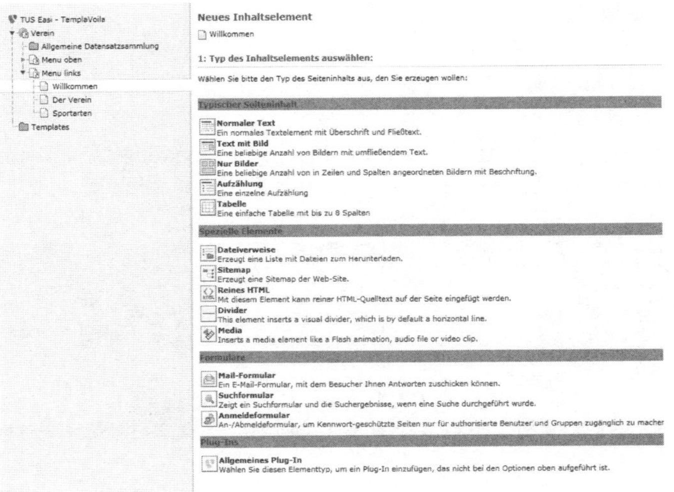

Abbildung 5.37: Inhaltselemente anlegen

Auch diese werden Sie im weiteren Verlauf genauer kennen lernen, wählen Sie hier vorerst lediglich **Normaler Text**.

Im Formular (Abbildung 5.38) tragen Sie auf der Registerkarte **Allgemein** eine **Überschrift** wie `Herzlich Willkommen` ein. Im Editorbereich geben Sie einen beliebigen Text ein.

Abbildung 5.38: Seiteninhalt anlegen: Überschrift und Text

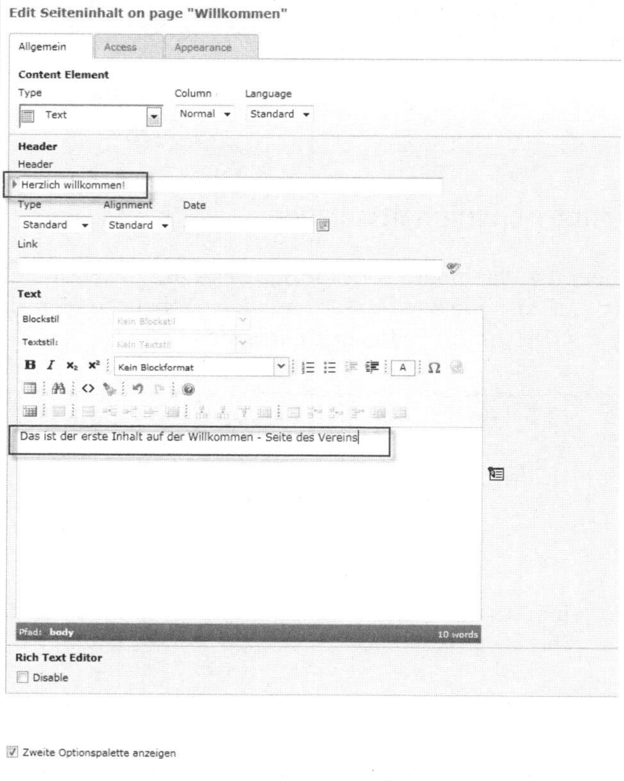

Speichern Sie das Inhaltselement und lassen Sie sich die Webseite anzeigen, indem Sie auf das Symbol der Diskette mit der Lupe klicken.

Abbildung 5.39: Anzeige der Webseite mit erstem Inhalt

5.3.4 BE-Layout des Seiteninhalts anpassen

In der Abbildung 5.36 haben Sie das Backend-Layout mit zwei Spalten gesehen. Beide Spalten waren gleich groß, so dass ein Redakteur keinen Unterschied erkennen kann. Besser ist es jedoch, auch schon bei diesem einfachen Seitenaufbau das Layout der Webseite zumindest andeutungsweise vorwegzunehmen. TemplaVoila bietet Ihnen hier eine gute Lösung: Legen Sie im Ordner `fileadmin/templates` eine Datei mit dem Namen `be_layout_3spaltig.html` an. In diese Datei fügen Sie folgenden Code ein:

```
<table width="99%" border="3" rules="all">
   <tr>
      <td width="10%" valign="top" bgcolor="#cccccc"></td>
      <td width="59%" valign="top"
          bgcolor="#CFDADA">###field_inhalt###</td>
      <td width="30%" valign="top"
          bgcolor="#B7F0F3">###field_rechts###</td>
   </tr>
</table>
```

Mit dieser Tabelle (DIVs wären natürlicher noch besser) lässt sich sehr schnell das eigentliche Layout der Webseite in groben Zügen nachempfinden. Dieses Layout muss nun noch dem TemplaVoila-Template bekannt gegeben werden. Gehen Sie in das **TemplaVoila**-Kontrollcenter und klicken Sie auf den Bleistift neben dem `TUS_MainTemplate` (nicht den Bleistift neben `TUS_MainTemplate [Template]`).

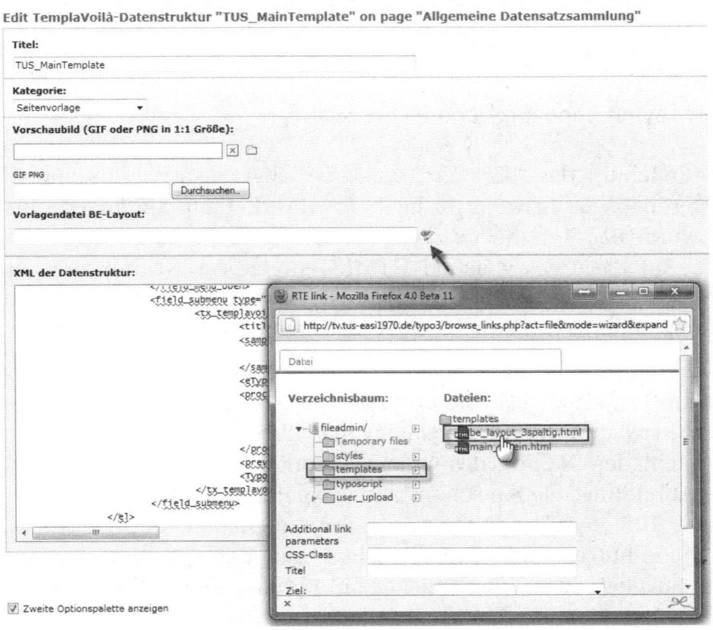

Abbildung 5.40: Datei für Backend-Layout einfügen

Fügen Sie unter **Vorlagendatei BE-Layout** die soeben angelegte Datei `be_layout_3spaltig.html` über das Auswahlmenü ein.

Speichern Sie das Template, gehen Sie wieder in das Webmodul **Seite** und wählen Sie die Seite **Willkommen** aus. Das Backend-Layout sieht nun mehr nach der Aufteilung der Webseite in eine Hauptinhaltsspalte und eine rechte Spalte aus. Sie können das Layout nach eigenem Belieben und Anforderungen weiter anpassen.

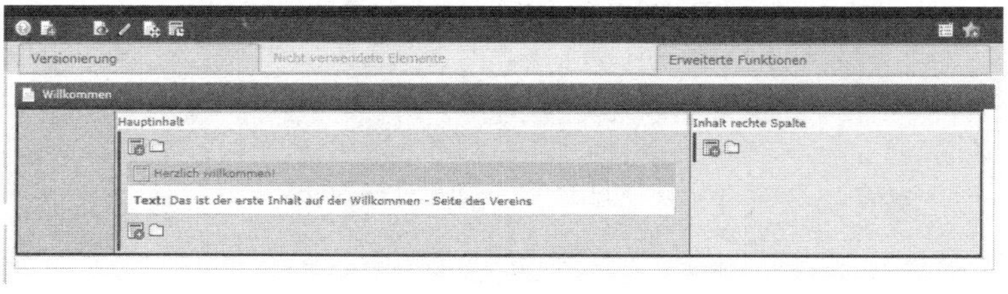

Abbildung 5.41: Geändertes Backend-Layout

5.3.5 Verwendung eines alternativen TemplaVoila-Template

Es ist ein Leichtes, auf Basis eines HTML-Template ein weiteres TemplaVoila-Template zu erstellen. Möchten Sie z. B. auf einer Unterseite Ihrer Webseite die rechte und/oder linke Spalte gar nicht verwenden und stattdessen die mittlere Spalte verbreitern?

Auf die gleiche Weise, wie Sie soeben das `TUS_MainTemplate` angelegt haben, legen Sie im Folgenden ein weiteres TemplaVoila-Template an.

Beispiel: Layout ohne linke und rechte Spalte

Bei der Erstellung des `TUS_MainTemplate` haben Sie unter **Kopfteile** (**Header Parts**) gesehen, dass zwei Stylesheets im HTML-Template angegeben sind. Bisher wurde das Stylesheet `standard.css` für die Standarddarstellung verwendet. Auf Basis des gleichen HTML-Templates wird nun eine einspaltige Version erstellt. Dazu benötigen Sie kein völlig neues TemplaVoila-Template, sondern nur eine Variante des Template-Objekts.

Die Abbildung sollte Ihnen wieder angezeigt werden. Gehen Sie in das Modul **Dateiliste** und klicken Sie dort auf das Icon der HTML-Vorlage `main_verein.html` und dann auf **TemplaVoila**. Oben sehen Sie unter **Vorlagenobjekt** nicht den Namen des Objektes, sondern nur `[Neu]`. Wiederholen Sie die Abbildung, die Sie schon beim 3-spaltigen Layout im TemplaVoila-Template `TUS_MainTemplate` vorgenommen haben. Führen Sie die Abbildung von `ROOT`, `field_inhalt` und `field_menu_oben` genauso durch. Denken Sie auch daran, den Objekt-Pfad für das Menü auf `lib.menu_oben` zu setzen! Das Element `field_submenu` legen Sie nicht an.

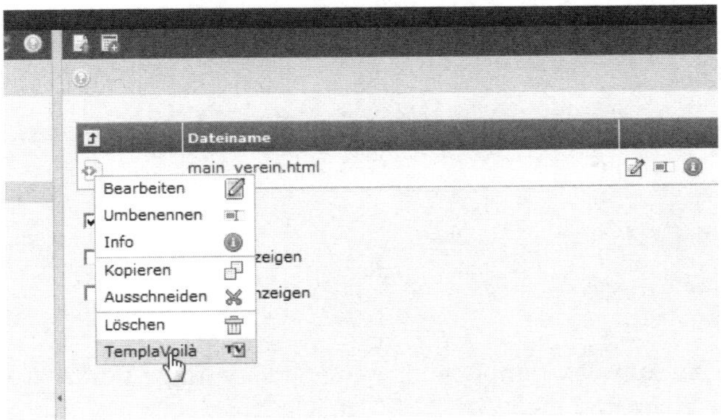

Abbildung 5.42: TemplaVoila auswählen

Bevor Sie aber `field_links` und `field_rechts` erneut abbilden, zuvor eine kurze Anmerkung dazu: In Foren im Internet wird, bezogen auf die HTML-Elemente `links` bzw. `rechts`, auch die Verwendung von `display: none;` im Stylesheet empfohlen, um die beiden Spalten einfach auf nicht sichtbar zu setzen. Wenn Sie sich allerdings den von TYPO3 generierten Seitenquelltext anschauen, müssen Sie feststellen, dass der HTML-Sourcecode der rechten und linken Spalte erhalten geblieben ist, einschließlich ggf. verwendeter Dummy-Texte. Grund ist, dass der HTML-Code nicht entfernt, sondern eben nur ausgeblendet wird (`display: none;`). Dank TemplaVoila steht Ihnen aber eine weitere Möglichkeit offen:

Um die rechte und linke Spalte entfallen zu lassen, bilden Sie die rechte *und* linke Spalte mit `field_links` und `field_rechts` wie gewohnt ab, aber verwenden Sie hier unter **Voreinstellungen Element Keine [nur TypoScript]** und bilden Sie auf die div-Elemente mit der ID `links` bzw. `rechts` ab.

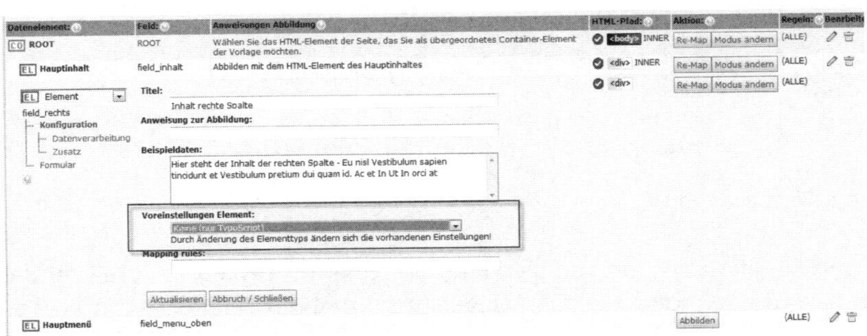

Abbildung 5.43: Voreinstellungen Element für rechte und linke Spalte

Verwenden Sie dann für die Abbildung den **Aktionstyp** `OUTER: (Include tag)`. Auf diese Weise wird der HTML-Code der abgebildeten DIVs vollständig entfernt.

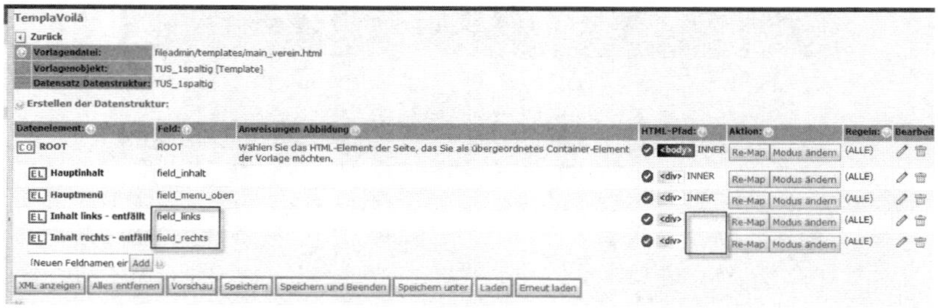

Abbildung 5.44: Abbildung des neuen Templates 1spaltig

Speichern Sie nun das Template als neue Seitenvorlage mit dem Vorlagentyp **Seitenvorlage** und dem Titel `TUS_1spaltig` ab.

Im TemplaVoila-Kontrollzentrum sehen Sie (nach Klick auf **Zurück**) nun dieses neue Template.

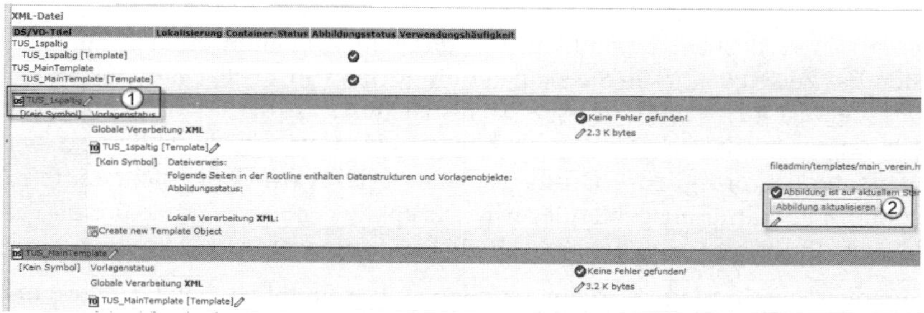

Abbildung 5.45: Template 1spaltig aktualisieren

Legen Sie im Ordner `fileadmin/templates` eine Datei `be_layout_1spaltig.html` an mit dem Inhalt

```
<table width="99%" border="3" rules="all">
    <tr>
        <td width="99%" valign="top"
            bgcolor="#CFDADA">###field_inhalt###</td>
    </tr>
</table>
```

Fügen Sie hier auch die Vorlagendatei `be_layout_1spaltig.html` für das BE-Layout ein, indem Sie auf das Bleistiftsymbol der Datenstruktur klicken (1), und speichern Sie Ihre Änderung.

Abbildung 5.46: Backend-Layout für 1spaltig verwenden

Klicken Sie auf **Abbildung aktualisieren** (2); dann wählen Sie in den Kopfteilen nur `body` und das Stylesheet `standard-tv-1spaltig.css` aus.

Das Stylesheet `standard-tv-1spaltig.css` legen Sie im Ordner `fileadmin/styles` an. Der Inhalt des Stylesheets, den Sie einfügen:

```
@import url(1_basis.css);
@import url(1_basis_tv_1spaltig.css);
```

Dieses Stylesheet ruft erst `1_basis.css` und anschließend `1_basis_tv_1spaltig.css` auf. Letzteres enthält nur die CSS-Anweisung zur Anpassung der mittleren Spalte, wodurch die korrespondierenden CSS-Anweisungen aus `1_basis.css` überschrieben werden. Das Stylesheet `1_basis_tv_1spaltig.css` legen Sie nun im Ordner `fileadmin/styles` an. Der Inhalt des Stylesheets, den Sie einfügen:

```
#mitte {
        width:auto;
        margin:0;
}
```

Im Sinne einer Codeoptimierung – es soll nur das an CSS-Anweisungen übertragen werden, was auch benötigt wird – könnten Sie auch eine eigenständige CSS-Datei für die einspaltige Variante anlegen. Das zuvor gezeigte Prinzip ändert sich nicht.

Legen Sie noch eine Seite mit dem Titel `1spaltige Seite` innerhalb der Seite `Menu oben` an und weisen Sie dieser im Registerblatt **Erweitert** das gerade angelegte TemplaVoila-Template `TUS_1spaltig [Template]` zu. Dieses neue, einspaltige Template gilt ab sofort anstelle des bisherigen, von der Seite **Verein** geerbten `TUS_MainTemplate [Template]` für die Seite `1spaltige Seite` und deren Unterseiten, die Sie möglicherweise noch anlegen wollen. Legen Sie auch hier einen neuen Textinhalt an wie auf der Willkommen-Seite und schauen Sie sich die Seite im Browser an, indem Sie links im Webmodul auf **Anzeigen** klicken.

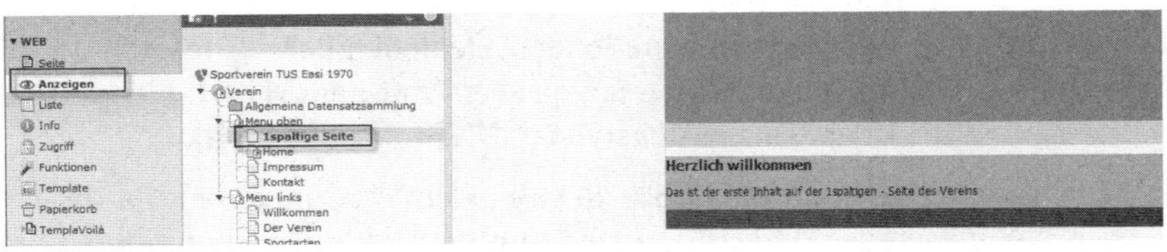

Abbildung 5.47: Anzeige der Webseite mit einspaltigem Layout

5.3.6 Erstellen eines Flexible Content Element (FCE)

Mit Flexible Content Elements (FCE) erweitern Sie die Inhaltselemente (**Text**, **Text mit Bild** etc.) im Rahmen von TemplaVoila nahezu beliebig.

Auf Ihrer Webseite möchten Sie beispielsweise ein Inhaltselement für die Redakteure zur Verfügung stellen, das die folgenden Möglichkeiten bietet:

- zweispaltige Darstellung
- linke Spalte zum Einfügen eines Bildes mit fester maximaler Größe und Text
- rechte Spalte zur Eingabe von Text
- Titelzeile mit fixem Layout

Legen Sie dazu im Ordner `fileadmin/templates` eine Datei mit dem Namen `FCE2spaltig.html` an (der Name ist natürlich frei wählbar) und fügen Sie folgenden Inhalt ein:

```
<html>
  <body>
    <div class="fce2spaltig">
      <div class="fce2links">
        <div class="fce2bild"></div>
        <div class="fce2textlinks"></div>
      </div>
      <div class="fce2rechts"></div>
    </div>
  </body>
</html>
```

Klicken Sie auf das Icon der Datei `FCE2spaltig.html` und wählen Sie **TemplaVoila** aus.

Sie müssen nun die folgenden Abbildungen vornehmen:

- Bilden Sie das **ROOT**-Element mit dem HTML-Element `<body>` ab.
- Legen Sie ein Feld mit dem Namen `field_fce2bild` an, verwenden Sie als **Titel** `Bild` und als **Voreinstellungen Element Bildfeld, feste B+H**; klicken Sie auf **Hinzufügen**. Bilden Sie das Feld mit dem HTML-Element der Klasse `fce2bild` ab. Der **Aktionstyp** ist **INNER: (Exclude tag)**.

  Nun müssen Sie noch die Größe des Bildelements anpassen, da der von TemplaVoila verwendete Wert nicht immer zu den Gegebenheiten Ihrer Webseite passt. Wählen Sie auf der linken Seite **Datenverarbeitung** aus. Jetzt wird der von TemplaVoila verwendete TypoScript-Code angezeigt.

  Passen Sie die Bildgrößen an – hier auf die Breiten 70 und die Höhen 100:

```
10 = IMAGE
10.file.XY = 70,100
10.file.import = uploads/tx_templavoila/
10.file.import.current = 1
```

```
10.file.import.listNum = 0
10.file.maxW = 70
10.file.minW = 70
10.file.maxH = 100
10.file.minH = 100
```

Klicken Sie anschließend auf **Aktualisieren**.

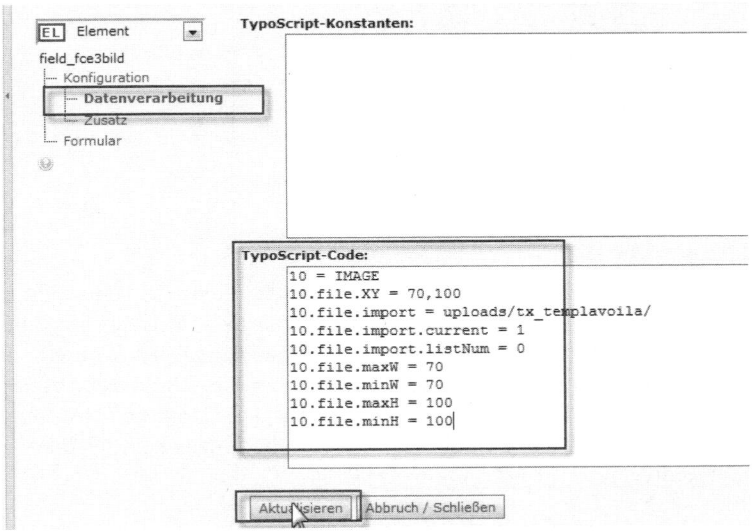

Abbildung 5.48: TemplaVoila – FCE TypoScript-Code für die Spalte Bild

- Legen Sie ein Feld mit dem Namen `field_fce2links` an, verwenden Sie als Titel `Linke Spalte` und als **Voreinstellungen Element Rich-Text-Editor für Textinhalt**. Bilden Sie das Feld mit dem HTML-Element der Klasse `fce2textlinks` ab. Der **Aktionstyp** ist **INNER: (Exclude tag)**.
- Legen Sie ein Feld mit dem Namen `field_fce2rechts` an, verwenden Sie als Titel `Rechte Spalte` und als **Voreinstellungen Element Rich-Text-Editor für Textinhalt**. Bilden Sie das Feld mit dem HTML-Element der Klasse `fce2rechts` ab. Der **Aktionstyp** ist **INNER: (Exclude tag)**.

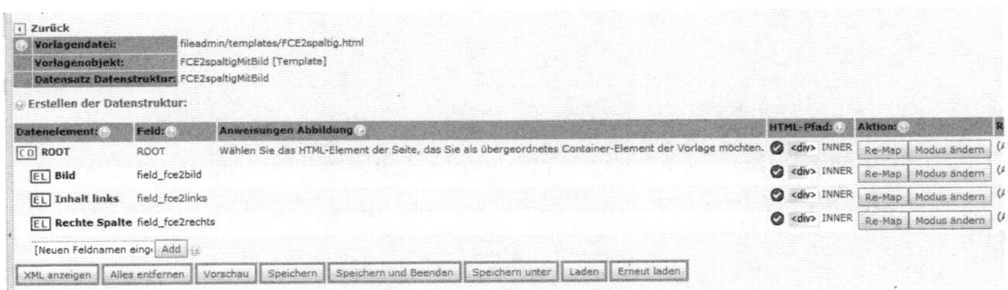

Abbildung 5.49: TemplaVoila – Abbildung des zweispaltigen FCE

Klicken Sie auf **Speichern unter** und speichern Sie das FCE als **Vorlagentyp Inhaltselement** unter dem Namen `FCE2spaltigMitBild` ab.

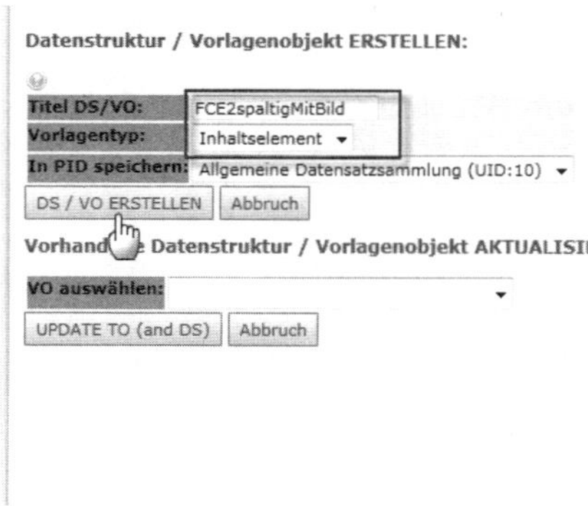

Abbildung 5.50: TemplaVoila – FCE speichern

Nun kann dieses FCE wie jedes andere Inhaltselement in Seiten eingefügt werden. Idealerweise erhält dieses FCE ein aussagekräftiges Vorschaubild, anhand dessen die Backend-Benutzer leichter auswählen können. Legen Sie als Erstes im Ordner `fileadmin/templates` die Bilddatei `fce2spaltigMitBild.gif` ab.[4] Gehen Sie ins **TemplaVoila**-Kontrollzentrum und wählen Sie die Registerkarte **Flexible CE** aus. Sie sehen, dass keine Symbole vorhanden sind.

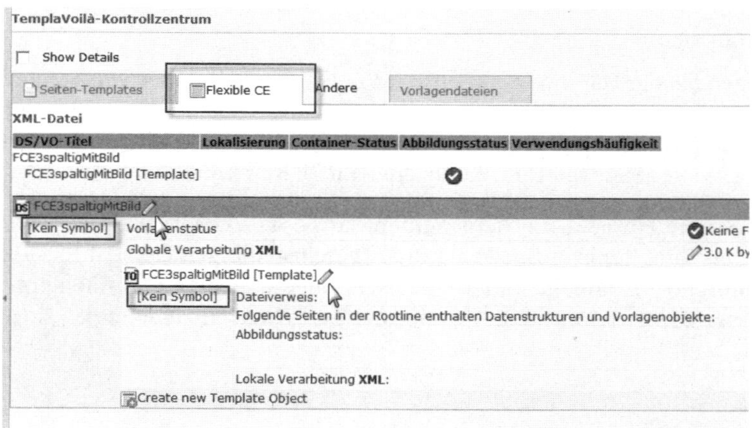

Abbildung 5.51: TemplaVoila – FCE bearbeiten

Legen Sie diese jetzt an, indem Sie auf die Bleistiftsymbole sowohl bei **FCE2spaltigMitBild** als auch bei **FCE2spaltigMitBild [Template]** klicken und in dem folgenden Fenster die Bilddatei `fce2spaltigMitBild.gif` einfügen.

4 Auf der buchbegleitenden Webseite zum Download hinterlegt.

Abbildung 5.52: TemplaVoila – FCE-Vorschaubild einfügen

Jetzt fehlt nur noch die Formatierung für Ihr zweispaltiges FCE. Legen Sie dazu ein neues Stylesheet `fce2spaltig.css` in `fileadmin/styles` an und fügen Sie folgenden Code ein:

```
.fce2spaltig {
  float:left;
  }
.fce2links {
  width:35%;
  padding-right:5px;
  float:left;
  }
.fce2bild {
  width:70px;
  height:100px;
  padding:15px 5px 5px 0;
  float:left;
  }
.fce2rechts {
  width:64%;
  float:right;
  }
```

Wenn Sie dieses FCE auf Ihrer Webseite einsetzen, müssen Sie eventuell die Breitenangaben `width:` für die beiden Textspalten anpassen. Die Titelzeile des FCE ist vom Typ `h1`. Wenn Sie statt der Standardformatierung (Stylesheet `1_basis.css`) für das FCE eine andere Formatierung des Titels wünschen, so verwenden Sie `h1` in Kombination mit der Klasse, hier `.fce2spaltig h1 {...}`.

Als letzten Schritt müssen Sie das Stylesheet noch einbinden. Fügen Sie dazu in den Stylesheets `standard.css` und `standard-tv-1spaltig.css` die Zeile `@import url(fce2spaltig.css);` ein. Wenn Sie nun zum Webmodul **Seite** wechseln und z. B. auf der Seite `Willkommen` einen neuen Seiteninhalt anlegen, so wird Ihnen unter **Flexibler Inhalt** ein neues Inhaltselement **FCE2paltigMitBild** angeboten.

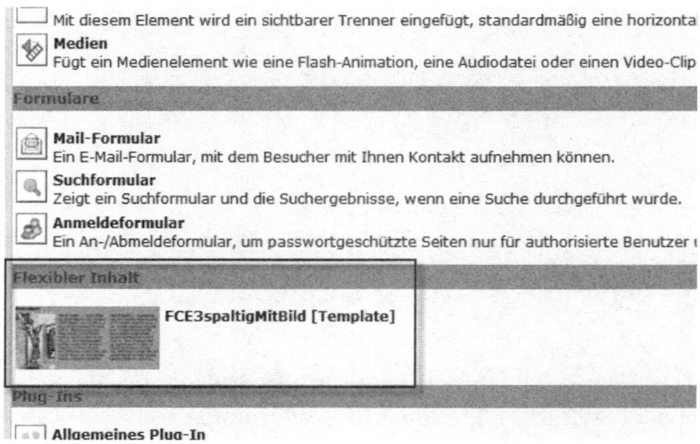

Abbildung 5.53: TemplaVoila – FCE als neues Inhaltselement

Fügen Sie nach Belieben eine Überschrift für Ihr Inhaltselement ein (hier `Bronzedame`),

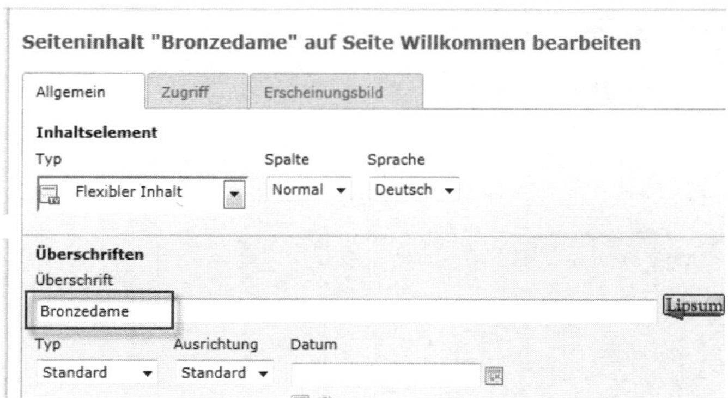

Abbildung 5.54: TemplaVoila – FCE mit Inhalt gefüllt

In der Registerkarte **Allgemein** laden Sie ein Bild von Ihrem PC hoch (hier die Datei `Bronzedame.jpg`) und geben einen Beispieltext in der linken und der rechten Spalte des FCE ein.

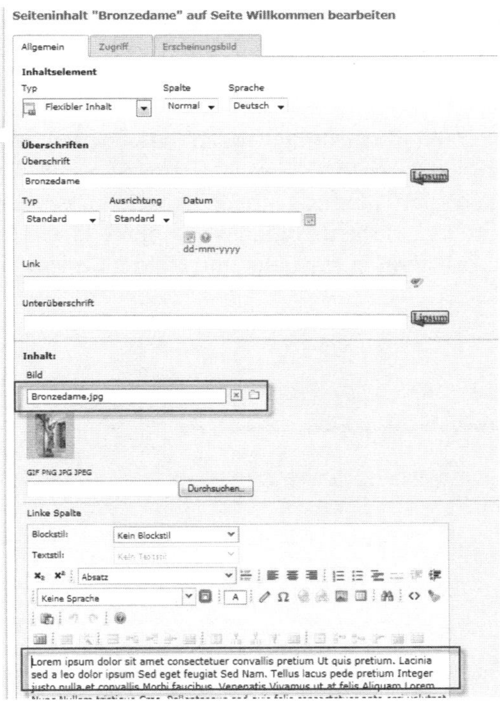

Abbildung 5.55: TemplaVoila – FCE mit Inhalt gefüllt

Schauen Sie sich das Ergebnis auf der Willkommen-Seite an:

Abbildung 5.56: TemplaVoila – Willkommen-Seite mit 3spaltigem FCE

5.4 Nachträgliche Anpassungen der HTML-Vorlage für TemplaVoila

Im Zuge der Webseitenentwicklung werden Sie sicherlich mal an den Punkt kommen, an dem Sie das HTML-Template anpassen müssen; beispielsweise muss ein weiteres DIV-Element eingefügt werden, um die Belange Ihrer persönlichen Seite abzudecken. TemplaVoila bemerkt die Änderung durch den veränderten Zeitstempel der Datei und meldet dies im Kontrollzentrum (Abbildung 5.57).

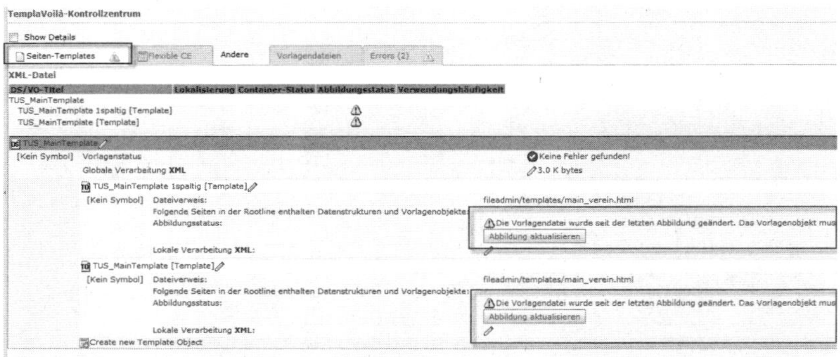

Abbildung 5.57: TemplaVoila – Warnmeldung bei geänderter HTML-Vorlage

Handelt es sich um eine „einfache“ Änderung, weil Sie nur Beispieltext oder einen Kommentar eingefügt haben, bleibt in der Regel die Abbildung erhalten und muss einfach nochmal bestätigt werden. Klicken Sie dazu auf **Abbildung aktualisieren** und dann auf die Registerkarte **Abbildung**. Sind die grünen Häkchen noch immer gesetzt, verlangt die Änderung der HTML-Vorlage kein erneutes Abbilden.

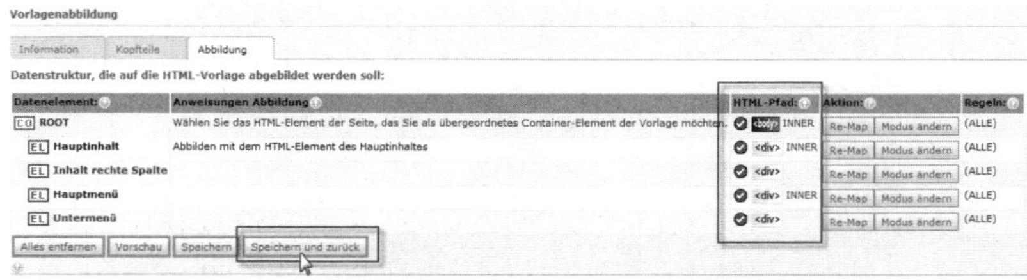

Abbildung 5.58: TemplaVoila – kein erneutes Abbilden erforderlich

Es reicht also aus, mit Klick auf **Speichern und zurück** die Abbildung zu bestätigen. Diesen Vorgang müssen Sie für jede Abbildung durchführen, die auf dem geänderten HTML-Template beruht. Die Warnung wird nun nicht mehr angezeigt.

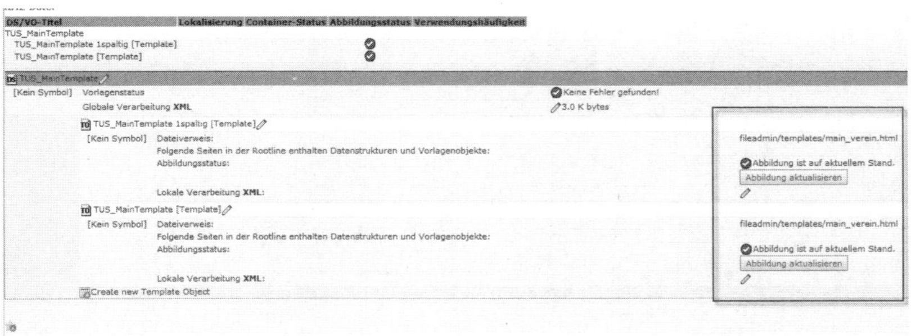

Abbildung 5.59: TemplaVoila – Warnung zu geänderter HTML-Vorlage ist behoben

Bei gravierenderen Änderungen in der HTML-Vorlage, wie dem Ändern einer ID oder dem Verschieben eines Elements, geht unter Umständen die Abbildung verloren und muss erneuert werden. Sofern Sie eine Abbildung ganz entfernen möchten, klicken Sie auf der Registerkarte **Information** auf **DS / VO modifizieren** und löschen dann die entsprechende Abbildung.

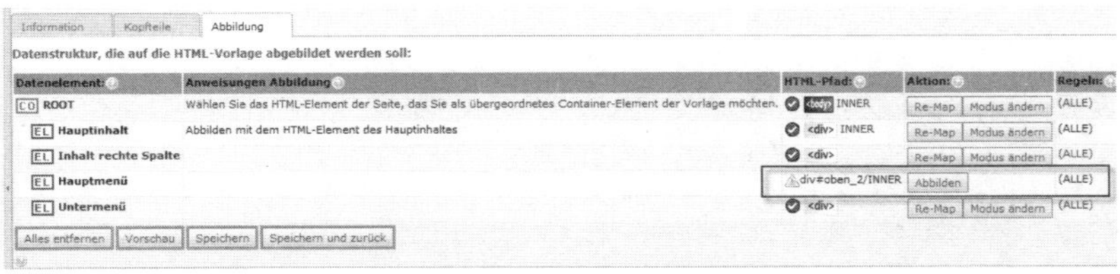

Abbildung 5.60: TemplaVoila – Erneutes Abbilden erforderlich

Damit ist das Kapitel TemplaVoila vorerst beendet. Im Laufe des Buches werden weitere Anpassungen vorgestellt, aber alle Möglichkeiten von TemplaVoila zu beschreiben würde sicherlich ein eigenes Buch erfordern und den Rahmen dieses Buches sprengen.

Der weitere Ausbau der Webseite findet in den folgenden Kapiteln nun zumeist unabhängig vom Vorgehen der Template-Erstellung (TemplaVoila vs. traditionell) statt. Unterschiede zwischen traditionell und TemplaVoila werden jeweils an gegebener Stelle erläutert.

6

Kapitel

Menüs einrichten

Wie am Ende von Kapitel 3 angekündigt, setzen wir nach dem Aufbau des Seitenlayouts – entweder über TemplaVoila oder die traditionelle Vorgehensweise – die Beschreibung mit der Einrichtung der Menüs fort. Auf die Unterschiede, die sich im Weiteren aus dem Einsatz von TemplaVoila ergeben, werden wir jeweils hinweisen, oder anders gesagt: Der weitere Aufbau unserer Webpräsenz ist für beide Methoden so ähnlich, dass jeweils eigene Kapitel nicht notwendig sind.

6.1 TypoScript für Menüs

Die in den Kapiteln 4 oder 5 angelegten Seiten können bis auf die Startseite noch nicht im Frontend ausgewählt werden. Beschäftigen wir uns daher in diesem Kapitel mit der Erstellung der Menüs. Der Aufbau von Menüs ist, ob per TemplaVoila oder traditionell erstellt, grundsätzlich immer derselbe; der wesentliche Unterschied besteht darin, wie sie angesprochen werden. Mit Markern geschieht dies wie folgt:

```
marks {
  MENU_OBEN = HMENU
  MENU_OBEN {
  /* es folgt TypoScript zur Erstellung des Menüs... */
```

Sofern wir, wie in unserem Beispiel gleich zu sehen, den TypoScript-Code für die Menüs allerdings in ein eigenes Basis-Template `Menüstruktur` auslagern, verwenden wir dort das *Top Level Object* (TLO) **lib**. Dieses TLO dient dem Anlegen sogenannter *Bibliotheken*, also fertiger Code-Blöcke, die wir dann an anderer Stelle wiederverwenden können, wie zum Beispiel die komplette TypoScript-Definition für ein Menü. Das sieht beispielsweise so aus:

```
lib {
  menu_oben = HMENU
  menu_oben {
  /* es folgt TypoScript zur Erstellung des Menüs... */
  }
```

Eine solche Bibliothek könnten Sie beliebig benennen. In unserem Beispiel ist es jedoch erforderlich, `lib.menu_oben` zu verwenden.

6.2 Menü-Template anlegen

Die Menüs werden aus Gründen der Übersichtlichkeit in ein eigenes Typo-Script-Template im Template-SysOrdner `Templates` ausgelagert. Dieses TypoScript-Template legen wir jetzt an.

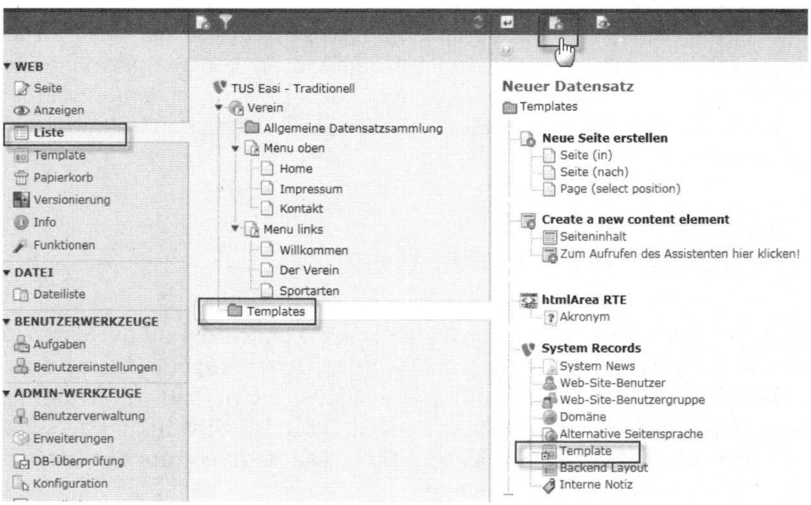

Abbildung 6.1: Neuer Datensatz | Template

Wählen Sie im Webmodul **Liste** und im Seitenbaum den SysOrdner `Templates` aus. Klicken Sie oben in der Menüleiste auf das Icon **Neu** und legen Sie einen Datensatz vom Typ **Template** (Abbildung 6.1) an.

Vergeben Sie den Namen `Menüstruktur` (Abbildung 6.2) und speichern Sie das noch leere Template ab, aber lassen Sie es geöffnet, es geht gleich weiter.

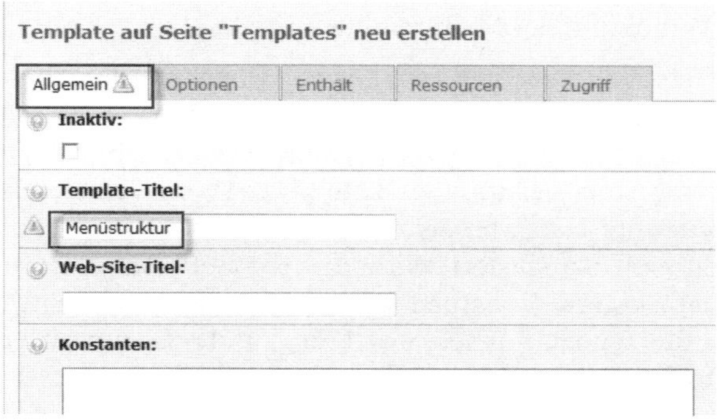

Abbildung 6.2: Template Menüstruktur

6.3 Horizontales Menü

Menüs werden in TYPO3 meist automatisiert aus einer Auswahl von Seiten erzeugt, auf die dann die einzelnen Menüpunkte verweisen. Die Seiten, auf die das Menü verweist, können z. B. durch eine Aufzählung spezifiziert sein (also eine Liste von Seiten-IDs, siehe `list` weiter unten), oder durch ein Directory im Seitenbaum, das bestimmte Unterseiten enthält (siehe `directory` weiter unten). Grundsätzlich werden dabei im Menü Seiten vom Typ **Standard**, **Verweis**, **Link zu externer URL** und **Einstiegspunkt** dargestellt.

Konfigurieren wir zunächst das horizontale, recht überschaubare Menü, in dem die Seiten des Seitenbaums `Menu oben` nebeneinander gestellt und durch senkrechte Striche („Pipe"-Symbol) voneinander getrennt werden.

Hier die gesamte TypoScript-Konfiguration des Menüs, die Sie im Setup des TypoScript-Templates `Menüstruktur` einfügen:

```
## Horizontales Menü oben ##
lib.menu_oben = HMENU
lib.menu_oben {
  special = directory
  ## PID der Seite "Menu oben", bitte ggf. anpassen ##
  special.value = 2
  1 = TMENU
  1.NO = 1
```

```
  1.NO.linkWrap =  | &#124; |*|  | &#124; |*|
 |
  }
```

Zunächst bestimmen wir, dass unsere Bibliothek (erkennbar an dem `lib`) mit den Namen `lib.menu_oben` vom Typ **Hierarchical Menu** (HMENU) sein soll. Das Objekt HMENU besitzt nämlich praktischerweise alle die Eigenschaften, die speziell für Menüs gedacht und sinnvoll sind, z. B. die automatische Verlinkung der Menüpunkte zu Seiten.

Der vordefinierten Eigenschaft `special` des Objekts HMENU können wir nun verschiedene Werte zuweisen, z. B. `directory`, `list`, `updated` usw. Damit bestimmen wir, was in dem Menü abgebildet wird, z. B. alle Seiten in der Ebene unterhalb einer bestimmten Seite (`directory`), eine einfache, durch Kommata getrennte Liste von Seiten-IDs (`list`) oder Seiten, die in einem gewissen Zeitraum aktualisiert wurden (`updated`). Auf diese und andere, zum Teil kompliziertere Varianten möchten wir hier nicht eingehen. Interessierten sei die TypoScript-Referenz (*TSref*[1]), das Standardwerk zu TypoScript, empfohlen, in der Sie alles zum Thema HMENU nachlesen können.

Über den Parameter `special.value` geben wir sodann an, mit welcher Seiten-ID (oder mit welchen Seiten-IDs, durch Kommata getrennt) das Menü arbeiten soll. Für den Typ `directory` ist das die Seiten-ID, deren Unterseiten in erster Ebene (weitere Unterseiten werden nicht berücksichtigt) im Hauptmenü enthalten sein sollen. Die Seitenstruktur wurde im Kapitel 3 entsprechend übersichtlich vorbereitet, so dass sich die Seiten, auf die sich das obere Menü beziehen soll, in einer Ebene unterhalb genau einer Seite befinden: der Seite `Menu oben`. Daher benutzen wir den Typ `directory`. Mit der Seiten-ID 2 (der ID der Seite `Menu oben`) als `special.value` legen wir fest, dass im oberen Menü die Seiten `Home`, `Impressum` und `Kontakt` als Menüpunkte verwendet werden.[2]

Die hierarchischen Ebenen von HMENU können Sie nun mit Zahlen ab 1 ansprechen, wobei 1 für die erste Ebene steht, 2 für die erste Unterebene usw. Da wir ein einfaches Menü ohne Untermenüs erzeugen wollen, müssen wir also nur für die Ebene 1 Definitionen vornehmen, und zwar bestimmen wir, dass das Menü ein Textmenü (TMENU) sein soll. Alternativ könnte man z. B. auch ein grafisches oder ein JavaScript-basiertes Menü erzeugen, bei dem die Menüpunkte (Links) nicht aus reinem Text bestehen. In unserem Webauftritt nutzen wir aus Gründen z. B. der Barrierearmut aber ausschließlich Textmenüs.

In der nächsten Zeile wird der Normalzustand dieses Menüs über `NO = 1` aktiviert (NO steht für *Normal* – der Normalzustand ist jener, in dem kei-

[1] `http://typo3.org/documentation/document-library/core-documentation/doc_core_tsref/4.5.1/view/`

[2] In Ihrer Installation kann die ID der Seite natürlich abweichen, bitte passen Sie sie gegebenenfalls an. Die ID der Seite erfahren Sie am einfachsten, indem Sie mit der Maus auf das Icon der Seite fahren.

ne Aktion durchgeführt wurde, also der Gegensatz zu Rollover, Active oder Visited). Würden Sie die 1 nicht setzen und auch keine weiteren Spezifikationen für das TMENU vornehmen – so wie wir das in der folgenden Zeile über linkWrap tun –, so würde das Menü nicht dargestellt; NO ist also ein boolescher Parameter, den Sie mit 1 einschalten.

Da wir in der nächsten Zeile den linkWrap definieren, könnten wir die Zeile 1.NO = 1 eigentlich weglassen, denn NO wird durch das Spezifizieren automatisch aktiviert. Wir haben sie aber zum besseren Verständnis im Code belassen.

Dieser über NO = 1 aktivierte Standardzustand würde um die Menüpunkte – hier also um Home, Impressum und Kontakt – nur ein HTML-Anker-Tag (<a>) legen. Für unsere Seite wäre dies nicht besonders ansehnlich, denn das ergäbe eine Ausgabe wie **HomeImpressumKontakt**. Diese enthielte zwar drei voneinander getrennte Links, wäre aber schön noch wirklich nutzbar.

Darum nutzen wir die Eigenschaft linkWrap, die uns ermöglicht, um die Menüpunkte (also in unserem Fall Seitentitel) Text und HTML-Code zu legen.

Wir wollen die Menüpunkte im Menü im Frontend durch ein Pipe-Zeichen (|) optisch voneinander trennen: **Home | Impressum | Kontakt**. Das Pipe-Zeichen hat in TypoScript allerdings auch die Funktion, einen Wrap zu gliedern, wie Sie gleich sehen werden. Darum müssen wir das im Frontend darzustellende Pipe-Symbol als HTML-Zeichen |[3] angeben, während das „TypoScript-Sonderzeichen" hier in Klartext | geschrieben wird. Ein anderes, wohl offensichtlicheres Beispiel für einen Wrap und die Verwendung des Pipe-Zeichens wäre etwa:

```
1.NO.linkWrap = <italic> | </italic>
```

Hier ist der Wrap, also das umschließende Element, die Anweisung zur Kursivschrift. Das Pipe-Zeichen dient hier als Platzhalter für den Inhalt. Streng genommen muss ein Wrap auch nicht umschließen, obwohl der Begriff „Wrap" (Umwickelung, Verpackung) dies ja andeuet: Wollen Sie z. B. nur *nach* jedem Element einen HTML-Break setzen, könnten Sie dafür folgenden Wrap benutzen:

```
1.NO.linkWrap = | <br />
```

Der in userem Menü benutzte LinkWrap ist aber etwas raffinierter. Wir wollen nämlich, dass die Menüpunkte auf der Website zwar durch ein Pipe-Symbol voneinander getrennt sind, hinter dem letzten (bzw. vor dem ersten) Punkt soll aber keine Pipe stehen, das wäre unschön. Deshalb benutzen wir den so genannten optionSplit, symbolisiert durch ein Sternsymbol zwischen zwei Pipe-Zeichen (|*|).

[3] Sie können in HTML jedes Zeichen auch über seinen ASCII-Wert ansprechen, indem Sie den Code &# gefolgt von der ASCII-Nummer des Zeichens benutzen und mit einem Semikolon abschließen: A steht z. B. für ein großes A.

Mit dem `optionSplit` gliedern Sie eine Liste von Menüpunkten in mehrere Bereiche, meist drei, nämlich das *erste* Element, die *mittleren* Elemente und das *letzte* Element. Der Sinn erschließt sich rasch: Oft möchte man Menüpunkte z. B. mit einem Zeichen voneinander trennen, in unserem Fall | – gleichzeitig soll der Trenner nach dem letzten Menüpunkt *nicht* stehen. Per Option Split können Sie Anfang und Ende der Liste somit separat definieren.

Die `linkWrap`-Zeile zeigt der Anschaulichkeit halber eine Variante für drei Bereiche: Das erste Element ist von ` ` (dies entspricht dem Leerzeichen) umschlossen, damit die beiden Menüpunkte optisch nicht direkt am Pipe-Symbol „kleben". Nach dem ersten Element kommt ein Pipe-Symbol (HTML-Code `|`), beim zweiten Element ebenso, beim letzten Element folgt *kein* Pipe-Symbol mehr.

Diese Zeile könnte man für unser Template im Grunde vereinfachen, weil wir nur zwei Bereiche unterscheiden müssen, nämlich den ersten Menüpunkt (ohne | davor) und alle übrigen Menüpunkte (*mit* einem | davor); darüber hinaus benötigen wir in unserem Menü das ` ` vor dem ersten Menüpunkt nicht, da vor dem ersten Menüpunkt auf unserer Seite kein Text steht. Allerdings würde dann – bei einem Menü, das die gesamte Breite einnimmt – auch kein Abstand zum linken Rand erzeugt. Die folgende Zeile liefert also ein beinahe (bis auf ein Space hinter dem letzten Element) identisches Ergebnis auf der Website und soll den Einsatz von `optionSplit` noch einmal deutlich machen:

```
1.NO.linkWrap = | |*|&#124; | 
```

Speichern Sie schon einmal das Template `Menüstruktur` mit den bisherigen Eingaben, aber ohne es zu verlassen.

6.4 Vertikales Menü

TS + TV

Das vertikale Menü am linken Rand unserer Webseite soll zunächst nur eine Ebene umfassen. Weitere Ebenen werden wir später einbeziehen.

Fügen Sie folgenden Code im Basis-Template `Menüstruktur` ein – wir verwenden hier zum Teil die Klammerschreibweise, statt `NO.linkWrap` also `NO {....}`, um eine bessere optische Strukturierung des Codes zu erzielen. Die PID in der Anweisung `special.value = 3` müssen Sie ggf. auf die PID der Seite `Menu links` in Ihrer Installation anpassen:

```
## Vertikales Menü links ##
lib.menu_links = HMENU
lib.menu_links {
    special = directory
    ## PID der Seite "Menu links", bitte ggf. anpassen ##}
    special.value = 3
```

```
    expAll = 1
    stdWrap.wrap = <ul id="M_links"><li>|</li></ul>
    }

  # 1. Ebene #

lib.menu_links.1 = TMENU
lib.menu_links.1 {
    NO {
    expAll = 1
    ATagParams = class="menu-item"
    linkWrap = |<br />
    RO = 1
    }

    ACT = 1
    ACT {
    ATagParams = class="menu-item-act"
    linkWrap = |<br />
    }
  }
```

Auch dieses Menü wird zunächst als `HMENU` definiert, also generell als ein Objekt mit allen möglichen Eigenschaften eines Menüs, und wieder bestimmen wir über den Parameter `special`, dass Seiten unterhalb einer bestimmten Seite als Menüpunkte verwendet werden sollen (`directory`), und zwar die Seiten im Seitenbaum unterhalb der Seiten-ID 3 (d. h. `Menu links`).

Die Aktivierung von `expAll` durch Zuweisung des Werts `1` bewirkt, dass alle Unterseiten eines Menüs ausgeklappt werden, sobald der Hauptmenüpunkt aufgerufen wird. Momentan verfügen wir noch nicht über Untermenüs; wenn wir zu einem späteren Zeitpunkt Untermenüs einrichten, werden diese also aufgeklappt erscheinen. Dann nutzen wir eine mächtige Eigenschaft, die bei vielen Objekten in TypoScript anwendbar ist, z. B. eben auch bei einem `HMENU`, nämlich `stdWrap`. Genau genommen ist `stdWrap` eine eigene Funktion; wir können sie aber, wie im Code zu sehen, wie eine Eigenschaft ansprechen. Detaillierte Informationen über die Syntax von TypoScript finden Sie, wie bereits erwähnt, in der TypoScript-Referenz (TS-ref).[4]

Uns interessiert momentan vor allem, dass wir über `stdWrap` eine Vielzahl von Eigenschaften konfigurieren und definieren; z. B. könnten wir mit `stdWrap.case = upper` dafür sorgen, dass der gewrappte Inhalt in Großbuchstaben gerendert wird, dass nur ein Teilstring des Inhalts verwendet wird (`stdWrap.substring`) usw. Da wir in unserem Fall die Menüpunkte in einer HTML-Liste ausgeben wollen, benutzen wir also die Eigenschaft `wrap`, um den Inhalt, unsere Menüpunkte, mit HTML-Code zu umgeben,

[4] http://typo3.org/documentation/doc/references

der über ein Stylesheet formatiert wird (die CSS-Datei behandeln wir ab Seite 193). Wie schon beim `optionSplit` steht das Pipe-Symbol (`|`) für das eigentliche Inhaltselement, das ummantelt wird. Das Menü wird dann auf der Website als unsortierte Liste `<ul>` mit den Listenelementen `<li>` erscheinen. Diese allgemeinen Angaben gelten für das `HMENU`.

Die erste Ebene dieses Menüs definieren wir nun wieder als `TMENU`; beginnen wir mit den möglichen Zuständen: Der Normalzustand wird mit `NO` eingeleitet und über `ATagParams` dem Link ein zusätzlicher Parameter übergeben, hier die CSS-Klasse `menu-item`, die wir im Stylesheet spezifizieren werden. Die einzelnen Links sollen per `linkWrap` durch `<br />` getrennt werden, so dass nach jedem Menüpunkt ein Umbruch erfolgt; andernfalls ergäbe sich kein vertikales, sondern ein horizontales Menü.

Ein Rollover-Zustand wird innerhalb des `NO`-Zustands mit `RO = 1` aktiviert. Der aktive Zustand des Menüs wird mit `ACT = 1` eingeleitet und über die Klasse wieder die CSS-Formatierung zugewiesen. Hier wird ebenfalls ein Umbruch nach dem Link erzwungen.

Speichern und schließen Sie das Basis-Template `Menüstruktur`.

6.5 Menü-Template in das Haupt-Template einbinden

Das Template `Menüstruktur` müssen Sie jetzt noch in das Haupt-Template `main_verein` auf der Seite `Verein` einbinden.

Wählen Sie im Webmodul **Template** im Seitenbaum die Seite `Verein` und klicken Sie im rechten Arbeitsbereich auf **Vollständigen Template-Datensatz bearbeiten**. Auf der Registerkarte **Enthält** wählen Sie im Bereich **Basis-Template einschließen** über das Ordnersymbol den SysOrdner `Templates` aus und dort das eben erstellte Template `Menüstruktur`. Speichern Sie das Template ab. Nun haben Sie das TypoScript-Template für die Menüs in unser Haupt-Template eingebunden (Abbildung 6.3).[5]

Mit diesem Schritt wird das komplette TypoScript für die beiden Menüs eingebunden. Aber Einbinden alleine reicht nicht aus: Die per TypoScript erstellten Menüs müssen ja auch ihren Weg in die Ausgabe der Webseite finden, sprich: gerendert werden. Diese Verbindung haben Sie schon angelegt, ohne es genau zu wissen, und darum gehen wir an dieser Stelle noch einmal darauf ein.

[5] Im Beispiel unseres Sportvereins haben wir der Einfachheit halber die meisten Templates in einem Template-SysOrdner abgelegt und dem Root-Template der Webseite zugewiesen (vgl. dazu auch die Ausführungen auf Seite 392).

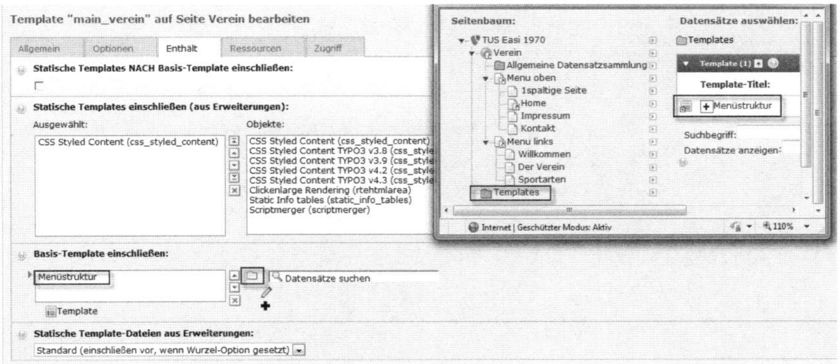

Abbildung 6.3: Basis-Template einschließen

Sofern Sie sich für den Einsatz von TemplaVoila entschieden haben, haben Sie im Kapitel 4 bei der Abbildung der Inhalte und Menüs *Objekt-Pfade* mit den Namen `lib.menu_oben` und `lib.menu_links` angelegt. Durch die in TemplaVoila erfolgte Abbildung ist bereits festgelegt, wo der Inhalt der Bibliotheken `lib.menu_oben` und `lib.menu_links` aus dem Menü-Template `Menüstruktur` verwendet wird. Somit ist für TemplaVoila kein weiterer Schritt mehr erforderlich.

Bei der traditionellen Methode haben Sie bereits im Kapitel 5 im TypoScript des Haupt-Templates `main_verein` den Inhalt der Bibliotheken `lib.menu_oben` und `lib.menu_links` den entsprechenden Markern zugewiesen. Der Inhalt der Bibliotheken wird sozusagen „in die Marker `###MENU_OBEN###` und `###MENU_LINKS###`kopiert". Dies geschieht durch die Anweisung

```
marks {
        MENU_OBEN < lib.menu_oben
        MENU_LINKS < lib.menu_links
[...]
      }
```

Somit ist kein weiterer Schritt mehr erforderlich.

6.5.1 CSS-Datei für die Menüs erstellen

Wechseln Sie in Ihren lokalen Editor und legen Sie dort eine CSS-Datei für die Menüs an. Nennen Sie die Datei `2_menu.css` und fügen Sie dort folgende CSS-Anweisungen ein.[6]

[6] Sie finden die Datei wieder auf der buchbegleitenden Webseite.

```
/* Oberes Hauptmenü fuer MENU_OBEN  */

#oben_2 a {
  text-decoration: none;
  color: #333;
  }

#oben_2 a:hover {
  color: #999;
  }

#oben_2 a:active {
  color:#666;
  }

/* Linkes Untermenü für MENU_LINKS */

#M_links  {
  margin-top: 20px;
  text-decoration: none;
  font-family: Verdana,Arial,sans-serif;

  /* Folgende Angabe ist nicht erforderlich, da body=12px.
     Bei Bedarf ist hier anzupassen*/
  /*font-size: 1em;*/
  background-color: transparent;
  text-align: left;
  line-height: 150%;
  padding-left: 10px;
  list-style-type: none;
  width: auto;
  }

#M_links  {
  text-decoration: none;
  }

.menu-item {
  color: #333;
  text-decoration: none;
  }

.menu-item-ro {
  color: #999;
  text-decoration: none;
  }

.menu-item-act {
  color: #666;
  font-weight: bold;
  text-decoration: none;
  }
```

```
.sub1menu-item {
  text-decoration: none;
  padding-left: 10px;
  color: #333;
  }

.sub1menu-item-ro {
  text-decoration: none;
  color: #999;
  padding-left: 10px;
  }

.sub1menu-item-act {
  text-decoration: none;
  font-weight: bold;
  color: #666;
  padding-left: 10px;
  }

.sub2menu-item {
  text-decoration: none;
  padding-left: 20px;
  color: #333;
  }

.sub2menu-item-ro {
  text-decoration: none;
  padding-left: 20px;
  color: #999;
  }

.sub2menu-item-act {
  text-decoration: none;
  padding-left: 20px;
  font-weight: bold;
  color: #666;
  }

.sub3menu-item {
  text-decoration: none;
  padding-left: 30px;
  color: #333;
  }

.sub3menu-item-ro {
  text-decoration: none;
  padding-left: 30px;
  color: #999;
  }

.sub3menu-item-act {
```

```
text-decoration: none;
padding-left: 30px;
color: #666;
font-weight: bold;
}
```

Das Stylesheet enthält sämtliche CSS-Definitionen, wie wir sie bereits über das TypoScript-Template zugewiesen haben (`.menu-item`), sowie einige weitere für künftige Untermenüs (`.sub1menu-item etc.`), die wir im Kapitel 8 verwenden werden. Inhaltlich geht es lediglich um Abstände und Schriften, damit die Menüs einigermaßen übersichtlich aussehen.

Wechseln Sie nun wieder ins TYPO3-Backend und dort ins Fileadmin-Verzeichnis (Webmodul **Dateiliste**). Wählen Sie das Verzeichnis `styles` aus und erstellen Sie dort eine leere Datei namens `2_menu.css`. Sobald die Datei erzeugt ist, bearbeiten Sie den Datensatz durch einen Klick mit der linken Maustaste auf das Icon vor dem Dateinamen. Fügen Sie nun die Daten per Copy & Paste aus Ihrem lokalen Editor ein, speichern und schließen Sie die Datei. Öffnen Sie `standard.css` im selben Verzeichnis (und für die TemplaVoila-Nutzer auch die Datei `standard-tv-1spaltig.css`), denn hier muss ja noch das Stylesheet für unsere Menüs eingebunden werden:

```
@import url(2_menu.css);
```

Speichern und schließen Sie auch diese Datei.

Endlich können Sie die Früchte unserer Arbeit ernten. Wenn die Webseite im Frontend aussieht wie in Abbildung 6.4 (natürlich mit individuellem Bild und Text), so seien Sie beglückwünscht – Sie haben Ihre erste TYPO3-Seite mit Menüs erfolgreich erstellt.

Abbildung 6.4: Erste Ansicht unseres Webauftritts im Frontend

Kapitel 7

Design über CSS und TypoScript

Bevor wir uns an das Layout von Texten und Inhalten machen, soll zunächst das allgemeine Seiten-Layout angepasst werden, und zwar hauptsächlich über die beiden CSS-Dateien `1_basis.css` und `2_menu.css` und etwas TypoScript. Das Ergebnis soll zuletzt aussehen wie in Abbildung 7.1.

Abbildung 7.1: Seitenansicht im Frontend

7.1 Trailerbild einfügen

Erstellen Sie in `fileadmin` einen neuen Ordner namens `images` (gleiche Ebene wie der Ordner `styles`) und laden Sie die Bilder `bg_oben.jpg` und `verlauf.jpg` von der buchbegleitenden Webseite dort hinein. Wie Verzeichnisse erstellt und Dateien hochgeladen werden, ist ab Seite 98 beschrieben. Wechseln Sie ins Verzeichnis `styles` und öffnen Sie die Datei `1_basis.css` zum Bearbeiten. Kopieren Sie die Datei zunächst in einen lokalen Editor und legen Sie eine Sicherheitskopie an. Um das Trailerbild einzufügen, ändern Sie den CSS-Code für den oberen Bereich, der durch die ID `#oben` definiert ist, wie folgt:

```
#oben {
  background: url(../images/bg_oben.jpg) no-repeat;
  width: auto;
  height: 175px;
  clear: both;
}
```

Die Höhe des Elements wurde auf 175 Pixel geändert, die Hintergrundfarbe entfernt und stattdessen das Bild eingefügt. Wechseln Sie wieder ins Backend (**Datei | Dateiliste**). Rufen Sie `1_basis.css` erneut zum Bearbeiten auf und überschreiben Sie den Inhalt mit der CSS-Datei, die Sie lokal geändert haben. Im Frontend stellt sich die Seite dann wie folgt dar.

Abbildung 7.2: Layout: Trailerbild eingefügt

7.2 Farbverlauf für horizontales Menü

Ändern Sie nun den Balken unterhalb des eben eingefügten Bildes. Dieser Bereich, der im Browser fliederfarben dargestellt wird und das horizontale Menü enthält, soll durch einen Farbverlauf ersetzt werden. Das entsprechende Bild verlauf.jpg haben Sie soeben von unserer Webseite in den Ordner fileadmin/images geladen. Der Bereich ist in der Datei 1_basis.css mit der ID #oben_2 definiert. Ändern Sie die CSS-Anweisungen für die ID wie folgt (die bisherige Anweisung background-color: #C4CFEE; wird angepasst und ein Hintergrundbild als Verlauf eingefügt):

```
#oben_2 {
[...]
  background: url(../images/verlauf.jpg) repeat-x;
[...]
  height: 25px;
[...]
  }
```

Damit das Bild über die gesamte Breite der Seite angezeigt wird, ist die Wiederholanweisung auf repeat-x eingestellt. Die Höhe des Elements wurde von 15px auf 25px vergrößert.

7.3 Hintergrundfarbe für Inhalt und Fußzeile

Fügen Sie für Inhalt und Fußzeile eine Hintergrundfarbe ein. Der Footer erhält zusätzlich einen oberen Rahmen. Der Code in der Datei 1_basis.css sieht folgendermaßen aus (die Anweisung für #inhalt ist neu) :

```
[...]
#inhalt {
  background-color: #EFFBE7;
 }
[...]
#footer {
[...]
  background-color: #EFFBE7;
  border-top: 1px solid #cccccc;
[...]
 }
```

7.4 Rahmen für Seitenbereiche

Damit sich die Bereiche für die Hauptnavigation, der mittlere Inhaltsbereich und die rechte Spalte gut voneinander unterscheiden, erhält die mittlere Spalte einen rechten Außenrahmen. Das erhöht nicht nur die Übersicht, sondern macht auch die Bemaßungen der Bereiche deutlich, so dass Sie Abstände zwischen den einzelnen Bereichen und die Innenabstände der Elemente besser modifizieren können.

Doch damit dies auch anhand von Textelementen auf der Seite sichtbar wird, wollen wir zunächst eine Erweiterung installieren: `lorem_ipsum`.

7.4.1 Lorem_ipsum: Erweiterung zum Erstellen von Blindtext

Wechseln Sie also in den Erweiterungsmanager. Suchen Sie die Erweiterung über ihren Key `lorem_ipsum` und installieren Sie sie gemäß dem ab Seite 70 beschriebenen Vorgehen. Bei der Erweiterung handelt es sich um eine reine Backend-Erweiterung, weshalb sie in der Übersicht unter **Backend** steht. Eine weitere Konfiguration ist nicht notwendig.

Wechseln Sie nun auf die Seite `Der Verein` Ihres Seitenbaums und erstellen Sie einen neuen Seiteninhalt vom Typ **Normaler Text**. Auf der Registerkarte **Allgemein** finden Sie das Symbol zum Einfügen einer Lorem-Ipsum-Überschrift.

Ein Klick auf den Button fügt eine Überschrift ein. Gehen Sie nun zum Textfeld und fügen Sie dort über die beiden Buttons kürzere oder längere Blindtexte ein.

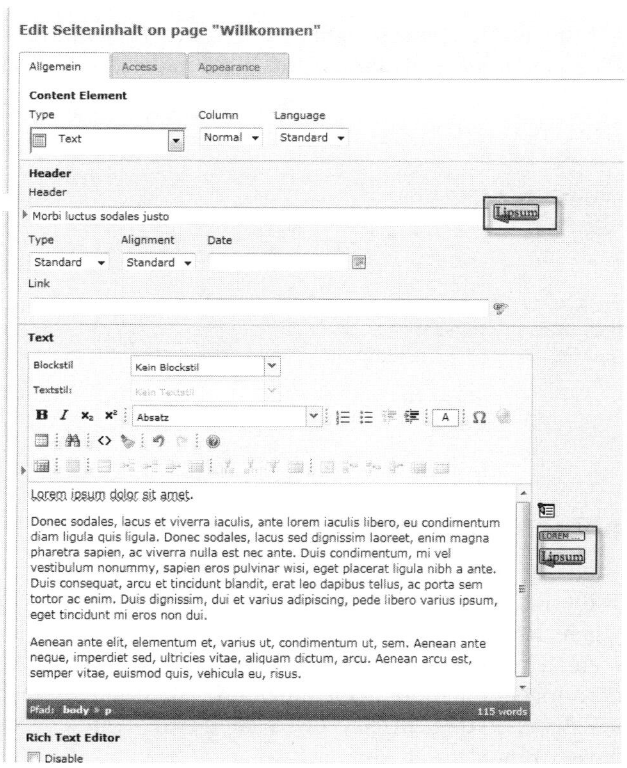

Abbildung 7.3: Überschrift und Text anlegen

Erstellen Sie auf diese Weise auf der Seite `Der Verein` in der rechten Spalte ebenfalls eine Blindtext. Der Blindtext sollte etwas länger sein. Auf diese Weise können Sie kontrollieren, dass der Rand der mittleren Spalte trotzdem bis ganz nach unten läuft. Die längste Spalte, die rechte Spalte in diesem Falle, bestimmt die Höhe der mittleren Spalte.

Wenden Sie sich dazu wieder der Datei `1_basis.css` zu. Die mittlere Spalte erhält jetzt einen Rahmen und die mittlere und rechte Spalte ein Padding von 10px. Durch das Padding wächst die mittlere Spalte und `margin` muss um die 10px auf 220px vergrößert werden. Die CSS-Definition sieht dann folgendermaßen aus (die Hintergrundfarbe `background-color: #FFA065;` entfällt und die Anweisungen für `border` und `padding` sind neu) :

```
/* Mittlere Spalte */
#mitte {
  width: auto;
  margin: 0 220px;
  margin-top: 0px;
  border-right: 1px solid #cccccc;
  padding-left: 10px;
  padding-right: 10px;
}

/* Rechte Spalte */
#rechts {
  width:200px;
  padding-top: 0px;
  padding-left: 10px;
  padding-right: 10px;
  padding-bottom:0px;
  height: auto;
  float:right;
}
```

Abbildung 7.4: Seitenansicht im Frontend: Seitenränder um mittlere Spalte

Sobald Sie die geänderte Datei wieder eingefügt haben, erhalten Sie im Frontend für die Seite `Der Verein` eine Ansicht wie in Abbildung 7.4, die allerdings abhängig von dem mit Lorem ipsum eingefügten Blindtext etwas anders aussehen kann.

7.5 Grafiken im vertikalen Menü

Passen Sie nun das vertikale Menü im linken Bereich an. Jeder Menüpunkt auf der ersten Ebene soll durch einen orangefarbenen Unterstrich abgesetzt werden. Vor jedem Hauptmenüpunkt soll ein Quadrat stehen. Dazu benötigen Sie zusätzlich zu den bereits verwendeten Bildern die Bilder `link_no.gif`, `link_ro.gif` und `link_act.gif` von unserer Download-Seite. Entfernen Sie zunächst die Hintergrundfarbe `background-color: #E98A00;` in der Datei `1_basis.css` für die ID `#links`.

Zur Darstellung des Unterstrichs und für die neue Farbgestaltung der Schrift passen Sie die Datei `2_menu.css` an (auch die Bilddatei finden Sie wie immer auf der buchbegleitenden Webseite):

```
.menu-item {
  color: #177272;
  font-weight: bold;
  text-decoration: none;
  background:url("../images/menu_bg.png") no-repeat;
  height: 30px;
  /* negativer Versatz, damit das imageBeforeIcon
  aus TypoScript zur Geltung kommt */
  margin-left:15px;
  margin-top:-18px;
  display: block;
[...]
}
[...]
.menu-item-act {
  color: #666;
  font-weight: bold;
  text-decoration: none;
  background:url("../images/menu_bg.png") no-repeat;
  height: 30px;
  /* negativer Versatz, damit das imageBeforeIcon
  aus TypoScript zur Geltung kommt */
  margin-left:15px;
  margin-top:-18px;
  display: block;
}
```

Wechseln Sie anschließend in das Basis-Template `Menüstruktur` und wählen Sie über das Bleistift-Icon das **Setup** zur Bearbeitung aus (vgl. die Beschreibung dieses Vorgehens ab Seite 114). In der oberen rechten Combobox muss **Info/Bearbeiten** ausgewählt sein. Kopieren Sie die Datei zunächst in einen lokalen Editor und legen Sie eine Sicherheitskopie an. Damit die Icons vor den Menüpunkten angezeigt werden, müssen die Menübereiche angepasst werden. Für den Normalzustand des Menüs ergänzen Sie den folgenden, hier fett markierten Code. Das bewirkt, dass vor alle Hauptmenüpunkte das angegebene Bild gesetzt wird. Um die Menüzustände zu unterscheiden, wird beim Rollover (RO) und im aktiven Zustand (ACT) jeweils ein anderes farbiges Icon vorangestellt.

```
[...]
  lib.menu_links = HMENU
   lib.menu_links {
   special = directory
   special.value = 3
   expAll = 1
   stdWrap.wrap = <ul class="M_links"><li>|</li></ul>
   }
  lib.menu_links.1 = TMENU
  lib.menu_links.1 {
   NO {
   expAll = 1
   ATagParams = class="menu-item"
   beforeImg = fileadmin/images/link_no.gif
   beforeROImg = fileadmin/images/link_ro.gif
   linkWrap = |<br />

   RO = 1
   }

   ACT = 1

   ACT {
    ATagParams = class="menu-item-act"
    beforeImg = fileadmin/images/link_act.gif
    linkWrap = |<br />
    }
   }
```

7.6 Design des Hauptmenüs

Nun Bedarf das Hauptmenü im Stylesheet 2_menu.css noch einer kleinen Anpassung bezüglich Schrift und Schriftfarbe:

```
#oben_2 a {
  text-decoration: none;
  color: #177272;
  font-weight: bold;
  font-size: 1.25em;
  }
```

```
#oben_2 a:hover {
  color: #666;
  font-weight: bold;
  font-size: 1.25em;
  }
```

Das Ergebnis im Frontend sollte nach diesen Änderungen wie in Abbildung 7.5 aussehen.

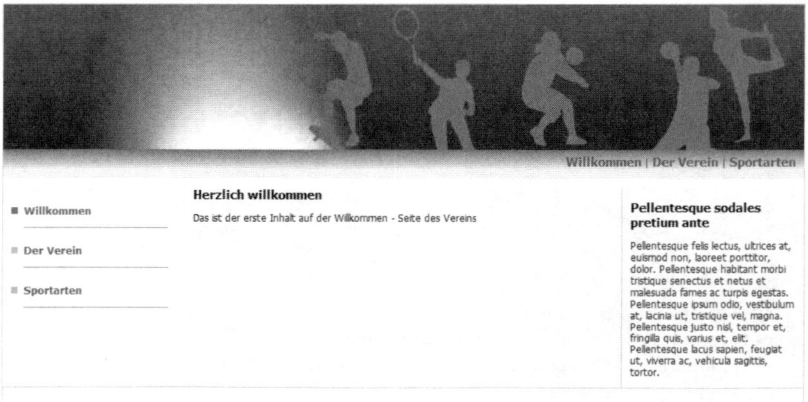

Abbildung 7.5: Seitenansicht mit Icons vor den Menüpunkten

Damit sind die grundlegenden Arbeiten an unserem TYPO3-Webauftritt abgeschlossen: Wir haben eine HTML-Vorlage erstellt, CSS-Dateien zugewiesen, ein erstes TypoScript-Template geschrieben und erste Seiten samt Inhalten angelegt.

In den nächsten Kapiteln wird dieses Gerüst nach und nach ausgebaut und an die Bedürfnisse unseres Sportvereins angepasst.

Kapitel

8

Ausbau der Webseite

Dieses Kapitel ist etwas umfangreicher: Die Webseite steht in Grundzügen, so dass wir sie nun Schritt für Schritt ausbauen und um hilfreiche Funktionen erweitern wollen. Dabei werden Sie auch verschiedene Seitentypen und Inhaltselemente kennenlernen. Folgendes haben wir vor:

1. Ausbau des HTML-Templates `main_verein.html` (Abschnitt 8.1).
2. Die Seiten erhalten eine Überschrift erster Ordnung (`h1`) mit dem Untertitel oder dem Titel der Seite (Abschnitt 8.2).
3. Die Menüstruktur auf der linken Seite wird um mehrere Ebenen erweitert (Abschnitt 8.3).
4. Ein Brotkrümel-Menü, die Anzeige von Datum und Uhrzeit sowie eine Druckversion der Seite werden eingerichtet (Abschnitt 8.4).
5. Die Seitenstruktur wird ausgebaut über Anlegen, Verschieben, Kopieren und Löschen von Seiten (Abschnitt 8.5).

6. Die verschiedenen Typen von Inhaltselementen wie Text, Bilder, Formulare, Dateiverweise werden behandelt (Abschnitt 8.6).
7. Das Layout der Seiteninhalte wird an das Design der Webseite angepasst (Abschnitt 8.7).
8. Der Seitenkopf der Webseite wird um ein Logo und um wechselnde Bilder erweitert (Abschnitt 8.8).
9. Der Seitenfuß wird um die Anzeige von Copyright und Jahr erweitert (Abschnitt 8.9).

8.1 HTML-Template erweitern

Um all die genannten Anforderungen zu erfüllen, müssen wir das HTML-Template erweitern, und zwar für

- die Anzeige des Logos TUS Easi 1970 im Kopfbereich
- die Anzeige von bis zu zwei wechselnden Bildern im Kopfbereich
- die Anzeige eines Sprachwechselmenüs oberhalb des seitlichen Menüs
- die Anzeige von Sonderfunktionen in der mittleren Spalte wie Brotkrümelmenü, Datum und Druckversion
- die Anzeige des Seitenuntertitels, ersatzweise Seitentitels als erste Überschrift des Seiteninhalts
- die Anzeige des Copyrights in der Fußzeile

Auch bei diesen Anpassungen werden wir zwischen der traditionellen Vorgehensweise und TemplaVoila unterscheiden. In den folgenden Abschnitten erfolgt dann Schritt für Schritt die Aufbereitung mit CSS und TypoScript.

TS

Ändern Sie das HTML-Template `main_verein.html` wie folgt, indem Sie die fett markierten HTML-Elemente und Marker ergänzen:

```
<html>
  <head>
    <title>HTML-Template Verein TUSEasi 1970</title>
    <meta http-equiv="Content-Type" content="text/html;
          charset=utf-8" />
    <meta http-equiv="language" content="de" />
  </head>
  <body>
  <!-- ###DOKUMENT### begin -->
    <div id="alles">
```

```
    <div id="seite">
      <div id="oben">
        <div id="obenspezial">
          <div id="logo1"></div>
          <div id="logo2"></div>
          ###BILD1###
          ###BILD2###
        </div>
      </div>
      <div id="oben_2">
      ###MENU_OBEN###
      </div>
      <div id="inhalt">
        <div id="linksspezial">###LANGUAGE###<br /><br /></div>
        <div id="links">
          <div id="inhaltlinks" class="clearer">
          ###MENU_LINKS###
          </div>
        </div>
        <div id="rechts">
        <div id="rechtsspezial"></div>
          <div id="inhaltrechts" class="clearer">
          ###RECHTS###
          </div>
        </div>
        <div id="mitte">
          <div id="mittespezial">###DATUM### ::
###DRUCKVERSION###<br />  ###KLICKPFAD###</div>
          ###PAGE_TITLE###
          <div id="inhaltmitte" class="clearer">
          ###INHALT###
          </div>
        </div>
      </div>
      <div id="footer">###FOOTER###
      </div>
    </div>
  </div>
  <!-- ###DOKUMENT### end -->
  </body>
</html>
```

Weiter geht es mit der traditionellen Vorgehensweise in Abschnitt 8.2.

TV

Für den Seitentitel als `h1`-Überschrift müssen Sie noch einmal das HTML-Template ein wenig anpassen. Gehen Sie über **Dateiliste** in den Ordner `templates`, öffnen Sie das HTML-Template `main_verein.html` zur Bearbeitung und erweitern Sie es um ein `h1`-Element:[1]

[1] Wie Sie wissen, kann TemplaVoila auf jedes HTML-Element abbilden, aber da wir eine Überschrift erster Ordnung abbilden, ist ein `<h1>`-Tag hier genau richtig.

```
<html>
[...]
          <div id="mitte">
            <div id="mittespezial"></div>
            <h1></h1>
            <div id="inhaltmitte" class="clearer"></div>
          </div>
[...]
</html>
```

Wechseln Sie ins **TemplaVoila**-Kontrollcenter. Hier sehen Sie, dass TemplaVoila die Änderung des HTML-Templates bemerkt hat und als Fehler moniert.

Abbildung 8.1: Fehlermeldung in TemplaVoila

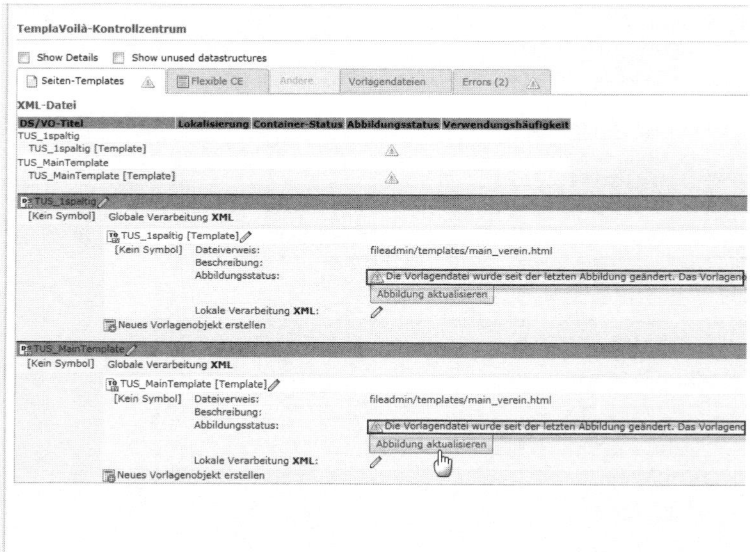

Klicken Sie auf **Abbildung aktualisieren** und anschließend auf **DS/VO modifizieren**. Legen Sie nun ein neues Feld `field_page_title` an.

Abbildung 8.2: Seitentitel abbilden

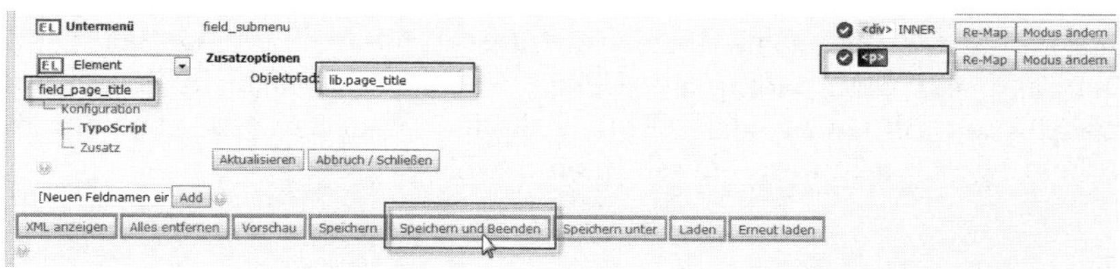

Vergeben Sie den Titel `Seitentitel` und bilden Sie einen TypoScript **Objektpfad** mit `lib.page_title` auf das `h1`-Element im `div`-Element mit der ID `mitte` ab, und zwar mit dem Aktionstyp **OUTER (Include tag)**. Speichern Sie Ihr TemplaVoila-Template wieder (denken Sie auch an das einspaltige TemplaVoila-Template).

Weitere Elemente abbilden

In der HTML-Vorlage sind in weiser Voraussicht bereits vier `div`-Elemente angelegt. Diese gilt es nun jeweils als **Objektpfad** mit **INNER (Exclude tag)** abzubilden.

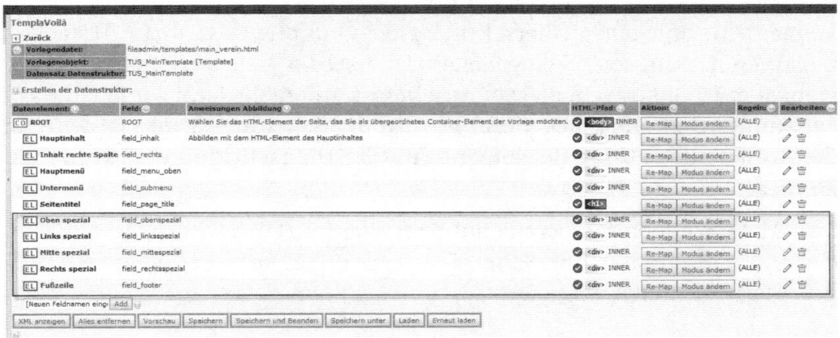

Abbildung 8.3: TemplaVoila – erweiterte Abbildung

`obenspezial`
: ist abzubilden mit dem Objektpfad `lib.obenspezial` für die Aufnahme des Logos und der Seitenbilder.

`linksspezial`
: ist abzubilden mit dem Objektpfad `lib.language` für die Aufnahme des Sprachmenüs.

`mittespezial`
: ist abzubilden mit dem Objektpfad `lib.mittespezial` für die Aufnahme von Brotkrümel-Menü, Druckmenü und Datum.

`rechtsspezial`
: ist abzubilden mit dem Objektpfad `lib.rechtsspezial` für den Fall, dass auch in der rechten Spalte noch eine Besonderheit aufgenommen werden soll.

`footer`
: ist abzubilden mit dem Objektpfad `lib.footer`.

Denken Sie daran, diese Abbildungen für das **TUS_MainTemplate** durchzuführen und für **TUS_1spaltig** (hier aber nur für `obenspezial`, `mittespezial` und `footer`). Speichern Sie anschließend die geänderten Abbildungen.

Da die Objektpfade bereits abgebildet sind, können Sie diese mittels TypoScript nahezu nach Belieben füllen: sei es mit wechselnden Bildern, mit Copyright-Text, mit Sondermenüs oder Ähnlichem.

Weiter geht es mit TemplaVoila in Abschnitt 8.2.

8.2 h1 als Standardüberschrift definieren

Für Suchmaschinenoptimierung und Barrierearmut sollte jede Seite Ihres Webauftritts mit einer Überschrift erster Ordnung, also `<h1>`, (Header 1) beginnen. Darauf sollte keine weitere Überschrift gleichen Typs folgen, sehr wohl aber `h2`, `h3` usw. In diesem Abschnitt werden Sie dafür sorgen, dass der Seitenuntertitel oder, falls dieser leer ist, der Seitentitel angezeigt wird und die Redakteure nur Inhaltselemente mit `h2`-Überschriften usw. verwenden können.

Den Marker haben Sie bereits auf Seite 206 im HTML-Template eingefügt. Gehen Sie nun in das TypoScript-Template `main_verein` und erweitern Sie den Marker-Bereich wie folgt:

```
marks {
INHALT < styles.content.get
RECHTS < styles.content.getRight
...
PAGE_TITLE < lib.page_title
} # Ende Marks
```

In TemplaVoila sind keine Anpassungen erforderlich, da die Abbildung für `page_title` bereits erfolgt ist.

8.2.1 TypoScript zur Anzeige des Seitentitels als h1

Fügen Sie im TypoScript-Template `main_verein` *vor* dem Page-Objekt folgenden Code ein:

```
## Untertitel bzw., wenn nicht vorhanden, den Titel der Seite als h1
## ausgeben
lib.page_title = TEXT
lib.page_title {
 data = page:subtitle // page:title
 wrap = <h1>|</h1>
}
```

Damit wird dem Objekt `TEXT` das Feld `page:subtitle`, also der Untertitel der Seite, zugewiesen und ausgegeben. Sofern es keinen Untertitel gibt, wird stattdessen das Feld `page:title` verwendet. Sie erreichen dies durch die beiden Schrägstriche zwischen `subtitle` und `title`). Über den Wrap wird der Inhalt als `h1` ausgegeben und wie üblich über CSS formatiert.

Ab sofort steht also der Seitenuntertitel bzw. Seitentitel einer jeden Seite als Überschrift am Seitenanfang. Sofern Ihre Seite nun lediglich ein Element enthält, ist es nicht mehr notwendig, eine Überschrift anzugeben. Geben Sie auf der Seite **Willkommen** einen Untertitel ein (beispielsweise „Herzlich willkommen beim TUS Easi 1970"), um die Ausgabe im Vergleich zu einer anderen Seite, die keinen Untertitel hat, zu prüfen.

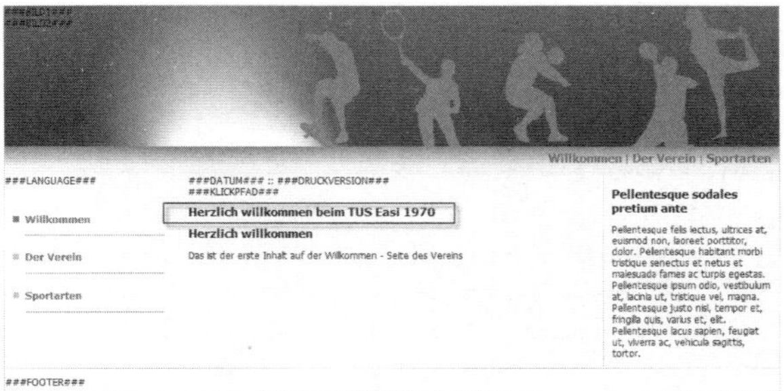

Abbildung 8.4: Anzeige des Untertitels auf der Seite Willkommen – hier am Beispiel der traditionellen Seite, auf der noch nicht alle Marker ersetzt sind

Um nun zu verhindern, dass der Redakteur eine Überschrift `h1` verwendet – denn die darf im Sinne der Barrierearmut pro Seite lediglich einmal vorkommen –, definieren Sie im TypoScript-Template `main_verein` Folgendes in den **Konstanten**:

```
#Default Überschrift H2 erzwingen
content.defaultHeaderType = 2
```

Sie erzwingen damit, dass jede vom Redakteur angelegte Überschrift anstelle von `h1` nun als `h2` ausgegeben wird, auch wenn der Redakteur den Überschriftentyp **Normal** oder **Überschrift 1** auswählt. Tatsächlich kann der Redakteur nach wie vor alle anderen Überschriften unterhalb von `h1` auswählen. Wie Sie die Überschrift **Normal** bzw. **Überschrift 1** aus der Auswahl für den Redakteur entfernen, wird im Kapitel 10 beschrieben.

8.3 Vertikales Menü um mehrere Ebenen erweitern

Der Verein hat noch viel vor, so dass ein Hauptmenü mit nur einer Ebene nicht genügt. Damit die Struktur der Submenüs im Frontend auch angezeigt werden kann, legen Sie zunächst einige Testseiten unterhalb von `Sportarten` an. Dazu wählen Sie diese Seite aus, klicken im Inhaltsbereich auf **Neue Seite** und wählen in der erscheinenden Baumstruktur die gewünschte Position eine Ebene tiefer als `Sportarten` aus. Legen Sie dort nacheinander folgende Seiten an: `Fußball`, `Radsport` und `Schwimmen`. Diese Seiten sollen auf derselben Ebene liegen. Wählen Sie nun die Seite `Schwimmen` und erstellen Sie dort analog die Unterseiten `Damen`, `Herren` und `Jugend`.

Abbildung 8.5: Seitenstruktur mit Unterseiten

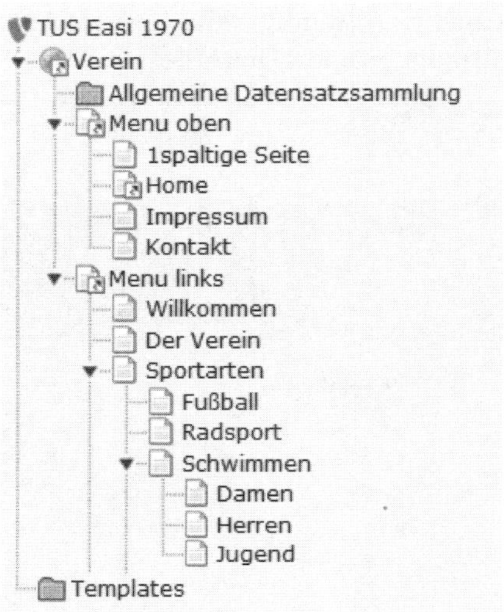

Detailliert gehen wir auf das Thema „Seiten“ ab Seite 231 ein.

8.3.1 Zweite und dritte Menüebene einfügen

Um Unterebenen einzufügen und zu konfigurieren, laden Sie zunächst das TypoScript-Setup des TypoScript-Templates `Menüstruktur` lokal in einen Editor.

Fügen Sie für das erste Untermenü den folgenden Code hinzu:

```
# 2. Ebene #

lib.menu_links.2 = TMENU
  lib.menu_links.2 {
  noBlur = 1
  expAll = 0
  NO {
    ATagParams = class="sub1menu-item"
    linkWrap = |<br>
    RO = 1
    RO {
       ATagParams = class="sub1menu-item-ro"
       }
    }
```

```
  ACT = 1
  ACT {
    ATagParams = class="sub1menu-item-act"
    linkWrap = |<br>
    }
}
```

Für das zweite Untermenü, also die dritte Menüebene, fügen Sie den folgenden Code ein:

```
# 3. Ebene #

lib.menu_links.3 = TMENU
lib.menu_links.3 {
  noBlur = 1
  expAll = 0
  NO {
    ATagParams = class="sub2menu-item"
    linkWrap = |<br>
    RO = 1
    RO {
       ATagParams = class="sub2menu-item-ro"
       }
    }

  ACT = 1
  ACT {
    ATagParams = class="sub2menu-item-act"
    linkWrap = |<br>
    }
}
```

Im Prinzip sind die beiden neuen Menüebenen Klone der ersten. Erst durch die Zuweisung der entsprechenden Zahl (`lib.menu_links.1` bis `lib.menu_links.3`) werden sie hierarchisch unterschieden und dann über die CSS-Klasse formatiert. Kopieren Sie das TypoScript aus Ihrem lokalen Editor und fügen Sie es im TypoScript-Template `Menüstruktur` ein; speichern und schließen Sie das TypoScript-Template.

Passen Sie nun zunächst auch die CSS-Datei `2_menu.css` an, die Sie wie gewohnt in Ihrem lokalen Editor bearbeiten. Wir werden hier lediglich das Padding der beiden Submenüs auf 20 bzw. 30 Pixel setzen, so dass die Submenüs eingerückt werden.[2]

```
.sub1menu-item {
text-decoration: none;
padding-left: 20px;
color: #333;
}
```

2 Die CSS-Definitionen sind in der Beispieldatei (`2_menu.css`) enthalten, die Sie auf der buchbegleitenden Webseite finden.

```
.sub1menu-item-ro {
text-decoration: none;
color: #999;
padding-left: 20px;
}

.sub1menu-item-act {
text-decoration: none;
font-weight: bold;
color: #666;
padding-left: 20px;
}

.sub2menu-item {
text-decoration: none;
padding-left: 30px;
color: #333;
}

.sub2menu-item-ro {
text-decoration: none;
padding-left: 30px;
color: #999;
}

.sub2menu-item-act {
text-decoration: none;
padding-left: 30px;
font-weight: bold;
color:#666;
}
```

Kopieren Sie den Code aus Ihrem lokalen Editor in `2_menu.css` hinein und speichern Sie die Datei. Im Frontend ergibt sich damit die Ansicht aus Abbildung 8.6, wenn Sie die Seite **Schwimmen** auswählen.

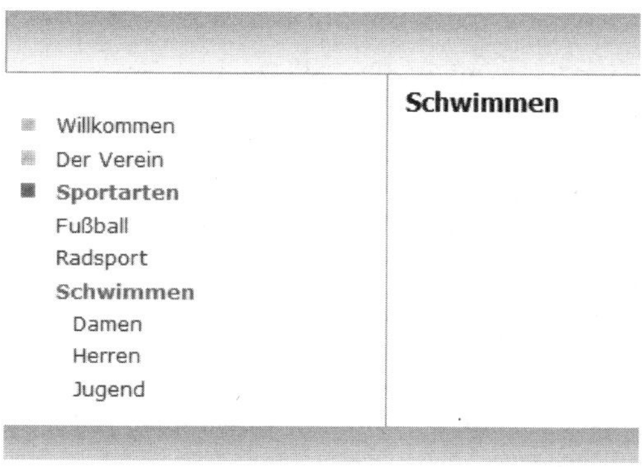

Abbildung 8.6: Menü mit zwei Untermenüs

8.3.2 Menüzustände IFSUB und ACTIFSUB anpassen

Alle Menüpunkte der Hauptebene, die ein Untermenü besitzen, sollen ein eigenes Icon erhalten, so dass die Struktur für den Besucher unmittelbar deutlich wird. Den Zustand „falls Untermenü vorhanden" bezeichnet man in TypoScript mit `IFSUB`. Auch alle Menüpunkte, die ein Untermenü haben *und* im Zustand „aktiv" sind, sollen ein eigenes Icon erhalten; diesen Zustand bezeichnet man in TypoScript mit `ACTIFSUB`.

Die beiden Icons sind unsere Beispieldateien `link_ifsub.gif` und `link_actifsub.gif`, die darum im Fileadmin-Verzeichnis in den Ordner `images` zu kopieren sind.[3]

Um zunächst anzuzeigen, dass ein Menü der ersten Ebene weitere Menüebenen hat, fügen Sie die folgenden Zeilen in das TypoScript-Template `Menüstruktur` ein:

```
# 1. Ebene #

lib.menu_links.1 = TMENU
lib.menu_links.1 {
  [...]
  }
  ACT = 1
  ACT {
  [...]
  }

  IFSUB = 1
  IFSUB {
    ATagParams = class="menu-item"
    beforeImg = fileadmin/images/link_ifsub.gif
    linkWrap = |<br />
    }
[...]
}

# 2. Ebene #
[...]
```

Speichern Sie die Änderung im TypoScript-Template `Menüstruktur` ab. Im Frontend sehen Sie nun bei ausgewählter Seite `Willkommen`, dass dem Menüpunkt **Sportarten** ein Pluszeichen als Icon vorangestellt ist, das das Vorhandensein weiterer Menüebenen anzeigt.

3 Auch die Bilder finden Sie auf unserer Webseite.

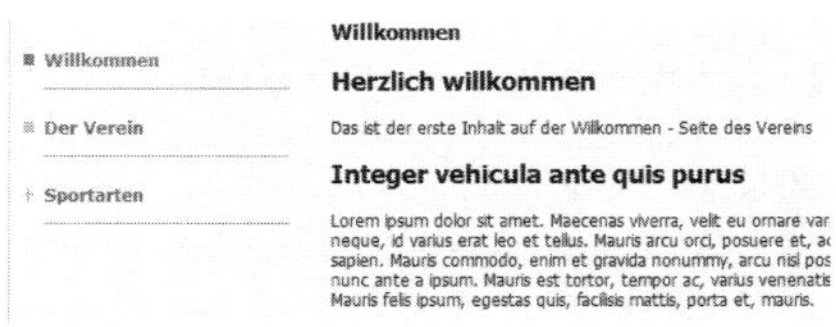

Abbildung 8.7: Menü mit dem Zustand IFSUB

Sobald ein solcher Menüpunkt aufgeklappt, also „aktiv“ wird, soll ein anderes Icon – in unserem Fall ein Minuszeichen – erscheinen. Darum ist das Setup des Templates um den Zustand `ACTIFSUB` unterhalb von `IFSUB` folgendermaßen zu erweitern:

```
[...]
ACT = 1
ACT {
[...]
 }

 IFSUB = 1
 [...]..
  ACTIFSUB = 1
  ACTIFSUB {
    ATagParams = class="menu-item-act"
    beforeImg = fileadmin/images/link_actifsub.gif
    linkWrap = |<br />
  }
[...]
}
```

Wählen Sie im Frontend den Menüpunkt **Sportarten**, erscheint davor ein Minuszeichen, und die Untermenüs werden ausgeklappt (Abbildung 8.8).

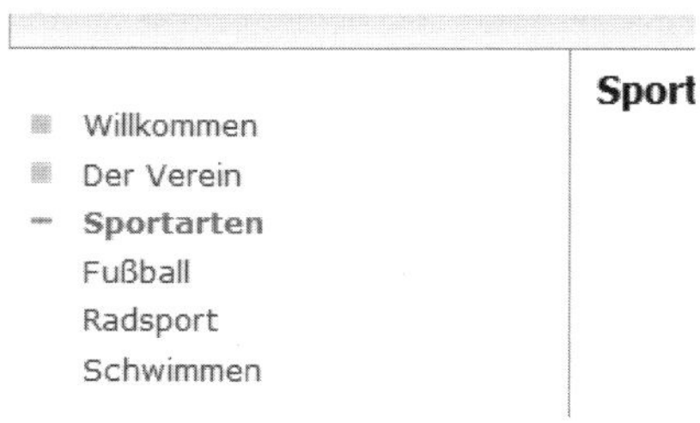

Abbildung 8.8: Menü im Zustand ACTIFSUB

Auf diese Weise deklarieren Sie nun auch die Untermenüs, denn hier sollen ebenfalls Icons eingefügt werden, sofern `ACTIFSUB` und `IFSUB` zutreffen.

Dabei ist zu beachten, dass die Icons jeweils inklusive der Menübezeichnung eingerückt werden sollen. Da die Bilder jedoch als `beforeImg` vor den jeweiligen Klassendefinitionen stehen, hilft es nicht, die Klassen einzurücken. Die Bilder würden damit nicht eingerückt, da sich das Padding nur auf die Klasse, nicht jedoch auf das beforeImg bezieht. Nun kann man sich entweder behelfen, indem man das Bild vergrößert, oder indem man das Bild statt über TypoScript über die CSS-Datei einfügt (list-style-image).

Eine dritte Möglichkeit besteht darin, auch das Bild via TypoScript in das Listenelement einzurücken. Dazu verwenden wir einen Wrap, nämlich wrapItemAndSub. Diesem geben wir eine Klasse mit, die einen Abstand von links definiert. Das TypoScript sieht dann folgendermaßen aus:

```
lib.menu_links.2 = TMENU
[...]

  NO {
  [...]
   }

  ACT {
  [...]
   }

IFSUB = 1
IFSUB {
  ATagParams = class="sub1menu-item-ifsub"
  wrapItemAndSub = <div class="padding-ifsub">|</div>
  beforeImg = fileadmin/images/link_ifsub.gif
  linkWrap = |<br />
  }

ACTIFSUB = 1
ACTIFSUB {
  ATagParams = class="sub1menu-item-actifsub"
  wrapItemAndSub = <div class="padding-ifsub">|</div>
  beforeImg = fileadmin/images/link_actifsub.gif
  linkWrap = |<br />
  }
```

Das CSS ergänzen wir ebenfalls, und zwar fügen wir die Klassen .sub1-menu-item-ifsub, .sub1menu-item-actifsub und .padding-ifsub hinzu, die im gerade geänderten TypoScript für die Ausgabe der Menüstruktur eingefügt wurden. Dieser Teil in der CSS-Datei 2_menu.css lautet dann wie folgt:

```
.sub1menu-item-act {
[...]
}

.sub1menu-item-ifsub {
  text-decoration: none;
  color: #333;
}
```

```
.padding-ifsub {
  padding-left: 12px;
}

.sub1menu-item-actifsub {
  text-decoration: none;
  color: #333;
}
```

Abbildung 8.9:
Menü mit ACTIFSUB

8.3.3 Menüpunkte optisch trennen

Damit Menüstrukturen überschaubar bleiben, sollten Sie nicht zu viele Ebenen erstellen. Darüber hinaus können Sie den Abstand zwischen Menüpunkten derselben Ebene vergrößern und diese damit optisch absetzen. Unser Beispiel betrifft die Seite `Mannschaften` im Menü `Sportarten`.

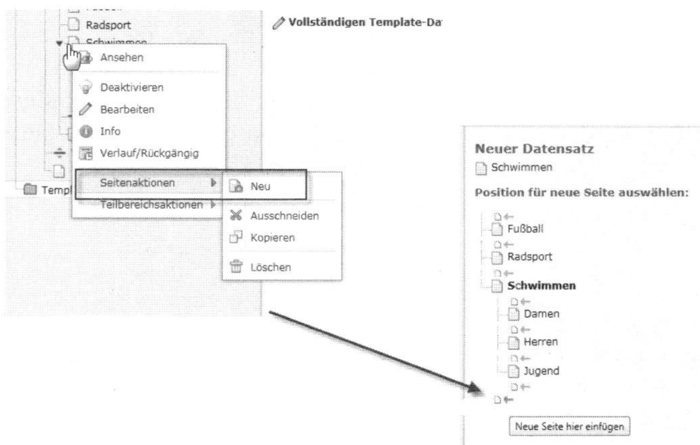

Abbildung 8.10:
Backend: Neue Seite einfügen

Legen Sie die neue Seite `Mannschaften` also zunächst auf derselben Ebene hinter `Schwimmen` an. Klicken Sie die Seite `Schwimmen` an, wählen Sie in dem Pop-up-Menü erst **Seitenaktionen** und dann **Neu** aus und wählen Sie die Position der Seite. Bei der Verwendung von TemplaVoila müssen Sie zusätzlich das Template `TUS_MainTemplate` auswählen.

Des Weiteren erstellen Sie eine Seite `Unser Trainerteam`, und zwar auf der gleichen Ebene wie `Sportarten`. Den gewünschten Abstand zwischen den Seiten `Schwimmen`, `Mannschaften` und `Unser Trainerteam` realisieren Sie über zwei neue Seiten vom Typ **Visuelles Trennzeichen für Menü** – eine Trennerseite vor `Mannschaften` und eine Trennerseite vor `Unser Trainerteam`. Vergeben Sie den Namen `Trenner` und speichern Sie den Datensatz ab (Abbildung 8.11).

Abbildung 8.11: Backend: Seitentyp Trenner anlegen

Das Menü sollte nun aussehen wie in Abbildung 8.12.

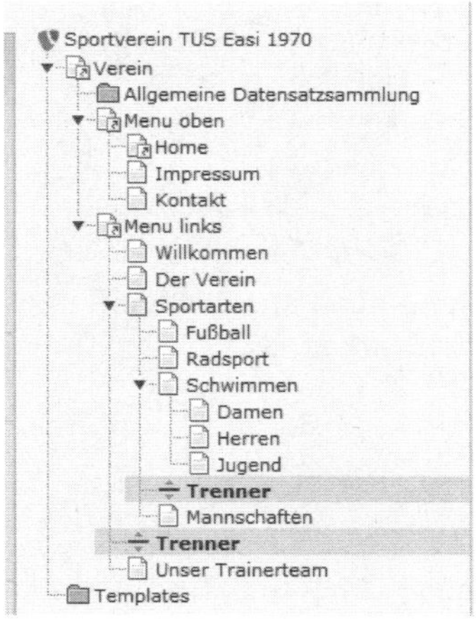

Abbildung 8.12: Backend: Menü mit Trenner

Damit diese Trennerseiten auch tatsächlich einen Abstand im Frontend erzeugen, ist ein wenig TypoScript notwendig.

In der ersten, zweiten und dritten Menüebene fügen Sie jeweils den Code für den Trenner unterhalb von `ACT` ein. Die Trenner werden über `SPC` (Space) definiert und konfiguriert.

```
ACT = 1
[...]
# Abstand definiert, wenn Trenner in dieser Ebene vorhanden
SPC = 1
SPC {
   doNotShowLink = 1
   allWrap = <div class="trenner">|</div>
   }
```

Hier wird der Trenner für die Menüebene(n) aktiviert (`SPC = 1`); der Link bzw. Menüpunkt wird nicht angezeigt (`doNotShowLink = 1`). Der Abstand von 10 px nach oben wird durch eine Anweisung im Stylesheet `2_menu.css` definiert, die Sie ganz am Ende im Stylesheet einfügen:

```
/* Abstand für Seitentyp Trenner */
.trenner {
  padding-top:10px;
  }
```

Im Frontend sieht ein Menu mit einem solchen Trenner dann ähnlich wie in Abbildung 8.13 aus.

Abbildung 8.13: Frontend: Trenner im Menü

Sicher kann man das Menü noch ansprechender gestalten – bauen Sie das CSS nach Ihren Wünschen weiter aus.

8.4 Sondermenüs einfügen

Wir benötigen noch weitere „Menüpunkte“, und zwar ein sog. *Brotkrümel-Menü* (engl. *Breadcrumb menu*), die Anzeige des Datums und den Link zur druckaufbereiteten Darstellung der Seite.

8.4.1 Brotkrümel-Menü

Im oberen Bereich der mittleren Spalte unserer Webseite wollen wir nun ein sog. *Breadcrumb-* oder *Brotkrümel-Menü*, auch als *Klickpfad* bekannt, anlegen. Es dient dem Besucher der Website als Orientierung und zur schnelleren Navigation, indem es den Menüpfad und den Namen der aktuellen Seite aufführt.

Wechseln Sie ins Setup Ihres Basis-Templates `Menüstruktur` und fügen Sie den folgenden Code für dieses Menü am Ende ein:

```
### Klickpfadmenue ###
lib.klickpfad = HMENU
lib.klickpfad {
 special = rootline
 special.range = 2 | -1
 1 = TMENU
 1.NO = 1
 1.NO.linkWrap = > | 
 }
```

Das Menü ist ein `HMENU`, also ein Hauptmenü mit der Eigenschaft `special`. Über die Eigenschaft `range` wird definiert, welche Reichweite dieses Menü hat, also mit welcher Ebene/Seite es beginnt und mit welcher Seite es endet, und zwar von der ersten (sichtbaren) Menüebene – was in unserem Fall die zweite Ebene ist. Die erste Menüebene wäre die Seite `Menu links`, und die soll natürlich nicht angezeigt werden. Der Einstiegspunkt wird also durch die 2 definiert. Der letzte Wert, also die aktuell aufgerufene Seite, wird mit `-1` bestimmt.

Das Pipe-Symbol dient als Platzhalter für die entsprechenden Seiten. Wenn Sie den letzten Wert auf `-2` setzen, würde die aktuelle Seite nicht berücksichtigt. Im Wert selbst dürfen Sie kein Leerzeichen verwenden: Die Angabe `- 2` würde zu einem Fehler führen.

Das Menü ist textbasiert, also ein `TMENU`, dessen Normalzustand mit `NO` definiert ist; nach jedem Eintrag werden über den `linkWrap` zwei Leerzeichen und ein > angezeigt. Die Datei `2_menu.css` ergänzen Sie um die CSS-Definitionen für die ID `mittespezial`.

```
/* Sondermenüs */
#mittespezial {
  font: normal 10px tahoma,Verdana,sans-serif;
  padding-top: 5px;
  padding-bottom: 5px;
  margin-left: 5px;
  }

#mittespezial a {
  font-family: tahoma,Verdana,sans-serif;
  font-size: 10px;
```

```
  text-decoration: none;
  color: #333;
  }

#mittespezial a:hover {
  font-family: tahoma,Verdana,sans-serif;
  font-size: 10px;
  text-decoration: none;
  color: #999;
  }

#mittespezial a:active {
  font-family: tahoma,Verdana,sans-serif;
  font-size: 10px;
  text-decoration: none;
  color:#666;
  }
```

TS

Das HTML-Template haben Sie bereits im Abschnitt 8.1 angepasst. Fügen Sie nur noch im TypoScript-Template `main_verein` folgenden Code ein:

```
marks {
[...]
        MENU_LINKS < lib.menu_links
        KLICKPFAD < lib.klickpfad
[...]
```

TV

Auch TemplaVoila haben Sie bereits angepasst. Die Abbildung ist allerdings nur auf das `div`-Element mit der ID `mittespezial` erfolgt. In der traditionellen Vorgehensweise wurden drei Marker für das Brotkrümel-Menü, das Datum und die Druckversion verwendet, während Ihnen hier nur eine Abbildung auf `mittespezial` zur Verfügung steht. Diese Lücke schließen wir durch ein Objekt vom Typ *COA*, das die drei Sondermenüs in der Bibliothek `lib.mittespezial` aufnimmt. Daher ist das TypoScript, das Sie im TypoScript-Template `main_verein` vor dem Page-Objekt einfügen, an dieser Stelle etwas ausführlicher:

```
[...]
### lib.mittespezial befüllen ###
lib.mittespezial = COA
lib.mittespezial {
  30 < lib.klickpfad
  30.wrap = <br />|
  }

# TemplaVoila! Page Object
page = PAGE
[...]
```

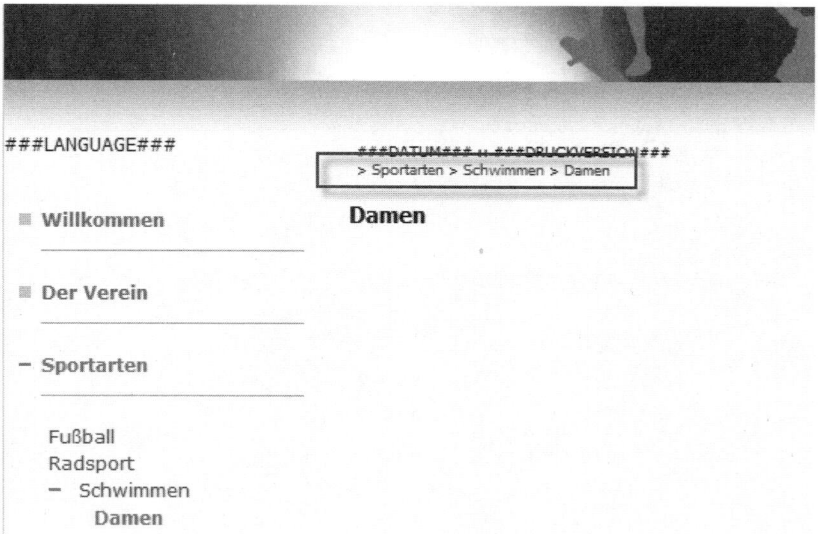

Abbildung 8.14: Frontend: Brotkrümel-Menü Sportarten | Schwimmen | Jugend am Beispiel der traditionellen Seite mit noch nicht ausgefüllten Markern

8.4.2 Datum und Uhrzeit einfügen

Oberhalb des neuen Brotkrümel-Menüs sollen Datum und Uhrzeit eingeblendet werden. Wechseln Sie ins Setup Ihres Basis-Templates `Menüstruktur` und fügen Sie den folgenden Code für das Datum am Ende hinzu:

```
### Anzeige des Datums ###
lib.datum = TEXT
lib.datum.data = date : d.m.Y - H:i:s
```

Es handelt sich hier um einen Objekttyp `TEXT` mit der Eigenschaft `date`, also ein Datum. Dargestellt wird das Datum in der Form Tag–Monat–Jahr, gefolgt von der Uhrzeit mit Stunde–Minute–Sekunde. Die Abkürzungen entsprechen der PHP-Funktion `date()`.

Für die traditionelle Vorgehensweise fügen Sie zusätzlich im Root-Template `main_verein` noch folgenden Code ein:

```
marks {
[...]
        KLICKPFAD < lib.klickpfad
        DATUM < lib.datum
[...]
```

Für TemplaVoila ergänzen Sie den Eintrag für `lib.mittespezial`:

```
# lib.mittespezial befüllen
lib.mittespezial = COA
lib.mittespezial {

  10 < lib.datum
  10.wrap = | :: 
  30 < lib.klickpfad
  30.wrap = <br />|
  }
```

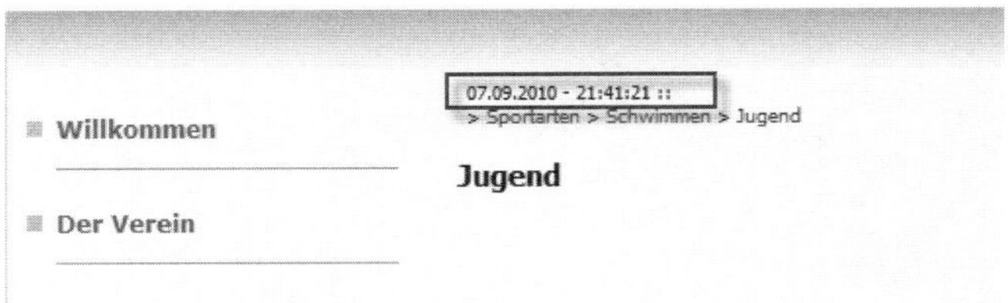

Abbildung 8.15: Frontend: Anzeige des Datums am Beispiel der traditionellen Seite mit noch nicht ausgefüllten Markern

8.4.3 Druckversion der Seite erstellen

Hinter dem Datum soll eine Möglichkeit zum Drucken der Seite angeboten werden: der Link **Drucken** mit einem kleinen Icon `drucklink.png` (Download von der buchbegleitenden Webseite). Als Druckversion bezeichnet man die Aufbereitung einer Webseite, die für den Druck auf ihre wesentlichen Inhalte beschränkt ist. So ist z. B. das Menü oder auch der Seitenkopf mit den Bildern für den Ausdruck nicht notwendig und wird nicht berücksichtigt. In unserem Fall soll lediglich der Inhalt der mittleren Spalte ausgegeben werden.

TS + TV

Für die traditionelle Vorgehensweise und für TemplaVoila wird der Drucklink, aber nicht die Druckseite an sich, in gleicher Weise erstellt. Fügen Sie im Basis-Template `Menüstruktur` den folgenden Code zur Erzeugung des Links **Drucken** am Ende hinzu:

```
### Link zur Druckversion erzeugen ###
lib.druckversion = TEXT
lib.druckversion {
    # Druckversion als Pop-up-Fenster mit fester Größe (970x600)
    # Aufruf mit der ID der Seite
    # unnötige Browserbestandteile wie status, menubar etc. werden
    # abgeschaltet
    value = drucken
    value = <img src="fileadmin/images/drucklink.png"
      alt="drucklink" border="0"/> Drucken
    stdWrap.typolink.parameter.data = TSFE:id
    # Seitentyp 98 für Druck mit Angabe der Seitengröße 970x600 pixel
    stdWrap.typolink.parameter.wrap = |,98 970x600
```

```
    stdWrap.typolink.addQueryString = 1
    # Printseite, no_cache setzen
    stdWrap.typolink.additionalParams = &print=1&no_cache=1
    stdWrap.typolink.JSwindow_params =
      status=0,menubar=0,scrollbars=1,location=0,toolbar=0
}
```

Im Haupt-Template `main_verein` fügen Sie noch folgenden Code ein:

```
marks {
[...]
  DATUM < lib.datum
  DRUCKVERSION < lib.druckversion
[...]
```

Nun müssen Sie noch die Druckseite definieren, denn die Druckversion stellt ja eine eigene Seite dar. Beim Öffnen der Druckseite soll gleich die Druckfunktion des Browsers aktiviert werden. Folgendes fügen Sie am Ende des TypoScript-Templates `main_verein` ein:

```
[...]
 # Seite vom Typ 98 als Druckversion definieren
 druck = PAGE
 druck {
   # Druckfunktion des Browsers aufrufen
   bodyTag = <body onload="window.print();">
   # Seitentyp 98
   typeNum = 98
   10 = CONTENT
   10.table = tt_content
   10.select.orderBy = sorting
   10.select.where = colPos = 0
   10.select.languageField = sys_language_uid
   }
```

Die Druckansicht ist vom Typ `PAGE`; `typeNum = 98` ist der Seitentyp, der üblicherweise für Druckansichten verwendet wird. Die Seite zeigt `CONTENT`, also den Inhalt der Spalte mit der Position 0 (der mittleren Spalte) an. Sofern eine Übersetzung für diese Seite vorhanden ist, soll die Seite in der vom Besucher ausgewählten Sprache ausgegeben werden.

Wechseln Sie zur Frontendanzeige der Webseite, aktualisieren Sie die Anzeige und klicken Sie auf **Drucken**. Es öffnet sich ein neues Fenster mit der Druckversion der Seite und dem Druckmenü Ihres Browsers:

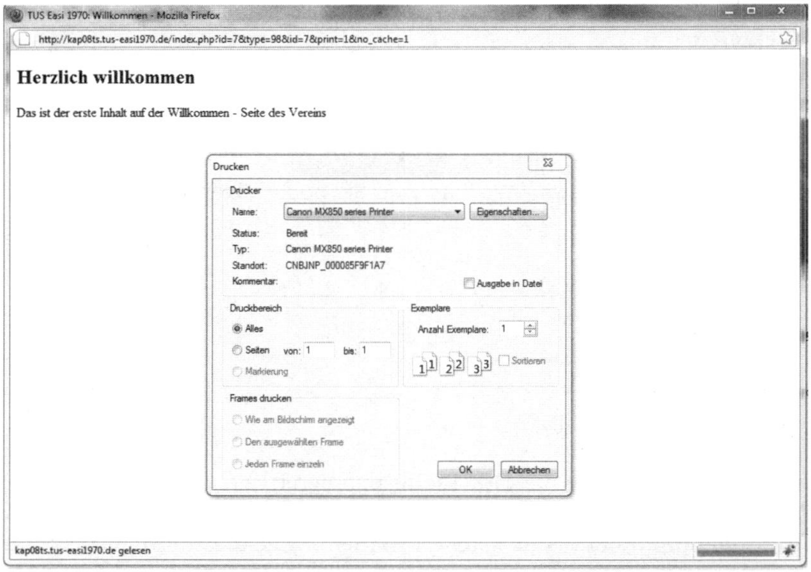

Abbildung 8.16: Traditionell – Das Ergebnis nach Klick auf Drucken

Die Erstellung einer Druckversion in TemplaVoila ist etwas aufwendiger, bietet aber auch mehr Möglichkeiten. In der TemplaVoila-Variante verwenden wir eine abgespeckte Kopie des HTML-Templates `main_verein` in Kombination mit einer reduzierten Abbildung: Nur noch der mittlere Inhalt, der rechte Inhalt und die Seitenüberschrift werden abgebildet. Als Stylesheet wird der Einfachheit halber ein Stylesheet `standard_druckversion.css` verwendet, das neben `1_basis.css` nur `fce3spaltig.css` aufruft. Das Stylesheet zur Formatierung der Menüs `2_menu.css` wird nicht aufgerufen. Dieser schnelle Ansatz hat allerdings den Nachteil, dass auch nicht mehr erforderlicher CSS-Code für die Formatierung des Kopfbereichs, der linken Spalte etc. übertragen wird. Sie können weiter optimieren, indem Sie stattdessen ein eigenes Stylesheet erstellen und aufrufen, das nur den notwendigen CSS-Code enthält.

Legen Sie im Ordner `fileadmin/templates` eine neue HTML-Vorlage `main_verein_druckversion.html` als Kopie von `main_verein.html` an und entfernen Sie alle nicht benötigten Bestandteile. Die HTML-Vorlage sieht wie folgt aus:

```
<html>
  <html>
  <head>
    <title>HTML-Template Verein TUSEasi 1970</title>
    <meta http-equiv="Content-Type" content="text/html;
      charset=utf-8" />
```

```
    <meta http-equiv="language" content="de" />
    <link rel="stylesheet" type="text/css"
      href="../styles/standard_druckversion.css"/>
  </head>
  <body>
    <div id="alles">
      <div id="seite">
        <div id="inhalt">
          <div id="rechts">
            <div id="rechtsspezial"></div>
            <div id="inhaltrechts" class="clearer"></div>
          </div>
          <div id="mitte">
            <div id="mittespezial"></div>
            <h1></h1>
            <div id="inhaltmitte" class="clearer"></div>
          </div>
        </div>
        <div id="footer"></div>
      </div>
    </div>
  </body>
</html>
```

Wechseln Sie nun in das Webmodul **TemplaVoila** und legen Sie ein neues **Template Object** innerhalb von `TUS_MainTemplate` an (vgl. Abb. 8.17).

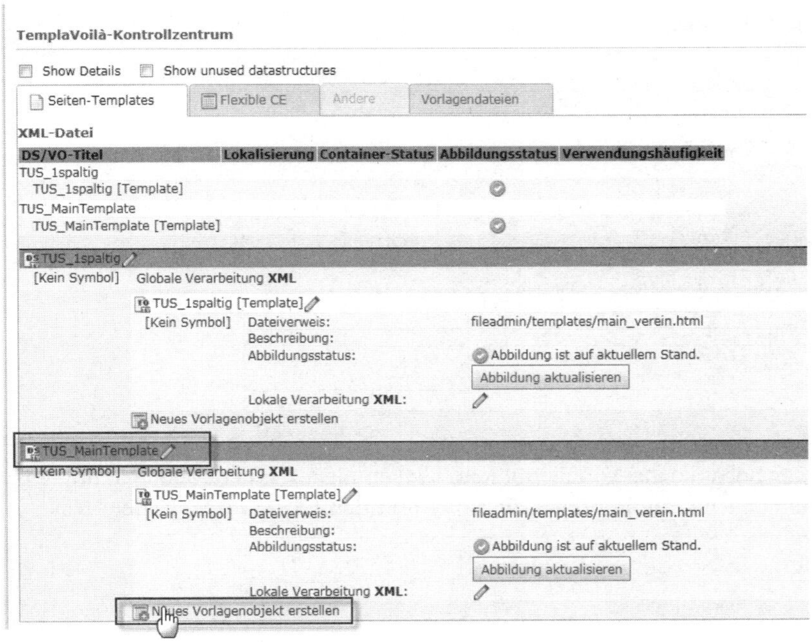

Abbildung 8.17:
TemplaVoila – Neues Template-Objekt für Druckversion anlegen

Definieren Sie dieses Template-Objekt als Untervorlage von TUS_MainTemplate [Template] und bestätigen Sie die Warnmeldung mit **OK**.

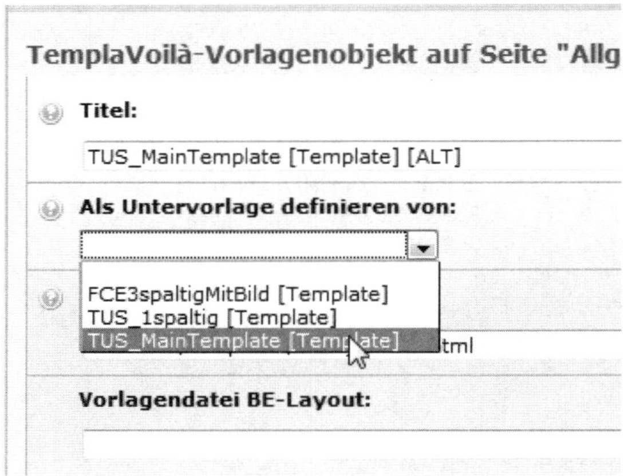

Abbildung 8.18: TemplaVoila – Untervorlage

Wählen Sie dann über den Link die Vorlage main_verein_druckversion.html und als Darstellungsart **Druckerfreundlich**.

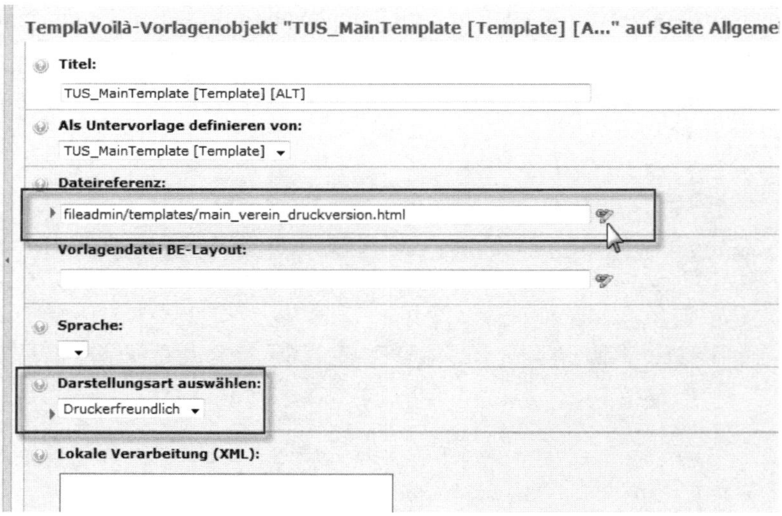

Abbildung 8.19: TemplaVoila – Andere HTML-Vorlage und Darstellungsart auswählen

Speichern Sie das Vorlagenobjekt, klicken Sie auf **Erneut abbilden** und legen Sie zunächst die Kopfteile mit body und den Link zum Stylesheet fest.

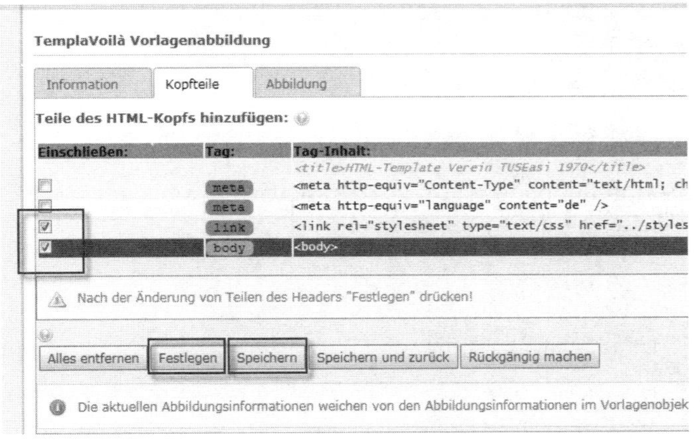

Abbildung 8.20: TemplaVoila – Kopfteile festlegen

Über die Registerkarte **Information** und mit Klick auf **DS/VO modifizieren** gelangen Sie zur Registerkarte **Abbildung**. Bilden Sie nun die gewünschten Bestandteile der Druckversion in gleicher Art und Weise wie bei dem eigentlichen Template ab: **Root** (benötigen Sie immer), **Hauptinhalt** und **Inhalt rechte Spalte** sowie **Seitentitel** (diesen wie bisher mit **OUTER (Include tag)**). Beenden Sie die Abbildung mit Klick auf **Speichern und zurück**.

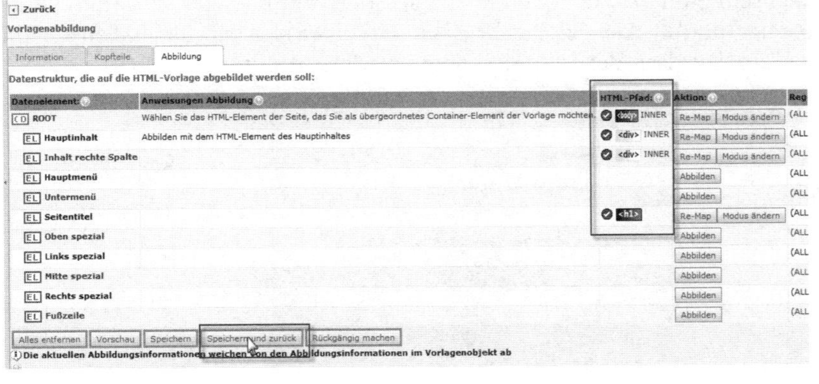

Abbildung 8.21: TemplaVoila – Erneute Abbildung der Untervorlage

Gehen Sie zum TypoScript-Template `main_verein` und ergänzen Sie den Code um die Druckversion:

```
# lib.mittespezial befüllen
lib.mittespezial = COA
lib.mittespezial {


  10 < lib.datum
```

```
10.wrap = | :: 
20 < lib.druckversion
30 < lib.klickpfad
30.wrap = <br />|
}
```

Im TypoScript-Template `main_verein` fügen Sie am Ende die Definition der Druckseite mit der `typeNum` 98 ein:

```
### Druckversion der Seite ###
print = PAGE
print {
  # Ruft Druckfunktion des Browsers auf
  bodyTag = <body onload="window.print();">
  # Seitentyp 98
  typeNum = 98
  10 = USER
  10.userFunc = tx_templavoila_pi1->main_page
  }
```

Wechseln Sie jetzt zur Frontendanzeige der Webseite, aktualisieren Sie die Anzeige und klicken Sie auf **Drucken**. Es öffnet sich ein neues Fenster mit der Druckversion der Seite und dem Druckmenü Ihres Browsers.

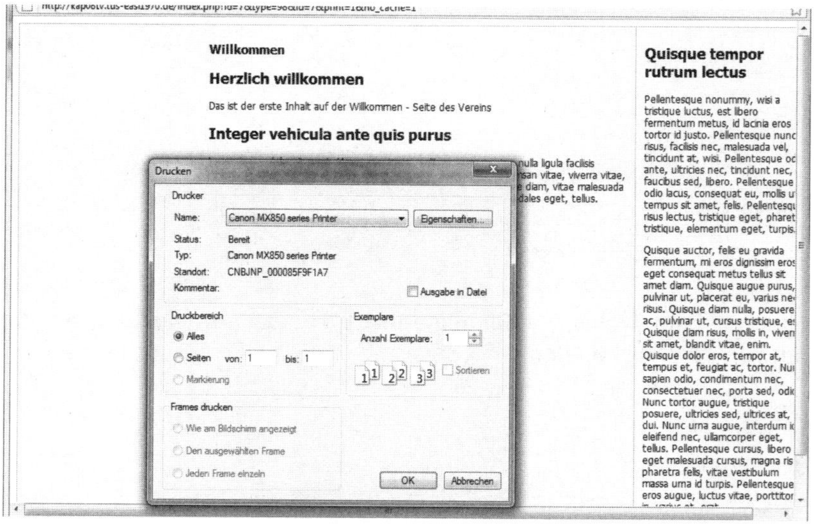

Abbildung 8.22: TemplaVoila – Das Ergebnis nach Klick auf Drucken

8.5 Seitenstruktur anpassen: Seiten anlegen und Seiten verschieben

Zunächst sollen die verschiedenen Typen der Seiteninhalte beschrieben und erst einmal testweise angelegt und später auch mehrsprachig dargestellt werden.

Damit die Strukur des Seitenbaums für unsere erste Kundenpräsentation dem Endergebnis bereits nahe kommt, müssen zunächst ein paar Seiten erstellt und bestehende Seiten verschoben werden.

8.5.1 Seiten im Menu oben anlegen

Legen Sie im `Menu oben` die Seite für die Sitemap an, und zwar unterhalb der Seite `Home`. Dazu wählen Sie im **Web**-Modul **Seite** aus, wählen im Seitenbaum die Seite `Menu oben` und klicken im Content auf das Symbol zum Anlegen einer neuen Seite. In der daraufhin erscheinenden Baumstruktur wählen Sie die Position der Seite zwischen `Home` und `Impressum` auf der gleichen Ebene aus. TemplaVoila-Benutzer können hier zusätzlich noch das Layout, sprich: das TemplaVoila-Template auswählen (**TUS_MainTemplate [Template]**). Vergeben Sie den Seitentitel `Sitemap` und den Typ **Standard** und speichern Sie den Datensatz ab.

Erstellen Sie auf die gleiche Weise eine Seite namens `FAQ` hinter `Kontakt` auf der gleichen Ebene, die später die *Frequently asked questions* enthalten soll. Dazu werden wir eine Erweiterung verwenden, deren Einsatz Sie in Kapitel 15 beschrieben finden.

Der Seitenbaum unterhalb von `Menu oben` sollte nun wie in Abbildung 8.23 aussehen (in TemplaVoila zusätzlich die Seite `1spaltige Seite`).

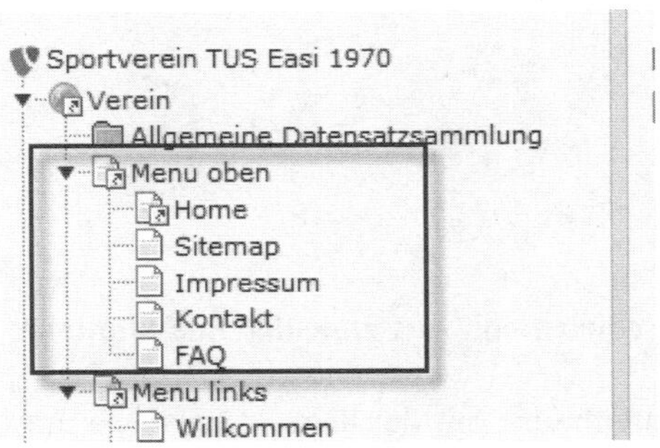

Abbildung 8.23: Seitenbaum Menu oben im Backend

8.5.2 Seiten im Menu Links mit Hilfe des Assistenten anlegen

Im Seitenbaum `Menu Links` erstellen Sie weitere Seiten mit Hilfe des Assistenten. Wählen Sie dazu im Seitenbaum die Seite `Menu Links` aus und im Modul **Web** den Punkt **Funktionen**.

Legen Sie die folgenden Seiten an:

```
Nachrichten
Kalender
Bildergalerie
Gästebuch
Tipafriend
Suche
```

Da unser Seitenbaum – durch die Tests und die neu angelegten Seiten – nicht unseren Vorstellungen entspricht, verschieben wir einige Seiten, damit die gewünschte Seitenstruktur entsteht. Sie üben dabei gleich wichtige Funktionalitäten des Backends: ausschneiden, kopieren, einfügen, löschen.

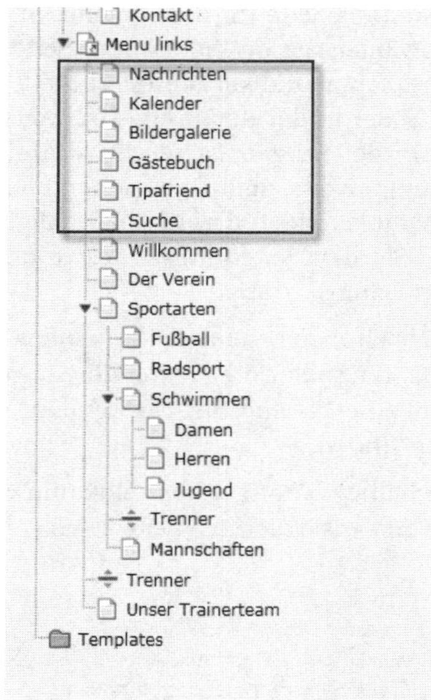

Abbildung 8.24: Seitenbaum Menu links im Backend

Einzelne Seite verschieben mit Ausschneiden und Einfügen

Klicken Sie im Seitenbaum mit der linken Maustaste auf das Icon vor dem Seitentitel `Nachrichten` und wählen Sie aus der Liste **Ausschneiden** aus.

Abbildung 8.25: Ausschneiden im Seitenbaum Menu links

Fügen Sie die Seite mit einem Klick der linken Maustaste auf das Icon der Seite `Der Verein` nach dieser Seite wieder ein. Wichtig ist hier die Unterscheidung zwischen **Einfügen nach** und **Einfügen in**: Ersteres bedeutet, dass die Seite `Nachrichten` nach der gewählten Seite `Der Verein` eingefügt wird, also auf der gleichen Ebene. **Einfügen in** würde die Seite `Nachrichten` eine Ebene unterhalb der Seite `Der Verein` einfügen, womit `Nachrichten` zu einer Unterseite von **Der Verein** würde.

Einzelne Seite verschieben mit Drag & Drop

Noch einfacher geht es, wenn Sie die Seite `Nachrichten` anklicken und mit gedrückt gehaltener linker Maustaste zur Seite `Der Verein` verschieben. Das Icon im „Verschiebe-Fenster" zeigt an, ob Sie die Seite oberhalb, innerhalb oder unterhalb einfügen. Das Vorgehen haben Sie schon im Kapitel 3 im Abschnitt 3.4 kennen gelernt.

Mehrere Seiten verschieben

Im Webmodul **Liste** steht Ihnen eine weitere Funktionalität zur Verfügung: die Zwischenablage. Über die Zwischenablage können Sie mehrere Seiten oder Seiteninhalte oder Datensätze verschieben. Gehen Sie in das Modul **Liste**, achten Sie darauf, dass das Häkchen bei **Erweiterte Ansicht** gesetzt ist, und wählen Sie **Zwischenablage anzeigen**.

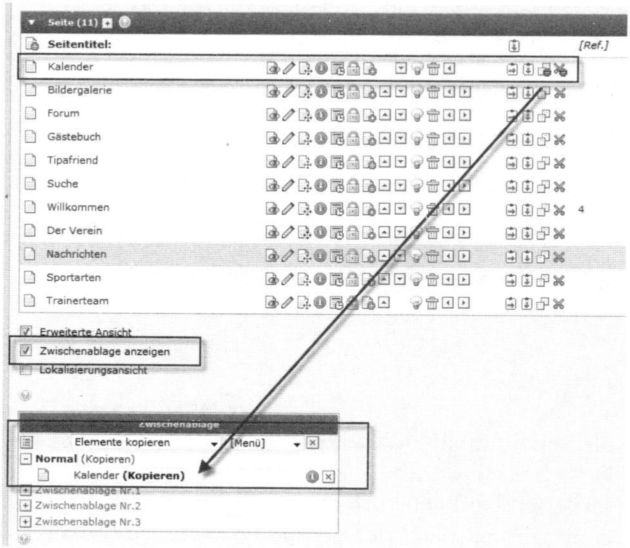

Abbildung 8.26: Normale Zwischenablage mit einer ausgewählten Seite (Kalender)

Über die Zwischenablage **Normal** können Sie nur einzelne Elemente kopieren oder ausschneiden. Wählen Sie daher die **Zwischenablage Nr.1** aus. Sie sehen, dass Sie nun mehrere Elemente zur Übertragung in die Zwischenablage auswählen können, indem Sie die Häkchen setzen. Mit Klick auf das Icon oben rechts **Alles/Nichts markieren** könnten Sie alle Elemente wählen.

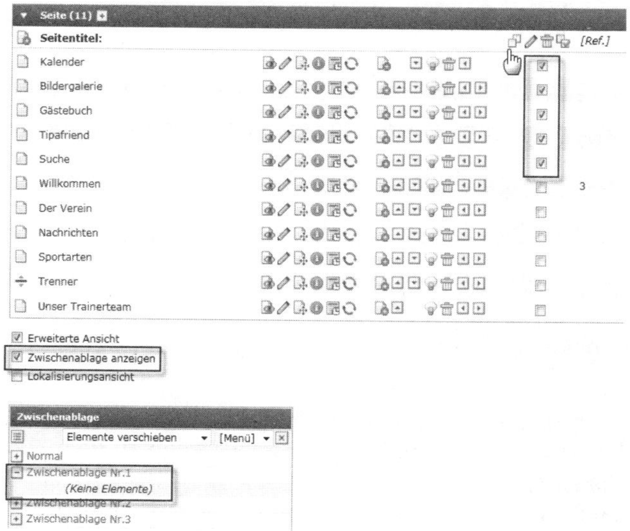

Abbildung 8.27: Zwischenablage mit Auswahl der zu übertragenden Elemente

Wählen Sie die soeben angelegten und noch nicht verschobenen Seiten `Kalender` bis `Suche` aus. Mit Klick auf das Icon für **Ausgewählte Datensätze in die Zwischenablage übertragen** werden die Seiten in die Zwischenablage übertragen und können nun an der gewünschten Stelle wieder eingefügt werden. Sie können in der Zwischenablage auswählen, ob Sie die **Elemente verschieben** oder die **Elemente kopieren** wollen. Standardeinstellung ist **verschieben.** Mit Klick auf das Lösch-Icon neben dem Element in der Zwischenablage können Sie einzelne Elemente wieder aus der Zwischenablage entfernen.

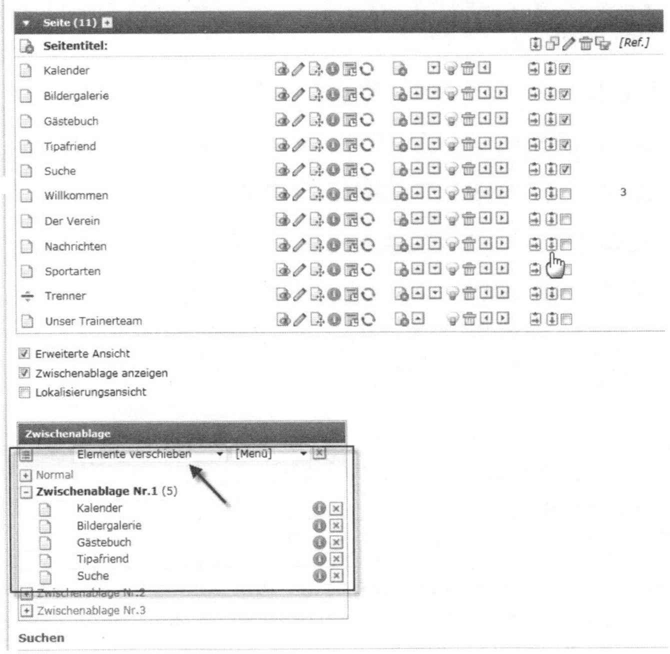

Abbildung 8.28: Elemente mittels Zwischenablage verschieben

Verschieben Sie die Seiten aus der Zwischenablage hinter die Seite `Nachrichten`[4], indem Sie bei der Seite `Nachrichten` rechts auf das Icon für **Einfügen nach: Inhalt der Zwischenablage wird nach diesem Datensatz eingefügt** klicken.

Die Zwischenablage ist wieder leer. Wenn Sie **Kopieren** gewählt hätten, wären die Elemente in der Zwischenablage verblieben. Bei Nichtbedarf können sie mit Klick auf das Lösch-Icon in der Zwischenablage gelöscht werden.

4 Zugegeben, diese Aktion hätte auch komplett auf einmal durchgeführt werden können. Aber dann hätten Sie den Unterschied zwischen normalem Verschieben und der Zwischenablage nicht kennengelernt.

Die Seiten `Tipafriend` und `Suche` sollen im Menü verborgen sein. Klicken Sie daher im rechten Fenster auf das Icon **Seite verbergen** mit der Glühbirne, so dass diese nicht mehr „leuchtet".

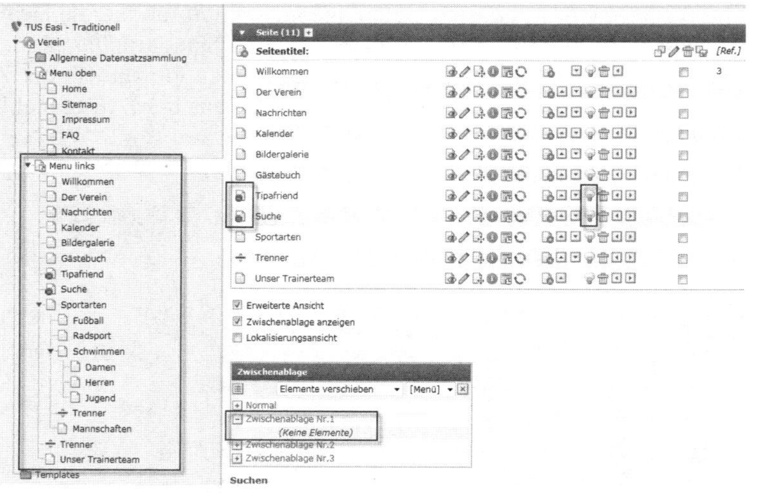

Abbildung 8.29: Ergebnis im Seitenbaum Menu Links

8.5.3 Seiten mit Unterseiten löschen, anlegen und verschieben

In unserem Fall haben die eben erstellten und verschobenen Seiten keine Unterseiten. Damit Sie auch Seiten mit Unterseiten kopieren und verschieben können, muss Ihre Benutzereinstellung dies erlauben.

Die Einstellung nehmen Sie im Modul **Benutzerwerkzeuge** unter **Einstellungen** in der Registerkarte **Bearbeiten und erweiterte Funktionen** vor. Der Wert bei **Rekursives Kopieren** sollte auf einem passablen Wert, z. B. 5, stehen. Damit können Sie dann Seiten mit bis zu fünf Ebenen kopieren. Das ist zum Beispiel ganz praktisch, um den gesamten Seitenbaum der Seite `Verein` zu kopieren und sich einen „Übungsklon" anzulegen.

Darunter finden Sie noch die Möglichkeit, rekursives Löschen zu erlauben. Damit sollten Sie allerdings vorsichtig umgehen, denn so erlauben Sie das Löschen einer Seite inklusive aller Unterseiten. Wir empfehlen, dieses Häkchen nur dann zu setzen, wenn Sie eine größere Anzahl Seiten löschen müssen. Danach sollten Sie diese Einstellung aus Sicherheitsgründen aber wieder deaktivieren, um ein versehentliches Löschen des kompletten Seitenbaums auszuschließen.

Seiten rekursiv löschen

Wählen Sie die Seite `Sportarten` aus und löschen Sie die Seite `Schwimmen` – mit der linken Maustaste und der Auswahl **Seitenaktion** und dann **Löschen** – samt ihrer Unterseiten, ebenso die Seite `Radsport`. Einzig die Seiten `Fußball`, `Trenner` und `Mannschaften` sollen erhalten bleiben.

8.5.4 Papierkorb: Irrtümlich gelöschte Seiten oder Inhalte wiederherstellen

Wenn Sie irrtümlich Seiten oder auch Inhalte gelöscht haben, so können diese leicht wiederhergestellt werden – eine der Stärken von TYPO3. Denn die Seiten oder Inhalte sind nicht tatsächlich, sondern nur logisch gelöscht: Sie erhalten, technisch gesehen, nur ein Lösch-Kennzeichen. Gehen Sie im Webmodul zu **Papierkorb**[5] und wählen Sie die Seite `Menu links` aus. Als Tiefe geben Sie `Unendlich` an. Dann sehen Sie alle Seiten oder bei Auswahl der entsprechenden Tabelle auch Inhalte, die gelöscht wurden. In der linken Spalte können Sie alle oder einzelne Einträge selektieren. Mit Klick auf **Wiederherstellen** machen Sie den Löschvorgang rückgängig.

Führen Sie das als Beispiel für die Seite `Schwimmen` durch, aber löschen Sie danach die Seite `Schwimmen` erneut, denn diese Seite wird für den folgenden Ablauf nicht mehr benötigt.

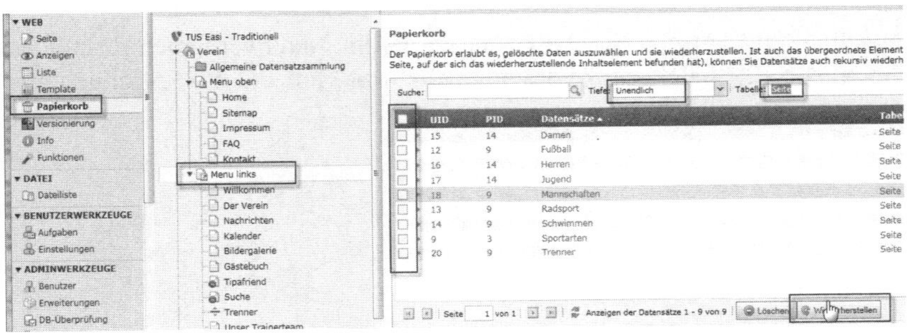

Abbildung 8.30: Papierkorb zur Wiederherstellung von Seiten und Inhalten

Seiten rekursiv kopieren

Um auch das rekursive Kopieren zu testen, legen Sie als Unterseiten von `Fußball` die folgenden Seiten an:

5 Falls Sie den Papierkorb nicht links im Menü des Backends vorfinden, so muss er erst noch über den Erweiterungsmanager installiert werden: Unter **Erweiterungen installieren** achten Sie darauf, dass oben das Häkchen bei **Verborgene Erweiterungen zeigen** gesetzt ist, und installieren dann den **Recycler**.

```
Damen
Herren
Jugend
```

Diese drei Seiten sollen im Menü nicht sichtbar sein. Um alle drei Seiten schnell anzupassen, können Sie eine weitere Funktion im Backend nutzen. Wechseln Sie in das Webmodul **Liste**, klicken Sie über den Seitentiteln (1) **Nur diese Tabelle anzeigen** und wählen Sie dann (2) **Im Menü verbergen** aus. Die Auswahl bestätigen Sie mit (3) **Felder setzen** und klicken danach (4) auf das Bleistiftsymbol.

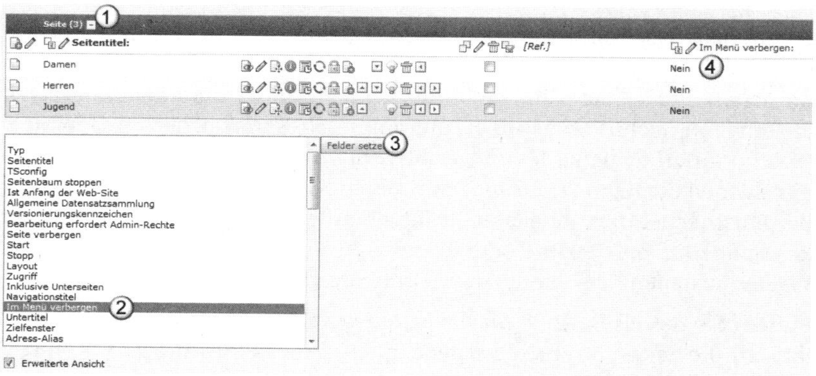

Abbildung 8.31: Tabelle auswählen und Felder setzen

Anschließend können Sie die Häkchen bei **Im Menü verbergen** für alle drei Seiten setzen. Speichern Sie die Änderung mit Klick auf das Speichersymbol oben.

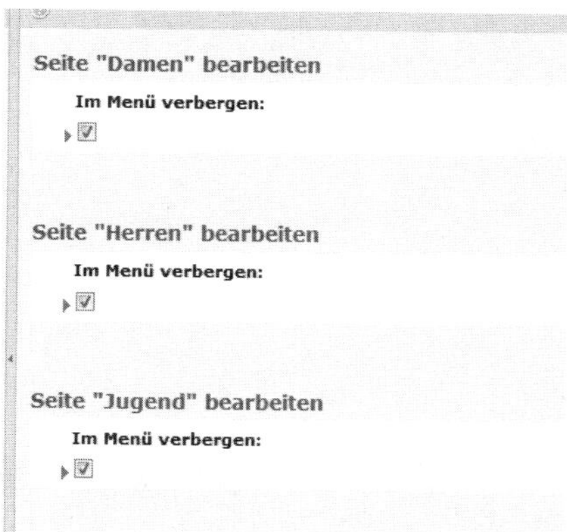

Abbildung 8.32: Seiten im Menü verbergen

Diesen Teil des Seitenbaums – `Fußball` mit den Unterseiten `Damen`, `Herren` und `Jugend` – kopieren Sie nun hinter die Seite `Fußball`, und zwar gleich dreimal. Dazu wählen Sie die Seite `Fußball` aus, klicken das Icon der Seite mit der linken Maustaste an und wählen dann **Kopieren**. Klicken Sie wieder mit der linken Maustaste auf das Icon der Seite und bestimmen Sie in der Dialogbox **Einfügen nach**. Damit haben Sie unterhalb von `Sportarten` vier Unterseiten mit Namen `Fußball`, die jeweils drei Unterseiten besitzen. Die Fußball-Seiten sind verborgen, und das Seitensymbol ist mit dem *Durchfahrt verboten*-Zeichen markiert.

Bearbeiten Sie nun die Seiteneigenschaften der kopierten Seiten `Fußball` und benennen Sie die erste Kopie im Seitentitel um in `Radsport`, die zweite in `Schwimmen` und die dritte in `Baseball`; entfernen Sie jeweils das Häkchen bei **Seite verbergen** – schon haben Sie einen Baum für vier Beispielsportarten samt gleicher Unterseiten erstellt.

Sie hätten auch anders vorgehen können, aber da die Unterseiten der jeweiligen Sportarten nicht im Menü angezeigt werden sollen, haben wir uns mit diesem Verfahren erspart, die Seiten jeweils einzeln aufzurufen, um das Häkchen bei **Im Menü verbergen** zu aktivieren.

Eine Kleinigkeit muss jedoch noch geändert werden: Die Unterseite `Damen` im Baum `Baseball` muss einen anderen Titel erhalten, denn die Damen spielen Softball. Ändern Sie also den Seitentitel von `Damen` in `Softball`.

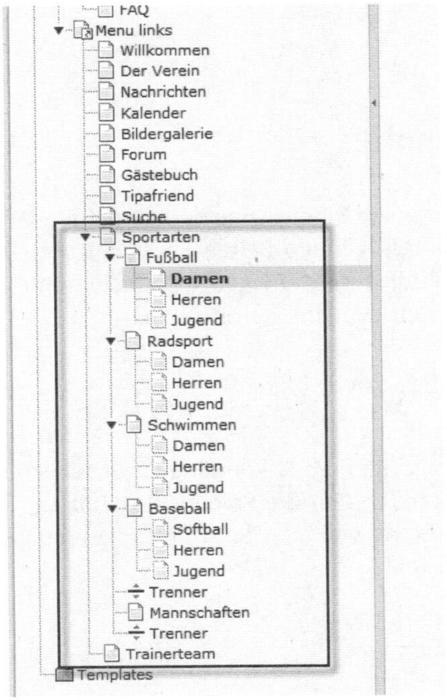

Abbildung 8.33: Ergebnis im Seitenbaum Sportarten

8.5.5 Seiten rekursiv in ein Unterverzeichnis verschieben

Die Seite `Sportarten` wurde im Eifer des Gefechts auf der gleichen Ebene wie `Der Verein` erstellt, soll aber eine Unterseite von `Der Verein` sein. Klicken Sie mit der linken Maustaste auf das Icon der Seite `Sportarten` und verschieben Sie die Seite auf die Seite `Der Verein`, so dass das Symbol für **Seite verschieben in** angezeigt wird.

Abbildung 8.34: Verschieben der Seite Sportarten samt Unterseiten

8.6 Seiteninhalte

Bei TYPO3 können Sie zwischen verschiedenen Inhaltselementen wählen, die wir Ihnen auf den folgenden Seiten vorstellen werden. Wir empfehlen Ihnen, dass Sie zumindest die gängigen Inhaltselemente auf beliebigen Seiten anlegen und so den Umgang damit üben.

8.6.1 Normaler Text

Dieses Element haben Sie bereits kennengelernt. Die Texte können Sie für die ersten Tests weiterhin über die Erweiterung `Lorem Ipsum` anlegen. Für dieses Inhaltselement verwenden Sie in der Regel lediglich das Feld **Überschrift** und das Feld **Text**.

Registerkarte Allgemein

Das Feld **Inhaltselement Typ** legt fest, dass es sich hier um den Typ `Text` handelt. Sie können also bereits bestehende Inhaltselemente durchaus anpassen.

Das nächste Feld **Spalte** ist nur interessant, wenn Sie nach der traditionellen Vorgehensweise arbeiten. Sie können dann auswählen, in welcher Spalte (**Links**, **Normal**, **Rechts**) das Element angezeigt werden soll. Im TemplaVoila wird das Feld zwar angezeigt, ist aber ohne Funktion.

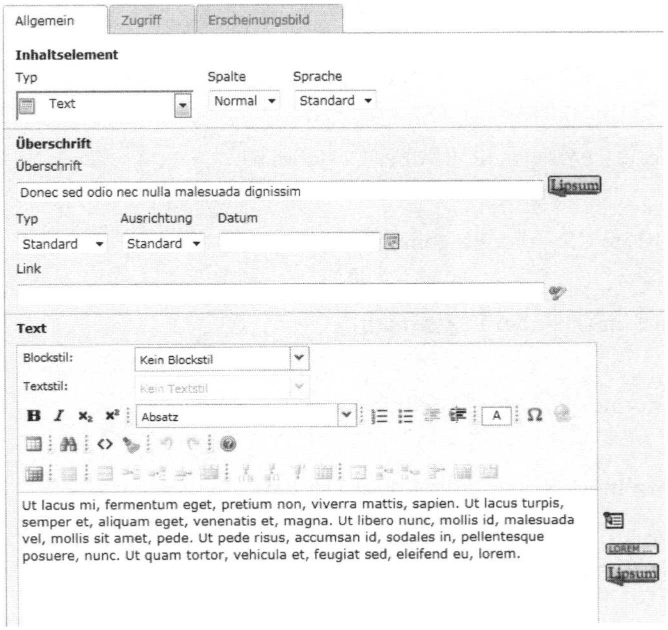

Abbildung 8.35: Registerkarte Allgemein

Sofern Sie mehrere Sprachen einsetzen, können Sie im Feld **Sprache** eine Auswahl treffen.

Im Feld **Überschrift** sollten Sie auch dann eine Überschrift angeben, wenn diese nicht im Frontend angezeigt werden soll. Auf diese Weise finden Sie im Backend die richtigen Inhaltselemente viel leichter – und, das werden Sie gleich sehen: Sie können eine Überschrift auch ausschalten.

Um einen Überschriftentyp auszuwählen, verwenden Sie das Feld **Typ**. Sofern definiert, stehen damit verschiedene Arten von Überschriften zur Verfügung. Hinter den Typen von Überschriften verbirgt sich wieder ein Stylesheet, und zwar zunächst der Stil, den `css_styled_content` vorgibt, wenn die Default-CSS-Datei genutzt wird. Wenn Sie den Quelltext der Überschrift ansehen (z. B. mit dem *Firebug*, einem Firefox Add-on[6]), sehen Sie das DIV-Tag der Überschrift `csc-header csc-header-n2`. Sofern in Ihrer eigenen CSS-Datei eine Definition für diese Überschrift vorhanden ist, wird diese darunter geschachtelt und benutzt.

6 `https://addons.mozilla.org/de/firefox/addon/1843`

Welche Stile sich per Default hinter den Überschriften verbergen, sehen Sie, wenn Sie sich die Datei `static/setup.txt` der Erweiterung `css_styled_content` ansehen. Wir haben in unserer CSS-Datei `1_basis.css` bereits einige Überschriften definiert und damit die Defaulteinstellungen aus `css_styled_content` überschrieben.

Normal
: wird im CSS über `h1` definiert.

Layout1
: wird im CSS gleichfalls über `h1` definiert.

Layout2
: wird im CSS über `h2` definiert.

Layout3
: wird im CSS über `h3` definiert.

Layout4
: kann im CSS über `h4` definiert werden.

Layout5
: kann im CSS über `h5` definiert werden.

Verborgen
: Die Überschrift wird nicht dargestellt.

Um die Überschrift links, zentriert oder rechts auszurichten, verwenden Sie das Feld **Ausrichtung**.

Über **Datum** fügen Sie ein Datum ein, das über dem Inhaltselement im Frontend ausgegeben wird. Wenn Sie das Häkchen in der Checkbox setzen, wird das aktuelle Datum eingefügt. Sie können das Datum natürlich auch von Hand ändern.

Das Feld **Link** (in früheren Versionen auch Verweis genannt) erlaubt es, die Überschrift als einen Hyperlink zu setzen. Sofern Sie das Icon für den Hyperlink auswählen, öffnet sich ein Fenster, über das Sie die Art des Links auswählen. Sie können den Link auf eine Seite Ihres Webauftritts setzen; dazu wählen Sie im Fenster die Registerkarte **Seite** und suchen aus dem Seitenbaum die entsprechende Seite aus. Alternativ tragen Sie in das Feld die PID der Seite ein, auf die die Überschrift verweisen soll. Sie können einen Link auch auf eine Datei setzen. Dazu wählen Sie die Registerkarte **Datei** aus und wählen aus Ihrem Fileadmin-Verzeichnis die gewünschte Datei aus.

Wenn Sie einen Link auf eine externe URL oder eine E-Mail-Adresse setzen möchten, wählen Sie die entsprechende Registerkarte aus und tragen die URL bzw. die E-Mail-Adresse ein.

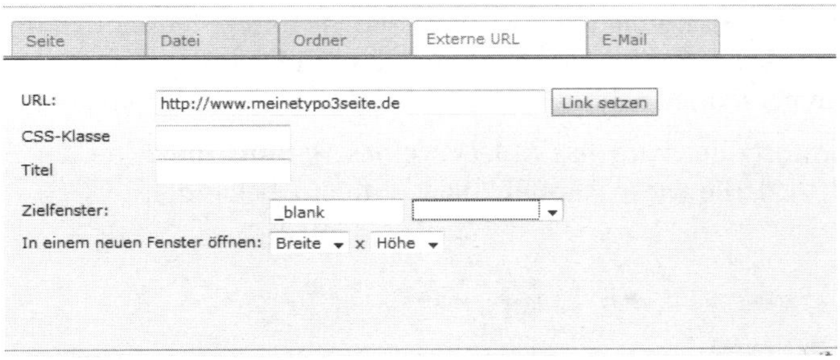

Abbildung 8.36: Hyperlink anlegen: Beispiel Externe URL

Bei Links zu eigenen oder externen Seiten oder Dateien können Sie definieren, ob der Link im aktuellen oder einem neuen Fenster geöffnet wird. Sogar die Größe des neuen Fensters lässt sich angeben.

Im Feld **Text** können Sie einen Text festlegen. Sofern Sie den RTE nutzen, können Sie natürlich mehr als nur Text anlegen. Der Rich Text Editor ist Gegenstand von Kapitel 10 und wird dort detailliert beschrieben.

Ganz unten können Sie den Rich-Text-Editor auch gezielt für ein einzelnes Inhaltselement deaktivieren. Das hier gesetzte Häkchen gilt nur für das gerade zur Bearbeitung geöffnete Inhaltselement, nicht für andere Inhaltselemente.

Registerkarte Zugriff

Ist unter **Sichtbarkeit** das Häkchen bei **Inhaltselement/Deaktivieren** gesetzt, wird der Inhalt im Frontend nicht angezeigt. Lediglich für den im Backend eingeloggten Benutzer ist er über das Vorschaumodul (**Preview**) sichtbar. Sobald dieser Inhalt also im Frontend angezeigt werden soll, darf das Häkchen nicht gesetzt sein – dies ist übrigens häufig der Grund, wenn eine Seite oder ein Inhalt im Frontend nicht zu sehen ist.

Mit dem Feld **In Menüs zeigen aktiviert** können Sie Inhaltselemente auch in (Spezial-)Menüs einbinden – wenn das Häkchen gesetzt ist – oder gezielt übergehen.

Mit dem Feld **Link zum Seitenanfang aktiviert** wird bei gesetzem Häkchen nach dem Inhaltselement ein Link **Nach oben** angezeigt.

Sie können ein `Veröffentlichungsdatum` und/oder ein `Ablaufdatum` für das Inhaltselement setzen. Im Frontend wird das Element dann nur in diesem Zeitraum angezeigt. Hier sollten Sie darauf achten, dass Sie nicht mehr benötigte Elemente regelmäßig löschen, denn obwohl sie im Frontend nicht angezeigt werden, bleiben sie im Backend natürlich als Content erhalten. Dadurch werden Seiten schnell unübersichtlich.

Da die Entwickler das Datumsfeld für die Redakteure besonders komfortabel eingerichtet haben, müssen Sie hier nicht jedes Mal ein vollständiges Datum eintragen. Den aktuellen Tag setzen Sie durch den Eintrag des Buchstabens d („day"). Sofern Sie bspw. ein Datum in zehn Tagen vom aktuellen Datum an gerechnet möchten, tragen Sie d+10 in das Datumsfeld ein.

Noch komfortabler wird das Anlegen eines Datums mit Hilfe der Erweiterung **date2cal**, die wir in Kapitel 20 ab Seite 551 behandeln.

Abbildung 8.37: Registerkarte Zugriff

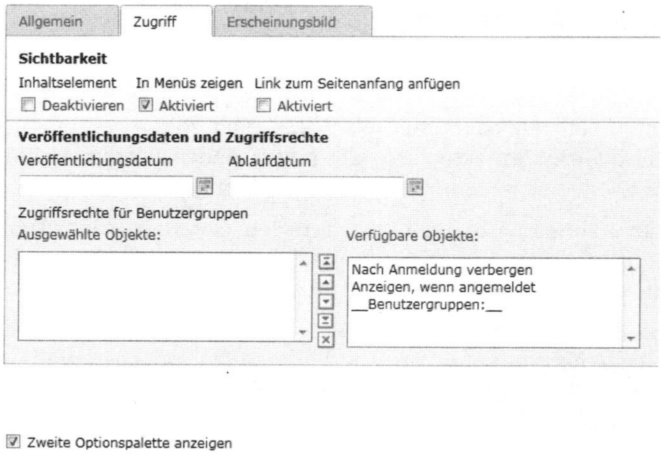

Dem Feld **Zugriffsrechte für Benutzergruppen** wenden wir uns erneut zu, wenn wir Benutzer und Gruppen anlegen, die entsprechenden Zugriff auf Seiten oder Inhalte haben müssen (siehe Kapitel 11).

Registerkarte Erscheinungsbild

In die beiden Felder **Oberer Abstand** und **Unterer Abstand** können Sie einen Abstand in Pixeln eintragen, der vor bzw. nach diesem Inhalt eingefügt wird. Wir raten von der Nutzung dieser beiden Felder durch Redakteure ab, da darüber ggf. das Erscheinungsbild abweichend von den Designvorgaben beeinflusst wird. Über den Constant Editor (siehe 3.7) können Sie die Standardwerte für Abstände vorgeben: über **Content Element margins (before)** bzw. **Content Element margins (after)**.

Das Feld **Einrückung und Rahmen** erlaubt es, einen Rahmen auszuwählen, sofern Sie einen solchen über den Constant Editor definiert haben. Auch dieses Feld nutzen wir nicht.

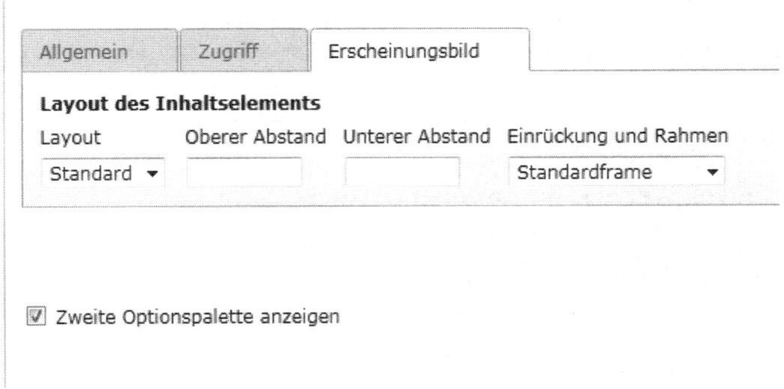

Abbildung 8.38: Registerkarte Erscheinungsbild

Seiteninhalt Text anlegen

Beispielhaft soll nun mit Inhaltselementen vom Typ **Text** folgendes Szenario entstehen: Die eben erstellten Seiten der Sportarten sollen mit Inhalten gefüllt werden. Damit unser Menübaum im Frontend nicht ausufert, sollen die Unterseiten der jeweiligen Sportarten ausschließlich über einen Link der übergeordneten Seite erreichbar sein. Nehmen wir z. B. die Seite `Fußball` mit den drei Unterseiten `Damen`, `Herren` und `Jugend`: Die Seite `Fußball` ist im Menü sichtbar, die Unterseiten jedoch nicht. Auf der Seite `Fußball` sollen nun entsprechende Links auf diese Seiten verweisen.

Abbildung 8.39: Verweis zu einer Seite einfügen

Wechseln Sie auf die Seite `Fußball` und legen Sie dort einen Seiteninhalt vom Typ **Text** an; vergeben Sie eine Überschrift und ergänzen Sie einige Zeilen Text. Sodann erstellen Sie unterhalb dieses Inhalts drei weitere Inhaltselemente vom Typ **Text** und vergeben lediglich die Überschrift `Damen` für das erste Element. Ins Feld **Verweis** tragen Sie nun die Seiten-ID der im Menü versteckten Seite `Damen` ein. Sie erhalten die PID, indem Sie mit der Maus auf das Icon vor dem Seitentitel zeigen. Oder Sie klicken auf den Link rechts vom Feld **Verweis** und wählen die Seite `Damen` aus.

Damit haben Sie einen Link von der Seite `Fußball` zur Seite `Fußball | Damen` erzeugt. Erstellen Sie auf der Seite `Damen` ein Inhaltselement vom Typ **Text** mit etwas Beispielinhalt, damit der Link nicht auf eine leere Seite zeigt.

Wechseln Sie wieder zur Seite `Fußball` und erstellen Sie analog Inhaltselemente für die Fußball-Unterseiten `Herren` und `Jugend`, die ebenfalls auf die zugehörigen, im Menü versteckten Seiten zeigen.

Eine andere Möglichkeit, schnell Inhalte anzulegen, besteht darin, einen Inhalt zu kopieren und wieder einzufügen. Um Inhaltselemente zu kopieren, klicken Sie auf das Icon **Einfügen**, wählen aus der Liste **Kopieren** aus, wechseln auf die gewünschte Seite und fügen den Inhalt durch einen erneuten Klick auf das Icon **Einfügen** nach dem ausgewählten Inhaltselement wieder ein. Sofern eine Seite bei der traditionellen Vorgehensweise noch keinen Inhalt hat, funktioniert das natürlich nicht. Erst wenn ein erstes Inhaltselement auf einer Seite vorhanden ist, kann ein weiterer Inhalt darunter kopiert werden. Im Frontend sehen Sie nun die Seite `Fußball` mit ihren vier Inhaltselementen: dem Beschreibungstext, der allgemein für die Fußballer gilt, und darunter die Inhalte mit den Links zu den Seiten `Damen`, `Herren` und `Jugend`, die im Menü nicht auftauchen.

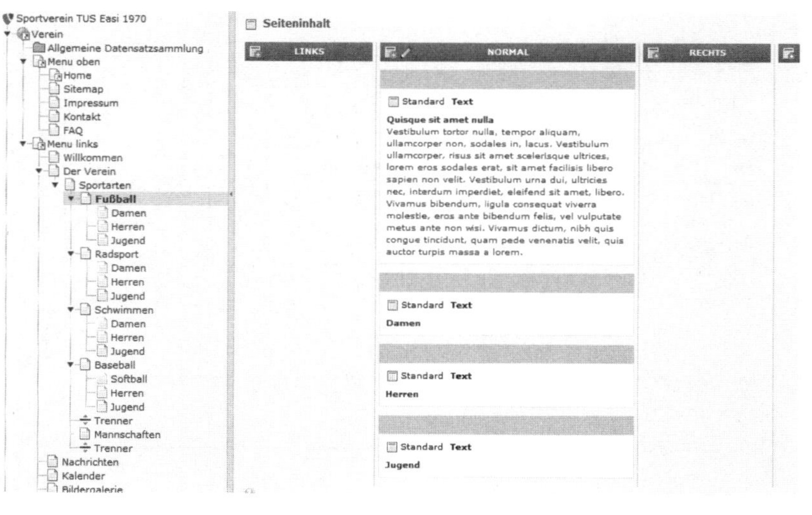

Abbildung 8.40: Backend (traditionelle Ansicht): Seiteninhalte vom Typ Text auf der Seite Fußball

Im Frontend erhalten Sie die Ansicht aus Abb. 8.41.

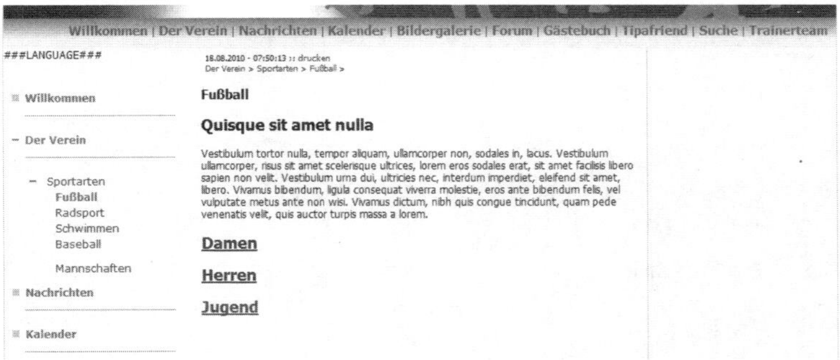

Abbildung 8.41: Frontend: Seiteninhalte vom Typ Text auf der Seite Fußball

8.6.2 Text und Bilder

Erstellen Sie nun, z. B. auf der Seite `Damen`, einen Seiteninhalt vom Typ **Text und Bilder**. Die Registerkarten **Allgemein** und **Zugriff** sind identisch zum Seiteninhalt vom Typ **Text**. Tragen Sie auf der Registerkarte **Allgemein** eine Überschrift und etwas Text ein.

Registerkarte Bilder

In Abbildung 8.42 sehen Sie den ersten Teil der Registerkarte **Bilder**. Hier stellt TYPO3 über die Erweiterung `lorem_ipsum` einige Beispielbilder zur Verfügung, die Sie für erste Tests heranziehen können.

Durch Anklicken eines der Bilder wird dieses im Feld **Bilder** als ausgewählt angezeigt. Wenn Sie ein eigenes Bild aus dem Fileadmin-Verzeichnis verwenden möchten, wechseln Sie über das Icon **Dateien durchblättern** (1) ins Fileadmin-Verzeichnis und wählen das Bild aus dem Ordner `images` aus. Wenn Sie ein Bild von Ihrem lokalen System hochladen möchten, klicken Sie auf den Button **Durchsuchen** (2) und laden so die Bilddatei hoch. Beachten Sie dabei aber, dass alle auf diese Weise hochgeladenen Bilder in einem entsprechenden Verzeichnis, wie z. B. `uploads/pics`, auf dem Server abgelegt werden und TYPO3 dort eigene Dateinamen vergibt. Diese Dateien sind also lediglich zur einmaligen, nicht zur mehrfachen Verwendung geeignet. Wir empfehlen, dass Sie Bilder immer über das Modul **Dateiliste** hochladen und erst dann in Inhaltselementen verwenden.

Abbildung 8.42: Registerkarte Bilder

Rechts im Formular vergeben Sie eine **Beschriftung** (3) für das Bild. Bei mehreren Bildern können Sie mehrere Texte eingeben. Die Texte müssen in der Reihenfolge der Bilder und jeweils in einer neuen Zeile eingegeben werden (Zeilenumbruch). Textfelder mit einer schraffierten Ecke rechts unten können Sie größer ziehen. Zum jetzigen Zeitpunkt haben wir dem Bilduntertitel noch keinen Stil im CSS zugewiesen. Später, wenn zu jedem Inhaltstyp ein entsprechendes Inhaltselement angelegt ist, erstellen wir die Checkliste der noch fehlenden Stile und werden die CSS-Dateien entsprechend anlegen bzw. modifizieren. Am Ende dieses Abschnitts finden Sie hierfür eine Checkliste, damit Sie nichts vergessen (vgl. Seite 261).

Weiter können Sie den Bildern **alternative Texte** (4) zuweisen, also einen Text, der angezeigt wird, wenn Bilder ausgeschaltet sind oder aus anderen Gründen nicht dargestellt werden. Ein **Titeltext** (5) für die Anzeige von Bildtexten kann ebenfalls eingetragen werden, der gezeigt wird, wenn der Besucher mit der Maus über das Bild fährt.

Wenn Sie möchten, können Sie einen **Link** (6) hinter das Bild/die Bilder legen. Das Vorgehen ist identisch mit dem, das Sie beim Typ **Normaler Text** bei der Verlinkung von Überschriften kennengelernt haben.

Wenn Sie in der Checkbox **Klick vergrößern** (7) das Häkchen setzen, wird das Bild im Frontend in Originalgröße, maximal aber mit der in den Konstanten festgelegten Bildgröße in einem neuen Fenster angezeigt, wenn der Besucher auf das Bild klickt.

Langbeschreibung URLs (8) kommt zum Einsatz, wenn Sie z. B. für Sehbehinderte einen längeren Erklärungstext zu einem Bild verwenden möchten. Dieser ausführliche Erklärungstext soll auf einer anderen Seite, idealerweise in der Seitenstruktur Ihrer Webseite, hinterlegt sein. Im Feld **Langbeschreibung** müssen Sie dann den Verweis auf die Seite z. B. im Format `http://www.ihrewebseite.de/index.php?id=30` angeben.

Registerkarte Erscheinungsbild

Auf der Registerkarte **Erscheinungsbild** können Sie die Position des Bildes bestimmen (1). Dazu klicken Sie entweder das Icon an oder bestimmen die Position über die Combobox oberhalb der Icons.

Zur Auswahl stehen die folgenden Optionen:

oben mittig
: Das Bild wird über dem Text zentriert.

oben rechts
: Das Bild steht über dem Text und ist rechts positioniert.

oben links
: Das Bild steht über dem Text und ist links positioniert.

unten mittig
: Das Bild wird unter dem Text zentriert.

unten rechts
: Das Bild steht unter dem Text und ist rechts positioniert.

unten links
: Das Bild steht unter dem Text und ist links positioniert.

im Text rechts
: Das Bild wird rechts angezeigt und vom Text links umflossen.

im Text links
: Das Bild wird links angezeigt und vom Text rechts umflossen.

Ohne Umbruch: im Text rechts
: Der Text steht links neben dem Bild.

Ohne Umbruch:im Text links
Der Text steht rechts neben dem Bild.

Sofern Sie mehrere Bilder anzeigen möchten, können Sie über die Felder bzw. Checkboxen **Spalten** und **Horizontale Reihen** (2) bestimmen, ob der Bilderblock in Reihen und Spalten erscheinen soll. Dazu wählen Sie die entsprechende Anzahl der Spalten aus, in denen die Bilder neben- bzw. untereinander dargestellt werden sollen. Über die Checkbox **Rahmen** (3) können Sie einen Rahmen um jedes Bild legen. Der Default-Rahmen ist schmal und schwarz, lässt sich aber natürlich über CSS definieren und/oder über den Constant-Editor zuweisen.

Weiterhin legen Sie auf der Registerkarte die Größe des Bildes fest (4). Ein großes Plus von TYPO3 ist, dass die Bildgrößen mit Hilfe von *ImageMagick* oder *GraphicsMagick* automatisch gerendert werden. Das bedeutet für Sie, dass kein lästiges Nachbearbeiten in einem externen Programm notwendig ist. Die Darstellung von Bildern größer als die Originaldatei ist allerdings nicht möglich. Tragen Sie hier eine Bildgröße in Pixel, zum Beispiel 150, ein, wobei es sich empfiehlt, jeweils nur einen Wert einzutragen, nicht gleichzeitig **Breite** und **Höhe**, damit die Proportionen erhalten bleiben und es nicht zu einer Verzerrung des Bildes kommt. Probieren Sie es ggf. mit einem der Beispielbilder aus.

Abbildung 8.43: Registerkarte Erscheinungsbild: Bildposition, Bildgröße

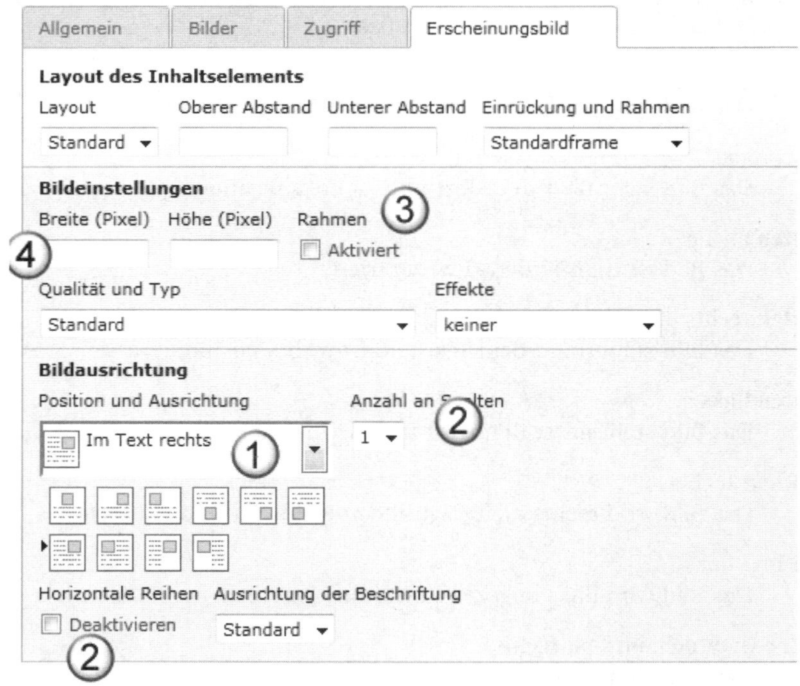

Über **Qualität und Typ** wählen Sie die gewünschte Qualität des Bildes aus und können Effekte wie Drehen, Kontrast ändern, Graustufendarstellung etc. anwenden. Testen Sie dies anhand der Beispielbilder. Für unser Beispielprojekt des Sportvereins sind diese Optionen allerdings nicht von Bedeutung.

Abbildung 8.44: Inhaltselement Text mit Bild – mit Bildunterschriften

Nur Bilder

Sofern der Inhalt nur aus Bilddateien besteht, erstellen Sie einen Seiteninhalt vom Typ **Nur Bilder**. Dieses Inhaltselement ist bis auf den fehlenden Text identisch mit dem zuvor beschriebenen Inhaltselement.

8.6.3 Aufzählung

Mit diesem Inhaltselement erstellen Sie eine einfache Liste. Die beiden Registerkarten **Zugriff** und **Erscheinungsbild** bieten keine Neuerungen gegenüber den oben erwähnten Inhaltstypen und brauchen daher nicht noch einmal besprochen werden.

Im Textfeld entspricht jede Zeile, getrennt durch einen Zeilenumbruch, einem Listenelement, dem per Default ein Punkt vorangestellt wird.

8.6.4 Tabelle

Ein ebenfalls häufig genutztes Inhaltselement ist **Tabelle**. Nutzen Sie es jedoch nicht zur Ausrichtung von Textelementen, sondern tatsächlich nur zur tabellarischen Darstellung von Inhalten.

Eine Tabelle kann beliebig viele Zeilen und bis zu neun Spalten enthalten. Über das Feld **Layout** bestimmen Sie – wie bei der Aufzählungsliste – das Layout. Zusätzlich haben Sie Einfluss auf die Hintergrundfarbe, einen Rahmen, den Zellenabstand (also den Abstand zwischen den einzelnen Zellen), die Zellenfüllung und den Innenabstand. Der Tabellenassistent, der rechts neben dem Eingabefeld aufzurufen ist, hilft beim Erstellen. Ohne den Assistenten zu benutzen, trennt man die Tabellenspalten durch das Pipe-Symbol voneinander. Sofern Sie mit dem Assistenten Tabellen angelegt haben und diese speichern, sehen Sie anschließend im Textfeld die Tabelle mit Pipe-Symbolen als Trennzeichen. Die kontextsensitive Hilfe und die Texte hinter den Icons erleichtern zudem die Arbeit.

8.6.5 Dateiverweise (Dateilinks)

In der Registerkarte **Allgemein** erstellen Sie Linklisten, also Dokumente, die Sie für die Besucher zum Download zur Verfügung stellen. Laden Sie die entsprechende Datei – in diesem Beispiel die HTML-Vorlage der Webseite – über den Button **Dateien durchblättern** in das Inhaltselement. Natürlich können Sie auch hier wieder eine Datei über den Button **Durchsuchen** von Ihrem lokalen System laden.

Abbildung 8.45: Registerkarte Dateiverweise

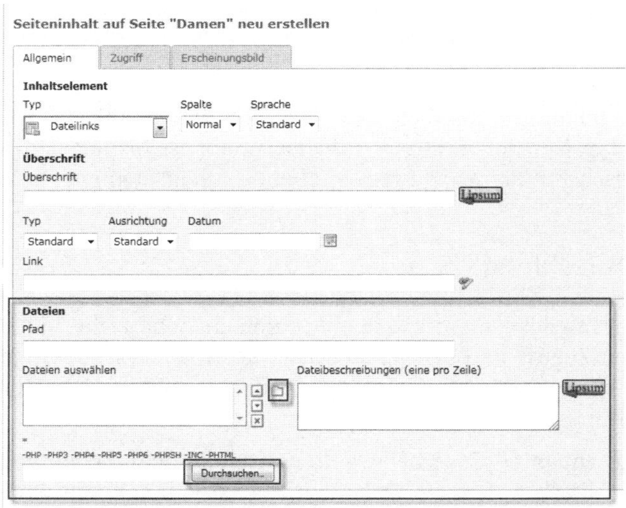

Wenn Sie sämtliche Dateien eines bestimmten Verzeichnisses unterhalb von `fileadmin` als Linkliste ausgeben möchten, geben Sie im Feld **Dateipfad** den entsprechenden Pfad an, z. B. `fileadmin/downloads/`. Damit werden alle Dateien des entsprechenden Verzeichnisses als Links gelistet. Die Sortierung erfolgt alphabetisch nach Dateinamen.

In der Registerkarte **Erscheinungsbild** wählen Sie das `Layout 1`, damit Icons angezeigt werden. Mit einem Häkchen bei **Dateilinklayout** weisen Sie TYPO3 an, die Dateigröße ebenfalls anzuzeigen.

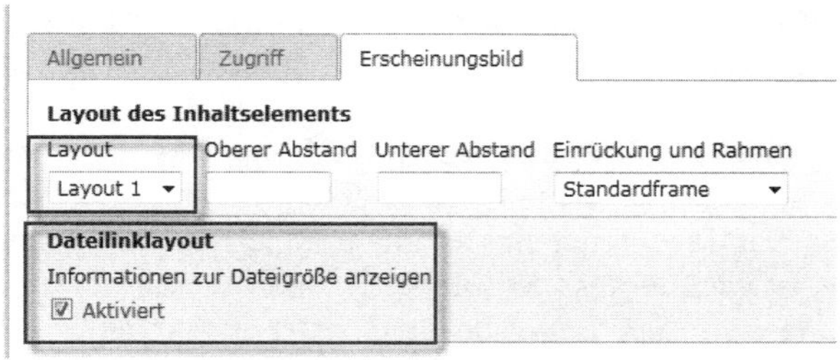

Abbildung 8.46: Registerkarte Erscheinungsbild

Die Anzeige der Dateigröße können Sie im **Konstanteneditor** des Templates `main_verein` anpassen (siehe Abb. 8.47).

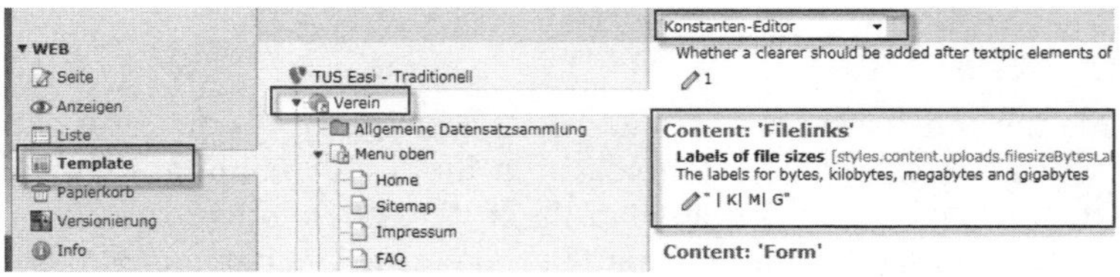

Abbildung 8.47: Konstanteneditor – Anzeige der Dateigröße anpassen

Sie können auch mehrere Dateien untereinander einfügen. Bei den Beschreibungstexten gilt dann die gleiche Regel wie schon bekannt: Sie müssen den beschreibenden Text für jede Datei im Feld **Dateibeschreibungen** in einer eigenen Zeile schreiben.

Um die Abstände zwischen den einzelnen Inhaltselementen zu setzen, haben wir unter dem ersten ein weiteres Content-Element gleichen Typs eingefügt. Wie Sie sehen, werden die Links noch über die Default-Einstellung formatiert, und die Dateigröße erscheint – je nach Länge des Dateinamens – an unterschiedlichen Positionen. Auch den beschreibenden Text könnte man etwas gefälliger darstellen. Darum kommt auch dieses Element auf unsere Checkliste zur Anpassung via CSS. Im Frontend sehen Sie die Dateilinks wie in Abbildung 8.48 gezeigt.

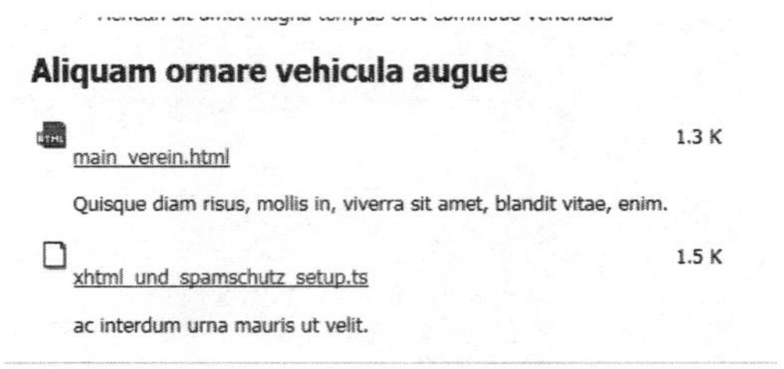

Abbildung 8.48: Inhaltstyp Dateiverweis im Frontend

8.6.6 Medien

Das Inhaltselement **Medien** erlaubt die Einbindung von z. B. Video- oder Audiodateien. Möglich sind folgende Formate: TXT, HTML, HTM, CLASS, SWF, SWA, DCR, WAV, AVI, AU, MOV, ASF, MPG, WMV, MP3. Im Prinzip laden Sie die Dateien wie Bilder oder Dateiverweise über die Registerkarte **Medien** und speichern den Datensatz ab. Testen Sie dies z. B. mit einer Hörprobe, einer WAV-Datei. Wollen Sie verhindern, dass die Hörprobe beim Aufruf der Seite sofort abgespielt wird, wählen Sie im Feld **Zusätzliche Parameter** den Eintrag **Mediumparameter** aus und setzen die Option `AutoPlay` auf `Aus`. Das ist wichtig, falls Sie mehrere Audio-Elemente auf dieser Seite einsetzen – diese würden sonst alle gleichzeitig abgespielt.

Zum komfortablen Einbinden von Filmen setzen wir später die Erweiterung `rgmediaimages` ein (Kapitel 16).

8.6.7 Sitemap

Mit diesem Inhaltselement erstellen Sie eine Sitemap für den Internetauftritt. Auch hier ist vor allem ein Abschnitt für die Einrichtung wichtig: **Menü und Sitemap**. Damit die Sitemap Ihren Wünschen entsprechend dargestellt wird, definieren Sie hier die Startpunkte des Seitenbaums, also die Seiten, die in der Sitemap dargestellt werden sollen. In unserem Fall sind das die Seiten ab `Menu oben` und `Menu links`. Als **Menütyp** sind verschiedene Auswahlen möglich wie `Sitemap` oder `Menü der Unterseiten` und vieles mehr. Im Frontend sehen Sie daraufhin die Verzeichnisstruktur des Webauftritts. Legen Sie dieses Inhaltselement auf der Seite **Sitemap** (in `Menu oben`) an – mit verborgenem Titel.

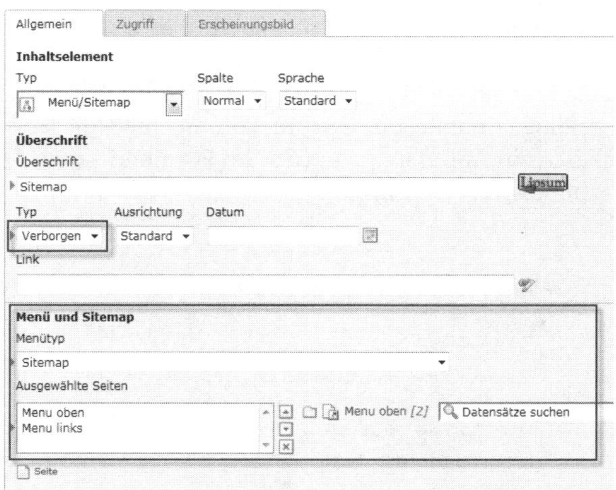

Abbildung 8.49: Inhaltstyp Sitemap für die Seiten unterhalb von Menu oben

Die Darstellung im Frontend ist überarbeitungswürdig und kommt wieder auf die CSS-Checkliste, damit die Darstellung im Frontend später unserem Design entspricht.

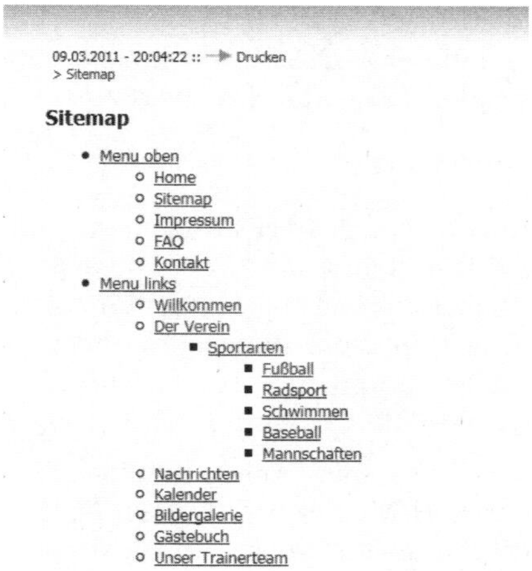

Abbildung 8.50: Anzeige der Sitemap

8.6.8 HTML

Sie können auch reine HTML-Elemente in Ihre Seite einfügen. Im Beispiel haben wir ein einfaches p-Tag samt Text erstellt. Entsprechend wird die Formatierung übernommen und das HMTL im Frontend ausgegeben.

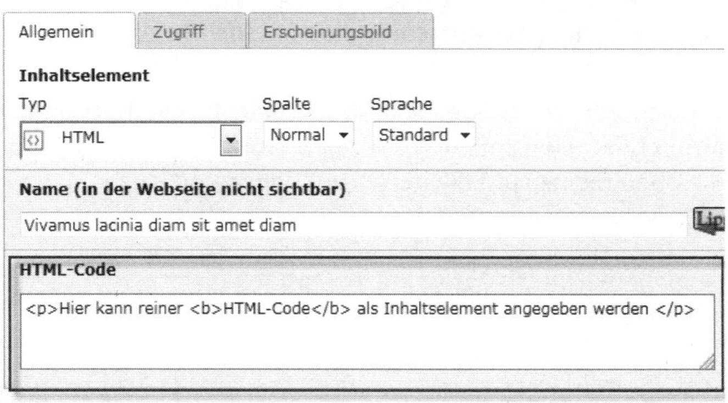

Abbildung 8.51: Inhaltstyp HTML

Dieses Element ist manchmal ganz nützlich, beispielsweise um einen Backlink zu einer Seite zu realisieren. Manche Erweiterungen erlauben z. B. das Einbinden einer „normalen" Inhaltsseite. Diese Seite wird dann aus der Erweiterung heraus aufgerufen und im selben Fenster geöffnet. Um jedoch wieder zurück zur Ausgangsseite zu navigieren, ist ein entsprechender Link notwendig, andernfalls ist man auf die **Zurück**-Funktion des Browsers angewiesen. Ein Beispiel: Im Webshop führt ein Verweis auf ein Textelement mit den AGB, von dem man natürlich wieder zurück in den Shop gelangen soll; hier hilft es, auf der AGB-Seite ein Inhaltselement vom Typ **HTML** einzufügen und folgenden Code in das Textfeld einzutragen:

```
<a href="javascript:history.back()"><< zur&uuml;ck</a>
```

Für unseren Webauftritt wird das HTML-Element auf den Seiten für die Sportarten eingesetzt. Dort haben wir z. B. auf der Seite `Fußball` die Unterseiten `Damen`, `Herren` und `Jugend` angelegt und im Menü versteckt. Auf der Seite `Fußball` haben wir für diese Unterseiten Links erstellt, die auf diese Seiten zeigen. Allerdings kommt man bisher lediglich über den Browser-Button zur Ausgangsseite `Fußball` zurück. Das wollen wir jetzt ändern.

Legen Sie dazu auf der Seite `Sportarten` | `Fußball` | `Damen` zunächst ein Element vom Typ **Reines HTML** mit dem Namen `Link zurück` an. Auf der Registerkarte **HTML** fügen Sie den JavaScript-Befehl aus dem obigen Codebeispiel ein und speichern den Datensatz ab. Damit kann der Besucher im Frontend bequem zur Seite `Fußball` zurück navigieren.

Fügen Sie diesen Seiteninhalt auch auf den Seiten für die Herren und die Jugend ein. Vergessen Sie auch die anderen Sportarten nicht. Da das Inhaltselement auf allen Seiten identisch ist, ist es am einfachsten, das Element zu kopieren und auf den anderen Seiten einzufügen. Benutzen Sie für den Kopiervorgang in der traditionell erstellten Seite am besten die Zwischenablage und fügen Sie das Element per Kopieren auf jeder Seite ein.

In TemplaVoila kopieren Sie das Element mit Klick auf das **Kopieren**-Icon und Einfügen in der Spalte des Hauptinhalts, dann erneut kopieren und so weiter. Das kopierte Inhaltselement wird als *nicht sichtbar* eingefügt. Sie müssen mit Klick auf die „Glühbirne" das Element sichtbar machen.

In TemplaVoila gibt es noch eine Besonderheit: Die verborgenen Elemente werden nicht standardmäßig angezeigt. Um die Anzeige einzuschalten, klicken Sie oben rechts auf **Erweiterte Funktionen** und setzen dann das Häkchen bei **Verborgene Elemente anzeigen**.

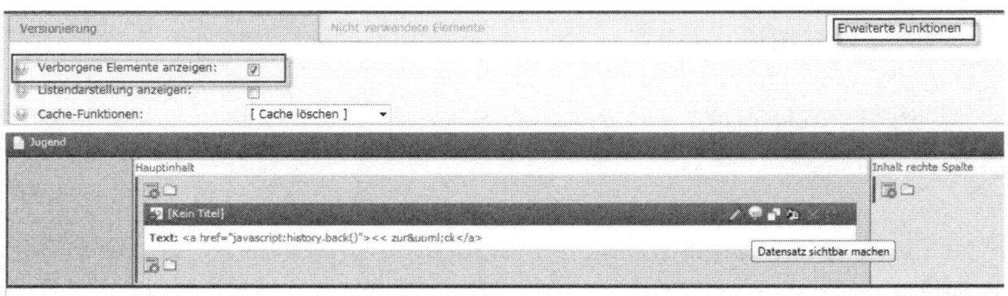

Abbildung 8.52: TemplaVoila – Erweiterte Funktionen – Verborgene Elemente anzeigen

Sollte das frisch eingefügte Element auf der traditionell erstellten Seite nicht an oberster Stelle sehen, so verschieben Sie es über die Pfeiltaste an den Anfang der Spalte.

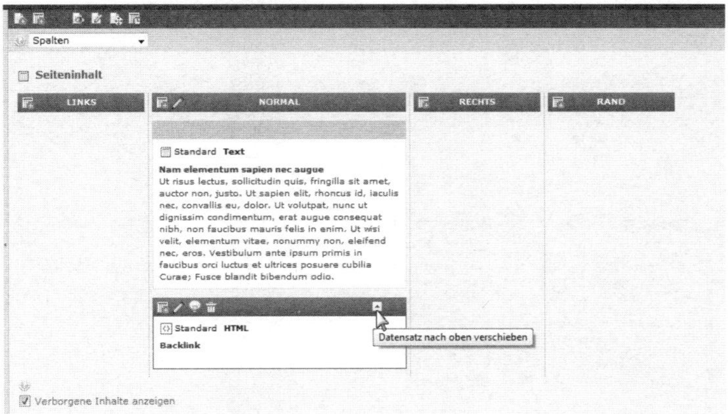

Abbildung 8.53: Inhaltselement mit den Pfeiltasten verschieben

8.6.9 Mailformular

Mit diesem Typ binden Sie Kontaktformulare in Ihre Webseite ein. Wie bei Tabellen steht Ihnen auch hier ein Assistent zur Verfügung; Trennzeichen ist wieder das Pipe-Symbol.

Das folgende Codebeispiel zeigt die Konfiguration eines solchen Formulars (achten Sie darauf, dass die fett markierte Zeile `Email:` sich hier im Codebeispiel über mehrere Zeilen erstreckt, aber im Formular in einer Zeile stehen muss).

```
Name: | *name=input,40 | Geben Sie einen Namen ein.
Email: | *email=input,40 | | EREG : Bitte geben Sie eine gültige E-Mail\
-Adresse an : ^[A-Za-z0-9\._-]+[@][A-Za-z0-9\._-]+[\.].[A-Za-z0-9]+$
Straße: | *strasse=input,40,100 | Geben Sie eine Straße ein.
PLZ: | *PLZ=input,10 | | EREG: Bitte geben Sie nur Zahlen ein: ^[0-9]*$
Ort: | *Ort=input,40
Kontaktieren Sie mich: | tv=check | 1
Ihre Nachricht: | address=textarea,40,5
 | formtype_mail=submit | absenden!
 | html_enabled=hidden
 | subject=hidden | Kontakt über den TUS Easi 1970
```

Erstellen Sie jetzt auf der Seite **Kontakt** ein Formular mit dem Titel `Kontaktformular`. Sie können natürlich gleich den Wizard benutzen. Aber in diesem Beispiel ersetzen Sie den von TYPO3 verwendeten Beispielinhalt, fügen den oben stehenden Code in der Registerkarte **Formular** in das Feld **Formularstruktur** ein und speichern das Formular (aber nicht verlassen).

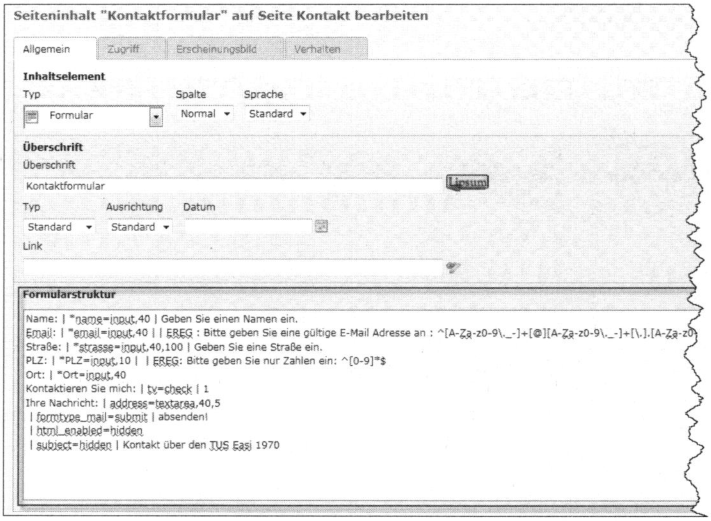

Abbildung 8.54: Kopierter Code und Aufruf des Formularassistenten

Nach Aufruf des Assistenten wird das Formular angezeigt. Mit den Icons auf der linken Seite können Sie die Felder nach oben/unten verschieben, löschen oder weitere Felder einfügen.

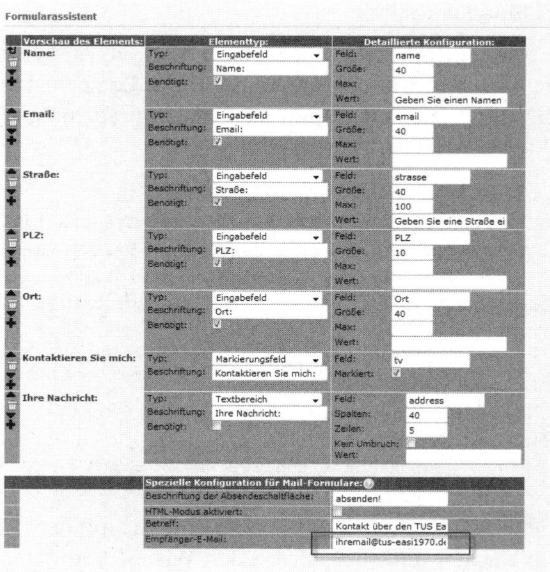

Abbildung 8.55: Ansicht mit Formularassistent

Dieses einfache Formular bietet einige Eingabefelder für die Adresse sowie eine Checkbox und ein Textfeld für die Nachricht. Natürlich gibt es einen Absendebutton, den Sie beschriften können, und ein Feld für die Empfänger-E-Mail der Kontaktnachricht, das Sie mit einer von Ihnen gewählten E-Mail-Adresse ausfüllen.

Die Spalte **Elementtyp** erlaubt es, verschiedene Feldtypen auszusuchen. Das gängigste Feld, ein Eingabefeld, kann mit einem entsprechenden Label versehen und über ein Häkchen als Pflichtfeld gekennzeichnet werden: Wird das Pflichtfeld nicht ausgefüllt, kann das Formular nicht versendet werden. Über die Spalte **Detaillierte Konfiguration** können Sie die angezeigten Feldlängen festlegen, aber auch die Anzahl der maximal erlaubten Zeichen. Über das Feld **Wert** lässt sich das Eingabefeld mit einem Standardtext vorbelegen.

Ein Textbereich dient der Eingabe der Nachricht an unseren Verein. Hier bestimmen Sie dessen Größe in Zeilen und Spalten.

Auch eine Checkbox, im Assistenten heißt sie **Markierungsfeld**, haben wir ins Formular aufgenommen. Der Interessent kann sie anklicken, wenn er eine persönliche Kontaktaufnahme wünscht.

Sofern Sie im Assistenten den HTML-Modus aktiviert haben, werden die E-Mails im HTML-Format zugestellt. Gerade bei sehr großen Formularen kann das den Lesefluss erleichtern.

Auf der Registerkarte **Formular** finden Sie auch ein Auswahlfeld für eine **Zielseite**. Die Zielseite ist jene, die im Frontend nach dem Absenden des Formulars angezeigt wird. Dazu benötigen Sie unterhalb der Seite `Kontakt` eine Seite, die im Menü versteckt ist und einen kurzen Dankestext enthält. Diese Seite legen Sie nun samt Dankestext an und weisen sie über das Feld **Zielseite** und über das Icon **Datensätze durchblättern** zu.

Ins Feld für die E-Mail-Adresse unter dem Feld für die Zielseite tragen Sie nun die Adresse ein, an die eingehende Kontaktanfragen geschickt werden sollen.

Natürlich stehen Ihnen bei Formularen noch viele weitere Feldtypen zur Verfügung – für ein einfaches Kontaktformular benötigt unsere Vereinsseite jedoch keine weiteren Angaben. Beachten Sie, dass Formulare ebenfalls über CSS gestaltet werden müssen. Je mehr unterschiedliche Felder mit verschiedensten Ausrichtungen Sie einsetzen, desto umfangreicher und anspruchsvoller werden die CSS-Definitionen ausfallen. Darüber hinaus sollten Sie daran denken, dass auch Erweiterungen häufig Formulare einsetzen und sich die Angaben für die Felder durchaus widersprechen können. So haben Sie vielleicht ein Formular fehlerfrei gestaltet, dadurch aber die Formatierungen für ein anderes durcheinander gebracht.

Ein weiteres Problem bei Formularen ist die fehlende Feldprüfung, wenn Sie Felder mit dem Wizard erzeugen. So prüft TYPO3 bei den Pflichtfeldern lediglich, ob das Feld ausgefüllt wurde, nicht aber beispielsweise, ob im Feld für die Postleitzahl tatsächlich nur Zahlen stehen oder ob die E-Mail-Adresse auch das @-Zeichen enthält.[7] Manuell können Sie über `EREG` Feldprüfungen in Formularen vornehmen. Beispielhaft haben wir die E-Mail-Adresse, den Namen und die Postleitzahl auf Validität geprüft,

Für die PLZ in Deutschland erlauben wir lediglich Zahlen von 0-9. In der E-Mail-Adresse dürfen im Teil vor dem @-Zeichen ein Punkt (der hier mit einem Backslash escapet werden muss), ein Unterstrich, die Zahlen 0-9, Kleinbuchstaben und das Minuszeichen verwendet werden.

Notwendig ist das @-Zeichen; erlaubt sind danach wieder Zahlen und Buchstaben, der Punkt sowie zwei bis vier Zeichen nach dem letzten Punkt.

Die Validierung der Feldinhalte erfolgt hier übrigens mit sog. *erweiterten regulären Ausdrücken* (*Extended Regular Expressions*), einer elaborierten Syntax zur Beschreibung von Zeichenketten (daher die Abkürzung `EREG` im Codebeispiel), auf die wir hier leider nicht näher eingehen können.

Beachten Sie dabei, dass die Validierung z. B. der Postleitzahlen nationale und sprachliche Besonderheiten berücksichtigen muss.

Die Ansicht unseres Formulars im Frontend fällt alles andere als zufriedenstellend aus. Also setzen wir auch diesen Inhaltstyp auf die CSS-Checkliste.

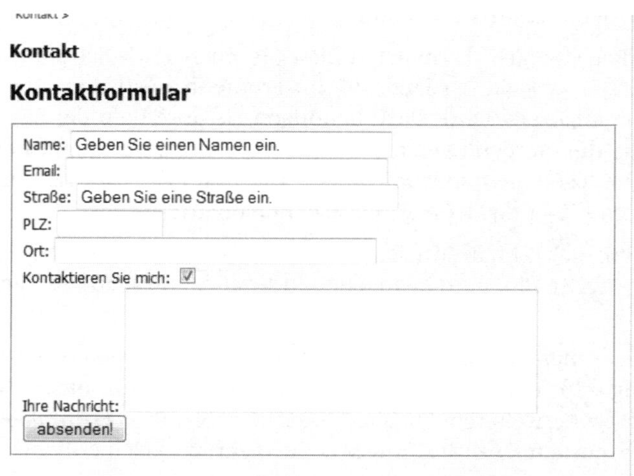

Abbildung 8.56: Formular im Frontend

7 Sofern Sie intensiv mit Formularen arbeiten, bietet sich die (hier nicht eingesetzte) Erweiterung `th_mailformplus` an. Eine Dokumentation in englischer Sprache finden Sie der Erweiterung beigefügt.

Spamschutz

Der Verein würde über dieses Standardformular sicher auch einige Spam-E-Mails erhalten. Das soll natürlich verhindert werden. Die Agentur diskutiert zwei Möglichkeiten. Zum einen die Installation von `wt_spamshield`, einer TYPO3-Erweiterung, die verschiedene Prüfungen der Feldinhalte erlaubt, und zum anderen den Einsatz einer Formularerweiterung, `powermail`, die mit einer Captcha-Erweiterung arbeitet.

8.6.10 Suchformular

Mit diesem Inhaltstyp könnten Sie ein einfaches Suchformular auf einer Seite platzieren. Da TYPO3 jedoch über eine viel weitergehende Suchfunktion verfügt, gehen wir auf diesen Inhaltstyp nicht weiter ein. Für die Suche in diesem Webauftritt nutzen wir die Systemerweiterung `Indexed Search`, die wir in Kapitel 21 vorstellen.

8.6.11 Anmeldeformular

Mit diesem Inhaltselement können Sie ein Anmeldeformular auf einer oder mehreren Seiten des Webauftritts einfügen. Da die Anmeldung in unserem Projekt aber auf allen Seiten des Webauftritts zur Verfügung stehen soll, werden wir das Login nicht als Inhaltselement, sondern über einen Marker bzw. TemplaVoila einbinden. Die Anmeldung und Registrierung von Benutzern steht auch im Zusammenhang mit Gruppen und deren Rechten und wird daher im Kapitel 17 ausführlicher behandelt.

8.7 Layout der Inhalte über CSS anpassen

Hier nun also die Punkte, die wir im Verlauf unserer bisherigen Arbeit als verbesserungswürdig erkannt haben und denen wir uns nun widmen:

- Stil für die Bildunterschrift fehlt
- Dateiverweise: Links und Text anpassen, Abstand der Größenanzeige
- Sitemap anpassen
- Formulare anpassen
- Links und Verweise in Seiteninhalten
- Schriften generell verkleinern

Um die noch fehlenden Definitionen für die Seiteninhalte via CSS entsprechend unserem Layout zu erstellen, nutzen wir wieder eine eigene CSS-Datei. Erstellen Sie diese mit Namen `3_inhalt.css` in Ihrem Fileadmin-Verzeichnis und binden Sie sie über `import` in die Datei `standard.css` ein. Die Datei editieren Sie später natürlich wieder über den lokalen Editor.[8]

Rufen Sie die Seite im Frontend auf, die ein Inhaltselement vom Typ **Text mit Bild** enthält. Damit Sie herausfinden können, welche ID oder Klasse für die Bildunterschrift per Default verwendet wird, müssen Sie jetzt in irgendeiner Weise den Quelltext der Seite betrachten und das entsprechende Element suchen. Dies geht immer über die Browser-Funktion **Quelltext anzeigen**, wobei die Funktion von Browser zu Browser etwas unterschiedlich heißt und in der Regel über die rechte Maustaste oder das Browser-Menü **Anzeigen** erreichbar ist. Wir haben uns hier für *Firebug*, eine *Firefox*-Erweiterung, entschieden. Gerade bei Formularen oder anderen komplexen Inhalten aus Erweiterungen ist diese Firefox-Erweiterung sehr nützlich und spart viel Arbeit. Über den Umgang mit Firebug informieren Sie sich in der Hilfe-Funktion dieser Firefox-Erweiterung.

Bildunterschriften anpassen

Öffnen Sie also die Seite im Frontend und suchen Sie im Quelltext die entsprechende Stelle. Die Bildunterschrift wird formatiert über die Klasse `csc-textpic-caption`.

Starten Sie mit der Bearbeitung der Datei `3_inhalt.css` und fügen Sie den folgenden Code ein, der die Bildunterschrift definiert. Sobald Sie die Datei hochladen, werden die Bildunterschriften entsprechend dargestellt – kleinere Schrift und zentriert.

```
.csc-textpic-caption {
  font-family: Helvetica,Verdana,Arial,sans-serif;
  font-style: normal;
  font-variant: normal;
  font-weight: normal;
  font-size: 0.7em;
  line-height: normal;
  font-size-adjust: none;
  font-stretch: normal;
  text-align: center;
  }
```

8 Da wir `css_styled_content` verwenden, könnten Sie alternativ die Default-CSS-Datei der Erweiterung im Prinzip kopieren und anpassen. Dieses Vorgehen haben wir für unser Projekt nicht gewählt. Wenn Sie diesen Ansatz bevorzugen, finden Sie die Datei über den Erweiterungsmanager in der Erweiterung `css_styled_content` unter `css/example.css`.

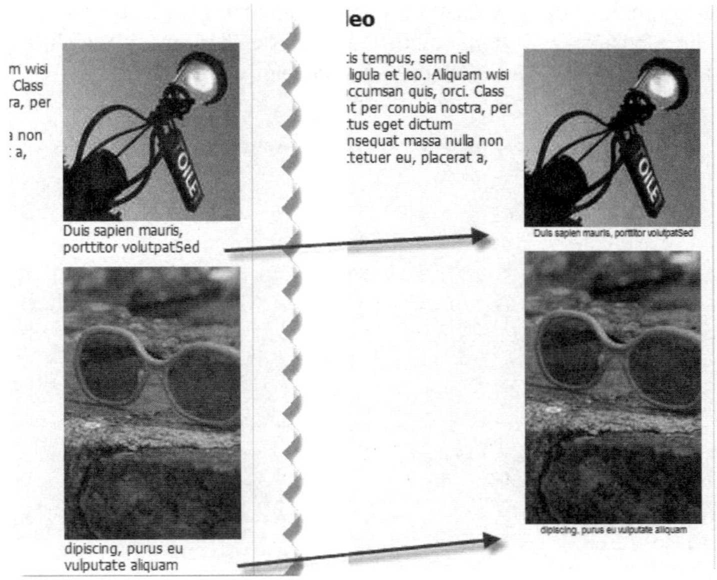

Abbildung 8.57: CSS angepasst – Bildunterschrift im Frontend – vorher/nachher

Dateiverweise anpassen

Dateiverweise werden über Tabellen definiert. Sofern Sie das **Layout1** verwenden, sollten Sie die Position des Icons vor dem Link anpassen. Sobald Sie den folgenden Code in die CSS-Datei `3_inhalt.css` eingefügt haben, funktioniert auch diese Ausrichtung.

```
.csc-uploads-fileName {
  width: 400px;
  }
.csc-uploads-fileSize, .csc-uploads-icon {
  padding-top: 1em;
  }
```

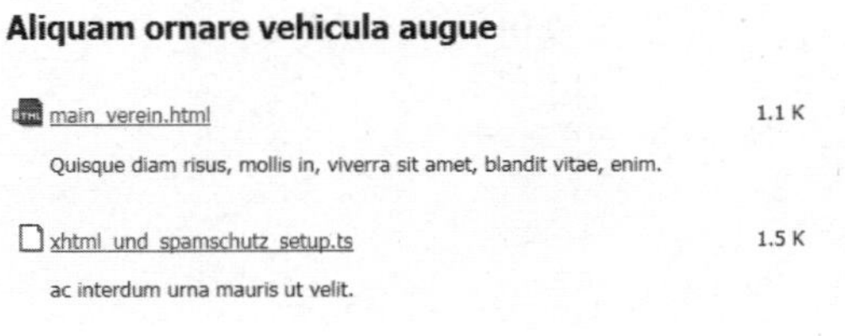

Abbildung 8.58: CSS angepasst – Dateiverweise im Frontend

Sitemap

Um die Sitemap in der gewünschten Schrift anzuzeigen, formatieren wir die Klasse `csc-sitemap`. Zudem soll der Link, das `a`-Element, ohne Unterstrich und ohne Bullet bzw. Nummerierung angezeigt werden

```
.csc-sitemap {
  font-family: Helvetica,Verdana,Arial,sans-serif;
  font-style: normal;
  font-variant: normal;
  font-weight: normal;
  font-size: 0.9em;
  line-height: normal;
  font-size-adjust: none;
  font-stretch: normal;
  }

.csc-sitemap ul {
  list-style-type:none;
  }

.csc-sitemap a {
  text-decoration:none;
  list-style-type:none;
  }
```

Formulare

Mit dem Default-Layout des Formulars waren wir ebenfalls nicht zufrieden. Erstellen Sie für die Formulare eine Datei namens `4_forms.css` und binden Sie sie über `import` in die Datei `standard.css` ein. Dann erstellen Sie den folgenden Code für die einzelnen Felder. Sie finden die Datei mit dem CSS-Code – nicht nur für das Mail-Formular – wieder zum Download auf der buchbegleitenden Webseite.

```
/* MAILFORM */
/* Felder und Submit-Button für E-Mail-Formulare */

/* hier wird auf Wunsch definiert, dass Formulare nicht umrahmt sind */

.csc-mailform {
  width: 450px;
  margin-left: 0px;
  border: none;
  }

.csc-mailform-check {
  border: none;
  padding: 0px;
  margin-left: 0px;
```

```
  vertical-align: top;
  display: block;
  width: 15px;
  }

.csc-mailform-field input {
  background-color: #ffffff;
  border-style: solid;
  border-width: 1px;
  border-color: #BDBDBD;
  line-height:15px;
  color: #333;
  font-family: Arial, Verdana, sans-serif;
  font-size: 12px;
  font-weight: 400;
  }

.csc-mailform-field select {
  background-color: #ffffff;
  border: 1px solid;
  border-color: #BDBDBD;
  font-family: Arial, Verdana, sans-serif;
  font-size: 12px;
  line-height:15px;
  }

/* Damit der IE keine Border um die Checkbuttons legt */

.csc-mailform-field input.csc-mailform-check {
  border: none;
  }

.csc-mailform-field textarea {
  background-color: #ffffff;
  border: 1px solid;
  border-color: #BDBDBD;
  font-family: Arial, Verdana, sans-serif;
  font-size: 12px;
  line-height:15px;
  }

.csc-mailform-field label {
  margin:2px;
  font-size:12px;
  line-height:15px;
  color:#000000;
  text-align: left;
  margin-right: 0px;
  width: 250px;
  display: block;
  font-family: Arial, Verdana, sans-serif;
  }
```

```
/*Border um gesamtes Formular, wenn gewuenscht
.csc-mailform {
  border-style: solid;
  border-width: 1px;
  border-color: #BDBDBD;
  }*/

/* Ausrichtung des Submit-Buttons */

#mailformformtype_mail {
  float: left;
  padding: 0px;
  background-color: #f4f4f4;
  border-style: solid;
  border-width: 1px;
  border-color: #BDBDBD;
  font-family: Tahoma, Verdana, sans-serif;
  font-size: 11px;
  line-height:15px;
  margin-top: 10px;
  margin-bottom: 10px;
  height:20px;
  width:80px;
  }

/* Standardsuche Formular */

table, tr, td .csc-searchform {
  border:none;
  vertical-align: top;
  }

.csc-form-fieldcell submit {
  margin-left: 0px;
  margin-top: 15px;
  padding-left: 0px;
  padding-right: 0px;
  padding-top: 0px;
  padding-bottom: 0px;
  background-color: #CCCCCC;
  border-width: 1px;
  border-top-color: #ffffff;
  border-left-color: #ffffff;
  border-bottom-color: #A2A2A2;
  border-right-color: #A2A2A2;
  border-style: solid;
  }

.csc-form-fieldcell input {
  background-color: #ffffff;
  border-style: solid;
```

```
border-width: 1px;
border-color: #BDBDBD;
font-family: Arial, Verdana, sans-serif;
font-size: 12px;
line-height:15px;
}
```

Die Ausrichtung der Felder ist nun korrekt und die Anzeige im Frontend entspricht der Abbildung 8.59.

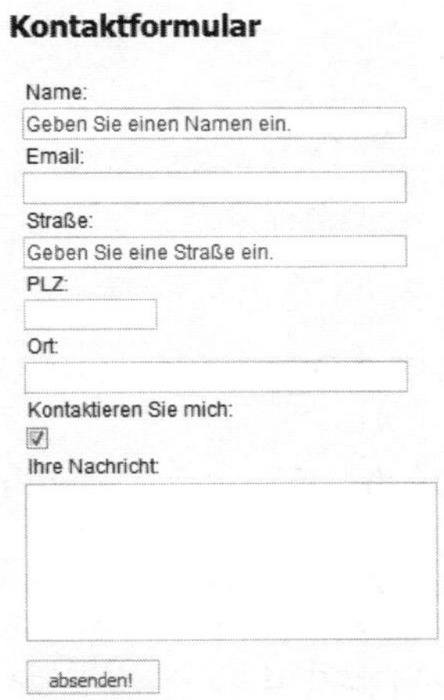

Abbildung 8.59: Fertiges Formular im Frontend

Schriften anpassen

Die Schrift für das obere Menü soll etwas kleiner sein. Bearbeiten Sie die Datei `2_menu.css` und setzen Sie die Schriftgröße auf `1em`.

```
#oben_2 a {
  text-decoration: none;
  color: #177272;
  font-weight: bold;
  font-size: 1em;
  }

#oben_2 a:hover {
  color: #666;
  color: #177272;
  font-weight: bold;
  font-size: 1em;
  }
```

Die Schrift im linken Menü, also in der linken Inhaltsspalte, empfinden wir ebenfalls als zu groß und setzen sie auf `0.9em`.

```
#M_links  {
  margin-top: 20px;
  text-decoration: none;
  font-family: Verdana,Arial,sans-serif;

  /* Folgende Angabe ist nicht erforderlich, da body=12px.
     Bei Bedarf ist hier anzupassen*/
  font-size: 0.9em;
  ...
  }
```

Nun haben Sie alle Inhaltselemente kennengelernt und wissen, wie diese mit CSS-Definitionen angepasst werden können. Widmen wir uns nun den weiteren Ausarbeitungen der Webseite.

8.8 Seitenkopf um Logo und Bilder erweitern

8.8.1 Vereinslogo auf der Webseite anzeigen

Ein Logo steht meist im Seitenkopf und ist auf allen Seiten sichtbar. Ein gutes Logo ist prägnant, erleichtert die Wiedererkennung und dient als Identifikationsmerkmal. Kurzum, es darf auch auf dieser Webseite nicht fehlen.

Für TemplaVoila haben Sie bereits im Abschnitt 8.1 die Abbildung vorgenommen. Die Abbildung ist allerdings nur auf das `div`-Element mit der ID `obenspezial` erfolgt. In der traditionellen Vorgehensweise wurden `div`-Elemente und Marker für das Logo und die wechselnden Bilder verwendet, während Ihnen hier nur die Abbildung auf `obenspezial` zur Verfügung steht. Diese Lücke wird geschlossen, indem ein Objekt vom Typ `COA` verwendet wird, welches die fehlenden Zuweisungen aufnimmt. Daher ist das TypoScript, das Sie im TypoScript-Template `main_verein` vor dem `page`-Objekt einfügen, an dieser Stelle etwas ausführlicher:

```
# lib.obenspezial befüllen
lib.obenspezial = COA
lib.obenspezial {
  10 = TEXT
  10.wrap = <div id="logo1">|</div>
  20 = TEXT
  20.wrap = <div id="logo2">|</div>
  30 < lib.bild1
  40 < lib.bild2
}
```

Erst damit stehen Ihnen auch in der Version mit TemplaVoila die beiden HTML-Elemente für `logo1` und `logo2` zur Verfügung.

CSS anpassen

In der CSS-Datei `1_basis.css` definieren Sie die CSS-Anweisungen für das HTML-Element mit der ID `logo1`, dem auch der Schattenriss eines Fußballers im HTML-Element mit der ID `logo2` zur Seite gestellt wird. Die Bilder finden Sie wie immer auf der buchbegleitenden Webseite. Der Fußballer erhält eine besondere Formatierung: Er wird mit einer negativen `top`-Anweisung an den oberen Rand positioniert; die Anweisung `z-index` mit dem Wert 2 bewirkt, dass das Bild andere Elemente mit dem Standard-`z-index`-Wert 1 überlappt und damit auch *über* dem Hauptmenü liegt:[9]

```
#logo1 {
  width: 120px;
  height: 80px;
  background: url(../images/logo.gif) no-repeat;
  position: relative;
  top:95px;
  left:215px;
  }
#logo2 {
  width: 102px;
  height: 200px;
  background: url(../images/fussballer.png) no-repeat;
  position: relative;
  top:-80px;
  left:115px;
  z-index:2;
  }
```

Wenn Sie die Seite im Frontend aktualisieren, sollte sie nun wie in Abbildung 8.60 aussehen.

Abbildung 8.60: Seitenansicht im Frontend – mit Logo und Fußballer

[9] Eine gute Beschreibung von HTML und CSS finden Sie auf der Webseite `http://de.selfhtml.org/`. Vielen Dank an die Macher der Webseite.

8.8.2 Wechselnde Bilder im Seitenkopf anzeigen

Wenden wir uns jetzt der Gestaltung eines Seitenkopfs mit wechselnden Bildern zu. Bisher wird auf der Seite ein statischer Seitenkopf, das Hintergrundbild, angezeigt, das über CSS zugewiesen wurde. Künftig sollen aber bis zu zwei Bilder in diesem Seitenkopf von den Redakteuren bestimmt werden können. Der Redakteur fügt dazu eines oder beide Bilder selbst auf der Seite ein, z. B. auf der Seite `Schwimmen` nur Bilder von Schwimmern, auf der Seite `Fußball` Fußballbilder usw. Da der Sportverein uns lediglich vier Beispielbilder zur Verfügung gestellt hat, wechseln wir hier einfach nur diese Bilder.

Um dem Redakteur diese Möglichkeit zu bieten, sind ein paar Vorarbeiten notwendig:

- HTML-Vorlage erweitern (das haben Sie bereits auf Seite 206 für die traditionelle Vorgehensweise bzw. auf Seite 207 für TemplaVoila getan)
- Einzelbilder in das Verzeichnis `images` hochladen
- TypoScript-Vorlage für die Anzeige der Bilder definieren
- Bilder über die Seiten zuweisen

Laden Sie `header1.gif`, `header2.gif`, `header3.gif` und `header4.gif` in Ihren Ordner `images` im Fileadmin-Verzeichnis. Sie finden die Bilder auf der buchbegleitenden Webseite.

TS

TypoScript-Setup für die traditionelle Vorgehensweise (Zuweisung zu den Markern):

```
...
  marks {
  ...
  BILD1 < lib.bild1
  BILD2 < lib.bild2
  ...
```

TS + TV

TypoScript-Setup für die traditionelle Vorgehensweise und TemplaVoila zur Erstellung der Bilder: Unterhalb der allgemeinen Konfiguration, also eher am Anfang des Setups und vor dem `PAGE`-Objekt, definieren Sie jetzt das Setup für die Bildelemente.

```
config {
[...]
  }

# Definition der Logobilder
lib.bild1 = COA
lib.bild1 {
```

```
10 = IMAGE
10 {
 alttext.cObject = TEXT
 alttext.cObject.value = Trailerbilder Thema Sport
 file.width = 120
 file.height = 60
 stdWrap.required = 1
 stdWrap.wrap = <div id="oben_bild1"><div class="cimage"> |
</div></div>
 file.import {
  cObject = TEXT
  cObject.value = fileadmin/images/header1.gif
  cObject.override {
    required = 1
    data = levelmedia: -1, "slide"
    wrap = uploads/media/ |
    listNum = 0
    }
  }
 }
}

lib.bild2 = COA
lib.bild2 {
10 = IMAGE
10 {
 alttext.cObject = TEXT
 alttext.cObject.value = Trailerbilder Thema Sport
 file.width = 120
 file.height = 60
 stdWrap.required = 1
 stdWrap.wrap = <div id="oben_bild2"><div class="cimage"> |
</div></div>
 file.import {
  cObject = TEXT
  cObject.value = fileadmin/images/header2.gif
  cObject.override {
    required = 1
    data = levelmedia: -1, "slide"
    wrap = uploads/media/ |
    listNum = 1
    }
  }
 }
}
```

Diese Bilder werden über sogenannte COA-Objekte zugewiesen. In COA, also *Content Object Arrays*, werden Objekte zusammengefasst und wie *ein* Objekt behandelt.

Zunächst wird festgelegt, dass es sich bei der Definition um ein COA-Objekt handelt. Das Objekt ist ein Bild (`IMAGE`). Wir haben uns hier für einen statischen Text entschieden, der immer, unabhängig von der aufgerufenen Seite, gleich ausgegeben wird: Mit `alttext.cObject=TEXT` soll Text ausgegeben werden, der Wert wird mit `alttext.cObject.value=` zugewiesen. Eine detailliertere Information zu diesen Bildern ist nicht notwendig. Weiter legen wir die erlaubte Bildgröße fest, eine Breite von 120 Pixel. Sofern Sie Bilder verwenden, die in unterschiedlichen Größen vorliegen, verwenden Sie statt `file.maxW = 120`, also der maximal erlaubten Breite, die genauen Bildmaße. In unserem Fall:

```
file.width = 120
file.height = 60
```

Ein Wrap mit der Klasse `cimage` erlaubt weitere Anpassungen via CSS. Um dieses Wrap ist wiederum das `div`-Element `oben_bild1` bzw. `oben_bild2` gelegt. Auf diese Weise passen wir das HTML-Layout an, ohne direkt das Template `main_verein.html` zu verändern.

Über `file.import` bestimmen wir ein Bild, das angezeigt wird, sofern der Redakteur dieser Seite keine Bilder zugeordnet hat. Fehlt diese Angabe, werden keine Bilder angezeigt, die nicht vom Redakteur zugewiesen sind. Denn beiden Objekten, `lib.logo1` bzw. `lib.logo2`, werden über `file.import` Standardbilder zugewiesen für den Fall, dass der Redakteur keine Bilder bzw. nur ein einzelnes einfügt.

Mit `cObject.override` definieren Sie, dass das Standardbild überschrieben wird. Mit `data = levelmedia -1, "slide"` erreichen Sie, dass dieses Bild auf der aktuellen Ebene im Seitenbaum ausgegeben wird, inklusive deren Unterseiten – sofern auf den Unterseiten kein anderes Bild zugewiesen wurde. Mit anderen Worten: Wenn der Redakteur auf einer übergeordneten Seite ein Bild hinterlegt, so wird dies auf alle Unterseiten vererbt, bis ein anderes Bild auf der Unterseite eingefügt wird. `listNum=0` bestimmt die Reihenfolge, in der die Bilder abgearbeitet werden, beginnend mit 0. So ist die 0 das erste Bild, die 1 das zweite und so weiter.

CSS anpassen

In der CSS-Datei `1_basis.css` müssen Sie ebenfalls einige Anpassungen vornehmen. Die Bilder sollen oben links im Seitenkopf untereinander stehen, mit etwas Abstand dazwischen:

```
[...]
#oben_bild1 {
  position: absolute;
  top: 15px;
  }
#oben_bild2 {
  position: absolute;
  top: 95px;
  }
```

```
.cimage {
  padding: 10px 0px 0px 10px;
  }
[...]
```

Im Frontend sieht der Trailer mit den Default-Bildern jetzt aus wie in Abbildung 8.61.

Abbildung 8.61: Seitenheader mit COA-Objekten im Frontend

Bilder auf einzelnen Seiten zuweisen

Beispielhaft weisen wir nun der Seite `Baseball` Bilder zu. Zuvor suchen Sie zwei Bilder aus Ihrem Bilderverzeichnis aus, die im Header der Seite erscheinen sollen. Die Bilder müssen natürlich eine passende Größe von 120x60 Pixel haben (oder Sie verwenden eines der Header-Bilder von der Downloadseite). Laden Sie die Bilder ins Verzeichnis `fileadmin/images`.

Wechseln Sie dann auf die Seite `Baseball` und bearbeiten Sie dort die Seiteneigenschaften. Auf der Registerkarte **Ressourcen** klicken Sie im Bereich **Dateien** wieder das Icon **Datensätze durchblättern** und wählen mindestens eins der hochgeladenen Bilder aus.

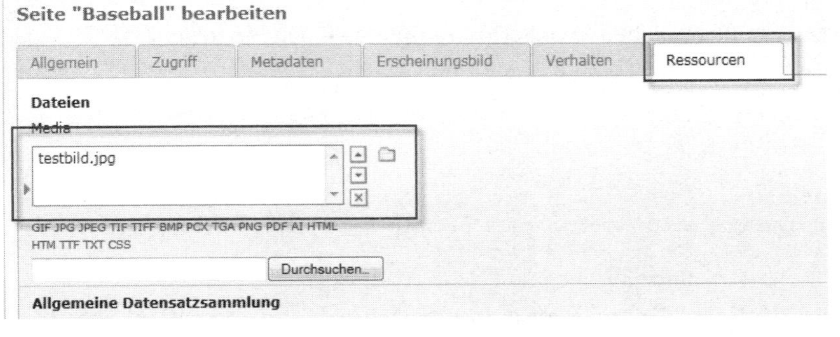

Abbildung 8.62: Bild auf der Seite Baseball als wechselndes Bild hinzufügen

Um die Funktion zu testen, können Sie – sofern Sie keine weiteren Bilder haben – auch zweimal das gleiche Bild nehmen oder die Reihenfolge der Standardbilder ändern.

Die hier gewählten Bilder werden im Frontend nun auf der Seite Baseball und ihren Unterseiten angezeigt (Abbildung 8.63).

Abbildung 8.63: Seitenheader – erstes Bild geändert

8.9 Die Fußzeile mit Copyright füllen

Und jetzt noch eine kleine Übung, bei der Sie in den Konstanten im TypoScript-Template main_verein Konstanten anlegen und die Werte dann in der Fußzeile (Footer) verwenden.

Öffnen Sie die Konstanten im TypoScript-Template main_verein zur Bearbeitung und fügen Sie folgende Zeilen ein:

```
copyrightText = -- Der Verein für alle Sportbegeisterten in Überall und
Umgebung --
copyright = TUS Easi 1970, Überall
```

Im Setup des gleichen TypoScript-Templates fügen Sie folgenden Code ein:

```
# Fußzeile mit dem Inhalt von Konstanten (hier Copyright) belegen
lib.footer = TEXT
lib.footer {
  data = date:U
  strftime = %Y
  dataWrap = &copy;  |  {$copyright}  {$copyrightText}
  }
```

Hier wird eine Textzeile zusammengestellt, die aus dem Copyright-Icon, dem aktuellen Jahr und den Inhalten der beiden soeben angelegten Konstanten besteht. Die Konstanten werden im Setup verwendet, indem der Variablen ein Dollarzeichen vorangestellt wird und Variable samt Dollarzeichen von geschweiften Klammern umschlossen werden.

Für die traditionelle Vorgehensweise müssen Sie nur noch den Marker befüllen:

```
[...]
    PAGE_TITLE < lib.page_title
    FOOTER < lib.footer
[...]
```

Für TemplaVoila müssen Sie nichts mehr tun. Das ist alles durch die Abbildung bereits erledigt.

Die Fußzeile Ihrer Webseite sollte anschließend aussehen wie in Abbildung 8.64.

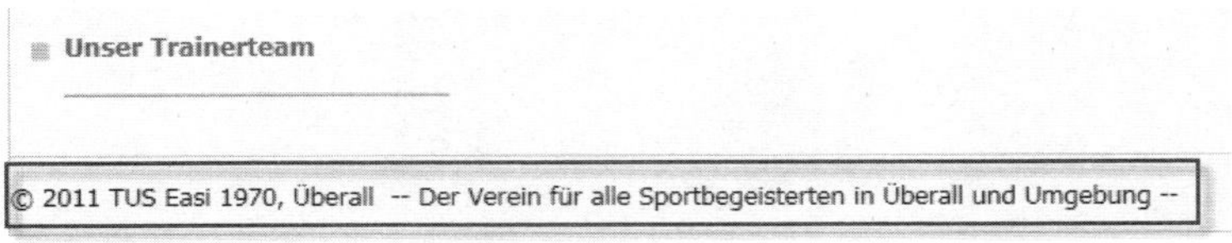

Abbildung 8.64: Fußzeile mit Copyright-Text

9

Kapitel

Mehrsprachigkeit

Grundsätzlich gibt es zwei Ansätze, um mehrsprachige Seiten zu realisieren:

- den Mehrbaumansatz, der je Sprache einen eigenen Seitenbaum vorsieht, und
- den Einbaumansatz, der die jeweiligen Übersetzungen innerhalb desselben Seitenbaums vorsieht.

Beim Mehrbaumansatz erhält jede Sprache einen eigenen Seitenbaum, der unabhängig von in anderen Sprachen vorliegenden Seitenbäumen gepflegt wird. Die Sprache wird in den Typoscript-Templates des jeweiligen Seitenbaums definiert. Jeder Seitenbaum kann sich daher im Inhalt und im Aussehen von anderen unterscheiden.

Beim Einbaumansatz werden Seiten und Inhalte in der Standardsprache erstellt, lokalisiert und entsprechend in die anderen definierten Sprachen übersetzt.

Für unsere Vereinsseite haben wir uns für den Einbaumansatz entschieden, denn er bietet einige Vorteile: Durch einen Sprachumschalter, ein kleines Flaggenmenü, kann der Besucher sich die Inhalte in verschiedenen Sprachen anzeigen lassen und muss sich nicht bereits auf der Einstiegsseite für eine Sprache entscheiden, mit der er die komplette Webseite betrachtet. Er kann damit zwischen den Sprachen hin und her wechseln. Im Backend kann der Redakteur, abhängig von seinen Rechten, außerdem sofort beim Anlegen einer Seite in der Standardsprache die Seite lokalisieren und entsprechende Übersetzungen anlegen bzw. für die Übersetzung vorbereiten.

Damit die Seiteninhalte auch in anderen Sprachen zur Verfügung stehen, soll diese Seite in zunächst einer weiteren Sprache erstellt werden. Legen wir also Englisch als alternative Seitensprache an. Und wir benötigen wieder eine Erweiterung: `sr_language_menu`.

9.1 Die Erweiterung sr_language_menu

Um die Mehrsprachigkeit der Seite für die Frontendbenutzer generell anzubieten, setzen wir die Erweiterung `sr_language_menu` von Stanislas Rolland ein. Der Wunsch unseres Kunden ist, dass über Flaggensymbole die jeweilige Sprache ausgewählt und zwischen den einzelnen Sprachen gewechselt werden kann.

Installieren Sie zunächst die Erweiterung über den Erweiterungsmanager. Sie dient lediglich der Anzeige der Flaggensymbole und dem Wechsel zwischen den Sprachen. Hinweis: Während des Installationsprozesses wird von den Traditionalisten die Installation der Erweiterung `static_info_tables` gefordert. Die Nutzer von TemplaVoila haben diese bereits installiert.

Interessierte finden der Erweiterung eine Dokumentation in englischer Sprache beigefügt.

9.2 Übersetzungseinstellungen

9.2.1 Backend-Sprachen

Anschließend aktivieren Sie – ebenfalls im Erweiterungsmanager – unter **Übersetzungen** die gewünschten Sprachen. In unserem Falle ist das Deutsch, welches Sie bereits im Rahmen des Kapitels 2.5.1 aktiviert haben. Sofern Sie weitere Sprachen einsetzen möchten, aktivieren Sie diese hier ebenfalls. Englisch müssen (und können) Sie nicht auswählen, da dies die Default-Sprache ist und immer zur Verfügung steht.

Deutsch muss dagegen aktiviert werden, obwohl die Seiten und Inhalte auf Deutsch angelegt wurden. Bei mehrsprachigen Seiten müssen Sie die Sprachen bekannt geben, bei einsprachigen Seiten reichen die Einstellungen für den Zeichensatz aus.

Damit alle Erweiterungen in den entsprechenden Sprachen zur Verfügung stehen, klicken Sie **Aus Bibliothek aktualisieren** an. Der Prozess kann ein wenig dauern, ein grüner Balken zeigt Ihnen den Fortschritt des Updates an. Darunter erscheinen dann alle Erweiterungen gelistet, samt Ergebnis des Updates. Sofern Sie eine neue Erweiterung installieren, müssen Sie diesen Vorgang, also das Update, wiederholen, damit die Sprachen auch für diese neue Erweiterung zur Verfügung stehen. Natürlich müssen Sie die Aktualisierung jedes Mal durchführen, wenn Sie eine zusätzliche Sprache installieren.

9.2.2 Webseitensprache anlegen

Die Standardsprache der Webseite soll Deutsch sein. Als Standardsprache ist aber seitens TYPO3 immer Englisch mit der ID = 0 fest hinterlegt. Diese Einstellung muss überschrieben werden, so dass Deutsch tatsächlich zur Default-Sprache wird. Dadurch steht aber die Sprache Englisch nicht mehr zur Verfügung und muss als neue Webseitensprache angelegt werden:

Wechseln Sie ins Webmodul **Liste** und wählen Sie in Ihrem Seitenbaum die Wurzel des Baumes, also die Seite mit dem TYPO3-Symbol. Klicken Sie in der großen rechten Spalte oben auf das Icon für **Neuen Datensatz anlegen**.

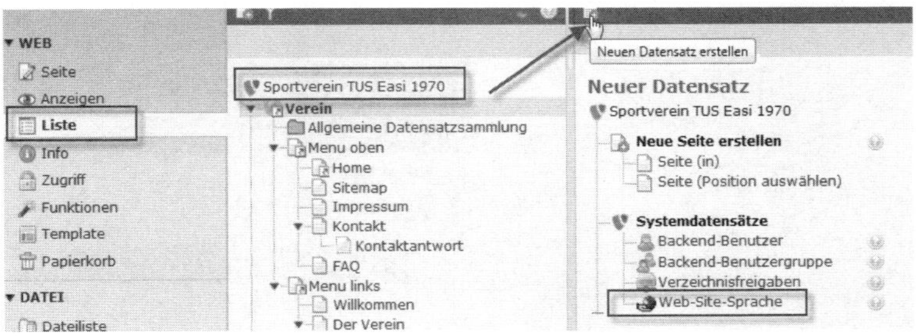

Abbildung 9.1: Website-Sprache auswählen

Suchen Sie aus der Liste (siehe Abbildung 9.1) **Web-Site-Sprache** aus und legen Sie die Sprache Englisch an, wie in Abbildung 9.2 zu sehen. Speichern und schließen Sie den Datensatz.

In den Tabellen sehen Sie nun die neu angelegte Sprache. Wenn Sie den Mauszeiger auf das Icon der Sprache bewegen, wird die UID der Sprache angezeigt, hier die 1.

Diese UID wird für die Anzeige der Flaggensymbole im Frontend benötigt und muss dem Sprachauswahlmenü über TypoScript zugewiesen werden. Merken Sie sich also die UID der Sprache.

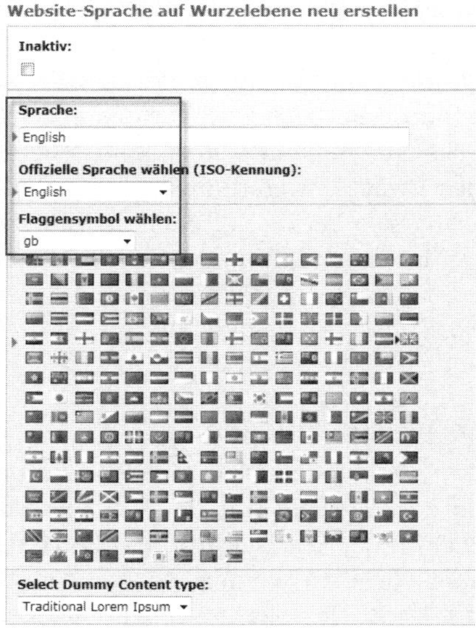

Abbildung 9.2: Sprache Englisch anlegen

Abbildung 9.3: UID der Sprache anzeigen

Die notwendigen Vorbereitung von HTML-Vorlage und CSS haben wir bereits getroffen:

Den Marker `###LANGUAGE###` haben Sie schon auf Seite 206 angelegt.

Die Abbildung auf `linksspezial` ist bereits auf Seite 207 erfolgt.

9.3 TypoScript-Template: Sprachen einbinden

Rufen Sie nun das TypoScript-Template `main_verein` auf und tragen Sie Folgendes in die Konstanten ein:

```
# Default Sprachcode für sr_language_menu setzen
plugin.tx_srlanguagemenu_pi1.defaultLanguageISOCode = DE
```

Damit wird Deutsch als Default-Sprache für `sr_language_menu` definiert.

Im Setup weisen wir zunächst die Sprachen zu. Fügen Sie hier Folgendes ein, und zwar unterhalb des Config-Bereichs:

```
[...]
config {
[...]
}

# Sprachen mit Bedingung setzen
[globalVar = GP:L = 0]
 config.sys_language_uid = 0
 config.language = de
 config.metaCharset = utf-8
 config.locale_all = de_DE.utf-8
 config.htmlTag_langKey = de
[global]

[globalVar = GP:L = 1]
 config.sys_language_uid = 1
 config.language = en
 config.metaCharset = utf-8
 config.locale_all = en_EN.utf-8
 config.htmlTag_langKey = en
[global]
```

Über die globalen Variablen werden die Sprachen definiert, also Deutsch und Englisch. Alle weiteren Sprachen legen Sie auf die gleiche Weise an. Sie sehen hier, dass die UID für die deutsche Sprache die 0 ist. Das liegt daran, dass die Default-Sprache immer die 0 hat. Die UID für die englische Sprache ist in diesem Fall die `1`, die hier der Variablen übergeben wurde. Sofern Englisch bei Ihnen eine andere UID besitzt, tragen Sie stattdessen diese UID ein.

9.3.1 Sprachmenü erstellen

Wechseln Sie ins TypoScript-Template `Menüstruktur` und erweitern Sie die Menüs um das Sprachmenü. Unterhalb der Definition für die Druckversion fügen Sie den folgenden Code ein:

```
# Sprachmenue
lib.language < plugin.tx_srlanguagemenu_pi1
lib.language.languagesUidsList = 0,1
lib.language.defaultLayout= 0
lib.language.wrap = <p>|</p>
```

Mit `languageUidsList` weisen Sie die UID der Sprachen zu. Über das `defaultLayout` haben wir festgelegt, dass Flaggensymbole erscheinen.

Damit zum einen Deutsch im Backend auch als Default-Sprache mit der entsprechenden Flagge ausgegeben und gelabelt wird und zum anderen bei den Inhaltselementen die Sprache mit „Deutsch" und nicht mit „Standard" gelabelt wird, muss noch das TypoScript für das Backend angepasst werden. Wechseln Sie dazu in die Seiteneigenschaften der Root-Seite `Verein` und dort auf die Registerkarte **Ressourcen**. In das Feld **TypoScript-Konfiguration** geben Sie den folgenden Code ein. Der Eintrag in dieser Seitenkonfiguration vererbt sich auf alle Unterseiten des Webauftritts.

```
mod.SHARED {
  defaultLanguageFlag=de
  defaultLanguageLabel=Deutsch
  }
TCEFORM.tt_content.sys_language_uid.altLabels.0 = Deutsch
```

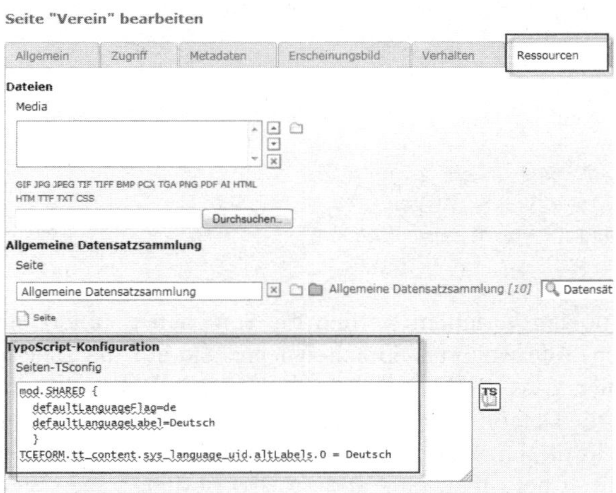

Abbildung 9.4: Website-Sprache – Seiten-TSConfig anpassen

Wenn Sie diesen Code nicht setzen, wird im Backend weder die Standard-Sprache in Deutsch umbenannt noch ein Flaggensymbol für die Default-Sprache ausgegeben.[1]

[1] In vielen Codebeispielen, die Sie im Internet finden, wird die Datei mit der Flagge als `de.gif` angegeben. Aber seit der Version 4.5 verwendet TYPO3 Sprite API für die Icons im Backend. Daher muss hier nur noch `de` angegeben werden. In TemplaVoila würde eine Angabe mit `.gif` sogar zu einer Fehlanzeige der Flagge führen.

TV

Die oben erstellten Anweisungen für `lib.language` fügen Sie nun in den Marker `###LANGUAGE###` im TypoScript-Template `main_verein` ein:

```
[...]
 marks {
  ...
    BILD2 < lib.logo2
    LANGUAGE < lib.language
  ...
  }
[...]
```

Dieser Marker, der für das Sprachauswahlmenü steht, muss jetzt die Extension ansprechen: Er wird über den Operator < wiederum kopiert.

TS + TV

Um die Ausgabe von übersetzten bzw. nicht übersetzten Elementen zu steuern, müssen Sie folgenden Code im TypoScript-Template `main_verein` einfügen:

```
config {
...
   # Ausgabesteuerung der Lokalisierung (Sprachen)
   sys_language_mode = content_fallback ; 1,0
   # = default: Liegt keine Übersetzung vor, wird die Defaultsprache
   #   verwendet
   # = content_fallback;1,0: Liegt keine Übersetzung vor,
   #   dann wird die Sprache mit der ID 1 verwendet,
   #   und falls diese ebenfalls nicht übersetzt ist,
   #   dann die Default-Sprache mit der ID 0
   # = strict: Fehlermeldung, wenn die Seite nicht übersetzt ist
   #sys_language_overlay = 0
   # = 0: alle Elemente werden angezeigt, ohne Rücksicht darauf,
   #      welche Sprache gewählt wurde
   # = 1: alle Elemente werden angezeigt. Wenn eine Übersetzung
   #      vorliegt, wird die Übersetzung angezeigt
   # = hideNonTranslated: Nur übersetzte Elemente werden angezeigt
   #   bzw. Elemente mit der Spracheinstellung ALL
   }
```

9.3.2 CSS-Datei um ID für die Sprache erweitern

Für die Ausrichtung der neuen ID `language` müssen Sie die entsprechenden Positionierungen in der CSS-Datei setzen und die Höhe des Elements `linksspezial` festlegen. Fügen Sie in die Datei `2_menu.css` folgenden Code ein:

```
/* Sprachemenü */
#language {
  margin-top: 0px;
  margin-left: 5px;
}
```

```
#linksspezial {
  height:30px
  }
```

Hier wird lediglich ein Abstand von links eingefügt. Für unsere Zwecke soll das zunächst genügen. Anschließend bietet sich im Frontend eine Ansicht wie in Abbildung 9.5.

Abbildung 9.5: Sprachauswahlmenü im Frontend

Die erste Flagge, hier die deutsche, ist mit dem Pfeil als aktiv markiert und wird farbig dargestellt, da es sich um die Default-Sprache handelt und alle Seiten in der Default-Sprache angelegt wurden. Die zweite Fahne hingegen ist noch inaktiv und grau, denn Seiten und Inhalte in englischer Sprache liegen noch nicht vor. Sobald Sie auch englische Seiten erstellen, erscheint auch diese Fahne farbig dargestellt und kann ausgewählt werden.

Das Anlegen und Bearbeiten lokalisierter Inhalte unterscheidet sich je nachdem, ob Sie die traditionelle Vorgehensweise oder TemplaVoila gewählt haben. Daher wird im Folgenden die Bearbeitung je nach Methode getrennt beschrieben.

9.4 Traditionell – Seiten und Inhalte mehrsprachig

Um Inhalte übersetzen zu können, müssen die Seiten zunächst in die alternativen Sprachen lokalisiert werden. Wählen Sie im Modul **Seite** auf der Seite **Willkommen** in der oberen Combobox **Sprachen** aus und anschließend im Feld **Neue Übersetzung dieser Seite anlegen** die entsprechende Sprache.

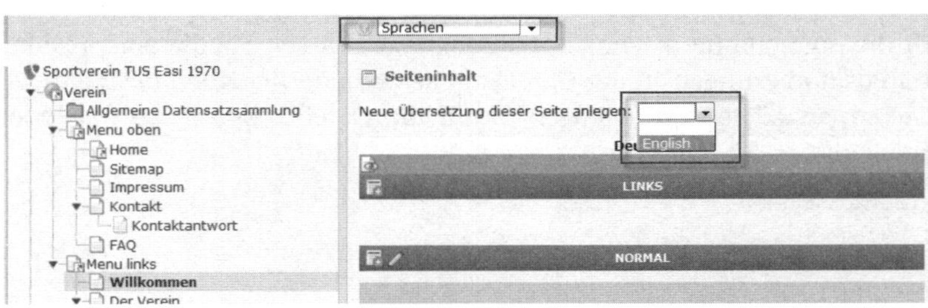

Abbildung 9.6: Traditionell – Seiten lokalisieren über Modulfunktion Sprachen

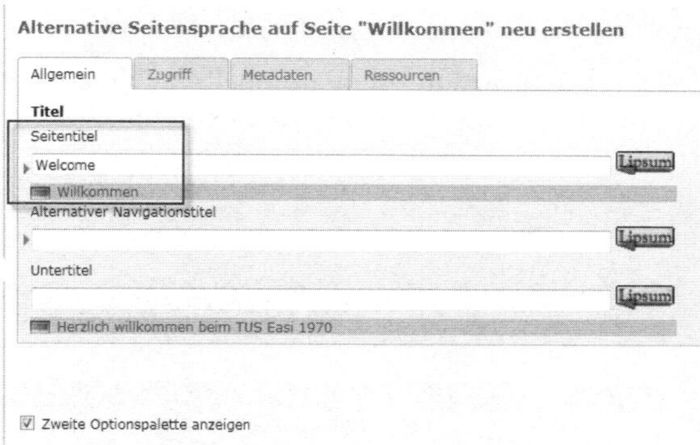

Abbildung 9.7: Seite Willkommen lokalisieren

Sobald Sie diese Auswahl getroffen haben, erhalten Sie ein Formular, in welchem Sie die entsprechenden Felder, die in der Standardsprache genutzt werden, übersetzen können. In unserem Fall interessiert uns lediglich der Titel der Seite **Willkommen**. Sie können allerdings auch die Metadaten in Englisch erfassen. Sogar die Ressourcen könnten Sie je nach Sprache anders verwenden, zum Beispiel für die englische Variante einen anderen Satz an Bildern. Vergeben Sie der Seite in der englischen Übersetzung den Titel `Welcome`. Speichern und schließen Sie das Formular.

Sie sehen, dass die Seite bereits mit den Inhalten in zwei Sprachen dargestellt wird: links die Inhalte in Deutsch, rechts in Englisch, aufgeteilt nach linker, normaler, rechter Inhaltsspalte bzw. der Randspalte.

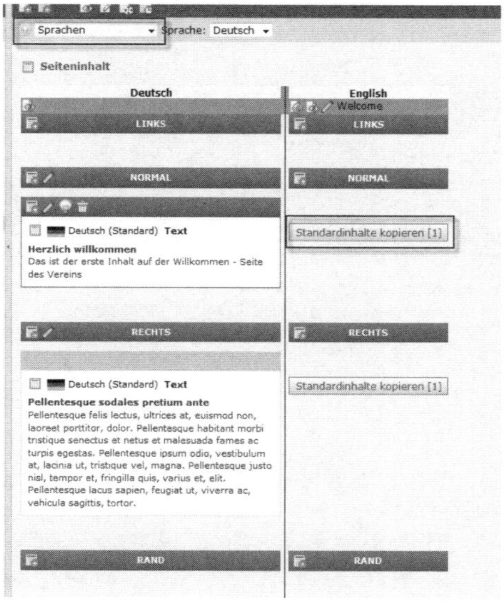

Abbildung 9.8: Traditionell – Inhalt zur Übersetzung kopieren

Da noch keine englischen Inhalte angelegt wurden, ist die rechte Seite mit der Überschrift `English` leer bis auf die Buttons, die zum Kopieren der korrespondierenden deutschsprachigen Inhalte auffordern.

Jetzt können Sie auf den Button **Standardinhalte kopieren** klicken und die Elemente der mittleren Inhaltsspalte `Normal` kopieren.

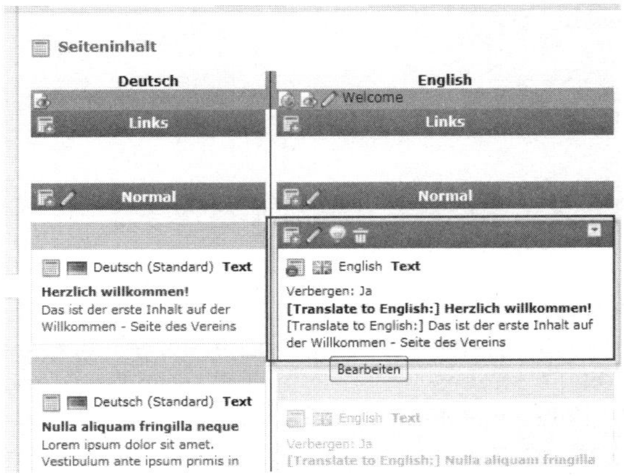

Abbildung 9.9: Traditionell – kopierter Inhalt

Der kopierte Inhalt wird mit der passenden Sprachflagge und dem in Titel und Inhalt des Elementes eingefügten Text **[Translate to English]** angezeigt. Das Inhaltselement ist erst einmal auf **verbergen** gesetzt, damit der noch nicht übersetzte Inhalt noch nicht im Frontend angezeigt wird. Klicken Sie nun auf das Bleistiftsymbol und öffnen Sie das Element.

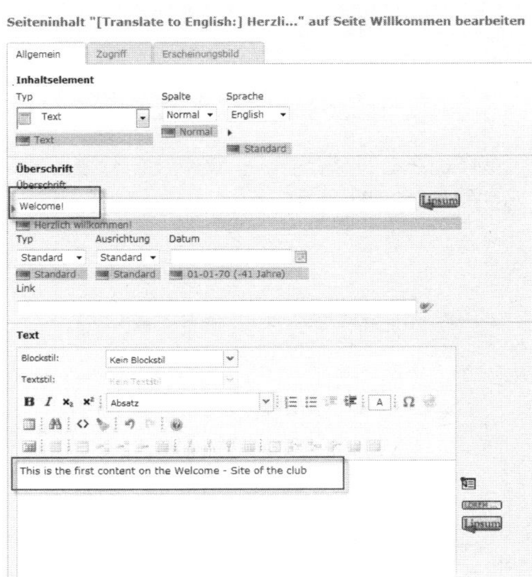

Abbildung 9.10: Text des Inhaltselements übersetzen

Registerkarte **Allgemein**: Sie können jetzt die Textinhalte übersetzen, die deutschsprachigen Inhalte werden unterhalb zur Kontrolle angezeigt. Selbst Werte wie Abstände können Sie unterschiedlich je nach Sprache setzen. Ersetzen Sie die Überschrift einfach durch `Welcome` und den Inhalt durch einen englischsprachigen Begrüßungstext. In der Registerkarte **Zugriff** entfernen Sie das Häkchen bei **Inhaltselement deaktivieren**. Speichern Sie den Datensatz mit **Speichern und schließen** ab.

Wenn Sie im Backend die Ansicht von **Sprachen** wieder auf **Spalten** ändern, können Sie oben auch die anzuzeigende Sprache auswählen. Mit Auswahl einer Sprache werden Ihnen nur die Inhalte in dieser Sprache im Backend angezeigt.

Im Frontend lässt sich die Seite nun in beiden Sprachen aufrufen.

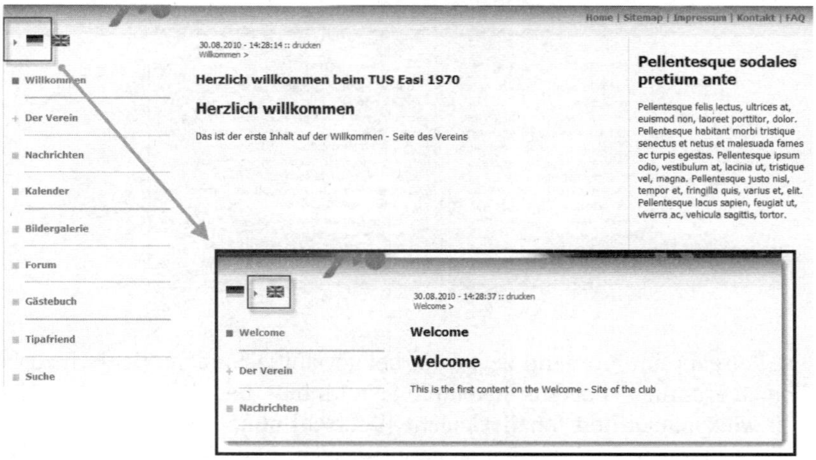

Abbildung 9.11: Traditionell – Deutsch bzw. Englisch im Frontend

Testen Sie Ihre Sprachkonfiguration, indem Sie weitere Inhaltselemente anlegen:[2]

- In der Spalte **Deutsch** ein Textelement mit der Überschrift **Inhaltselement [Deutsch] ohne Übersetzung** und der Sprache **Standard** (hier Deutsch).

[2] In der Version 4.4.2 von TYPO3 wurde bei der Erstellung dieses Buches ein Bug gefunden, der bereits seit Version 4.2 Probleme mit der Bearbeitung und Anzeige von Inhaltselementen mit der Sprache **Alle** und in der traditionellen Seitenerstellung verursacht. Ein mit der Sprache **Alle** angelegtes Inhaltselement ist im Backend im Modul **Seite** nicht mehr sichtbar und kann nicht mehr innerhalb einer Seite verschoben werden. Im Modul **Liste** ist das Inhaltselement noch sichtbar und kann bearbeitet werden. Bei gewählter Einstellung `sys_language_overlay = hideNonTranslated` werden die Inhaltselemente mit Sprache **All** auch angezeigt. Eine Behebung des Bugs ist mit Version 4.5 noch nicht erfolgt.

- In der Spalte **English** ein Textelement mit der Überschrift **Content element [English] with no translation** und der Sprache **English**.

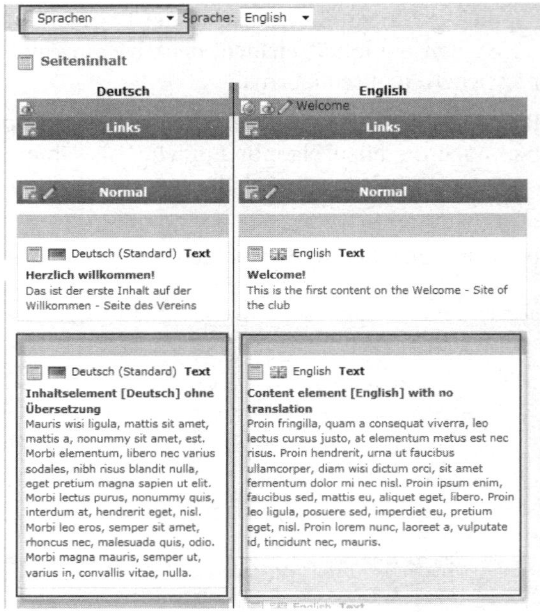

Abbildung 9.12: Sprachabhänge Inhaltselemente in den Spalten Deutsch und English

Die Ausgabe im Frontend zeigt nun bei gewählter Sprache **Deutsch** zusätzlich zu eventuell ebenfalls erstelltem Seiteninhalt die Inhaltselemente **Herzlich willkommen** und **Inhaltselement [Deutsch] ohne Übersetzung** – bei gewählter Sprache **English** entsprechend **Welcome** bzw. **Content element [English] with no translation**.

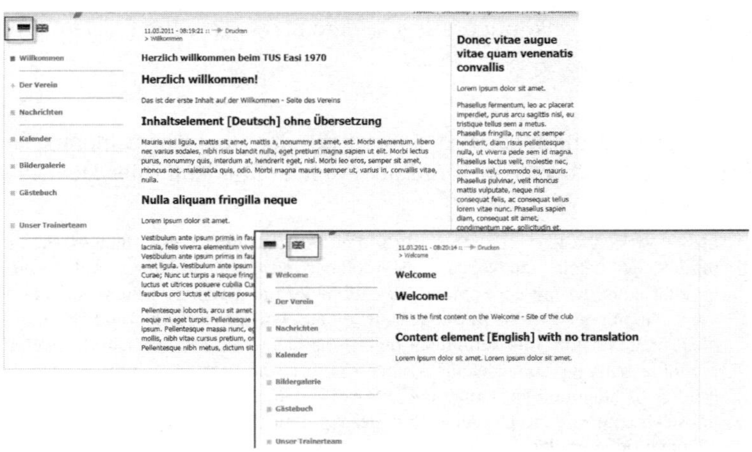

Abbildung 9.13: Mehrere Inhaltselemente Deutsch bzw. Englisch im Frontend

9.5 TemplaVoila – Seiten und Inhalte mehrsprachig

Im TypoScript-Template `main_verein` passen Sie noch den bereits eingefügten Code für die Sprache wie folgt an, um nur übersetzte Elemente anzeigen zu lassen:

```
config {
  [...]
  sys_language_overlay = hideNonTranslated
  [...]
  }
```

Gehen Sie zur Seite **Willkommen**. Sie sehen, dass die bereits angelegten Inhalte mit der deutschen Flagge gekennzeichnet sind. Aber bevor Sie eine Übersetzung des Inhaltes anlegen können, müssen Sie erst die Seite an sich übersetzen. Klicken Sie oben über dem **Seite bearbeiten**-Symbol auf die **Lokalisierungsansicht**. Anschließend können Sie mit Auswahl der britischen Flagge eine Übersetzung der Seite anlegen.

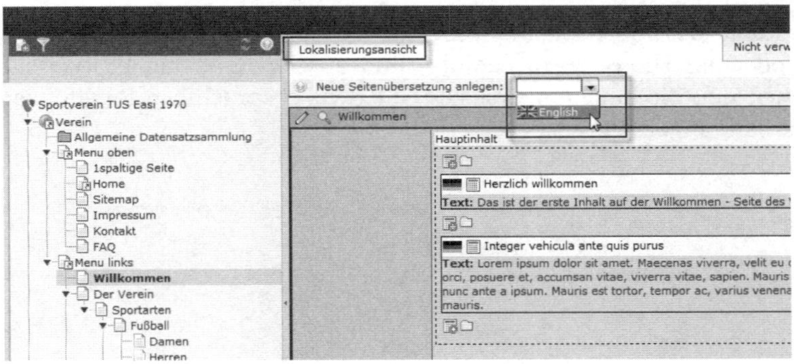

Abbildung 9.14: TemplaVoila – Lokalisierungsansicht und Seite übersetzen

Sobald Sie diese Auswahl getroffen haben, erhalten Sie ein Formular, in welchem Sie die entsprechenden Felder, die in der Standardsprache genutzt werden, übersetzen können.

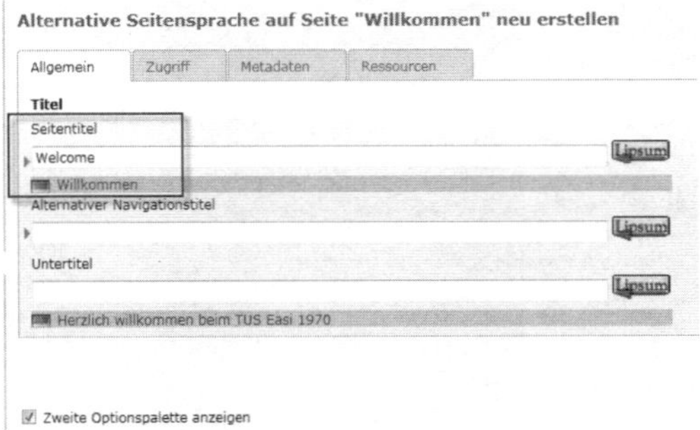

Abbildung 9.15: Seite Willkommen lokalisieren

Vergeben Sie der Seite in der englischen Übersetzung den Titel `Welcome`. Speichern und schließen Sie das Formular.

Sofort wird Ihnen auch der Inhalt der Seite zur Übersetzung angeboten. Klicken Sie auf das Flaggensymbol mit dem Hinweis **Kopie für Übersetzung erstellen (English)**, und es wird eine Kopie des Inhaltselementes angelegt.

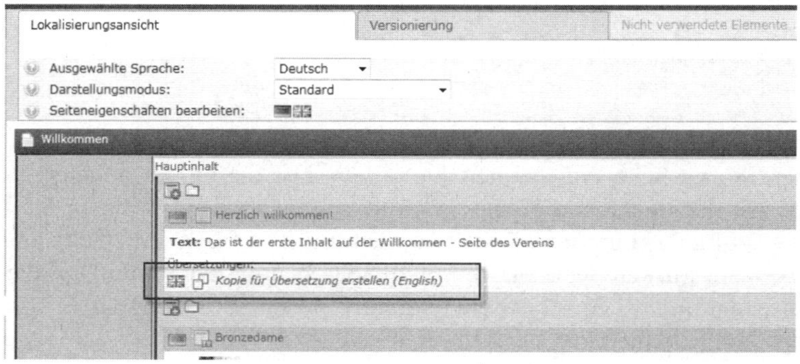

Abbildung 9.16: Seite Willkommen lokalisieren

Die Kopie des Inhaltselements öffnen Sie mit Klick auf das Flaggensymbol oder auf **[Translate to English:]** und anschließend auf **bearbeiten**. Sie können nun die Inhalte übersetzen, die deutschsprachigen Inhalte werden unterhalb angezeigt.

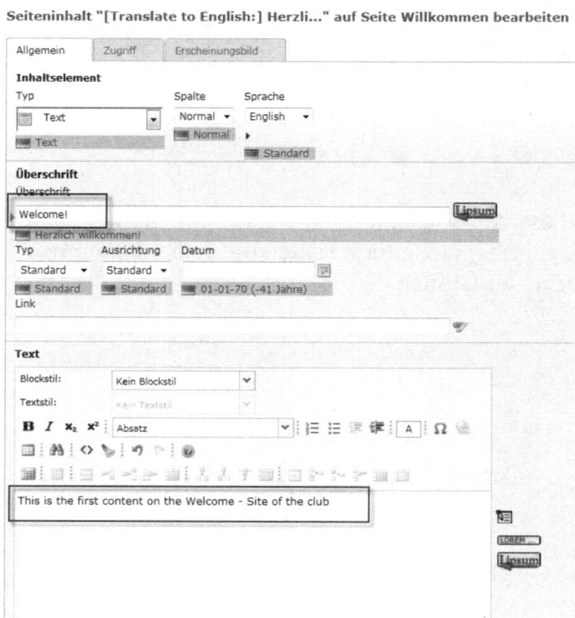

Abbildung 9.17: Text des Inhaltselements übersetzen

Selbst Werte wie Abstände können Sie je nach Sprache unterschiedlich setzen. Ersetzen Sie die Überschrift einfach durch `Welcome` und den Inhalt durch einen englischsprachigen Begrüßungstext. In der Registerkarte **Zugriff** entfernen Sie das Häkchen bei **Inhaltselement deaktivieren**. Speichern Sie den Datensatz mit **Speichern und schließen** ab.

Im Frontend lässt sich die Seite nun in beiden Sprachen aufrufen.

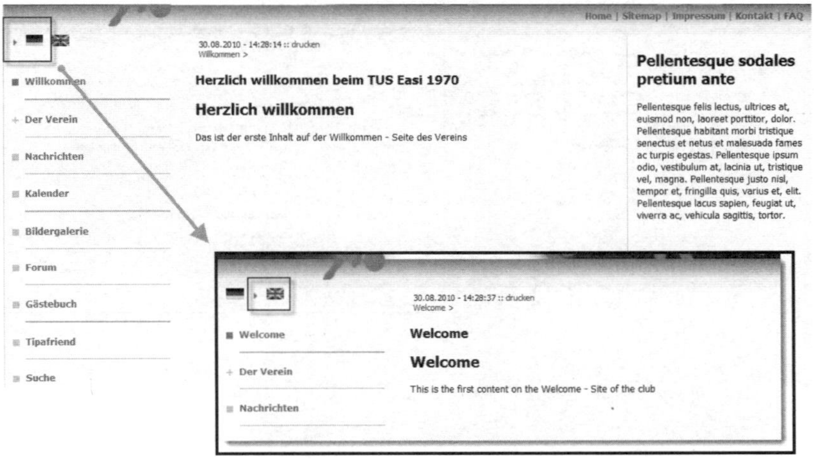

Abbildung 9.18: TemplaVoila – Deutsch bzw. Englisch im Frontend

Testen Sie Ihre Sprachkonfiguration, indem Sie weitere Inhaltselemente zusätzlich zu dem Inhaltselement mit englischer Übersetzung anlegen:

- ein Textelement mit der Überschrift **Inhaltselement [Deutsch] ohne Übersetzung** und der Sprache **Deutsch**
- ein Textelement mit der Überschrift **Content element [English] with no translation** und der Sprache **English**
- ein Textelement mit der Überschrift **Inhaltselement mit Sprache [Alle]** und der Sprache **Alle**

Die Ausgabe im Frontend muss nun bei gewählter Sprache **Deutsch** zusätzlich zu eventuell ebenfalls erstelltem Seiteninhalt die folgenden Inhaltselemente anzeigen: **Herzlich willkommen**, **Inhaltselement [Deutsch] ohne Übersetzung** und **Inhaltselement mit Sprache [Alle]** – bei gewählter Sprache **English** ensprechend: **Welcome**, **Content element [English] with no translation** und **Inhaltselement mit Sprache [Alle]**.

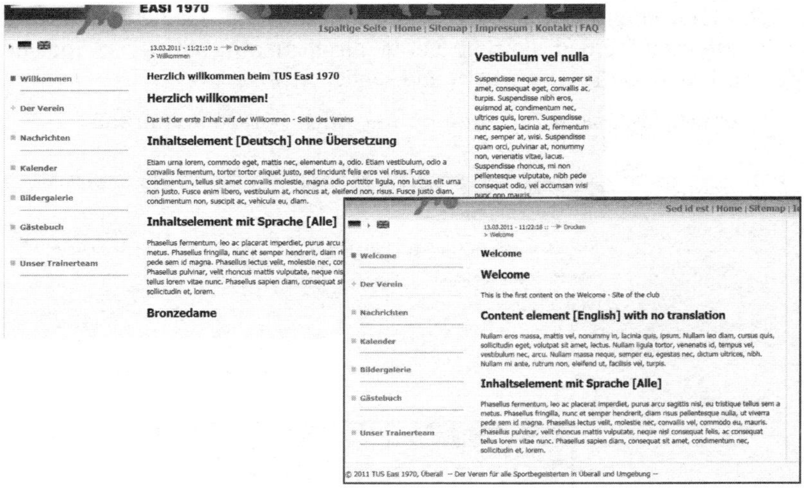

Abbildung 9.19: Mehrere Inhaltselemente Deutsch bzw. Englisch bzw. All im Frontend

9.5.1 FCE anpassen

Ihnen ist sicherlich aufgefallen, dass das FCE-Element nur in Deutsch angezeigt wird. Das liegt daran, dass im XML der Datenstruktur (DS) von TemplaVoila per Default folgende Einstellung verwendet wird, die Sprachvarianten nicht zulässt:

```
<?xml version="1.0" encoding="utf-8" standalone="yes" ?>
<T3DataStructure>
        <meta type="array">
                <langDisable>1</langDisable>
        </meta>
```

Die vollständige XML-Deklaration mit wahlweise 0 oder 1 lautet:

```
<?xml version="1.0" encoding="utf-8" standalone="yes" ?>
<T3DataStructure>
    <meta type="array">
        <langDisable type="integer">[0|1]</langDisable>
        <langChildren type="integer">[0|1]</langChildren>
    </meta>
```

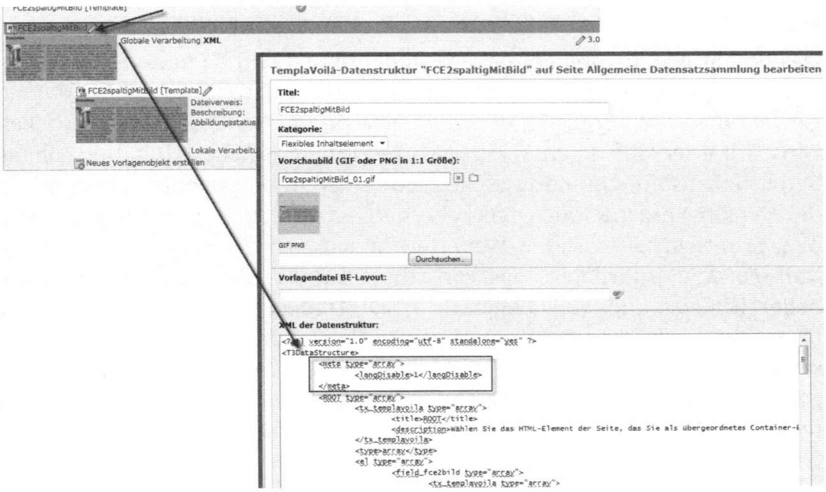

Abbildung 9.20: FCE-Spracheinstellung bearbeiten

Damit ergeben sich drei Einstellungsmöglichkeiten:

`langDisable = 1`
: Es wird keine Übersetzungsmöglichkeit angeboten, und bei Bearbeitung des Inhaltselementes haben Sie keine Möglichkeit, eine weitere Sprache anzugeben. Das FCE wird nur einmal angezeigt, für eine englischsprachige Variante muss ein neues FCE mit Sprachcode Englisch angelegt werden.

`langDisable = 0` und `langChildren = 0`
: Sie können das FCE zur Bearbeitung öffnen; es werden Ihnen die möglichen Sprachen in Blöcken zur Bearbeitung angeboten: erst der deutsche Block mit Bild, linke Spalte, rechte Spalte; dann der englische Block mit Bild, linke Spalte, rechte Spalte. Der Titel des FCE kann nicht übersetzt werden.

`langDisable = 0` und `langChildren = 1`
: Sie können Sie das FCE zur Bearbeitung öffnen; es werden Ihnen die Elemente in den möglichen Sprachen jeweils untereinander zur Bearbeitung angeboten: erst das deutsche Bild, dann das englische Bild, dann die deutsche linke Spalte, dann die englische linke Spalte und so weiter. Der Titel des FCE kann nicht übersetzt werden.

Jede Variante hat so ihre Vor- und Nachteile in der Darstellung und in der Bearbeitung durch Redakteure. Probieren Sie am besten aus, welche Variante Ihren Erfordernissen am nächsten kommt.

Am Beispiel der Seite `Willkommen` haben Sie nun das Vorgehen in Bezug auf Mehrsprachigkeit für Inhaltselemente kennengelernt. Die Übersetzung von Erweiterungen behandeln wir in den jeweiligen Kapiteln.

Das beschriebene Vorgehen ist der Standard in TYPO3. Für komplexe Webseiten empfiehlt sich zusätzlich der Einsatz der Erweiterung *L10N Manager (Localization Manager)*, die vom Localization Manager Team entwickelt wird. Mit ihrer Hilfe können Sie u. a. überprüfen, welche Seiten und Inhalte bereits lokalisiert sind und welche nicht. Auch Änderungen, die lediglich in der Default-Sprache (oder einer alternativen Sprache) vorgenommen wurden, ermitteln Sie darüber. Weiterhin lassen sich die Seiteninhalte in ein XML-Format exportieren, das von Übersetzungsagenturen mit professionellen Übersetzungswerkzeugen (z. B. SDL Trados, across, DéjàVu) bearbeitet werden kann. Die dazu notwendigen Einstellungsdateien für die Übersetzungswerkzeuge liefert der L10N Manager mit. Mit Hilfe des L10N Managers können Sie auch Inhalte aus Erweiterungen lokalisieren. Interessierte finden die Erweiterung im TER unter dem Extension Key `l10nmgr`.

Hinweis: Druckmenü lokalisieren

Wenn Sie das Druckmenü der Seite ausprobieren, werden Sie feststellen, dass das Druckmenü auch auf der englischsprachigen Seite mit `drucken` angezeigt wird. Das soll so nicht sein. Das Problem lässt sich über eine Bedingung lösen, die im Falle der Sprache mit der ID = 1 greift. Fügen Sie daher im TypoScript-Template `Menüstruktur` direkt nach der Druckversion folgenden Code ein:

```
[globalVar = GP:L = 1]
  lib.druckversion.value = <img src="fileadmin/images/drucklink.png"
  alt="printlink" border="0"/> Print
[end]
```

Kapitel

10

Der Rich Text Editor

Der *Rich Text Editor* (RTE), den Sie bereits kennengelernt haben, ist ein TYPO3-eigener WYSIWYG-Editor; die Eingaben werden also (weitgehend) so angezeigt, wie sie später im Frontend zu sehen sind. Allerdings gibt es Einschränkungen: So steht dem RTE beispielsweise im Backend weniger Platz zur Verfügung als der Ausgabe im Frontend, so dass Umbrüche nicht identisch sind. Die Wahl des RTE-Modus bestimmt, in welchem Umfang Editiermöglichkeiten angezeigt werden, und damit, welche Freiheiten der Redakteur zur Textformatierung erhält.

10.1 RTE-Modi

Die Toolbar stellt Symbole zur Textformatierung bereit, von denen die meisten aus anderen Programmen bekannt sein dürften. Entscheidend für Erscheinungsbild und Funktionalität des RTE ist die Wahl eines der drei Modi **Minimal**, **Typical** oder **Demo**. Sie bestimmen, welche Icons eingeblendet werden, also welche Funktionen per Klick unmittelbar erreichbar sind.

Minimal

Hier stehen lediglich die Buttons für fetten und kursiven Text zur Verfügung sowie die Möglichkeit, einen Arbeitsschritt rückgängig zu machen oder wiederherzustellen. Außerdem wird der Button für Informationen über den RTE angezeigt.

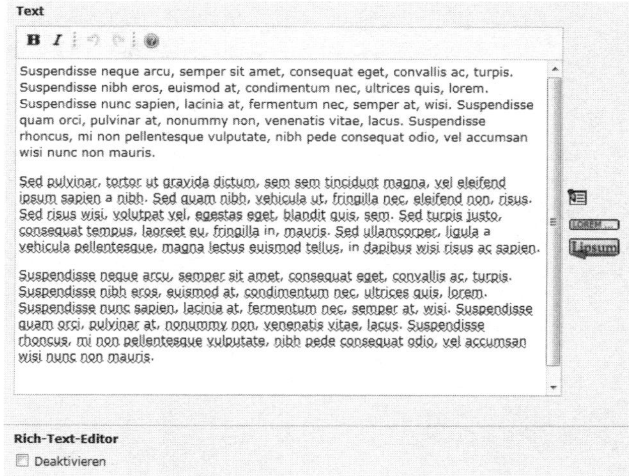

Abbildung 10.1: Modus Minimal

Typical

Neben weiteren Buttons zur Formatierung bietet der RTE hier sogenannte *Klassen* zur Textauszeichnung an (vgl. Seite 301). **Typical** ist die empfohlene Standardeinstellung, wenn keine benutzerspezifische Konfiguration des Editors notwendig oder gewünscht ist.

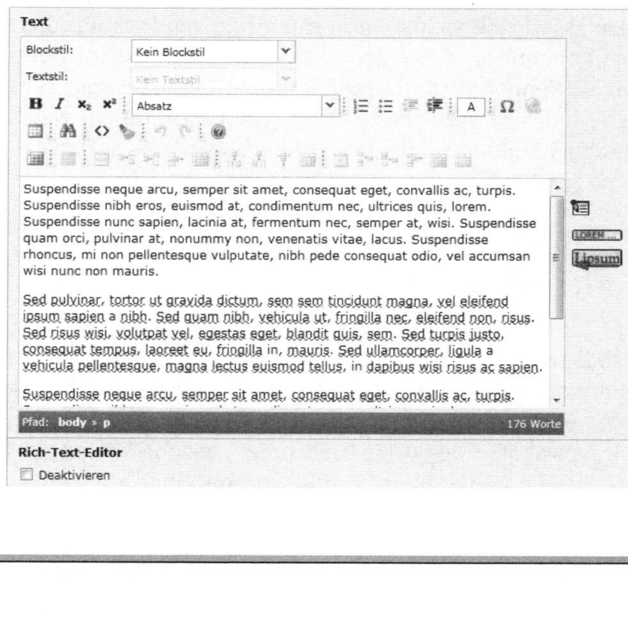

Abbildung 10.2: Modus Typical

Demo

Hier sind sämtliche Features des RTE aktiviert. Der Modus dient eher der Übersicht zur benutzer- oder gruppenspezifischen Konfiguration. Beachten Sie, dass die Bereitstellung vieler Formatierungsoptionen auch die Kreativität der Redakteure erhöht. Das ist möglicherweise aber gar nicht erwünscht, weil uneinheitliche Auszeichnungen oder solche, die im Widerspruch zum Gesamterscheinungsbild (*Corporate Design*) stehen, die Folge sein können.

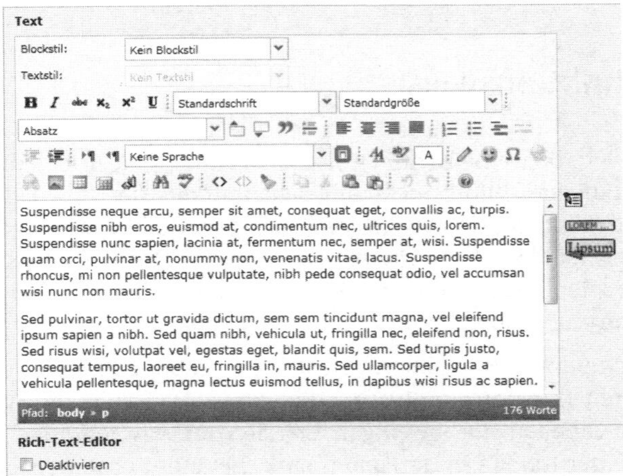

Abbildung 10.3: Modus Demo

Die Entscheidung für einen Modus hängt also davon ab, wie intensiv Sie den RTE nutzen und wie viele (verschiedene) Formatierungsanweisungen Sie bei der Eingabe von Inhalten benötigen.

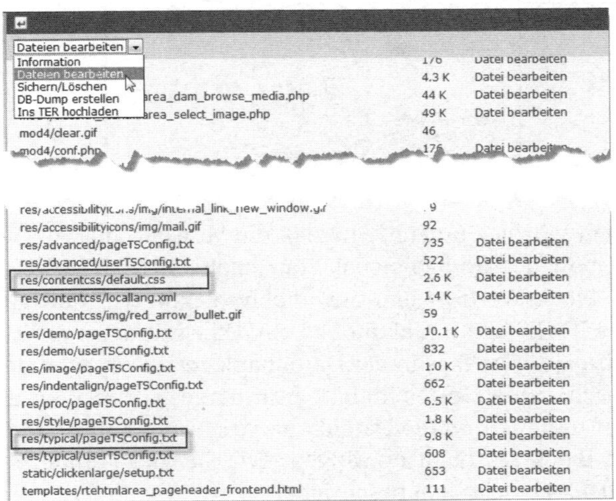

Abbildung 10.4: Zugriff auf die Dateien einer Erweiterung

Alle Defaulteinstellungen für die **Grundkonfiguration** der Modi finden Sie in der Erweiterung. Gehen Sie in den Erweiterungsmanager und wählen Sie die Erweiterung `rtehtmlarea` aus. Über **Dateien bearbeiten** haben Sie dann Zugriff auf die Dateien der Erweiterung.

Für jeden Modus finden Sie dort eine Default-TSConfig, z. B. für **Typical** die Datei `res/typical/pageTSConfig.txt` sowie eine Datei namens `res/contentcss/default.css` mit den CSS-Anweisungen für den RTE.

Welchen Modus Sie später verwenden, bestimmen Sie in der **Grundkonfiguration**, wie ab Seite 299 beschrieben.

10.2 Funktionsweise

Der RTE ist letztlich eine Schnittstelle zur Datenbank, in der die Inhalte – also Texte, Tabellen, Bilder etc. – abgelegt und aus der sie zur Darstellung im Frontend auch wieder ausgelesen werden. Üblicherweise werden die Daten in der Tabelle `tt_content` gespeichert; sofern Erweiterungen wie z. B. `tt_news` den RTE nutzen, werden die Daten in den Tabellen der jeweiligen Erweiterung gespeichert.

Man unterscheidet drei sogenannte *Transformationswege* (Abbildung 10.5): Auf dem ersten Transformationsweg, dem Weg vom RTE in die Systemtabellen oder die Tabellen der jeweiligen Erweiterung wie `tt_news`, erfolgt die Speicherung der Inhalte in der Datenbank. Bei einer erneuten Bearbeitung dieser Inhalte müssen die Daten aus der Datenbank ausgelesen und an den RTE zurückgesendet werden: der zweite Transformationsweg. Auf dem dritten Transformationsweg werden die Daten aus der Datenbank ausgelesen und an das Frontend geschickt.

Abbildung 10.5: Die drei Transformationswege des RTE

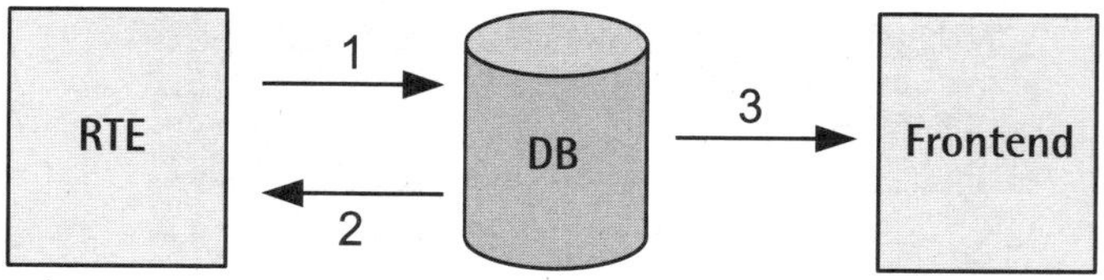

Später werden wir dies nutzen, um z. B. die Verwendung von Blocksatz zu verbieten. Denn der findige Redakteur schaltet den RTE in den HTML-Modus, um Blocksatz trotzdem anwenden zu können, und gibt das entsprechende HTML-Tag `<blockquote>` ein. Da wir in unserer Konfiguration die Speicherung dieses Tags in der Datenbank verbieten, wird der Blocksatz vor dem Speichern des Textes im RTE zwar dargestellt, bei der Speicherung aber entfernt und nicht in die Datenbank geschrieben. Damit kann der Redakteur den Blocksatz nicht erzwingen. Wie Sie dies konfigurieren, ist im Abschnitt 10.4.2 ab Seite 306 beschrieben.

10.3 Grundkonfiguration

Der RTE ist ohne weitere Konfiguration lauffähig, kann aber an die eigenen Bedürfnisse angepasst werden. Die Konfiguration erfolgt an unterschiedlichen Stellen im TYPO3-System:

- über den Erweiterungsmanager für grundlegende Einstellungen
- im Seiten-TypoScript-Config der Root-Seite für alle Benutzer
- im Benutzer-TypoScript-Config individuell für jeden Backendbenutzer
- im TypoScript-Setup der Root-Seite

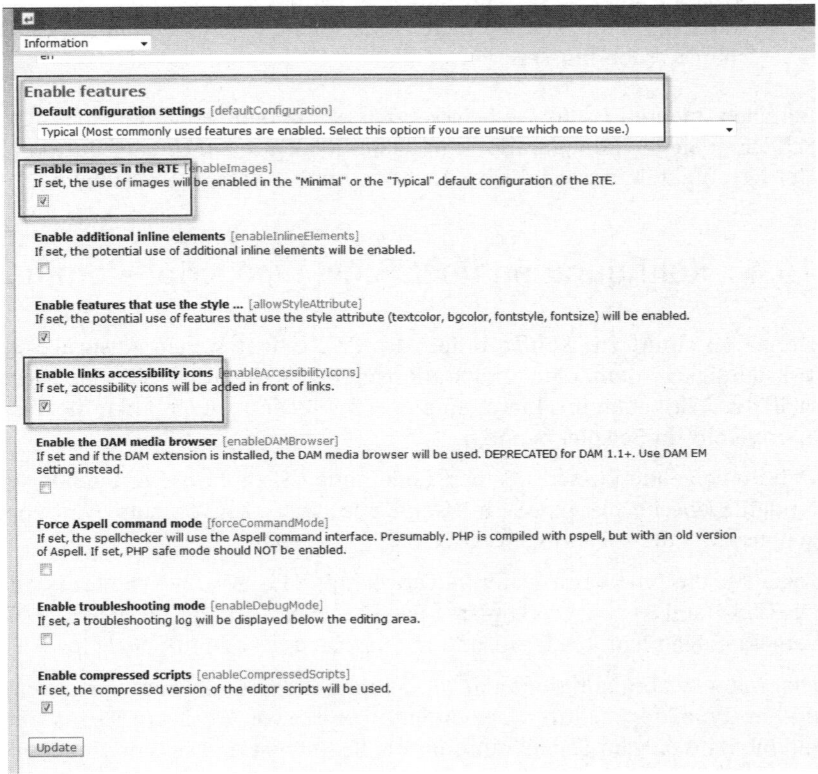

Abbildung 10.6: Grundkonfiguration des RTE im Erweiterungsmanager

Beginnen wir mit den Grundeinstellungen des RTE über den Erweiterungsmanager. Rufen Sie dort den Editor `rtehtmlarea` auf.

Im Bereich **Enable features** sind für uns zunächst folgende Optionen relevant:

Default configuration settings
Verwenden Sie hier **Typical**, um die im Folgenden beschriebenen Konfigurationsmöglichkeiten nachvollziehen zu können. Ansonsten können Sie natürlich auch einen anderen der oben beschriebenen Modi zum Default machen.

Enable images in the RTE
Hier erlauben Sie, dass der Redakteur auch in reine Textelemente Bilder über den Editor einfügen kann. Für unseren Beispiel-Sportverein soll das gelten, setzen Sie dort also ein Häkchen.

Enable links accessibility icons
Wenn vor Links spezifische Icons stehen sollen, müssen Sie hier das Häkchen setzen. Achtung: Sofern Sie diese Option nachträglich aktivieren, kann es in manchen Installationen vorkommen, dass alle Datensätze, die Links enthalten, anschließend noch einmal abgespeichert werden müssen.

Bei allen anderen Optionen belassen wir es bei den Defaulteinstellungen. Schließen Sie die Konfiguration mit einem Klick auf den Update-Button ab. Der RTE funktioniert mit diesen Angaben ohne weitere Anpassungen.

10.4 Konfiguration über Page-TypoScript-Config

Dieser Abschnitt zur Konfiguration des RTE erhebt keinen Anspruch auf Vollständigkeit, denn die Konfigurationsmöglichkeiten des RTE sind extrem vielfältig. Wir haben uns hier exemplarisch auf Dinge beschränkt, die unser Sportverein im Beispiel benötigt.

Den im Folgenden beschriebenen Code finden Sie auf unserer buchbegleitenden Webseite als TypoScript-Datei `rte_tsconfig.ts` zum Download genauso wie die zugehörige CSS-Datei `5_rte.css`.

Legen Sie die TypoScript-Datei im Verzeichnis `fileadmin/typoscript` ab. Die CSS-Datei `5_rte.css` kopieren Sie ins Verzeichnis `fileadmin/styles`. Vergessen Sie nicht, die CSS-Datei in `standard.css` zu importieren.

Die weiteren Konfigurationsschritte nehmen wir über die Seiten-TS-Config und im TypoScript-Setup der Root-Seite `Verein` vor. Wechseln Sie ins Webmodul **Seite** und im Seitenbaum auf die Seite `Verein`. Die hier vorgenommene Konfiguration wird dann an alle Unterseiten vererbt. Klicken Sie auf **Seiteneigenschaften bearbeiten** und wählen Sie die Registerkarte **Ressourcen** aus. Fügen Sie dort (in einer Zeile) folgenden Code ein, um die soeben im Verzeichnis `fileadmin/typoscript` abgelegte Datei einzubinden:

```
# Konfiguration RTE
<INCLUDE_TYPOSCRIPT: source="FILE:
  fileadmin/typoscript/rte_tsconfig.ts">
```

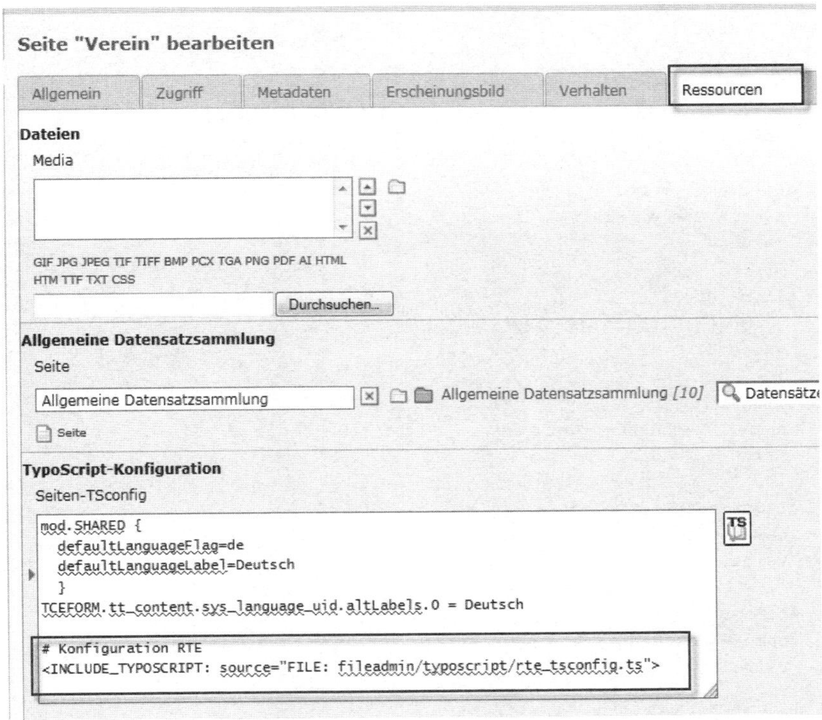

Abbildung 10.7: Seiten-TS-Config der Root-Seite

Schauen wir uns das Ganze jetzt etwas näher an. In den folgenden Codebeispielen finden Sie lediglich Ausschnitte, die dem besseren Verständnis dienen. In diesem Buch können wir nicht die gesamte, ziemlich umfangreiche Datei `rte_tsconfig.ts` am Stück abdrucken. Die Standardkonfiguration – wie von TYPO3 mitgeliefert – für den Modus `Typical` ist in der Konfigurationsdatei `res/typical/pageTSConfig.txt` im Verzeichnis der Erweiterung `rtehtmlarea` festgelegt. Mit der Datei `rte_tsconfig.ts` erweitern Sie die Standardkonfiguration bzw. überschreiben einzelne Werte der Standardkonfiguration.

10.4.1 RTE.classes

Unter *Klassen* versteht man im RTE-Kontext eine Sammlung von Layout-Anweisungen, die mit „Absatzformaten" in anderen Textverarbeitungsprogrammen oder -editoren vergleichbar sind: Verschiedene Auszeichnungen, wie Abstände oder Schriftgrößen, werden damit in einem Schritt auf einen markierten Text angewendet.

Blockstile

```
RTE.classes {
  # Blockstile
  csc-frame-indent {
   name = Einzug
   value =
  }
  csc-frame-frame1 {
   name = Rahmen einfach
   value =
  }
  align-left {
   name = Linksbündiger Text
   value =
   }
  align-right {
   name = Rechtsbündiger Text
   value =
   }
  align-center {
   name = Zentrierter Text
   value =
   }
  kleinertext {
   name = Textblock: kleine Schrift
   value =
   }
  grossertext {
   name = Textblock: große Schrift
   value =
   }
  zitatbox {
    name = Zitatbox
    value =
  }
}
```

`RTE.classes` dient der Definition solcher Klassen, so dass der Redakteur diese im Editor über das Feld **Blockstil** im RTE auswählen kann. Im Beispiel sehen Sie die Definitionen für den Texteinzug (`indent`) sowie die Textausrichtung (`align`) linksbündig, rechtsbündig oder zentriert. Hier müssen alle Stile definiert sein, die dem Redakteur zur Verfügung stehen sollen.

Im Backend sollen die Bezeichnungen der zur Auswahl stehenden Blockstile geändert werden. So wird etwa aus `align-justify` in der Anzeige `Blocksatz`. Den internen Namen des Blockstiles wie `align-justify` erfahren Sie, wenn Sie kurz mit der Maus auf dem Blockstil verharren.

Die dazu korrespondierenden CSS-Anweisungen finden Sie in der CSS-Datei, also in unserer Beispieldatei `5_rte.css`.

Über `name =` weisen Sie einen (möglichst kurzen und sprechenden) Namen zu, der in der Combobox erscheint. Die Definition der `RTE.classes` allein reicht für die Nutzung durch den Redakteur allerdings noch nicht aus. Sie macht nur die Darstellung bzw. den Aufruf der Klassen im RTE möglich, der jedoch noch ohne Auswirkung auf den jeweils markierten Text bleibt. Für eine tatsächliche Verarbeitung, also die Zuweisung des Layouts, sind weitere Definitionen notwendig. Über `value =` weisen Sie Formatierungen für die Anzeige in der Combobox zu. Wird kein Wert angegeben und es handelt sich um eine bereits in der Erweiterung `rtehtmlarea` definierte Klasse, so wird die dort definierte Formatierung verwendet. Wird kein Wert angegeben und es handelt sich um eine neu definierte Klasse, so wird die Standardformatierung verwendet.

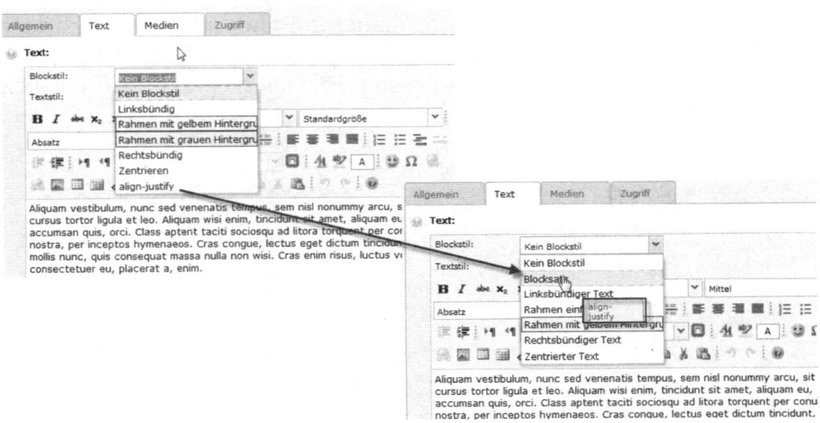

Abbildung 10.8: Veränderte Bezeichnung der Blockstile

Hier wird jedoch lediglich die *Anzeige* in den Comboboxen gesteuert. Wenn hier unter `value =` ein Wert eingetragen wird, dann wirkt sich dieser ausschließlich auf die Anzeige in der Combobox aus. Würden Sie beispielsweise für Einzug den Wert `value = padding-left:1.5em;` eingeben, würde die Anzeige in der Combobox um diesen Wert nach rechts verschoben.

Abbildung 10.9: Eigene Blockstile

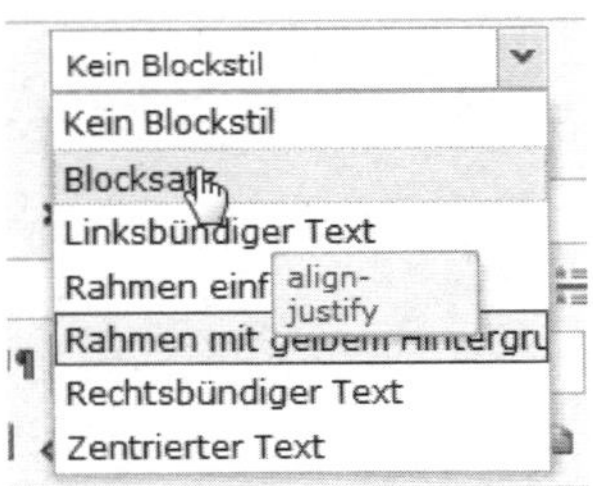

Wenn Sie das Codebeispiel mit Abbildung 10.9 vergleichen, sehen Sie, dass die Reihenfolge in der Combobox nicht mit der Reihenfolge im Code übereinstimmt. Der RTE sortiert in der Combobox alphabetisch, aber Groß- vor Kleinschreibung. Sie sollten daher die Namen immer mit einem Großbuchstaben beginnen.

Tabellenstile

Damit der Redakteur später Tabellen gemäß den Design-Vorstellungen des Sportvereins anlegt und nicht beliebig, geben wir jetzt entsprechende Definitionen und Klassen vor. Der folgende Code bietet drei Tabellenklassen an: eine mit Rahmen, eine mit Linien und eine Tabelle ohne Rahmen und Linien. In der CSS-Datei des RTE haben wir diese Klassen definiert. Auch hier wird zunächst wieder nur die Anzeige der Klassen in einer Combobox ermöglicht, eine tatsächliche Textformatierung findet darüber noch nicht statt. Wählt der Redakteur in der RTE-Toolbar das Icon zum Anlegen einer Tabelle aus, öffnet sich ein Popup-Fenster. Hier kann er dann den Tabellenstil auswählen (Abbildung 10.10).

Abbildung 10.10: Tabellenklassen auswählen

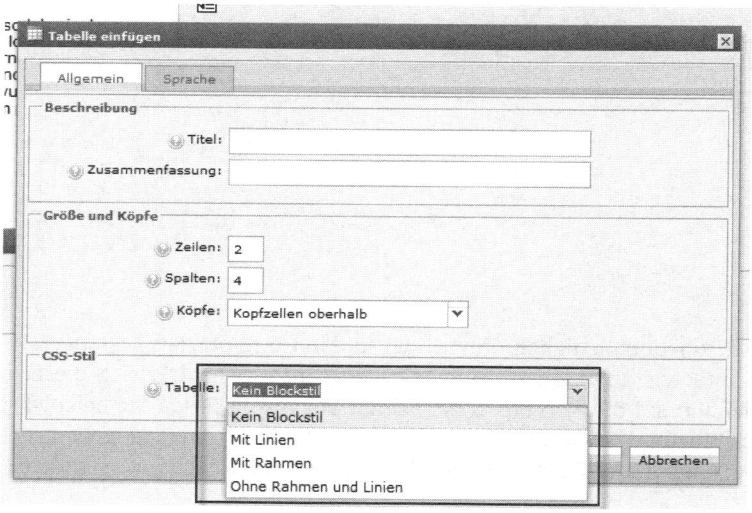


```
[...]
# Tabellenstile koennen in Tabelleneigenschaften ausgewaehlt werden
 contenttable {
  name = Mit Rahmen
  value =
  }
 contenttable2 {
  name = Mit Linien
  value =
  }
```

```
 layout {
  name = Ohne Rahmen und Linien
  value =
  }
[...]
```

Textstile

Wenden wir uns nun den Auszeichnungsoptionen in der Combobox **Textstil** zu, in der wir einige Hervorhebungen definieren. Wieder werden entsprechende Namen vergeben und die Werte über die CSS-Datei zugewiesen.

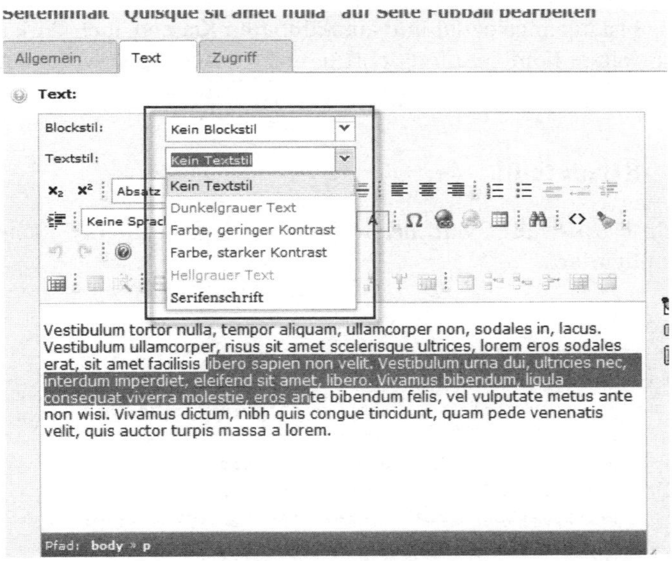

Abbildung 10.11: Eigene Textstile

Die über `value =` zugewiesenen Werte beziehen sich nur auf die Anzeige in den Comboboxen. Beispielsweise ist bei `dunkelgrau` der Wert der Farbe eingetragen, in welcher der Text in der Combobox dargestellt wird. Denken Sie unbedingt daran, dass die CSS-Anweisungen, denn um solche handelt es sich, mit einem Semikolon abgeschlossen werden.

```
[...]
  # Textauszeichnungen fuer Texte, nicht fuer Absaetze
  serifen {
   name = Serifenschrift
   value = font-family:georgia;
   }
  starkebetonung {
   name = Farbe, starker Kontrast
   value = color: #aa0000;
```

```
    }
  betonung {
    name = Farbe, geringer Kontrast
    value = color: #1a4c76;
    }
  hellgrau {
    name = Hellgrauer Text
    value = color: #aaaaaa;
    }
  dunkelgrau {
    name = Dunkelgrauer Text
    value = color:#666666;
    }
}
```

Damit die bislang angelegten und auswählbaren Klassen auch Wirkung zeigen, sind weitere Konfigurationsschritte notwendig, denen wir uns nun zuwenden.

10.4.2 RTE.default

Innerhalb `RTE.default` wird der RTE für alle Inhaltstypen, Tabellen und Felder konfiguriert.

```
[...]
RTE.default {
  showButtons = *
  hideButtons (
    lefttoright, righttoleft, formattext, bidioverride, big,
    citation, definition, insertedtext, italic, keyboard,
    monospaced, sample, small, span, strikethrough,
    variable, user, bold, underline, fontstyle, fontsize,
    blockquote, insertparagraphbefore, insertparagraphafter,
    spellcheck, inserttag, copy, cut, paste,
    justifyfull, textcolor, bgcolor, emoticon, blockquote
    )
  ## selten genutzte Tags in der Absatzpalette verbergen
  hidePStyleItems = pre,address,h1,h5,h6,div
  # CSS-Datei für den RTE - einfach die Haupt-CSS-Datei übernehmen
  contentCSS=fileadmin/styles/5_rte.css

  removeTags = blockquote
[...]
```

`showButtons` und `hideButtons` definieren, welche Buttons im RTE angezeigt bzw. nicht angezeigt werden. Um Schreibarbeit zu vermeiden, erlauben Sie zunächst die Darstellung *aller* Buttons (über das Zeichen `*`) und schließen über `hideButtons` die aus Ihrer Sicht überflüssigen wieder aus.

Um Icons zu gruppieren, nutzen Sie die Anweisung `keepButtonGroupTogether`. Die Gruppen werden dadurch in der Toolbar durch gepunktete Linien voneinander getrennt. Um im unteren Teil des RTE eine Statusanzeige einzublenden, weisen Sie `showStatusBar` den Wert 1 zu. Der Wert 0 blendet die Anzeige der Statusbar aus. Würden Sie im Editor ein Textelement markieren, das links ausgerichtet ist, so würde in der Statusleiste der Hinweis `Pfad: body > p.align-left` angezeigt werden. Beide Anweisungen sind Bestandteil der Konfigurationsdatei `res/typical/pageTSConfig.txt` der Erweiterung `cal` und müssen daher hier nicht geändert werden.

`hidePStyleItems` definiert die Anzeige der Combobox **Absatz**. Hier werden nicht benötigte Tags aus der Absatzpalette entfernt, so dass sie nicht mehr über die Combobox auswählbar sind. Nach unserer Konfiguration sind nur noch Absatz, Zitat und die Überschriften 2-4 in der Combobox **Absatz** auswählbar.

Über `contentCSS` wird anschließend das Stylesheet zugewiesen, das die CSS-Anweisungen für den RTE enthält.

Über `removeTags = blockquote` wird die Anweisung für Blocksatz entfernt, so dass der Blocksatz im RTE nicht angewendet werden kann.

10.4.3 Datenbank bereinigen mit proc

Da TYPO3 sämtliche Inhalte in Datenbanken ablegt, müssen auch die über den RTE zugewiesenen Formate datenbankgerecht transformiert werden. Im Bereich `proc` wird diese Transformation konfiguriert, und zwar durch die Vorgabe, welche Textauszeichnungen in der Datenbank gespeichert werden dürfen und welche nicht. Dieser Prozess (*proc* steht für processing) zur Bereinigung der Datenbank dient auch dazu, Anweisungen aus vorformatierten Texten, die z. B. aus MS Word in den RTE kopiert werden, zu entfernen. Andernfalls würden diese Auszeichnungen in die Datenbank übernommen und im Frontend ausgegeben.

```
[...]
  proc {
    allowedClasses (
      align-left,align-center,align-right,
      csc-frame-indent,csc-frame-frame1,
      kleinertext, grossertext,
      contenttable,contenttable2, layout,
      external-link, external-link-new-window, internal-link,
      internal-link-new-window, download, mail,
      component-items, action-items,
      component-items-ordered, action-items-ordered,
      serifen, starkebetonung, betonung, hellgrau, dunkelgrau, zitatbox
      )
[...]
```

Zunächst werden über `allowedClasses` die Klassen und damit deren umschließende Tags bestimmt, die in die Datenbank geschrieben werden dürfen (vgl. Abschnitt 10.2). Damit sind ausschließlich diese Klassen im RTE erlaubt und nutzbar. Alle anderen Klassen und Tags werden entfernt, damit der Redakteur nur die Textauszeichnungen verwendet, die wir aus Gründen eines einheitlichen Layouts erlauben.

Im nächsten Schritt (`entryHTMLparser_db = 1`) wird ein HTML-Parser aufgerufen, der HTML-Auszeichnungen erkennt und in strukturierten Text umsetzt. Die erlaubten Attribute der Tags werden jetzt definiert. Im Anschluss werden Attribute der Tags für `align` und `style` entfernt.

In der Klassenliste werden die für die Combobox **Blockstil** erlaubten Klassen definiert und alle anderen Klassen entfernt. Erlaubt sind also nur noch solche Klassen, die in unserer Konfiguration des RTE und der CSS-Datei definiert sind. Die zugelassenen Klassen werden zunächst für das p-Tag definiert; anschließend werden dessen Eigenschaften auf die anderen erlaubten Klassen mit dem Operator < kopiert.

```
[...]
  entryHTMLparser_db = 1
  entryHTMLparser_db {
    tags {
      # Definition, welche Klassen und sonst. Attribute erlaubt sind
      # Nötig, weil allowedClasses nicht funktioniert.
      p {
        # erlaubte Attribute
        allowedAttribs = id, title, dir, lang, xml:lang, class
        # align und style-Attribute werden entfernt
        fixAttrib.align.unset = 1
        fixAttrib.style.unset = 1
        # erlaubte Klassen, alle anderen werden entfernt
        # ACHTUNG: das erste Komma ist wichtig.
        fixAttrib.class.list (
          , csc-frame-indent,csc-frame-frame1, align-left, align-right,
        align-center, kleinertext, grossertext, zitatbox
         )
        fixAttrib.class.removeIfFalse = 1
        }
      div < .p
      h1  < .p
      h2  < .p
      h3  < .p
      h4  < .p
      h5  < .p
      h6  < .p
      ul < .p
      ol < .p
      li < .p
      dfn < .p
      pre < .p
      #blockquote < .p
[...]
```

Im Folgenden wird generell die Benutzung von Tabellen im RTE erlaubt, die erlaubten Attribute werden zugewiesen, und wieder werden `align` und `style` entfernt. In der Klassenliste finden sich wieder die Klassen, die wir im Block `RTE.classes` bereits für die Anzeige und Auswahl in den Tabelleneigenschaften angegeben haben. Alle anderen Klassen werden wieder entfernt. Diese Definition für die Zellen (`td`) wird dann auf horizontale Linien (`hr`) und Tabellenheader (`th`) kopiert.

```
[...]
  preserveTables = 1
    table {
      allowedAttribs = id, title, dir, lang, xml:lang, class
      fixAttrib.align.unset = 1
      fixAttrib.style.unset = 1
      fixAttrib.class.list (
        , contenttable,contenttable2, layout
      )
      fixAttrib.class.removeIfFalse = 1
    }
    td {
      allowedAttribs = id, title, dir, lang, xml:lang, class
      fixAttrib.align.unset = 1
      fixAttrib.style.unset = 1
      fixAttrib.class.list (
        , align-left, align-right, align-center
      )
      fixAttrib.class.removeIfFalse = 1
    }
    th < .td
    hr < .td
  [...]
```

In gleicher Weise wird dies nun für die Span-Klassen gesetzt. Wieder werden die erlaubten Attribute definiert, `align` und `style` entfernt und die Liste der erlaubten Klassen definiert. Damit werden unsere Textauszeichnungen definiert.

```
[...]
  span {
    allowedAttribs = id, title, dir, lang, xml:lang, class
    fixAttrib.align.unset = 1
    fixAttrib.style.unset = 1
    fixAttrib.class.list (
      , serifen, starkebetonung, betonung, hellgrau, dunkelgrau,
      )
    fixAttrib.class.removeIfFalse = 1
  }
[...]
```

Und auf die gleiche Art und Weise erfolgt die Definition für die Links. Außerdem werden `b`-Tags in `Strong`-Tags und `i`-Tags in `em`-Tags gewandelt und alle Klassen ohne Attribute entfernt.

```
    a {
      allowedAttribs = id, title, dir, lang, xml:lang, class, href, name
      fixAttrib.align.unset = 1
      fixAttrib.style.unset = 1
      fixAttrib.class.list (
        , external-link, external-link-new-window, internal-link,
      internal-link-new-window,
        )
      fixAttrib.class.removeIfFalse = 1
    }
    b.remap = strong
    i.remap = em
    }

      # aus hygienischen Gründen werden Tags ohne Attribute entfernt
      rmTagIfNoAttrib = span,div,a
    }
  }
  [...]
```

Damit endet der `proc`-Block.

10.4.4 Klassen und Tags

Nun werden alle Klassen verboten, denen in der CSS-Datei keine Tags zugewiesen sind, d. h., dass Sie in der CSS-Datei die Klassen gesondert auszeichnen müssen. Wenn Sie also eine Klasse normalerweise z. B.

```
.klasse{border:1px solid #ccc}
```

notieren, müssen Sie jetzt die Auszeichnung davor setzen:

```
p.klasse{border:1px solid #ccc}
```

Mit `classesParagraph` erlauben Sie dem Redakteur die Klassenformatierung für Textelemente. Das sind in unserem Fall die Einrückung, ein Rahmen um den Text, kleinerer und größerer Text sowie eine Zitatbox mit Rand und farbigem Hintergrund. Außerdem erlauben wir hier noch die Anwendung der Textstile und die Tabellenklassen.

Im Folgenden werden die Links definiert und die entsprechenden Anker für die Links gesetzt. In der Basiskonfiguration haben wir diese Anker bereits erlaubt, damit die entsprechenden Icons vor den Links angezeigt werden. Damit sich die Links zu einer externen URL von Links zu einer internen Seite oder einem E-Mail-Link unterscheiden, sollen hier die entsprechenden Icons aus den Defaulteinstellungen verwendet werden.

```
[...]
# nur Klassen mit Tags erlauben/verbieten. z. B. :
# p.klasse {border:1px solid #ccc;}
```

```
showTagFreeClasses=0

# hier wird definiert, welche Klassen den Redakteuren zur
# Verfügung gestellt werden: die vorhandenen Klassen für die
# Zeichenformatierung werden hier ausgeschaltet:

classesParagraph (
  csc-frame-indent,csc-frame-frame1, kleinertext, grossertext, zitatbox
  )

classesCharacter (
  serifen, starkebetonung, betonung, hellgrau, dunkelgrau,
  )

# Klassendefinition für die gesamte Tabelle
classesTable = contenttable,contenttable2, layout

# Klassendefinition für die einzelnen Zellen
# das kann für tr, thead, tbody ebenfalls gemacht werden
# classesTD = rot1, hellgrau1, dunkelgrau1
# fehlen noch.

# Klassen für die Links
classesLinks = external-link, external-link-new-window, internal-link,
internal-link-new-window, download, mail

classesAnchor = external-link, external-link-new-window, internal-link,
internal-link-new-window, download, mail
  classesAnchor.default {
  page = internal-link
  url = external-link-new-window
  file = download
  mail = mail
}
[...]
```

Noch einmal zu den Ankern: Sie könnten auch eigene Icons vor die Links setzen oder die Anzeige der Bilder über den Operator > entfernen, z. B.:

```
RTE.classesAnchor {
 internalLink{
  class = internal-Link
  type = page
  image = fileadmin/images/fussball.gif
 }

 mail {
  class = mail
  type = mail
  image >
 }
}
```

Für die internen Links zu einer Seite würde dann beispielsweise das Bild `fussball.gif` verwendet werden. Ein E-Mail-Link hingegen würde kein vorangestelltes Bild erhalten. Diese Konfiguration könnten Sie sogar individuell pro Seite setzen. Würden Sie im Seiten-TypoScript-Config der Seite `Fußball` diesen Codeschnipsel setzen, würden alle Links auf der Seite mit einem Fußball vor jedem internen Link angezeigt. Mail-Adressen hingegen würden dann kein Icon erhalten.

`enableWordClean` entfernt Formatierungen, die Sie beim Kopieren von Elementen z. B. aus MS Word mitkopieren. `removeTrailingBR` entfernt einleitende Umbrüche am Anfang von Blockelementen. Um HTML-Kommentare aus Texten zu entfernen, setzen Sie `removeComments`. Wenn Sie zum Beispiel Teile aus Webseiten kopieren und in den RTE einfügen, werden darin u. U. enthaltene HTML-Kommentare entfernt.

```
[...]
# Mit dem folgenden Abschnitt ist es möglich, unmittelbar beim Kopieren
# aus der Zwischenablage den Code bereinigen zu lassen, also bereits
# vor dem Speichern. Leider ist es in den Voreinstellungen praktisch
# unkonfiguriert; deshalb muss man hier viel selbst erledigen. Man kann
# den HTMLParser der WordClean-Funktion bis ins Detail # konfigurieren.
# Diese Konfiguration unterscheidet sich von RTE.default.proc!
# Es wird hier viel mehr entfernt - über die Zwischenablage können
# keine korrekten Klassen kommen, deshalb werden alle entfernt.

RTE.default.enableWordClean.HTMLparser {
allowTags (
  a, abbr, acronym, address, b, bdo, big, br, caption, center, cite,
  code, col, colgroup, del, dfn, div, em, h1, h2, h3, h4, h5, h6, hr,
  i, img, ins, kbd, li, link, ol, p, pre, q, samp, sdfield, small,
  strike, strong, sub, sup, table, thead, tbody, tfoot, td, th, tr,
  tt, u, ul, var, span
  #blockquote,
  )
tags {
  p {
    allowedAttribs = id, title, dir, lang, xml:lang, class
    fixAttrib.align.unset = 1
    fixAttrib.style.unset = 1
    }
  div < .p
  h1  < .p
  h2  < .p
  h3  < .p
  h4  < .p
  h5  < .p
  h6  < .p
  table < .p
  thead < .p
  tbody < .p
  tfoot < .p
```

```
  th < .p
  tr < .p
  td < .p
  caption < .p
  span < .p
  ul < .p
  ol < .p
  li < .p
  dfn < .p
  hr < .p
  strong < .p
  em < .p
  del < .p
  q < .p
  code < .p
  #blockquote < .p
  b < .p
  i < .p
  sub < .p
  sup < .p
  hr  < .p
  pre < .p
  a  {
    # entfernt die Anker aus Word-Dokumenten
    # und die Style-Attribute, die Safari sonst in die Links schreibt.
    allowedAttribs = id, title, dir, lang, xml:lang, class, href
    fixAttrib.style.unset = 1
    }
  }
  # das a ist neu hier, für die Anker aus Word
  rmTagIfNoAttrib = span,div,a
  removeTags = center, font, o:p, sdfield, strike, u
  # das ist erforderlich, weil Safari sonst sogar auf br das
  # style-Atribut setzt
  noAttrib = br
}
```

10.4.5 Überschriften, Layout und Tabellen

Als Nächstes sollen die Überschriften für die Inhaltselemente so angezeigt werden, dass der Redakteur leicht erkennen kann, welche Überschrift auf welcher Ebene verwendet werden soll. Die Defaulteinstellungen stellen dabei keine große Hilfe dar. Außerdem sind Überschriften des Typs 1 und 5 nicht erlaubt. Gleiches gilt für die H1 (s. Kapitel 8, Seite 210), die Sie im Codebeispiel auskommentiert sehen. Weiter sollen auch die Felder für das Layout mit anderen Namen versehen werden. Die Layouts werden für die Dateilinks verwendet. **Ohne Icon** bedeutet, dass lediglich der Dateiname angezeigt wird. **Mit Icon** wird das entsprechende Icon für die Dateiauszeichnung vor dem Dateinamen angezeigt, z. B. für GIF oder PDF. **Mit Vorschau** bedeutet, dass ein Vorschaubild oder eine Vorschauseite angezeigt wird; das letzte Layout wird nach dem = leer gelassen und damit nicht angezeigt.

Für die Tabellen werden nun direkte Formatierungen in den Tabellen abgeschaltet, damit ausschließlich die Klassendefinitionen verwendet werden können. Mit `RTE_enabled.disabled = 1` können Sie ein Abschalten des RTE generell unterbinden. Dem Redakteur wird dann im Inhaltselement die in Abb. 10.12 gezeigte Möglichkeit, den RTE abzuschalten, nicht mehr angeboten.

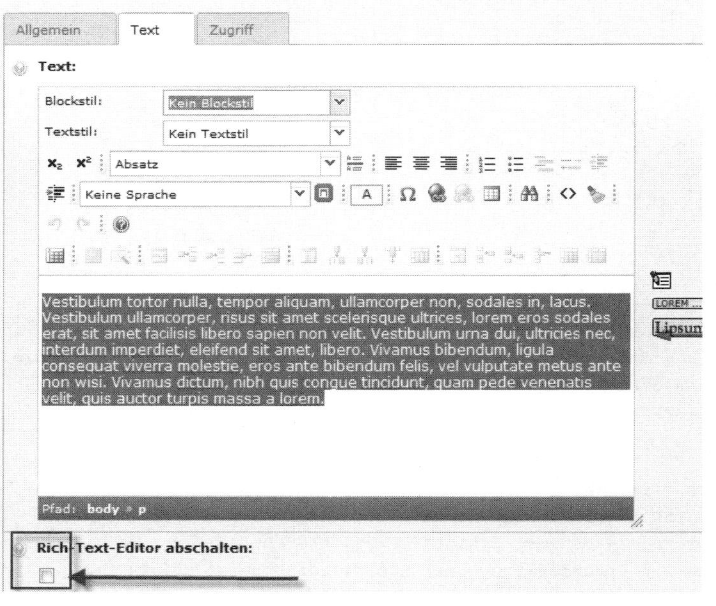

Abbildung 10.12: RTE-Editor abschalten

Den Code fügen Sie im Seiten-TypoScript-Config der Seite `Verein` ein.

```
TCEFORM.tt_content {
  header_layout.removeItems = 1,5
  #header_layout.altLabels.0 = 1. Ebene H1
  header_layout.altLabels.2 = 2. Ebene H2
  header_layout.altLabels.3 = 3. Ebene H3
  header_layout.altLabels.4 = 4. Ebene H4

  layout.altLabels.0 = Ohne Icon
  layout.altLabels.1 = Mit Icon
  layout.altLabels.2 = Mit Vorschau
  layout.altLabels.3 =

  table_bgColor.disabled = 1
  table_border.disabled = 1
  table_cellspacing.disabled = 1
```

```
table_cellpadding.disabled = 1

#Abschalten des RTE unterbinden
rte_enabled.disabled = 1
}
```

Damit ist die Konfiguration des RTE weitgehend abgeschlossen. Sie müssen allerdings noch etwas für die Tabellen tun: Damit die Tabellenklassen auch im Frontend angezeigt und übernommen werden, müssen Sie im TypoScriptTemplate `main_verein` im Setup folgenden Code setzen:

```
lib.parseFunc_RTE.externalBlocks {
        table.stdWrap.HTMLparser.tags.table.fixAttrib.class.list >
        }
```

Andernfalls wird nur die Klasse `contenttable` aufgerufen (Default), alle anderen Klassen werden nicht berücksichtigt.

10.5 Der RTE im Backend

Wenn wir jetzt den RTE auf einer beliebigen Seite anschauen, finden wir Folgendes vor: Auf der Registerkarte **Allgemein** werden die Definitionen für die Überschriften gemäß unserer Konfiguration angezeigt (Abbildung 10.13).

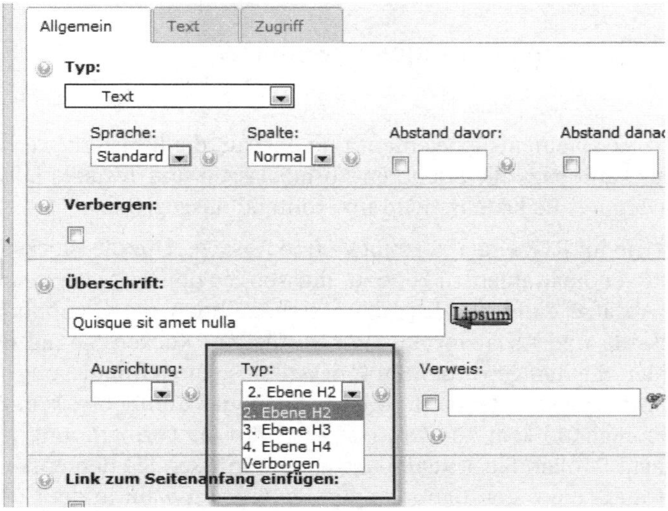

Abbildung 10.13: Überschriften mit eigenen Namen

Wechseln Sie auf eine Seite mit einem Inhaltselement vom Typ **Dateilinks**. Hier sehen Sie die Combobox für das Layout der Links ebenfalls mit den neuen Definitionen für die Anzeige im Frontend.

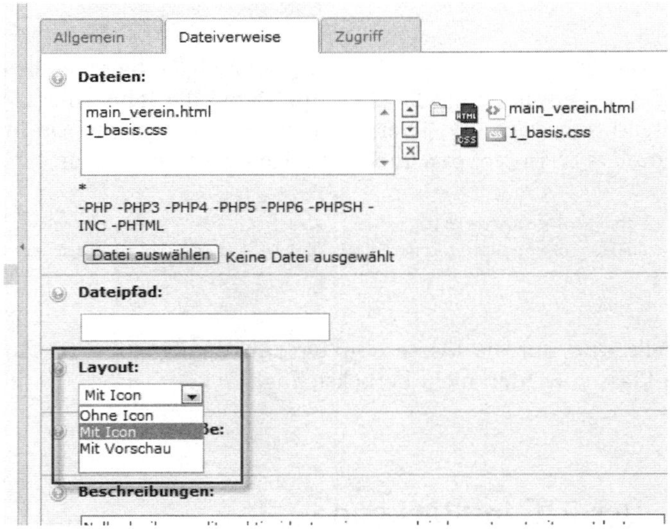

Abbildung 10.14: Dateiverweise mit eigenen Namen

10.5.1 Textformatierungen anwenden

Wechseln Sie zu einem Textelement und dort auf die Registerkarte **Text**. Der Redakteur kann jetzt alle erlaubten Absatzklassen und Textstile anwenden. Die Auswahl des Redakteurs wird im Frontend ausgegeben.

Erstellen Sie im RTE einen Textblock ohne Absätze. Um die Blockstile oder Absatzklassen auswählen zu können, müssen Sie den Text zuerst speichern oder in Absätze einfügen. Erst dann stehen Ihnen die Comboboxen für die Blockstile und Absatzformate zur Verfügung. Klicken Sie auf den Text und wählen Sie den gewünschten Blockstil aus. Die Formatierung wird für den gesamten Absatz definiert. Wählen Sie in der Combobox **kein Blockstil** oder entsprechend **kein Absatzformat** aus, wird die Formatierung rückgängig gemacht. Wollen Sie Textstile anwenden, müssen Sie den entsprechenden Text markieren. Erst dann können Sie eine Auswahl in der Combobox **Textstile** treffen.

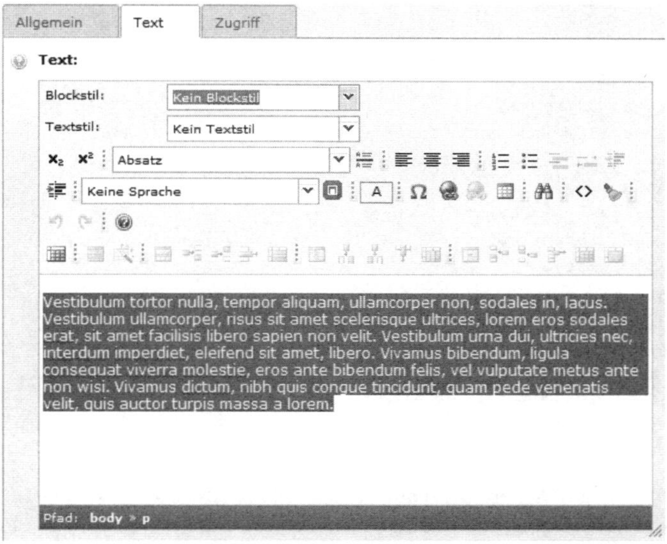

Abbildung 10.15: RTE im Backend

10.6 Mehrsprachigkeit

Auch für den RTE kann die Mehrsprachigkeit berücksichtigt werden – zwar nicht für die Frontendausgabe, aber für die Redakteure. Mit dem Seiten-TypoScript-Config haben wir Labels für die Stile vorgegeben. Diese sollen für den englischsprachigen Redakteur natürlich auch auf Englisch angezeigt werden.

Nehmen wir das Beispiel für die Klasse `Einzug`. Sofern Sie den folgenden Code verwenden, haben Sie den Namen der Klasse wie folgt zugewiesen. Damit wird die Klasse in der Combobox **Blockstile** auch so angezeigt, und zwar sowohl in Englisch als auch in Deutsch mit dem Namen *Einzug*.

```
csc-frame-indent {
  name = Einzug
  value =
  }
```

Für die Labelanzeige in unterschiedlichen Sprachen müssen Sie zunächst eine XML-Datei für die gewünschten Sprachlabels erstellen.

Erstellen Sie im Fileadmin-Verzeichnis einen Ordner `locallang`; darin legen Sie eine Datei mit dem Namen `rte.xml` an. Erstellen Sie eine XML-Datei nach dem folgenden Muster in einem lokalen Editor und kopieren

Sie den Code in die Datei `rte.xml`. Die Datei enthält zunächst nur die Definition für die Klasse `Einzug`.

```
<?xml version="1.0" encoding="utf-8" standalone="yes" ?>
<T3locallangExt>
  <data type="array">
    <languageKey index="default" type="array">
      <label index="csc-frame-indent">Indent</label>
    </languageKey>
    <languageKey index="de" type="array">
      <label index="csc-frame-indent">Einzug</label>
    </languageKey>
  </data>
</T3locallangExt>
```

In der XML-Datei haben wir in der englischen Variante `index="default"` das Label `indent` für die Klasse verwendet und in der deutschen Variante `index="de"` den Namen `Einzug` verwendet.

Damit dieser Eintrag in der Datei auch greift, muss die Konfiguration des RTE in der Datei `rte_tsconfig.ts` erweitert werden. Passen Sie dazu folgenden Code an:

```
RTE.classes {
  # Blockstile
  csc-frame-indent {
   name = LLL:fileadmin/locallang/rte.xml:csc-frame-indent
   value =
  }
[...]
```

Auf die gleiche Weise gehen Sie dann für alle anderen Klassen und Stile, die Sie mit englischen Texten auszeichnen möchten, vor.

Wenn Sie jetzt im Modul **Benutzerwerkzeuge** unter **Einstellungen** die Backendsprache für Ihren Benutzer auf Englisch umstellen, erscheinen alle Labels im RTE auf Englisch, in unserem Fall allerdings nur die Klasse für den Einzug in der Combobox **Blockstil**, denn in der XML-Datei und der Seiten-TS-Config haben wir ja lediglich diese Klasse definiert.

10.7 Die RTE-Toolbar

Bereits ab TYPO3 Version 4.4 wurde sehr viele Funktionen des RTE in Javascript umgesetzt. So können Sie die Toolbar auch per Rechtsklick im Textfeld aufrufen (Abbildung 10.16).

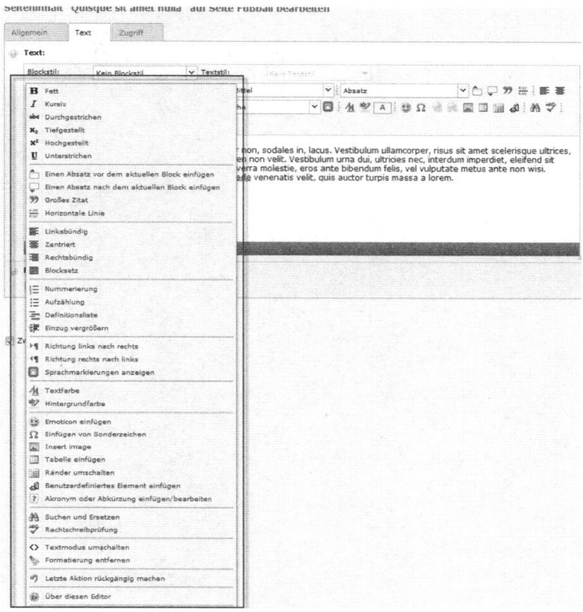

Abbildung 10.16:
RTE – Funktionen mit Rechtsklick aufrufen

Sowohl in der Toolbar als auch im Popup-Fenster werden Kurzinformationen zur jeweiligen Funktion angezeigt, wenn Sie den Mauszeiger darauf richten. In Abb. 10.17 zu sehen am Beispiel des Icons für das Einfügen von Sonderzeichen.

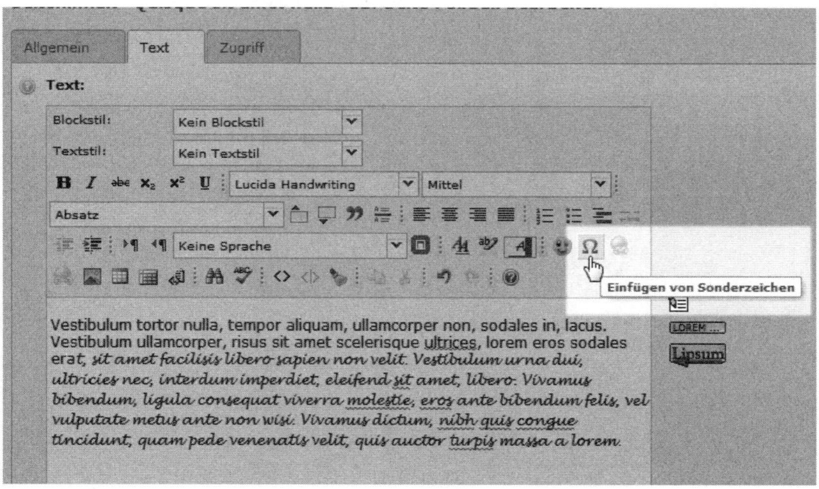

Abbildung 10.17:
RTE – Anzeige von Kurzinformationen

Kapitel

11

Organisation der Backendbenutzer/Redakteure

Der Verein aus unserem Beispiel verfügt, eher untypisch, über eine ganze Reihe interessierter Redakteure in spe, deren Zuständigkeiten – und damit (Zugriffs-)Rechte und Pflichten – allerdings noch nicht geregelt sind. Als Administratoren haben wir sämtliche Rechte im System, was für die Redakteure natürlich nicht gelten darf. Deren Befugnisse sind entsprechend ihren Zuständigkeiten anzupassen.

11.1 Grundsätzliches zur Rechtevergabe

Ganz grob unterscheiden wir zwei Arten von Backendbenutzern: Administratoren, die für die technische Betreuung der Webseite zuständig sind, und Redakteure, die sich um die Inhalte der Webseite kümmern. Insbesondere bei kleineren Webauftritten kann eine Person durchaus beide Funktionen in sich vereinen. Je größer der Webauftritt, umso strenger erfolgt die Trennung zwischen Administratoren und Redakteuren.

Die inhaltliche Pflege der Webseite ist also Aufgabe der Redakteure. Die Berechtigungen der Redakteure können je nach Aufgabengebiet (beispielsweise Fußball oder Schwimmen) und Funktion (einfacher Redakteur oder Chefredakteur) abgestuft sein. Bei der Abstufung ist Folgendes zu berücksichtigen:

Backendfunktionen
: Welche Backendmodule wie Seite, Liste usw. benötigt der Redakteur?

Seiten und Dateiverzeichnisse
: Auf welche Seiten im Seitenbaum des Webauftritts und auf welche Dateiverzeichnisse innerhalb von `fileadmin` darf der Redakteur zugreifen?

Inhalte und Sprachen
: Auf welche Arten von Inhaltselementen und auf welche Sprachen darf ein Redakteur zugreifen?

Art des Zugriffs
: Darf ein Redakteur lesen, schreiben, ändern oder löschen?

Ein Teil der vorgenannten Berechtigungen kann auch direkt einem Backendbenutzer zugeordnet werden. Aber eben nur ein Teil. Zudem ist es gute Praxis, auch bei wenigen Redakteuren deren Rechte über Benutzergruppen mit gleichen Tätigkeiten (Rollen) zu vergeben. Die Frage, wer welche Rechte hat, lässt sich so einfacher beantworten und kontrollieren: Alle Mitglieder einer Gruppe haben dieselben Rechte. Der Wechsel eines Backendbenutzers in eine andere Aufgabe, von Redakteur Fußball zu Redakteur Schwimmen, ist mit einem einfachen Wechsel der Benutzergruppe erledigt.

Backendbenutzer können mehreren Benutzergruppen angehören. Und Benutzergruppen können wiederum andere Benutzergruppen enthalten. Ein Beispiel: Für jedes Sachgebiet (hier Sportart) gibt es je eine Berechtigungsgruppe für Redakteure, die in dem Sachgebiet alles dürfen. Darüber gibt es eine Benutzergruppe `Redakteure_Chef`, die die Berechtigungsgruppen der Redakteure enthält. Und damit erhalten Mitglieder der Benutzergruppe `Redakteure_Chef` die gesammelten Berechtigungen aller Redakteure.

Berechtigungen aus verschiedenen Benutzergruppen wirken sich positiv additiv auf den zugeordneten Backendbenutzer aus. Beispiele dazu:

- Die Benutzergruppe `Redakteure_A` hat Zugriff auf die Seiten 1, 2 und 3. Die Benutzergruppe `Redakteure_B` hat Zugriff auf die Seiten 4, 5 und 6. Backendbenutzer, die beiden Benutzergruppen angehören, haben Zugriff auf die Seiten 1 bis 6.

- Die Benutzergruppe `Redakteur_AB` enthält die beiden Benutzergruppen `Redakteure_A` und `Redakteure_B`. Backendbenutzer, die der Benutzergruppe `Redakteur_AB` angehören, haben Zugriff auf die Seiten 1 bis 6.
- Die Mitglieder von `Redakteure_A` dürfen HTML-Elemente anlegen, die Mitglieder von `Redakteure_B` nicht. Backendbenutzer, die beiden Benutzergruppen angehören, dürfen HTML-Elemente anlegen.

Für eine vollständige Pflege der Berechtigungen werden benötigt:

- Seitenzugriffsrechte, die über das Modul **Zugriff** gepflegt werden.
- Backendbenutzer und Benutzergruppen, die über das Modul **Liste** gepflegt werden.
- Verzeichnisfreigaben, die ebenfalls über das Modul **Liste** gepflegt werden.

Das Modul **Zugriff** ist in der TYPO3-Version 4.5 nicht automatisch installiert. Wechseln Sie daher zum **Erweiterungsmanger**. Da es sich um eine interne Erweiterung handelt, setzen Sie erst das Häkchen bei **Verborgene Erweiterungen zeigen**, suchen dann nach **Access** und installieren die Erweiterung. Aktualisieren Sie anschließend die Anzeige des Backends, so dass in der linken Menüleiste das Modul **Zugriff** angezeigt wird.

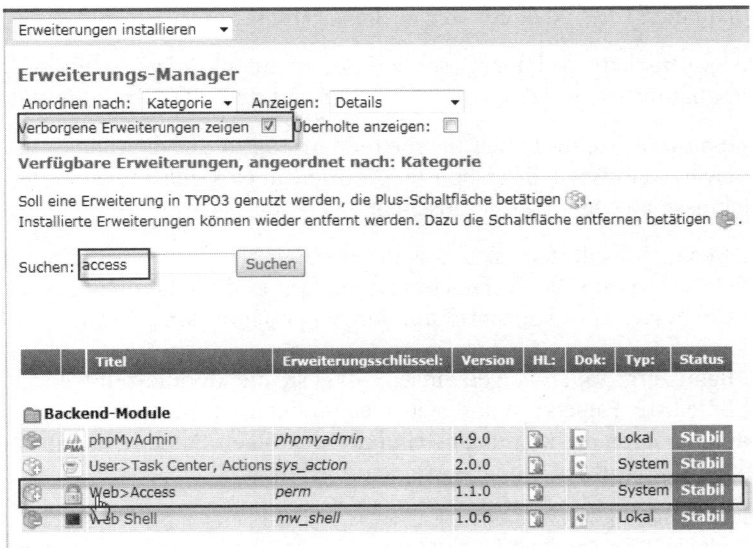

Abbildung 11.1: Erweiterung Access installieren

11.2 TYPO3 um Funktionen für die Berechtigungsvergabe erweitern

Obwohl TYPO3 gerade beim Thema Berechtigungen schon sehr stark ist, nutzen wir hier eine Erweiterung, um den Umgang mit den Berechtigungen zu verbessern und zu erleichtern. Installieren Sie die Erweiterung `be_acl`. Mit dieser Erweiterung können Sie Seitenrechte für mehrere Backendbenutzer und Benutzergruppen rekursiv vergeben. Bei der Installation setzen Sie die Häkchen bei den zwei folgenden Optionen **disable "old" User/Group/World permission system** und **enable selector for users/groups** – dies erleichtert die Auswahl der Backendbenutzer und Benutzergruppen.

11.3 Datenbankfreigaben und Verzeichnisfreigaben einrichten

Die Anforderungen für die Redakteure und Chefredakteure lauten:

- Für jede Sportart wird eine eigene Benutzergruppe angelegt.
- Die verschiedenen Sportredakteure dürfen auf den Seiten ihrer Sportart normale Inhaltselemente (Text, Text mit Bild, Bild, Überschrift, Aufzählung, Dateiverweise, Trenner, Flexibler Inhalt) lesen, anlegen, ändern und löschen.
- Neu angelegte Inhaltselemente müssen vor der ersten Veröffentlichung durch einen Chefredakteur freigegeben werden.
- Die Sportredakteure haben lesenden Zugriff auf alle Seiten unterhalb des Seitenbaums `Menu links` und Vollzugriff auf die Seiten ihrer Sportart.
- Die Sportredakteure haben bearbeitenden Zugriff auf die Inhalte in den Dateiverzeichnissen ihrer Sportart, dürfen aber keine neuen Dateiverzeichnisse anlegen oder gar löschen.
- Chefredakteure dürfen alles, was die Redakteure dürfen. Zusätzlich dürfen sie Seiten und Dateiverzeichnisse anlegen und löschen. Zudem haben die Chefredakteure Vollzugriff auf den Seitenbaum `Menu oben`.

Allen Benutzergruppen ist gemeinsam, dass sie die Module **Seite**, **Anzeigen**, **Liste**, **Dateiliste**, **Papierkorb** und selbstverständlich zur Anpassung ihrer Benutzerdaten auch das Modul **Einstellungen** benötigen. Außerdem haben alle Redakteure Zugriff auf die Live-Arbeitsumgebung.[1]

[1] Live-Arbeitsumgebung heißt auch, dass alle Änderungen sofort sichtbar sind. Im nachfolgenden Kapitel wird der Umgang mit Arbeitsumgebungen und Workflows beschrieben.

11.3.1 Datenbankfreigaben anlegen

Eine Datenbankfreigabe markiert den Einstiegspunkt in die Seitenstruktur des Webauftritts, jedoch nicht die Rechte für eine Seite. Die Sportredakteure haben Zugriff auf die Seite `Menu links` und alle darunter liegenden Seiten und benötigen dazu eine Datenbankfreigabe. Diese kann direkt innerhalb einer Benutzergruppe wie **Redakteure_Schwimmen** angelegt werden und gilt dann genau für diese Benutzergruppe. Sie können aber auch eine Benutzergruppe anlegen, die einzig und allein dazu dient, eine Datenbankfreigabe zu beinhalten und diese dann mehrfach zu verwenden. Genau diese Methode nutzen wir hier: Gehen Sie in das Modul **Liste** und klicken Sie die oberste Stufe in der Seitenstruktur an, die Seite mit dem TYPO3-Symbol. Legen Sie einen neuen Datensatz vom Typ **Backend-Benutzergruppe** mit dem Namen `D_Menu links` an.

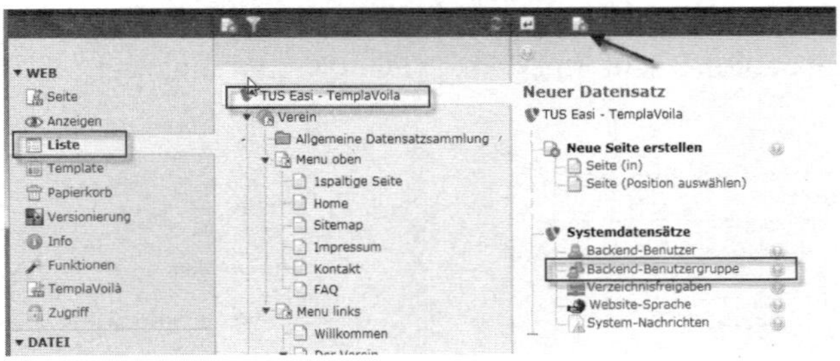

Abbildung 11.2: Benutzergruppe für Datenbankfreigabe anlegen

Das vorangestellte `D_` dient rein der Kenntlichmachung dieser Benutzergruppe als Datenbankfreigabe und ist nicht vorgeschrieben. In der Registerkarte **Freigaben und Arbeitsumgebungen** wählen Sie unter **Datenbankfreigaben** die Seite unterhalb von `Menu links` aus. Weiter unten entfernen Sie die Häkchen unter **Rechte für Dateioperationen**, denn in dieser Benutzergruppe sollen wirklich nur die Datenbankfreigaben geregelt werden.

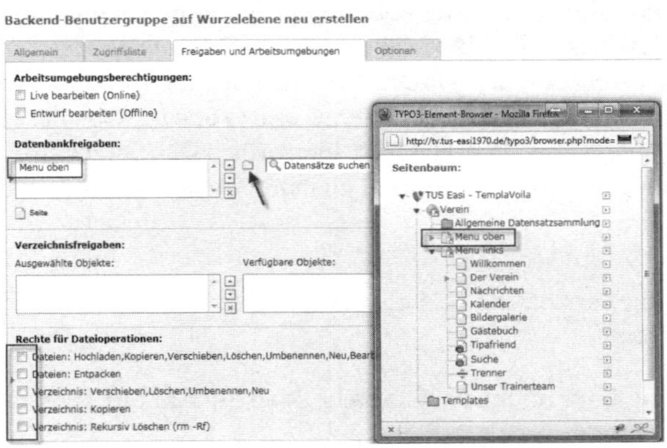

Abbildung 11.3: Datenbankfreigabe anlegen

Legen Sie noch eine zweite Benutzergruppe mit dem Namen `D_Menu oben` an. In der Registerkarte **Freigaben und Arbeitsumgebungen** wählen Sie unter **Datenbankfreigaben** die Seite `Menu oben` aus. Weiter unten entfernen Sie die Häkchen unter **Rechte für Dateioperationen**. Damit stehen die beiden Datenbankfreigaben für eine weitere Verwendung in den eigentlichen Benutzergruppen bereit. Alle Benutzer, denen diese Datenbankfreigaben zugeteilt werden, können somit alle Seiten innerhalb von `Menu oben` bzw. `Menu links` im Seitenbaum sehen. Vorteil dieses Einstiegs in die Seitenstruktur ist, dass auch zu einem späteren Zeitpunkt neu angelegte Seiten sichtbar sind. Nachteil ist, dass auch die Seiten `Menu oben` bzw. `Menu links` sichtbar sind. Daher müssen die Zugriffsrechte für die beiden Seiten später noch eingeschränkt werden.

11.3.2 Verzeichnisfreigaben anlegen

Zuvor wenden wir uns aber noch den Verzeichnisfreigaben zu. Diese werden ebenfalls auf der Seite mit dem TYPO3-Symbol angelegt.

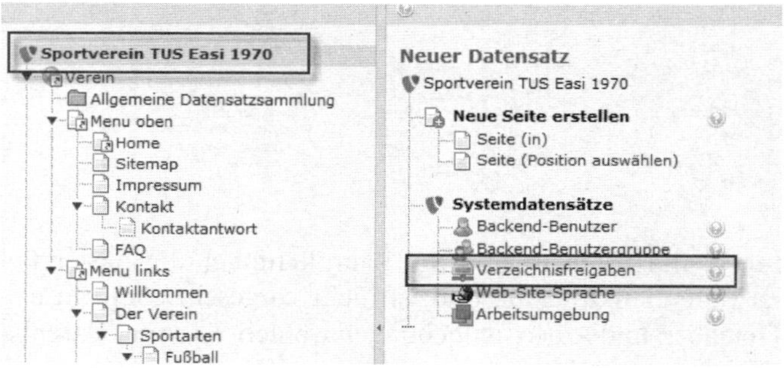

Abbildung 11.4: Verzeichnisfreigabe anlegen

Legen Sie einen neuen Datensatz vom Typ **Verzeichnisfreigabe** mit der Bezeichnung `Verzeichnis Verein` an. Unter **Basis** klicken Sie **relativ ../fileadmin/** an, denn die Redakteure sollen Zugriff auf die Verzeichnisse in `fileadmin` erhalten. Im Feld **Pfad:** geben Sie das genaue Verzeichnis, inklusive eventuell erforderlicher Unterverzeichnisse, relativ zu `fileadmin` an: in diesem Fall `Redakteursverzeichnisse/Verein`. Ob dieses Verzeichnis existiert, wird von TYPO3 nicht überprüft. Die Verzeichnisse werden wir gleich anlegen. Legen Sie nun in gleicher Weise weitere Verzeichnisfreigaben an:

- Bezeichnung `Verzeichnis Schwimmen`, Pfad `Redakteursverzeichnisse/Schwimmen`
- Bezeichnung `Verzeichnis Fußball`, Pfad `Redakteursverzeichnisse/Fußball`

- Bezeichnung `Verzeichnis images`, Pfad `images`

Achten Sie bei Linux-Systemen auf die Groß-/Kleinschreibung.

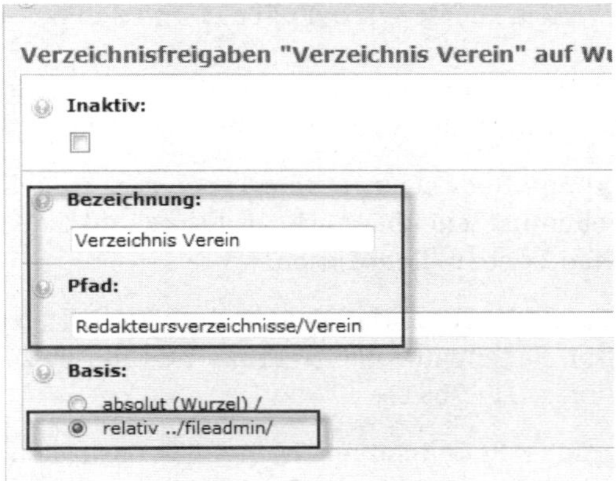

Abbildung 11.5: Verzeichnisfreigabe

Wechseln Sie nun in das Modul **Dateiliste** und legen Sie die folgenden Verzeichnisse an:

- `Redakteursverzeichnisse`
- `Redakteursverzeichnisse/Verein`
- `Redakteursverzeichnisse/Schwimmen`
- `Redakteursverzeichnisse/Fußball`

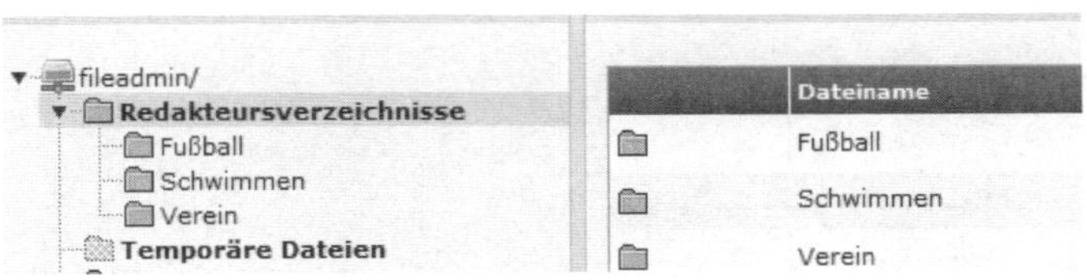

Abbildung 11.6: Neu angelegte Verzeichnisse

Achten Sie darauf, dass sich bei der Vergabe von Verzeichnisfreigaben die Verzeichnisse nicht überlappen. Wenn Sie beispielsweise den Chefredakteuren Freigaben für das Verzeichnis `Redakteursverzeichnisse/Fußball` und für das Verzeichnis `Redakteursverzeichnisse` vergeben würden, so würde ein Chefredakteur das Verzeichnis `Fußball` zweifach sehen: separat und als Unterverzeichnis von `Redakteursverzeichnisse`.

11.4 Erforderliche Benutzergruppen für Redakteure

Beispielhaft legen wir vier Benutzergruppen an: Redakteure_Basis, Redakteure_Schwimmen, Redakteure_Fußball und Redakteure_Chef.

- Die Benutzergruppe Redakteure_Basis erhält die Rechte für die benötigten Module und wird den anderen Benutzergruppen zugeordnet.
- Die Benutzergruppe Redakteure_Schwimmen erhält die Datenbankfreigabe für alle Seiten im Seitenbaum Menu links und die Verzeichnisfreigabe für den Pfad Verein/Schwimmen.
- Die Benutzergruppe Redakteure_Fußball erhält die Datenbankfreigabe für alle Seiten im Seitenbaum Menu links und die Verzeichnisfreigabe für den Pfad Verein/Fußball.
- Die Benutzergruppe Redakteure_Chef erhält die Datenbankfreigaben für alle Seiten im Seitenbaum Menu links und Menu oben und die Verzeichnisfreigaben für die Pfade Verein und images.

Wechseln Sie ins Modul **Liste**, klicken Sie im Seitenbaum auf die Seite mit dem TYPO3-Symbol und legen Sie eine neue **Backend-Benutzergruppe** an.

11.5 Benutzergruppe Redakteure_Basis anlegen

11.5.1 Gruppenname und Beschreibung

Vergeben Sie in der Registerkarte **Allgemein** zunächst den Gruppennamen Redakteure_Basis für diese Benutzergruppe. Zur Information sollten Sie eine kurze Beschreibung erstellen, damit auch andere Administratoren wissen, um welche Art von Benutzergruppe es sich hier handelt.

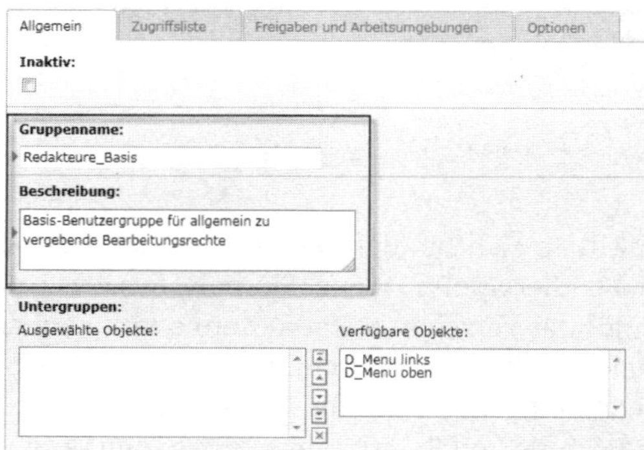

Abbildung 11.7: Gruppe erstellen – Registerkarte Allgemein

11.5.2 Zugriffsliste Module

Diese Benutzergruppe dient ausschließlich zur Vergabe von Rechten, die allen Benutzergruppen gemeinsam sind. In diesem Falle sind das die Berechtigungen für die Module **Seite**, **Anzeigen**, **Liste**, **Papierkorb**, **Dateiliste** und **Einstellungen** sowie die **Hilfe**-Module. Wechseln Sie zur Registerkarte **Zugriffsliste** und setzen Sie das Häkchen bei **Zugriffslisten mit einschließen**; bestätigen Sie die Warnmeldung mit **ok**.

Damit der Benutzergruppe `Redakteure_Basis` nur die für sie erforderlichen und erlaubten Module im TYPO3-Backend angezeigt werden, wählen Sie diese Module aus, indem Sie ein Häkchen setzen, wie in Abbildung 11.8 gezeigt.

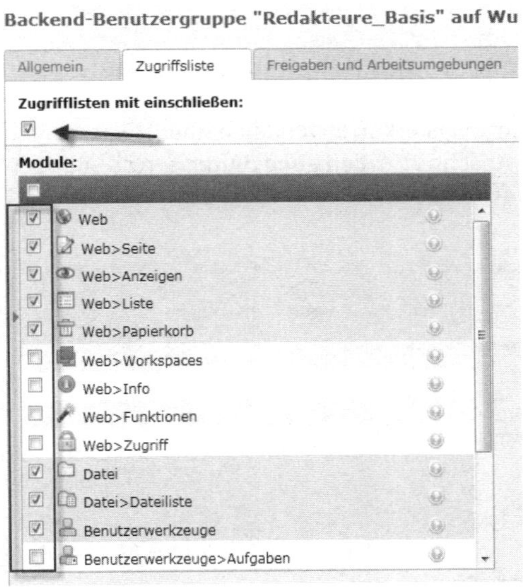

Abbildung 11.8: Module verfügbar machen

Wichtig ist, dass Sie den Zugriff nicht nur auf ein einzelnes Untermodul wie z. B. **Liste** erlauben, sondern auch auf den übergeordneten Bereich, wie in diesem Falle **Web**. Wählen Sie folgende Module aus:

- Web
- Web>Seite
- Web>Anzeigen
- Web>Liste
- Web>Papierkorb

- Datei
- Datei>Dateiliste
- Benutzerwerkzeuge
- Benutzerwerkzeuge>Einstellungen
- Hilfe>TYPO3-Handbuch
- Hilfe>Über TYPO3
- Hilfe>TypoScript-Hilfe
- Hilfe>Über Module

11.5.3 Freigaben und Arbeitsumgebungen

Wechseln Sie zur Registerkarte **Freigaben und Arbeitsumgebungen** und wählen Sie dort im Abschnitt **Arbeitsumgebungsberechtigungen** nur den Eintrag **Live bearbeiten (Online)** aus.

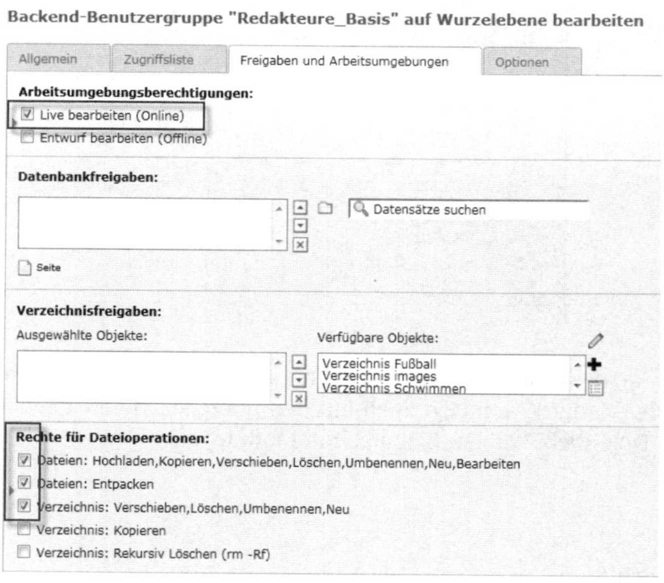

Abbildung 11.9: Live-Arbeitsumgebung und Dateioperationsberechtigungen

Am Ende der Seite können Sie die Berechtigungen für Dateioperationen vergeben. Dies bietet sich an, wenn diese Dateioperationsberechtigungen für alle Benutzergruppen gelten sollen. In unserem Beispiel gehen wir davon aus; weitergehende Berechtigungen für die Chefredakteure werden in der dortigen Benutzergruppe zusätzlich vergeben. Bei den Dateioperationsberechtigungen setzen Sie daher die Häkchen bei den folgenden Punkten:

- **Dateien: Hochladen, Kopieren, Verschieben, Löschen, Umbenennen, Neu, Bearbeiten**
- **Dateien: Entpacken**
- **Verzeichnis: Verschieben, Löschen, Umbenennen, Neu**

Mehr ist für diese Benutzergruppe nicht zu tun. Speichern und schließen Sie die Benutzergruppe.

11.6 Benutzergruppen für die Redakteure anlegen

Die Benutzergruppen für `Redakteure_Schwimmen` und `Redakteure_Fußball` benötigen neben den Modulrechten aus der Gruppe `Redakteure_Basis` weitergehende Rechte.

11.6.1 Gruppenname und Untergruppen

Legen Sie eine neue Benutzergruppe `Redakteure_Schwimmen` an. Im Feld **Untergruppen:** wählen Sie die soeben angelegten Benutzergruppen `Redakteure_Basis` und `D_Menu links` aus.

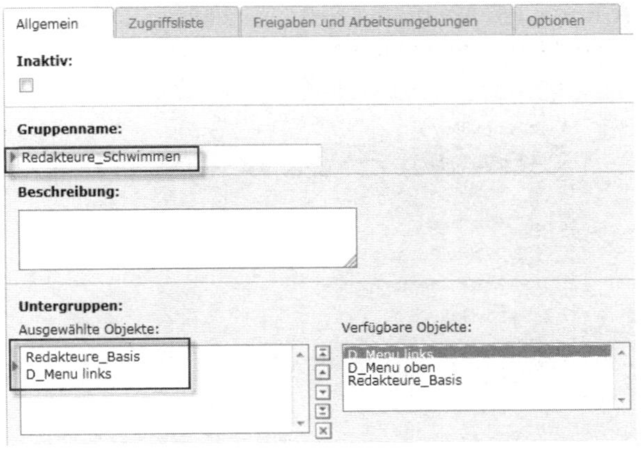

Abbildung 11.10: Untergruppen auswählen

11.6.2 Zugriffsliste Tabellen (anzeigen)

Wechseln Sie auf die Registerkarte **Zugriffsliste** und setzen Sie das Häkchen bei **Zugriffsliste mit einschließen**. Unter **Module** müssen Sie nun nichts mehr auswählen, denn die Rechte werden von der zuvor ausgewählten Untergruppe `Redakteure_Basis` geerbt.

Tabellen (anzeigen): Hier können Sie die Tabellen auswählen, die die Mitglieder dieser Benutzergruppe sehen dürfen. Sofern die Benutzergruppe auch ändernde Rechte auf die gleichen Tabellen bekommt, ist eine zusätzliche Auswahl unter **Tabellen (anzeigen)** nicht erforderlich. Eine mögliche Konstellation wäre zum Beispiel, wenn Sie eine strikte Unterscheidung zwischen den Redakteuren für die normalen Inhalte und für Nachrichten treffen. Dann könnten Sie die Berechtigungen so einstellen, dass die Nachrichtenredakteure nur die Tabelle für Nachrichten ändern dürfen, aber auf die Tabellen für Seite und Seiteninhalt auch lesend zugreifen dürfen. In unserem Beispiel ist dies nicht der Fall – Sie können direkt zum nächsten Punkt gehen.

11.6.3 Zugriffsliste Tabellen (ändern)

Tabellen (ändern): Aus der Liste der Tabellen, die diese Benutzergruppe ändern darf, wählen Sie nun die gewünschten Tabellen aus. So steuern Sie, auf welche Daten diese Benutzergruppe Zugriff hat und auf welche nicht. Beispielsweise kann die Benutzergruppe auf **Seite** und **Seiteninhalt** zugreifen, aber nicht auf **Domäne**. Das Anlegen einer Domäne bleibt Vorrecht des Administrators. Weisen Sie die in Abbildung 11.11 gezeigten Tabellen **Seite**, **Seiteninhalte** und auch **Alternative Seitensprache** zu. Ohne letztere Auswahl können die Redakteure keine Übersetzungen anlegen.

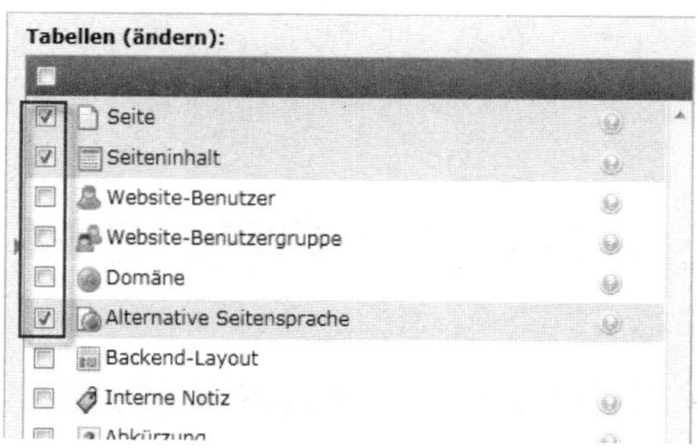

Abbildung 11.11: Tabellen, die geändert werden dürfen

11.6.4 Zugriffsliste Seitentypen

Weiter weisen Sie den Benutzergruppen die erlaubten Seitentypen zu (Abbildung 11.12), und das sind hier: **Standard**, **Verweis**, **Ordner** und **Papierkorb**. Die Rechte der Benutzergruppe werden auf die gewählten Seitentypen beschränkt.

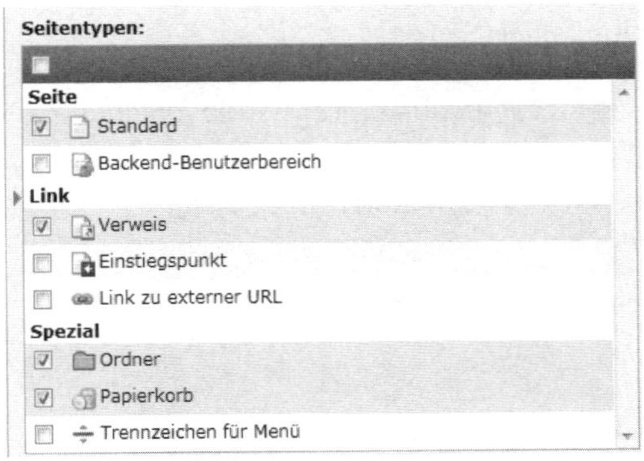

Abbildung 11.12: Erlaubte Seitentypen

11.6.5 Zugriffsliste Erlaubte Ausschlussfelder

Im nächsten Abschnitt, **Erlaubte Ausschlussfelder**, definieren Sie, welche Felder der Backendformulare der Benutzergruppe zur Verfügung stehen. Möchten Sie etwa ausschließen, dass diese Benutzergruppe Überschriften rechts, links oder zentriert ausrichten darf, dann wählen Sie das entsprechende Feld **Seiteninhalt: Ausrichtung** nicht aus. Schon steht das Feld der Benutzergruppe nicht mehr zur Verfügung.

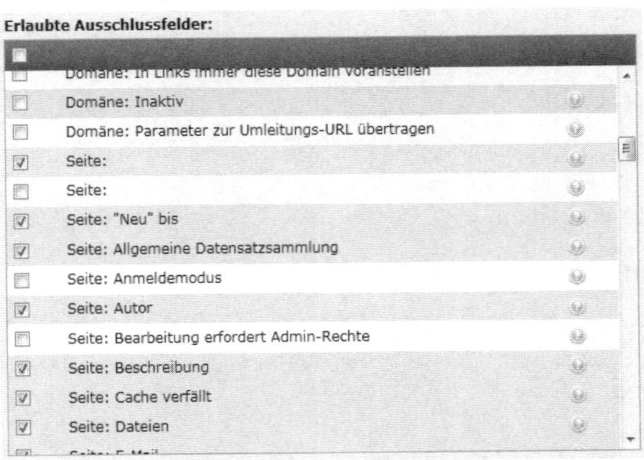

Abbildung 11.13: Erlaubte Ausschlussfelder Seite

Die Liste der Felder, die Sie erlauben oder sperren können, ist ziemlich lang und wird mit jeder Erweiterung länger. Denn auch die Felder in den Formularen von Erweiterungen werden hier zu Auswahl angeboten. Kurz: Alle Felder, die in irgendeinem Backendformular enthalten sind, können Sie hier zulassen oder verbieten. Sicher haben wir den Redakteuren einige Felder zu viel zugesprochen – Sie können die Auswahl jederzeit ändern.

Erlaubte Ausschlussfelder: Seite

Wählen Sie nun für diese Benutzergruppe die folgenden Felder für die *Seiten* aus:

- Seite: „Neu" bis
- Seite: Allgemeine Datensatzsammlung
- Seite: Autor
- Seite: Beschreibung
- Seite: Cache verfällt
- Seite: Dateien
- Seite: E-Mail
- Seite: Inhaltsangabe
- Seite: Inklusive Unterseiten
- Seite: Layout
- Seite: Letzte Aktualisierung
- Seite: Lokalisierungseinstellungen
- Seite: Navigationstitel
- Seite: Nicht cachen
- Seite: Nicht suchen
- Seite: Seite verbergen
- Seite: Start
- Seite: Stichworte (kommagetrennt)
- Seite: Stopp
- Seite: Typ

- Seite: Verweismodus
- Seite: Vorlagen-Design benutzen
- Seite: Zielfenster
- Seite: Zugriff

Als Anwender von TemplaVoila wählen Sie zusätzlich die folgenden Felder aus:

- Seite: Inhalt
- Seite: Seitenvorlagenstruktur
- Seite: Unterseiten – Seitenvorlagenstruktur
- Seite: Unterseiten – Vorlagen-Design benutzen
- Seite: Vorlagen-Design benutzen

Erlaubte Ausschlussfelder: Seiteninhalte

Weisen nun die folgenden Felder zu, die dem Redakteur für die *Seiteninhalte* zur Verfügung stehen sollen.

- Seiteninhalt: Alternativer Text
- Seiteninhalt: Attribute
- Seiteninhalt: Ausrichtung
- Seiteninhalt: Ausrichtung
- Seiteninhalt: Ausrichtung
- Seiteninhalt: Bildqualität/-bearbeitung
- Seiteninhalt: Breite (Pixel)
- Seiteninhalt: Datum
- Seiteninhalt: Effekte
- Seiteninhalt: Farbe
- Seiteninhalt: Größe
- Seiteninhalt: Höhe (Pixel)
- Seiteninhalt: Index

- Seiteninhalt: Keine Reihen
- Seiteninhalt: Klick-Vergrößern
- Seiteninhalt: Langbeschreibung URL
- Seiteninhalt: Layout
- Seiteninhalt: Link zum Seitenanfang einfügen
- Seiteninhalt: Link
- Seiteninhalt: Link
- Seiteninhalt: Schrift
- Seiteninhalt: Spalten
- Seiteninhalt: Sprache
- Seiteninhalt: Start
- Seiteninhalt: Stopp
- Seiteninhalt: Titeltext
- Seiteninhalt: Typ
- Seiteninhalt: Untertitel
- Seiteninhalt: Ursprungstext
- Seiteninhalt: Verbergen
- Seiteninhalt: Zellenabstand
- Seiteninhalt: Zellenfüllung
- Seiteninhalt: Zugriff

TV

Als Anwender von TemplaVoila wählen Sie zusätzlich die folgenden Felder aus:

- Seiteninhalt: Datenstruktur
- Seiteninhalt: Inhalt
- Seiteninhalt: Vorlagenobjekt für Erweiterungen
- Seiteninhalt: Vorlagenobjekt

Erlaubte Ausschlussfelder: Alternative Seitensprache

Da unsere Redakteure auch für die englischen Inhalte verantwortlich sind, müssen wir auch für die Formulare in den alternativen Sprachen Felder zuweisen oder verbieten:

- Alternative Seitensprache: Autor
- Alternative Seitensprache: Beschreibung
- Alternative Seitensprache: Dateien
- Alternative Seitensprache: E-Mail
- Alternative Seitensprache: Inhaltsangabe
- Alternative Seitensprache: Navigationstitel
- Alternative Seitensprache: Seite verbergen
- Alternative Seitensprache: Start
- Alternative Seitensprache: Stichworte (kommagetrennt)
- Alternative Seitensprache: Stopp
- Alternative Seitensprache: Untertitel

Die Liste ist zugegebenermaßen groß und unübersichtlich. Das ist nicht nur der Vielzahl der Felder geschuldet. Manche Felder sind mehrfach mit gleichem Namen in der Liste aufgeführt (Beispiel: Seiteninhalt: Ausrichtung), ohne nähere Spezifizierung im Namen. Zum Glück ist in den meisten Fällen ein Infotext vorhanden, den Sie aufrufen können, indem Sie mit dem Mauszeiger auf dem Fragezeichen rechts vom fraglichen Feld verweilen. Als weitere Hilfestellung haben wir auf der Webseite einen vollständigen Bildschirmausdruck der erlaubten Ausschlussfelder hinterlegt.

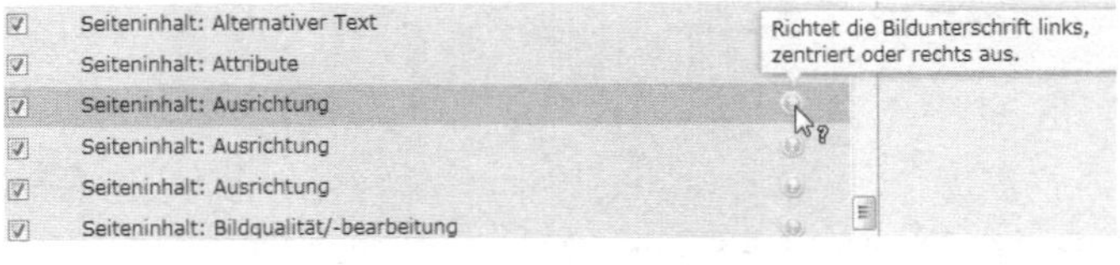

Abbildung 11.14: Infotext anzeigen lassen

Erlaubte Ausschlussfelder: Seiteninhalte

Der folgende Abschnitt **Feldwerte explizit erlauben/verbieten** bedarf noch einer Erklärung: Von Haus aus sind in TYPO3 alle Feldwerte erlaubt und müssen im Bedarfsfalle verboten werden.

Besser ist es jedoch, diese automatische Erlaubnis umzukehren in eine explizite Erlaubnis.[2] Diese Umkehrung muss im Installationstool erfolgen. Sicherlich hätten wir dies bereits bei der Installation von TYPO3 tun können, aber es ist besser, diese Anpassung im konkreten Zusammenhang vorzunehmen, so dass sie Ihnen im Gedächtnis bleibt.

Abbildung 11.15: Feldwerte explizit erlauben/verbieten

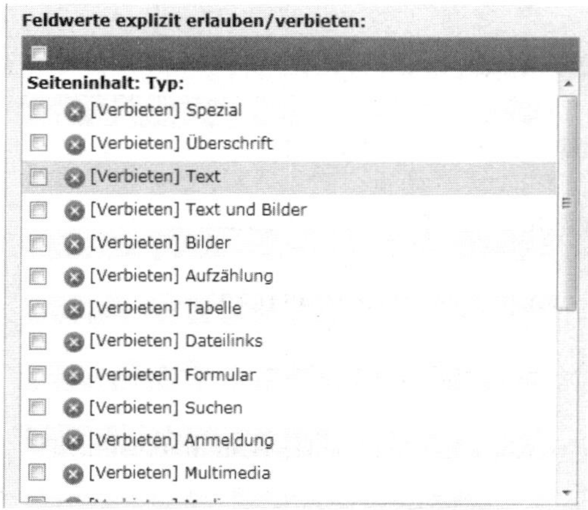

Speichern und schließen Sie den Datensatz an dieser Stelle. Wechseln Sie in das Installationstool, nachdem Sie vorher im Modul **Benutzerwerkzeuge | Einstellungen** unter **Adminfunktionen** die Installationsdatei `ENABLE_INSTALL_TOOL` angelegt haben, und gehen Sie zu **All Configuration**. Suchen Sie nach `explicitADmode` und tragen Sie hier `explicitAllow` ein. Speichern Sie die Eingabe.

Abbildung 11.16: Installtool: explicitAllow eintragen

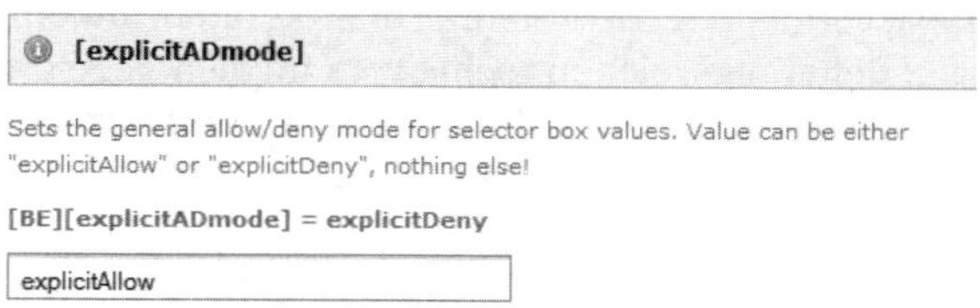

2 In künftigen Versionen von TYPO3 kann diese Umkehrung bereits erfolgt sein, denn es liegt ein entsprechender Feature Request vor.

Wechseln Sie nun wieder zurück zur Bearbeitung der Benutzergruppe `Redakteure_Schwimmen`. In der Registerkarte **Zugriffsliste** ist jetzt die Einstellung für **Feldwerte explizit erlauben/verbieten** geändert. Nun können Sie angeben, welche Seiteninhaltstypen Sie dieser Benutzergruppe erlauben. Alle anderen Seiteninhaltstypen bleiben verboten. Erlauben Sie dieser Benutzergruppe für unser Beispiel Zugriff auf die Inhaltstypen:

- **Überschrift**
- **Text**
- **Text und Bilder**
- **Bilder**
- **Dateilinks**
- **Datensatz einfügen**
- **Plug-In einfügen**

Als Anwender von TemplaVoila wählen Sie auch den Inhaltstyp **Flexibler Inhalt** aus.

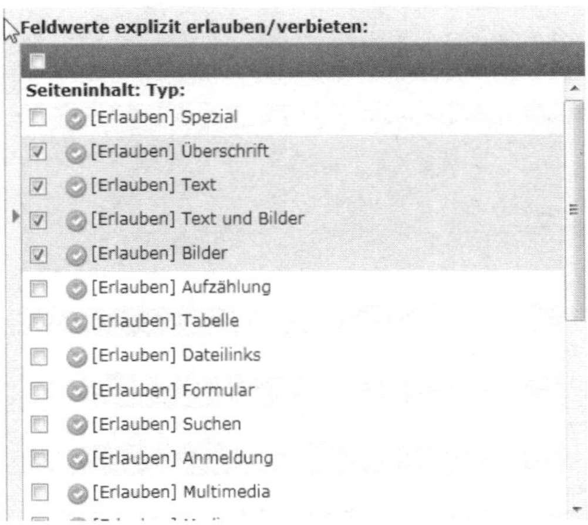

Abbildung 11.17: Benutzergruppe: explicitAllow

Selbstverständlich können Sie die erlaubten Seiteninhaltstypen Ihren Anforderungen anpassen.

Im Abschnitt **Auf Sprachen einschränken** schränken Sie für diese Benutzergruppe die Bearbeitung auf Inhaltselemente bestimmter Sprachen ein. Wir verzichten hier auf eine Einschränkung, denn die Redakteure dürfen immer beide Sprachen bearbeiten.

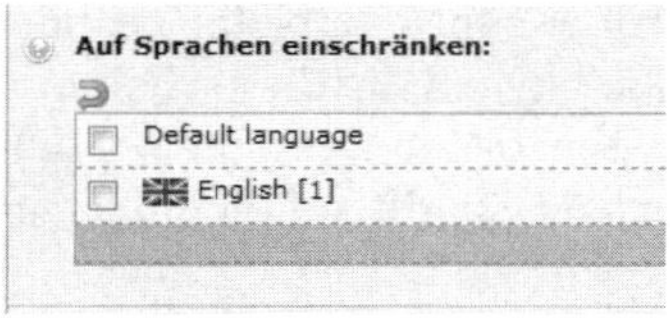

Abbildung 11.18: Keine Spracheinschränkungen

11.6.6 Freigaben und Arbeitsumgebungen

Speichern Sie den Datensatz zur Sicherheit ab und wechseln Sie auf die nächste Registerkarte **Freigaben und Arbeitsumgebungen**. Dort *könnten* Sie unter **Datenbankfreigaben** den Einstiegspunkt für den Seitenbaum der Gruppe auswählen. Aber da diese Datenbankfreigabe `D_Menu links` bereits als eigene Benutzergruppe angelegt wurde und Sie diese Benutzergruppe in der Registerkarte **Allgemein** als Untergruppe ausgewählt haben, ist hier kein Eintrag erforderlich. In früheren Versionen von TYPO3 führten doppelte Einträge noch dazu, dass dann die Seiten im Seitenbaum auch doppelt angezeigt wurden. Diese unglückliche Eigenart ist seit Version 4.4 aber bereinigt.

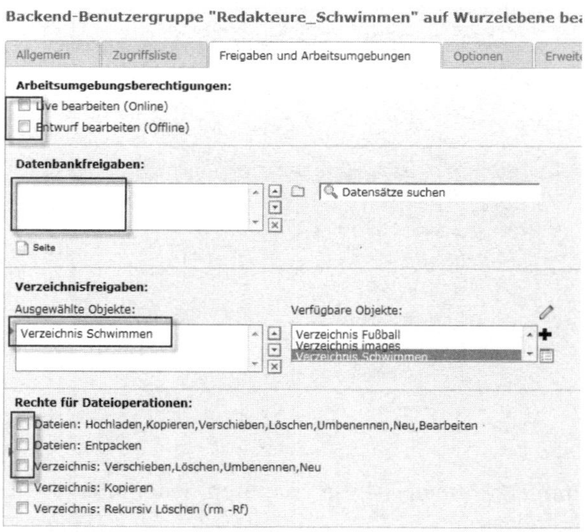

Abbildung 11.19: Backendbenutzer – Registerkarte Freigaben und Arbeitsumgebungen

Wählen Sie bei **Verzeichnisfreigaben** die bereits angelegte Verzeichnisfreigabe `Verzeichnis Schwimmen` aus. Die Dateioperationsberechtigungen am Ende der Seite wurden bereits in der Benutzergruppe `Redakteure_Basis` vergeben und werden hier nicht benötigt. Achten Sie darauf, dass keine Häkchen gesetzt sind.

Die Registerkarten **Optionen** und **Erweitert** benötigen wir hier nicht. Speichern und schließen Sie die Benutzergruppe.

11.6.7 Benutzergruppe Redakteure_Fußball

Legen Sie in gleicher Weise die Benutzergruppe für `Redakteure_Fußball` mit den Untergruppen `D_Menu links` und `Redakteure_Basis` sowie der Verzeichnisfreigabe `Verzeichnis Fußball` an. Hier bietet es sich an, die Benutzergruppe `Redakteure_Schwimmen` zu kopieren und nur die Verzeichnisfreigabe zu ändern.

11.6.8 Benutzergruppe Redakteure_Chef

Nun zur Benutzergruppe `Redakteure_Chef`. Sie muss die Untergruppen `Redakteure_Fußball` und `Redakteure_Schwimmen` enthalten und erbt damit deren Rechte einschließlich der Verzeichnisfreigabe und der Datenbankfreigaben. Auch die Benutzergruppe `Redakteure_Basis` wird über die anderen Benutzergruppen geerbt und muss nicht extra angegeben werden. Zusätzlich benötigt wird nur noch die Benutzergruppe `D_Menu oben`, die als erste Untergruppe eingetragen sein sollte, um die Reihenfolge der Seiten `Menu oben` und `Menu links` beizubehalten.

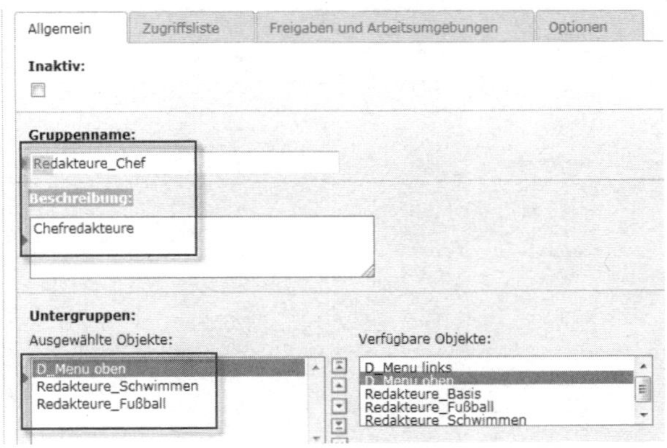

Abbildung 11.20: Chefredakteure – Registerkarte Allgemein

In der Registerkarte **Freigaben und Arbeitsumgebungen** müssen Sie den Chefredakteuren noch die Verzeichnisfreigaben `Verzeichnis images` und `Verzeichnis Verein` vergeben.

Weiter unten müssen Sie noch zusätzliche Dateioperationsrechte erteilen. Setzen Sie hier die Häkchen bei **Verzeichnis: Kopieren** und **Verzeichnis: Re-**

kursiv Löschen (rm -Rf). Die anderen drei Häkchen benötigen Sie nicht, denn auch diese Rechte werden aus der Benutzergruppe `Redakteure_Basis` geerbt.

11.7 Backendbenutzer anlegen

Sie haben nun Benutzergruppen einschließlich Datenbankfreigaben und Verzeichnisfreigaben angelegt. Damit ist nun alles vorbereitet, um auch einen Backendbenutzer anzulegen, der diesen Benutzergruppen zugeordnet wird. Wechseln Sie wieder in das Modul **Liste** und auf die Seite mit dem TYPO3-Symbol. Legen Sie dort einen neuen Benutzer an:

Vergeben Sie als Benutzernamen `red1` und ein beliebiges Passwort. Unter **Gruppe:** wählen Sie die Benutzergruppe `Redakteure_Schwimmen` aus. Als **Standardspache** vergeben Sie **German**. In der Registerkarte **Freigaben und Arbeitsumgebungen** achten Sie unbedingt darauf, dass im Abschnitt **Arbeitsumgebungsberechtigungen** keine Häkchen gesetzt sind. Im Abschnitt **Freigaben aus Gruppen** müssen die Häkchen bei **Datenbankfreigaben** und **Verzeichnisfreigaben** gesetzt sein, damit diese Freigaben aus den Benutzergruppen auch wirklich geerbt werden.

Abbildung 11.21: Freigaben aus Gruppen erben

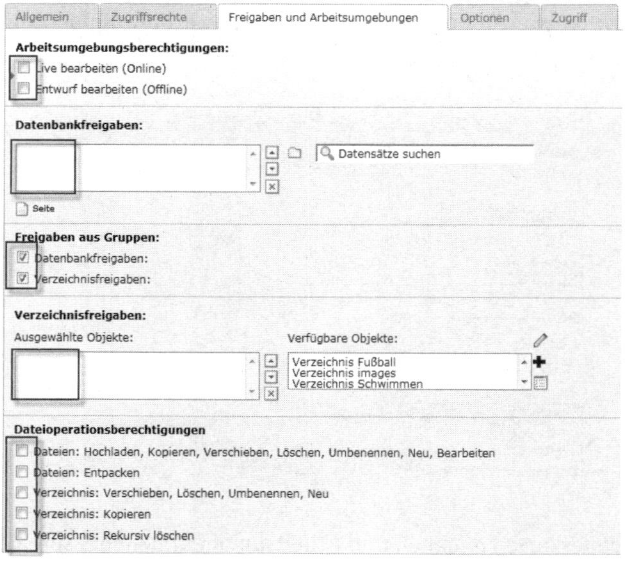

Legen Sie in gleicher Weise noch zwei weitere Benutzer an: `red2` mit der Benutzergruppe `Redakteure_Fußball` und `redchef` mit der Benutzergruppe `Redakteure_Chef`.

11.8 Seitenzugriffsrechte

Die Benutzergruppen und damit deren Mitglieder, die Redakteure, haben Rechte für bestimmte Funktionen wie Lesen oder Ändern bekommen. Die Datenbankfreigabe ist weniger ein Recht als ein Einstiegspfad in den Seitenbaum. Wer aber welche Rechte für eine Seite des Seitenbaums hat, das wird über das Modul **Zugriff** geregelt.

Wechseln Sie in das Modul **Zugriff** und wählen Sie dort die **Benutzerübersicht** aus. Klicken Sie zunächst die Seite `Verein` an und wählen Sie als Tiefe **10 Ebenen** aus. Sie haben nun die Ansicht aus Abb. 11.22 vor sich.

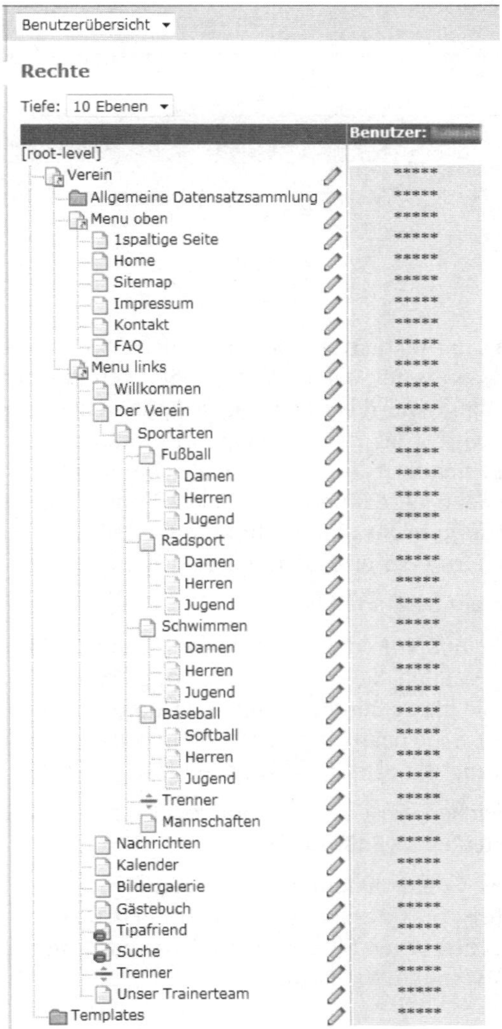

Abbildung 11.22:
Zugriff – Seitenbaum

Wählen Sie die Seite `Verein` aus, indem Sie auf das Bleistiftsymbol klicken. Zunächst wird eine weitestgehend leere Seite angezeigt, da noch keine Rechte über die Erweiterung `be_acl` angelegt wurden.

Dank der Erweiterung `be_acl` können Sie mehr als nur einem Benutzer oder einer Benutzergruppe Berechtigungen für eine Seite erteilen. So ist es möglich, der Benutzergruppe `Redakteure_Basis` über alle Seiten Leseberechtigung zu geben und für die Benutzergruppe `Redakteure_Schwimmen` weitergehende Rechte für ihren Teil des Seitenbaums zu vergeben. Fügen Sie mit Klick auf **Add ACL** eine neue Liste ein, wählen Sie in der Auswahlbox links **Group** und die Benutzergruppe `Redakteure_Basis` aus und setzen Sie das Häkchen nur bei **Seite anzeigen**. In der rechten Spalte setzen Sie ein Häkchen bei **Recursive**.

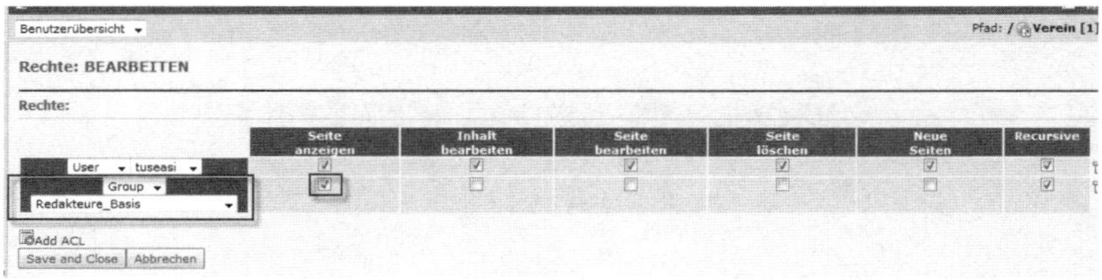

Abbildung 11.23: Zugriffsliste für Benutzergruppe Redakteure_Basis

Bei Verwendung des rekursiven Verfahrens der Erweiterung `be_acl` gilt es zu beachten, dass die für Benutzer und/oder Benutzergruppe vergebene `be_acl`-Berechtigung für diese Seite einschließlich aller Unterseiten rekursiv angewandt wird. Und zwar so lange, bis ein anderer `be_acl`-Eintrag für den gleichen Benutzer und/oder die gleiche Benutzergruppe gefunden wird. Ab dieser Seite gilt dann der gefundene Eintrag. Dies können Sie nutzen, um beispielsweise für eine bestimmte Seite die Rechte der Benutzergruppe zu erweitern oder einzuschränken.

Klicken Sie nun auf **Save and Close**.

Wählen Sie im Seitenbaum die Seite **Schwimmen** aus und klicken Sie auf das Bleistiftsymbol. Wählen Sie als Benutzergruppe `Redakteure_Schwimmen` aus und geben Sie dieser Benutzergruppe wiederum rekursiv die Rechte für **Inhalt bearbeiten**, **Seite bearbeiten**, **Seite löschen** und **Neue Seiten**. Schließen Sie die Bearbeitung mit Klick auf **Save and Close**.

Gehen Sie in gleicher Weise für die Benutzergruppe `Redakteure_Fußball` und für den Seitenbaum `Fußball` vor.

Und nun zu den Chefredakteuren. Diese benötigen ab der obersten Ebene, der Seite `Verein`, rekursiv alle Rechte, auch hier mit Ausnahme des geerbten Leserechts. Legen Sie auf dieser Seite eine Zugriffsliste für die Benutzergruppe `Redakteure_Chef` an.

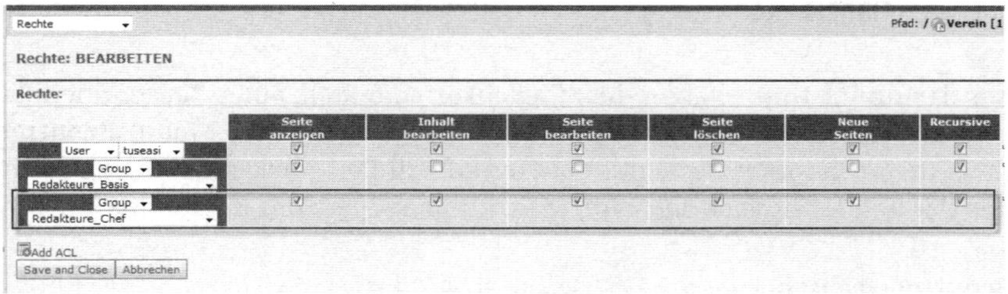

Abbildung 11.24: Zugriffsliste für Benutzergruppe Redakteure_Chef

Sie können leicht überprüfen, welche Seitenrechte für welche Benutzergruppe oder Benutzer vergeben wurden. Wählen Sie unter **ACL Groups** alle Benutzergruppen aus und aktualisieren Sie die Anzeige mit Klick auf **Update!**.

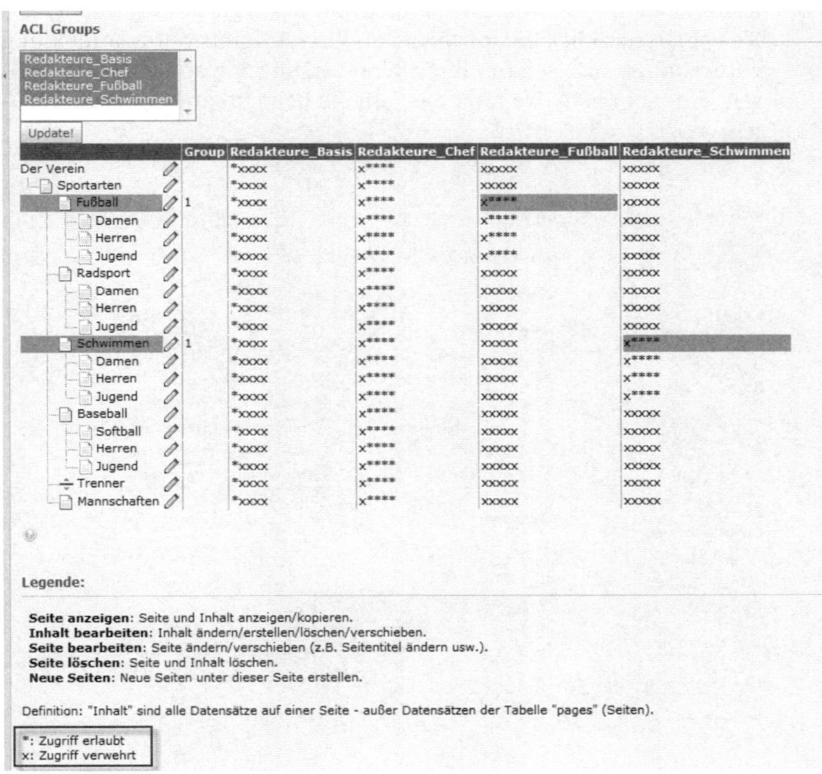

Abbildung 11.25: ACL Groups – Anzeige der vergebenen Seitenzugriffsrechte

11.9 Vergebene Rechte für Backendbenutzer prüfen

Sie als Administrator haben die Möglichkeit, die Rolle eines Backendbenutzers zu simulieren, indem Sie unter **Adminwerkzeuge** im Modul **Benutzer** den entsprechenden Backendbenutzer auswählen. Klicken Sie dazu auf eines der beiden stilisierten Benutzersymbole rechts vom Backendbenutzer:

Benutzer wechseln zu: red1 [Wechseln-zu-Modus]
Mit Klick auf dieses Icon wechseln Sie zu dem Benutzer und sind dann auch als dieser Benutzer angemeldet. Um wieder mit Ihrer eigenen Benutzerkennung zu arbeiten, müssen Sie sich erst ausloggen und dann wieder anmelden.

Benutzer wechseln zu: red1 [Rückschalt-Modus]
Mit Klick auf dieses Icon simulieren Sie den ausgewählten Benutzer. Der übliche Button **Abmelden** erhält nun die Bezeichnung **Verlassen** – Sie kehren mit Klick darauf wieder zu Ihrer Administrator-Anmeldung zurück, ohne sich neu mit Ihrer Benutzerkennung anmelden zu müssen. Eine sehr effektive Methode, um die Berechtigungen zu überprüfen.

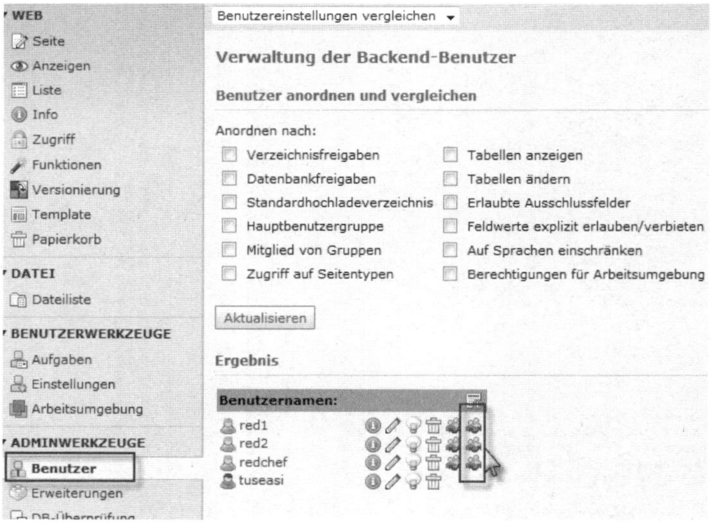

Abbildung 11.26: Backendbenutzer simulieren

Klicken Sie nun auf **Benutzer wechseln zu: red1 [Rückschalt-Modus]**. Sie erkennen den Unterschied zu Ihrem Administratorzugang bereits in der Modulleiste: Hier sind nur die Module zu sehen, die Sie der Gruppe auch erlaubt haben (Abbildung 11.27).

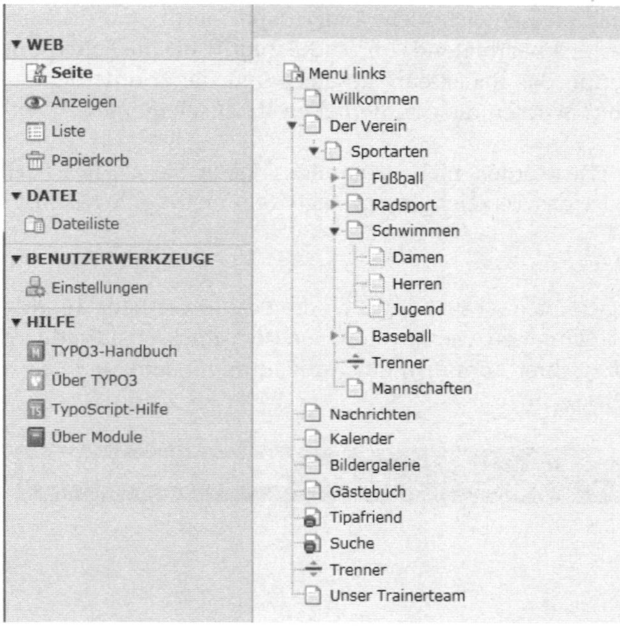

Abbildung 11.27: Ansicht als Redakteur_Schwimmen red1

Wählen Sie das Modul **Seite** aus und lassen Sie sich den Seitenbaum anzeigen. Als Benutzer `red1` dürfen Sie die Seiten ab **Menu links** nur sehen. Testen Sie dies, indem Sie versuchen, Inhalte anzulegen oder bestehende Inhalte zu ändern. Die Seiten im Seitenbaum **Schwimmen** dürfen Sie bearbeiten. Testen Sie auch, indem Sie Inhalte anlegen oder bestehende Inhalte ändern.

Wenn Sie in das Modul **Dateiliste** wechseln, sehen Sie, dass dem Redakteur hier lediglich das Verzeichnis `Schwimmen` angezeigt wird. Testen Sie die Rechte, indem Sie Dateien anlegen, hochladen oder bestehende Dateien ändern, neue Verzeichnisse anlegen und leere Verzeichnisse wieder löschen.

Gerade beim ersten Umgang mit den Berechtigungen kann es schnell zu einem Fehler kommen:

- Das Untermodul **Seite** oder ein anderes Untermodul wird nicht angezeigt: Haben Sie auch das übergeordnete Modul **Web** vergeben? Ist die Untergruppe `Redakteure_Basis` eingebunden?
- Die Seiten im Seitenbaum werden nicht angezeigt: Ist die Untergruppe `D_Seiten unterhalb Menu links` eingebunden? Sind die Zugriffsrechte, mindestens lesend, im Modul **Zugriff** für die Seiten und die Be-

nutzergruppe des Redakteurs gesetzt?

- Seiteninhalte lassen sich nicht ändern/speichern: Sind die Zugriffsrechte, mindestens bearbeitend, im Modul **Zugriff** für die Seiten und die Benutzergruppe des Redakteurs gesetzt? Sind die erforderlichen Tabellen ausgewählt? Wurden die erforderlichen Inhaltselemente erlaubt?
- Verzeichnisse werden nicht angezeigt: Haben Sie als Basis **relativ** ausgewählt? Ist das Verzeichnis angelegt? Stimmen Groß-/Kleinschreibung überein?

Prüfen Sie gründlich. Testen Sie auch die Rechte der Redakteure `red2` und `redchef`. Sie kommen wie erwähnt aus dem Rückschaltmodus ganz einfach wieder zu Ihrer Administrator-Anmeldung, indem Sie oben rechts auf **Verlassen** klicken:

Abbildung 11.28: Benutzer im Rückschalt-Modus wieder verlassen

11.10 Für neue Seiten automatisch Benutzergruppen vergeben

In Abschnitt 11.8 auf Seite 343 haben Sie die Rechte für die Seiten im Seitenbaum definiert und damit festgelegt, welche Benutzergruppe welche Zugriffsrechte für die Seiten besitzt. Wenn Sie wie in diesem Buch die Erweiterung `be_acl` einsetzen, einschließlich der rekursiven Vergabe von Zugriffsrechten, dann ist die folgende Beschreibung für Sie nicht von Belang.

Wenn Sie die Erweiterung nicht einsetzen, dann erfahren Sie hier, wie Sie automatisch Rechte für neue Seiten vergeben. Seiten, die ein Administrator anlegt, können ohne diese Rechtevergabe von anderen Benutzergruppen, die keine Administratorrechte besitzen, nicht ohne Weiteres eingesehen werden. Das gilt für jede neu angelegte Seite, auch wenn diese Teil des Seitenbaums ist, den der Backendbenutzer mittels erfolgter Datenbankfreigabe sehen darf. Das rührt daher, dass beim Anlegen einer Seite nicht automatisch Rechte für eine Benutzergruppe vergeben werden (können). TYPO3 muss ja erst wissen, welche Benutzergruppe die gewünschte ist.

Wir lösen diese Aufgabe über TCEMAIN,[3] der den Teil von TYPO3 konfiguriert, der sich um das Speichern der Datensätze kümmert.

[3] TCE steht für „TYPO3 Core Engine".

Sie benötigen dazu die UID der Benutzergruppe Redakteure_Basis und gegebenenfalls die UID des Besitzers. Diese ermitteln Sie über das Modul **Liste**. Gehen Sie dann zur ersten Seite im Seitenbaum, die Seite Verein, öffnen Sie diese zur Bearbeitung und fügen Sie auf der Registerkarte **Optionen** im Feld **TSconfig** folgenden Code ein:

```
TCEMAIN.permissions {
        # UID der Benutzergruppe Redakteure_Basis
        groupid = 3
        # Die Benutzergruppe darf lesen
        group = show
        # UID des Besitzers
        userid = 1
        # Der Besitzer darf alles
        owner = show,edit,delete,new,editcontent
        # Der Rest darf nichts
        everybody =
        }
```

Die groupid ist die Benutzergruppe Redakteure_Basis. Mit show erhält diese Gruppe Leserechte. Weitere Möglichkeiten sind: edit,delete,new, editcontent, wobei Sie die gewünschten Rechte kommasepariert, ohne Leerzeichen, hinzufügen müssen. Statt der Angaben show etc. wird oft auch ein numerischer Wert von 1 bis 31 angegeben. Dieser repräsentiert die Summe aus den Bits der Schlüsselwörter:

- show = 1
- edit = 2
- delete = 4
- new = 8
- editcontent = 16

Beispiel: owner = 31 (das heißt, der Owner darf alles = 1+2+4+8+16); group = 19 (das heißt, die Benutzergruppe darf Seiten anzeigen, Seiten bearbeiten und Inhalte bearbeiten = 1+2+16).

Immer wenn nun ein Backendbenutzer, also auch ein Administrator, eine neue Seite im Seitenbaum **Verein** anlegt, wird automatisch diese Benutzergruppe und dieser Besitzer mit den vorgegebenen Rechten bei den Zugriffsrechten verwendet.

Auf diese Weise können Sie auch für einen Teil des Seitenbaums eine andere Backendbenutzergruppe mit anderen Rechten nutzen, indem Sie den obigen Code in entsprechend modifizierter Form in der Startseite des Seitenbaums eintragen. Dies gilt nur für neu angelegte Seiten – bereits angelegte Seiten werden nicht verändert. Nachträgliche Änderungen müssen Sie über das Modul **Zugriff** vornehmen.

Es ist auch möglich, diesen TCEMAIN-Eintrag in der Benutzergruppe oder beim Benutzer zu hinterlegen. Dann aber gilt er einerseits nicht generell, so wie der Eintrag in der Konfiguration der Seite. Und andererseits müssen Sie die Reihenfolge der Einträge beachten: an erster Stelle der Eintrag in der Konfiguration des Benutzers, an zweiter Stelle ein Eintrag in der Benutzergruppe, und zwar in der Reihenfolge der ausgewählten Benutzergruppen im Feld **Gruppen**, und an dritter Stelle der Eintrag in der Konfiguration der Seite.

11.11 Neue Seiten und Seiteninhalte automatisch verbergen

Felder für die Redakteure verstecken

Die Anforderungen für Redakteure lauten, dass neu angelegte Seiten und Seiteninhalte erst einmal verborgen sind und erst durch ein Mitglied der Benutzergruppe `Redakteure_Chef` sichtbar gemacht werden dürfen. Dazu sind zwei Dinge erforderlich: Seiten und Seiteninhalte müssen immer dann, wenn sie durch einen Redakteur angelegt werden, ein Häkchen im Feld **verstecken** erhalten, und die Redakteure dürfen dieses Feld nicht sehen, denn sonst könnten sie es auch ändern.

In beiden Fällen beziehen sich diese Anpassungen auf die Benutzergruppe und damit alle Mitglieder dieser Benutzergruppe:

Wechseln Sie in das Modul **Liste** und öffnen Sie die Benutzergruppe `Redakteure_Schwimmen` zur Bearbeitung. In der Registerkarte **Zugriffsliste** im Abschnitt **Erlaubte Ausschlussfelder:** dürfen die Felder **Seite: Seite verbergen**, **Seiteninhalt: Verbergen** und **Alternative Seitensprache: Verbergen** nicht ausgewählt sein. Jetzt werden Mitgliedern dieser Benutzergruppe die Felder zum Verstecken von Seiten und Seiteninhalten nicht mehr angezeigt. Ändern Sie auch die Benutzergruppe `Redakteure_Fußball` entsprechend.

Versteckte Felder für Chefredakteure wieder sichtbar machen

Andererseits muss die Benutzergruppe `Redakteure_Chef`, die ja im Wesentlichen die Rechte der anderen Redakteursgruppen erbt, wieder Zugriff auf diese Felder bekommen. Öffnen Sie die Benutzergruppe `Redakteure_Chef` zur Bearbeitung. In der Registerkarte **Zugriffsliste** setzen Sie das Häkchen bei **Zugrifflisten mit einschließen:**. Dann müssen Sie noch unter **Erlaubte Ausschlussfelder** die Felder **Seite: Seite verbergen**, **Seiteninhalt: Verbergen** und **Alternative Seitensprache: Verbergen** erlauben.

Feldattribute mit festen Werten vorbelegen

Um sicherzustellen, dass Seiten und Seiteninhalte immer automatisch verborgen/deaktiviert sind (entspricht dem Wert 1), sobald sie von normalen Redakteuren angelegt werden, tragen Sie bei den Benutzergruppen `Redakteure_Schwimmen` und `Redakteure_Fußball` in der Registerkarte **Optionen** im Bereich **TSconfig** Folgendes ein:

```
## Wert des Feldes hidden auf 1 = verbergen setzen
## Seite
TCAdefaults.pages.hidden = 1
## Seiteninhalt
TCAdefaults.tt_content.hidden = 1
## übersetzter Seiteninhalt (nur erforderlich bei Mehrsprachigkeit)
TCAdefaults.pages_language_overlay.hidden = 1
```

Testen Sie auch dies: Legen Sie als Redakteur Seiten und Seiteninhalt an und bearbeiten Sie sie dann als Chefredakteur, indem Sie das Häkchen bei **Verbergen** entfernen. Legen Sie auch als Chefredakteur eine neue Seite/einen neuen Seiteninhalt an, der nicht automatisch das Häkchen bei **Verbergen** gesetzt haben darf.

Natürlich können Sie nicht nur das Feld **hidden** auf diese Weise mit einem Wert vorbelegen. Wenn Sie die Tabelle und das Tabellenfeld kennen – da hilft Ihnen phpMyAdmin –, dann können Sie auch andere Felder verbergen. Die Syntax dieser Anweisung ist:

```
TCAdefaults.<tabelle>.<feld> = <wert>
```

Kapitel

12

Arbeitsumgebungen

Mit der Version 4 von TYPO3 wurden sog. *Arbeitsumgebungen* (*Workspaces*) als Bestandteile des Systems eingeführt und mit der Version 4.5 runderneuert. Während in der *LIVE-Arbeitsumgebung*, wie der Name schon vermuten lässt, die aktuelle Webseite angezeigt und bearbeitet wird, können Sie in den *Entwurfsarbeitsumgebungen* Änderungen vornehmen und begutachten, bevor Sie diese in die LIVE-Arbeitsumgebung verschieben.

Die LIVE-Arbeitsumgebung ist der Standard. Entwurfsarbeitsumgebungen lassen sich definieren, und so können Sie verschiedene Arbeitsumgebungen auch zur Abbildung von *Arbeitsabläufen* (*Workflows*) nutzen. Ein Beispiel: Sofern eine Webseite eher privaten Charakter hat, werden Änderungen am Inhalt, am Aufbau und im System in der Regel direkt vorgenommen, denn es gibt meist wenige Redakteure, und die Zahl der Besucher ist ebenfalls gering. Kurze Ausfälle, Inkonsistenzen oder unfertige Beiträge fallen kaum ins Gewicht und lassen sich zudem durch zeitweises Setzen bzw. Entfernen des Häkchens **deaktivieren** unkritisch überbrücken.

Anders liegt der Fall aber bei geschäftlich genutzten Seiten und/oder solchen mit hoher Besucherfrequenz. Hier wirken Anpassungen in der LIVE-Arbeitsumgebung, die eine sofortige und ggf. negative Auswirkung haben, unprofessionell. Auch gibt es Änderungen, die zunächst von einer weiteren Person, z. B. dem Chefredakteur, freigegeben werden müssen. Oder Sie möchten Ihrem Kunden zeigen, wie sich Änderungen an der Webseite, z. B. am Layout, auswirken – dann ist die Nutzung von Arbeitsumgebungen, in denen Sie nicht-produktive Versionen Ihrer Webseite bearbeiten, unumgänglich.

Wenn Sie mit Arbeitsumgebungen arbeiten, müssen Sie Folgendes beachten:

- Alle Änderungen in einer Entwurfsarbeitsumgebung sind auch nur in dieser Umgebung sichtbar.
- Die Entwurfsarbeitsumgebung wird aus der LIVE-Arbeitsumgebung plus allen in der Entwurfsarbeitsumgebung vorgenommenen Änderungen aufgebaut. Eine in der LIVE-Arbeitsumgebung vorgenommene Änderung hat somit direkte Auswirkung auf die Entwurfsarbeitsumgebung.
- Nach Installation der Erweiterung `workspaces`[1] steht immer die *LIVE-Arbeitsumgebung* zur Verfügung. Hierbei handelt es sich um genau die Umgebung, in der Sie bisher gearbeitet haben und deren Änderungen unmittelbar wirksam wurden. Aber erst jetzt, wo Sie mit mehr als nur der LIVE-Arbeitsumgebung arbeiten wollen, wird sie auch unter dieser Bezeichnung sichtbar. Die Benutzerarbeitsumgebungen müssen Sie erst anlegen.
- Die von TYPO3 an sich verwendeten Datenbanktabellen und die Datenbanktabellen der meisten aktuellen und gepflegten Erweiterungen unterstützen das Konzept der Arbeitsumgebungen. Jedoch unterstützen nicht alle Erweiterungen das Konzept, und die von diesen Erweiterungen verwendeten Datenbanktabellen können grundsätzlich nicht verändert werden.
- In einer *Benutzerarbeitsumgebung* können Sie einer Benutzerrolle **Rechte**, **Datenbankfreigaben** und **Verzeichnisfreigaben** zuweisen.
- In der Arbeitsumgebung wird eine Version des bearbeiteten oder neu erstellten Elements hinzugefügt. Dies ist aber nur möglich mit in der Datenbank abgespeicherten Elementen. Dateiänderungen, die Sie im Ordner `fileadmin` vornehmen, werden nicht von der Versionierung erfasst. Wenn Sie Änderungen an Dateien vorgenommen haben, müssen Sie eine neue Datei als Kopie der zu verändernden Datei anlegen und diese Kopie verwenden.

[1] Wir empfehlen, dass Sie sich begleitend die gute Dokumentation der Erweiterung `workspaces` anschauen.

12.1 Modul Arbeitsumgebungen

Um die Erweiterung **Arbeitsumgebungen** (**workspaces**) zu installieren, wechseln Sie zum Erweiterungsmanager, denn die Systemerweiterung ist zwar verfügbar, aber nicht grundsätzlich bereits installiert. Bei der Installation werden die beiden Erweiterungen `extbase` und `fluid` gefordert, die Sie ebenfalls installieren. Danach steht Ihnen das Modul **Arbeitsumgebungen** zur Verfügung.

12.1.1 Arbeitsumgebung anlegen

Eine neue Arbeitsumgebung legen Sie auf oberster Ebene (die mit dem TYPO3-Symbol) in der Seitenstruktur an: Gehen Sie zum Modul **Liste** und legen Sie einen neuen Datensatz vom Typ `Arbeitsumgebung` an.

Vergeben Sie den Titel `Entwicklung`. In der Registerkarte **Benutzer** tragen Sie den Chefredakteur `redchef` als Besitzer ein und bei den Mitgliedern die Benutzergruppen der Redakteure für Fußball und Schwimmen und die Benutzergruppe `Redakteure_Basis`.

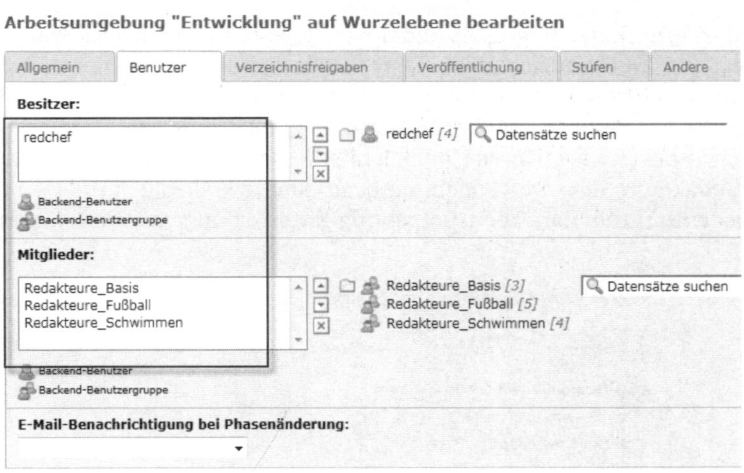

Abbildung 12.1: Benutzer in der Arbeitsumgebung Entwicklung

In der Registerkarte wählen Sie die Verzeichnisfreigaben aus, die in dieser Arbeitsumgebung vorhanden sein sollen, in unserem Fall sind das alle Verzeichnisfreigaben. Die Benutzer haben allerdings nur Zugriff auf die Dateiverzeichnisse, wie sie in der jeweiligen Benutzergruppe eingetragen sind!

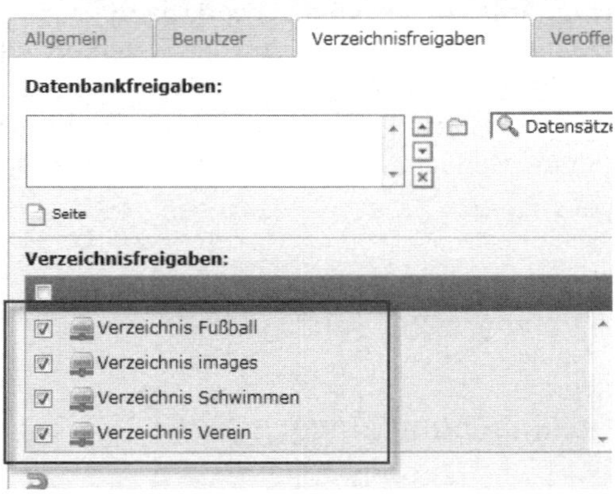

Abbildung 12.2: Verzeichnisfreigaben in der Arbeitsumgebung Entwicklung

Speichern und schließen Sie den Datensatz.

12.1.2 Benutzergruppen den Zugriff auf Arbeitsumgebungen erlauben

Gehen Sie zur Benutzergruppe `Redakteure_Basis` in die Registerkarte **Freigaben und Arbeitsumgebungen**. Dort setzen Sie das Häkchen bei **Entwurf bearbeiten (Offline)** und entfernen das Häkchen bei **Live bearbeiten (Online)**. Bei der Benutzergruppe `Redakteure_Chef` hingegen setzen Sie das Häkchen bei **Live bearbeiten (Online)**. Mit dieser Einstellung können nur die Chefredakteure die Live-Umgebung bearbeiten, wohingegen die restlichen Redakteure nur in der Arbeitsumgebung `Entwicklung` arbeiten dürfen.

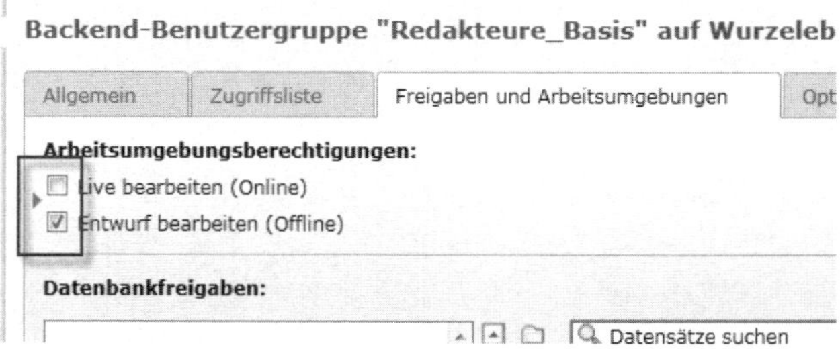

Abbildung 12.3: Benutzergruppe Redakteure_Basis anpassen

In der Registerkarte **Zugriffsliste** erlauben Sie den Zugriff auf das Webmodul **Arbeitsumgebungen**.

Abbildung 12.4: Zugriff auf das Webmodul Arbeitsumgebungen

Test der Arbeitsumgebung

Bevor Sie die Arbeitsumgebungen nutzen, testen Sie, ob Sie als Redakteur auch Zugriff auf die Arbeitsumgebung haben. Gehen Sie dazu als Administrator in das Webmodul **Benutzer** und wählen Sie einen der Benutzer aus. Wenn Sie alles korrekt eingetragen haben, dann können Sie nun die Arbeitsumgebung `Entwicklung` auch als Redakteur auswählen. Sofern Sie die Arbeitsumgebung statt der Live-Umgebung nutzen, wird die Kopfzeile rot schraffiert angezeigt.

12.1.3 Arbeitsumgebung nutzen

Änderungen in der Arbeitsumgebung durchführen

Selbst wenn Ihre Webseite nur von einer Person betrieben wird, lohnt sich bei häufigen Änderungen und/oder Umgestaltungen durchaus die Verwendung einer Arbeitsumgebung. Sie können hier leicht Änderungen vornehmen, das Ergebnis betrachten und einzeln oder gesamt freigeben. Um dies beispielhaft zu zeigen, wechseln Sie als Administrator in die Arbeitsumgebung `Entwicklung`.

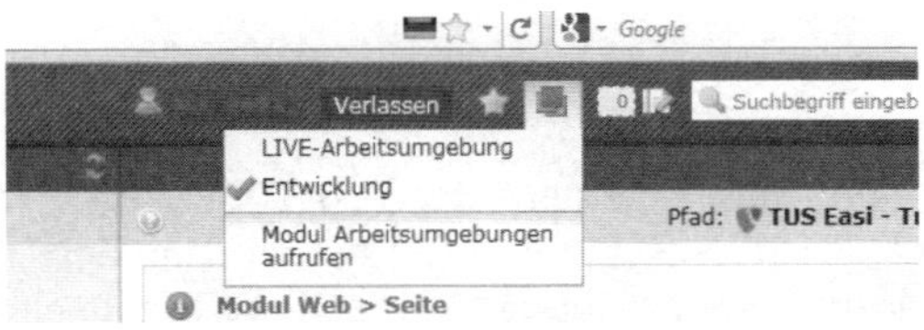

Abbildung 12.5: Arbeitsumgebung Entwicklung

Sie sehen, dass sich die Kopfzeile ändert (rot schraffiert) und ein `@Entwicklung` hinter Ihrem Benutzernamen angezeigt wird: Sie befinden sich in der Arbeitsumgebung `Entwicklung`.

Abbildung 12.6: Kopfzeile der Arbeitsumgebung Entwicklung

Wechseln Sie in das Modul **Seite** und gehen Sie zur Seite `Willkommen`. Ändern Sie dort das Inhaltselement mit dem Begrüßungstext, indem Sie den Text um `TUS Easi 1970` erweitern. Fügen Sie direkt nach diesem Inhaltselement ein neues Textinhaltselement mit dem Titel `Neues Inhaltselement für Test Arbeitsumgebung` und einem beliebigen Text ein.

Änderungen in der Arbeitsumgebung betrachten

Gehen Sie nun zum Modul **Arbeitsumgebung**. Hier besteht die Möglichkeit, die vorgenommenen Änderungen zu betrachten, freizugeben oder abzulehnen.

Bleiben Sie auf der Seite `Willkommen`. Gehen Sie auf der rechten Seite zum Register `Entwicklung` und klappen Sie das erste Element `Herzlich willkommen` mit Klick auf das Pfeil-Icon auf.

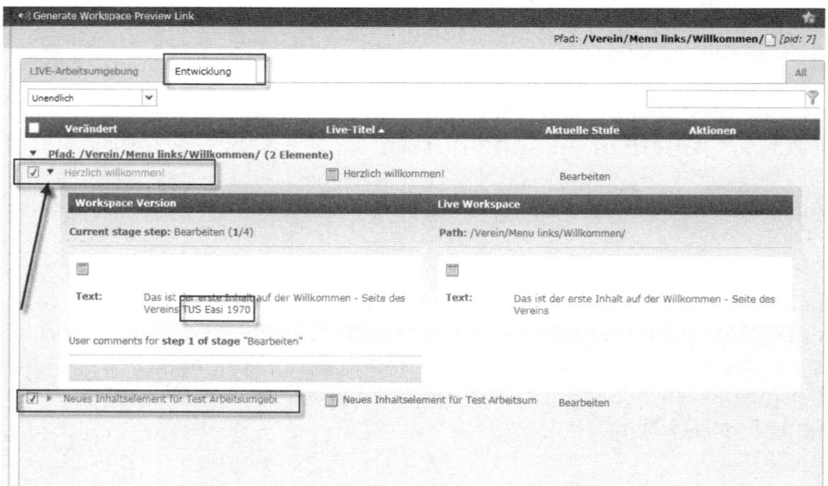

Abbildung 12.7: Änderungen im Inhaltselement

Sie sehen, dass dem Inhaltselement der Text `TUS Easi 1970` hinzugefügt wurde. Der Titel des Inhaltselements ist orange markiert (geändert), der Text an sich ist grün markiert (erstellt). Das neue Inhaltselement mit dem

Titel `Neues Inhaltselement für Test Arbeitsumgebung` ist ebenfalls grün markiert.

Um zu sehen, wie die Änderungen sich auswirken, klicken Sie mit dem Mauszeiger in der Spalte `Aktionen` auf das Symbol mit dem Auge.

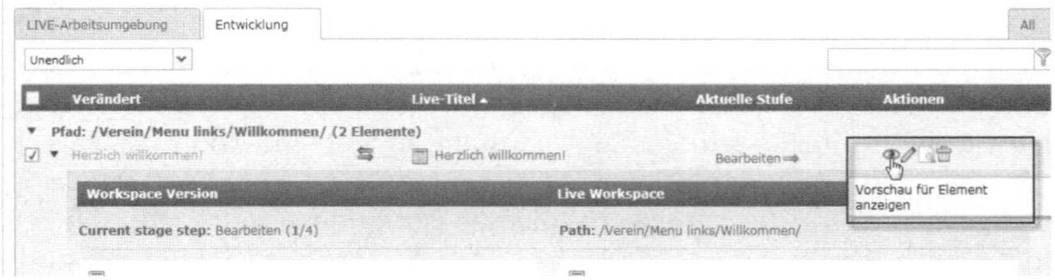

Abbildung 12.8: Vorschau anklicken

Es öffnet sich ein neues Fenster, in dem die Änderungen gegenüber der LIVE-Arbeitsumgebung angezeigt werden. Neben der üblichen Anzeige der Webseite wird noch eine Kopfzeile angezeigt, über die Sie die Anzeige steuern können (vgl. Abbildung 12.9):

Abbildung 12.9: Vorschau mit Slider

1. Vorschau zur direkten Anzeige der Webseite
2. Listenansicht zur Anzeige der Änderungen in Listenform
3. Menü zur Auswahl der Anzeige: Standardmäßig ist **Slider** eingestellt. Mit den beiden Optionen **Vertikal** bzw. **Horizontal** werden LIVE- und Arbeitsumgebung vertikal bzw. horizontal nebeneinander angezeigt, so dass Sie die Unterschiede direkt vergleichen können.

4. Schieberegler zum Wechsel der Darstellung zwischen LIVE- und Arbeitsumgebung. Wenn Sie den Slider bewegen, verschieben Sie damit entsprechend eine rote Linie horizontal über die Webseite. Oberhalb der roten Linie ist die Live-Umgebung, unterhalb die Arbeitsumgebung zu sehen.

Gehen Sie wieder zurück zur Seite mit der Anzeige der Änderungen im Modul **Arbeitsumgebungen**. Mit den Icons rechts können Sie das geänderte Inhaltselement direkt bearbeiten, zur geänderten Seite im Modul **Seite** wechseln oder die Änderung löschen. Mit dem Icon für **Bearbeiten** können Sie das geänderte Inhaltselement auf die nächste Stufe setzen – von der Stufe `Bearbeiten` über die Stufe `Bereit zur Veröffentlichung` bis in die Live-Umgebung. In dem für jede Stufe erscheinenden Popup-Fenster können Sie eine E-Mail-Adresse und einen Kommentar eingeben. Der Empfänger würde dann über Ihre Änderungen benachrichtigt. Sie arbeiten allerdings noch als Administrator ohne vollständig eingerichteten Arbeitsablauf (Workflow), so dass eine solche Benachrichtigung nicht sinnvoll wäre. Klicken Sie also nur auf **ok** und dann noch einmal auf das Icon zur Erhöhung der Stufe und wieder auf **ok**.

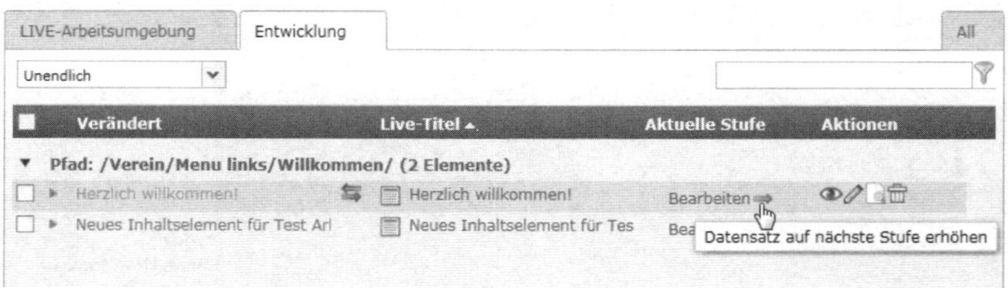

Abbildung 12.10: Geänderten Datensatz auf die nächste Stufe setzen

Damit ist die Änderung an dem Textelement `Herzlich willkommen` auch in der LIVE-Arbeitsumgebung sichtbar. Betrachten Sie zunächst die soeben in der LIVE-Umgebung und in der Standard-Entwurfsumgebung vorgenommenen Änderungen. Um alle Änderungen in die LIVE-Umgebung zu bringen, müssen Sie entweder das neue Inhaltselement *und* die Seite `Willkommen` veröffentlichen, oder Sie veröffentlichen gleich die Seite `Willkommen` mit allen Änderungen.

12.2 Einrichten eines Arbeitsablaufs (Workflow)

Üblicherweise würde der soeben praktizierte Ablauf von den Redakteuren wie folgt durchgeführt:

1. Im ersten Schritt bearbeiten die Redakteure den Inhalt und geben den Inhalt frei zur Begutachtung durch den Chefredakteur. Der Inhalt wird mit der Freigabe aus der Stufe `Bearbeitung` auf die nächsthöhere Stufe `Freigabe Entwicklung` gehoben (diese Stufe legen wir gleich an).
2. Der Chefredakteur prüft auf der Stufe `Freigabe Entwicklung` die Änderungen und weist diese zurück oder gibt sie frei zur Veröffentlichung.
3. Der Chefredakteur veröffentlicht die Änderung in der nächsten Stufe, der `LIVE-Arbeitsumgebung`.

Bearbeitungsstufe hinzufügen

Wechseln Sie in das Modul **Liste** und klicken Sie die oberste Ebene im Seitenbaum an. Öffnen Sie den Datensatz `Arbeitsumgebung Entwicklung` zur Bearbeitung, gehen Sie zur Registerkarte **Stufen** und fügen Sie dort mit Klick auf das Icon **Neu anlegen** eine neue Stufe mit dem Titel `Freigabe Entwicklung` ein. Unter **Verantwortliche Personen** tragen Sie die Benutzergruppe `Redakteure_Chef` ein und unter **Standardkommentar für E-Mail** tragen Sie `Änderungsfreigabe Entwicklungsumgebung` ein.

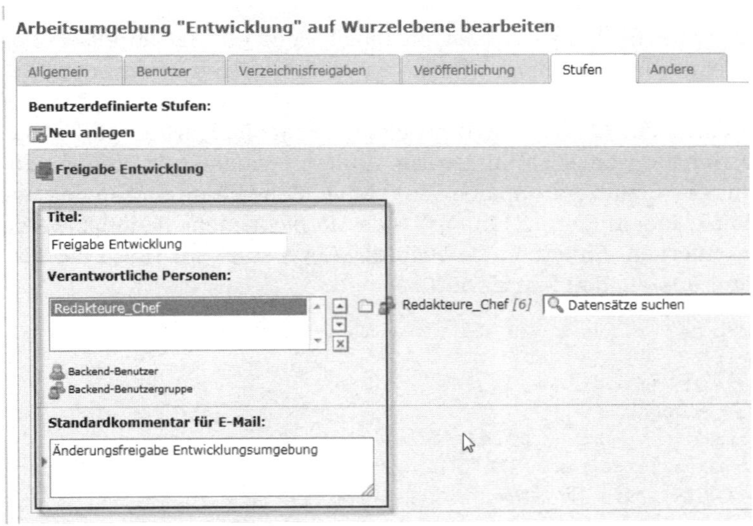

Abbildung 12.11: Bearbeitungsstufe hinzufügen

Nun wird immer dann, wenn ein Redakteur eine Änderung freigibt, eine E-Mail an die Mitglieder der Benutzergruppe `Redakteure_Chef` geschickt. Der Redakteur kann dabei noch auswählen, welcher der ggf. vielen Chefredakteure eine E-Mail bekommt und wer nicht. Dazu kann das Häkchen entfernt oder wieder gesetzt werden. Voraussetzung ist natürlich, dass bei den Benutzern – den Mitgliedern der Benutzergruppe `Redakteure_Chef` – auch eine E-Mail-Adresse eingetragen ist. In unserem Beispiel gibt es nur einen Chefredakteur. Weitere Empfänger können eingetragen werden, ebenso wie der Kommentar geändert, z. B. um weitere hilfreiche Hinweise ergänzt werden kann

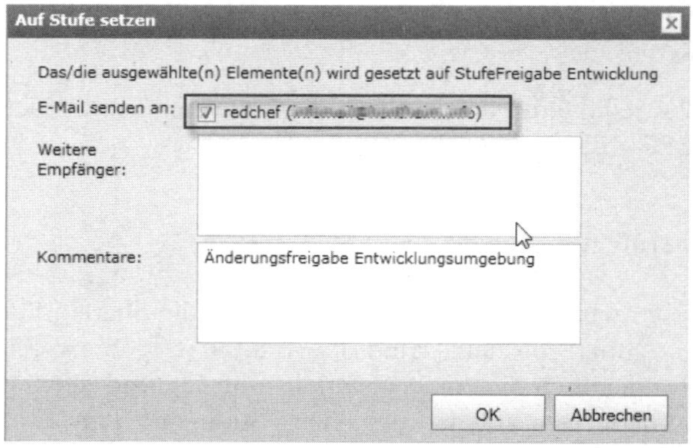

Abbildung 12.12: Benachrichtigung für den Chefredakteur

Benutzer anpassen

Bisher wurden die neu angelegten Inhaltselemente der normalen Redakteure einfach durch einen Eintrag im TS-Config der Benutzergruppe auf versteckt gesetzt. Dies ist nun nicht mehr möglich, da die Anzeige automatisch durch das Modul **Arbeitsumgebung** gehandhabt wird. Ein Verstecken neuer Inhalte wäre sogar hinderlich. Ändern Sie daher die Einträge im TS-Config der Benutzergruppen `Redakteure_Schwimmen` und `Redakteure_Fußball`, indem Sie die Einträge – da sie nicht mehr benötigt werden – ganz entfernen. Entfernen Sie auch das Gegenstück im TS-Config der Benutzergruppe `Redakteure_Chef`.

```
## Wert des Feldes hidden auf 1 = verbergen setzen
## Seite
TCAdefaults.pages.hidden = 1
## Seiteninhalt
TCAdefaults.tt_content.hidden = 1
## übersetzter Seiteninhalt (nur erforderlich bei Mehrsprachigkeit)
TCAdefaults.pages_language_overlay.hidden = 1
```

Melden Sie sich als Redakteur `red1` an und fügen Sie auf der Seite `Schwimmen` ein neues Textelement ein. Gehen Sie nun immer noch als Benutzer `red1` zum Modul **Arbeitsumgebungen** und geben Sie das soeben angelegte Textelement für die nächste Stufe frei. Danach können Sie als einfacher Redakteur nichts mehr machen.

Jetzt müssen Sie sich als Chefredakteur `redchef` anmelden, um die Änderungen in der Arbeitsumgebung `Entwicklung`, die Sie erst oben in der Menüleiste auswählen müssen, begutachten, freigeben und dann veröffentlichen zu können.

Kapitel

13

Webseitenstatistik

Selbstverständlich möchte der TUS Easi 1970 wissen, wie sein Internetangebot ankommt. Welche Seiten werden aufgerufen? Wie viele Besucher kommen täglich, wöchentlich oder monatlich, und aus welchen Ländern erfolgen die Aufrufe? Fragen dieser Art beantwortet eine Webseitenstatistik; für TYPO3 bietet sich `cc_awstats` von René Fritz – eine auf dem freien Analyse-Tool AWStats[1] (*Advanced Web Statistics*) basierende Erweiterung – oder eines ihrer Derivate an. Unter den Derivaten finden Sie z. B. `ics_awstats`, das auch Redakteuren den Zugriff auf die Ergebnisse ermöglicht, wohingegen `cc_awstats` dem Administrator vorbehalten bleibt. Da die Installation der Erweiterung in beiden Fällen ähnlich abläuft, wird hier nur der Standardfall `cc_awstats` behandelt. Für die Installation von `ics_awstats` sei der Blick in die Dokumentation empfohlen.[2]

Das Angebot an solchen Statistikanwendungen ist groß; so bietet zum Beispiel Google mit *Google Analytics* einen entsprechenden Dienst an, der über verschiedene Erweiterungen eingebunden werden kann. Suchen Sie dazu

1 `http://awstats.sourceforge.net`
2 `http://typo3.org/extensions/repository/view/ics_awstats/current`

einfach auf der Webseite www.typo3.org unter den Erweiterungen nach google analytics. Allerdings mag nicht jeder seine Statistikdaten von Dritten analysieren lassen, und so fällt die Wahl häufig auf Open-Source-Lösungen, zu denen auch *Piwik*[3] gehört. Diese Lösung verfügt u. a. über das nette Feature, die Ergebnisse auch direkt den Webseitenbesuchern anzeigen zu können, und ist sehr ansprechend aufbereitet.

Wir konzentrieren uns hier auf die wohl verbreitetste Lösung: cc_awstats. Bevor Sie die Erweiterung nutzen können, müssen Sie noch etwas vorbereiten: Gehen Sie zunächst in das Administrationswerkzeug **Installation** – eventuell müssen Sie zuvor wieder die Datei ENABLE_INSTALL_TOOL anlegen. Wechseln Sie im Install Tool zu **All Configuration** und suchen Sie nach logfile_dir. Tragen Sie dort fileadmin/logs/ ein. Speichern Sie die Eingabe mit Klick auf **Write to localconf.php**.

Wechseln Sie im Backend nun zu **Dateiliste** und legen Sie in fileadmin ein neues Verzeichnis logs an. Im Ordner logs legen Sie eine leere Datei an (vgl. Seite 102), die log im Dateinamen enthält; gerade bei mehreren Websites empfiehlt sich eine eindeutige Benennung: Wir wählen hier zum Beispiel tusEasi1970-log.txt mit der Dateiendung .txt, denn Dateien mit .txt dürfen Sie auch editieren. Sollten Sie die Endung .log bevorzugen und editieren wollen, so muss diese Dateiendung zunächst im Install Tool erlaubt werden. Nur in diesem Fall wechseln Sie wieder in das Install Tool und suchen in **All Configuration** nach [textfile_ext]; fügen Sie dort den Eintrag ,log am Ende hinzu. Danach können Sie die von dem hier benutzten Beispiel abweichende Dateiendung verwenden.

Installieren Sie nun cc_awstats über den Erweiterungsmanager. Wählen Sie **Erweiterungen importieren**, tragen Sie die Erweiterung cc_awstats ein und klicken Sie auf **Suchen**.

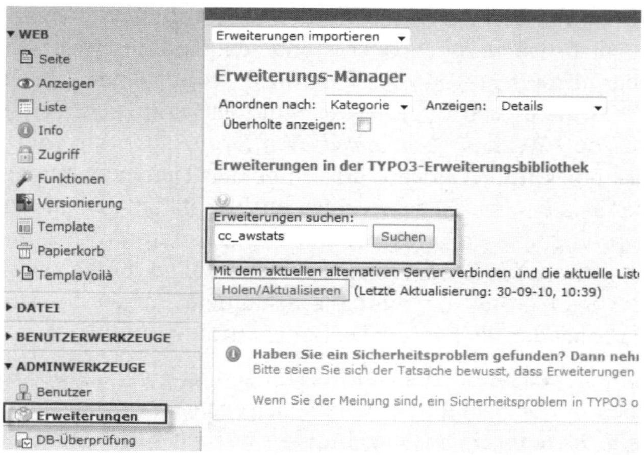

Abbildung 13.1: AWStats importieren

3 http://piwik.org

Wählen Sie `cc_awstats` aus, klicken Sie auf das Import-Icon und anschließend auf **Erweiterung installieren**.

Ergänzen Sie nun im Setup Ihres TypoScript-Templates `main_verein` folgenden Code:

```
config {
[...]
### awstats ###
  stat = 1
  stat_apache = 1
  stat_apache_logfile = tusEasi1970-log.txt
  # Eigene Hits nicht zählen, wenn im Backend angemeldet
  stat_excludeBEuserHits = 1
### awstats ENDE ###
[...]
}
```

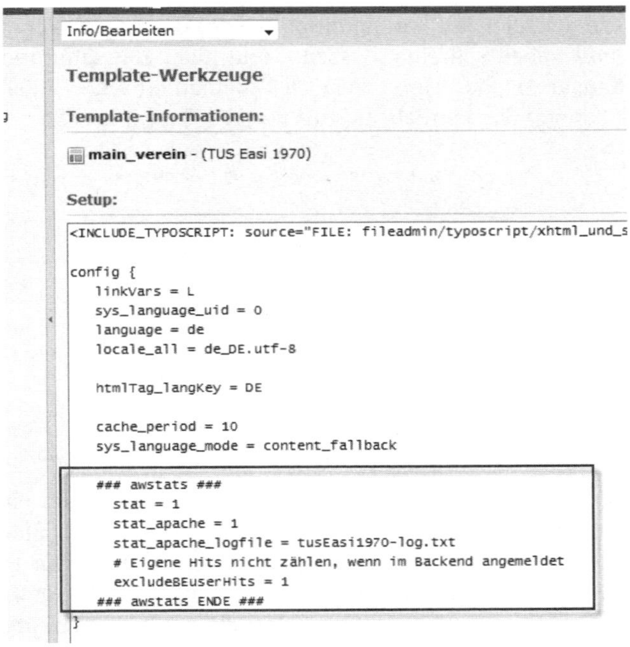

Abbildung 13.2: TypoScript für cc_awstats einfügen

Passen Sie den hier verwendeten Dateinamen `tusEasi1970-log.txt` an den Dateinamen an, den Sie in Ihrer Installation verwenden. Melden Sie sich aus dem Backend ab und rufen Sie Ihre Webseite einmal auf, damit bereits Daten für die Statistik erfasst werden.

Für die noch verbleibenden Schritte der Einrichtung von `cc_awstats` klicken Sie auf den seit der Installation der Erweiterung im Modul **ADMIN-WERKZEUGE** neu vorhandenen Menüpunkt **AWStats**.

Abbildung 13.3:
AWStats auswählen

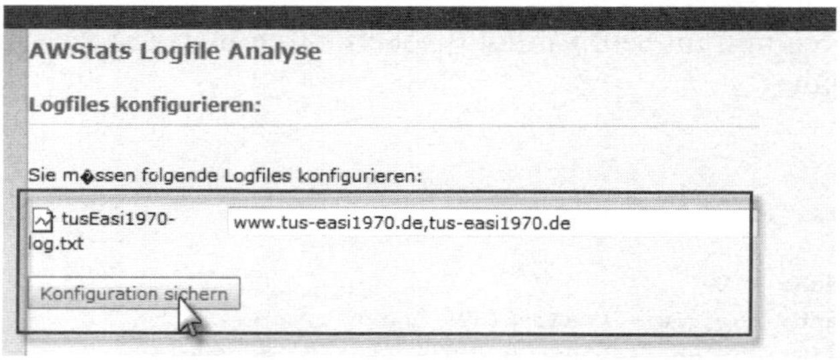

Sie werden aufgefordert, das Logfile zu konfigurieren. Tragen Sie den Domänennamen Ihrer Webseite ein, hier also `www.tus-easi1970.de` und `tus-easi1970.de` für den Fall, dass die Seite ohne `www.` aufgerufen wird. Arbeiten Sie mit einer lokalen Testinstallation, geben Sie `localhost` ein.

Nachdem Sie per Klick auf **Konfiguration sichern** die Angaben in die Konfigurationsdatei haben schreiben lassen – und nicht z. B. aufgrund von falschen Pfadangaben oder Tippfehlern in Dateinamen eine Fehlermeldung erhalten –, können Sie erstmals auf **tusEasi1970-log.txt** klicken

Abbildung 13.4:
tusEasi1970-log.txt
auswählen

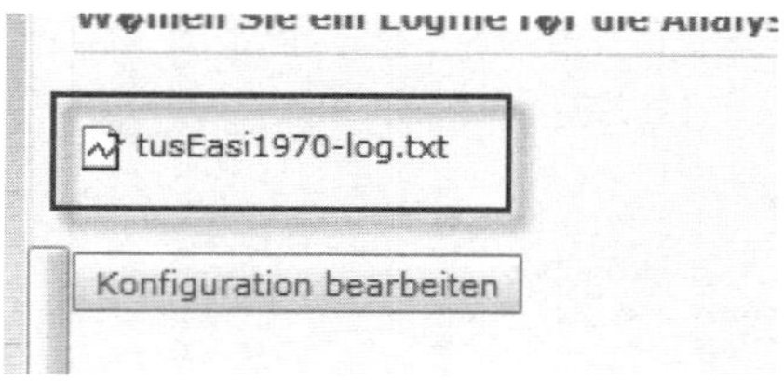

Nun öffnet sich AWStats mit einer Übersichtsseite und (noch) recht wenigen Informationen.

Die Statistik ist immer wieder zu aktualisieren, um die Daten einzulesen. Sollte beim allerersten Update eine Fehlermeldung wie **No qualified records found in log (0 corrupted, 0 dropped)** erscheinen: Keine Panik, das kann einfach daher kommen, dass noch niemand Ihre Webseite besucht hat bzw. Sie den Hinweis, die Webseite selbst einmal zu öffnen, übergangen haben. Schließen Sie in diesem Falle das Backend und „besuchen" Sie Ihre Webseite selbst, indem Sie dort wahllos einige Menüpunkte auswählen. Die anschließende Aktualisierung von AWStats sollte dann deutlich veränderte Werte zeigen.

Die Auswertung setzen Sie wieder zurück, indem Sie auf **Cache löschen** klicken. Sollten Sie bereits auf **Cache löschen** geklickt haben, bevor Sie AWStats das erste Mal aufrufen, kann es zu einer Fehlermeldung kommen. Dann müssen Sie erst AWStats aufrufen und einmal aktualisieren.

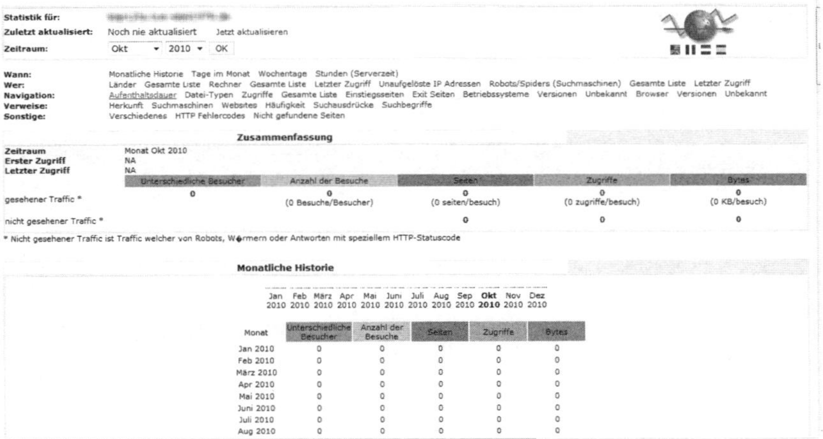

Abbildung 13.5: AWStats in der ersten, noch leeren Anzeige

Die Auswertungskriterien sind alle auf der Webseite von AWStats[4] beschrieben, ebenso die vielen Einstellungsmöglichkeiten. Klicken Sie dazu auf das Icon mit der Weltkugel oben rechts in der AWStats-Übersicht. Wollen Sie die Konfiguration von `cc_awstats` anpassen, so sollten Sie zwei Dinge vorab getan haben:

- Installieren Sie, sofern noch nicht geschehen, die Erweiterung `t3quixplorer` (vgl. Seite 73).
- Passen Sie T3Quixplorer an, indem Sie im Erweiterungsmanager **t3quixplorer** konfigurieren, unter **Editable file extensions** `|\.conf$` am Ende der Zeile einfügen und anschließend auf **Update** klicken.

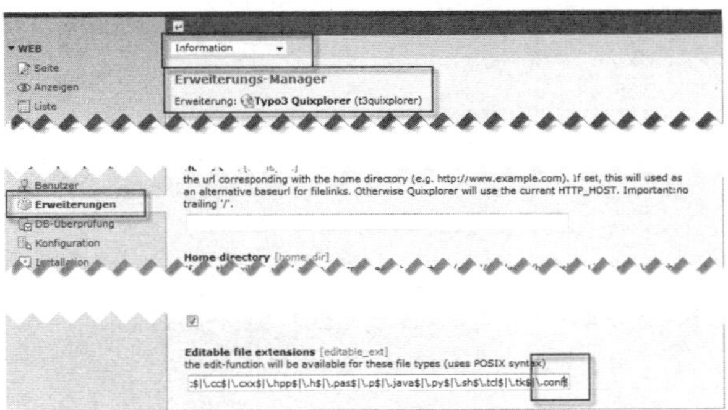

Abbildung 13.6: Dateiendung .conf im t3quixplorer erlauben

4 `http://awstats.sourceforge.net/`

Gehen Sie unter Verwendung der Erweiterung **t3quixplorer** in den Ordner `typo3conf/ext/cc_awstats/awstats` und öffnen Sie dort die Datei `awstats.conf`.

Abbildung 13.7: Datei awstats.conf editieren

Hier können Sie z. B. DNS-Lookup aktivieren, indem Sie `DNSLookup` auf `1` setzen. Das bewirkt, dass statt der IP-Adresse der Hostname, sofern bekannt, in der Auswertung angezeigt wird.

Abbildung 13.8: DNS-Lookup

Wir können an dieser Stelle nicht auf die vielfältigen Einstellungsoptionen eingehen und verweisen auf die ausführliche Dokumentation von AWStats.[5]

Webseiten mit einigen hundert Besuchern am Tag lassen sich vielleicht noch manuell aktualisieren. Wenn Sie jedoch die Aktualisierung der Statistik einem Cronjob überlassen möchten, dann schauen Sie sich beispielsweise die hilfreichen Hinweise von Jochen Weiland an.[6]

5 `http://awstats.sourceforge.net/docs/index.html`
6 `http://jweiland.net/typo3/anleitung/extension/awstats.html`

14 Kapitel

Kontaktdaten mit tt_address

Um seine Mannschaften und Trainer vorzustellen, möchte der Verein Seiten einrichten, auf denen die Spieler und Trainer mit Foto und einigen Kontaktdaten gelistet werden. Wir setzen dazu die derzeit von Ingo Renner gepflegte Erweiterung `tt_address` ein.

Importieren und installieren Sie zunächst also die Erweiterung `Address List (tt_address)` über den Erweiterungsmanager. Dabei werden mehrere Tabellen installiert. Weitere Anpassungen über den Erweiterungsmanager sind nicht erforderlich. Aktualisieren Sie jetzt noch die Sprachdateien im Erweiterungsmanager unter **Übersetzungen**.

14.1 Mannschaften

Beginnen wir mit den Mannschaften: In Abbildung 14.1) sehen Sie alle Spielerinnen der Damenfußballmannschaft, jede mit einem Foto (hier ein Dummy-Bild), Adresse und Spielerposition.

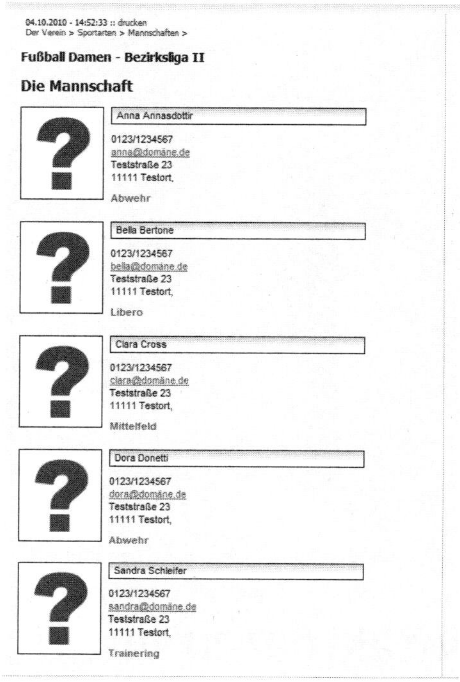

Abbildung 14.1: Adressliste im Frontend

14.1.1 TypoScript-Template erstellen

Erstellen Sie ein Erweiterungstemplate namens `+ext tt_address` im Systemordner `templates`. Das Pluszeichen zeigt an, dass es sich um ein Erweiterungstemplate handelt.

Abbildung 14.2: Erweiterungstemplate +ext tt_address

Kopieren Sie das Default-Setup `static/pi1/setup.txt` der Erweiterung `tt_address` über den Erweiterungsmanager in das Setup von `tt_address`.

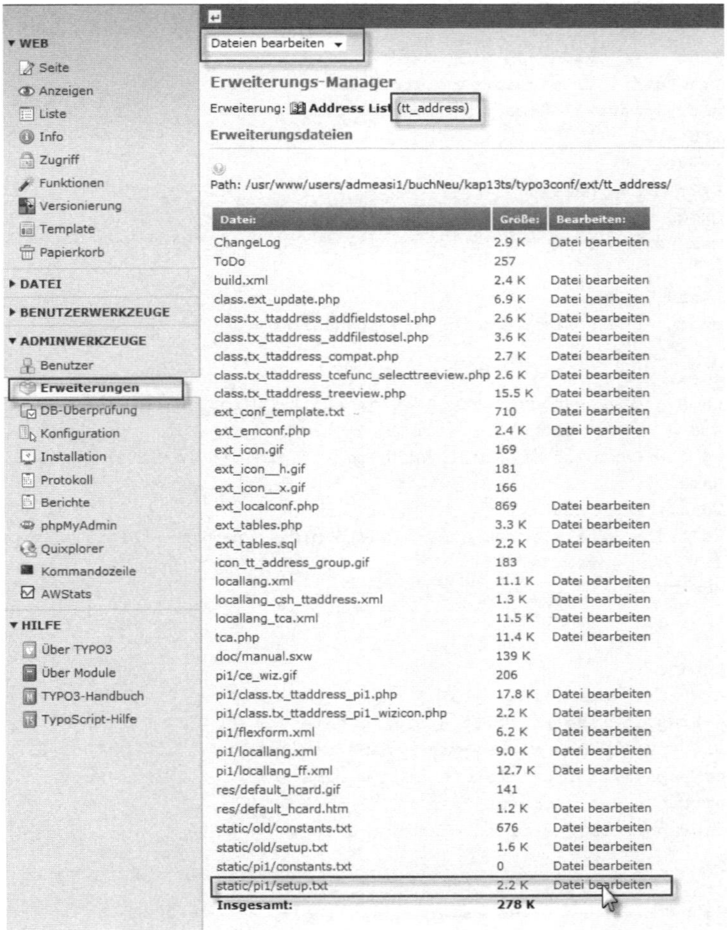

Abbildung 14.3: Datei setup.txt zum Bearbeiten öffnen

Wählen Sie dazu die Erweiterung `tt_address` und in der Combobox **Dateien bearbeiten** aus. Es erscheint eine Liste aller Dateien der Erweiterung. Suchen Sie `static/pi1/setup.txt` und klicken Sie auf **Datei bearbeiten** hinter dem Dateinamen. Jetzt können Sie den Inhalt in das **Setup** des Erweiterungstemplates kopieren. Fügen Sie die ersten beiden Zeilen aus dem folgenden Codebeispiel ein, um das Default-Template von `tt_address` zu entfernen. Ändern Sie den Pfad zum HTML-Template und den Dateinamen entsprechend den Zeilen 5 und 6 aus dem Codebeispiel über `templatePath` bzw. `defaultTemplateFileName`. Die HTML-Datei werden wir gleich in dem Verzeichnis erstellen.

```
### entfernt das Default Template ###
plugin.tx_ttaddress_pi1.templates.default >

plugin.tx_ttaddress_pi1 = USER
plugin.tx_ttaddress_pi1 {
 userFunc = tx_ttaddress_pi1->main
 templatePath = fileadmin/templates/
 defaultTemplateFileName = tt_address.html
 pidList = 0
 recursive = 0
 sortByColumn = name
 sortOrder = ASC
 listMaxItems = 0

 templates.default {
 # supports the hcard microformats standard

 image {
  #params = class="photo" style="float:left; margin-right:4px"
  params = class="photo"
  altText = Photo of {field:first_name} {field:middle_name} {field:\
last_name}
  altText.insertData = 1
  titleText = {field:first_name} {field:middle_name} {field:last_name}
  titleText.insertData = 1
  debugData = 1
  }

 first_name {
  innerWrap = <span class="fn">|
  innerWrap.if.isFalse.field = middle_name
  innerWrap2 = <span class="given-name">|</span>
  innerWrap2.if.isTrue.field = middle_name
  outerWrap = <span class="fn n">|
  outerWrap.if.isTrue.field = middle_name
 }

 middle_name.wrap = <span class="additional-name">|</span>
 middle_name.required =

 last_name {
  innerWrap = |</span>
  innerWrap.if.isFalse.field = middle_name
  innerWrap2 = <span class="family-name">|</span>
  innerWrap2.if.isTrue.field = middle_name
  outerWrap = |</span>
  outerWrap.if.isTrue.field = middle_name
  br = 1
 }

 #organization {
  #wrap = <div class="org">|</div>
```

```
 #required =
#}

email.typolink.parameter.field = email
email.required =

address {
 wrap = <div class="street-address">|</div>
 br = 1
 required = 1
}

city {
 #wrap = <span class="locality">|</span>
 required = 1
}

#region {
 #wrap = <span class="region">|</span>
       #required =
#}

zip {
 #noTrimWrap = | <span class="postal-code">|</span>|
 #span class="postal-code">|</span>
 required = 1
}

country {
 wrap = <span class="country-name">|</span>
 required =
}

phone.wrap = <div class="tel">|</div>
phone.required =

subparts {
 adr.hasOneOf = address, city, region, zip, country
 url.typolink {
  parameter.field = www
  target =
  ATagParams = class="url"
 }
}
}
}
```

Binden Sie über die Registerkarte **Enthält** außerdem das statische Template `Addresses (tt_address)` ein und speichern Sie den Datensatz.

Abbildung 14.4:
Extension-Template:
Statisches Template
einbinden

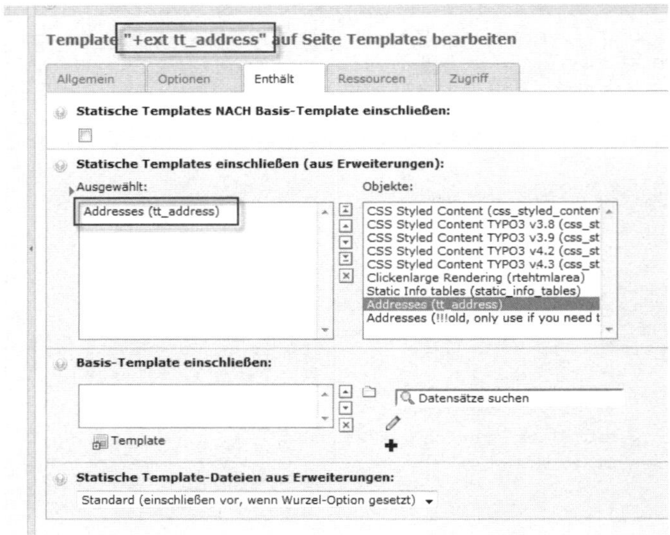

Dieses Erweiterungstemplate muss anschließend noch im Template `main_verein` hinzugefügt werden.

Abbildung 14.5:
Extension-Template:
Erweiterungs-
template
einbinden

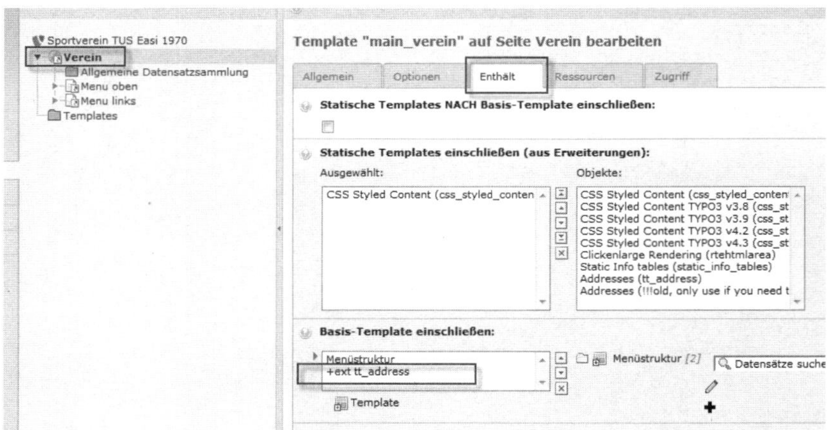

14.1.2 HTML-Template

Wechseln Sie ins Fileadmin-Verzeichnis und erstellen Sie in `fileadmin/templates` eine Datei namens `tt_address.html`. Kopieren Sie den Inhalt von der buchbegleitenden Webseite.

```
<body>

<!--
Markers you can use:

###UID###
###GENDER###
###FIRSTNAME###
###MIDDLENAME###
###LASTNAME###
###TITLE###
###EMAIL###
###PHONE###
###MOBILE###
###WWW###
###ADDRESS###
###BUILDING###
###ROOM###
###BIRTHDAY###
###ORGANIZATION###
###COMPANY### (only here for backwards compatibility, this is an alias
for ORGANIZATION)
###CITY###
###ZIP###
###REGION###
###COUNTRY###
###IMAGE### (###IMAGE1-5### are available, too if multiple images are
added to the address record)
###FAX###
###DESCRIPTION###
###MAINGROUP###
###GROUPLIST###

-->

<!-- ###TEMPLATE_ADDRESS### beginn -->
<div class="vcard">
###IMAGE###

  <div class="ttaddressdata">
<!-- ###SUBPART_URL### begin -->
###FIRSTNAME### ###MIDDLENAME### ###LASTNAME###
<!-- ###SUBPART_URL### end -->

<!-- ###SUBPART_ADR### begin -->
<div class="adr">
```

```
###ORGANIZATION###
###PHONE###

###EMAIL###
###ADDRESS###
###ZIP### ###CITY###
<div class="description">
###DESCRIPTION###
</div>
</div>
<!-- ###SUBPART_ADR### end -->
  </div>
</div>

<!-- ###TEMPLATE_ADDRESS### end -->

</body>
</html>
```

14.1.3 CSS für tt_address

Erstellen Sie im Fileadmin-Verzeichnis im Ordner `fileadmin/styles` eine CSS-Datei `6_ttaddress.css` und kopieren Sie folgenden Code hinein:[1]

```
.vcard {
  float: left;
  font-family:Helvetica,Verdana,Arial,sans-serif;
  font-size:12px;
  font-style:normal;
  font-variant:normal;
  font-weight:normal;
  line-height:normal;
  padding:0px;
  margin-bottom: 20px;
}
.vcard a:link {
  color: #008080;
}
.vcard a:hover {
  color: #99cccc;
}
.vcard a:active {
  color: #99cccc;
}
.vcard a:visited {
  color: #99cccc;
}
.photo {
  margin: 0px 4px 4px 0px;
```

1 Die CSS-Datei haben wir auf der buchbegleitenden Webseite bereitgestellt.

```
  border-width: 1px;
  border-color: #000;
  border-style: solid;
  float:left;
}
.ttaddressdata {
  float: left;
}
.tx-ttaddress-pi1 {
  width: auto;
}
.url {
  font-weight: bold;
  display: block;
  text-decoration: none;
  color: #000;
}
.fn {
  background: transparent url(../images/verlauf2.gif) repeat-x scroll ↘
0%;
  display: block;
  margin: 0px 0px 10px 5px;
  border-width: 1px;
  border-color: #000;
  border-style: solid;
  padding: 2px 5px 2px 5px;
  width:300px;
}
.adr {
  float:left;
  margin-left: 5px;
}
.street-address {
}
.description {
  margin-top: 10px;
  color: #008080;
  font-weight: bold;
}
.adress_back a:link {
  color: #008080;
  text-decoration: none;
}
.adress_back a:hover {
  color: #99cccc;
}
.adress_back a:active {
  color: #99cccc;
}
.adress_back a:visited {
  color: #99cccc;
}
```

Binden Sie die CSS-Datei über `import` wie gewohnt in `standard.css` ein.

14.1.4 Seiten und Plug-Ins

Wechseln Sie ins Webmodul **Seite**, und zwar auf die Seite `Mannschaften`, die wir bereits angelegt haben, um den Seitentyp **Trenner** vorzustellen (vgl. Seite 219).

Legen Sie je Sportart (Fußball, Radsport, Schwimmen, Baseball) eine Unterseite vom Typ **Ordner** (Folder) mit dem Seitentitel `Fußball-Mannschaften` usw. an. Nutzen Sie für das Anlegen mehrerer Seiten das Webmodul **Funktionen**. Dank des Typs **Ordner** können später hier die Adressdatensätze und Adressgruppen hinterlegt werden.

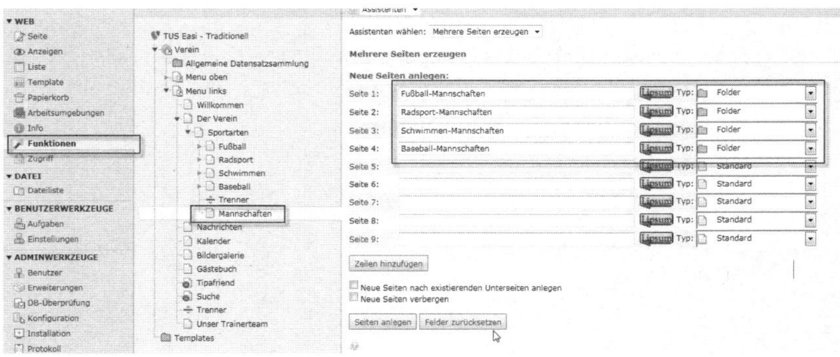

Abbildung 14.6: Mehrere Seiten vom Typ Ordner anlegen

Unterhalb der Sportart sollen wiederum Unterseiten vom Typ `Standard` mit den einzelnen Mannschaften angelegt werden. Wir beschränken uns in unserem Beispiel auf die Seiten `Fußball Damen - Bezirksliga II` und `Fußball Damen - A-Jugend`, die Sie als Unterseite zu `Fußball-Mannschaften` anlegen. Legen Sie auf den Seiten ein Inhaltselement an vom Typ **HTML** mit dem Namen Zurück und dem Code

```
<a href="javascript:history.back()">&lt;&lt; zur&uuml;ck</a>
```

Auf der Seite `Mannschaften` legen Sie nun ein Inhaltselement vom Typ **Text** mit der Überschrift `Unsere Mannschaften` und dem folgenden Text (oder einem Text Ihrer Wahl) an:

```
Auf den folgenden Seiten stellen wir Ihnen unsere aktiven
Sportler vor. Sie können die unten nach Sportarten aufgeführten
Unterseiten anklicken und so mehr über die Mannschaften in den
jeweiligen Sportarten erfahren und letztendlich unsere
Sportskanonen kennenlernen.
```

Erstellen Sie vier weitere Inhaltselemente vom Typ **Text** und vergeben Sie lediglich die Überschriften `Fußball`, `Radsport`, `Schwimmen` und `Baseball`. Editieren Sie das Inhaltselement `Fußball` und schreiben Sie zwei Mannschaften – den ersten Eintrag abgeschlossen durch einen Umbruch (Enter-Taste) – in das Textfeld: `Fußball Damen - Bezirksliga II` und `Fußball Damen - A-Jugend`.

Erstellen Sie nun die Links zu den entsprechenden Seiten. Markieren Sie den Text `Fußball Damen - Bezirksliga II` und wählen Sie das Hyperlink-Symbol aus der Symbolleiste.

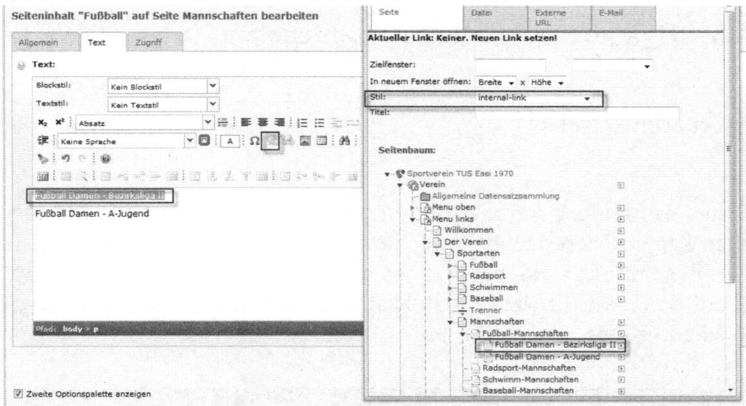

Abbildung 14.7: Link zur Seite auswählen

Aus dem Popup-Fenster geben Sie den Stil `internal-link` an und wählen Sie die Seite aus, auf die Sie verlinken möchten, also die Seite `Fußball Damen - Bezirksliga II`. Den zweiten Eintrag verlinken Sie analog mit der Seite `Fußball Damen - A-Jugend`.

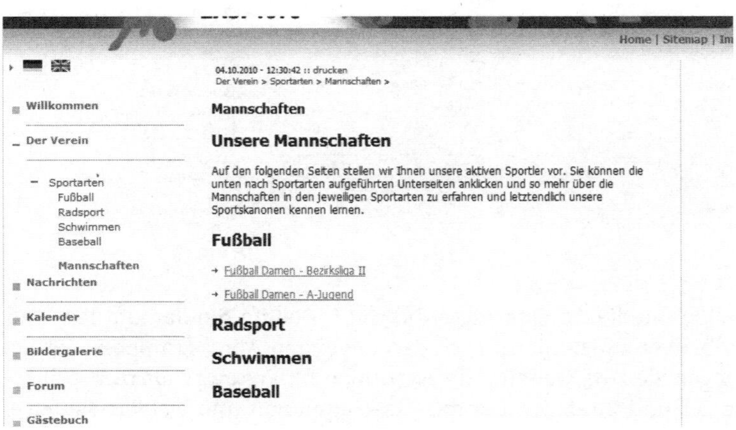

Abbildung 14.8: Seite Mannschaften im Frontend

Alle Vorarbeiten sind damit abgeschlossen, und im Frontend sieht die Seite `Mannschaften` nun wie in Abbildung 14.8 aus.

Beispielhaft erstellen wir für die Damenfußballmannschaft der Bezirksliga nun eine Adressliste der Spielerinnen.

14.1.5 tt_address – Datensätze anlegen

Adressgruppen anlegen

Als Erstes werden wir Adressgruppen anlegen, mit deren Hilfe wir die Datensätze kategorisieren. Wechseln Sie ins Webmodul **Liste** und wählen Sie den Ordner `Fußball-Mannschaften` aus. Klicken Sie in der oberen Menüleiste auf das Icon für **Neuen Datensatz erstellen** und wählen Sie anschließend **Adressgruppe** aus.

Abbildung 14.9: Adressgruppe anlegen

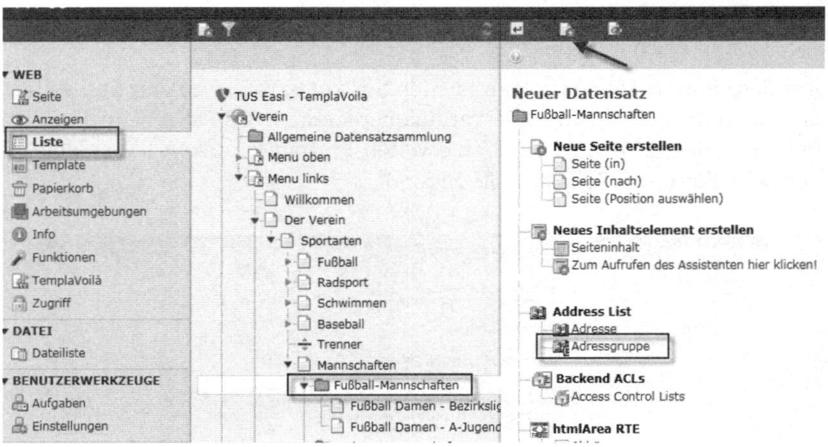

Erstellen Sie die Adressgruppe `Fußball`. Achten Sie darauf, dass das Häkchen bei **Verbergen** hier und in den folgenden Adressgruppen nicht gesetzt ist. Legen Sie zwei weitere Adressgruppen für `Fußball Damen - Bezirksliga II` und `Fußball Damen - A-Jugend` an und wählen Sie jeweils als übergeordnete Gruppe `Fußball` aus. Die Kategoriestruktur sollte nun aussehen wie in der Abbildung 14.10.

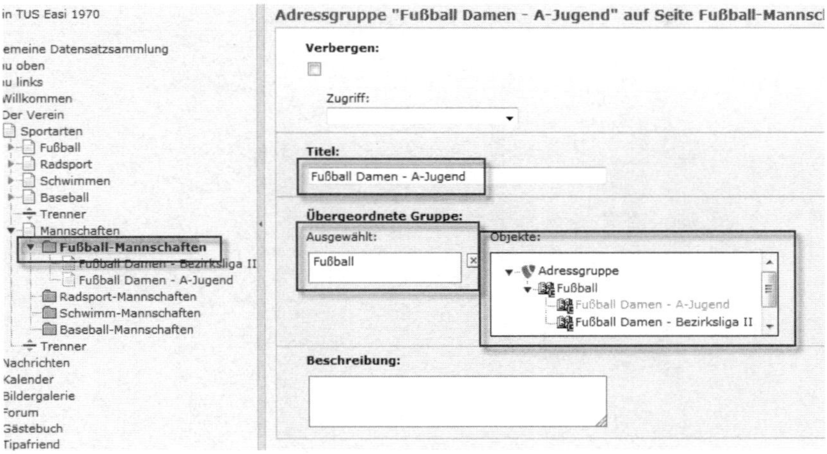

Abbildung 14.10: Adressgruppe Fußball Damen – A-Jugend

Adressen anlegen

Erstellen Sie nun jeweils einen Eintrag pro Mannschaftsmitglied im Ordner `Fußball-Mannschaften`. Klicken Sie das Icon **Neuen Datensatz anlegen** an und wählen Sie aus der Liste **Adresse** aus.

Machen Sie Eintragungen bei **Geschlecht**, **Name**, **Vorname** und **Nachname**. Im Feld **Name** sollte nur der Nachname stehen. Wichtig ist das für die Sortierung in der Listenansicht, da sich diese Sortierung in den Defaulteinstellungen nach dem Feld **Name** richtet.

Füllen Sie zu Testzwecken die Felder **Adresse** (Straße), **PLZ** und **Ort** aus. Alle weiteren Adressfelder lassen Sie leer. Als Spielerfoto im Feld **Bild** wählen Sie den Fragezeichen-Dummy[2] und ergänzen unter **Beschreibung** die Spielerposition, also z. B. Abwehr, Libero oder Torwart. Wählen Sie die Adressgruppe `Fußball Damen - Bezirksliga II` aus und speichern Sie den Datensatz ab. Sie können eine Adresse auch mehreren Adressgruppen zuordnen. So kann die betreffende Person in mehreren Adressgrupen Verwendung finden. Zwar spielt jede dieser (Beispiel-)Personen nur in einer Mannschaft, aber z. B. die Trainerin kann für beide Mannschaften dieselbe sein und muss somit nur einmal als Adresse angelegt werden.

Alle weiteren zur Verfügung stehenden Felder werden für unsere Zwecke nicht benötigt. Nicht benötigte Felder können Sie für die Redakteure ausblenden, weitere Informationen dazu finden Sie ab Seite 388.

2 Oder ein beliebiges anderes Bild. Das Dummy-Bild steht auf der buchbegleitenden Webseite zum Download bereit (**Kapitel 14**).

Abbildung 14.11:
Adresse anlegen

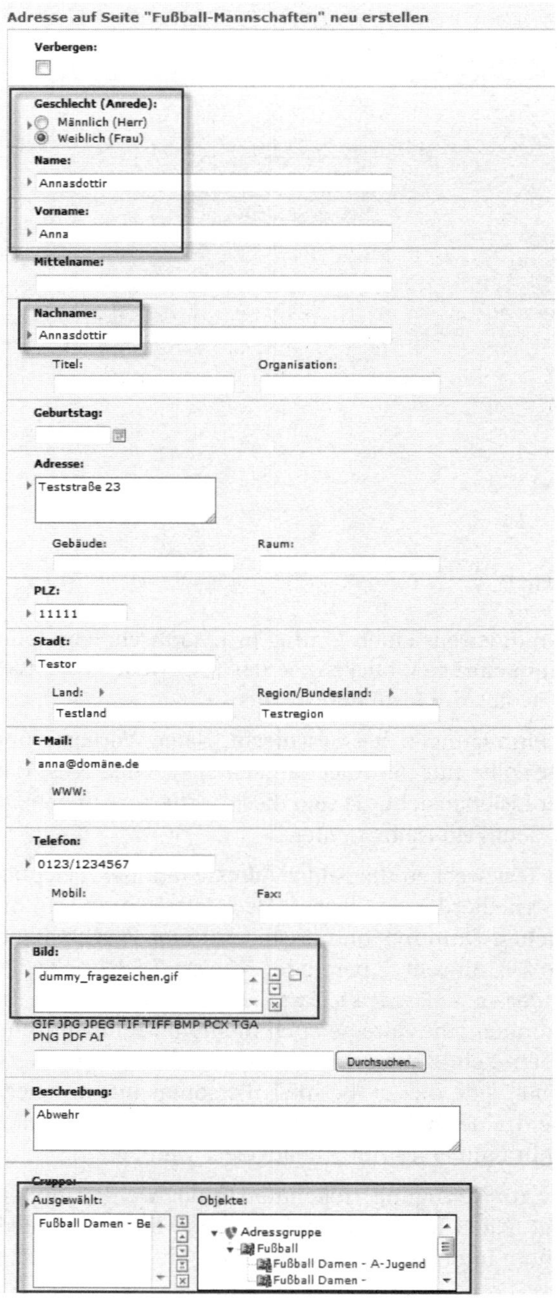

Legen Sie mehrere Testpersonen für die Adressgruppe `Fußball Damen - Bezirksliga II` und mehrere Testpersonen für die Adressgruppe `Fußball Damen - A-Jugend` an. Legen Sie auch eine Trainerin an, die beiden Adressgruppen zugeordnet ist.

14.1.6 Plug-In einfügen

Zunächst einmal sollten wir klären, was es mit Plug-Ins im Zusammenhang mit einer Erweiterung auf sich hat. Ein Inhaltselement vom Typ **Plug-In** bietet eine Schnittstelle zu Daten, die – im Gegensatz zu normalen Inhaltselementen – nicht in die Tabelle `tt_content` eingetragen werden. Inhalte vom Typ **Text**, **Text mit Bild** etc. werden in `tt_content` verwaltet; `tt_address` verwendet jedoch eine eigene Tabelle. Damit die Daten aus `tt_address` im Frontend ausgegeben werden, muss ein Plug-In eingefügt werden, um die Ausgabe der Daten im Frontend zu veranlassen.

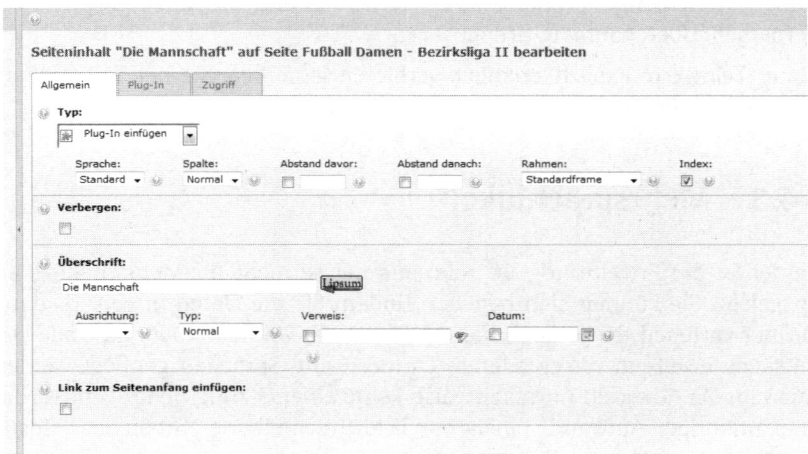

Abbildung 14.12: Plug-In einfügen

Wechseln Sie nun im Webmodul **Seite** auf die Seite `Fußball Damen - Bezirksliga II`. Legen Sie das Plug-In `Adressen` für `tt_address` mit der Überschrift `Die Mannschaft` an. Dazu wählen Sie **Seiteninhalt anlegen** und aus der Liste im Bereich **Plug-Ins** das Plug-In **Adressen** aus. In der Registerkarte **Auswahl** wählen Sie die Adressgruppe `Fußball Damen - Bezirksliga II` aus. Als Ausgangspunkt weisen Sie den Ordner `Fußball-Mannschaften` zu. In der Registerkarte **Darstellung** bleibt der Eintrag auf **Standard**. Speichern und schließen Sie das Plug-In. Im Frontend sehen Sie auf der Seite nun die Einträge für die Fußballerinnen wie in Abbildung 14.1.

Auf die gleiche Weise legen Sie nun das Plug-In für die Mannschaft `Fußball Damen - A-Jugend` auf der entsprechenden Seite an. Wählen Sie die dazu passende Adressgruppe im Plug-In.

Achten Sie darauf, dass die Trainerin bei beiden Mannschaften angezeigt wird.

14.2 tt_address für Redakteure

Beispielhaft soll die Benutzergruppe der Fußballredakteure, die wir bereits angelegt haben, nun auch die Rechte erhalten, die Seiten mit `tt_address`-Datensätzen zu pflegen. Bearbeiten Sie die Benutzergruppe, wie in Kapitel 11 beschrieben, und ergänzen Sie die Rechte dieser Benutzergruppe. Wechseln Sie auf die Registerkarte **Zugriffsliste** und setzen Sie die Rechte für **Adresse** und **Adressgruppe** im Bereich **Tabelle (ändern)**. Damit der Redakteur nur die Felder bearbeiten kann, die wir in den Backendformularen für `tt_address` verwenden, markieren Sie unter **Erlaubte Ausschlussfelder** lediglich die Felder, die dem Redakteur angezeigt werden sollen – nicht markierte Felder sieht der Redakteur nicht. Als erlaubte Felder nehmen Sie für Adresse **Beschreibung, Bild, Gruppe, Verbergen** und für Adressgruppe **Titel, Verbergen, Übergeordnete Gruppe**.

Unter **Feldwerte explizit erlauben/verbieten:** erlauben Sie bei **Seiteninhalt: Plug-In** die Verwendung des Plug-Ins `Adressen`.

14.3 Mehrsprachigkeit

Leider ist die Erweiterung `tt_address` per se nicht für Mehrsprachigkeit ausgelegt. Sie können sich behelfen, indem Sie die Daten in verschiedene Ordner verteilen (siehe auch Kapitel 15). Das heißt aber auch, dass alle Datensätze jeweils in verschiedenen Ordnern und Sprachen gepflegt werden müssen. Da Adressen normalerweise keine Übersetzung benötigen, ist das aber unnötiger Aufwand. Einzig das Feld **Beschreibung** enthält u. U. Texte, die übersetzt werden müssen.

Ein möglicher Lösungsansatz ist ein Split für das Feld **Beschreibung**, der folgenden Code im Setup des Haupt-Template `main_verein` erfordert:

```
plugin.tx_ttaddress_pi1.templates.default.description.split {
  token.char = 10
  cObjNum = 1
  1 {
    current = 1
    if.value < config.sys_language_uid
    if.equals.data = TSFE:register|SPLIT_COUNT
    }
}
```

Mit diesem Code wird ein Splitter aktiviert, der das Feld `description` – also das Beschreibungsfeld – mittels `<br />` in Zeilen aufsplittet.

Die erste Zeile wird dann für die erste Sprache mit der UID 0 verwendet, die zweite für die Sprache mit der UID 1 und so weiter. Dabei muss man darauf achten, dass die Reihenfolge korrekt ist: Wenn es also eine Sprache mit der UID 1 gibt, die aus welchen Gründen auch immer nicht verwendet wird, muss eine Leerzeile eingefügt werden, damit die dritte Sprache mit der UID 2 an der richtigen Stelle erkannt und ausgegeben wird, wie Abbildung 14.13 zeigt. Wirklich befriedigend sind aber beide Ansätze nicht.

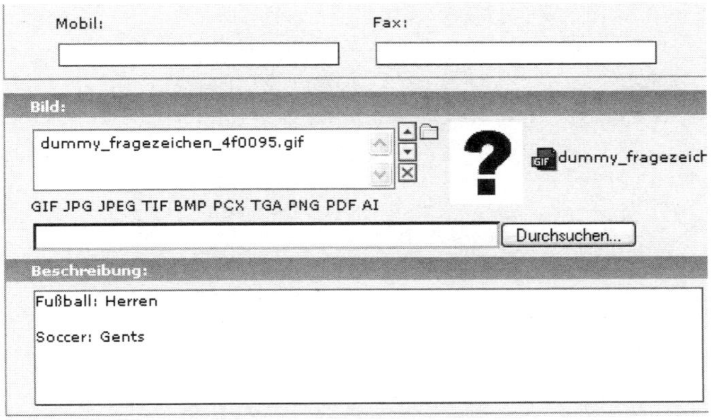

Abbildung 14.13: Beschreibungsfeld mit Splitter

Kapitel 15

FAQ

Damit die Antworten auf häufig gestellte Fragen von interessierten Besuchern rasch zu finden sind, möchte der Verein diese sammeln und auf einer eigenen Seite präsentieren. Wir nutzen dazu die Erweiterung `irfaq` von Netcreators.[1] Diese sorgt dafür, dass die Fragen auf einer Seite gelistet und die Antworten unterhalb dieser Liste angezeigt werden. Der Klick auf eine Frage führt zur zugehörigen Antwort. Eine Suche über Fragen und Antworten ist auf dieser Seite ebenfalls vorgesehen.

Am Beispiel dieser Erweiterung zeigen wir zudem, wie diese nicht mehrsprachige Erweiterung gleichwohl in verschiedenen Sprachen genutzt werden kann.

Installieren Sie zunächst die Erweiterung `irfaq` über den Erweiterungsmanager. Nach Aktualisierung der Datenbank ist die Installation abgeschlossen. Aktualisieren Sie jetzt noch die Sprachdateien im Erweiterungsmanager unter **Übersetzungen**.

[1] `http://www.netcreators.com`

15.1 Seite und Ordner anlegen

In der bereits angelegten Seite `FAQ` in `Menu oben` legen Sie ein Inhaltselement vom Typ **Normaler Text** an und vergeben hier lediglich den Titel `Häufig gestellte Fragen`. Legen Sie unterhalb der Seite zwei Seiten vom Typ `Ordner` an mit den Titeln `Ordner FAQ` und `Ordner FAQ EN`; dies dient zur Vorbereitung auf eine mehrsprachige Nutzung. In der Registerkarte **Erscheinungsbild** wählen Sie bei jedem Ordner unter **Enthält Erweiterung** den Eintrag **Modern FAQ** aus.

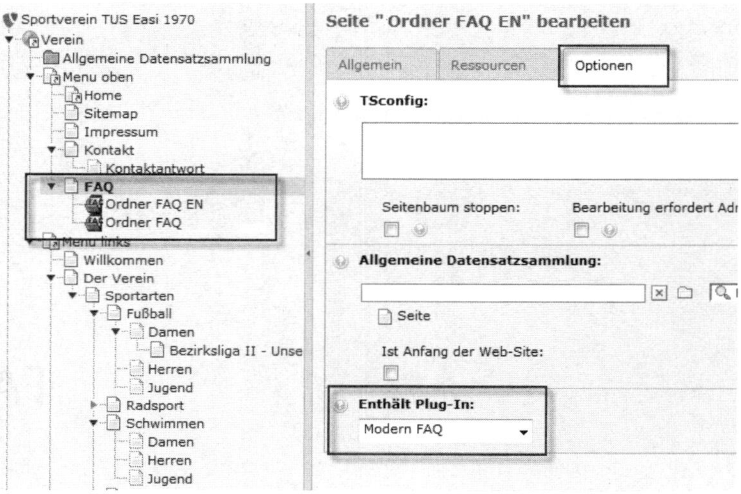

Abbildung 15.1: Seite und Ordner irfaq

15.2 TypoScript-Template erstellen

Bisher haben wir der Einfachheit halber die Erweiterungstemplates wie `+ext tt_address` in einem Template-Ordner abgelegt und dem Root-Template der Webseite zugewiesen. Damit werden diese Templates allerdings auch dann aufgerufen, wenn sie gar nicht benötigt werden. Dies kann sich durchaus negativ auf die Performance des gesamten Webauftritts auswirken. Am Beispiel der Erweiterung `irfaq` lässt sich dies beispielhaft leicht vermeiden, denn die FAQs werden nur auf einer Seite und deren Unterseiten mit den Datensätzen benötigt. Wir gehen dabei wie folgt vor: Das Erweiterungstemplate wird wie gewohnt im Ordner `Templates` angelegt, aber nicht auf der obersten Ebene der Webseite im Root-Template eingebunden. Vielmehr wird auf der soeben angelegten Seite `FAQ` ein weiteres Template angelegt, das als einzigen Eintrag in der Registerkarte **Enthält** das Erweiterungstemplate `+ext irfaq` einbindet. Vorteil dieser Vorgehensweise ist, dass Sie weiterhin an zentraler Stelle, im Ordner `Templates`, das Erweiterungstemplate haben und nur an einer Stelle ändern müssen, aber trotzdem das Erweiterungstemplate gezielt für einzelne Seiten einsetzen können.

Legen Sie im Ordner `Templates` ein Erweiterungstemplate `+ext irfaq` an. Weisen Sie über die Registerkarte **Enthält** lediglich das statische Template `IRFAQ default TS (irfaq)` zu.

Nun gilt es, das Default-Setup in Ihr Erweiterungstemplate zu übernehmen. Wechseln Sie in den Erweiterungsmanager zur Erweiterung `irfaq`. In der Combobox wählen Sie **Dateien bearbeiten** und öffnen die Datei `static/ts/setup.txt`. Kopieren Sie den Inhalt in das Setup des Erweiterungstemplates `+ext irfaq`, ändern Sie folgenden Code und speichern Sie den Datensatz ab.

```
[...]
    related_links_stdWrap.wrap =
    # Kategorie wird angezeigt, aber nicht verlinkt #
    catTextMode = 0
[...]
```

In den Konstanten des Templates `+ext irfaq` fügen Sie lediglich den folgenden Code ein:

```
plugin.tx_irfaq_pi1 {
 file.templateFile = fileadmin/templates/irfaq.html
 }
```

Auf der Seite `FAQ` legen Sie ein neues Erweiterungstemplate mit dem Titel `FAQ` an; binden Sie über die Registerkarte **Enthält** das soeben angelegte Template `+ext irfaq` ein.

15.3 HTML-Template

Legen Sie ein vorerst leeres HTML-Template in Ihrem Fileadmin-Verzeichnis `fileadmin/templates` an und nennen Sie es `irfaq.html`.

Kopieren Sie wie beim TypoScript-Setup auch das HTML-Template `res/irfaq.tmpl` aus der Erweiterung in das soeben angelegte HTML-Template `irfaq.html`. Entfernen Sie den kompletten Seitenheader aus der Datei, und zwar genau den folgenden Code (die ersten neun Zeilen), so dass nur der <body>-Bereich übrig bleibt:

```
<!DOCTYPE html PUBLIC "-//W3C//DTD XHTML 1.0 Transitional//EN" "http://\
www.w3.org/TR/xhtml1/DTD/xhtml1-transitional.dtd">
<html xmlns="http://www.w3.org/1999/xhtml">
<head>
<meta http-equiv="Content-Type" content="text/html; charset=iso\
-8859-1"/>
```

```
<title>FAQ Example Template</title>
<!-- ###HEADER_PARTS### -->
<link rel="stylesheet" href="###SITE_REL_PATH###res/styles.css" />
<!-- ###HEADER_PARTS### -->
</head>
[...]
</html>
```

Zum einen wird er nicht benötigt, zum anderen wird hier auf ein `irfaq`-eigenes CSS verwiesen. Diese CSS-Anweisungen würden unser CSS überschreiben, welches wir später noch anlegen werden. Sie finden die HTML-Datei wieder zum Download auf der buchbegleitenden Webseite im Downloadbereich.

15.4 Plug-In einfügen

Fügen Sie auf der Seite `FAQ` unterhalb des Content-Elements mit dem Titel `Häufig gestellte Fragen` nun als neues Inhaltselement das Plug-In **Moderne FAQ** ein. In den Registerkarten nehmen Sie die folgenden Einstellungen vor:

Auf der Registerkarte **Allgemein** vergeben Sie die Überschrift `Fragen rund um die Mitgliedschaft`. In der Registerkarte **Plug-In** wählen Sie unter **Allgemein** das Objekt **Dynamische Ansicht mit DHTML** aus, damit die Antwort geöffnet wird, sobald die Frage oder das Icon vor der Frage angeklickt wird. Als Ausgangspunkt wählen Sie den `Ordner FAQ` aus und speichern das Plug-In zunächst ab.

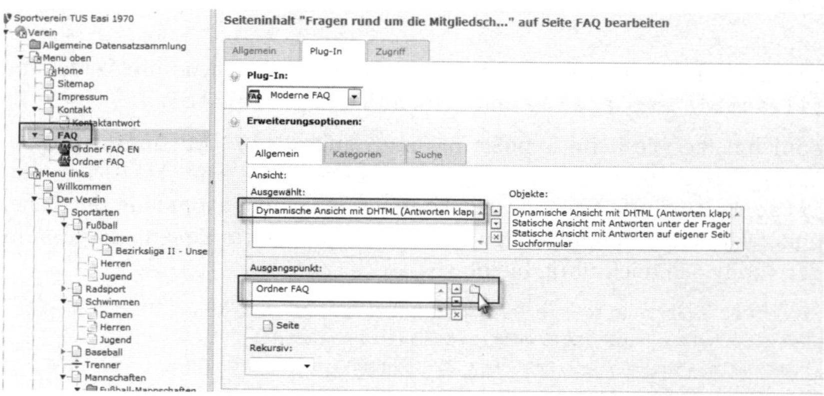

Abbildung 15.2: Plug-In Moderne FAQ

15.5 FAQs, Experten und Kategorien anlegen

Wechseln Sie danach ins Webmodul **Liste** und wählen Sie den `Ordner FAQ` aus. Die Erweiterung arbeitet mit Ansprechpartnern/Experten, die für die Inhalte der FAQs zuständig sind. Der engagierte Fußballtrainer Lino Linea soll unser FAQ-Experte sein.

Legen Sie zunächst diesen Experten an, der für die FAQ zuständig ist und als Ansprechpartner genannt wird. Klicken Sie dazu auf das Icon **Neuen Datensatz anlegen** und wählen Sie aus der Liste **FAQ-Ansprechpartner/Experte** aus. Tragen Sie den Namen `Lino Linea` ein und speichern Sie den Datensatz.

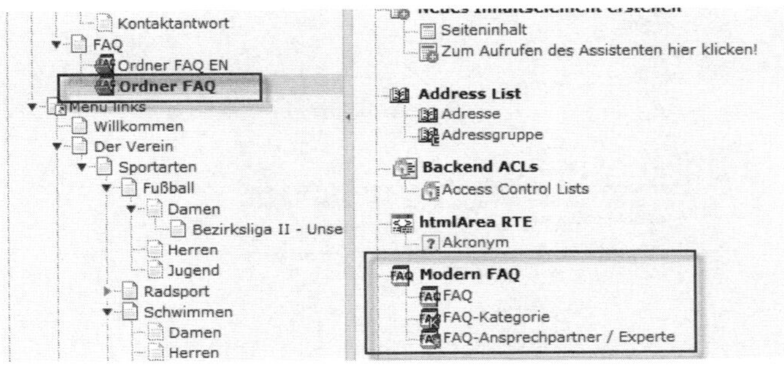

Abbildung 15.3: Listenansicht: Neuen Datensatz anlegen, FAQ

Legen Sie im selben Ordner nun zwei FAQ-Kategorien an: eine für `Fragen rund um die Mitgliedschaft`, eine weitere `Alles rund um Fußball`. Klicken Sie dazu auf das Icon **Neuen Datensatz anlegen** und wählen Sie aus der Liste **FAQ-Kategorie**. Vergeben Sie die Titel und wählen Sie im Feld **Verweis auf die Seite** die Seite `FAQ` aus, denn auf dieser Seite sollen die Kategorien angezeigt werden.

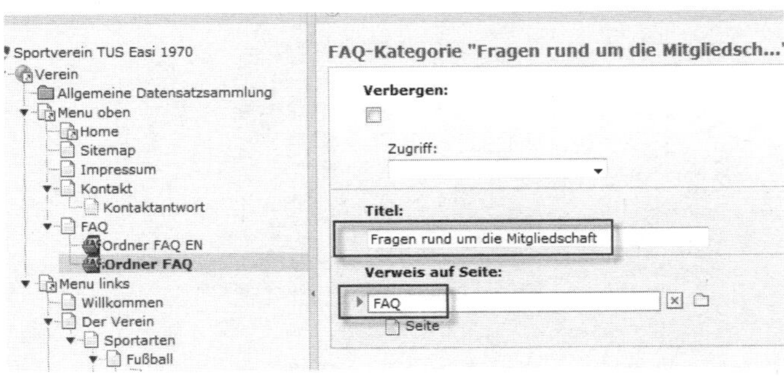

Abbildung 15.4: Listenansicht: FAQ-Kategorie erstellen

Formulieren Sie jetzt die ersten Fragen und Antworten für die deutschsprachige Seite. Wählen Sie dazu das Symbol **Neuen Datensatz erstellen** und suchen Sie aus der Liste **FAQ** aus. Im Formular tragen Sie auf der Registerkarte **Allgemein** die erste Frage ein, in unserem Fall die wichtigste zuerst: `Wie werde ich Mitglied?` In das Editorfeld setzen Sie die Antwort: „Wechseln Sie in den Downloadbereich des Vereins und füllen Sie das Anmeldeformular aus."

Abbildung 15.5: Listenansicht, Registerkarte Allgemein: FAQ erstellen

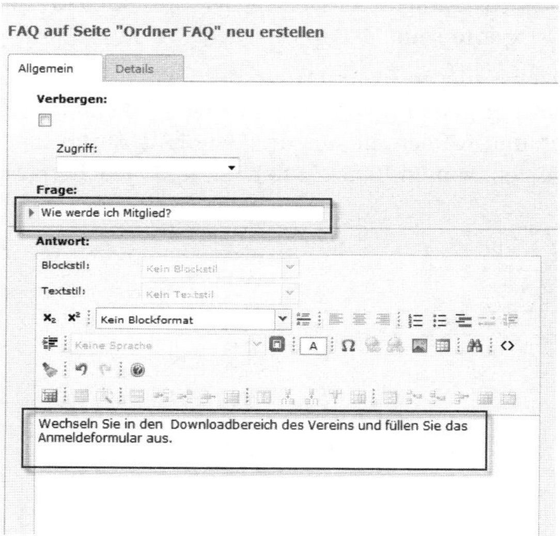

Auf der Registerkarte **Details** können Sie den Urheber dieser Frage eintragen oder das Feld leer lassen, den Ansprechpartner/Experten aus der Liste auswählen (`Lino Linea`) und die Kategorie für die Fragen rund um die Mitgliedschaft aus dem `Ordner FAQ` auswählen.

Abbildung 15.6: Listenansicht, Registerkarte Details: FAQ erstellen

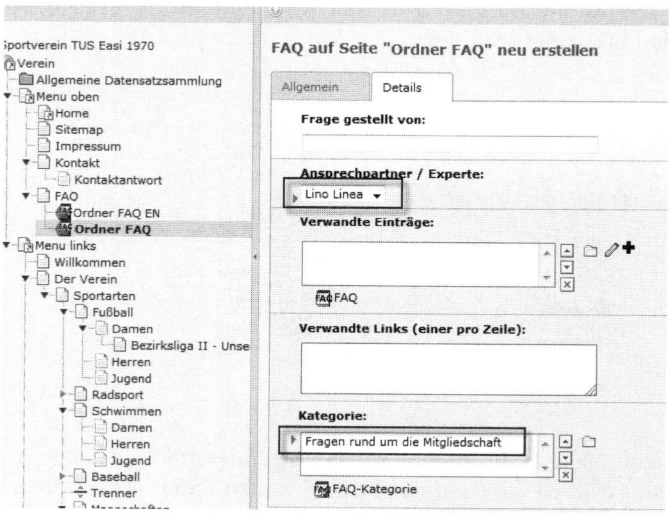

Erstellen Sie weitere FAQs in der Kategorie `Rund um die Mitgliedschaft`, z. B. `Was bietet der Verein?`, sowie eine entsprechende Antwort. Als verwandte Einträge weisen Sie die erste Frage zur Mitgliedschaft zu. Diese verwandten Einträge werden dann unterhalb der ausgewählten FAQ als Link angezeigt und können direkt aufgerufen werden.

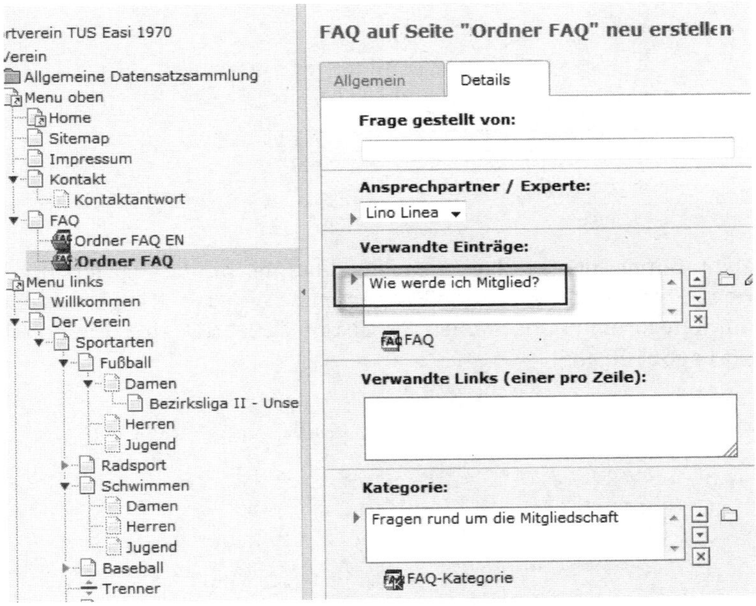

Abbildung 15.7: Listenansicht, Registerkarte Details: FAQ Verwandte Einträge

Legen Sie eine weitere FAQ beispielsweise mit der Frage `In welchen Klassen spielt der Verein?` für die Kategorie `Alles rund um Fußball` an. Legen Sie die Frage an, erstellen Sie die Antwort und weisen Sie über die Registerkarte **Details** die Kategorie und den Experten zu.

15.5.1 Ausgangspunkt setzen und Kategorien im Plug-In verwenden

Wechseln Sie zur Seite `FAQ`, nicht zu dem Plug-In auf der Seite! Auf der Registerkarte **Ressourcen** der Seite weisen Sie im Feld **Allgemeine Datensatzsammlung** den `Ordner FAQ` mit den FAQ-Kategorien zu und speichern Sie die Seite.

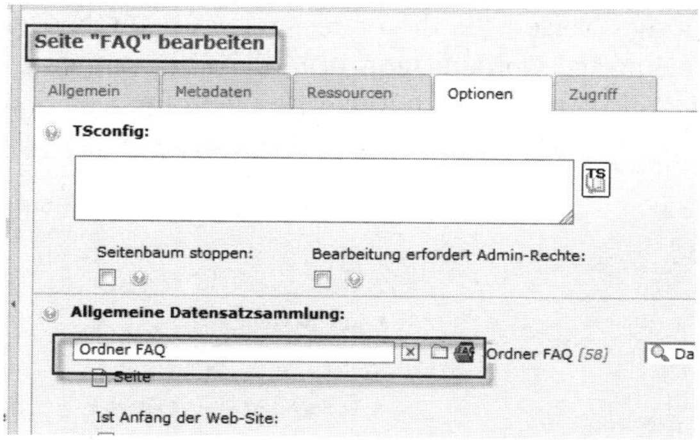

Abbildung 15.8: Seiteneigenschaften: Allgemeine Datensatzsammlung

Erst dann öffnen Sie das Plug-In zur Bearbeitung. In der Registerkarte **Kategorien** wählen Sie die Kategorie `Fragen rund um die Mitgliedschaft` aus. Im Kategorienmodus wählen Sie `Zeige FAQs mit den ausgewählten Kategorien` aus.

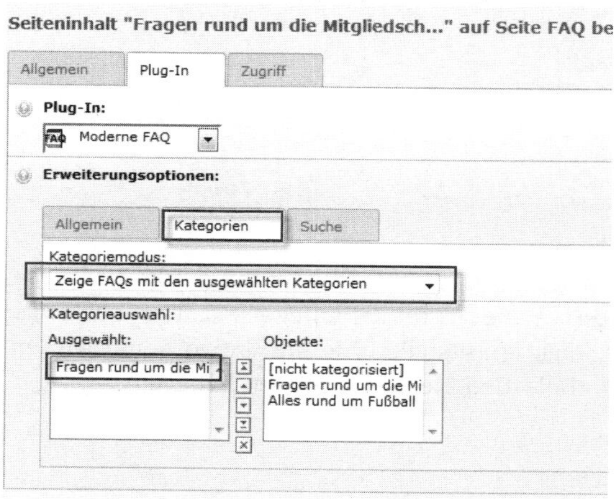

Abbildung 15.9: Plug-In: Kategorie auswählen

Legen Sie ein weiteres Plug-In unterhalb an, mit dem Titel `Alles rund um Fußball`, dem Ausgangspunkt `Ordner FAQ` und der Kategorie `Alles rund um Fußball`.

15.6 CSS zuweisen

Um die CSS-Datei anzupassen, wechseln Sie in den Erweiterungsmanager zu **Geladene Erweiterungen** und dort zur Erweiterung `irfaq`. In der Combobox wählen Sie **Dateien bearbeiten** aus. Öffnen Sie die Datei `static/css/setup.txt` und kopieren Sie den Inhalt in einen lokalen Editor. Entfernen Sie die ersten drei Zeilen sowie die letzten beiden Klammern.

Es gibt eine zweite CSS-Datei unter `res/styles.css`, die ebenfalls benötigt wird. Kopieren Sie den Inhalt dieser Datei ebenfalls in den lokalen Editor unterhalb der ersten Kopie und verlassen Sie den Erweiterungsmanager.

Nun können Sie das CSS für die Erweiterung anpassen. Wir haben lediglich die folgenden Einträge geändert, wie Sie in den Kommentaren sehen. Zum einen war der Eintrag doppelt, zum anderen haben wir die Schrift für die Klasse `additional-info` und die Höhe für die Klasse `.tx-irfaq-dynheader` angepasst:

```
/*Linie auf 1px Breite und schwarz gesetzt, Schrift zugewiesen*/
.tx-irfaq-pi1 .additional-info {
  border-top: 1px solid #000;
  margin-bottom: 10px;
  font-family: Helvetica,Verdana,Arial,sans-serif;
  font-style: normal;
  font-variant: normal;
  font-weight: normal;
  font-size: 1em;
  line-height: normal;
  font-size-adjust: none;
  font-stretch: normal;
  padding: 0px;
  }
[...]
/* Höhe der Klasse tx-irfaq-dynheader angepasst */
.tx-irfaq-dynheader {
  cursor: pointer;
  height: 2em;
  }
```

Falls Sie Abstände oder weitere Layoutanpassungen vornehmen möchten, können Sie nun nach Belieben die CSS-Datei und das HTML-Template erweitern. Anschließend wechseln ins Fileadmin-Verzeichnis. Dort erstellen Sie im Ordner `styles` die Datei `7_irfaq.css`. Fügen Sie den Inhalt aus Ihrem lokalen Editor in die Datei ein und weisen Sie sie in der Datei `standard.css` etc. mittels `import` wie gewohnt zu. Wenn Ihnen das zu aufwendig ist, finden Sie die CSS-Datei zum Download auf der buchbegleitenden Webseite im Downloadbereich.

15.7 Feineinstellungen

Im Frontend werden nun alle FAQs abhängig von der im Plug-In vorgegebenen Kategorie gelistet. Was noch fehlt, ist die Suchfunktion. Für die Suche innerhalb der FAQ benötigen wir ein weiteres Plug-In. Legen Sie ein neues Plug-In für FAQs in der rechten Spalte an. Als Titel vergeben Sie `In FAQs suchen`. In der Registerkarte **Plug-In** und dort in der Registerkarte **Allgemein** wählen Sie unter Ansicht `Suchformular` aus. Der Ausgangspunkt ist wieder der `Sysordner FAQ`. In der Registerkarte **Kategorien** wählen Sie im Kategorienmodus `Zeige Fragen mit den ausgewählten Kategorien` und wählen die beiden vorhandenen Kategorien aus.[2] In der Registerkarte **Suche** setzen Sie ein Häkchen bei `Suche zu Beginn leer`.

Abbildung 15.10: Plug-In Suche: Registerkarte Allgemein

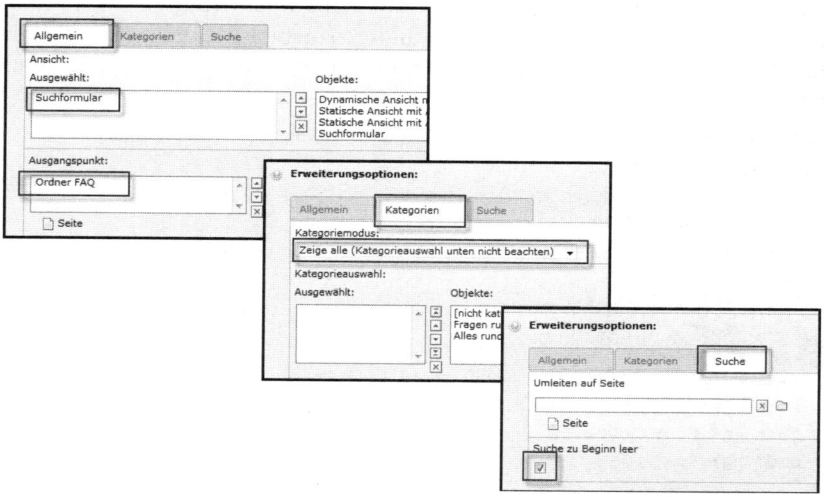

Mit diesen Anpassungen sollten Ihre FAQs wie in Abbildung 15.11 angezeigt werden.

Abbildung 15.11: Die Seite FAQ im Frontend mit Suchergebnis

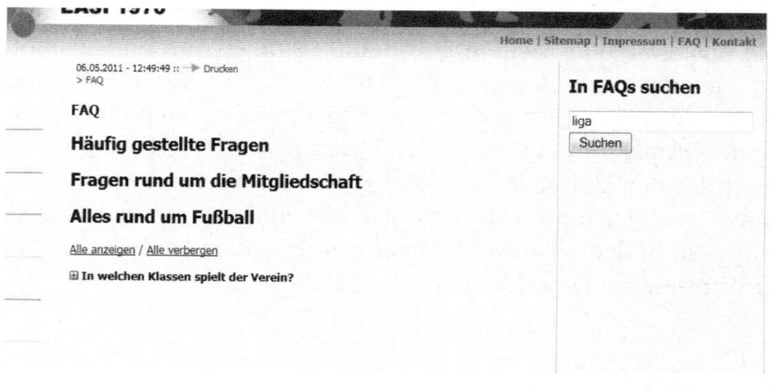

2 Sie könnten die Kategorieauswahl auch so setzen, dass alle Kategorien angezeigt werden. Im Falle der Erweiterung FAQ müssen Sie bei einer mehrsprachigen Seite gezielt die Kategorien einer Sprache auswählen.

15.8 Mehrsprachigkeit

Die Erweiterung `FAQ` ist nicht auf Mehrsprachigkeit ausgelegt und die ebenfalls im TER verfügbare Zusatzerweiterung ist zu fehlerhaft und wird seit einiger Zeit nicht mehr gepflegt. Daher kann die Mehrsprachigkeit nur auf andere Weise umgesetzt werden.

Zwei Möglichkeiten stehen zur Verfügung, die wir beispielhaft erklären, aber nicht auf der Webseite umsetzen. Setzen Sie nach Bedarf eine der beiden Lösungen auf Ihrer Webseite ein:

Sie arbeiten nicht mit Kategorien

In diesem Falle müssen Sie einen gesonderten Ordner verwenden, der nur die FAQs einer anderen Sprache enthält. Erstellen Sie im `Ordner FAQ EN` die entsprechenden Fragen auf Englisch. Bei der Lokalisierung der Seite `FAQ` übersetzen Sie den Seitentitel und kopieren das Inhaltselement mit dem Plug-In in die englische Übersetzung. Dann weisen Sie als Ausgangspunkt den Ordner mit den englischen FAQ zu. Den Ausgangspunkt in den Seiteneigenschaften setzen Sie dann nicht, denn dieser wird nur für die Kategorien benötigt.

Sie arbeiten mit Kategorien

Erstellen Sie im `Ordner FAQ` alle Kategorien zusätzlich in englischer Sprache. Die drei Plug-Ins auf der Seite FAQ kopieren Sie, ändern die Sprache in den kopierten Versionen auf `English` und passen die Überschriften der Plug-Ins an. Als Ordner bleibt weiterhin der `Ordner FAQ` zugewiesen. Allerdings müssen Sie die Anzeige auf die englischsprachigen Kategorien beschränken (Registerkarte **Kategorie** im Plug-In). Damit werden in den jeweiligen Plug-Ins nur die Fragen angezeigt, die der entsprechenden Kategorie und damit einer Sprache zugewiesen sind.

TV

Die Nutzer von TemplaVoila müssen dafür sorgen, dass auch die englischsprachigen Elemente angezeigt werden (obwohl es ja kein deutschsprachiges Original gibt). Fügen Sie im TypoScript-Template `FAQ` im Setup folgenden Code ein:

```
config {
  sys_language_overlay = 1
  }
```

Wenn Sie jetzt die Sprache wechseln, werden abwechselnd die deutschsprachigen und englischsprachigen FAQs angezeigt.

15.9 Der Redakteur für die FAQs

Der Trainer Lino Linea ist zwar als Ansprechpartner in den FAQs benannt, kann aber bisher nicht selber die FAQs pflegen: Ein Backendbenutzer mit entsprechenden Rechten muss noch angelegt werden als Mitglied der Benutzergruppe `Redakteure_Chef`.

Wechseln Sie in das Modul **Liste** auf die oberste Ebene des Seitenbaums und legen Sie einen neuen Backendbenutzer `linolinea` an. Weisen Sie dem Benutzer die Benutzergruppe `Redakteure_Chef` zu. In der Registerkarte **Freigaben und Arbeitsumgebungen** achten Sie darauf, dass keine Häkchen bei `Arbeitsumgebungsberechtigungen` gesetzt sind.

Die Benutzergruppe `Redakteure_Chef` muss noch weitere Berechtigungen rund um die FAQs erhalten. Öffnen Sie die Benutzergruppe zur Bearbeitung und setzen Sie das Häkchen bei **Zugriffslisten mit einschließen.** Unter **Tabellen ändern** wählen Sie hier die drei Einträge für FAQs aus. Unter **Erlaubte Ausschlussfelder** wählen Sie alle Einträge zu FAQs aus. Unter **Feldwerte explizit erlauben/verbieten:** und dann **Seiteninhalte Plug-In** erlauben Sie `Moderne FAQ`.

Testen Sie den Zugriff des Benutzers `Lino Linea` wie im Kapitel 11 beschrieben.

16 Kapitel

Bilder, Filme und Audiodokumente einbinden

Auch wenn TYPO3 bereits über viele Möglichkeiten zur Einbindung von Multimedia-Inhalten verfügt, greifen wir auf zwei bewährte Erweiterungen zurück: `rgmediaimages` und `perfectlightbox`. Beide werden laufend gepflegt und fügen TYPO3 nützliche Funktionen hinzu.

16.1 Erweiterung rgmediaimages für Filme und Audiodokumente

Die Erweiterung `rgmediaimages` von Georg Ringer ermöglicht es, Video- und Audiodokumente komfortabel in den Webauftritt einzubinden. Diese werden dadurch ähnlich handhabbar wie Bilder. Installieren Sie zunächst die Erweiterung über den Erweiterungsmanager. Bestätigen Sie nach den Anpassungen der Datenbank, dass die Felder im Backend umbenannt werden: `Rename backend fields`. Denken Sie wie immer auch daran, die Sprachdateien der Erweiterung im Erweiterungsmanager unter **Übersetzungen** zu aktualisieren.

16.1.1 Erweiterungstemplate für rgmediaimages

Erstellen Sie anschließend ein Erweiterungstemplate `+ext rgmediaimages` im Ordner `Templates`. In die Konstanten fügen Sie die folgenden Zeilen ein:[1]

```
# Funktionen ein/aus = 1 bzw. 0
# Download-Button (Pfeil nach unten) ein-/ausblenden
  plugin.rgmediaimages.showDownload = 1
# Equalizer ein-/ausblenden
  plugin.rgmediaimages.showEqualizer = 0
# Große Kontrollleiste anzeigen
  plugin.rgmediaimages.largeControllBar = 0
# SWF-Objekt (Shockwave Flash) anstelle eines eingebetteten Tags
# verwenden
  plugin.rgmediaimages.useSwfObject = 1
```

Binden Sie nun noch das statische Template der Erweiterung, `Media files & images (rgmediaimages)`, über die Registerkarte **Enthält** in das Feld **Statische einschließen (aus Erweiterungen)** ein. Speichern Sie den Datensatz und binden Sie dieses gerade angelegte Template wie gewohnt ins Haupt-Template `main_verein` der Seite ein. Über diese Erweiterung können Sie in den „normalen" Inhaltselementen **Text mit Bild** bzw. **Bilder** Video und Audio einfügen; Sie können sie aber auch als eigenes Plug-In einbinden. Mit der Erweiterung `rgmediaimagesttnews`, die wir hier nicht installiert haben, können Sie Video und Audio auch in Nachrichteninhalten nutzen.

16.1.2 Video- und Audiofiles einbinden

Da Video- und Audiodokumente meist ziemlich groß sind, empfiehlt es sich, diese Dateien per FTP in einen Ordner im Fileadmin-Verzeichnis zu übertragen. Folgende Dateiformate sind möglich: FLV, SWF und MP3.

[1] Weitere Informationen über den verwendeten flv-Player finden Sie auf der Webseite der Entwickler `http://www.longtailvideo.com/players/jw-flv-player`

Legen Sie beispielsweise auf der Seite `Sportarten` einen Seiteninhalt vom Typ **Text mit Bildern**[2] an. Erstellen Sie den Text auf der Registerkarte **Text** und fügen Sie auf der Registerkarte **Bilder** anstelle eines Bildes Ihr Video ein.[3]

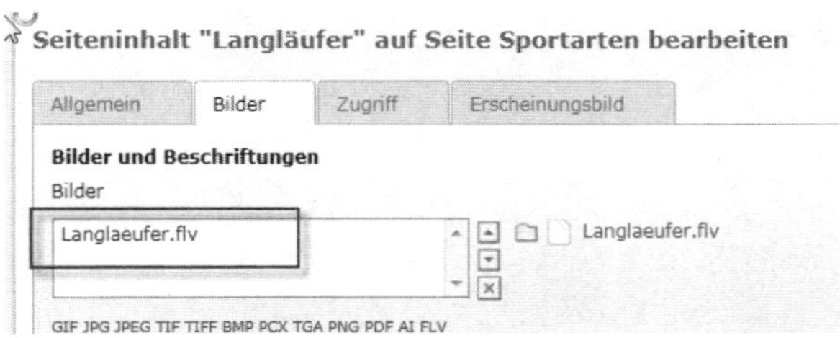

Abbildung 16.1: Video im flv-Format einbinden

Bestimmen Sie nun noch auf der Registerkarte **Erscheinungsbild** die Ausrichtung im Text, um das Video auf der Seite zu platzieren. Geben Sie im Feld **Bildmaße** die optimale Breite des Videos, hier 300 Pixel, und als Bildausrichtung **Im Text links** an. Speichern Sie Ihre Eingaben.

Abbildung 16.2: Anzeigegröße und Bildausrichtung festlegen

Das Video wird im Frontend als schwarzer Kasten angezeigt. Wenn Sie darauf klicken, wird der Film abgespielt. Falls Sie lieber ein Vorschaubild für das Video einbinden möchten (siehe Abbildung 16.4), nutzen Sie die kom-

[2] Leider ist die Übersetzung noch nicht vollständig, sonst würde es statt Bildern Medien heißen...

[3] Eine Beispieldatei `Langlaeufer.flv` samt Vorschaubild `Langlaeufer.jpg` steht auf der Downloadseite zum Buch zur Verfügung.

fortable Eingabemöglichkeit über das Icon rechts des Feldes **Alternativer Text** in der Registerkarte **Bilder**; wählen Sie dort unter anderem die Hintergrundfarbe und das Vorschaubild aus.

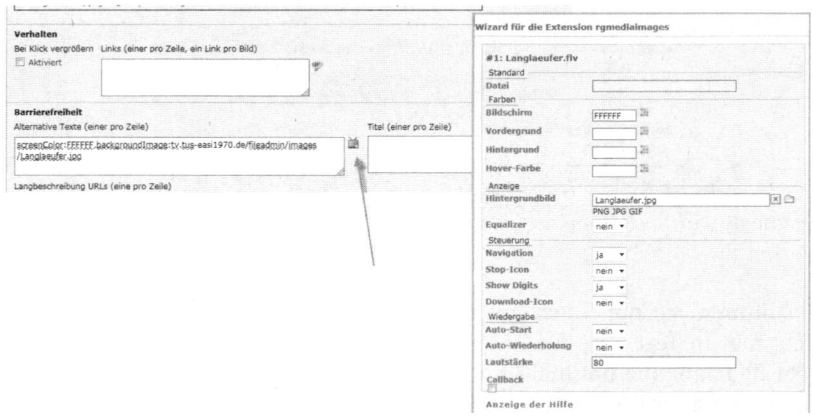

Abbildung 16.3: Bildmaße: Breite angeben

Abbildung 16.4 zeigt das Ergebnis: Sie können das Video nun auf der Webseite anschauen. Die Erweiterung `rgmediaimages` bietet noch weitere Einstellungsmöglichkeiten. Ein Blick in die Dokumentation der Erweiterung lohnt sich.

Abbildung 16.4: Video mit Vorschaubild im Frontend

16.2 Erweiterung perfectlightbox für vergrößerte Bildansichten und Präsentationen

Mit der Erweiterung `perfectlightbox` von Benjamin Niediek können Sie die Bilder in einem Popup-Fenster darstellen. Das kann TYPO3 schon von Haus aus, aber nicht mit einer gefälligen Animation. Rein auf die Darstellung von Bildergalerien beschränkte Erweiterungen, deren es auch gute gibt, verfügen ebenfalls nicht über diese Animation. Außerdem verwendet `perfectlightbox` keine XCLASS und ist damit unanfällig gegen Störungen durch andere Erweiterungen, die XCLASS verwenden. Darüber hinaus bietet die Erweiterung viele Einstellmöglichkeiten über TypoScript und CSS. Werfen Sie einen Blick in die Dokumentation der Erweiterung.

Installieren Sie zunächst die Erweiterung über den Erweiterungsmanager. Denken Sie wie immer daran, auch die Sprachdateien der Erweiterung im Erweiterungsmanager unter **Übersetzungen** zu aktualisieren.

16.2.1 Erweiterungstemplate für perfectlightbox

Erstellen Sie anschließend ein Erweiterungstemplate `+ext perfectlightbox` im Ordner `Templates`. Binden Sie nun noch das statische Template der Erweiterung, `Perfect Lightbox (perfectlightbox)`, über die Registerkarte **Enthält** in das Feld **Statische einschließen (aus Erweiterungen)** ein. Speichern Sie den Datensatz und öffnen Sie das Template im **Konstanten-Editor**.

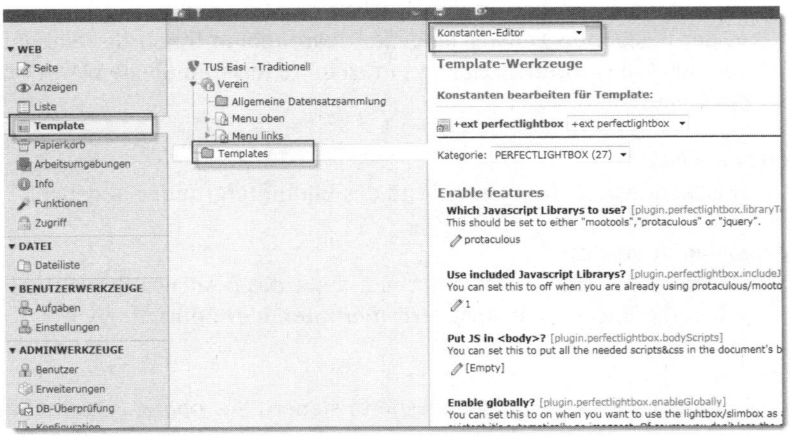

Abbildung 16.5: Konstanten-Editor für perfectlightbox

Sie sehen, dass die Erweiterung viele Einstellungsmöglichkeiten bietet. Normalerweise funktioniert die Erweiterung „out of the box", aber werfen Sie einen Blick auf die wichtigsten Konstanten:

Enable globally

Wenn dies gesetzt ist – das ist der Standard –, wird das TYPO3-eigene Popup-Fenster für Bilder mit „Klick vergrößern" durch perfectlightbox ersetzt. Dies ist für unsere Webseite das gewünschte Verfahren. Lassen Sie also den Eintrag gesetzt.

Ignore unique ids

Auf den ersten Blick ist diese Konstante wenig eingängig. Aber die Erklärung dazu beschreibt es genau: Wenn Sie hier das Häkchen setzen, werden *alle* Bilder auf einer Seite, die die gleichen Werte im Bereich **Bild-Links** der Inhaltselemente haben, zusammen als ein Satz von Bildern angezeigt. Oder anders ausgedrückt: Zwei Inhaltselemente vom Typ **Text mit Bild** und mit je ein bis mehreren Bildern auf einer Seite werden als ein Satz von Bildern angezeigt. Eine interessante Möglichkeit. Setzen Sie hier also das Häkchen.

Dimensions, widths, heights, pixels

Setzen Sie in den Unterpunkten die gewünschte maximale Breite und Höhe des Popup-Bildes in Pixeln. Der Standardwert von 900 bzw. 600 Pixeln ist für diese Webseite in Ordnung. Keine Änderung erforderlich.

Path to the CSS File

Wenn abweichend vom Standard eine eigene CSS-Datei verwendet werden soll, kann diese Datei hier vorgegeben werden.

Resize Speed

Hier können Sie die Geschwindigkeit in Millisekunden bestimmen, in der das Popup-Fenster aufgebaut wird. Sollte Ihnen der Standard von 400 Millisekunden zu langsam sein, reduzieren Sie den Wert beispielsweise auf 200.

Overlay Opacity

Hier können Sie die Transparenz des Bildhintergrundes angeben.

Allow saving of images

Setzen Sie hier den Wert auf `true`, denn die Besucher der Webseite sollen die Bilder auch speichern (herunterladen) dürfen.

Slideshow

Mit den drei Angaben zu Slideshows steuern Sie, ob die Präsentation nach Klick auf eines der Bilder automatisch startet, ob die Präsentation nach dem letzten Bild endet *und* das Popup-Fenster schließt, sowie schließlich die Zeit in Millisekunden für den Wechsel zum nächsten Bild.

Speichern Sie die Änderung in den Konstanten und binden Sie dieses gerade angelegte Erweiterungstemplate `+ext perfectlightbox` wie gewohnt ins Haupt-Template `main_verein` der Seite ein.

16.2.2 Einzelbilder und Bildersammlungen mit perfectlightbox anzeigen

Legen Sie auf der Seite `Sportarten` ein neues Inhaltselement vom Typ **Text mit Bild** an. Verwenden Sie Text und *ein* Bild (nicht mehrere) aus der Erweiterung `lorem ipsum` oder ein eigenes Bild, das Sie hochladen. Setzen Sie die Breite des Bildes auf 120 fest. Bei nur einem Bild ist automatisch `perfectlightbox` aktiviert, wenn Sie das Häkchen bei **Klick-vergrößern** gesetzt haben.

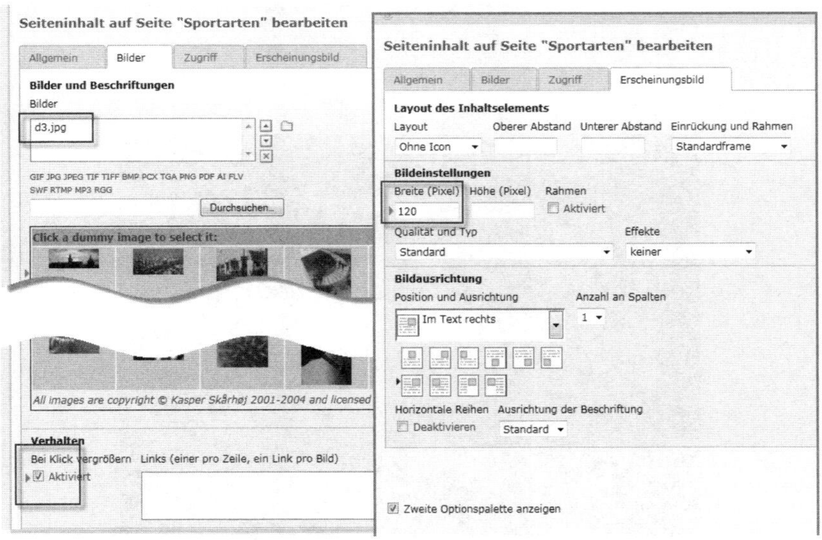

Abbildung 16.6: Einzelnes Bild – Klick-Vergrößern aktiviert

Legen Sie ein weiteres Inhaltselement vom Typ **Text mit Bild** an. Verwenden Sie Text und *mehrere* Bilder aus der Erweiterung `lorem ipsum` oder eigene Bilder, die Sie hochladen. Setzen Sie das Häkchen bei **Klick-vergrößern** und setzen Sie die Breite der Bilder auf 80 fest. Hier müssen Sie die Option **perfectlightbox** aktivieren – aber nur, wenn Sie die oben bei den Konstanten beschriebene Option **Ignore unique ids** *nicht* gesetzt haben.

In beiden Beispielen dürfen Sie *nicht* die Option **Verweis** gesetzt haben!

Schauen Sie sich das Ergebnis im Frontend an (Abbildungen 16.7 und 16.8).

Abbildung 16.7: Video und Bilder auf der Seite Sportarten

Abbildung 16.8: Bildpräsentation mit perfectlightbox

16.3 Redakteursrechte für Bilder einrichten

Durch beide Erweiterungen sind leichte Anpassungen an den Rechten der Redakteure erforderlich. Für die Erweiterung `perfectlightbox` müssen weitere Felder in den Seiteninhalten erlaubt werden, für die Erweiterung `rgmediaimages` muss noch das neue Plug-In `Video and audio files` erlaubt werden. Wechseln Sie in das Modul **Liste** und öffnen Sie die Benutzergruppen `Redakteure_Fußball` und `Redakteure_Schwimmen`. Fügen Sie unter **Erlaubte Auschlussfelder** jeweils die zusätzlichen Rechte für **Seiteninhalt: Gruppieren, Seiteninhalt: Lightbox, Seiteninhalt: Präsentationsmodus** und **Seiteninhalt: Slideshow** hinzu. Unter **Feldwerte explizit erlauben/verbieten:** fügen Sie schließlich noch `Video und audio files` hinzu.

Kapitel

17

Benutzerregistrierung

Eine Benutzerregistrierung, also die Anmeldung von Besuchern über die Webseite, ist meist die Voraussetzung für bestimmte Services, die eben nicht der Allgemeinheit, sondern identifizierbaren Personen zur Verfügung gestellt werden. Je nach Service ist der Umfang der abgefragten Kundendaten sehr unterschiedlich; Sie sollten sich aber stets bewusst sein, dass Sie mit der Abfrage und Speicherung solcher Daten (auch die juristische) Verantwortung für deren Verwendung und Sicherung tragen. Insbesondere bei der zum Beispiel für einen Shop notwendigen Speicherung von Adress- oder gar Konto-/Kreditkartendaten muss geklärt sein, welche datenschutzrechtlichen Bestimmungen einer solchen Speicherung zugrunde liegen.

Dass TYPO3 mit seinen Erweiterungen den Vorgang technisch so einfach macht, sollte Sie darum nicht zu Leichtfertigkeit im Umgang mit diesem Mechanismus verleiten. Im Gegenteil: Verzichten Sie lieber auf „interessante“ oder „spannende“ Informationen über die Besucher Ihres Webauftritts, wenn die Nutzung dieser Informationen für Ihr Angebot nicht unbedingt notwendig ist.

Die im Folgenden für unseren Verein beschriebenen Einsatzbereiche sollen darum nur das technisch Machbare beschreiben; juristische und sicherheitstechnische Aspekte lassen wir bewusst außer Acht, da diese ohnehin anwendungsspezifisch sind und entsprechend durch Sie geklärt werden müssen.[1]

Der Sportverein möchte eine Benutzerregistrierung einsetzen, um

- seine Besucher kennenzulernen,
- bestimmte Bereiche nur registrierten Benutzern zugänglich zu machen,
- bestimmte Bereiche nur speziell definierten Gruppen zugänglich zu machen,
- das Editieren bestimmter Seiten durch Benutzer zu erlauben.

Damit sich die Benutzer überhaupt auf der Webseite anmelden können, wird eine sog. *Login-Box* benötigt. Wir verwenden daher in unseren Beispielen eine Kombination aus einer Erweiterung für eine solche Login-Box, der `felogin` von Steffen Kamper, und der Frontendbenutzerregistrierung von Stanislas Rolland und Franz Holzinger. Der Einsatz der Login-Box ermöglicht einen Redirect, so dass Besucher nach dem Login auf eine bestimmte Seite geleitet werden. Diese Weiterleitung kann sogar benutzerspezifisch definiert werden.

Auch für das Logout lässt sich eine bestimmte Seite definieren. Dies ist insbesondere dann wichtig, wenn der Logout auf einer „unechten" Seite erfolgt. Zu dieser Art von Seiten gehören beispielsweise solche, die von Erweiterungen dynamisch erzeugt werden, also etwa Einzel- oder Detailansichten eines Artikels in einem Shop. Meldet sich der Besucher auf einer solchen Seite ab, folgt häufig eine Fehlermeldung oder es erscheint eine leere Seite, sofern kein Redirect angegeben ist. Die Seite steht dann nicht mehr zur Verfügung und das System „weiß" nicht, welche Seite stattdessen angezeigt werden soll.

Auch auf internen Seiten, die nur registrierten und angemeldeten Besuchern zur Verfügung stehen, sollte das sogenannte *Redirect after Logout* definiert sein. So können Sie immer sicherstellen, dass eine von Ihnen vorgegebene Seite aufgerufen wird statt standardmäßig die erste anzuzeigende Seite in Ihrem Webauftritt, in unsem Beispiel die Seite `Willkommen`.

[1] Manche der im Folgenden beschriebenen Konzepte und Arbeitsschritte haben wir in unserem (mittlerweile freien) Buch „Der TYPO3-Webshop", das ebenfalls bei Open Source Press erschienen ist, erläutert. Da es sich hier um einige der meistgenutzten TYPO3-Erweiterungen handelt, die keineswegs an eine reine Shop-Funktionalität gebunden ist, greifen wir diese Beschreibung hier auf und passen sie an die Anforderungen unseres Sportvereins an.

17.1 felogin

Seit TYPO3 Version 4.2 ist `felogin` eine Systemerweiterung und wird beim TYPO3-Sourcecode mit ausgeliefert, aber nicht automatisch installiert. Eine Installation über den Erweiterungsmanager ist daher weiterhin erforderlich. Wechseln Sie zum Erweiterungsmanager und dort zum Menüpunkt **Erweiterungen installieren**. Suchen Sie nach **login** und installieren Sie die Erweiterung `felogin`.

17.1.1 felogin einrichten

Die Anmeldung auf der Webseite erfolgt über die Login-Box, in der der Besucher der Webseite sich mit Benutzerkennung und Passwort anmelden kann. Grundsätzlich gibt es zwei Wege, diese Login-Box einzurichten: als Plug-In gezielt auf einer Seite oder auf allen Seiten Ihres Internetauftritts. Da die Anmeldung beim Verein auf jeder Seite möglich sein soll, beschreiben wir hier die Installation über Marker bzw. über TemplaVoila für jede Seite. Sofern Sie das Login lediglich auf einer Seite einrichten möchten, finden Sie eine Anleitung im Manual der Erweiterung.

Erstellen Sie zunächst einen Ordner `Frontendbenutzer`, in dem später die Benutzer verwaltet werden. Am besten legen Sie den Ordner – genauso wie den Template-Ordner – außerhalb Ihrer Rootseite an. In der Registerkarte **Erscheinungsbild** wählen Sie unter **Enthält Plug-In** den Eintrag **Web-Seite-Benutzer** aus.

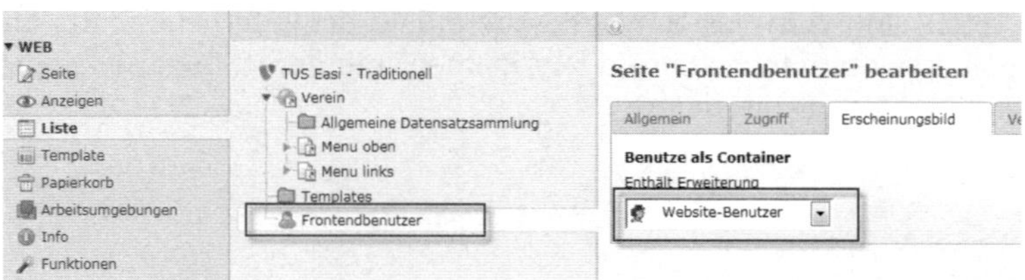

Abbildung 17.1: Ordner für Frontendbenutzer

Die Login-Box soll in der linken Spalte direkt unterhalb des Sprachmenüs und oberhalb des Menüs angezeigt werden.

Um die Erweiterung über Marker einzufügen, gehen Sie folgendermaßen vor: Wechseln Sie in das HTML-Basistemplate des Internetauftritts `main_verein.html` und fügen Sie einen Marker `###LOGIN###` ein, wie folgendes Codebeispiel zeigt:

```
[...]
<div id="inhalt">
  <div id="links">
    <div id="linksspezial">###LANGUAGE###<br /><br /></div>
    <div id="loginbox">###LOGIN###</div>
```

```
    <div id="inhaltlinks" class="clearer">###MENU_LINKS###</div>
  </div>
[...]
```

Im Root-Template Ihrer Webseite weisen Sie den Marker wie gewohnt im Markerbereich zu:

```
{
[...]

### Loginbox ###
lib.login < plugin.tx_felogin_pi1

## Untertitel bzw., wenn nicht vorhanden, den Titel der Seite als
## h1 ausgeben
lib.page_title = TEXT
[...]
  MENU_OBEN < lib.menu_oben
  MENU_LINKS < lib.menu_links
  KLICKPFAD < lib.klickpfad
  DATUM < lib.datum
  DRUCKVERSION < lib.druckversion1 < temp.logo
  LOGIN < lib.login

  INHALT < styles.content.get
[...]
} # Ende Marks
[...]
```

TV

Um die Extension über TemplaVoila einzufügen, gehen Sie folgendermaßen vor: Wechseln Sie in das HTML-Basistemplate des Internetauftritts `main_verein.html` und fügen Sie ein DIV-Element mit der ID `loginbox` ein, wie folgendes Codebeispiel zeigt:

```
[...]
<div id="inhalt">
  <div id="links">
    <div id="linksspezial"></div>
    <div id="loginbox"></div>
    <div id="inhaltlinks" class="clearer"></div>
  </div>
[...]
```

Wechseln Sie dann in das Modul **TemplaVoila** und aktualisieren Sie die Abbildung, indem Sie das soeben angelegte DIV-Element wie folgt abbilden (mit Klick auf **DS/VO bearbeiten** gelangen Sie zur Abbildung) und die Bearbeitung mit **Speichern und Beenden** abschließen:

Field:	`field_loginbox`
Title:	`Loginbox`
Editing Type:	`Typoscript Object Path`

Object Path: `lib.login`
HTML-Path: Das HTML-Tag `<div id="loginbox">`
Sample Data: `Hier steht die Loginbox`
Action Type: `INNER: Exclude Tag`

Denken Sie auch daran, das einspaltige Template zu aktualisieren. Da hier keine Login-Box angezeigt werden kann, genügt eine erneute Speicherung, um die Warnmeldung von TemplaVoila wegen des geänderten HTML-Templates wieder zu entfernen.

Im Root-Template Ihrer Webseite weisen Sie dann das Plug-In zu:

```
{
[...]
# Untertitel bzw., wenn nicht vorhanden, den Titel der Seite als
# h1 ausgeben
lib.page_title = TEXT
lib.page_title {
 data = page:subtitle // page:title
 wrap = <h1>|</h1>
 }

### Loginbox ###
lib.login < plugin.tx_felogin_pi1
[...]
```

Das Ergebnis sieht sowohl für TypoScript als auch für TemplaVoila wie in Abb. 17.2 aus und entspricht damit noch nicht ganz den Erwartungen. Weitere Anpassungen sind noch erforderlich.

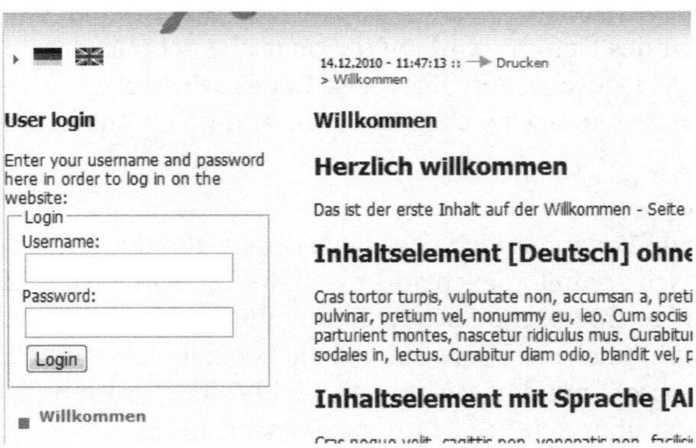

Abbildung 17.2: Login-Box im unbearbeiteten Zustand

17.1.2 Erweiterungstemplate

Erstellen Sie nun ein Erweiterungstemplate namens `+ext felogin` in Ihrem Template-Ordner. Fügen Sie den unten aufgeführten Code in Ihrem

TypoScript-Setup ein.[2] Der folgende Code zeigt das Setup des Erweiterungstemplates, der weitgehend aus der Erweiterung `felogin` übernommen wurde. Wichtig sind hier folgende Anpassungen für unser Login:

- Die PID des Ordners für die Frontendbenutzer, den wir eben angelegt haben, muss eingetragen werden (`storagePID=60`), denn dort prüft die Erweiterung `felogin`, ob der Benutzer angelegt ist. Übernehmen Sie hier die PID des Ordners `Frontendbenutzer` aus Ihrer Installation.
- Das noch anzulegende HTML-Template zur eigenen Gestaltung der Login-Box.
- Tragen Sie bei den Absenderinformationen Ihre E-Mail-Adresse und den Absendernamen ein.
- Für das Redirect (`redirectMode`) haben wir die drei Modi `groupLogin`, `userLogin` und `logout` gewählt; der erste definiert, dass die Weiterleitung nach Login wie in der Benutzergruppe definiert erfolgt, es sei denn, beim Benutzer ist eine individuelle Weiterleitung angegeben.
- Für das Logout haben wir für alle Frontendbenutzer die Seite `Willkommen` angegeben, und zwar durch den Eintrag `redirectPageLogout = 7`, was der PID dieser Seite entspricht. Übernehmen Sie hier die PID der Seite `Willkommen` aus Ihrer Installation.
- Das Format des Datums wird auf die deutsche Schreibweise `dateFormat = d.m.Y h:i` gesetzt. Am Ende des Codes wird im Falle der englischsprachigen Seitenanzeige auch das Format des Datums in der E-Mail angepasst.
- Im weiteren Verlauf finden Sie die Einträge für die Sprachen Deutsch und Englisch, damit die Login-Box übersetzt wird. Diese Einträge ermöglichen es Ihnen, die Sprachlabels individuell zu überschreiben. Die Sprachdatei `locallang_db.xml`, die die Sprachlabels enthält, sowie `pi1/locallang.xml` mit den Meldungen und E-Mail-Texten finden Sie in der Erweiterung über den Erweiterungsmanager. In diesem Beispiel wurden nur ein paar englischsprachige Anpassungen vorgenommen, da die Texte aus der `pi1/locallang.xml` überwiegend auch für den TUS Easi passen. Bei Bedarf können Sie die Sprachanpassungen erweitern.

[2] Das Setup finden Sie wieder auf der buchbegleitenden Webseite.

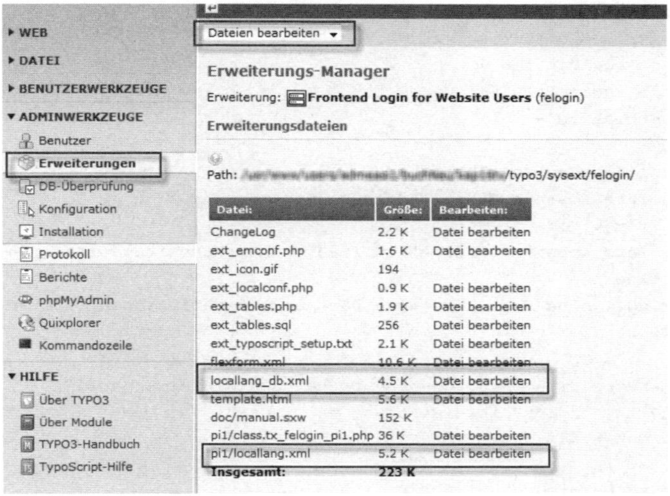

Abbildung 17.3: Sprachdateien über den Erweiterungsmanager finden

```
plugin.tx_felogin_pi1 {
  # PID des Ordners "Frontendbenutzer"
  storagePid = 60
  # HTML-Vorlage
  templateFile = fileadmin/templates/felogin.html
  # wrapContentInBaseClass
  wrapContentInBaseClass = 1
  # typolink-configuration for links / urls
  # parameter and additionalParams are set by extension
  linkConfig.target =
  # preserve GET vars - define "all" or commaseperated list of GET-vars
  # that should be included by link generation
  preserveGETvars = all

  # additional fields
  showForgotPasswordLink = 1
  showPermaLogin =
  welcomeHeader_stdWrap.wrap = <h3>|</h3>
  welcomeMessage_stdWrap.wrap = <div>|</div>
  successHeader_stdWrap.wrap = <h3>|</h3>
  successMessage_stdWrap.wrap = <div>|</div>
  logoutHeader_stdWrap.wrap = <h3>|</h3>
  logoutMessage_stdWrap.wrap = <div>|</div>
  errorHeader_stdWrap.wrap = <h3>|</h3>
  errorMessage_stdWrap.wrap = <div>|</div>
  forgotHeader_stdWrap.wrap = <h3>|</h3>
  forgotMessage_stdWrap.wrap = <div>|</div>

  #redirect
  redirectMode = groupLogin,userLogin,logout
```

```
redirectFirstMethod =
redirectPageLogin =
redirectPageLoginError =
# PID der Seite "Willkommen"
redirectPageLogout = 7
#disable redirect with one switch
redirectDisable =

# E-Mail-Angaben des Absenders
# Hier Ihre Absende-E-Mail-Adresse eintragen
email_from =
# Hier Ihre Absenderinformation (z.B. Name, Webseite) eintragen
email_fromName =
# Hier ggf. eine E-Mail-Adresse für Antworten eintragen,sonsten leer
replyTo =

# Format des Datums auf die "deutsche" Schreibweise setzen
# ("englische" Schreibweise siehe ganz unten)
dateFormat = d.m.Y h:i

# Allowed Referrer-Redirect-Domains:
domains =

########################
# Sprachanpassungen
_LOCAL_LANG {
# Lokale Sprache Deutsch
de {
  # Willkommen-Meldung
  ll_welcome_header =
  ll_welcome_message =
  # Logout-Meldung
  ll_logout_header =
  ll_logout_message = Sie haben sich abgemeldet.
  # Fehler bei Anmeldung
  ll_error_header = Anmeldefehler
  ll_error_message (
  Ein Fehler trat während der Anmeldung auf.
  Bitte prüfen Sie Benutzername / Passwort.
  )
  # Erfolgreiche Anmeldung
  ll_success_header = Anmeldung erfolgreich
  ll_success_message = Sie sind angemeldet als '###USER###'
  # Anzeige des Anmeldestatus
  ll_status_header = Aktueller Status
  ll_status_message =
  # Warnmeldung, wenn keine Cookies gesetzt werden können
  cookie_warning =
  # Verschiedene Text-Labels
  username = Benutzername:
  password = Passwort:
  login = Anmelden
```

```
    logout = Abmelden
    reset_password = Passwort zurücksetzen
    send_password = Passwort senden
    your_email = Ihre Email:
    # Meldung, falls showPermaLogin = 1 gesetzt sein sollte
    # (siehe oben)
    permalogin =
    # Anzeige/E-Mail-Text für "Passwort vergessen"
    ll_forgot_header= Passwort vergessen?
    ll_forgot_validate_reset_password (
    Ihr neues Passwort
Sehr geehrter %s,

Diese E-Mail wurde an Sie gesendet, da Sie eine Rücksetzung des
Passwortes angefordert haben. Bitte klicken Sie auf den nachfolgenden
Link

%s

Aus Sicherheitsgründen ist dieser Link nur gültig bis
zum %s. Wenn Sie bis dahin nicht auf diesen Link geklickt haben,
%müssen Sie erneut eine Rücksetzung des Passwortes anfordern.

Ihr TUS Easi 1970
    )
    ll_forgot_reset_message (
    Bitte geben Sie den Benutzernamen oder die E-Mail-Adresse ein, mit
    der Sie sich registriert haben. Anschließend klicken Sie auf
    'Passwort zurücksetzen', und ein Link zur Rücksetzung des
    Passwortes wird Ihnen umgehend zugesendet.
    )
    ll_forgot_reset_message_emailSent (
    Ein Link zur Rücksetzung des Passwortes wurde an Sie versendet.
    )
    ll_forgot_header_backToLogin = Zurück zum Anmeldeformular

    ll_enter_your_data = E-Mail-Adresse
    # Anzeige für Änderung des Passwortes nach Anforderung des Resets
    ll_change_password_header = Passwort ändern
    ll_change_password_message (
    Geben Sie bitte das neue Passwort zwei Mal ein. Mindestlänge
    6 Zeichen
    )
    ll_change_password_notvalid_message (
    Der von Ihnen benutzte Link ist nicht länger gültig.
    Bitte fordern Sie erneut eine Rücksetzung des Passwortes an.
    )
    ll_change_password_notequal_message (
    Die Passwörter sind nicht gleich.
    Bitte geben Sie das Passwort zwei Mal ein.
    )
    ll_change_password_tooshort_message (
```

```
    Das Passwort ist zu kurz. Mindestens 6 Zeichen bitte.
    )
    ll_change_password_done_message (
    Das Passwort wurde geändert.
    Sie können sich nun mit dem neuen Passwort anmelden.
    )

    newpassword_label1 = Neues Passwort eingeben
    newpassword_label2 = Neues Passwort wiederholen
    change_password = Passwort ändern
    # Überschrift leer lassen
    ll_enter_your_data =
    #ll_enter_your_data = Benutzername oder E-Mail-Adresse


    }

    ll_forgot_email_nopassword (
    Ihr Passwort

    Hallo %s,

    Wir konnten keine mit dem angegebenen Benutzernamen verknüpfte
    E-Mail-Adresse finden. Aus diesem Grund können wir Ihnen kein
    Passwort zusenden. Vielleicht haben Sie Ihre E-Mail-Adresse
    fehlerhaft eingegeben [Groß-/Kleinschreibung wird unterschieden!]
    oder Sie haben sich eventuell noch gar nicht registriert.
    )

  # Lokale Sprache Englisch
  en {
    # Willkommen-Meldung
    ll_welcome_header =
    ll_welcome_message =
    # Logout-Meldung
    ll_logout_header =
    ll_logout_message = You are logged out.
    # Fehler bei Anmeldung
    ll_error_header = Error
    ll_error_message (
    An error occured during login.
    Please check username / password.
    )
    # Erfolgreiche Anmeldung
    ll_success_header = Login successful
    ll_success_message = You are logged in as '###USER###'
    # Anzeige des Anmeldestatus
    ll_status_header = login state
    ll_status_message =
    # Warnmeldung, wenn keine Cookies gesetzt werden können
    cookie_warning =
    # Verschiedene Text-Labels
```

```
    username = Username:
    password = Password:
    login = Login
    logout = Logout
    reset_password = Reset password
    send_password = Send Password
    your_email = Your email:
    # Meldung, falls showPermaLogin = 1 gesetzt sein sollte
    # (siehe oben)
    permalogin =
    # Anzeige/E-Mail-Text für "Passwort vergessen"
    ll_forgot_header= Forgot Password?
    }
  }
}

[globalVar = GP:L = 1]
plugin.tx_felogin_pi1.dateFormat = Y-m-d H:i
[global]
```

Binden Sie dieses neue Template `+ext felogin` über **Basis-Template einschließen** in das Template Ihrer Rootseite ein. Rufen Sie dazu das Template auf, wählen Sie **Vollständigen Template-Datensatz bearbeiten** und dann die Registerkarte **Enthält**. Dieses Vorgehen ist notwendig, da diese Vorlage für alle Seiten des Webauftritts gelten muss.

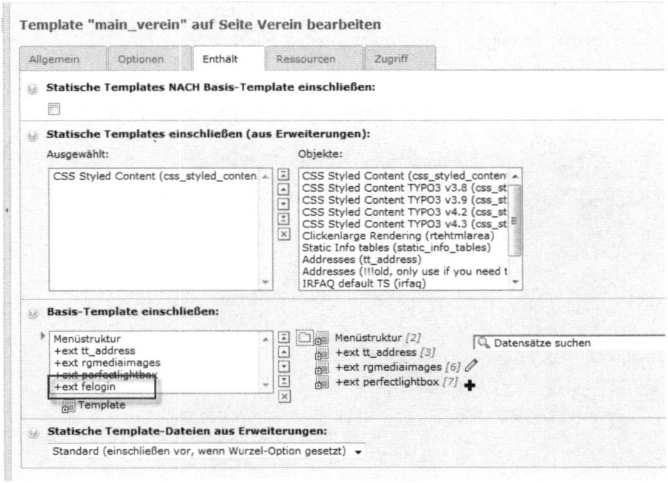

Abbildung 17.4: Registerkarte Enthält: Basis-Template einbinden

Für mehrsprachige Seiten legen Sie die Übersetzungen fest, die Sie in dem Codebeispiel ebenfalls finden.[3] Sie müssen zumindest die Übersetzung für die genutzte Seitensprache ins Setup einpflegen, da hier alle Anpassungen

[3] Weitere Informationen zur Mehrsprachigkeit finden Sie in Kapitel 9 ab Seite 277.

vorgenommen werden, nicht etwa im HTML-Template der Erweiterung. Das gilt jedoch nur für die Installation über Marker, da die Texte im Plug-In (s. u.) selbst definiert werden.

17.1.3 CSS-Datei

Erstellen Sie im Fileadmin-Verzeichnis im Ordner `styles` eine CSS-Datei namens `8_felogin.css` und fügen Sie folgenden Code ein:

```
#loginbox {
  width: 195px;
  position: relative;
  top: 0px;
  left: 10px;
  font-family: Arial, Tahoma, Verdana, sans-serif;
  font-size: 12px;
  }

#username_label label {
  width: 130px;
  margin-bottom: 2px;
  color: #333;
  text-align: left;
  }

#user {
  width: 130px;
  background-color: #fff;
  border: 1px solid #cccccc;
  }

#password_label label {
  width: 130px;
  margin-bottom: 2px;
  color: #333;
  text-align: left;
  }

#pass, .pass {
  width: 130px;
  background-color: #fff;
  border: 1px solid #cccccc;
  }

.forgot_email {
  width: 130px;
  background-color: #fff;
  border-color: #000;
  border-style: 1px solid;
  }
```

```
#submit, .felogin_submit {
  float: left;
  padding: 0px;
  background-color: #f4f4f4;
  border-style: solid;
  border-width: 1px;
  border-color: #BDBDBD;
  font-family: Tahoma, Verdana, sans-serif;
  font-size: 11px;
  line-height:15px;
  margin-top: 10px;
  margin-bottom: 10px;
  height: 20px;
  width: 130px;
  }

#forgot_password {
  }

#logout {
  float: left;
  padding: 0px;
  background-color: #f4f4f4;
  border-style: solid;
  border-width: 1px;
  border-color: #BDBDBD;
  font-family: Tahoma, Verdana, sans-serif;
  font-size: 11px;
  line-height: 15px;
  margin-top: 10px;
  margin-bottom: 10px;
  height: 20px;
  width: 80px;
  }

#send_password {
  }

#forgot_email {
  }
.tx-felogin-pi1 fieldset {
  border: none;
  margin-left: 0px;
  padding-left: 0px;
  }
```

Auch diese Datei finden Sie auf unserer Webseite zum Download. Vergessen Sie nicht, diese CSS-Datei in die Datei `standard.css` einzubinden.

17.1.4 HTML-Template

Erstellen Sie im Fileadmin-Verzeichnis im Ordner `templates` ein HTML-Template `felogin.html`. Kopieren Sie das Default-HTML-Template `template.html` über den Erweiterungsmanager aus der Erweiterung `felogin` in einen lokalen Editor und nehmen Sie einige Änderungen vor, um es anschließend in die soeben erstellte Datei einzufügen. Suchen Sie die entsprechenden Subparts, in denen wir Änderungen vorgenommen haben:[4]

###TEMPLATE_LOGIN###

Im Subpart `###TEMPLATE_LOGIN###` haben wir die Zeilen mit den Markern `###STATUS_HEADER###` sowie `###LEGEND###` entfernt, damit von der Login-Box nicht zu viel Text ausgegeben wird. Dem Submit-Button haben wir eine eigene Klasse `felogin_submit` zugewiesen, um ihn per CSS gestalten zu können.

```
<!--###TEMPLATE_LOGIN###-->

###STATUS_MESSAGE###
<!-- ###LOGIN_FORM### -->
<form action="###ACTION_URI###" target="_top" method="post"
 onsubmit="###ON_SUBMIT###">
 <fieldset>
  <div>
   <label for="user">###USERNAME_LABEL###</label>
   <input type="text" id="user" name="user" value="" />
  </div>
  <div>
   <label for="pass">###PASSWORD_LABEL###</label>
   <input type="password" id="pass" name="pass" value="" />
  </div>

 <!--###PERMALOGIN_VALID###-->
  <div>
   <label for="permalogin">###PERMALOGIN###</label>
   <input name="permalogin" value="0" type="hidden"
      ###PERMALOGIN_HIDDENFIELD_ATTRIBUTES###
      id="permaloginHiddenField" />
   <input name="permalogin" value="1" type="checkbox"
      ###PERMALOGIN_CHECKBOX_ATTRIBUTES### id="permalogin"
    onclick="document.getElementById('permaloginHiddenField').disabled
    = this.checked;" />
  </div>
 <!--###PERMALOGIN_VALID###-->

  <div>
```

4 Wenn Sie sich diese Arbeit sparen möchten, finden Sie das geänderte HTML-Template `felogin.html` ebenfalls auf der Webseite zum Buch zum Downloaden.

```
    <input type="submit" name="submit" class="felogin_submit"
           value="###LOGIN_LABEL###" />
   </div>

   <div class="felogin-hidden">
    <input type="hidden" name="logintype" value="login" />
    <input type="hidden" name="pid" value="###STORAGE_PID###" />
    <input type="hidden" name="redirect_url"
           value="###REDIRECT_URL###" />
    ###EXTRA_HIDDEN###
   </div>
  </fieldset>
</form>

<!--###FORGOTP_VALID###-->
<p class="forgot_felogin"><!--###FORGOT_PASSWORD_LINK###-->
  ###FORGOT_PASSWORD###
  <!--###FORGOT_PASSWORD_LINK###-->
</p>
<!--###FORGOTP_VALID###-->

<!-- ###LOGIN_FORM### -->

<!--###TEMPLATE_LOGIN###-->
```

###TEMPLATE_LOGOUT###

Hier haben wir ebenfalls den Marker für die Legend entfernt. Dem Submit-Button haben wir wieder die Klasse `felogin_submit` zugewiesen.

```
<!--###TEMPLATE_LOGOUT###-->

###STATUS_HEADER###
###STATUS_MESSAGE###

<form action="###ACTION_URI###" target="_top" method="post">
 <fieldset>
  <div>
   <label>###USERNAME_LABEL###</label>
    ###USERNAME###
  </div>
  <div>
   <input type="submit" class="felogin_submit" name="submit"
    value="###LOGOUT_LABEL###" />
  </div>

  <div class="felogin-hidden">
   <input type="hidden" name="logintype" value="logout" />
   <input type="hidden" name="pid" value="###STORAGE_PID###" />
  </div>
 </fieldset>
```

```
</form>

<!--###TEMPLATE_LOGOUT###-->
```

###TEMPLATE_FORGOT###

Hier wurde wieder der Marker für die Legende entfernt und dem Submit-Button die Klasse `felogin_submit` zugewiesen.

```
<!--###TEMPLATE_FORGOT###-->

###STATUS_HEADER###
###STATUS_MESSAGE###

<!-- ###FORGOT_FORM### -->
<form action="###ACTION_URI###" method="post">
 <fieldset>
  <div>
   <label for="###FORGOT_EMAIL###">###EMAIL_LABEL###</label>
   <input type="text" name="###FORGOT_EMAIL###" class="forgot_email"
          id="###FORGOT_EMAIL###" />
  </div>
  <div>
   <input type="submit" class="felogin_submit" name="submit"
          value="###SEND_PASSWORD###" />
  </div>
 </fieldset>
</form>
<!-- ###FORGOT_FORM### -->
<p>###BACKLINK_LOGIN### </p>
<!--###TEMPLATE_FORGOT###-->
```

###TEMPLATE_CHANGEPASSWORD###

Hier wurde wieder der Marker für die Legende entfernt und dem Submit-Button die Klasse `felogin_submit` zugewiesen. Außerdem wurde noch die Klasse `pass` für die Passwortfelder vergeben.

```
<!--###TEMPLATE_CHANGEPASSWORD###-->

###STATUS_HEADER###
###STATUS_MESSAGE###


<!-- ###CHANGEPASSWORD_FORM### -->
<form action="###ACTION_URI###" method="post">
        <fieldset>
                <div>
```

```
                        <label for="###NEWPASSWORD1###">###\
NEWPASSWORD1_LABEL###</label>
                        <input type="password" class="pass" name="###\
NEWPASSWORD1###" id="###NEWPASSWORD1###" />
                </div>
                <div>
                        <label for="###NEWPASSWORD2###">###\
NEWPASSWORD2_LABEL###</label>
                        <input type="password" class="pass" name="###\
NEWPASSWORD2###" id="###NEWPASSWORD2###" />
                </div>
                <div>
                        <input type="submit" class="felogin_submit" \
name="tx_felogin_pi1[changepasswordsubmit]" value="###SEND_PASSWORD###"\
 />
                 </div>
        </fieldset>

</form>
<!-- ###CHANGEPASSWORD_FORM### -->
###BACKLINK_LOGIN###
<!--###TEMPLATE_CHANGEPASSWORD###-->
```

17.1.5 Die gestaltete Login-Box

Um die Login-Box erst einmal grundlegend zu testen, legen Sie Folgendes im Ordner `Frontendbenutzer` an:

- Eine Website-Benutzergruppe. Vergeben Sie in der Registerkarte **Allgemein** den Gruppennamen `Testgruppe`; in der Registerkarte **Erweitert** fügen Sie unter **Redirect at Login to Page (felogin)** die Weiterleitung auf die Seite `Fußball` ein. Damit werden alle Mitglieder dieser Gruppe nach erfolgreichem Login auf diese Seite weitergeleitet (es sei denn, beim Benutzer ist eine anderslautende Weiterleitung eingetragen).

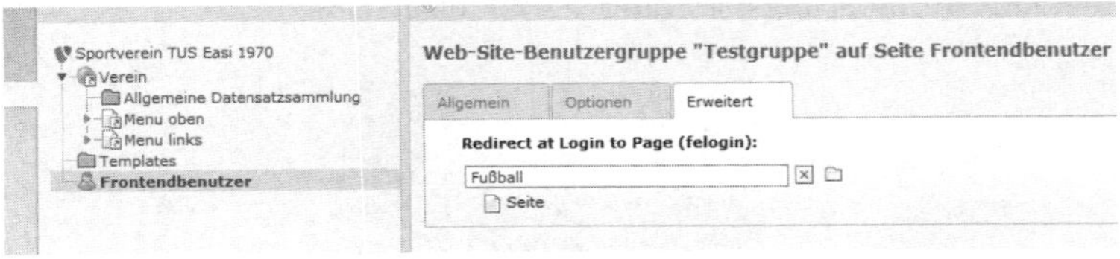

Abbildung 17.5: Website-Benutzergruppe mit Weiterleitung nach Login

- Einen Website-Benutzer. Vergeben Sie in der Registerkarte **Allgemein** den Benutzernamen `Tester` und in der Registerkarte **Persönliche Daten** den vollständigen Namen und eine E-Mail-Adresse, auf die Sie Zugriff haben.

Abbildung 17.6:
Website-Benutzer

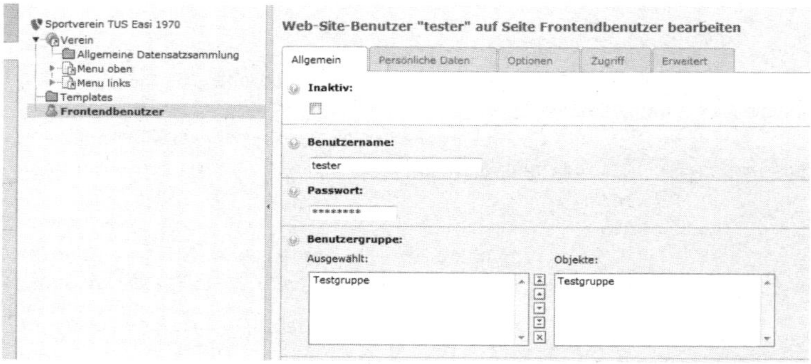

Im Beispiel wurde auf einige Überschriften und Hinweistexte der felogin-Box verzichtet. Lediglich Benutzername, Passwort und ein Submit-Button sollen vor dem Login angezeigt werden (Abbildung 17.7).

Abbildung 17.7:
Login-Box im
Frontend

Der eingeloggte Benutzer erhält, sofern keine Weiterleitung eingetragen wurde, eine kurze Erfolgsmeldung (Abbildung 17.8).

Abbildung 17.8:
Angemeldeter
Benutzer im Frontend
mit Erfolgsmeldung

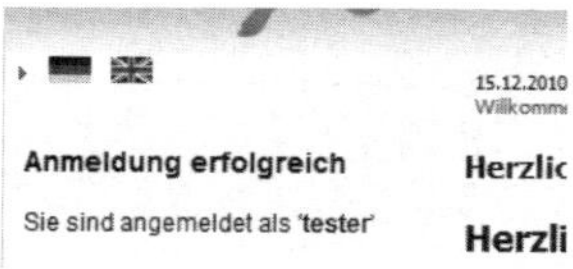

In unserem Falle wird nach eingetragener und erfolgter Weiterleitung auf die Seite `Fußball` nur der Benutzername und die Möglichkeit zur Abmeldung angezeigt.

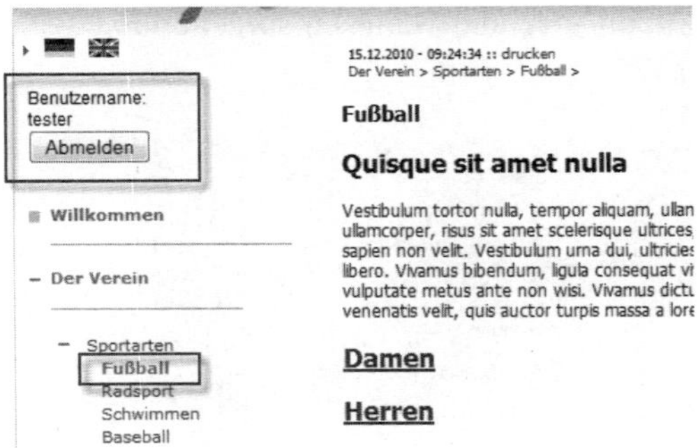

Abbildung 17.9: Angemeldeter Benutzer im Frontend nach Weiterleitung

Bei fehlgeschlagenem Login erscheint ebenfalls eine entsprechende Meldung (Abbildung 17.10).

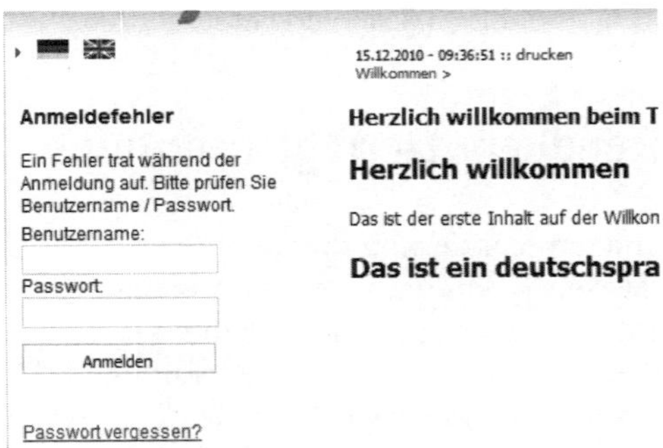

Abbildung 17.10: Fehler bei der Anmeldung

Unterhalb der Login-Box wird ein Link **Passwort vergessen?** angezeigt. Wird dieser angeklickt, kann sich der bereits registrierte Besucher über die Eingabe der E-Mail-Adresse oder des Benutzernamens das vergessene Passwort zusenden lassen (Abbildung 17.11).

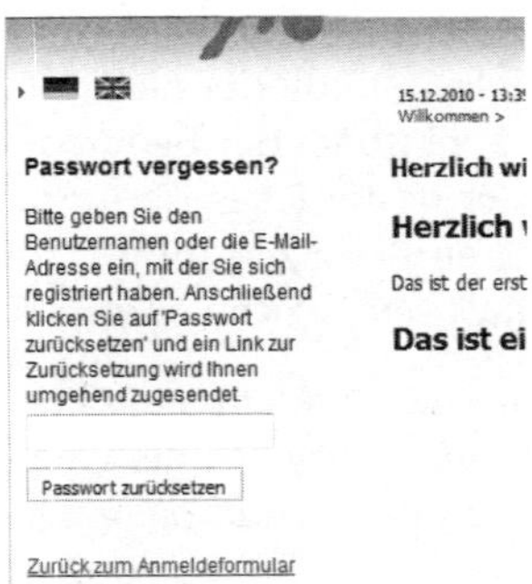

Abbildung 17.11: Formular Passwort vergessen

Sobald der Benutzer die E-Mail-Adresse oder den Benutzernamen angegeben hat, wird ihm ein Link zur Änderung des Passwortes per E-Mail zugestellt; im Frontend erscheint eine entsprechende Meldung (Abbildung 17.12).

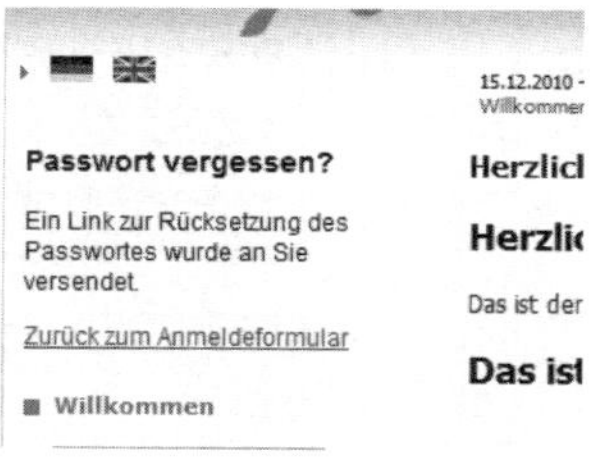

Abbildung 17.12: Link zur Rücksetzung des Passwortes wird zugestellt

Damit steht im Frontend die Login-Box zur Verfügung, die allerdings in diesem Beispiel nur in Verbindung mit der Frontendbenutzerregistrierung sinnvoll einzusetzen ist – schließlich sollen die Registrierungsdaten der Benutzer ja auch in irgendeiner Weise verwaltet werden.

17.2 Frontendbenutzerregistrierung

Die Frontendbenutzerregistrierung dient der Registrierung und Verwaltung Ihrer Besucher. Diese werden darüber verschiedenen Gruppen zugewiesen und erhalten so Zugriff auf bestimmte Inhalte. Ein weiteres Anwendungsbeispiel ist der Webshop, der Angaben für Rechnung und Lieferung aus den Benutzerdatensätzen liest, so dass der Kunde die entsprechenden Formulare nicht jeweils neu ausfüllen muss.

Die Frontendbenutzerregistrierung, bei der alle Benutzerdatensätze in einem Ordner abgelegt werden, geschieht in folgenden Schritten:

- Der Benutzer trägt seine Angaben in einem Formular auf der Webseite ein und wird mit deren Absenden einer Benutzergruppe („nicht bestätigte Benutzer") zugeordnet; diese Gruppe werden wir später noch anlegen.
- Er erhält daraufhin eine E-Mail mit der Aufforderung, seine Registrierung zu bestätigen. In der E-Mail findet der Benutzer dazu einen Link zu einer Bestätigungsseite, auf der er die Registrierung abschließt. Dadurch wird er automatisch der zweiten Benutzergruppe („registrierte Benutzer") zugeordnet, die wir ebenfalls noch vorbereiten werden.
- Natürlich erhält nicht nur der Benutzer eine E-Mail-Bestätigung, sondern auch der Administrator, und zwar nach dem Start der Registrierung, nach der Bestätigung der Registrierung und bei einer Änderung oder dem Löschen des Datensatzes durch den Benutzer. Das bietet einen guten Überblick und ermöglicht eine schnelle Reaktion, um bestimmte Benutzer

z. B. mit weiteren Gruppenrechten auszustatten. In unserem Fall erhalten Vereinsmitglieder, Mitglieder des Vorstands oder Mitarbeiter später Zugang zu Inhalten, die die normalen Gäste und Freunde des Vereins nicht einsehen dürfen.

17.2.1 Installation

Installieren Sie über den Erweiterungsmanager `sr_feuser_register` nach dem schon bekannten Verfahren. Die Erweiterung setzt eine zusätzliche Erweiterung `div2007` voraus, die aber bei der Installation angefordert wird. Um die Flexforms bei der Installation der Plug-Ins nutzen zu können, aktivieren Sie das Häkchen bei **Use Flexforms**. Für eine MD5-Verschlüsselung der Passwörter aktivieren Sie die Option **Use MD5 Password** und klicken Sie auf den Update-Button.

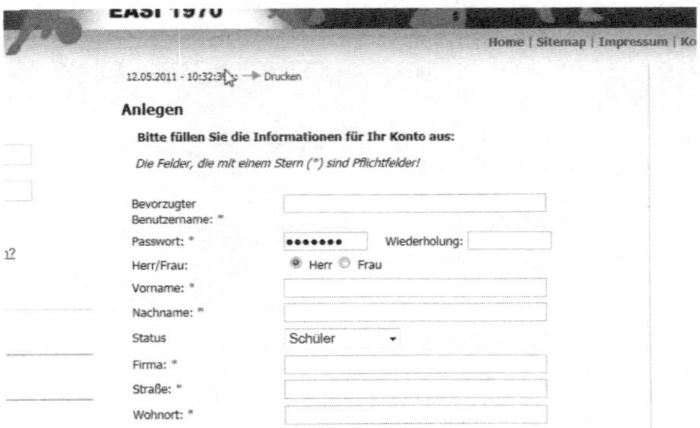

Abbildung 17.13: Flexforms und MD5-Verschlüsselung im Extension Manager aktivieren

Danach installieren Sie über den Erweiterungsmanager die Sprachen, in denen Sie die Erweiterung betreiben wollen. Dazu wählen Sie im Erweiterungsmanager **Übersetzungen** aus der Combobox aus und klicken den Button **Aus Bibliothek aktualisieren** an.

Abbildung 17.14: Statisches Template einbinden

Im Template `main_verein` fügen Sie noch das statische Template für die Benutzerregistrierung ein.

Um die Benutzerregistrierung möglichst komfortabel einzubinden, haben wir uns für ein etwas kniffliges Vorgehen entschieden. Die Registrierung verfügt über verschiedene Plug-Ins:

- eines zur Registrierung
- eines zum Editieren der Benutzerdaten durch den Benutzer
- eines zum Bestätigen der Registrierung

Im oberen Menü soll ein Punkt **Registrierung** angezeigt werden, der direkt zum Registrierungsformular führt. Bei einer „normalen" Installation würde auf dieser Seite lediglich ein Link **Klicken Sie hier, um sich zu registrieren** stehen, und erst über diesen Link wäre das Formular zu erreichen. Wir möchten aber, dass das Formular sofort angezeigt wird (Abbildung 17.15).

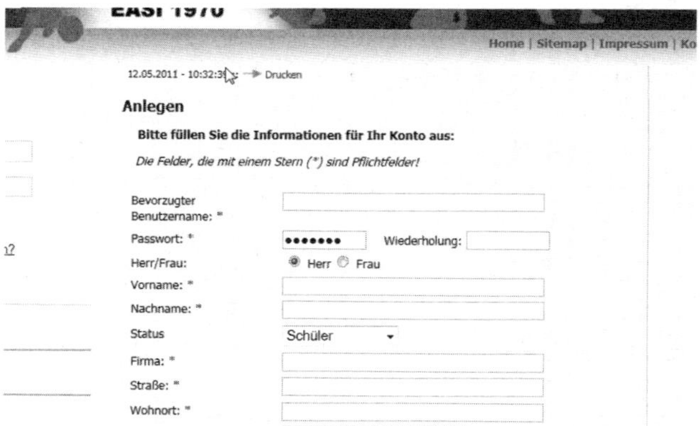

Abbildung 17.15: Registrierung im Frontend für nicht angemeldete User

Sobald ein Benutzer jedoch registriert und angemeldet ist, soll nicht mehr die **Registrierung** angezeigt werden, sondern die Seite **Benutzerdaten bearbeiten**, die ebenfalls sofort das entsprechende Formular bereitstellt. Dazu nutzen wir u. a. die Sichtbarkeitseinstellungen von TYPO3.

17.2.2 Seiten anlegen und Plug-Ins einfügen

Legen Sie der Übersichtlichkeit halber eine Seite im `Menu oben` an. Diese erhält den Namen `Registrierungsseiten` und ist verborgen und deaktiviert, da sie nur der Gliederung dient. Unterhalb dieser Seite erstellen Sie eine weitere Seite namens `Anlegen`. Diese muss im Menü versteckt sein, und auf dieser Seite fügen Sie das Plug-In ein: **Neuen Datensatz anlegen | Seiteninhalt | Plug-Ins | Allgemeines Plug-In**. Bearbeiten Sie dieses und vergeben Sie die Überschrift `Benutzer anlegen` und für die Überschrift den Typ `Verborgen`. Wählen Sie in der Registerkarte **Plug-In** unter **Ausgewähltes Plug-In** die `Frontend-Benutzerregistrierung` aus. Nach erfolgter Bestätigung der Warnmeldung wählen Sie als Anzeigemodus **Anlegen** aus. Als Ausgangspunkt des Plug-Ins müssen Sie den zu Anfang dieses Kapitels erstellten Ordner `Frontendbenutzer` für die Benutzergruppen und Benutzer eintragen (Registerkarte **Verhalten** unter **Datensatzsammlung**).

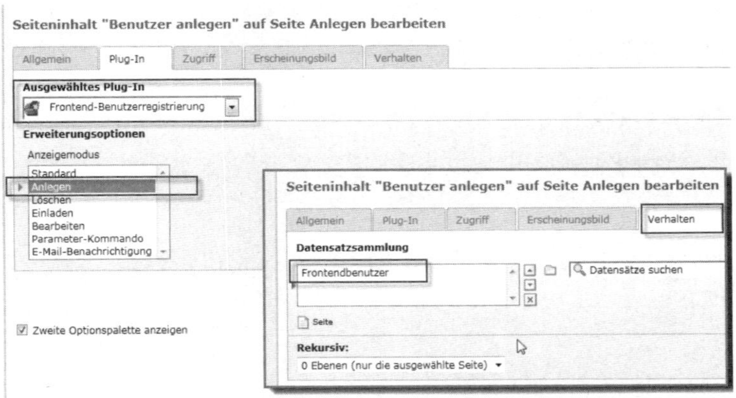

Abbildung 17.16: Plug-In einfügen, Anzeigemodus: Anlegen, Ausgangspunkt: Frontendbenutzer

Weiter erstellen Sie auf derselben Ebene wie die Seite `Anlegen` eine weitere Seite namens `Editieren` und fügen dort ebenfalls das Plug-In mit der verborgenen Überschrift `Benutzer editieren` ein. Wählen Sie den Anzeigemodus **Bearbeiten**, als Ausgangspunkt wieder den Ordner `Frontendbenutzer`, und speichern Sie den Datensatz ab.

Zuletzt legen Sie auf derselben Ebene die Seite `Bestätigen` an, die aufgerufen wird, sobald der Benutzer sich registriert und seine Registrierung per E-Mail bestätigt hat. Die Seite ist wieder im Menü versteckt. Fügen Sie das Plug-In mit der verborgenen Überschrift `Benutzer bestätigen` ein und wählen Sie den Anzeigemodus **Standard** aus. Ihr Seitenbaum im `Menu oben` sollte sich nun wie in Abbildung 17.17 darstellen.

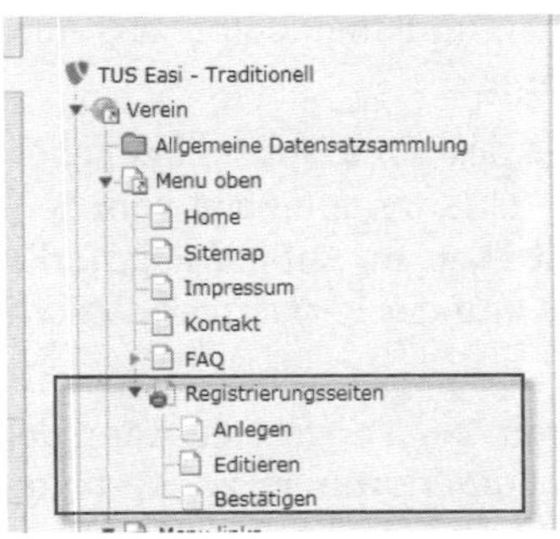

Abbildung 17.17: Seitenbaum der Frontendbenutzerregistrierung

Um nun direkt auf die Formulare zugreifen zu können, ohne den Umweg über die Links (*Klicken Sie hier, um...*) machen zu müssen, erstellen Sie im Anschluss im `Menu oben` eine Seite vom Seitentyp **Verweis** namens `Registrierung`, und zwar auf derselben Ebene wie die Seite `Registrierungsseiten`. Auf der Registerkarte **Verweis** wählen Sie die Seite `Anlegen`.

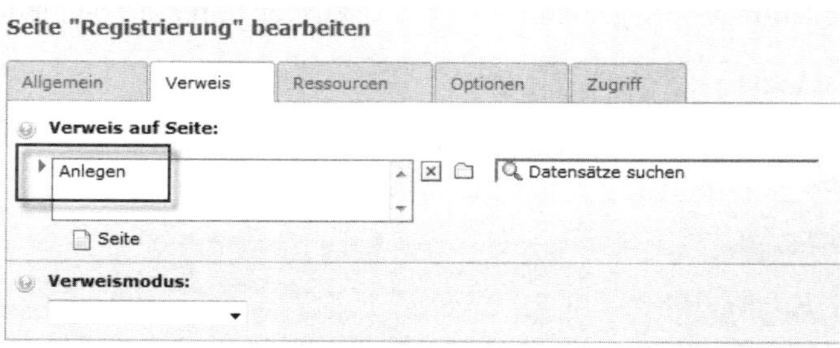

Abbildung 17.18: Verweisseite Registrierung: Registerkarte Verweis

Auf der Registerkarte **Zugriff** wählen Sie **Nach Anmeldung verbergen** (Abbildung 17.19).

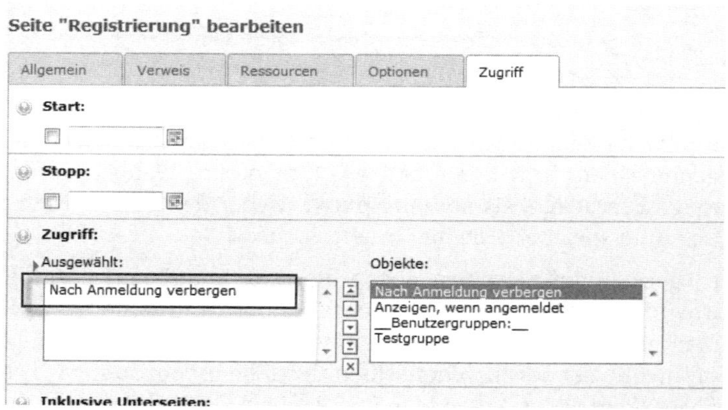

Abbildung 17.19: Verweisseite Registrierung: Registerkarte Zugriff

Diese Seite wird im Frontend im oberen Menü angezeigt, wenn der Besucher nicht angemeldet ist, und stellt sofort das Anmeldeformular für eine Registrierung zur Verfügung.

Für die Seite zur Anzeige des Editierformulars gehen Sie analog vor: Legen Sie auf derselben Ebene eine weitere Seite vom Seitentyp **Verweis** namens `Benutzerdaten bearbeiten` an. Auf der Registerkarte **Verweis** wählen Sie die Seite `Editieren` aus. Auf der Registerkarte **Zugriff** wählen Sie **Anzeigen, wenn angemeldet** aus.

Diese Seite wird im oberen Menü angezeigt, wenn der Besucher angemeldet ist, und stellt sofort das Editierformular zur Verfügung.

Damit sind alle notwendigen Seiten angelegt, und Ihr Seitenbaum für die Benutzerregistrierung sollte aussehen, wie in Abbildung 17.20 dargestellt.

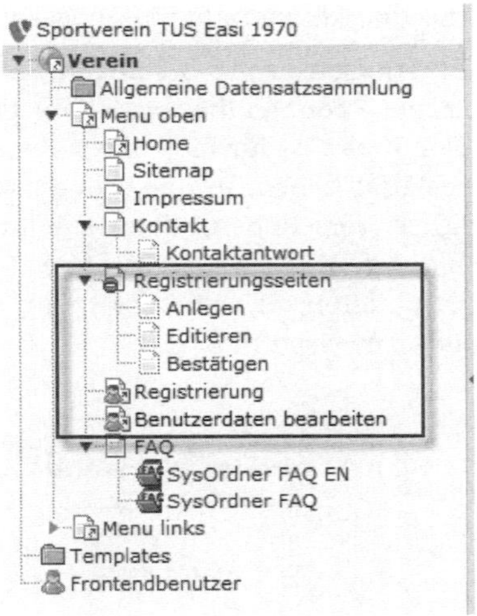

Abbildung 17.20: Fertiger Seitenbaum der Frontendbenutzerregistrierung

Sie werden sich vielleicht fragen, warum nicht gleich die Seite `Anlegen` in das obere Menü genommen wird und stattdessen eine Seite mit Verweis auf `Anlegen` zum Zuge kommt. Dies ist dem Zusammenspiel von Weiterleitung (redirect) und geschützter Seite geschuldet. Grob dargestellt, würde ein Login direkt auf der Seite `Anlegen`, also ohne die zwischengeschaltete Verweisseite, wie folgt ablaufen:

1. Der Anwender befindet sich auf der Seite `Anlegen`, die als Einstellung für den Zugriff `Nach Anmeldung verbergen` hat.
2. Der Anwender legt keinen neuen Datensatz an, sondern erkennt, dass er schon über Benutzerkennung und Passwort verfügt.
3. Der Anwender gibt die Daten ein und klickt auf **Anmelden**.
4. Die Daten werden an TYPO3 übergeben, der Benutzer angemeldet.
5. Durch die Anmeldung wird die Seite auf „verborgen" gesetzt.
6. TYPO3 kann die Seite nicht mehr neu aufbauen, da sie verborgen ist: Es kommt zu einer Fehlermeldung.

Das Problem ist, dass die gewünschte und in der Benutzergruppe eingetragene Weiterleitung erst zum Tragen kommt, nachdem die Anmeldung durchgeführt wurde – und dann die Seite bereits auf „verborgen" gesetzt ist. Mit diesen Verweisseiten umgehen Sie dieses Problem, das übrigens beim Logout nicht auftritt.

17.2.3 Benutzergruppen anlegen

Die zu Testzwecken angelegten Datensätze `Tester` und `Testgruppe` werden nicht mehr benötigt und können auf inaktiv gesetzt werden.

Für die Frontendbenutzerregistrierung benötigen Sie zwei Benutzergruppen, die Sie jetzt im Ordner `Frontendbenutzer` anlegen: Die erste Gruppe `Nicht bestätigte Benutzer` ist für diejenigen Benutzer, die ihre Registrierung noch nicht bestätigt haben; in die zweite Gruppe `Registrierte Benutzer` werden Benutzer verschoben, sobald sie ihre Registrierung abgeschlossen haben (Abbildung 17.21). Die UIDs dieser Gruppen und die PID des Ordners sollten Sie notieren, da Sie diese später über die Konstanten im Erweiterungstemplate zuweisen müssen.[5]

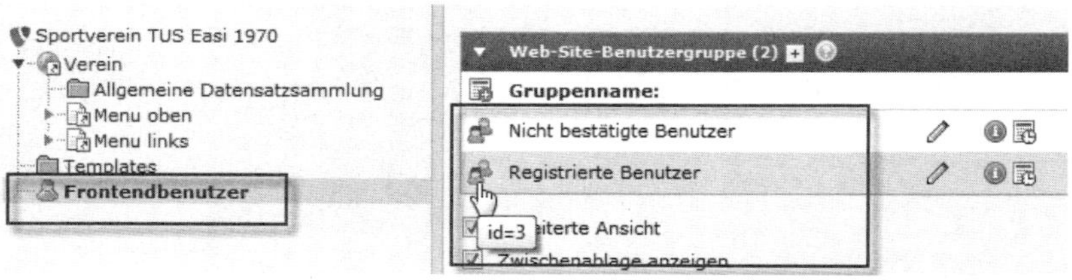

Abbildung 17.21: Benutzergruppe erstellen

17.2.4 HTML-Template

Erstellen Sie im Fileadmin-Verzeichnis im Ordner `Templates` ein HTML-Template namens `feuser.html`. Kopieren Sie dieses von der buchbegleitenden Webseite und fügen Sie den Inhalt in die neu erstellte Datei ein. Da das Template sehr umfangreich ist, verzichten wir hier auf den Abdruck des Codes. Auch die Erläuterung des Templates würde den Rahmen dieses Buches sprengen. Interessenten finden der Erweiterung eine Dokumentation in englischer Sprache beigefügt.

17.2.5 CSS-Datei

Erstellen Sie im Fileadmin-Verzeichnis im Ordner `Styles` eine CSS-Datei `9_feuser.css`. Kopieren Sie diese von der Webseite zum Buch und fügen Sie den Inhalt wiederum in die neu erstellte Datei ein. Vergessen Sie nicht, die Datei in `standard.css` zu importieren.

[5] Wenn Sie mit dem Mauszeiger kurz auf dem Icon der Seite bzw. der Benutzergruppe verweilen, wird die PID angezeigt.

17.2.6 TypoScript-Template: Konstanten

Im letzten Schritt müssen Sie nun ein Erweiterungstemplate im Ordner `Templates` anlegen. Legen Sie also dort ein Erweiterungstemplate `+ext feuser` zur Frontendbenutzerregistrierung an.

Ergänzen Sie folgenden Code in den Konstanten; in den Kommentaren finden Sie einige Erläuterungen zu den einzelnen Konstanten.[6] Die PIDs der Seiten und der Benutzergruppen müssen Sie auf Ihre PIDs anpassen. Ebenso müssen Sie die E-Mail-Adresse auf eine real existierende Adresse ändern und den Seitennamen an Ihre Gegebenheiten anpassen.

```
plugin.tx_srfeuserregister_pi1 {
# HTML-Template zuweisen
templateFile = fileadmin/templates/feuser.html
# Pflichtfelder definieren
requiredFields = username, password, first_name, last_name, company,
   email, city, zip, address, telephone
# E-Mail-Adresse des Webmasters, der für die Benutzerregistrierung
# zuständig ist und der die Mails versendet und erhält
email = benutzeradmin@meinedomäne.de
# Formularfelder der Registrierung
formFields = username, password, gender,
       first_name, last_name, status, email, usergroup, address, city,
       zone, static_info_country, zip, telephone, company,
       module_sys_dmail_category, comments, disable
# Domain der Webseite
siteName = Sportverein TUS Easi 1970
# Ersetzen einiger Marker, z.B. in der E-Mail - andernfalls würde der
# Titel auf der Seite sr_feuser_register Seite genommen
linkToPIDAddButton = 1
# Template für HTML-Mails - falls solche versendet werden sollen,
# Kommentarzeichen entfernen
# HTMLMailCSS =
#    EXT:sr_feuser_register/pi1/tx_srfeuserregister_htmlmail.css
# UID der Benutzergruppe nach abgeschlossener Registrierung
userGroupAfterConfirmation = 3
# UID der Benutzergruppe während des Registrierungsvorgangs
userGroupUponRegistration = 2
# Anzahl der hochzuladenden Bilder - hier keins
maxImages = 0
# PID der Seite "Anlegen", auf der das Plug-In der Registrierung
# eingefügt ist
registerPID = 62
# PID der Seite "Editieren" mit dem Editierformular
editPID = 63
# PID der Login-Seite (hier die Seite "Willkommen")
loginPID = 7
# PID der Bestätigungsseite "Bestätigen"
confirmPID = 64
```

6 Hier im Buch mehrzeilig gedruckte Konstanten schreiben Sie bitte in einer Zeile.

```
# PID der Seite, auf die gewechselt wird, nachdem der Benutzer sein
# Profil geändert und gespeichert hat (hier die Seite "Willkommen")
linkToPID = 7
# PID des Ordners mit den Benutzergruppen und Benutzern, kann
# anstelle des Ausgangspunkts gesetzt werden
pid = 60
# Beim Ändern des Profils und in dessen Vorschau wird ein zusätzlicher
# Button "Speichern" angezeigt. Bei Klick wird gespeichert und auf die
# Seite linkToPID gewechselt
linkToPIDAddButton = 1
# Überschreibt den Titel des Folders der Frontendbenutzer - wird als
# Marker verwendet
pidTitleOverride = www.tus-easi1970.de
#  Mindestanzahl an Zeichen für Benutzernamen
usernameAtLeast = 6
}
```

Ändern Sie alle Einträge entsprechend Ihrer Konfiguration; die Kommentare im Code sollten ausreichende Hinweise dazu geben. Sie finden die Konstanten zum Download auf der buchbegleitenden Webseite.

17.2.7 TypoScript-Template: Setup

Es fehlt nun noch der Code im TypoScript-Setup.

```
plugin.tx_srfeuserregister_pi1 {
   ########### Default CSS-Dateien entfernen ###########
   _CSS_DEFAULT_STYLE >
   # Vorauswahl des Landes
   create.defaultValues.static_info_country = DEU
[...]
  }
```

Im Setup haben wir das Default-Stylesheet entfernt und die Vorauswahl für das Land getroffen, in diesem Fall Deutschland. Im HTML-Template wird ein gesetzter Marker `static_info_country` durch diesen Setup-Eintrag ersetzt. Das sorgt dafür, dass in einer Combobox die Vorauswahl für ein Land getroffen wird. Die Frontendbenutzerregistrierung bezieht diese Daten aus der Erweiterung `static_info_tables`, die u. a. die Länderliste zur Verfügung stellt. In den Beispieldateien ist der Marker bereits gesetzt – im Default-Template, das der Erweiterung beigefügt ist, ist der Marker unter Umständen nicht gesetzt. Verwenden Sie daher unsere Beispieldateien.

Für mehrsprachige Seiten bestimmen Sie im Setup die Übersetzungen. Beachten Sie, dass Sie für Ihre Seitensprache die Übersetzung festlegen müssen, auch wenn Sie keine mehrsprachige Website betreiben, damit Sie die Sprachlabels überschreiben können. Alle Texte werden hier editiert, nicht im HTML-Template der Erweiterung. Andernfalls werden die Texte der Sprachdatei der Erweiterung übernommen. Diese Dateien finden Sie in der

Erweiterung, wenn Sie **Dateien bearbeiten** auswählen: `locallang.xml` (enthält lediglich den Erweiterungstitel), `locallang_db.xml` (enthält die meisten Feldlabels), `pi1/locallang.xml` (enthält weitere Sprachlabels sowie Meldungen für nicht korrekt ausgefüllte Felder und die Texte der Bestätigungs-E-Mails).

Da dieser Code recht umfangreich ist, wird hier auf den kompletten Abdruck verzichtet. Sie finden den vollständigen Code zur Übernahme in Ihre Beispielseite zum Download auf der Webseite zum Buch. Fügen Sie den Code ins Setup ein; im Template `main_verein` fügen Sie noch das statische Erweiterungstemplate `+ext feuser` hinzu.

17.2.8 static_info_tables und static_info_tables_de

Die Erweiterung **Static Info Tables** stellt eine Sammlung von Datenbanktabellen mit länderspezifischen Informationen, wie zum Beispiel Ländernamen, Währungen usw., zur Verfügung. Sofern Sie dem Buch bis hierher gefolgt sind, ist die Erweiterung bereits installiert. Falls nicht, dann installieren Sie jetzt `static_info_tables` und binden das statische Template `Static Info Tables (static_info_tables)` in Ihrem TypoScript-Template `main_verein` ein.

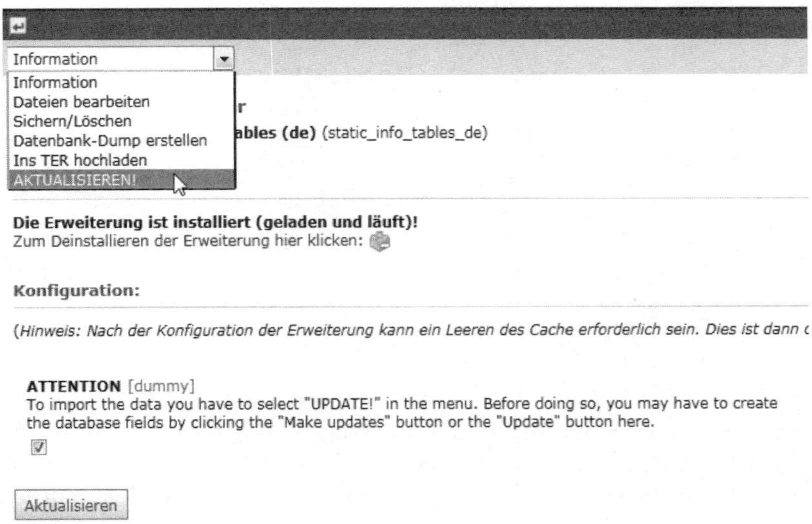

Abbildung 17.22: Daten in static_info_tables_de importieren

Static Info Tables (de) ist das lokalisierte deutsche Sprachpaket. Damit die oben erwähnte Länderauswahl auf Deutsch angezeigt wird, müssen Sie zusätzlich die Erweiterung `static_info_tables_de` über den Erweiterungsmanager installieren.

`static_info_tables` und `static_info_tables_de` müssen nacheinander installiert und die jeweiligen statischen Daten importiert werden – folgen Sie dazu den Anweisungen im Erweiterungsmanager. Zum Import der lokalisierten deutschen Daten von `static_info_tables_de` muss der **AKTUALISIEREN!**-Wizard des Erweiterungsmanagers verwendet werden.

17.2.9 Benutzerregistrierung testen

Im Frontend können Sie nun Ihren ersten Testbenutzer anlegen (Abbildung 17.23).

Abbildung 17.23: Registrierungsformular

Wählen Sie im Frontend im oberen Menü die **Registrierung**, erscheint das Formular. Füllen Sie die Pflichtfelder aus und speichern Sie die Daten ab. Welche Felder Pflichtfelder sind, ist in den Konstanten festgelegt. Für die ersten Tests empfiehlt es sich, die Anzahl der Pflichtfelder zu reduzieren. Am besten duplizieren Sie die folgenden Konstanten und kommentieren sie einmal aus, so dass Sie mit der zweiten Variante „spielen" können. In folgendem Codebeispiel müssen nur die Felder für Benutzernamen und Passwort ausgefüllt werden. Für den Echtbetrieb können Sie dann die Kommentarzeichen vor der ursprünglichen Fassung wieder entfernen.

```
## Pflichtfelder definieren
#plugin.tx_srfeuserregister_pi1.requiredFields =
#       username, password, first_name, last_name, company, email,
#       city, zip, address, telephone

## Für erste Tests: Pflichtfelder definieren
plugin.tx_srfeuserregister_pi1.requiredFields =
       username, password
```

Nach der Bestätigung des Formulars über **Konto erstellen** und dem Versand erscheint eine Nachricht, dass Ihre Registrierung entgegengenommen wurde und Sie diese noch bestätigen müssen.[7]

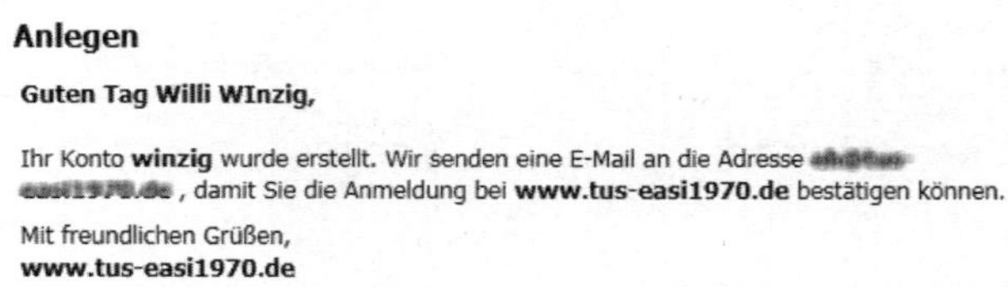

Abbildung 17.24: Die Registrierung wurde entgegengenommen

Daraufhin erhält der neue Benutzer eine E-Mail mit einem Link, über den er die Registrierung bestätigen und abschließen kann. Bis zu diesem Zeitpunkt ist die Registrierung noch nicht bestätigt. Die Benutzerregistrierung führt den neuen Benutzer intern in der Gruppe der unbestätigten Benutzer; der Benutzerdatensatz wird als versteckt markiert.

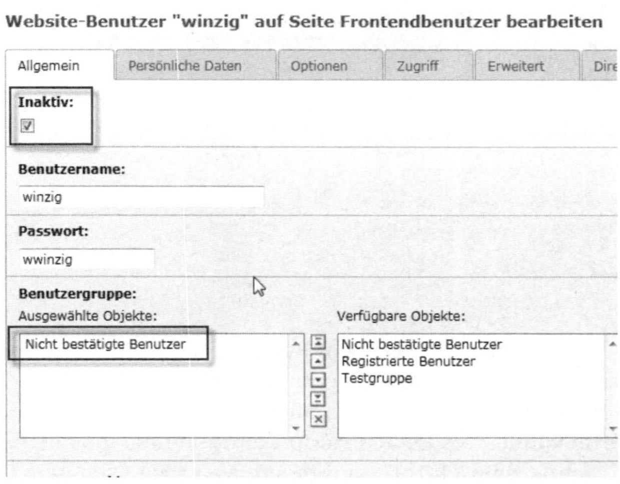

Abbildung 17.25: Neuer Benutzer „winzig", inaktiv, Gruppe Nicht bestätigte Benutzer

7 Bei der Anmeldung kann es zu einer TYPO3-Fehlermeldung kommen. Die Erklärung und Lösung finden Sie auf Seite 445.

Erst nachdem über den Link die Registrierung bestätigt wurde, wird der neue Benutzer der Gruppe der registrierten Benutzer zugewiesen.

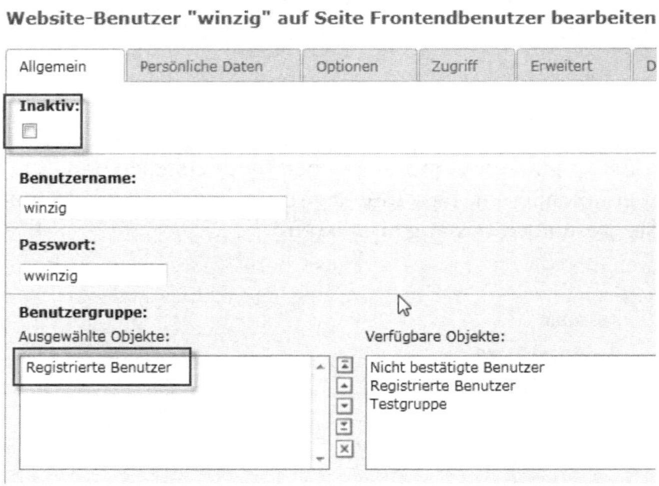

Abbildung 17.26: Neuer Benutzer „winzig", aktiv, Gruppe Registrierte Benutzer

Hat sich der Benutzer angemeldet, wird im Menü nicht mehr der Link mit der Aufforderung zur Registrierung angezeigt, sondern der Link zum Formular, in dem die Benutzerdaten geändert und aktualisiert werden können.

Abbildung 17.27: Änderung der Benutzerdaten

Auch diese Änderungen werden dem Benutzer zur Kontrolle angezeigt und können bestätigt oder verworfen werden. Hier noch ein Hinweis für alle in der Erweiterung verwendeten Texte, auch für die E-Mail-Benachrichtigungen: Die Texte können Sie im TypoScript-Setup in den Spracheinstellungen anpassen. Nicht gewünschte Textausgaben lassen Sie nach dem Operator = unausgefüllt.

Wie bereits erwähnt, können Sie die Benutzerdatensätze bearbeiten, wenn Sie im Seitenbaum den Ordner mit Ihren Benutzern und im Webmodul **Liste** auswählen. Hier können Sie Datensätze suchen, ergänzen, Gruppen zuweisen oder löschen. Ab Seite 452 erläutern wir die Backendformulare der Benutzerregistrierung.

TYPO3-Fehler bei der Anmeldung

Mit der Version TYPO3 4.5 gibt es eine neue Mail API. Diese neue API wird noch nicht von allen Erweiterungen unterstützt – so auch noch nicht von `feuser` in der Version 2.6.1. In einer aktuelleren Version ist dies zum Zeitpunkt Ihrer Installation möglicherweise bereits angepasst. Falls Sie jedoch bei der Übermittlung der Benutzerdaten den Fehler aus Abb. 17.28 erhalten, wurde zwar der Benutzer angelegt, aber es wurde keine E-Mail an den Benutzer versendet.

Abbildung 17.28: Fehlermeldung nach Übermittlung der Benutzerdaten

Die Benutzung der neuen Mail API können Sie im Install Tool unterbinden. Wechseln Sie in das Install Tool – vorher muss die Datei `ENABLE_INSTALL_TOOL` angelegt sein – und gehen Sie zu **All Configuration**. Suchen Sie dort nach **substituteOldMailAPI** und entfernen Sie das Häkchen. Speichern Sie die Änderung. Damit funktioniert `feuser` auch in dieser Version.

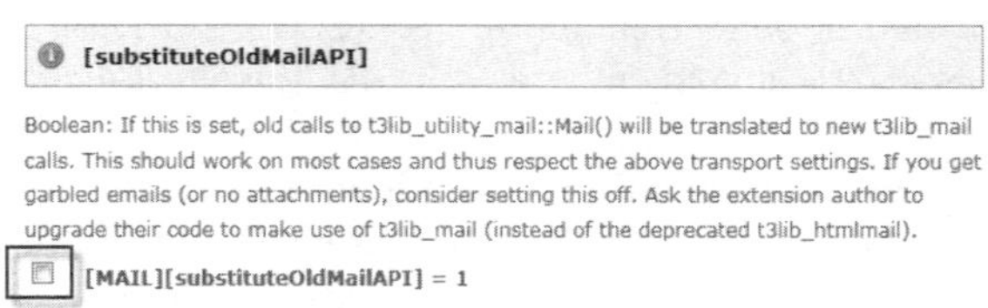

Abbildung 17.29: Nutzung der alten Mail API erlauben

17.2.10 Verschlüsselung

Bei jeder Webseite, auf der Kundendaten – sei es über eine Registrierung, Formulare, Umfragen oder andere Verfahren – verarbeitet werden, müssen Sie sich Gedanken über deren sichere Übertragung, also deren Verschlüsselung machen. Sie können dazu ein SSL-Zertifikat (SSL steht für *Secure*

Socket Layer) bei Ihrem Webhoster oder direkt bei einer Zertifizierungsstelle beantragen. Ein SSL-Zertifikat verursacht allerdings zusätzliche Kosten. Den Einsatz des Verfahrens erkennt man in der URL einer Seite an dem vorangestellten Protokollkürzel `https` (statt `http`). Der Browser muss dann von Ihrem Webserver ein Zertifikat anfordern und prüfen, ob dieses von einer Zertifizierungsstelle als gültig anerkannt ist.[8] Damit ist für den Browser sichergestellt, dass er tatsächlich mit dem in der URL angegebenen Webserver kommuniziert (und nicht mit einem getarnten Datendieb). Ist alles in Ordnung, signalisiert der Browser dem Kunden eine sichere Verbindung. Bei der SSL-Verschlüsselung kann im Prinzip nur die gesamte Domain verschlüsselt werden – wogegen ja auch nichts einzuwenden ist, sieht man davon ab, dass die Verbindung langsamer ist. Möchten Sie nur eine bestimmte Seite verschlüsseln, ist der einfachste Weg der über eine Subdomain.

Zur Verschlüsselung der Passwörter stehen Ihnen verschiedene Erweiterungen im TYPO3 Online Repository (TER)[9] zur Verfügung; suchen Sie dort nach dem Begriff `MD5`.

17.3 Kategorien

Sie können die Direct-Mail-Kategorien der Newsletter-Erweiterung **directmail** für die Frontendbenutzerregistrierung verwenden. Hier sollen sie als Interessensbereiche der Benutzer dienen, die wir im Registrierungsformular erfassen. Gleichzeitig dienen die Kategorien für Direct Mail (siehe Kapitel 22) als Kriterien für den Newsletterversand.

17.3.1 Kategorien anlegen

Um Direct-Mail-Kategorien nutzen zu können, muss die Erweiterung `direct_mail` installiert sein. Detaillierter gehen wir auf Direct Mail in Kapitel 22 ab Seite 621 ein. Installieren Sie die Erweiterung `direct_mail` über den Erweiterungsmanager, wobei Sie die Konfigurationsmöglichkeiten erst mal außer Acht lassen. Eine Konfiguration dieser Erweiterung ist zu diesem Zeitpunkt nicht notwendig. Zu diesem Zeitpunkt werden wir nur die Kategorien verwenden. Binden Sie das statische Template `Direct Mail Content Boundaries (direct_mail)` über die Registerkarte **Enthält** ins TypoScript-Template `main_verein` ein.

Erstellen Sie die Kategorien im Ordner `Frontendbenutzer`. Wechseln Sie ins Webmodul **Liste**, klicken Sie auf das Icon **Neuen Datensatz anlegen** und wählen Sie **Direct-Mail-Kategorie** aus der Liste (Abbildung 17.30).

8 Vgl. zu diesem Verfahren die ausführlichen Beschreibungen in: Lars Packschies, „Praktische Kryptographie unter Linux", ebenfalls erschienen bei Open Source Press.

9 `http://typo3.org/extensions/repository`

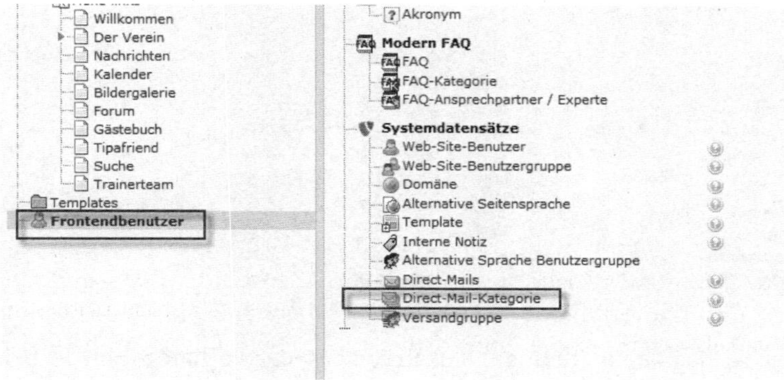

Abbildung 17.30: Direct-Mail-Kategorie auswählen

Legen Sie für unseren Verein die folgenden Kategorien in der Standardsprache Deutsch an: `Fußball`, `Radsport`, `Baseball`, `Schwimmen` und `Veranstaltungen`. Eine Alternativsprache wählen Sie in der Combobox **Sprache**.

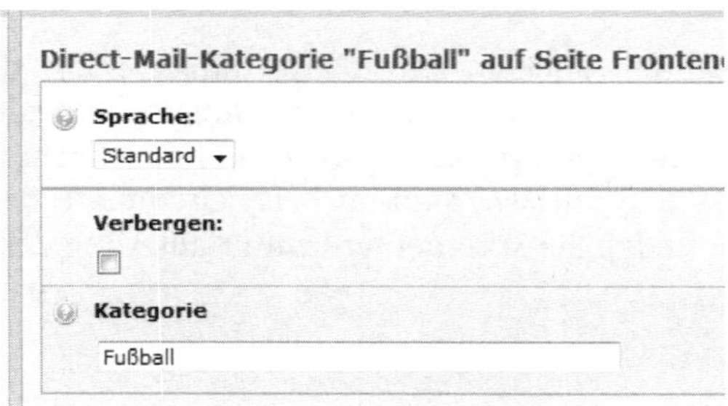

Abbildung 17.31: Kategorie in der Standardsprache anlegen

Legen Sie auch die englischsprachigen Kategorien an: `Soccer`, `Cycling`, `Baseball`, `Swimming` und `Events`. Eine alternative Sprache wählen Sie in der Combobox **Sprache** aus. Wählen Sie *nicht* den Ursprungstext aus.

Abbildung 17.32: Kategorie in Englisch anlegen

Sind alle Kategorien auf Deutsch und Englisch bereit, sieht die Tabelle in der Lokalisierungsansicht wie in Abbildung 17.33 aus.

Abbildung 17.33: Direct-Mail-Kategorien, sowohl in Deutsch als auch Englisch

Leider ist das keine „richtige" Lokalisierung, da die Kategorien in beiden Sprachen eigens angelegt werden müssen. Korrekterweise müsste die Kategorie in einer Sprache angelegt und in weitere Sprachen übersetzt werden. Das sieht die Extension `direct_mail` derzeit aber leider nicht vor.

17.3.2 TypoScript-Template ergänzen

Damit die Kategorien auch in Formularen und E-Mails der Benutzerregistrierung ausgegeben werden, müssen Sie folgenden Code im Setup des Templates `+ext feuser` ergänzen. Entsprechende Marker, die im HTML-Template gesetzt sein müssen, sind im Beispieltemplate bereits integriert. Im Codebeispiel finden Sie Kommentare zur Erläuterung der einzelnen Zeilen.

```
plugin.tx_srfeuserregister_pi1 {
[...]
  # Edit und Create für Frontendbenutzer und Kategorien
  #
  # Benutzung von sprachabhängigen Kategorien
  # kann entfallen, wenn keine Mehrsprachigkeit verwendet wird
  useLocalization=1

  # Edit setup
  # Editieren der feuser-Daten erlauben
  edit = 1
  # Feldnamen der fe_users Tabelle, die nach
  # dem Bearbeiten gespeichert werden
  edit.fields = hidden, email, module_sys_dmail_category,
  module_sys_dmail_html,username, password, gender, first_name,
  last_name, status, email, usergroup, address, city, zone,
  static_info_country, zip, telephone, company, module_sys_dmail_html,
  module_sys_dmail_category, comments, disable

  # Einmalige Werte -- uniqueLocal bedeutet, dass die E-Mail-Adressen
  # in dieser TYPO3-Umgebung nur einmal bei allen Frontend-Usern
  # vorkommen dürfen. email bedeutet, dass eine einfache
```

```
  # E-Mail-Validierung  durchgeführt wird
  edit.evalValues {
    email = uniqueLocal, email
    }

  # Create setup
  # Das Neuanlegen von Datensätzen wird erlaubt
  create = 1

  # Die Vorschau nach dem Erzeugen des Datensatzes ist deaktiviert
  create.preview = 0

  # Diese Felder werden nach dem Neuanlegen in der
  # Datenbanktabelle fe_users gespeichert
  create.fields = hidden, email, module_sys_dmail_category,
  module_sys_dmail_html,username, password, gender, first_name,
  last_name, status, email, usergroup, address, city, zone,
  static_info_country, zip, telephone, company, module_sys_dmail_html,
  module_sys_dmail_category, comments, disable

  # So werden die beim Anlegen erzeugten Daten intern überschrieben.
  # Die neu angelegten Frontend-User-Daten werden alle versteckt,
  # ein Login ist nicht möglich, bis die Bestätigung erfolgt ist
  create.overrideValues.hidden = 1

  # Einmalige Werte -- siehe oben
  create.evalValues {
    email = uniqueLocal, email
    }
[...]
}
```

In den `local_lang`-Definitionen des Setup müssen die Kategorien natürlich ebenfalls aktiviert werden.

```
[...]
plugin.tx_srfeuserregister_pi1._LOCAL_LANG.de {
[...]
module_sys_dmail_category = Möchten Sie Informationen zu folgenden
Themen erhalten?
[...]
}

plugin.tx_srfeuserregister_pi1._LOCAL_LANG.en {

module_sys_dmail_category = Do you want to receive some information
about one of these topics?
[...]
}
```

Damit diese Kategorien im Registrierungsformular erscheinen und ausgewählt werden können, muss der Speicherort für die Direct-Mail-Kategorien in den Konstanten des Erweiterungstemplates +ext feuser definiert werden: der Ordner mit den Kategorien. Ergänzen Sie diese Zeile in den Konstanten.

```
plugin.tx_srfeuserregister_pi1.module_sys_dmail_category_PIDLIST = 60
```

Sollte die PID Ihres Ordners anders lauten, ändern Sie den Eintrag entsprechend.

Aktiviert ein Frontendbenutzer bei der Anmeldung oder beim Editieren eine solche Kategorie, wird die Auswahl in der E-Mail übertragen und in die Datenbank geschrieben. So sehen Sie bei jeder Registrierung, für welche Kategorie sich der Besucher besonders interessiert. Wenn Sie später das Newsletter-Modul einsetzen, können Sie auch die Newsletter entsprechend dieser Kategorien erstellen und versenden.

17.3.3 Seiten-TypoScript-Config

Um die Kategorien in der Frontendbenutzerregistrierung anzuzeigen und nutzen zu können, müssen Sie folgenden Code ins TypoScript-Config des Ordners `Frontendbenutzer` setzen.

Sollen die Kategorien auch für `tt_address` und das Newsletter-Modul nutzbar sein, stellen Sie das am besten gleich mit ein. Der Verein verwendet die Kategorien allerdings nicht für `tt_address`.

Wählen Sie den Ordner mit den Frontendbenutzern aus und dann **Seiteneigenschaften bearbeiten** mit der Registerkarte **Optionen**. Der folgende Code definiert, dass die Kategorien aus dem Ordner mit der PID 60 (in Ihrer Installation ggf. eine andere PID) für die Erweiterungen `tt_address`, `fe_users` und `direct_mail` verwendet werden dürfen und in den entsprechenden Formularen angezeigt werden.

```
# ID des Ordners mit den Frontendbenutzern

TCEFORM.tt_content.module_sys_dmail_category.PAGE_TSCONFIG_IDLIST = 60
TCEFORM.tt_address.module_sys_dmail_category.PAGE_TSCONFIG_IDLIST = 60
TCEFORM.fe_users.module_sys_dmail_category.PAGE_TSCONFIG_IDLIST = 60
TCEFORM.sys_dmail_group.select_categories.PAGE_TSCONFIG_IDLIST = 60

# Anzeige der Kategorien

TCEFORM.tt_content.module_sys_dmail_category.disabled = 0
TCEFORM.tt_address.module_sys_dmail_category.disabled = 0
TCEFORM.fe_users.module_sys_dmail_category.disabled = 0
TCEFORM.sys_dmail_group.select_categories.disabled = 0
```

Abbildung 17.34: TSconfig der Seite Frontendbenutzer

17.3.4 Kategorien im Frontend

In der Frontend-Ansicht sehen Sie nun die Kategorien. Die Checkboxen erlauben dem Besucher, seine Interessenschwerpunkte auszuwählen bzw. zu ändern (Abbildung 17.35).

Abbildung 17.35: Registrierungsformular mit Kategorien im Frontend

Der Administrator erhält über das E-Mail-Formular die entsprechenden Informationen über den Besucher und kennt damit dessen Interessen, auch ohne eigens im Benutzerdatensatz nachzuschauen.

Abbildung 17.36: Anzeige des Benutzers im Backend

17.3.5 Das Backendformular der Frontendbenutzerregistrierung

Werfen wir einen Blick ins Backendformular der Frontendbenutzerregistrierung. Wählen Sie dazu das Webmodul **Liste** und den Ordner `Frontendbenutzer` aus. Hier kann der Administrator die einzelnen Benutzer aufrufen und editieren (Bleistiftsymbol), aber auch neue Benutzer anlegen (**Neuen Datensatz anlegen -> Web-Site-Benutzer**). Schauen wir uns die einzelnen Registerkarten an.

Allgemein

Sie finden auf dieser Registerkarte den Benutzernamen und das Kennwort des Benutzers sowie die Benutzergruppe, der er angehört (Abbildung 17.37).

Abbildung 17.37: Registerkarte Allgemein

Sofern Sie den Benutzer später weiteren Gruppen zuordnen möchten, weisen Sie diese hierüber zu. Dazu wählen Sie im Bereich **Benutzergruppe** das entsprechende **Objekt** aus, also die Gruppe, und schon wird diese unter **Ausgewählt** angezeigt. Weitere Informationen zu den Gruppen und Gruppenrechten finden Sie weiter unten in diesem Kapitel ab Seite 456.

Persönliche Daten

Auf dieser Registerkarte stehen die Adressdaten des Frontendbenutzers.

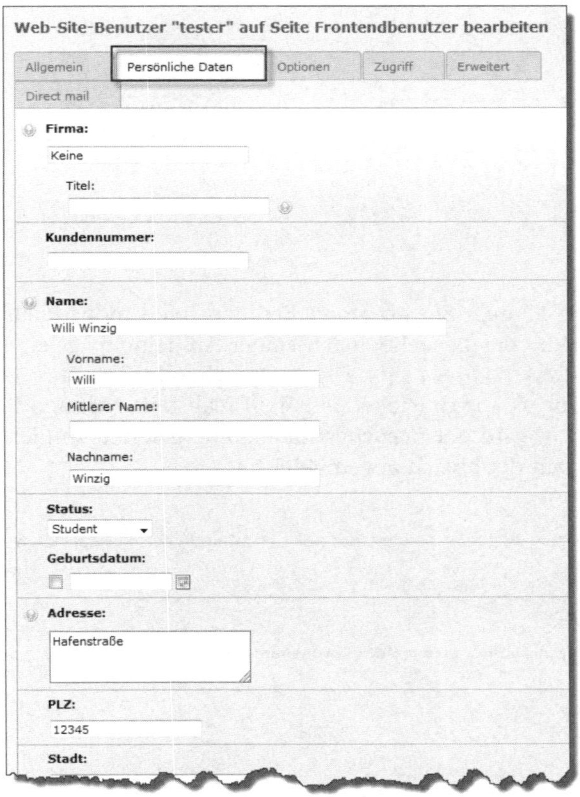

Abbildung 17.38: Registerkarte Persönliche Daten

Optionen

In den Optionen können Sie einen Rechnernamen oder eine Netzwerkadresse angeben, von der aus sich der Benutzer anmelden muss. Diese Funktion verwendet unser Beispiel-Verein nicht. Die TS-Config für einen bestimmten Benutzer benötigen wir ebenfalls nicht.

Zugriff

Über **Zugriff** können Sie festlegen, für welchen Zeitraum der Benutzerdatensatz gültig ist. Sofern Sie keine Einträge vornehmen, ist der Datensatz unbegrenzt gültig (Abbildung 17.39).

Abbildung 17.39: Registerkarte Zugriff

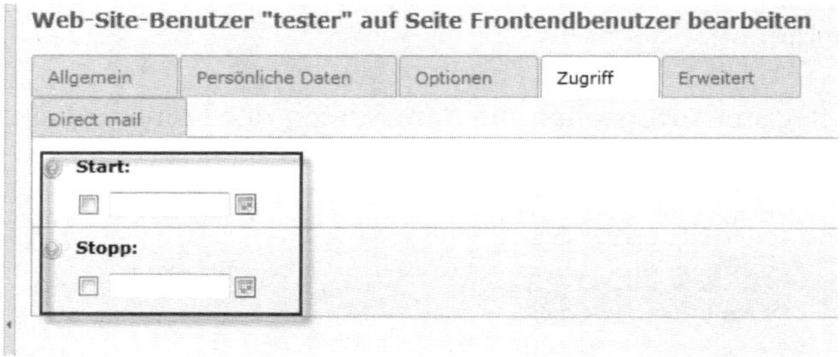

Erweitert

Für das Login können Sie für jeden Benutzer eine individuelle Startseite angeben, auf die der Besucher nach seiner Anmeldung geleitet wird, das sogenannte *Redirect after Login*. Die entsprechende Definition wurde über die Erweiterung `felogin` (siehe Seite 415) realisiert. Nehmen Sie hier keinen Eintrag vor, wird der Besucher nicht weitergeleitet, sondern verbleibt auf der Seite, auf der er sich angemeldet hat.

Abbildung 17.40: Registerkarte Erweitert

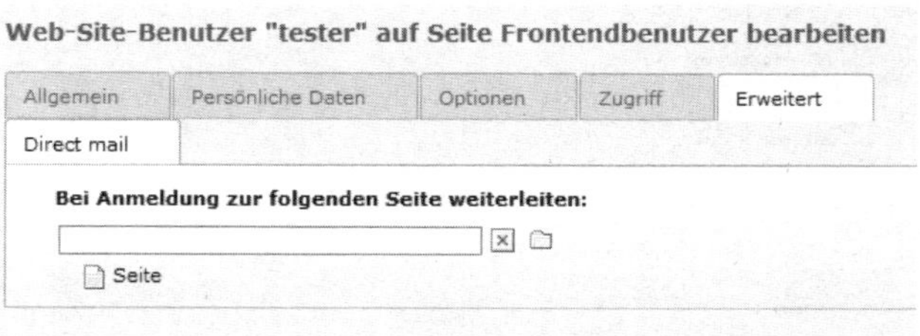

Direct mail

Auf dieser Registerkarte werden die Informationen aus Direct Mail angezeigt, also ob der Besucher HTML-E-Mails empfangen möchte und im Registrierungsformular den entsprechenden Haken gesetzt hat. Zudem werden die Kategorien und die entsprechende Auswahl derselben angezeigt (Abbildung 17.41).

Abbildung 17.41: Registerkarte Direct mail

17.4 Mehrsprachigkeit

Um die Erweiterung für verschiedene Sprachen zu aktivieren, müssen Sie die Seiten wieder lokalisieren. Seiten, die im Menü angezeigt werden sollen, und solche, die die Plug-Ins enthalten, sind zu übersetzen.

Wechseln Sie auf die Seite **Anlegen** und wählen Sie in der Combobox für die Sprachauswahl **English** aus (Abbildung 17.42).

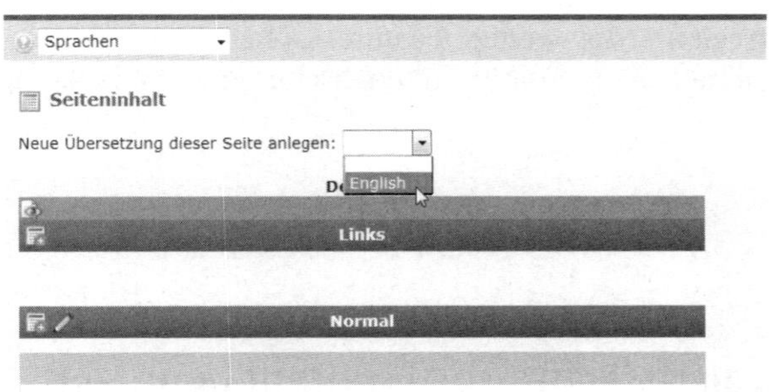

Abbildung 17.42: Lokalisieren der Seite Anlegen – traditionell

Legen Sie auch eine englischsprachige Kopie des Plug-Ins an. Achten Sie darauf, dass in der Registerkarte **Zugriff** das Häkchen bei **Inhaltslement deaktivieren** nicht gesetzt ist.

Gehen Sie genauso für die Seite `Editieren` vor, deren englisches Pendant den Seitentitel `Edit` erhält; auf diese Weise erzeugen Sie außerdem für `Bestätigen` eine Seite namens `Confirmation`.

Die beiden Verweisseiten `Registrieren` und `Benutzerdaten bearbeiten` müssen ebenfalls lokalisiert werden. Hier wird lediglich der jeweilige Seitentitel benötigt: `Register` und `Edit your account`. Da die Seiten keine Inhalte haben, muss nichts weiter übersetzt werden.

Ein kleiner Wermutstropfen sind die Kategorien, da diese nicht wirklich lokalisiert, sondern jeweils in den Sprachen angelegt werden. Wenn der Benutzer seinen Datensatz auf Deutsch anlegt, sieht er die deutschen Kategorien. Gleiches gilt natürlich für andere Sprachen.

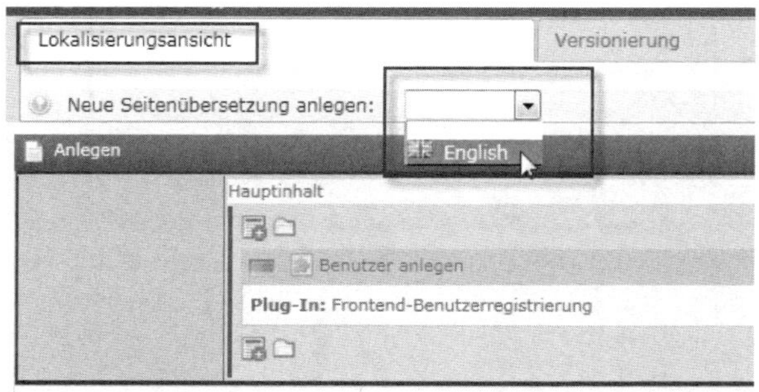

Abbildung 17.43: Lokalisieren der Seite Anlegen – TemplaVoila

Ändert der Frotendbenutzer nun seinen Datensatz, und zwar auf der englischen Seite der Benutzerregistrierung, sieht der Benutzer nicht, welche Kategorien er auf Deutsch gewählt hat. Also wird er natürlich die entsprechende Kategorie auf Englisch anklicken, damit überschreibt er aber die deutsche Auswahl. Das Problem liegt jedoch nicht bei der Frontendbenutzerregistrierung, sondern bei Direct Mail.

Für unsere Zwecke soll diese Installation genügen, auch wenn die Frontendbenutzerregistrierung weitere Features bietet. Interessenten finden der Erweiterung eine Dokumentation in englischer Sprache beigefügt.

17.5 Zugriffsrechte für Frontendbenutzer

Sie können bestimmte Seiten nur für angemeldete Frontendbenutzer zugänglich machen. Dabei sollten Sie unterscheiden zwischen Seiten, die generell den Frontendbenutzern zur Verfügung gestellt werden, und solchen Seiten, die nur bestimmten Mitgliedern von einer oder weiteren Benutzergruppen zur Verfügung gestellt werden. Beispielsweise sollen nur Mitglieder des erweiterten Vorstands Zugriff auf Seiten mit Protokollen etc. erhalten. Um die Frontendbenutzerregistrierung und damit die Zugriffsmöglichkeiten auf Seiten- und Inhaltsebene wie beschrieben nutzen zu können, erstellen Sie zunächst eine Benutzergruppe für Ihre Vereinsmitglieder im Ordner `Frontendbenutzer`.

Benutzergruppe Mitglieder erstellen

Wechseln Sie dazu ins Webmodul **Liste** und klicken Sie auf das Icon **Neuen Datensatz anlegen**. Aus der Liste wählen Sie **Web-Site-Benutzergruppe** und vergeben im Formular den Titel `Erweiterter Vorstand`.

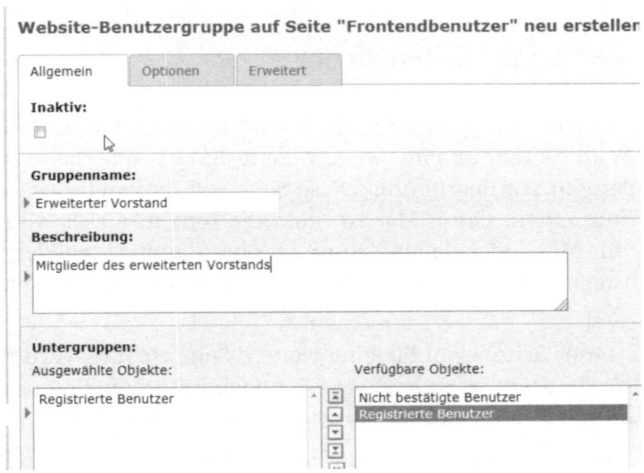

Abbildung 17.44: Neue Gruppe Erweiterter Vorstand

Eine kurze Beschreibung der Gruppe erleichtert die Verwaltung. Außerdem vererben wir die Rechte der Gruppe `Registrierte Benutzer`. Im Prinzip ist diese Vererbung nicht notwendig, da sich der Besucher ja ohnehin registrieren muss und damit dieser Gruppe per se angehört. Es kann aber vorkommen, dass Sie als Administrator Mitglieder direkt im Backend anlegen – dann müssen Sie die Gruppe nicht noch explizit zuweisen.

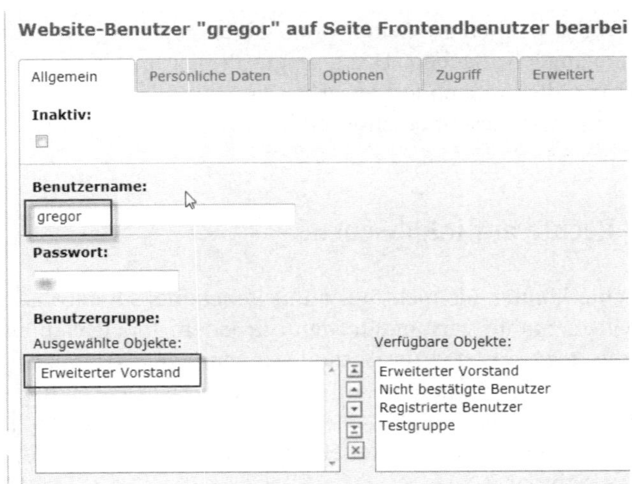

Abbildung 17.45: Neues Mitglied „gregor"

Sie könnten über die Registerkarte **Erweitert** eine Seite angeben, auf die Gruppenmitglieder nach dem Login geleitet werden. Der Verein verzichtet aber darauf. Speichern Sie den Datensatz ab, legen Sie im Backend einen neuen Benutzer `Gregor Geschäftsführer` mit dem Benutzernamen `gregor` an und weisen Sie die soeben angelegte Benutzergruppe zu.

17.5.1 Rechte auf Seitenebene

Wechseln Sie jetzt ins Webmodul **Seite** und erstellen Sie im `Menu Links` nach der Seite `Kalender` eine weitere Seite `Mitgliederbereich` mit einem Textelement zur Begrüßung. Diese Seite soll für jeden Besucher sichtbar sein. Zum einen, damit klar ist, dass die Inhalte dieses Mitgliederbereichs nur für Mitglieder da sind, zum anderen damit Mitglieder sich auch tatsächlich registrieren und anmelden, um an die begehrten Inhalte zu gelangen.

Unterhalb dieser Seite legen Sie eine weitere Seite `Protokolle` für die Sitzungsprotokolle des Vereins an. Diese Seite wird über die Registerkarte **Zugriff** der Gruppe `Erweiterter Vorstand` zugänglich gemacht.

Normalerweise legen Sie hier Inhalte vom Typ **Dateilinks** für die Protokolle an. Legen wir also ein erstes Protokoll einer Mitgliederversammlung an (ein Dummy-Inhalt sollte genügen).

Ein nicht angemeldeter Besucher sieht diese Seite `Protokolle` im Frontend nicht. Nur angemeldeten Besuchern der Gruppe `Erweiterter Vorstand` steht diese Seite zur Verfügung. Sie müssen die geschützten Seiten nicht in einem speziellen Bereich definieren. An jeder beliebigen Stelle des Seitenbaums können Seiten nur für bestimmte Gruppen zugänglich gemacht werden.

Auf diese Weise können Sie Seiten unterschiedlichsten Frontendbenutzergruppen zugänglich machen. Das gezeigte Prinzip gilt immer. Wichtig ist, dass Sie zuvor eine Konzeption ausarbeiten, wie viele Benutzergruppen Sie benötigen und wie diese ineinandergreifen.

17.5.2 Rechte auf Inhaltsebene

Zugriffsrechte können Sie nicht nur auf Seitenebene, sondern auch für einzelne Inhaltselemente verwenden, denn in jedem Inhaltselement können Sie über die Registerkarte **Zugriff** die Gruppenrechte für einzelne Inhaltselemente setzen. So könnten Sie auf der Seite `Mitgliederbereich`, die allen Besuchern angezeigt wird, dennoch beispielsweise ein Inhaltselement mit einem Hinweis für den erweiterten Vorstand einfügen, der nur nach Anmeldung sichtbar ist.

Legen Sie einfach ein Inhaltselement auf einer öffentlichen Seite an und setzen Sie die Zugriffsrechte nicht auf die Seite, sondern im jeweiligen Inhaltselement, und zwar über die Registerkarte **Zugriff** (Abbildung 17.46). Das Vorgehen ist das gleiche wie beim Zugriff auf Seitenebene.

Abbildung 17.46: Zugriff auf Inhaltsebene setzen

Das bereits auf der Seite `Mitgliederbereich` angelegte Inhaltselement mit dem Begrüßungstext passen Sie so an, dass das Element nach erfolgter Anmeldung nicht mehr sichtbar ist.

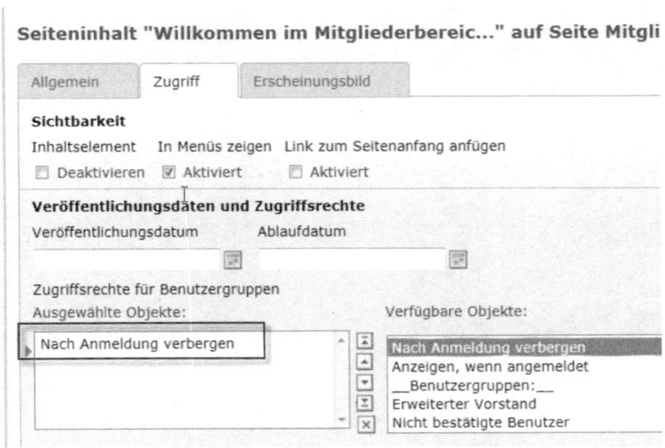

Abbildung 17.47: Inhaltselement nach Anmeldung verbergen

18

Kapitel

Nachrichtensystem mit tt_news

Eine Webseite lebt von den Informationen, die sie bietet. Aktualität, hoher Informationsgehalt, übersichtliche Darstellung und schneller Zugriff sind entscheidende Kriterien. Während die beiden ersten Punkte in der Hand der Redakteure liegen, trägt die Erweiterung `tt_news` von Rupert Germann den beiden anderen Rechnung. Es handelt sich hier um eine vielseitige und bestens dokumentierte Erweiterung, die für weit mehr verwendet werden kann, als auf den ersten Blick zu vermuten ist. Denken Sie bei Nachrichten nicht nur an Schlagzeilen, z. B. vom letzten Topspiel, sondern auch an andere Informationen, die Sie sammeln, kategorisieren und bereitstellen wollen.

Die einfache Nutzung und Ausbaufähigkeit von `tt_news` hat dazu geführt, dass es mittlerweile eine nicht geringe Anzahl anderer Erweiterungen gibt, die auf `tt_news` aufbauen bzw. `tt_news` um einige Besonderheiten ergänzen. An dieser Stelle können nicht alle diese Erweiterungen besprochen werden; Informationen über das aktuelle Angebot rund um `tt_news` bietet die TYPO3-Webseite.[1] Achten Sie jedoch unbedingt darauf, ob die Erweiterung mit der aktuellen Version von `tt_news` kompatibel ist und ob nicht ggf. die angebotene Funktionalität bereits in `tt_news` integriert wurde.

Die Erweiterung `tt_news` ist so mächtig, dass eine ausführliche Beschreibung aller Möglichkeiten ein eigenständiges Buch ergäbe – in diesem Kapitel können daher nur die wichtigsten Funktionalitäten angesprochen werden. Für eine darüber hinaus gehende Nutzung, und natürlich als Referenz, benutzen Sie bitte die sehr gute Dokumentation von `tt_news`.

18.1 Anforderungen des Sportvereins

Die Anforderungen des Sportvereins TUS EASI 1970 an ein Nachrichtensystem sind:

Darstellung

- Auf der Startseite werden nur die drei aktuellsten, noch nicht archivierten Topnachrichten aus allen Kategorien angezeigt, bestehend aus dem Titel und den ersten 100 Zeichen der Nachricht.
- Sofern eine Nachricht Bilder enthält, soll das erste Bild als Thumbnail in der Größe von max. 160×160 Zeichen angezeigt werden. Dies gilt für aktuelle wie für archivierte Nachrichten.
- Der Link zur Anzeige einer Detailnachricht lautet **weiterlesen**. Außerdem ist ein Link zum Nachrichtenarchiv erforderlich, jedoch ist weder die Anzeige einer Kategorie, noch die Anzeige des Pagebrowsers *(Seite x von y)* erwünscht.
- Auf der ersten Abteilungsseite werden neben der jüngsten Topnachricht auch die fünf aktuellsten Nachrichten der Abteilung angezeigt. Dies betrifft nur nicht archivierte Nachrichten. Dabei gilt wieder: Anzeige des Titels und maximal 100 Zeichen Nachrichtentext.
- Auf allen Seiten werden zwei zufällige Sponsorennachrichten angezeigt. Es werden nur das Sponsorenlogo und der Titel angezeigt.
- Auf einer Archivseite werden alle nicht archivierten Nachrichten gezeigt. Die jeweilige Kategorie wird ebenfalls angezeigt.
- Die detaillierte Nachricht für Sponsoren wird auf einer eigenen Seite angezeigt, ohne Anzeige weiterer Sponsoren.

[1] `http://typo3.org/extensions/repository/`

- Die detaillierte Nachricht wird für alle Nachrichten im gleichen Format auf einer eigenen Seite angezeigt.
- Nachrichten können, falls gewünscht und vom Autor entsprechend gepflegt, nur für angemeldete Frontendbenutzer sichtbar sein.

Kategorien

- Nachrichten können einer oder mehreren Kategorien zugeordnet werden.
- Es muss mindestens eine Kategorie zugeordnet werden.
- Nachrichten können im Frontend auf der Seite mit der Liste aller Nachrichten anhand von Kategorien gefiltert werden.
- Kategorien, z. B. Fußball, können ein eigenes Icon erhalten.
- Nachrichten bestimmter Kategorien, z. B. „vereinsinterne Nachrichten", sind erst nach Anmeldung im Frontend sichtbar.

Archiv

- Nachrichten müssen automatisch in einem monatlichen Archiv hinterlegt werden. Das Archivierungsdatum ist das Erstellungsdatum plus 40 Tage.
- Der Frontendbenutzer kann von allen Seiten, die Nachrichten enthalten, auf das Archiv zugreifen und sich bereits archivierte Nachrichten anzeigen lassen.

Verlinkung

- Die Nachrichten können untereinander verlinkt werden.
- Einer Nachricht können Bilder und Dateien angehängt werden.
- Die Nachrichten können Links zu externen Seiten enthalten.

18.2 Installation

Installieren Sie die Erweiterung in gewohnter Weise über den Erweiterungsmanager, indem Sie nach `tt_news` suchen und dann unter den Frontend-Plug-Ins auswählen.

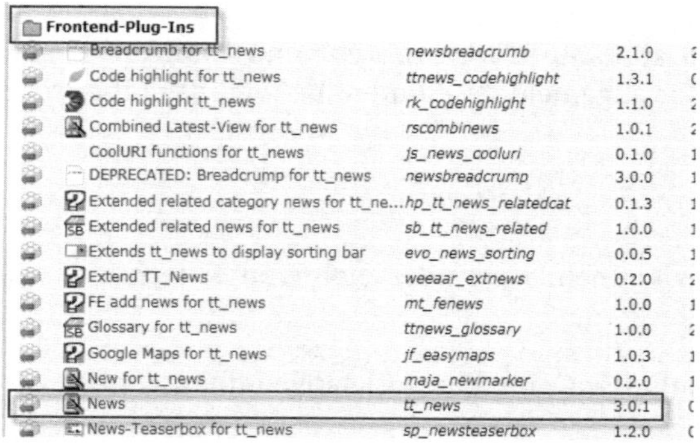

Abbildung 18.1: tt_news installieren

Die Version 3.01 führt noch zu einem Warnhinweis, dass die TYPO3-Version größer ist als erlaubt. Diesen Hinweis können Sie getrost ignorieren. Zum Zeitpunkt der Installation bei Ihnen kann mit einer neueren Version von `tt_news` dieser Hinweis bereits erledigt sein.

Nach erfolgtem Datenbank-Update, zu dem Sie ganz nach unten scrollen müssen, steht `tt_news` zur Verfügung.

Der Erweiterungsmanager präsentiert anschließend eine Seite wie in Abbildung 18.2 zu sehen.

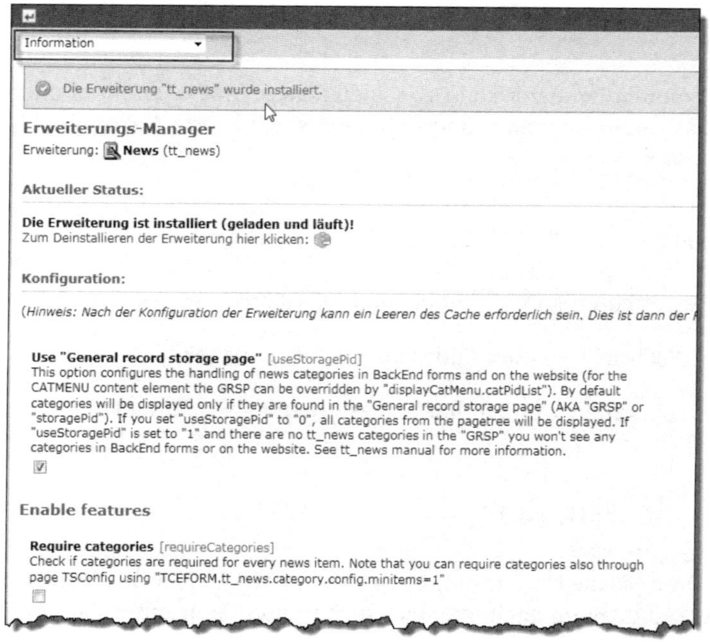

Abbildung 18.2: tt_news-Konfiguration im Erweiterungsmanager

Hier können Sie einige grundlegende Einstellungen vornehmen. Die diese Installation betreffenden Einstellungsmöglichkeiten werden wir im Folgenden beschreiben. Nicht hier aufgeführte Einstellungsmöglichkeiten belassen Sie auf dem Default-Wert.

Use „General record storage page"

Sofern Sie alle Nachrichten im Ordner `Allgemeine Datensatzsammlung` (`General record storage page`) hinterlegen wollen, können Sie das Häkchen hier setzen. Dann greift `tt_news` immer und nur auf diesen Ordner zu, um Nachrichten zu lesen und aufzubereiten. Das mag in Ordnung sein, wenn Sie nur eine überschaubare Anzahl von Nachrichten verwalten müssen; andernfalls ist es aber ratsam, die Nachrichten zwecks Übersichtlichkeit und eventueller Rechtevergabe in einem Ordner mit mehreren Unterordnern zu strukturieren. Entfernen Sie daher hier das Häkchen.

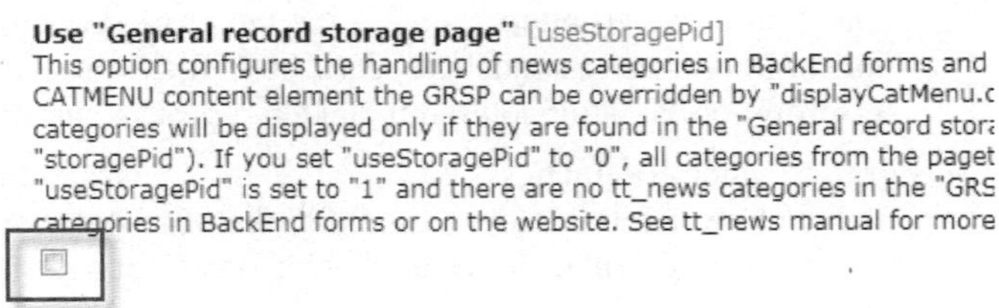

Abbildung 18.3: Alle Nachrichten in einem Ordner hinterlegen

Require categories

Bei aktivierter Option muss bei einer Nachricht eine Kategorie vergeben werden. Das ist die vom TUS EASI 1970 gewünschte Vorgehensweise – setzen Sie daher hier das Häkchen.

Abbildung 18.4: Eine Nachricht muss eine Kategorie erhalten

Prepend at Copy

Häufig werden Nachrichten erstellt, indem einfach eine bereits vorliegende ähnliche Nachricht kopiert und bearbeitet wird. Ohne gesetztes Häkchen wird der Titel der Nachricht um `(Kopie [#])` erweitert. Dieses Verhalten mag stören, und darum kann es hier mit gesetztem Häkchen ausgeschaltet werden.

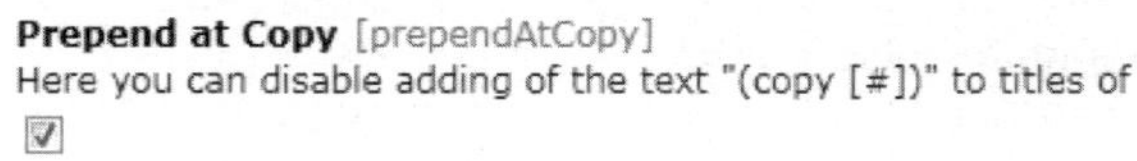

Abbildung 18.5: Den Text (Kopie [#]) unterdrücken

Language specific constants

Die folgenden Einstellungen beziehen sich auf die Verwendung der Mehrsprachigkeit. Da die Seiten des TUS EASI 1970 künftig auch in anderen Sprachen angezeigt werden sollen, können Sie bereits jetzt die Grundvoraussetzungen hierfür schaffen. Sollten Sie für Ihre Webseite keine Mehrsprachigkeit vorsehen, dann setzen Sie hier keine Häkchen.

Localization mode for text fields

Die Textfelder erhalten den Zusatz `[translate to]`, um darauf aufmerksam zu machen, dass hier noch eine Übersetzung erforderlich ist. Hier sollte ein Häkchen gesetzt werden.

Localization mode for images

Sofern Sie auch bei Bildern die Bildtexte übersetzen wollen, und das wird empfohlen, muss auch hier das Häkchen gesetzt werden.

Hide new localizations

Bei gesetztem Häkchen wird der Zusatz `[translate to]` grundsätzlich ausgeschaltet. Setzen Sie hier kein Häkchen.

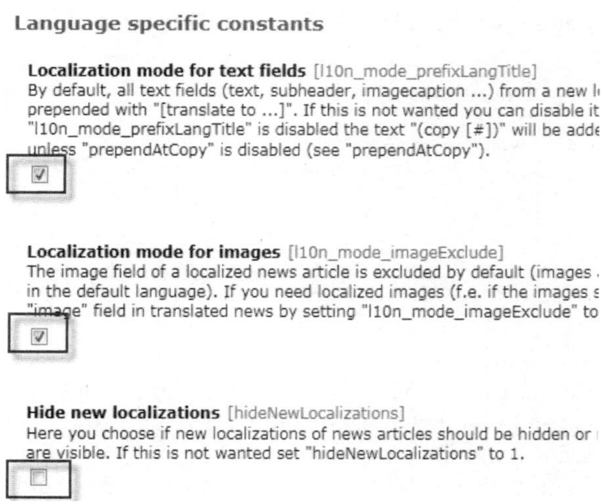

Abbildung 18.6: Behandlung von mehrsprachigen Nachrichten (Localization)

Behandlung der Nachrichtentitel

Die folgenden Einstellungen beziehen sich auf die Behandlung und Darstellung der Nachrichtentitel.

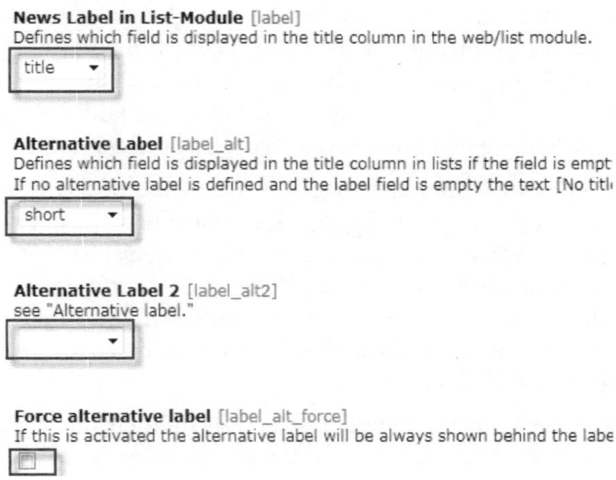

Abbildung 18.7: Behandlung der Nachrichtentitel

News Label in List-Module

Hier können Sie vorgeben, welches Feld als Nachrichtentitel im Frontend angezeigt werden soll. Zur Auswahl stehen Titel, Kurzbeschreibung und Autor. Für diese Webseite belassen Sie es auf dem Standard **Titel**.

Alternative Label

Für den Fall, dass in der Nachricht kein Titel angegeben wurde, kann hier vorgegeben werden, welches Feld anstelle des Titels verwendet werden soll. Wählen Sie hier die Kurzbeschreibung (**short**) aus.

Alternative Label2

Falls weder der Titel noch das unter **Alternative Label** angegebene Feld gefüllt wurde, kann hier vorgegeben werden, welches Feld alternativ verwendet werden soll. Geben Sie hier nichts vor. Dies führt dazu, dass in diesem Falle der Text `[Kein Titel]` angezeigt wird.

Force alternative label

Mit einem Häkchen an dieser Stelle würden immer die unter **Alternative Label** und **Alternative Label2** angegebenen Felder zusätzlich zum Titel angezeigt – hier kein Häkchen setzen.

18.3 TS-Template

Damit Ihr TypoScript-Template nicht zu unübersichtlich wird, legen Sie auch für `tt_news` ein eigenes TypoScript-Basistemplate an. Darin werden die Konstanten und das Setup für die Nachrichten, auch das spezielle TypoScript für die Sponsorennachrichten, sowie die von `tt_news` verwendeten statischen Templates eingegeben. Setup und Konstanten dieses TypoScript-Templates für `tt_news` werden im weiteren Verlauf des Kapitels ausgefüllt. An dieser Stelle legen Sie nur das TypoScript-Template an.

Gehen Sie zum Modul **Liste** und klicken Sie den SysOrdner `Templates` an. Legen Sie dort ein neues TypoScript-Basistemplate mit dem Namen `+ext tt_news` an. Achten Sie darauf, dass auf der Registerkarte **Optionen** die Häkchen bei **Constants**, **Setup** und **Wurzelebene** entfernt sind. **Constants** und **Setup** für `tt_news` werden zu einem späteren Zeitpunkt in diesem Kapitel gepflegt. Speichern Sie Ihr vorläufig noch leeres Basistemplate, aber schließen Sie es noch nicht.

Wie bei vielen Erweiterungen ist es erforderlich, dass Sie im TypoScript-Template Ihrer Seite das dazugehörige statische Template hinzufügen. Das statische Template wird von der Erweiterung `tt_news` mitgeliefert und enthält den für die Verwendung der Erweiterung notwendigen TypoScript-Code. Ohne dieses statische Template wäre `tt_news` nicht funktionsfähig. Dies gilt übrigens für alle Erweiterungen, die ein statisches Template mitliefern; das notwendige Einbinden des Templates wird, nicht nur von TYPO3-Startern, gerne einmal vergessen. Auf der Registerkarte **Enthält** und im Abschnitt **Statische einschließen (aus Erweiterungen)** können Sie das Template einbinden. Wählen Sie auf der rechten Seite die beiden Objekte **News settings (tt_news)** und **News CSS-styles (tt_news)**, indem Sie darauf klicken (Abbildung 18.8).

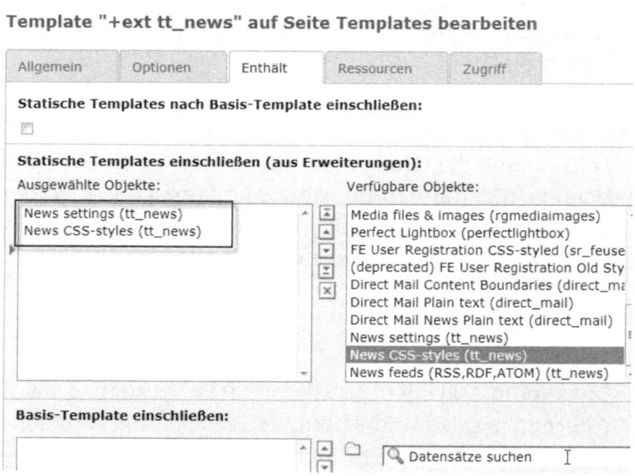

Abbildung 18.8: Statische Templates auswählen

Damit stehen die beiden Objekte im linken Feld **Ausgewählt** zur Verfügung. Das statische Template **News feeds** benötigen wir in dieser Installation nicht, da wir keine RSS-Feeds verwenden werden. Speichern und schließen Sie jetzt Ihr Basistemplate.

Bleiben Sie beim ausgewählten Template und wählen Sie den **Constant Editor** aus. Die Erweiterung `tt_news` bietet mit insgesamt vier Einstellungskategorien eine Vielzahl an Einstellungsmöglichkeiten, die alle im sehr guten Handbuch der Erweiterung erklärt sind. Wir können im Rahmen dieses Buches nur auf die für diese Installation relevanten Einstellungsmöglichkeiten eingehen. Als Erstes wählen Sie die Kategorie `PLUGIN_TT_NEWS_BASIC`.

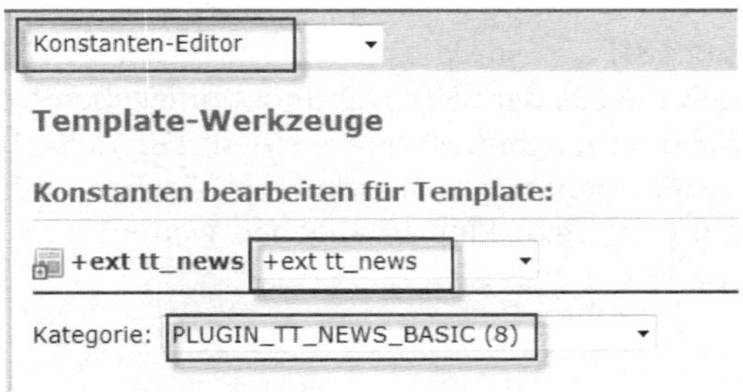

Abbildung 18.9: Konstanten-Editor auswählen

Mit Klick auf die Bleistiftsymbole können Sie die Einträge ändern, mit Klick auf Default (das kleine Pfeil-Icon) wird wieder der Defaultwert verwendet. Gesetzte Häkchen werden als Wert 1 angezeigt; erst mit einem Klick auf das Bleistiftsymbol können Sie das Häkchen entfernen oder setzen (siehe Abb. 18.10).

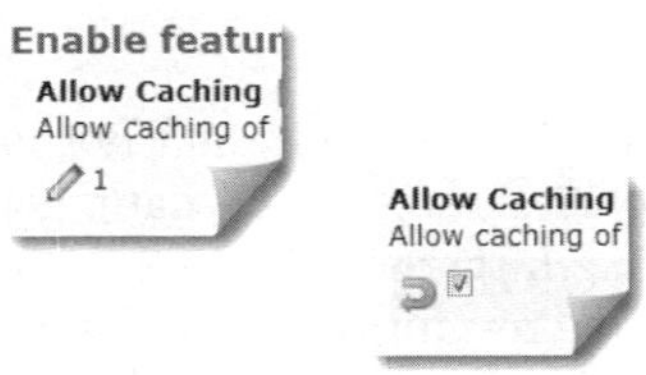

Abbildung 18.10: Beispiel – Häkchen gesetzt

Template File

Hier können Sie ein abweichendes HTML-Template vorgeben. Normalerweise verwendet `tt_news` das bei der Installation der Erweiterung mitgelieferte HTML-Template. Für die Webseite TUS EASI 1970 soll ein eigenes Template verwendet werden, welches Sie später anlegen werden. Das HTML-Template soll zwecks schneller Bearbeitung im Ordner `fileadmin/templates` hinterlegt werden und dabei den Namen `tt_news.html` erhalten. Auch wenn die Datei noch nicht angelegt ist, können Sie hier bereits die Konstante mit dem Speicherort und Dateinamen belegen. Überschreiben Sie daher nach Klick auf das Bleistiftsymbol den Default-Wert mit: `fileadmin/templates/tt_news.html`

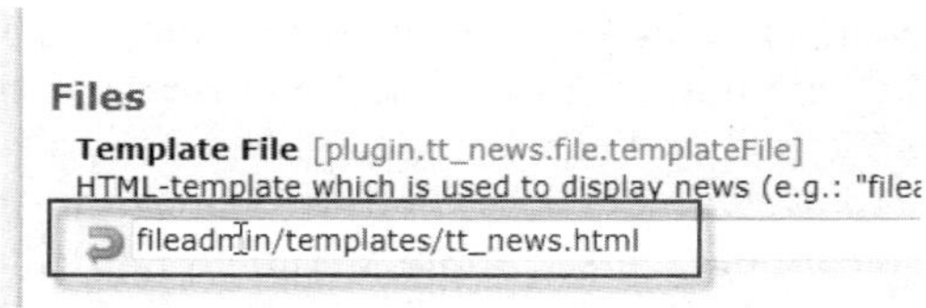

Abbildung 18.11: Anderes HTML-Template für tt_news vorgeben

Starting Point (pid_list)

Hier können die IDs der Seiten/Ordner vorgegeben werden, in denen Sie Ihre Nachrichten hinterlegen werden. Für diese Webseite erfolgt die Ablage der Nachrichten aber in einer eigenen Ordnerstruktur, die wir direkt im `tt_news`-Plug-In angeben werden. Lassen Sie hier den Eintrag leer.

Abbildung 18.12: Starting Point (pid_list)

SinglePid

Hier können Sie die PID der Seite mit der Einzelansicht von Nachrichten vorgeben. Diese Angabe gilt dann generell. Sie können aber auch direkt im Plug-In gezielt die Seite mit der Einzelansicht angeben. Letzteres ist interessant, wenn Sie für jedes Plug-In eine andere Einzelansicht verwenden wollen. Im Falle einer einzigen Seite für die Einzelansicht empfiehlt es sich, hier die Vorgabe zu machen. Da die Seite mit der Einzelansicht noch nicht angelegt wurde, muss der Eintrag hier frei bleiben und wird erst im Laufe dieses Kapitels gefüllt.

BackPid

Hier können Sie die ID der Seite vorgeben, auf die generell zurückgesprungen wird, wenn auf den Link **Zurück** in der Einzelansicht geklickt wird – egal, von welcher Seite aus die Einzelansicht aufgerufen wurde. Dieses Verhalten ist aber in den meisten Fällen nicht erwünscht. Lassen Sie daher den Eintrag leer. In dem Fall führt der Zurück-Link wieder auf die Seite, von der aus die Einzelansicht aufgerufen wurde.

Archive Link parameter
Hier können Sie die ID der Seite mit der Archivansicht von Nachrichten vorgeben. Da die Seite mit der Archivansicht noch nicht angelegt wurde, muss der Eintrag hier leer bleiben.

List Limit, Latest Limit
Hier können Sie generell vorgeben, wie viele Nachrichten maximal bei der List- oder Latest-Anzeige angezeigt werden sollen. Sie können jedoch auch im Plug-In spezielle Limits vorgeben, die diese Grundeinstellung überschreiben. Für unsere Webseite werden die Vorgaben direkt im Plug-In gemacht. Belassen Sie es also bei den hier vorgegebenen Werten.

Abbildung 18.13: List Limit, Latest Limit

Speichern Sie die Änderungen an den Konstanten mit Klick auf das entsprechende Symbol. Als Zweites wählen Sie die Kategorie `PLUGIN_TT_NEWS_ADVANCED`.

Allow Caching
Durch ein Häkchen an dieser Stelle wird erreicht, dass die Nachrichten gecachet werden und damit auch von *Indexed Search* durchsucht werden können (vgl. Kapitel 21). Da wir im weiteren Aufbau dieser Webseite die Suche mittels Indexed Search nutzen, können Sie hier das Häkchen gesetzt lassen.

Use human readable dates
Durch ein Häkchen an dieser Stelle werden gut lesbare Datumsangaben in den Archivlinks verwendet. Für unsere Webseite sollten Sie hier das Häkchen gesetzt lassen.

Use subcategories
Durch ein Häkchen an dieser Stelle wird erreicht, dass bei der Auswahl einer Hauptkategorie auch alle Nachrichten aus einer dazugehörigen Unterkategorie angezeigt werden. Zum Beispiel werden bei Klick auf die Kategorie **Fußball** auch Nachrichten der Unterkategorie **Fußball Damen** angezeigt. Voraussetzung ist allerdings, dass der **Category Text mode** (weiter unten auf derselben Seite) auf 3 gesetzt wurde. Für unsere Webseite hier das Häkchen gesetzt lassen.

Show category rootline

Durch ein Häkchen an dieser Stelle würde die Rootline, der Ausgangspunkt der Kategorienliste, bei der Anzeige im Frontend immer mit angezeigt. Für unsere Webseite sollten Sie hier das Häkchen *nicht* gesetzt lassen.

Use bidirectional relations

Durch ein Häkchen an dieser Stelle wird erreicht, dass Verknüpfungen zwischen Nachrichten in der Einzelansicht angezeigt werden. Also von Nachricht „Nachricht 1“ zur Nachricht „Nachricht 2“ und zurück. Es ist nicht erforderlich, in beiden Nachrichten diese Verknüpfung zu setzen, es genügt, dass bei einer Nachricht eine Verknüpfung angelegt wird, die Rückverbindung wird mit Setzen des Häkchens automatisch geregelt. Für unsere Webseite hier das Häkchen gesetzt lassen.

Use Pages as related news

Sie können in der Nachricht auch Verknüpfungen zu anderen Seiten angeben, auf Ihrer Website oder einer anderen. Durch ein Häkchen an dieser Stelle wird diese Verknüpfung in der Einzelansicht angezeigt. Für unsere Webseite können Sie hier das Häkchen gesetzt lassen.

show related news by category

Mit einem Häkchen an dieser Stelle werden unterhalb der Einzelansicht weitere Nachrichten zur gleichen Kategorie angezeigt. Für unsere Webseite hier das Häkchen *nicht* gesetzt lassen.

Display subcategories

Durch ein Häkchen an dieser Stelle werden zu einer Nachricht auch die Unterkategorien angezeigt, sofern vergeben. Für unsere Webseite sollten Sie das Häkchen hier *nicht* gesetzt lassen.

Use singlePid from category

Sie können für jede Kategorie eine bestimmte Seite für die Einzelansicht der Nachrichten angeben. Durch ein Häkchen an dieser Stelle wird immer die bei der Kategorie angegebene Seite für die Einzelansicht verwendet. Dieser Ansatz wird bei der Erstellung unserer Webseite jedoch nicht verfolgt. Hier sollten Sie also das Häkchen *nicht* gesetzt lassen.

Use Multipage Single View

Durch ein Häkchen an dieser Stelle wird die Einzelansicht der Nachrichten auf mehrere Anzeigeseiten verteilt. Dies ist interessant für sehr große Nachrichten. Für unsere Webseite sollten Sie hier das Häkchen *nicht* gesetzt lassen.

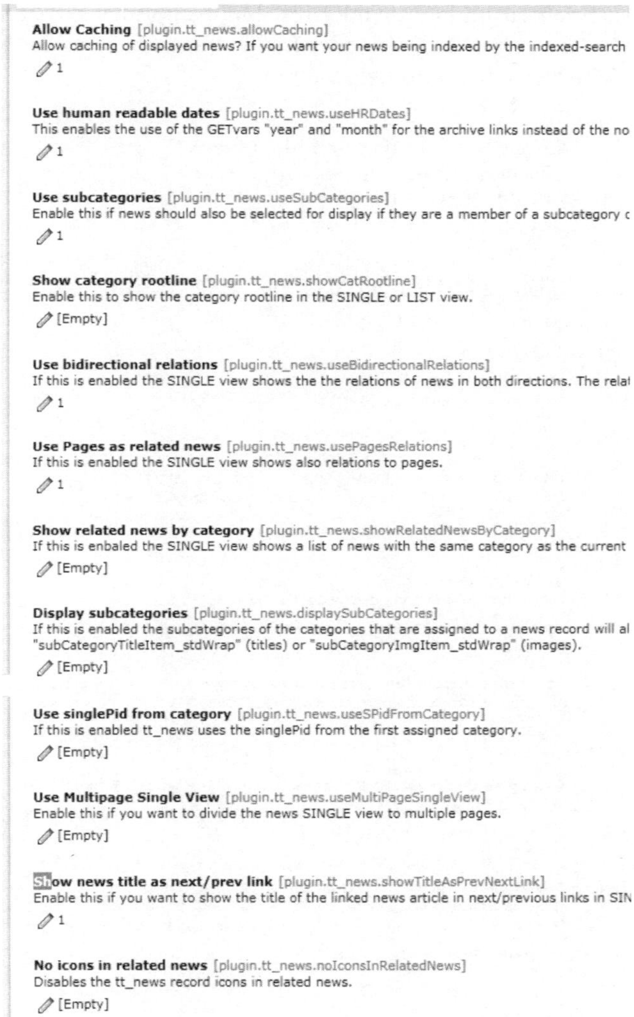

Abbildung 18.14: Einstellungen für Features in tt_news

single-image max width, single-image max height, latest-image, max width, latest-image max height, list-image max width, list-image max height

An dieser Stelle können Sie die maximale Breite bzw. Höhe (in Pixeln) von Bildern in der Einzelansicht, in der List-Ansicht und der Latest-Ansicht vorgeben. Gemäß den Anforderungen des Vereins sind die Vorschaubilder für Latest mit maximal 80×80 Pixeln und für List mit maximal 160×160 Pixeln anzuzeigen.

Resize mode for LATEST images, Resize mode for LIST images

Mit der Default-Einstellung, die Sie so belassen, werden die Bild in Nachrichten im Latest- oder List-Modus auf den größten angegebenen Pixel-Wert für Höhe oder Breite angepasst. Das Seitenverhältnis (Höhe zu Breite) wird beibehalten.

Abbildung 18.15: Maximale Größe der Bilder vorgeben

datetime Days to Archive

Hier können Sie vorgeben, nach wie vielen Tagen eine Nachricht archiviert wird. Geben Sie hier die vom Verein TUS EASI 1970 geforderten 40 Tage ein.

Enable archivedate

Hier geben Sie vor, dass die Nachrichten im Archivmenü entweder nach dem Datum der Archivierung oder nach dem (Erstellungs-)Datum der Nachricht angezeigt werden. Einerseits kann das Archivierungsdatum von den vorgegebenen 40 Tagen bei jeder einzelnen

Nachricht noch mal überschrieben werden (manche Nachrichten sollen früher oder auch später ins Archiv). Andererseits ist das Erstellungsdatum einer Nachricht in der Regel das nachvollziehbarere Datum. Entfernen Sie daher hier das Häkchen.

Category Text mode

Hier können Sie vorgeben, wie der Kategorietext einer Nachricht angezeigt wird.

0 = gar nicht

1 = angezeigt, aber nicht verlinkt

2 = Link zum *Category Shortcut*

3 = Verwendung als Kategorieauswahl, d. h., bei Klick auf diesen Kategorielink werden nur noch Nachrichten mit dieser Kategorie angezeigt. Setzen Sie hier den Wert 3.

Category Image mode

entspricht dem vorherigen Punkt, jedoch bezogen auf das Icon einer Kategorie. Setzen Sie hier also ebenfalls die 3.

Abbildung 18.16: Werte für Archivierung und Kategorien

Speichern Sie die Änderungen an den Konstanten. Die Werte für die Kategorien `PLUGIN_TT_NEWS_CATMENU` und `PLUGIN_TT_NEWS_ARCHIVEMENU` lassen Sie unverändert. Wechseln Sie nun wieder zu **Info/Modify** (Abbildung 18.17).

Abbildung 18.17: Info/Modify, Konstanten öffnen zur Bearbeitung

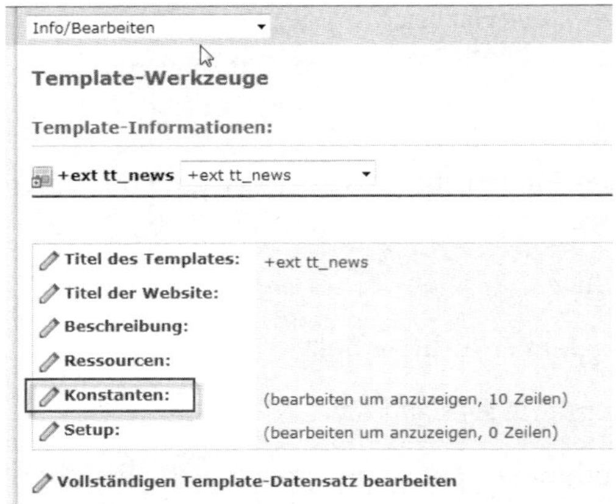

Öffnen Sie hier die **Konstanten** zur Bearbeitung. Sie sehen, dass hier die soeben vorgenommen Änderungen alle eingetragen sind. Sie können also auch hier die Konstanten eintragen oder ändern.

Abbildung 18.18: Die geänderten Konstanten

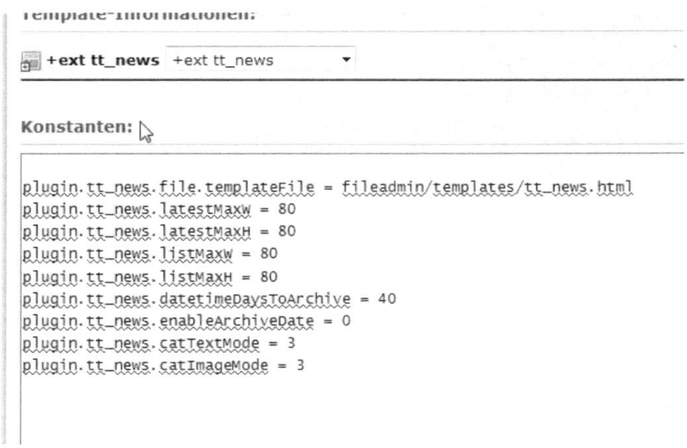

Dieses Basistemplate `+ext tt_news` muss nun noch im TypoScript-Template Ihrer Seite bekannt gemacht werden. Wechseln Sie zum TypoScript-Template `main_verein` und fügen Sie dort auf der Registerkarte **Enthält** im Abschnitt **Basis Template einschließen** das soeben angelegte Basistemplate `+ext tt_news` hinzu. Speichern Sie zuletzt Ihre Eingaben.

18.4 HTML-Template

`tt_news` stellt mit seiner Installation ein HTML-Template zur Verfügung. In diesem Template sind alle Vorlagen für die Anzeige von Nachrichten in der Listenansicht, in der Archivansicht, in der Einzelansicht etc. hinterlegt. Falls erforderlich, z. B. wenn Sie verschiedene Einzelansichten verwenden müssen, bietet es sich an, genau den jeweiligen Teil aus der HTML-Vorlage zu kopieren und unter eigenem Namen im Ordner `fileadmin/templates` abzulegen. Das Original wird, wie bei Erweiterungen üblich, im Verzeichnis der Erweiterung abgelegt. In unserem Fall geht es um `typo3conf/ext/tt_news/res/tt_news_v3_template.html`, welches Sie unter dem Namen `tt_news.html` in den Ordner `fileadmin/templates` kopieren. Führen Sie keine Änderungen in der Originaldatei durch, denn diese würden im Falle einer Aktualisierung der Erweiterung verloren gehen. Am einfachsten kopieren Sie das Original unter Verwendung der Erweiterung `t3quixplorer`, die Sie, falls noch nicht geschehen, installieren sollten (vgl. Seite 73).

Abbildung 18.19: Per t3quixplorer kopiertes und umbenanntes Template tt_news.html

18.5 Nachrichtenordner und -unterordner strukturieren

`tt_news`-Nachrichten können Sie grundsätzlich in jedem Ordner (Typ **Ordner**) und in jeder Seite anlegen. Um jedoch die Übersicht zu behalten, sollten Sie die Nachrichten in eigenen Ordnern ablegen. Für unsere Webseite legen Sie unterhalb der Seite `Verein` einen Ordner `Nachrichtenordner` und *darin* die Unterordner `Fußball`, `Baseball`, `Schwimmen`, `Verein allgemein` und `Verein intern` an. Achten Sie darauf, dass in der Registerkarte **Zugriff** das Häkchen bei **Seite Deaktivieren** nicht gesetzt ist, da andernfalls der Inhalt, also die Nachrichten, nicht angezeigt wird.

Auf der Registerkarte **Optionen** eines jeden dieser Ordner wählen Sie im Abschnitt **Erscheinungsbild** den Eintrag **News** aus (Abbildung 18.20).

Abbildung 18.20: Plug-In News eintragen

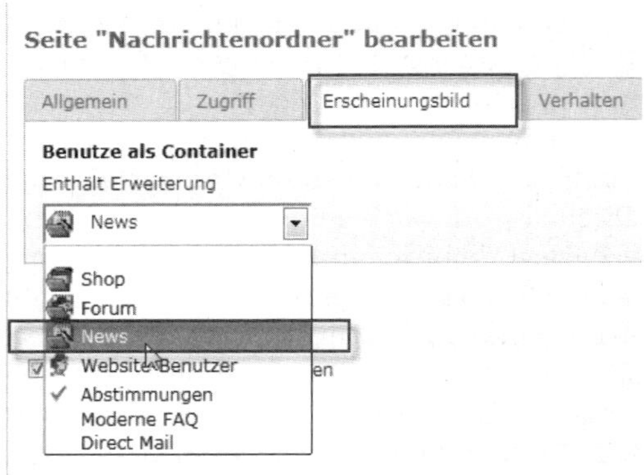

Auf der Ebene des soeben angelegten Nachrichtenordners ergänzen Sie einen weiteren Ordner `Sponsoren`.

Diese Struktur (Abbildung 18.21) erleichtert es, die Nachrichten nach Sachgebieten zu trennen und pro Sachgebiet (SysOrdner) Rechte zu vergeben. TYPO3 verfügt über ein ausgeklügeltes Rechtesystem, welches als eine seiner Stärken gilt. An dieser Stelle werden wir aber nur den einfachen Ansatz der Rechtevergabe auf Ordnerebene verfolgen. Die separate Platzierung des Ordners `Sponsoren` erleichtert die Trennung der Sponsorennachrichten von den anderen Nachrichten.

Abbildung 18.21: Struktur der Nachrichtenordner

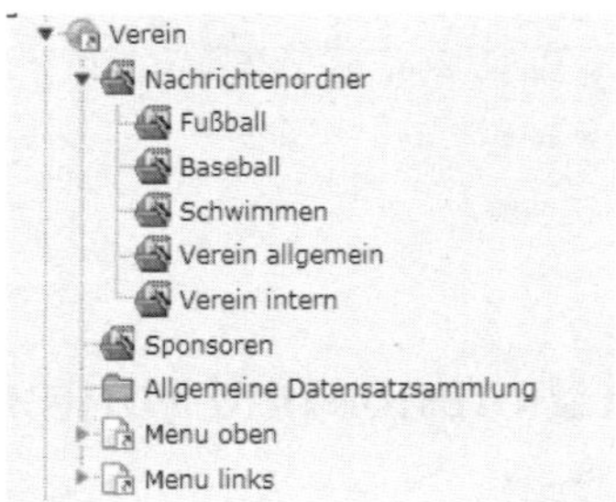

18.6 Kategorien anlegen und strukturieren

Ein wesentliches Merkmal der Nachrichten ist die Kategorisierbarkeit: Sie können pro Nachricht keine, eine oder mehrere Kategorien vergeben. Die Kategorien werden in einer Baumstruktur mit Haupt-/Unterkategorie (Eltern-Kind-Beziehung) strukturiert. Die Anzeige im Frontend kann auf Kategorieebene mit oder ohne Kategorien aus der Kindbeziehung (untergordneten Kategorien) erfolgen. Kategorien können für Bearbeitung und Ansicht mit Rechten belegt werden. Je nachdem, mit welcher Version von TYPO3 und `tt_news` Sie arbeiten oder begonnen haben, die Webseite aufzubauen, wird mal der Begriff *Rubrik*, mal der Begriff *Kategorie* verwendet. Da es bei einer aktuellen Installation ohne Upgrade aus alten Versionen wieder *Kategorie* heißt, verwenden wir diesen Begriff hier in den Beschreibungen, auch wenn in den Bildern manchmal noch *Rubrik* auftaucht. Dies ist eine Folge der im Verlauf der Bucherstellung nachgezogenen Versionen von TYPO3.

Für die Kategorien benötigen Sie in unserer Beispiel-Webseite Kategoriebilder (`fussball_kat.gif`, `baseball_kat.gif`, `schwimmen_kat.gif`, `top_kat.gif`). Aus lizenzrechtlichen Gründen haben wir hier keine der vielen im Internet auffindbaren Icons etc. verwendet, sondern einfach 30x30 Pixel große GIF-Dateien mit ein oder zwei Buchstaben Text. Bitte laden Sie die Bilder von der buchbegleitenden Webseite in den Ordner `fileadmin/images/kategoriebilder`, den Sie noch erstellen müssen. Für Ihre Zwecke können Sie natürlich gerne eigene Kategorienbilder verwenden.

Legen Sie im Ordner `Nachrichtenordner` zunächst eine neue Kategorie an. Wählen Sie dazu im Modul **Liste** den Ordner aus und klicken Sie anschließend auf **Neuen Datensatz erstellen** (Abbildung 18.22).

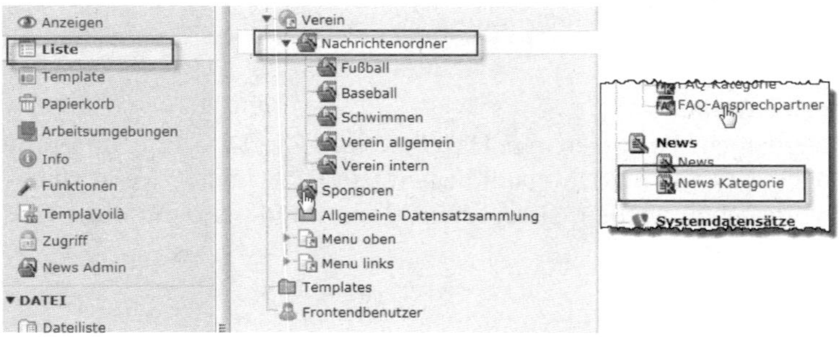

Abbildung 18.22: Neuen Datensatz vom Typ News Kategorie anlegen

Der Aufbau des Datensatzes **News Kategorie** ist in drei Registerkarten unterteilt, deren Felder im Folgenden erläutert werden:

Titel
: Titel der Kategorie

Übersetzungen (mehrere Einträge durch „|" trennen)
: Im Falle von mehrsprachigen Kategorien geben Sie hier die Übersetzungen ein, jeweils durch ein Pipe-Zeichen getrennt. Die Defaultsprache steht im Titel. Die Reihenfolge der Übersetzungen entspricht der Reihenfolge der von Ihnen angelegten Sprachen.

Übergeordnete Kategorie
: Im rechten Feld wählen Sie eine übergeordnete Kategorie aus.

Kategoriebild
: Hier können Sie ein Bild für die Kategorie von Ihrem PC hochladen oder ein bereits hochgeladenes Bild (in unserem Beispiel aus dem Ordner `fileadmin/images/kategoriebilder`) einfügen.

News Kategorie Shortcut
: Hier können Sie angeben, auf welche Seite gesprungen wird, wenn auf das Kategoriebild geklickt wird.

Ziel für News Kategorie Shortcut
: Hier können Sie z. B. mit `_blank` vorgeben, dass die angesprungene Seite in einem neuem Fenster geöffnet wird.

Single-Anzeige (Newsdetails) für Nachrichten dieser Kategorie
: Hier können Sie die Seite mit der Detailansicht für alle Nachrichten dieser Kategorie vorgeben. Sollte eine Nachricht mehreren Kategorien zugeordnet sein, so gilt die erste verwendete Kategorie.

Beschreibung
: Beschreibung/Kommentierung der Kategorie

Allgemeine Optionen
: **Verbergen:** Bei gesetztem Häkchen wird die Kategorie im Frontend versteckt. Mit **Start, Stop** (ohne gesetztes Häkchen bei **Verbergen**) kann vorgegeben werden, ab welchem Datum und bis wann diese Kategorie angezeigt wird.

Zugriff
: Hier können Sie im rechten Feld die Frontend-Zugriffsrechte auf alle Nachrichten, die dieser Kategorie angehören, einstellen.

Geben Sie der neuen Kategorie den Titel `Fußball`. Eine Elternkategorie hat sie nicht.

Als Kategoriebild wählen Sie das Bild `fussball_kat.gif` aus dem Ordner `fileadmin/images/kategoriebilder`.

Legen Sie jetzt noch die Kategorien `Fußball Damen` und `Fußball Herren` mit dem Kategoriebild `fussball_kat.gif` an. Wählen Sie in beiden Fällen als Hauptkategorie die soeben angelegte Kategorie `Fußball` aus (Abbildung 18.23). Gegebenenfalls müssen Sie erst mit Klick auf das Pfeil-Icon im Abschnit **Verfügbare Objekte** die Kategorienstruktur aufklappen.

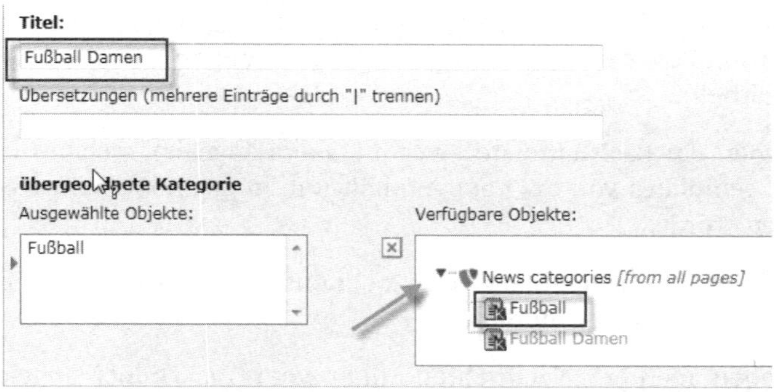

Abbildung 18.23: Kategorie mit Hauptkategorie anlegen

Legen Sie auf die gleiche Weise noch folgende Kategorien an: `Damen Bezirksliga`, `Damen Kreisliga`, `Damen Jugend` mit der Elternkategorie `Fußball Damen` sowie die Kategorien `Herren Bezirksliga`, `Herren Kreisliga` und `Herren Jugend` mit der Kategorie `Fußball Herren` als Elternkategorie.

Legen Sie zudem eigene Kategorien `Baseball` und `Schwimmen` an, jeweils ohne Elternkategorie, mit dem Kategoriebild `baseball_kat.gif` bzw. `schwimmen_kat.gif`. Zu guter Letzt ergänzen Sie noch eine Kategorie `Topnachricht` mit dem Kategoriebild `top_kat.gif`.

Die gesamte Kategoriestruktur können Sie anzeigen lassen, bearbeiten und per Drag&Drop verschieben, wenn Sie das Modul **News Admin** aufrufen. Die angezeigte Struktur sollte wie in Abbildung 18.24 dargestellt aussehen.

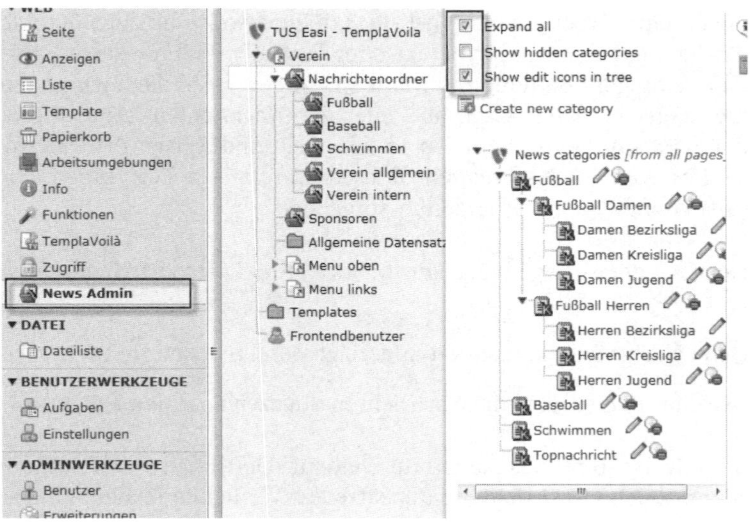

Abbildung 18.24: Kategoriestruktur

Eine kurze Zusammenfassung des bisher Erreichten:

- Sie haben die Erweiterung `tt_news` über den Erweiterungsmanager installiert und die generellen Vorgaben für `tt_news` im Erweiterungsmanager bearbeitet.
- Sie haben ein Basistemplate `+ext tt_news` angelegt, welches die statischen Templates von `tt_news` enthält und in das Root-Template eingebunden wurde.
- Sie haben im Basistemplate `+ext tt_news` die Anpassung der Konstanten für `tt_news` vorgenommen.
- Sie haben mehrere Nachrichtenordner vom Typ **Ordner** angelegt und strukturiert.
- Sie haben Nachrichtenkategorien mit Haupt- und Unterkategorien (Eltern-Kind-Beziehung) angelegt und Kategoriebilder zugewiesen.

Damit sind die Vorarbeiten erst einmal abgeschlossen. Die praktische Anwendung der Einstellungen, SyOrdner und Kategorien wird in den folgenden Unterkapiteln vermittelt.

Auf diesem Stand bietet sich eine gute Gelegenheit, die gesamte Webseite einmal zu sichern. Wie Sie einen Zustand sichern, wurde im Kapitel 2 ab Seite 87 beschrieben.

18.7 Nachrichten erstellen

Der Inhalt einer Webseite wird in TYPO3 üblicherweise hinzugefügt, indem Sie ein Element z. B. vom Typ **Text** oder **Text mit Bild** auf der gewünschten Seite einfügen. Bei Plug-Ins wie `tt_news` legen Sie die anzuzeigenden Inhalte zuerst in Datensätzen ab – hier den **Nachrichten**. Dann fügen Sie auf der Seite ein Plug-In vom Typ `tt_news` ein und weisen das Plug-In an, Datensätze vom Typ **Nachrichten** zu lesen und darzustellen. Innerhalb des Plug-Ins können Sie unter anderem vorgeben:

- welche Art der Anzeige (List, Latest, Einzel, Archiv etc.) verwendet werden soll,
- welche Nachrichtenkategorien angezeigt werden sollen und
- in welcher Reihenfolge die Nachrichten angezeigt werden sollen.

Das Plug-In ist somit das steuernde Element. Der Inhalt ist dynamisch, je nachdem, welche Nachrichtendatensätze zur Verfügung stehen, ob das Archivierungsdatum schon erreicht wurde, welche Kategorie vom Betrachter ausgewählt wurde etc. Plug-Ins werden in der Regel vom Webseitenadministrator oder dem Chefredakteur eingefügt, wohingegen die Nachrichten selbst von den Redakteuren gepflegt werden.

18.7.1 Bestandteile einer Nachricht

Bevor wir loslegen und eine erste Nachricht anlegen, geht es auf den folgenden Seiten zunächst noch um die Felder eines Nachrichtendatensatzes und die Felder des `tt_news`-Plug-Ins. Sie können diesen Exkurs überspringen und gleich im Abschnitt 18.8 weitermachen. Aber dann müssen Sie hin und wieder zurückblättern und sich die Erklärungen zu den Feldern anschauen. Darüber hinaus können Sie sich jederzeit im Nachrichtensatz oder Plug-In den englischsprachigen Hilfetext zu einem Feld anzeigen lassen, indem Sie mit dem Cursor auf den Namen des Felds, zum Beispiel **Typ**, zeigen.

Der Nachrichtendatensatz verteilt sich auf fünf Registerkarten. Auf der Registerkarte **Allgemein** sind die folgenden Eingaben möglich:

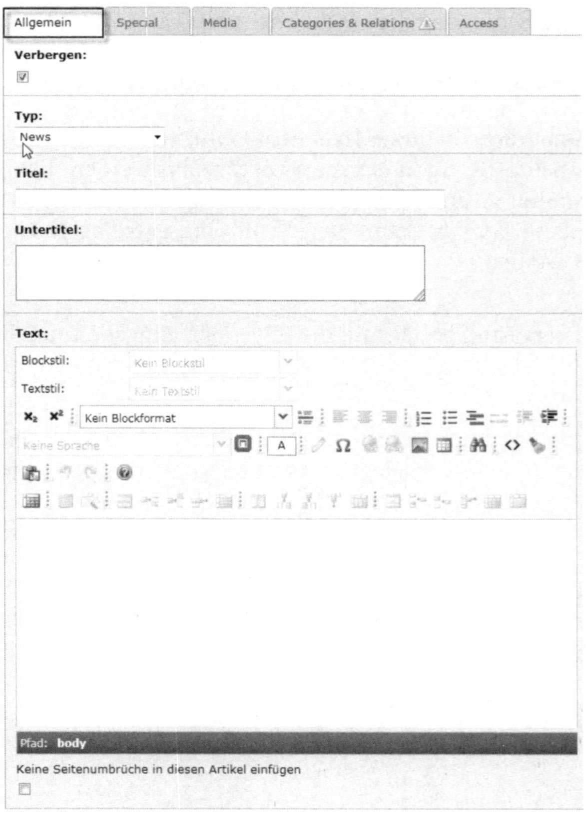

Abbildung 18.25: Nachrichtendatensatz – Registerkarte Allgemein

Verbergen

Bei gesetztem Häkchen wird die Nachricht nicht angezeigt. Dies kann z. B. verwendet werden, um die Nachricht erst anzuzeigen, wenn die Erstellung vollständig abgeschlossen ist.

Typ

Eine Nachricht kann den Typ **Nachricht** haben, mit allen verfügbaren Nachrichtenfeldern, oder den Typ **Link zu interner Seite** bzw. **Link zu externer Seite**, bei denen nur eine eingeschränkte Auswahl von Feldern zur Verfügung steht. Zum Beispiel kann weder ein Text eingegeben noch können Dateien angehängt werden.

Titel

Titel der Nachricht

Untertitel

Untertitel der Nachricht

Text

Hier erfolgt die Eingabe des Nachrichtentextes mit allen Möglichkeiten, die der Rich Text Editor (vgl. dazu ausführlich Kapitel 10) anbietet und die der Webseitenadministrator erlaubt hat.

Keine Seitenumbrüche in dieser Nachricht einfügen

Im TS-Setup für `tt_news` kann vorgegeben werden, dass nach einer bestimmten Anzahl von Wörtern ein Seitenumbruch erfolgt. Diese allgemeine Vorgabe kann gezielt für eine einzelne Nachricht aufgehoben werden.

Auf der Registerkarte **Special** sind die folgenden Eingaben möglich:

Datum/Zeit

Erstelldatum und -uhrzeit (Systemdatum/-uhrzeit) einer Nachricht. Das vom System vorbelegte Datum kann überschrieben werden.

Archivdatum

Hier kann ein Archivierungsdatum vorgegeben werden, welches den Defaultwert bzw. die in den Konstanten erstellte Vorgabe (im Falle dieser Webseite das berechnete Archivierungsdatum von Erstelldatum plus 40 Tagen) gezielt für diese Nachricht überschreibt.

Autor

Name des Autors

E-Mail

E-Mail-Adresse des Autors

Stichworte (kommagetrennt)
Hier können Schlüsselwörter eingegeben werden, die in die Metadaten der Seite übernommen werden. Voraussetzung ist, dass die Erweiterung `metatags` installiert wurde.

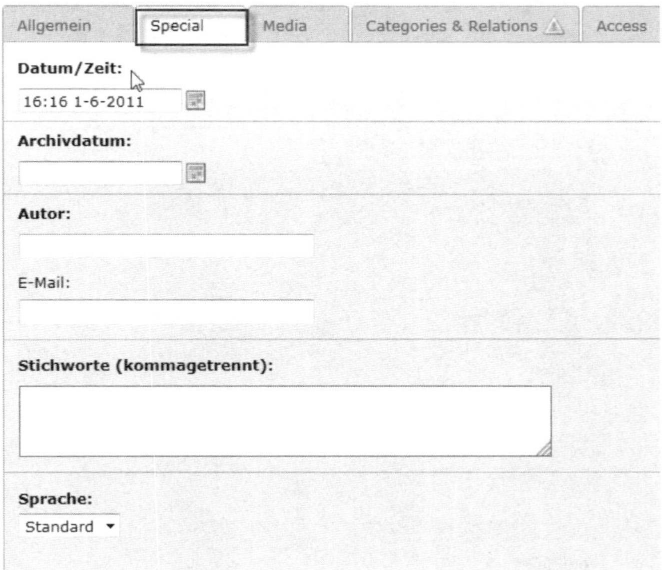

Abbildung 18.26: Nachrichtendatensatz – Registerkarte Special

Sprache
Vorgabe des Sprachcodes, für den die Nachricht angezeigt wird: **Alle**, **Standard** oder eine der zusätzlich angelegten Sprachen, in unserem Falle Englisch.

Auf der Registerkarte **Media** sind die folgenden Eingaben möglich:

Bilder
Hier können kein, ein oder mehrere Bilder angegeben werden, die in der Nachricht angezeigt werden. Die maximale Anzeigegröße der Bilder wird in den Konstanten zu `tt_news` vorgegeben. Die Reihenfolge der Bilder kann mit Klick auf die Icons Pfeil auf/Pfeil ab geändert werden.

Bildunterschrift, ALT-Text des Bildes, Titel des Bildes
Zu den Bildern können Texte vorgegeben werden. Die Textzeilen werden durch Zeilenumbruch (Enter) getrennt. Für `Bild1` und `Bild2` geben Sie zum Beispiel „Text für Bild1" [Zeilenumbruch] und dann „Text für Bild2" ein.

Links

Hier können Sie Links (URLs) zu Seiten Ihres Webauftritts oder anderen Webseiten angeben.

Abbildung 18.27: Nachrichtendatensatz – Registerkarte Media

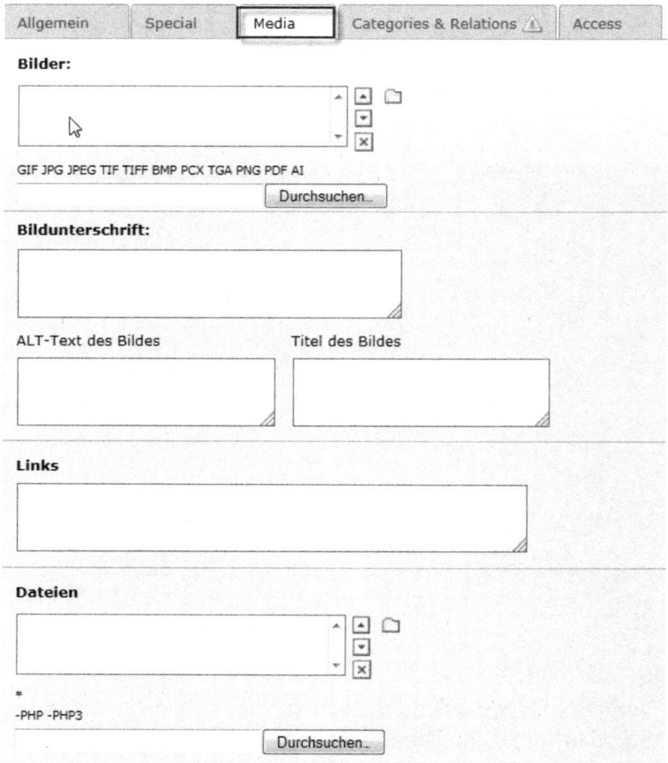

Dateien

Hier können Sie Dateien verlinken, die entweder schon hochgeladen im Ordner `fileadmin` bzw. einem der Unterordner zu Verfügung stehen oder die Sie jetzt von Ihrem PC hochladen. Bitte beachten Sie, dass die Dateigröße auf 10 MB beschränkt ist, es sei denn, Sie ändern im Konfigurationstool unter **5. All Configuration** den Eintrag `maxFileSize`. Die Reihenfolge der Dateien kann mit Klick auf die Icons Pfeil auf/Pfeil ab geändert werden.

Die Registerkarte **Categories & Relations** bietet die Eingabemöglichkeiten:

Kategorie

Hier können keine, eine oder mehrere Kategorien für diese Nachricht aus dem rechten Feld **Objekte** ausgewählt werden. Die ausgewählten

Kategorien werden im linken Feld **Ausgewählt** angezeigt. Wenn (wie für unsere Webseite) bei der Installation von `tt_news` das Häkchen bei **Require categories** gesetzt wurde, muss mindestens eine Kategorie angegeben werden. Dies wird auch durch das gelbe Warndreieck symbolisiert, das auf ein noch nicht ausgefülltes Feld hinweist.

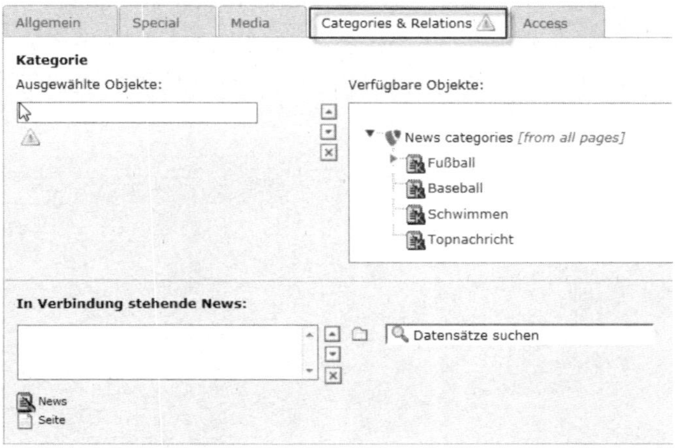

Abbildung 18.28: Nachrichtendatensatz – Registerkarte Categories & Relations

In Verbindung stehende News

Hier können Sie ein oder mehrere andere Nachrichten und Seiten verlinken.

Auf der Registerkarte **Access** (Abbildung 18.29) sind die folgenden Eingaben möglich:

Start, Stopp

Mit Start/Stopp, ohne Häkchen bei **Verstecken**, kann vorgegeben werden, ab welchem Datum diese Nachricht angezeigt wird und wie lange. Auf diese Weise können Redakteure Nachrichten erstellen, die erst zu einem späteren Zeitpunkt angezeigt werden. Ein weiteres Eingreifen ist nicht mehr erforderlich. Die Steuerung der Anzeige ab dem Startdatum regelt TYPO3 ebenso souverän wie das Ausblenden der Nachricht mit Erreichen des Stoppdatums. Wenn Sie kein Datum vorgeben, ist die Nachricht immer verfügbar. Setzen Sie nur das Stopp-Datum, gilt die Nachricht ab sofort und wird ab dem angegebenen Stopp-Datum nicht mehr angezeigt. Setzen Sie nur ein Start-Datum, gilt die Nachricht ab dem angegebenen Datum.

Zugriff

Hier können Sie die Leseberechtigungen für Frontendbenutzer einstellen, vorausgesetzt dass bereits Frontendbenutzer angelegt wurden. Sie können im rechten Feld **Objekte** zwischen den folgenden Optionen auswählen:

Nach Anmeldung verbergen Diese Nachricht wird ausgeblendet, sobald sich ein (beliebiger) Frontendbenutzer anmeldet.

Anzeigen, wenn angemeldet Diese Nachricht wird eingeblendet, sobald sich ein (beliebiger) Frontendbenutzer anmeldet.

__Benutzergruppen:__ Diese Nachricht ist nur sichtbar, wenn sich ein Frontendbenutzer als Mitglied der ausgewählten Benutzergruppe anmeldet. Es können mehrere Benutzergruppen ausgewählt werden.

Abbildung 18.29: Nachrichtendatensatz – Registerkarte Access

Bearbeitung erfordert Admin-Rechte
Bei gesetztem Häkchen können nur Administratoren diese Nachricht bearbeiten.

18.7.2 Bestandteile des Plug-In tt_news

Alle im Plug-In vorgenommenen Einstellungen gelten immer nur für das jeweilige Plug-In. Das Plug-In unterteilt sich in vier Registerkarten.

Registerkarte Allgemein

Auf der Registerkarte **Allgemein** (Abbildung 18.30) sind die folgenden Eingaben möglich:

Typ
Der Typ **Plug-In einfügen** kann, sollte aber nicht geändert werden.

Spalte

Bei der traditionellen Vorgehensweise könnten Sie hier vorgeben, in welcher Spalte dieses Plug-In verwendet wird.

Sprache

Vorgabe des Sprachcodes, für den dieses Plug-In angezeigt wird: **All**, **Standard** oder eine der angelegten Sprachen.

Überschrift

Hier sollten Sie eine aussagekräftige Überschrift für das Plug-In einfügen. Diese Überschrift wird im Frontend angezeigt, sofern Sie nicht bei dem nachfolgenden Feld **Typ** den Wert **verborgen** auswählen.

Typ

Hier können Sie den Typ (`h1`, `h2`, `h3` etc.) der Überschrift bestimmen. Die eigentliche Formatierung nehmen Sie über CSS vor. Lassen Sie die Überschrift nicht leer, selbst wenn Sie die Überschrift des Plug-Ins nicht anzeigen lassen wollen. Geben Sie auf jeden Fall eine das Plug-In beschreibende Überschrift ein, z. B. „Anzeige der aktuellen Nachrichten", und verwenden Sie dann den Typ **verborgen**.

Datum

Hier können Sie ein Datum auswählen, das dann oberhalb der Überschrift angezeigt wird.

Abbildung 18.30: Plug-In tt_news – Registerkarte Allgemein

Link

Hier können Sie einen Link angeben, auf den nach Klick auf die Überschrift verzweigt wird.

Registerkarte Plug-In

Ausgewähltes Plug-In

Hier geben Sie das zu verwendende Plug-In an, in diesem Falle natürlich **Nachrichten**. Der Eintrag ist bereits vorbelegt. Sie könnten aber auf diese Weise ein anderes Plug-In auswählen, z. B. Kalender (was an dieser Stelle natürlich nicht sinnvoll ist, da Sie in dem Falle ein neues Plug-In für den Kalender anlegen würden).

Die Registerkarte **Plug-In** weist weitere vier Unterregister auf (vgl. Abbildung 18.31).

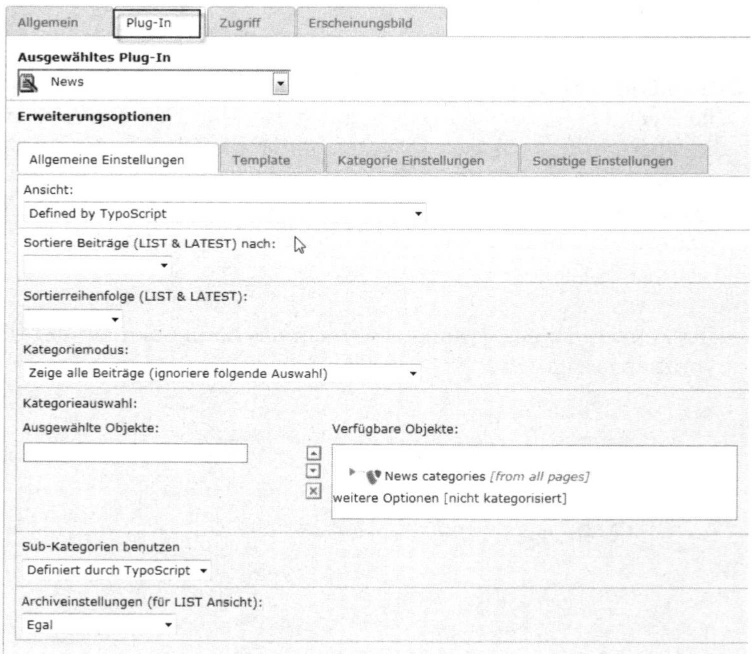

Abbildung 18.31: Plug-In tt_news: Registerkarte Plug-In, Allgemeine Einstellungen

Registerkarte Plug-In – Allgemeine Einstellungen

Ansicht

Hier wählen Sie aus, ob Ihre Nachrichten als Einzelansicht oder als Liste etc. angezeigt werden sollen. Es ist theoretisch möglich, mehrere Ansichten in einem Plug-In zu vereinen, allerdings ergibt das in der Praxis je nach Kombination mehr oder weniger große Probleme. Verwenden Sie daher besser immer nur eine Ansicht pro Plug-In.

Defined by TypoScript

Wenn Sie diesen Eintrag auswählen, dann würde ein im Template +ext tt_news unter den Konstanten vorgegebener Wert verwendet, z. B. plugin.tt_news.defaultCode = LIST. In unserer Installation wählen Sie aber immer im Plug-In aus, welche Ansicht verwendet wird.

Standard list view (LIST)
Zeigt eine Liste von Nachrichten an.

Advanced list view with 6 alternating template parts (LIST2)
Zeigt eine Liste von Nachrichten an. Es werden jeweils zwei Nachrichten nebeneinander angezeigt. Das HTML-Template kann für jede der vorgesehenen sechs Zeilen, die sich wiederholen, um eine CSS-Klasse erweitert und dann gesondert formatiert werden.

Advanced list view with 3 alternating template parts (LIST3)
wie LIST2, mit drei Zeilen

Header list without images (HEADER_LIST)
Einfache Auflistung von Nachrichten, wobei nur der Titel und ein Datum angezeigt werden, im Gegensatz zu den anderen List-Ansichten aber ohne eventuell in der Nachricht hinterlegte Bilder.

Latest view (LATEST)
Zeigt, analog zu **List**, die Nachrichten an, aber nur solche, deren Archivierungsdatum noch nicht erreicht ist.

Detail view (SINGLE)
Einzelansicht (Detailansicht) einer Nachricht mit vollständigem Text.

Advanced detail view with 3 image markers (SINGLE2)
Wie zuvor, jedoch mit bis zu drei Bildern.

Archive menu (AMENU)
Zeigt ein Menü zur Auswahl von archivierten Nachrichten an.

Searchform with result list (SEARCH)
Zeigt eine Suchbox an, mit der Sie Nachrichteninhalte durchsuchen können, jedoch nicht sonstige Seiteninhalte.

Category menu (CATMENU)
Zeigt ein Kategoriemenü an.

Preview of non-public article versions (VERSION_PREVIEW)
Zeigt eine Vorschau der Nachrichten an, die in mehreren Versionen vorliegen. Die gemäß Handbuch von tt_news geforderte Erweiterung version ist in den aktuellen TYPO3-Versionen eine Systemerweiterung und damit standardmäßig installiert. Workspaces und Versionierung werden im Kapitel 12 behandelt.

Sortiere Beiträge (LIST & LATEST) nach

Hier geben Sie an, nach welchem Feld (Datum/Uhrzeit, Archivdatum, Autor, Titel, Typ, zufällige Reihenfolge) sortiert werden soll.

Sortierreihenfolge (LIST & LATEST)

Hier geben Sie vor, ob die Sortierung auf- oder absteigend erfolgt.

Kategoriemodus und **Verfügbare Objekte**

Im **Kategoriemodus** geben Sie an, wie die unter **Verfügbare Objekte** getroffene Auswahl an Kategorien behandelt werden soll:

Zeige alle Beiträge (ignoriere folgende Auswahl)

Tut genau das: Es werden alle Nachrichten angezeigt, egal was auch immer Sie an Kategorien ausgewählt haben.

Zeige alle Beiträge aus ausgewählten Kategorien (ODER)

Zeigt alle Nachrichten, die mindestens einer der ausgewählten Kategorien zugeordnet sind.

Zeige alle Beiträge aus ausgewählten Kategorien (UND)

Zeigt alle Nachrichten, die allen ausgewählten Kategorien zugeordnet sind.

Zeige KEINE Beiträge aus ausgewählten Kategorien (UND)

Zeigt Nachrichten nicht, die allen ausgewählten Kategorien zugeordnet sind.

Zeige KEINE Beiträge aus ausgewählten Kategorien (ODER)

Zeigt Nachrichten nicht, die mindestens einer der ausgewählten Kategorien zugeordnet sind.

Beispiel: Die Trainer des TUS EASI 1970 sollen nach erfolgter Anmeldung im Frontend auch vereinsinterne Nachrichten sehen, aber nur solche, die auch die Abteilung Fußball betreffen. Dies steuern Sie mit **Zeige alle Beiträge aus ausgewählten Kategorien (UND)** bei Auswahl der beiden Kategorien **Fußball** und **Verein intern**.

Sub-Kategorien benutzen

Hier geben Sie an, ob bei Auswahl einer Hauptkategorie auch Nachrichten der Unterkategorien angezeigt werden sollen. Bei der Vorgabe **Definiert durch TypoScript** wird die Vorgabe verwendet, die Sie im Basistemplate `+ext tt_news` angegeben haben. In unserem konkreten Fall haben Sie im Basistemplate ein Häkchen bei **Use subcategories** gesetzt, daher werden alle Nachrichten mit Unterkategorien angezeigt. Dieses in den Konstanten vorgegebene Verhalten können Sie aber an dieser Stelle und nur für dieses Plug-In überschreiben, indem Sie **Nein** auswählen.

Archiveinstellungen (für LIST Ansicht)

Mit der Standardeinstellung **Egal** werden alle Nachrichten angezeigt, egal ob sie schon archiviert sind oder nicht. Dieses Verhalten können Sie mit der Vorgabe von **nur archivierte** bzw. **nur nicht-archivierte** anpassen.

Registerkarte Plug-In – Template

Template file reference

Das HTML-Template für `tt_news` wird in der folgenden Reihenfolge ausgewählt: Wenn ein HTML-Template direkt im Plug-In vorgegeben ist, wird dieses verwendet. Wurde kein HTML-Template angegeben, es ist aber ein HTML-Template im TypoScript für `tt_news` vorgegeben, so wird dieses verwendet. Wurde weder im Plug-In noch in TypoScript ein Template vorgegeben, dann wird das Standard HTML-Template benutzt.

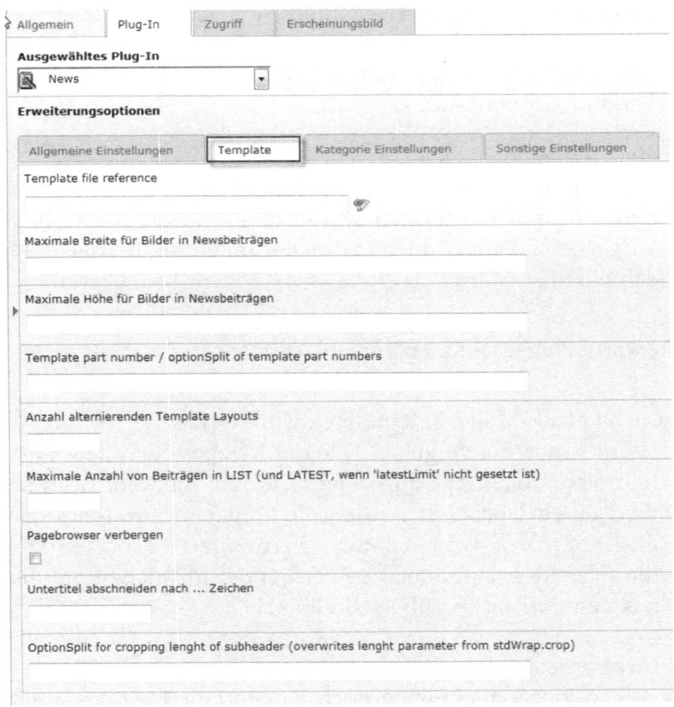

Abbildung 18.32: Plug-In tt_news: Registerkarte Plug-In – Template

Maximale Breite für Bilder in Einträgen, Maximale Höhe für Bilder in Einträgen

Hier können Sie, abweichend von den Einstellungen in den Konstanten, Breite und Höhe gezielt für dieses Plug-In definieren.

Anzahl alternierender Template Layouts

Hier wurde in `tt_news` ein sehr hilfreiches Feature implementiert. Sie können die Anzeige der Nachrichten, z. B. in der Listenansicht, in abwechselnder Formatierung darstellen. Die häufigste Art der Anwendung ist sicherlich die farbliche Absetzung der Nachrichten durch eine andere Hintergrundfarbe und/oder eine andere Farbe der Titelzeile. Dazu ist es erforderlich, dass Sie im HTML-Template alternierende Subparts wie z. B. `###NEWS_1###` als Kopie von `###NEWS###` anlegen.

Maximale Anzahl von Beiträgen in LIST (und LATEST, wenn 'latestLimit' nicht gesetzt ist)

Mit diesem Eintrag geben Sie vor, wie viele Nachrichten maximal mit diesem Plug-In angezeigt werden. Auch dieser Parameter ist nur sinnvoll für ein Plug-In im Modus **LIST** (samt Varianten) oder **LATEST**.

Pagebrowser verbergen

Wenn mehr Nachrichten vorhanden sind, als angezeigt werden können, wird ein Pagebrowser angezeigt (**Seite 1, 2, 3** etc.). Die Anzeige kann hier gezielt für das Plug-In unterdrückt werden. Auch dieser Parameter ist nur sinnvoll bei einem Plug-In im Modus **LIST** (samt Varianten) oder **LATEST**.

Untertitel abschneiden nach ... Zeichen

Normalerweise wird der Untertitel in voller Länge angezeigt, es sei denn, in den Konstanten wurde eine maximale Anzahl an Zeichen vorgegeben. Dies können Sie wiederum gezielt für dieses Plug-In überschreiben.

Registerkarte Plug-In – Kategorie Einstellungen

Kategoriebild Link-Mode, Kategorietext Link-Mode:

Hier können Sie vorgeben, wie der Kategorietext bzw. das Kategoriebild einer Nachricht angezeigt wird. Bei Auswahl des Eintrags **Definiert durch TypoScript** werden die Vorgaben aus den Konstanten des Basistemplates `+ext tt_news` verwendet. Ansonsten stehen Ihnen die folgenden Optionen zur Verfügung, mit denen Sie die Vorgaben aus den Konstanten überschreiben:

Nicht anzeigen

Weder Kategorietext noch Kategoriebild werden angezeigt.

Anzeigen, aber ohne Link

Kategorietext und Kategoriebild (wenn vorhanden) werden angezeigt, funktionieren aber nicht als Link.

Anzeigen und Link zum Kategorie-Shortcut

Kategorietext und Kategoriebild (wenn vorhanden) werden angezeigt und verweisen auf die Seite, die in der Kategorie als Link angegeben wurde.

Anzeigen und Link als Kategorieselektor
Kategorietext und Kategoriebild (wenn vorhanden) werden angezeigt; bei Klick auf einen Kategorielink werden nur noch Nachrichten mit der gewählten Kategorie angezeigt.

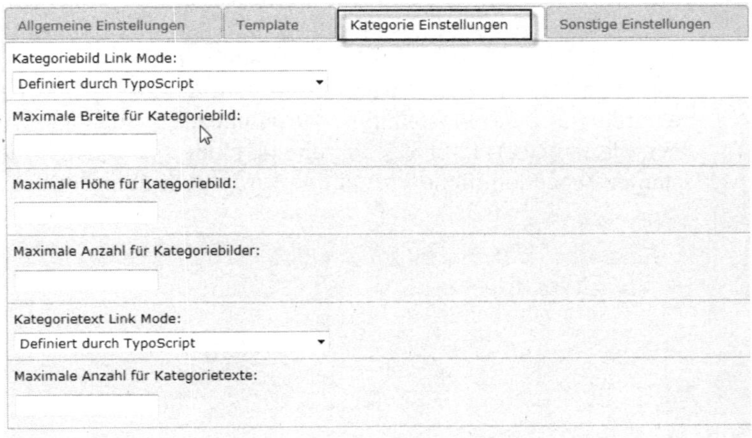

Abbildung 18.33: Plug-In tt_news: Registerkarte Plug-In – Kategorie Einstellungen

Maximale Breite für Kategoriebild, Maximale Höhe für Kategoriebild
Hier können Sie die maximale Breite/Höhe des Kategoriebildes vorgeben. Die Vorgaben aus den Konstanten werden damit überschrieben.

Maximale Anzahl für Kategorietexte
Hier können Sie die maximale Anzahl an Kategorietexten bei der Anzeige einer Nachricht vorgeben. Die Vorgaben aus den Konstanten werden damit überschrieben.

Registerkarte Plug-In – Sonstige Einstellungen

Seite für die Single-Anzeige (Newsdetails)
Sofern Sie, wie auf der Seite TUS EASI 1970, nur eine Seite für die Einzelansicht verwenden, sollten Sie diese, wie bereits geschehen, in den Konstanten des Basistemplates `+ext tt_news` vorgeben. In diesem Fall ist hier keine Eingabe erforderlich. Davon abweichend können Sie gezielt für dieses Plug-In eine andere Seite mit der Einzelansicht vorgeben.

Seite für 'Zurück'
In der Einzelansicht verweist der **Zurück**-Link in der Regel auf die Seite, von der aus die Einzelansicht aufgerufen wurde. Hier können

Sie eine Seite angeben, auf die davon abweichend gesprungen wird, wenn die Einzelansicht aus diesem Plug-In heraus aufgerufen wurde. Dieser Parameter ist nur sinnvoll für ein Plug-In im Modus **Single**.

Page(s) with tt_news records und **Rekursiv**

Mit diesen beiden Einstellungen legen Sie fest, aus welchem Ordner die Nachrichten für dieses Plug-In genommen werden, sowie ob und bis zu welcher Tiefe auch die Unterordner einbezogen werden. Im Falle von TUS EASI 1970 würden mit dem Ausgangspunkt **Nachrichtenordner** und der Einstellung **rekursiv unendlich** auch alle Unterordner wie `Fußball`, `Fußball Damen` etc. einbezogen. Die in den Konstanten vorgenommene Einstellung wird damit überschrieben.

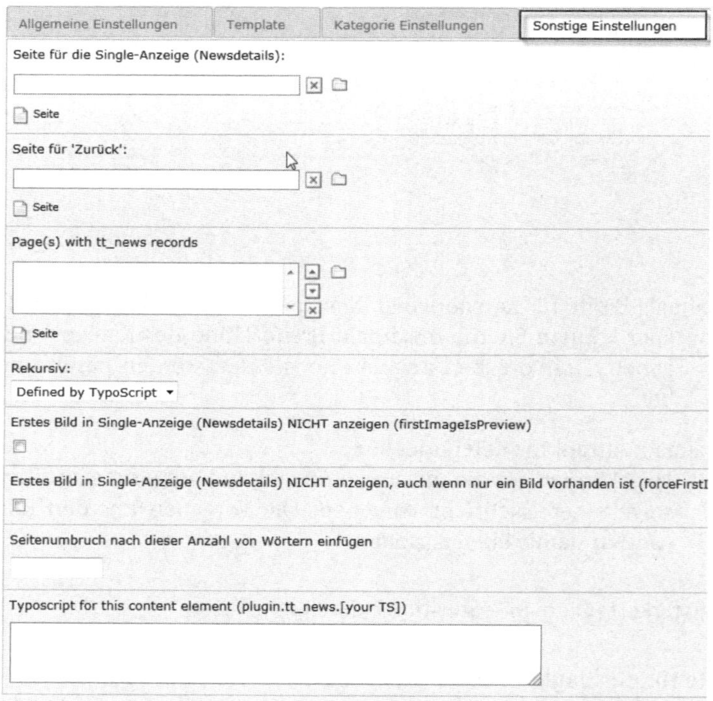

Abbildung 18.34: Plug-In tt_news: Registerkarte Plug-In – Sonstige Einstellungen

Erstes Bild in Single-Anzeige (Newsdetails) NICHT anzeigen (firstImageIsPreview)

Sie können pro Nachricht mehrere Bilder hinterlegen, von denen das erste Bild als Vorschaubild verwendet wird. Wenn Sie nicht möchten, dass dieses erste Bild auch in der Einzelansicht angezeigt wird, dann setzen Sie hier ein Häkchen. Auch dieser Parameter ist nur sinnvoll für ein Plug-In im Modus **Single**.

Erstes Bild in Single-Anzeige (Newsdetails) NICHT anzeigen, auch wenn nur ein Bild vorhanden ist (forceFirstImageIsPreview)

Entspricht der vorherigen Option – hier wird allerdings das Bild auch dann unterdrückt, wenn es nur ein einziges gibt. Auch dieser Parameter ist nur sinnvoll für ein Plug-In im Modus **Single**.

Seitenumbruch nach dieser Anzahl von Wörtern einfügen

Bei sehr langen Texten können Sie einen Seitenumbruch nach der vorgegebenen Anzahl von Wörtern erzwingen. Dieser Parameter ist nur sinnvoll für ein Plug-In im Modus **Single**.

Typoscript for this content element (plugin.tt_news.[your TS])

Hier kann TypoScript-Code eingegeben werden, der speziell in diesem Plug-In die Verarbeitung steuert.

Registerkarte Zugriff

Auf der Registerkarte **Zugriff** sind die folgenden Eingaben möglich:

Sichtbarkeit

Hierbei handelt es sich um die aus anderen Inhaltselementen bereits bekannten Einstellungsmöglichkeiten.

Veröffentlichungsdatum, Ablaufdatum

Mit der Vorgabe eines Datums, ohne gesetztes Häkchen bei **Verstecken**, kann bestimmt werden, ab welchem Datum dieses Plug-In angezeigt wird und ab welchem Datum die Anzeige endet.

Zugriffsrechte für Benutzergruppen

Hierbei handelt es sich um die aus anderen Inhaltselementen bereits bekannten Einstellungsmöglichkeiten.

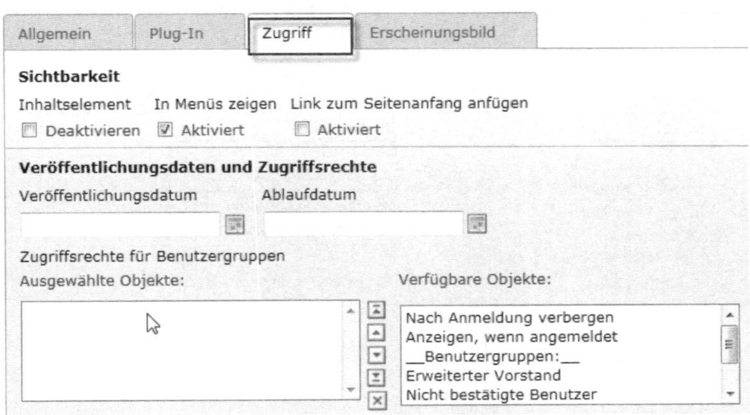

Abbildung 18.35: Plug-In tt_news – Registerkarte Zugriff

Registerkarte Erscheinungsbild

Auf der vierten Registerkarte des Plug-Ins `tt_news`, **Erscheinungsbild**, sind die folgenden Eingaben möglich:

Oberer Abstand, Unterer Abstand
Abstand in Pixel vor bzw. nach dem Plug-In.

Einrückung und Rahmen
Hier können Sie einen Rahmen um das Plug-In vorgeben. Die Empfehlung lautet, Rahmen über das HTML-Template und CSS vorzugeben. Dazu später mehr bei der Anpassung der HTML-Templates.

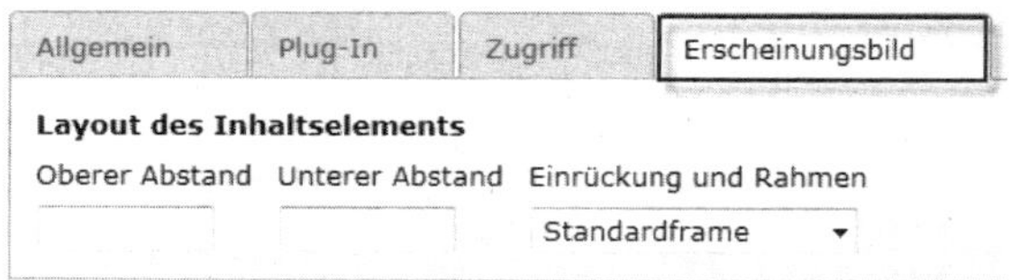

Abbildung 18.36: Plug-In tt_news – Registerkarte Erscheinungsbild

18.8 Seiten für Detailansicht anlegen

`tt_news` erwartet, dass Sie eine Seite für die Detailansicht benennen. Dies kann durchaus dieselbe Seite sein, auf der die Nachricht in der List- oder Latest-Ansicht angezeigt wird. Besser ist jedoch, eine eigene Seite anzulegen. Wir benötigen sogar zwei Seiten: eine Seite für die Sponsorennachrichten mit weniger Inhalt sowie eine Seite für alle anderen Nachrichten.

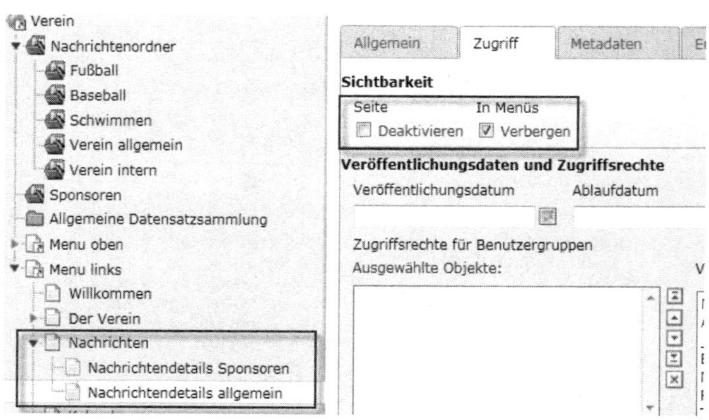

Abbildung 18.37: Seiten für die Einzelansicht anlegen

Gehen Sie zum Modul **Seite** und legen Sie in der Seite `Nachrichten` zwei Seiten mit den Titeln `Nachrichtendetails Sponsoren` und `Nachrichtendetails allgemein` an, die sichtbar, aber in Menüs verborgen sind.

Die Seite `Nachrichtendetails allgemein` soll auch allgemein für diese Installation gültig sein und muss daher im Template `+ext tt_news` bekanntgegeben werden. Wechseln Sie zu diesem Template zu **Konstanten-Editor** und geben Sie dort im Eintrag `SingeEintraglePID` die PID der Seite `Nachrichtendetails allgemein` ein (Abb. 18.38).

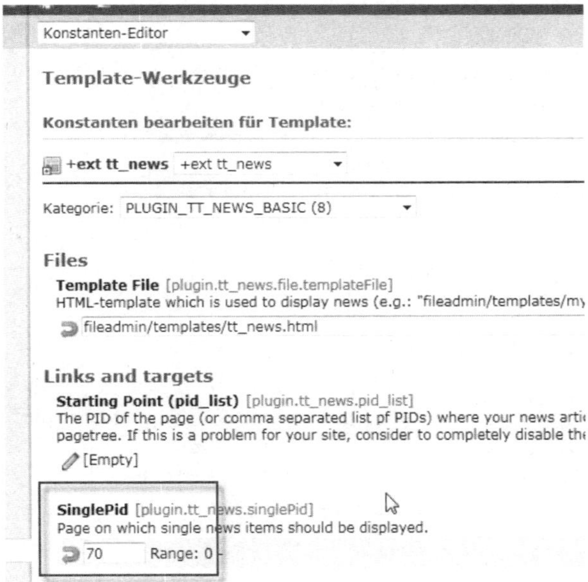

Abbildung 18.38: SinglePID in den Konstanten angeben

18.9 Sponsorennachrichten auf allen Webseiten anlegen (mit TemplaVoila bzw. traditionell)

Nach so viel Theorie nun zur Praxis. Zunächst wird auf allen Seiten ein `tt_news`-Plug-In eingefügt, welches auf jeder Seite des TUS EASI 1970 in der rechten Spalte angezeigt wird. In diesem Plug-In werden die Sponsoren des Vereins gewürdigt. Die Anzeige von jeweils zwei Sponsoren erfolgt zufällig mit jedem Aufruf (bzw. jeder Aktualisierung) der Seite. Jeder Sponsor hat sein Logo zur Verfügung gestellt, Titel der Nachricht ist der Name des Sponsors. Nach Klick auf das Sponsorenlogo wird die Einzelnachricht angezeigt, mit Details zum Sponsor und ggf. einem Link zu dessen Webseite.

Gehen Sie zum Basistemplate `+ext tt_news` und fügen Sie dort im Setup folgenden Code ein:[2]

```
# Sponsorennachrichten
# Das Objekt lib.newsSponsor mit tt_news belegen
#
lib.newsSponsor < plugin.tt_news
lib.newsSponsor {
  # Code loeschen und mit Anzeigemodus LIST belegen (Listendarstellung)
  # Hier findet LIST Anwendung, um ggf. irrtuemlich archivierte
  # Sponsorennachrichten doch anzuzeigen
  code >
  code = LIST
  # PID der Seite für die Einzelansicht Sponsoren
  singlePid = 76
  # Spezielles HTML-Template für die Sponsorennachrichten
  templateFile = fileadmin/templates/tt_news.html
  # PID loeschen und mit der PID des Ordners
  # mit den Sponsorennachrichten belegen
  pid_list >
  pid_list = 22
  # nur eine Ordnerebene durchsuchen
  recursive = 1
  # Maximal zwei Nachrichten
  limit = 2
  # Keine Kategoriebilder
  catImageMode = 0
  # Keine Kategorietexte
  catTextMode = 0
  # Sortierreihenfolge loeschen und mit random (Zufallsauswahl) belegen
  listOrderBy >
  listOrderBy = random
  # sprachabhaengige Anpassungen
    _LOCAL_LANG.de {
  # keinen Warntext anzeigen, wenn keine Sponsorennachrichten vorhanden
  # sind
  noNewsToListMsg =  
  }
}
```

Passen Sie dabei die PID des Ordners **Sponsoren** mit den Sponsorennachrichten sowie die PID der Seite `Nachrichtendetails Sponsoren` an die in Ihrer Installation gültige PID an.

Nun muss noch das HTML-Template der Webseite angepasst werden. Wechseln Sie im Modul **Datei** auf **Dateiliste** und öffnen Sie Ihre HTML-Vorlage.

Tragen Sie in der HTML-Vorlage `main_verein.html` folgenden Code in der rechten Spalte ein:

[2] Sie finden das Setup zum Download auf der buchbegleitenden Webseite

```
[...]
<div id="rechts">
  ###NEWSSPONSOR###
[...]
</div>
```

Im Roottemplate `main_verein` tragen Sie ein:

```
marks {
[...]
RECHTS < styles.content.getRight
NEWSSPONSOR < lib.newsSponsor
[...]
}
```

Tragen Sie in der HTML-Vorlage `main_verein.html` folgenden Code in der rechten Spalte ein:

```
[...]
<div id="rechts">
  <div id="sponsoren"></div>
  <div id="rechterinhalt">
  </div>
</div>
```

Gehen Sie ins **TemplaVoila**-Kontrollcenter und mappen Sie das neue DIV-Element; für den Eintrag für Sponsorennachrichten verwenden Sie die folgenden Vorgaben:

Field:	`field_sponsor`
Title:	`Sponsorennachrichten`
Editing Type:	**Typoscript Object Path**
Object Path:	`lib.newsSponsor`
HTML-Path:	Das HTML-Tag `<div id="sponsoren">`
Sample Data:	`Hier stehen die Sponsorennachrichten`
Action Type:	**INNER: Exclude Tag**

Schließen Sie das neue Mapping mit **Speichern und beenden** ab.

Sponsorennachrichten anlegen

Jetzt fehlen nur noch die Sponsorennachrichten. Bei der Installation von `tt_news` haben Sie, wie vom TUS EASI 1970 gefordert, ein Häkchen bei **Require categories** gesetzt, darum muss eine Kategorie vergeben werden. Wechseln Sie also in den Ordner `Sponsoren` und legen Sie dort eine neue Kategorie `Sponsor` an. Legen Sie dann bitte mindestens drei, besser vier oder fünf Nachrichten im Ordner `Sponsoren` an.

Für die erste Nachricht verwenden Sie z. B.:

Titel
: Fotostudio Müller

verbergen
: In den Nachrichten das Häkchen **verbergen** nicht setzen.

Start, Stopp
: Die Sponsoren haben in Form von Geld- oder Sachspenden das Recht auf Werbung erworben. Je nach Umfang ist die Werbung auf ein halbes oder ein ganzes Jahr beschränkt. Dem können Sie ganz einfach Rechnung tragen, indem Sie bei **Stopp** ein Datum 6 oder 12 Monate in der Zukunft eintragen. Falls der Sponsor weiter aktiv ist, setzen Sie zu gegebener Zeit das Datum weiter in die Zukunft.

Abbildung 18.39: Anzeige der ersten Sponsorennachrichten

Bilder
: Ein Bild Ihrer Wahl laden Sie am besten von Ihrem PC hoch.

Text
: Text Ihrer Wahl

Links
Link zu einer Webseite (vermutlich der des Sponsors)

Kategorie
Wählen Sie die soeben angelegte Kategorie `Sponsor` aus.

Legen Sie die zusätzlichen Nachrichten nach gleichem Muster an. Verwenden Sie die anderen von Ihnen hochgeladenen Beispielbilder für Sponsoren oder andere Bilder Ihrer Wahl.

Rufen Sie nun Ihre Webseite auf. Wenn alles korrekt ist, sollten auf der ersten und allen folgenden Seiten Ihre Sponsorennachrichten erscheinen.

Falls nichts oder etwas Falsches angezeigt wird, überprüfen Sie Zeichen für Zeichen den eingegebenen TypoScript-Code und korrigieren ihn gegebenenfalls. Darüber hinaus wären folgende Fehlerquellen zu prüfen:

Fehler: Es wird nichts in der rechten Spalte angezeigt, obwohl Sie dort eigentlich eine Nachricht erwarten.

- Der ObjectPath in TemplaVoila stimmt nicht mit dem im Basistemplate `+ext tt_news` überein. In beiden Fällen lautet er `lib.newsSponsor`.
- Das Objekt `lib.newsSponsor` wird bei der traditionellen Vorgehensweise nicht in den Marker `###NEWSSPONSOR###` kopiert.
- Sie haben die PID des Nachrichtenordners für die Sponsorennachrichten falsch eingegeben.
- Sie haben bei der Zuordnung des HTML-Templates den falschen Pfad und/oder die falsche Datei angegeben.

Fehler: Es wird nur der Pagebrowser angezeigt.

- Sie haben einen ungültigen Code bei `listOrderBy` angegeben. Richtig ist `random`.

Fehler: Es werden zu viele Nachrichten angezeigt:

- Entweder ist der Eintrag bei Limit zu hoch oder auf `0`. Richtig ist in diesem Beispiel die Vorgabe von 2. Der Wert 0 zeigt *alle* zutreffenden Nachrichten an.

Wenn die Nachrichten nun angezeigt werden, können Sie jetzt die Anzeige weiter anpassen: Die Farbgestaltung und die Formatierung der Inhalte entsprechen möglicherweise nicht Ihren Wünschen und/oder Ihrem Corporate Design. Im folgenden Kapitel wird beschrieben, wie Sie `tt_news` diesbezüglich anpassen.

Die Seite mit der Detailansicht muss auch noch aufbereitet werden. Doch dazu kommen wir später, nachdem wir das Layout angepasst haben.

18.10 Layout anpassen

18.10.1 Pagebrowser abschalten

Der Pagebrowser, hier **Treffer 1 bis 2 von 3**, ganz unten am Ende der Sponsorennachrichten, ist für unser Setting unerwünscht. Sie schalten den Pagebrowser aus, indem Sie den Code im Basistemplate `+ext tt_news` wie folgt erweitern:

```
[...]
  # Sortierreihenfolge loeschen und mit random (Zufallsauswahl) belegen
  listOrderBy >
  listOrderBy = random
  # Pagebrowser ausschalten
  noPageBrowser = 1
[....]
  }
```

18.10.2 Layout der Sponsorennachrichten anpassen

Prinzipiell führen, was eine Anpassung des Layouts der Sponsorennachrichten betrifft, drei Wege zum Ziel. In den meisten Fällen werden Sie – für eine vollständige Anpassung des Layouts – alle drei Wege zumindest teilweise gehen müssen:

TypoScript
: Hier können Sie unter anderem sprachabhängige Darstellungen regeln (z. B. Datum, Texte) und ausgegebene Daten nach Ihren Wünschen wrappen.

HTML-Template
: Sie können das Beispiellayout vollständig umstellen, z. B. Marker entfernen, verschieben, neue HTML-Elemente einfügen usw.

CSS
: Alles was CSS an Gestaltungsmöglichkeiten hergibt, z. B. Schrift, Farben, Abstände, Größen, lässt sich anwenden.

Das Beispiel der Sponsorennachrichten bietet genügend Übungsmaterial, denn zur Erfüllung der Anforderungen des TUS EASI 1970 müssen alle drei genannten Ansätze genutzt werden. Die Anforderungen an das Layout sind:

- Statt des Links **[mehr]** soll der Text **Zum Sponsor...** angezeigt werden. Die Anpassung erfolgt über TypoScript.
- Statt des vollständigen Datums sollen nur Monat und Jahr angezeigt werden. Die Anpassung erfolgt über TypoScript.

- In der **Listansicht** sollen nur der Nachrichtentitel, darunter Monat und Jahr und dann zentriert das Sponsorenbild angezeigt werden. Die Anpassung erfolgt im HTML-Template und in der CSS-Datei.
- Die List-Ansicht für die Sponsoren soll ein von anderen List-Ansichten abweichendes Layout erhalten. Die Nachrichten erhalten einen schwarzen Rahmen und einen weißen Hintergrund. Der Container um die gesamten Nachrichten erhält einen grauen Rahmen. Die Anpassung erfolgt im HTML-Template und in der CSS-Datei.

18.10.3 Darstellung über TypoScript anpassen

An dieser Stelle können nur die gängigsten Einstellungen besprochen werden. Die Vielzahl der Einstellungsmöglichkeiten wird ausführlich im Handbuch von `tt_news` erklärt, welches Sie auf der Webseite von TYPO3[3] bzw. der Erweiterung beigefügt finden.

Die Darstellung des Datums ist sicherlich nicht das komplizierteste, aber eines der am häufigsten in Foren angesprochenen Probleme. Wenn das Datum nicht in der gewünschten Form angezeigt wird, so liegt dies sehr häufig an fehlenden oder falschen Spracheinstellungen. Angezeigt wird beispielsweise „Wednesday 30. of March 2011“. Prüfen Sie, ob Sie folgenden Code in Ihr Root-Template eingetragen haben:

```
config.language = de
config.locale_all = de_DE.utf-8
```

Und schon ändert sich die Anzeige auf „Mittwoch 30. of März 2011“ (eventuell müssen Sie zuvor noch den Seitencache löschen).

Schon besser, jedoch stört das kleine Wörtchen „of“ noch erheblich. Fügen Sie also folgenden Code in das Basistemplate `+ext tt_news` *vor* dem Code für die Sponsorennachrichten ein:

```
# TypoScript fuer allgemeine Verwendung von tt_news
plugin.tt_news {
  # Anpassung der Datumsdarstellung
  displayList {
    date_stdWrap.strftime = %A, %d. %B %Y
    time_stdWrap.strftime = %d.%m.%y %H:%M
    }
  }
```

Auf die gleiche Weise können Sie alle Formate für Datum und Uhrzeit anpassen. Eine Beschreibung der Formate finden Sie auch auf der Webseite von TYPO3. Im Folgenden ein Auszug der wichtigsten Datumsformatierungen in Unix:

[3] `http://typo3.org/extensions/repository`

```
%a - Kurzname des Wochentages
%A - ausgeschriebener Name des Wochentages
%b - Abkürzung des Monats
%B - ausgeschriebener Monat
%d - n-te Tag des Monats als Zahl, von 01 bis 31
%e - n-te Tag des Monats als Dezimalwert; vor einstelligen Tageswerten
     wird ein Leerzeichen gesetzt, z.B. " 5"
%H - Stunde, 24-Stunden-Anzeige, von 00 bis 23
%I - Stunde, 12-Stunden-Anzeige, von 01 bis 12
%j - n-te Tag im Jahr als Zahl, von 001 bis 366
%m - Monat als Zahl, von 01 bis 12
%M - Minute, Dezimalwert
%p - zeigt "am" oder "pm" an
%R - 24-Stunden-Format
%S - Sekunden, Dezimalwert
%T - aktuelle Zeit (wie Kombination aus %H:%M:%S)
%u - n-te Tag der Woche, beginnt mit Montag
%U - Kalenderwoche
%V - Kalenderwoche gemäß ISO 8601:1988
%y - Jahr, 2-stellig
%Y - Jahr, 4-stellig
%% - zeigt ein %-Zeichen
```

Durch die Vorgabe `strftime= %A %d. %B %Y` haben Sie zwar das „of" eliminiert, bei einer mehrsprachigen Seite sollte das „of" aber natürlich erscheinen, wenn Englisch als anzuzeigende Sprache ausgewählt wird. Ohne einen weiteren Eingriff in die Formatierung würde die Anzeige momentan jedoch *Wednesday 30. April 2008* lauten. Mittels einer Bedingung muss die ausgewählte Sprache ermittelt und dann die Ausgabe entsprechend formatiert werden. Das folgende Beispiel baut darauf auf, dass die Standardsprache (L=0) Deutsch und die Sprache für L=1 Englisch ist. Fügen Sie diesen Code *vor* dem TypoScript für die Sponsorennachrichten ein.

```
[globalVar = GP:L = 1]
  plugin.tt_news.displayList.date_stdWrap.strftime= %A, %d. of %B %Y
[global]
```

Mit dieser TypoScript-Anweisung wird für den Fall, dass die Variable L auf 1 gesetzt ist, die Anweisung innerhalb der Bedingung ausgeführt. Bitte beachten Sie, dass die Anweisung *nicht* in einer geschweiften Klammer stehen darf. Der folgende Code wäre also *ungültig*:

```
# Dieser Code funktioniert nicht!
plugin.tt_news{
[globalVar = GP:L = 1]
  displayList.date_stdWrap.strftime= %A, %d. of %B %Y
[global]
}
```

Die Datumsanzeige können Sie nicht nur für die **Listenanzeige** anpassen, sondern auch für **Latest**. Hierzu benötigen Sie folgende Zeile:

```
plugin.tt_news.displayLatest.date_stdWrap.strftime= ......
```

Der entsprechende Code für die Einzelansicht lautet:

```
plugin.tt_news.displaySingle.date_stdWrap.strftime= ......
```

Und die Zeitangabe für das Archiv formatieren Sie über:

```
plugin.tt_news.archiveTitleCObject.10.strftime = ......
```

Die vielfältigen Formatierungsmöglichkeiten können Sie dem Handbuch von `tt_news` entnehmen.

Nun aber zurück zur Vorgabe des TUS EASI 1970: Bei Sponsoren soll „seit (Monat) (Jahr)" angezeigt werden, um zu zeigen, wie lange schon ein Sponsorenverhältnis besteht.

Passen Sie daher den Code für die Sponsoren an:

```
# Pagebrowser ausschalten
noPageBrowser = 1
# Anpassung der Datumsdarstellung
# spezielle Anwendung in den Sponsorennachrichten
displayList.date_stdWrap.strftime = seit %B %Y
```

Abbildung 18.40: Anzeige: Sponsor seit...

Damit wird die Anzeige geändert auf z. B. „seit Juni 2011" – wie Sie sehen, wird das Erstellungsdatum der Nachricht verwendet. Das Datum können Sie übrigens in der Nachricht leicht auf ein gewünschtes Datum ändern und so die Angaben rückdatieren.

Für die Anzeige der englischsprachigen Kopie fügen Sie nach dem TypoScript für die Sponsorennachrichten folgenden Code ein, damit das Wörtchen „since" anstelle von „seit" angezeigt wird:

```
[globalVar = GP:L = 1]
lib.newsSponsor {
    displayList.date_stdWrap.strftime = since %B %Y
  # sprachabhaengige Anpassungen
```

```
    _LOCAL_LANG.en {
    # keinen Warntext anzeigen, wenn keine Sponsorennachrichten
    # vorhanden sind
    noNewsToListMsg =  
  }
}
[global]
```

Sprachabhängige Texte können Sie ebenfalls über TypoScript anpassen. Die Texte sind in der Datei `typo3conf/ext/tt_news/pi/locallang.xml` hinterlegt. Im Abschnitt `<languageKey index="de" type="array">` finden Sie die deutschen Texte. Sie könnten die Texte natürlich direkt in der XML-Datei ändern, beim nächsten Update aber würden diese dann überschrieben werden; besser ist daher die Anpassung über TypoScript. Sie möchten z. B. für den Link zur Einzelansicht statt **[mehr]** lieber den Text **weiterlesen** anzeigen. Sie finden den Eintrag unter `<label index="more">[mehr] </label>`, wobei `more` das Schlüsselwort ist, um das es geht. Erweitern Sie jetzt den Code im Basistemplate `+ext tt_news`:

```
plugin.tt_news {
  # Anpassung der Datumsdarstellung
  # für allgemeine Anwendung in tt_news
  displayList {
    date_stdWrap.strftime = %A %d. %B %Y
    time_stdWrap.strftime = %d.%m.%y %H:%M
    }
# sprachabhängige Anpassungen
  _LOCAL_LANG.de {
   more = weiterlesen
  }
  _LOCAL_LANG.en {
   more = read on
  }
}
```

Und denken Sie daran, auch den Code für die Sponsorennachrichten anzupassen. Fügen Sie dafür noch folgenden Code hinzu:

```
lib.newsSponsor {
[...]
  # Anpassung der Datumsdarstellung
  # spezielle Anwendung in den Sponsorennachrichten
  displayList.date_stdWrap.strftime = seit %B %Y

  # sprachabhaengige Anpassungen
    _LOCAL_LANG.de {
    [...]
    more = Zum Sponsor...
   }
[...]
```

In gleicher Weise wird die englischsprachige Anpassung vorgenommen:

```
[globalVar = GP:L = 1]
[...]
    _LOCAL_LANG.en {
     [....]
    more = to the sponsor...
   }
[...]
```

Abbildung 18.41: Ergebnis der Anpassung

18.10.4 Anpassungen des HTML-Templates

Öffnen Sie die Datei `fileadmin/templates/tt_news.html` und kopieren Sie den Inhalt in einen Text- bzw. HTML-Editor Ihrer Wahl. Sie können die Datei selbstverständlich auch direkt bearbeiten, aus Gründen der Übersichtlichkeit aber wird die Benutzung eines Editors empfohlen.

Etwa in den Zeilen 40 bis 80 (dies bezieht sich auf die Version `tt_news 3.0.1`) finden Sie alle Marker aufgelistet und beschrieben, die durch `tt_news` bei der Aufbereitung der Nachricht ersetzt werden. So wird zum Beispiel der Marker `###NEWS_AUTHOR###` durch den bei der Erfassung/Bearbeitung der Nachricht angegebenen Autor ersetzt. Dies gilt in gleicher Weise für alle anderen Marker. Die Benutzer von TemplaVoila müssen sich keine Sorgen bezüglich der Marker machen, denn TYPO3 verarbeitet diese auch im Falle von TemplaVoila korrekt.

In der Datei `tt_news.html` werden Abschnitte als Template für die Aufbereitung der Listenansicht, Einzelansicht etc. verwendet.[4] Ein solches Template ist immer mit einem Beginn- und einem Ende-Kommentar gekennzeichnet, wie etwa `<!-- ###TEMPLATE_LIST### begin .... -->` und `<!-- ###TEMPLATE_LIST### end -->`.

[4] Lassen Sie sich durch die Verwendung des Begriffs Template für unterschiedliche Dinge nicht verwirren. An dieser Stelle ist mit Template immer ein bestimmter Abschnitt in der HTML-Vorlage gemeint.

Die Datei `tt_news.html` enthält alle für die Aufbereitung von Nachrichten erforderlichen Templates. Für die Darstellung der Sponsorennachrichten wird aber nur eine verkürzte Version der Listansicht benötigt. Sie können daher alle Templates in der HTML-Vorlage bis auf `List` bzw. `Single` entfernen. Löschen Sie also etwa von Zeile 100 bis 133 das `Latest`-Template. Das darauf folgende Template für `List` bleibt erhalten. Löschen Sie nun die Templates für `LIST2` und `LIST3`. Das Template für `SINGLE` bleibt wieder erhalten. Danach können Sie den Rest von Template `SINGLE2` bis fast zum Ende löschen. Die letzten beiden Zeilen mit dem `body`- und dem `html`-Tag müssen aber erhalten bleiben. Da `tt_news` bei der Aufbereitung der Listansicht tatsächlich nur das `List`-Template in `tt_news.html` verwendet, ist eine Löschung aller anderen Templates nicht zwingend erforderlich, wir empfehlen dies aber aus Gründen der Übersichtlichkeit. Nach erfolgter Anpassung sollte der Inhalt der Datei dem Beispiel entsprechen, das Sie auf der buchbegleitenden Webseite herunterladen können. Speichern Sie Ihre geänderte HTML-Datei ab unter `fileadmin/templates/tt_newsSponsoren.html`.

Ändern Sie im Basistemplate `+ext tt_news` die Zeile mit dem Verweis auf das Template für die Sponsorennachrichten wie folgt ab:

```
lib.newsSponsor {
[...]
# Spezielles HTML-Template für die Sponsorennachrichten
 templateFile = fileadmin/templates/tt_newsSponsoren.html
[...]
```

Löschen Sie zur Sicherheit noch einmal den Cache und rufen Sie die Anzeige der Webseite erneut auf. Da Sie noch nicht wirklich etwas am `List`-Template geändert haben (die Löschung der anderen Templates hat keine Auswirkung), sollte die Darstellung der Sponsorennachrichten in der gleichen Art und Weise wie bisher erfolgen.

Der List-Bereich enthält viele Marker, die für die Sponsorennachrichten aber überwiegend nicht mehr erforderlich sind. Öffnen Sie zum besseren Verständnis und zum Vergleich das Template `tt_news`.

Dazu gehören die Marker für Untertitel `###NEWS_SUBHEADER###` und für Kategorien `###CATWRAP_B###`, `###TEXT_CAT###`, `###NEWS_CATEGORY###`, `###NEWS_CATEGORY_IMAGE###`, `###CATWRAP_E###`, ebenso wie der Marker für den Pagebrowser `###BROWSE_LINKS###`. In unserem speziellen Fall können alle diese Marker entfernt werden. Nach erfolgter Bereinigung sollte Ihr Template wie folgt aussehen:

```
[...]
<!-- ###TEMPLATE_LIST### begin
        This is the template for the list of news in the archive or \
news page or search
-->
<div class="news-list-container">
```

```
###NEWS_CATEGORY_ROOTLINE###
        <!-- ###CONTENT### begin
                  This is the part of the template substituted with the\
 list of news:
        -->
                <!-- ###NEWS### begin
                        Template for a single item
                -->
                        <div class="news-list-item">
                          <span class="news-list-date">###NEWS_DATE\
###</span>
                          <h2><!--###LINK_ITEM###-->###NEWS_TITLE\
###<!--###LINK_ITEM###--></h2>
                          <!--###LINK_ITEM###-->###NEWS_IMAGE###<!--###\
LINK_ITEM###-->

<hr class="clearer" /></div>
                <!-- ###NEWS### end-->
        <!-- ###CONTENT###  end -->

</div>
<!-- ###TEMPLATE_LIST### end -->
[...]
```

Die Marker `<!--###LINK_ITEM###-->` dienen übrigens dazu, andere Marker, die einen Link darstellen können, zu umfassen. Sie treten also immer paarweise (vor und nach dem Link) auf.

Das Datum der Nachricht, hier Monat und Jahr, soll unter dem Nachrichtentitel angezeigt werden. Verantwortlich für die Positionierung des Datums ist der folgende Code:

```
</h2>
<span class="news-list-date">###NEWS_DATE###</span>
<h2><!--###LINK_ITEM###-->###NEWS_TITLE###<!--###LINK_ITEM###-->
```

Schneiden Sie das `<span>`-Element aus und fügen Sie es nach dem `<h2>`-Element wieder ein:

```
<div class="news-list-item">
  <h2><!--###LINK_ITEM###-->###NEWS_TITLE###<!--###LINK_ITEM###--></h2>
  <span class="news-list-date">###NEWS\_DATE###</span>
  <!--###LINK_ITEM###-->###NEWS_IMAGE###<!--###LINK_ITEM###-->
```

Kopieren Sie den gesamten Inhalt aus Ihrem Editor und fügen Sie ihn wieder in die Datei `tt_newsSponsoren.html` ein. Rufen Sie jetzt die Ansicht Ihrer Webseite erneut auf.

Inhaltlich entspricht die Anzeige nun den Anforderungen des TUS EASI 1970. Für die weiteren Anpassungen muss nun die CSS-Datei für `tt_news` editiert werden. Doch bevor Sie beginnen, diese anzupassen, gilt es noch zu bedenken: Die Anzeige der Sponsorennachrichten ist ein Sonderfall, der von der Listansicht, die später ebenfalls auf Ihrer Seite verfügbar sein wird, abweicht. Was aber tun, wenn doch in beiden Fällen die gleiche CSS-Datei verwendet wird? Ganz einfach: Verwenden Sie für das `<div>`-Element Ihrer Sponsorennachrichten eine andere Klasse. Nennen Sie in Ihrem HTML-Template `tt_newsSponsoren.html` die Klasse `news-list-container` wie folgt:

```
<div class="news-listSponsor-container">
```

Auf diese Weise können Sie die Klasse für die Sponsorennachrichten über CSS gesondert formatieren.

18.10.5 Anpassungen über CSS

Passend zum HTML-Template `fileadmin/templates/tt_news.html`, welches Sie als Kopie angelegt hatten, gibt es eine CSS-Datei für die Formatierungen. Diese CSS-Datei finden Sie unter `typoconf/ext/tt_new/res/tt_news_v3_styles.css`. Änderungen im Original sind wiederum nicht zu empfehlen, da diese im Falle eines Upgrades überschrieben würden. Kopieren Sie daher diese Datei nach `fileadmin/styles/10_tt_news.css`. Nun sind noch zwei Schritte erforderlich:

- Damit die kopierte Datei auch herangezogen wird, muss sie noch in der Datei `standard.css` inkludiert werden. Erweitern Sie diese also um den folgenden Code:

  ```
  @import url(tt_news.css);
  ```

- Die Originaldatei `tt_news_v3_styles.css` wird so zwar weiterhin verwendet, jedoch mit den Einstellungen in der kopierten CSS-Datei überschrieben. Die Originaldatei sollte aber gar nicht mehr verwendet werden, da unnötig viel CSS-Code zum Browser übermittelt werden muss. Erweitern Sie im Basistemplate `+ext tt_news` den Code wie folgt:

  ```
  # TypoScript fuer allgemeine Verwendung von tt_news
  plugin.tt_news {
    # Löschen der Default-Formatierung der Nachrichten
    # Die Formatierung muss dann über eine selbst
    # eingebundene CSS-Datei erfolgen
    _CSS_DEFAULT_STYLE >
  [...]
  }
  ```

Öffnen Sie die Datei `fileadmin/styles/10_tt_news.css` und kopieren Sie den Inhalt in einen Editor. Fügen Sie am Ende folgenden Code ein:

```
/*------------ tt_news LIST view Sponsoren -------------------*/
.news-listSponsor-container {
        padding: 0;
        border:2px solid #177272;
        background-color:transparent;
}
.news-listSponsor-container .clearer {
    border: 0;
}
.news-listSponsor-container .news-list-item {
        padding: 0 5px 10px;
}
.news-listSponsor-container .news-list-date {
        float:left;
}
.news-listSponsor-container H2 {
        margin: 0px;
        padding: 0;
}
.news-listSponsor-container H2 a {
        margin: 0px;
        color: #177272;
        font-size: 75%;
}
.news-list-imgcaption {
        padding:3px 3px 0 0;
}
.news-listSponsor-container IMG {
        margin: 0px 12px;
        border: none;
}
```

Kopieren Sie alles wieder in die Datei `10_tt_news.css` (dies gilt übrigens für alle folgenden Änderungen am CSS, ohne dass wir jedes Mal gesondert darauf hinweisen). Rufen Sie nun noch einmal die Webseite auf, die Sponsorennachrichten sollten sich nun harmonisch in das Design der Webseite einfügen.

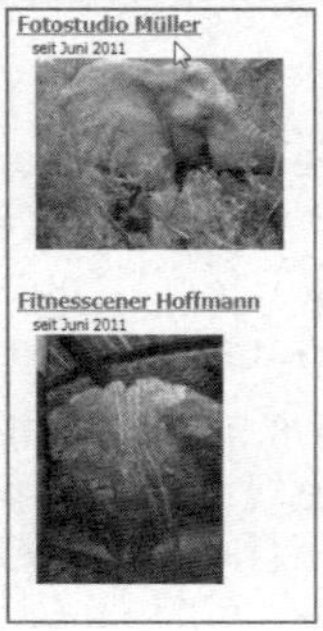

Abbildung 18.42: Sponsorennachrichten

Durch das Entfernen der Zeile

```
<!--###LINK_ITEM###-->###NEWS_SUBHEADER###<!--###LINK_ITEM###--><hr \
class="clearer" />
```

aus dem HTML-Template wird weder der erste Teil des Textes noch der Link zum Sponsor angezeigt – der Link über den Titel der Nachricht sowie das Bild funktionieren weiterhin. Sie können jetzt entscheiden, wie Sie die Darstellung in Ihrem Webauftritt haben möchten. Mit Text: Dann fügen Sie die Zeile wieder ein. Mit weniger Text: Fügen Sie die Zeile wieder ein, und zusätzlich geben Sie im Template +ext `tt_news` im TypoScript für die Sponsorennachrichten noch Folgendes ein:

```
lib.newsSponsor {
  # maximal 50 Zeichen einer Nachricht im List-Modus
  # anzeigen, gefolgt von ...
  # wenn kein subheader vorhanden,
  # dann wird das Textfeld der Nachricht verwendet
  displayList.subheader_stdWrap {
    crop = 50 | ... | 1
    ifEmpty.field = bodytext
    }
```

18.11 Detailnachrichten Sponsoren

Der Besucher einer Webseite wird eine Nachricht in der Regel zunächst in der Kurzform („Anreißer“ oder „Teaser“ genannt) wahrnehmen. Die Details der Nachricht werden in einer Einzelansicht (Single) angezeigt. Sie benötigen also für die übliche Nutzung von `tt_news` eine Seite mit dem `tt_news`-Plug-In im Modus **Einzelansicht**.

Die Seite haben Sie bereits angelegt, aber noch kein Plug-In eingefügt. Nachrichtenlinks wie **Titel** und **mehr ...** verweisen auf diese Seite. Um welche Seite, genauer PID, es sich handelt, wird entweder in den Konstanten festgelegt und/oder im Plug-In mit der List-, Latest- oder Archivansicht. Die Vorgabe des TUS EASI 1970 lautet: Nur eine einzige Seite soll für die Anzeige der Einzelansicht verwendet werden. Die PID haben Sie auch schon in den Konstanten festgelegt.

Klicken Sie auf das Modul **Seite** und gehen Sie wieder zur Seite `Nachrichtendetails Sponsoren`. Dort fügen Sie in der Hauptinhaltsspalte ein `tt_news`-Plug-In ein. Das Plug-In erhält auf der Registerkarte **Allgemein** die Überschrift `Einzelansicht` und den Typ **verborgen**.

Auf der Registerkarte **Plug-In** wählen Sie unter **Allgemeine Einstellungen** bei Ansicht **Detail view (Single)** aus. Unter **Template** geben Sie als **Template file reference** die Datei `fileadmin/templates/tt_newsSponsoren.html` an. Unter **Sonstige Einstellungen** geben Sie den Sponsorenordner an.

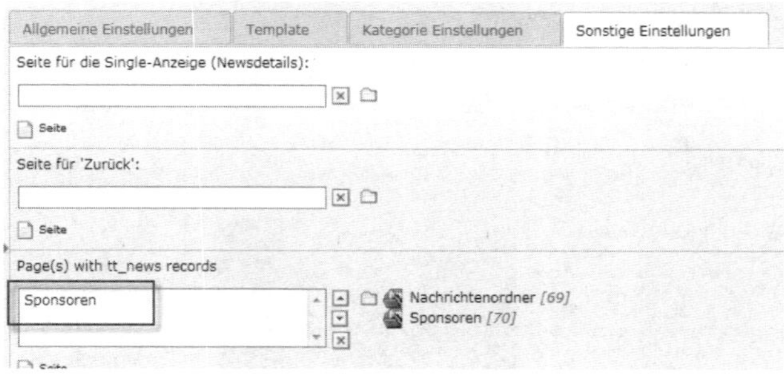

Abbildung 18.43: Plug-In Einzelansicht – Registerkarte Plug-In/Sonstige Einstellungen

Das HTML-Template für die Einzelansicht enthält viele Details, die für diesen Auftritt nicht gewünscht bzw. nicht erforderlich sind. Passen Sie daher das HTML-Template `tt_newsSponsoren.html` an, wie im folgenden Code (Auszug) zu sehen ist.[5]

```
<!-- ###TEMPLATE_SINGLE### begin
        This subpart is used to display single news items
-->
<div class="news-single-item">

        <div class="news-single-rightbox">
                ###NEWS_DATE###
                ###NEWS_AUTHOR###
        </div>
                ###NEWS_SUBHEADER###


                ###NEWS_IMAGE###
                ###NEWS_CONTENT###

                ###TEXT_LINKS###
                ###NEWS_LINKS###

</div>
<!-- ###TEMPLATE_SINGLE### end -->
```

Der CSS-Code in `10_tt_news.css` muss noch angepasst werden. Suchen Sie nach `.news-single-rightbox` und ändern Sie den Code so:

```
.news-single-rightbox {
    clear: none;
    float: none;
    text-align: left;
    width: 160px;
}
```

5 Am einfachsten kopieren Sie das HTML-Template von der buchbegleitenden Webseite.

Wenn Sie nun die Anzeige Ihrer Webseite aktualisieren und auf den Link **Zum Sponsor...**, auf das Bild oder auf die Überschrift klicken, wird die Seite mit der Einzelansicht angezeigt.

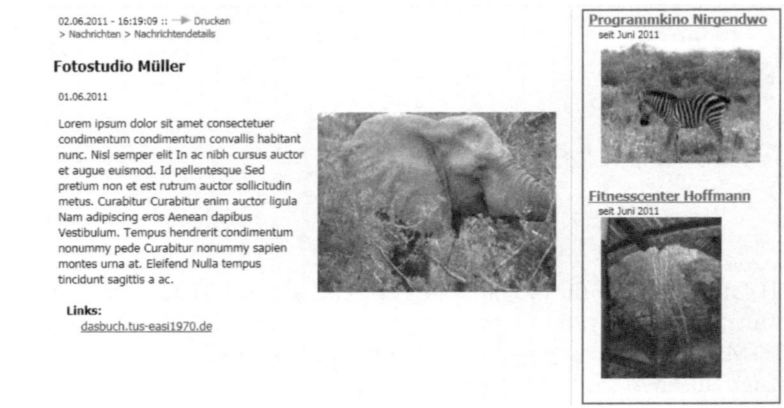

Abbildung 18.44: Seite mit Einzelansicht

Das sieht schon nicht schlecht aus, entspricht aber immer noch nicht ganz den Anforderungen.

18.12 Einzelansicht für Sponsorennachrichten anpassen

Die Einzelansicht im Falle der Sponsorennachrichten entspricht noch nicht ganz den Erwartungen. Die Seite soll keine Anzeige von weiteren Sponsorennachrichten enthalten. Da die Sponsorennachrichten auf allen Seiten per TypoScript angezeigt werden, müssen wir sie hier mit TypoScript wieder entfernen. Legen Sie auf der Seite `Nachrichtendetails` ein neues Erweiterungstemplate mit dem Titel `+ext tt_news Sponsoren ausblenden` an und fügen Sie im Setup nur diese eine Zeile hinzu, je nachdem, ob Sie TemplaVoila oder die traditionelle Vorgehensweise nutzen:

Für TemplaVoila – Leeren der `lib`:

```
lib.newsSponsor >
```

Traditionell – Leeren des Markers:

```
page.10.marks.NEWSSPONSOR =
```

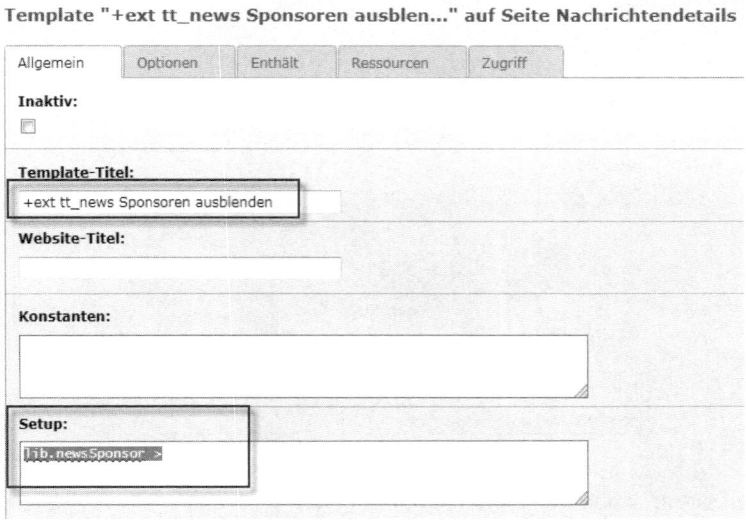

Abbildung 18.45: Erweiterungstemplate, um die Sponsoren wieder auszublenden. Beispiel für TemplaVoila

Damit entspricht die Seite `Nachrichtendetails Sponsoren` nun ganz den Wünschen des TUS EASI 1970.

18.13 Bestimmte Felder in den Nachrichten für die Eingabe sperren bzw. vorbelegen

Bei den Sponsorennachrichten ist die Eingabe von Autor/E-Mail, Dateien und Links zu anderen Nachrichten nicht erwünscht. Damit die Redakteure gar nicht in die Versuchung kommen, hier etwas einzutragen, können Sie diese Felder in den Sponsorennachrichten sperren, das heißt ausblenden. Auch hier kommt wieder TypoScript zum Einsatz, diesmal jedoch in der Form von `Page TSconfig`. Die Sponsorennachrichten werden im Ordner `Sponsoren` abgelegt. Wechseln Sie zu diesem Ordner und öffnen Sie ihn im Bearbeitungsmodus. Auf der Registerkarte **Optionen** können Sie im Feld **TSconfig** entsprechenden Code einfügen.

Die Anpassung der Felder bezieht sich auf der Registerkarte **Allgemein** auf die Felder **Typ**, **Bearbeitung erfordert Admin-Rechte**, **Autor** und **E-Mail**.

In der Sponsorennachricht ist nur der Typ **News** erlaubt. In der Dropdown-Box sind aber auch die Typen **Link zu interner Seite** und **Link zu externer URL** möglich und sollen daher entfernt werden. Für das Entfernen der Typen geben Sie folgenden Code im **TSconfig** der Seite `Sponsoren` ein:

```
# Entfernen der Typen 'Link zu interner Seite' und 'Link zu
# externer URL'
TCEFORM.tt_news.type.removeItems = 1,2
```

Abbildung 18.46: tt_news – Seiten-TSConfig bearbeiten

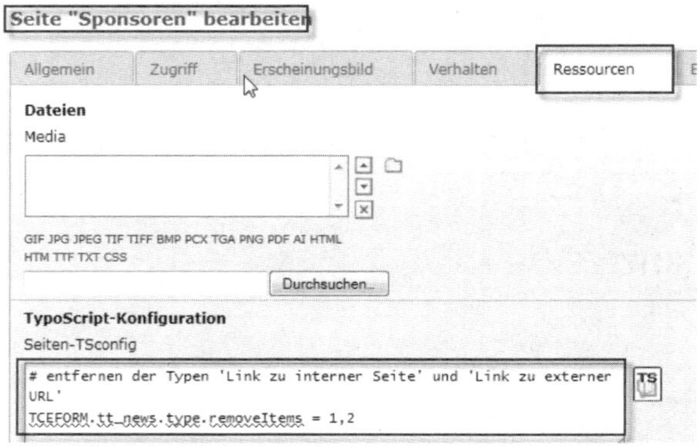

Somit ist nur noch der **Typ 0 (News)** möglich.[6]

Abbildung 18.47: tt_news – Nachrichtentypen entfernt

Das Verstecken von Feldern erfolgt mit `TCEFORM.[table].[field].disabled = 1`, wobei Sie sich z. B. mit `phpMyAdmin` die Tabellenstruktur von `tt_news` anschauen können, um so die Felder und ihre Namen zu ermitteln. Zum Glück sind die Namen der Felder aussagekräftig. Dennoch kommen Sie evtl. in dem ein oder anderen Fall nicht um etwas Ausprobieren herum.

Fügen Sie folgenden Code für die restlichen Felder in **TSconfig** hinzu:

```
# Felder Autor/E-Mail ausblenden
TCEFORM.tt_news.author.disabled = 1
# Feld Dateien ausblenden
```

6 Eine detaillierte Beschreibung der Möglichkeiten finden Sie im Handbuch von `tt_news` im Abschnitt „Page TSConfig“ (Stand Version 3.0.1).

```
TCEFORM.tt_news.news_files.disabled = 1
# Feld In Verbindung stehende News ausblenden
TCEFORM.tt_news.related.disabled = 1
# Feld Erfordert Adminrechte ausblenden
TCEFORM.tt_news.editlock.disabled = 1
```

Mit dem Ausblenden des Feldes **author** wird auch gleichzeitig das Feld **author_email** ausgeblendet.

18.14 Nachrichten auf der Willkommen-Seite anzeigen

Fügen Sie auf der Seite `Willkommen` in der rechten Spalte ein `tt_news`-Plug-In ein. Alle anderen auf dieser Seite eingefügten Inhaltselemente in der rechten Spalte sollten Sie ausblenden oder löschen.

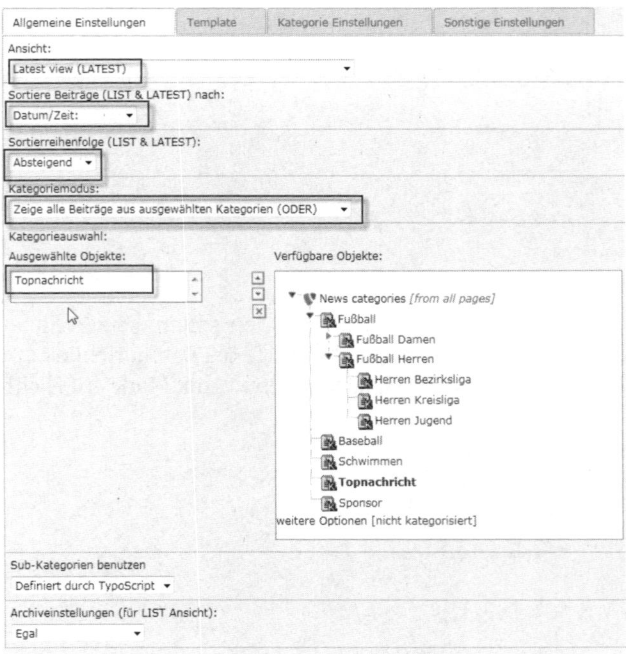

Abbildung 18.48: tt_news – Allgemeine Einstellungen im Plug-In

Geben Sie dem Plug-In die verborgene Überschrift `Nachrichtenliste`. Der Ansichtsmodus ist **Latest view (LATEST)**, da nur aktuelle und nicht archivierte Nachrichten angezeigt werden dürfen. Die Sortierreihenfolge ist, da die aktuellste Nachricht zuoberst angezeigt werden soll, nach **Datum/Zeit** und **Absteigend**. Es sollen nur Nachrichten mit der Kategorie **Topnachricht** angezeigt werden. Wählen Sie dazu auf der Registerkarte **Allgemeine Einstellungen** unter **Kategoriemodus** den Eintrag **Zeige alle Beiträge aus ausgewählten Rubriken (Kategorien) (ODER)** aus, unter **Verfügbare Objekte** wählen Sie die Kategorie **Topnachricht**.

Wenn die Nachrichten nur eine einzige Kategorie, nämlich **Topnachricht**, zugeordnet bekämen, würde an dieser Stelle im **Kategoriemodus** der Eintrag **Zeige alle Beiträge aus der ausgewählten Kategorie (UND)** statt **(ODER)** auch zum Ziel führen. Problematisch wird es, wenn Sie einer Nachricht eine weitere Kategorie zuweisen, zum Beispiel zusätzlich zu **Topnachricht** noch **Fußball**. Dann müssen Sie mit **(ODER)** arbeiten.

Die Seite mit den Nachrichten ist der **Nachrichtenordner**, der **rekursiv unendlich** durchsucht wird.

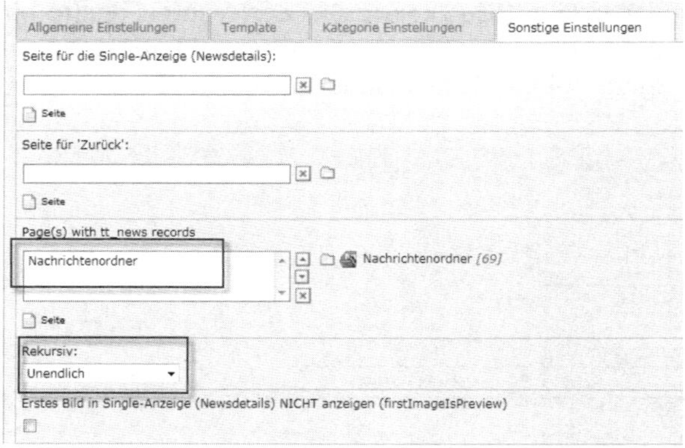

Abbildung 18.49: tt_news – Sonstige Einstellungen im Plug-In

Da nur die Kategoriebilder angezeigt werden sollen, setzen Sie auf der Registerkarte **Kategorie Einstellungen** die Werte bei **Kategoriebild Link Mode** auf **Anzeigen aber ohne Link** und bei **Kategorietext Link Mode** auf **Nicht anzeigen**.

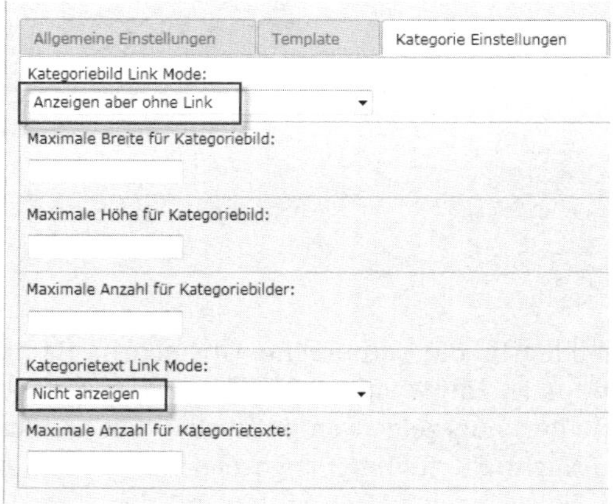

Abbildung 18.50: tt_news – Kategorie Einstellungen im Plug-In

Legen Sie nun in den Ordnern `Fußball`, `Baseball`, `Schwimmen` und `Verein allgemein` verschiedene Nachrichten mit den Überschriften `Testnachricht 1` bis `Testnachricht 6` und beliebigem Text an. Die Nachrichten erhalten alle die Rubrik **Topnachricht** und eine zum Ordner passende Rubrik wie z. B. **Fußball Damen**. Mehr als eine Kategorie weisen Sie zu, indem Sie die gewünschten Kategorien in der Nachricht doppelt anklicken.

Fügen Sie in der ersten Nachricht ein Foto, eine Datei und einen Link ein; so testen Sie, ob alles angezeigt wird und gegebenenfalls Anpassungen am Layout der Nachricht erforderlich werden. Bei der zweiten Nachricht fügen Sie unter **Category & Relations** bei **In Verbindung stehende News** die erste Topnachricht ein.

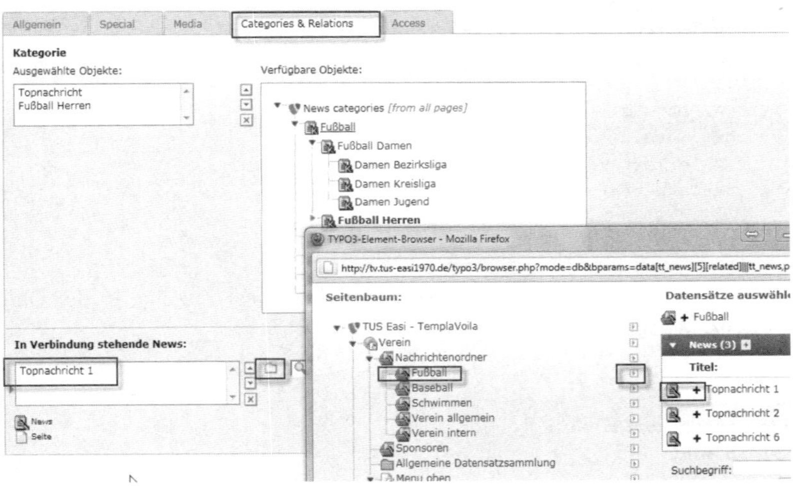

Abbildung 18.51: tt_news – Verweis zu einer anderen Nachricht einfügen

Wenn Sie sich nun auf der Seite `Willkommen` die Nachrichten anzeigen lassen, so werden oben die Sponsorennachrichten und unten die soeben angelegten Nachrichten angezeigt, allerdings nur die jüngsten drei Nachrichten. Das liegt daran, dass der Wert für **Latest Limit** auf 3 steht. Sie könnten den Wert entweder im Konstanten-Editor oder gezielt für dieses Plug-In überschreiben. Die Vorgabe des TUS EASI 1970 lautet jedoch, dass nur die aktuellsten drei Nachrichten angezeigt werden sollen. Daher nehmen Sie keine Veränderung vor.

Der TUS EASI 1970 hat aber noch weitere Anforderungen: Es sollen nur die ersten 100 Zeichen einer Nachricht angezeigt werden, der Text `Kat:` vor den Kategoriebildern soll entfallen. Wechseln Sie also wieder in das Basistemplate `+ext tt_news` und fügen Sie dort folgenden Code im Setup ein:

```
plugin.tt_news {
[...]
```

```
displayList {
[...]
# maximal 100 Zeichen einer Nachricht im List-Modus
# anzeigen, gefolgt von ...
# wenn kein subheader vorhanden,
# dann wird das Textfeld der Nachricht verwendet
subheader_stdwrap {
  crop = 100 | ... | 1
  ifEmpty.field = bodytext
  }
}

# sprachabhängige Anpassungen
  _LOCAL_LANG.de {
    more = weiterlesen
    # Kein Text vor den Kategorienbildern
    textCatLatest =
  }
  _LOCAL_LANG.en {
    more = read on
    # Kein Text vor den Kategorienbildern
    textCatLatest =
  }
[...]
```

Ändern Sie jetzt noch die Schriftfarben für die Latest-Anzeige in der Datei `10_tt_news.css`:

```
/*-----_______----------------------  tt_news LATEST view
[...]
.news-latest-container a {
  color: #000;
}
```

Ihre Webseite sollte nun aussehen wie in Abbildung 18.52. Sie sehen bereits unten rechts den Link zu den Archivnachrichten. Allerdings kann dieser Link noch nicht greifen, da die Seite für archivierte Nachrichten noch nicht angelegt ist. Und so lange Sie in den Konstanten keine Seite als Ziel angeben können, ist dieser Link noch nicht aktiv. Die Seite mit den archivierten Nachrichten wird im Abschnitt 18.18 angelegt.

Wenn es keine Topnachrichten zur Anzeige gibt, zeigt `tt_news` automatisch den Text „Keine News in dieser Ansicht". Wenn Sie diesen Text immer unterdrücken möchten, geben Sie im Basistemplate `+ext tt_news` folgenden Code im Setup ein:

```
plugin.tt_news {
  [...]
  _LOCAL_LANG.de {
  [...]
  # Die Anzeige des Textes bei nicht vorhandenen Nachrichten
  # leer lassen
```

```
        noNewsToListMsg =
      [...]
      }
      [...]
}
```

Abbildung 18.52: Anzeige der Webseite mit Topnachrichten

18.15 Einzelansicht allgemein

Für die Einzelansicht der normalen Nachrichten legen Sie auf der Seite **Nachrichtendetails allgemein** ein `tt_news`-Plug-In mit dem verborgenen Titel `Einzelansicht` an. Da weder Bild noch Text der Kategorie angezeigt werden sollen, wählen Sie auf der Registerkarte **Kategorie Einstellungen** die Option **Nicht anzeigen** aus. Unter **Sonstige Einstellungen** wählen Sie bei **Page(s) with tt_news records** den `Nachrichtenordner` sowie unter **Rekursiv** die Option **Unendlich** aus.

Bei der Anzeige einer Nachricht werden Sie sehen, dass Datum und Alter der Nachricht angezeigt werden. Um die Anzeige des Alters anzupassen, ist noch ein Eingriff mittels TypoScript erforderlich. Dabei ist zu bedenken, dass Sie eine mehrsprachige Webseite erstellen und daher die Anpassungen auch entsprechend den Sprachcodes erfolgen müssen. Sie müssen also über eine Bedingung die Sprache abfragen und dann gezielt für diese

Sprache Einstellungen im Basistemplate `+ext tt_news` vornehmen. Wichtig ist, dass diese Bedingung nicht innerhalb einer geschweiften Klammer stehen darf. Denken Sie auch daran, dass die IDs der Sprachen in Ihrer Installation von den hier verwendeten abweichen können.

Abbildung 18.53: Einzelansicht – Kategorien nicht anzeigen

Legen Sie in der Seite `Nachrichtendetails allgemein` ein neues Template mit dem Titel `+ext tt_news Einzelansicht allgemein` an. Sie könnten die Anpassungen auch im Template `+ext tt_news` vornehmen. Aber warum unnötigerweise den TypoScript-Code auf allen Seiten rendern lassen, wenn er nur auf der Seite mit der Einzelansicht benötigt wird?

Fügen Sie im soeben angelegten Template im Setup folgenden Code ein:

```
plugin.tt_news {
[...]
 # Datum/Uhrzeit bei der Anzeige in Single, List
 # anpassen (Alter der Nachricht)
 displaySingle.age_stdWrap.age = Minute(n)| Stunde(n)| Tag(e)| Jahr(e)
```

Für die englischsprachige Variante fügen Sie ganz am Ende des TypoScript-Codes Folgendes hinzu:

```
# englisch, sys_language.uid = 1
[globalVar = GP:L = 1]
plugin.tt_news {
  # Datum/Uhrzeit bei der Anzeige in Single, List
  # anpassen (Alter der Nachricht)
   displaySingle.age_stdWrap.age = Minute(s)| Hour(s)| Day(s)| Year(s)
   }
[global]
```

Nun möchte der TUS EASI 1970 noch zwei Dinge: zum einen, dass der Text „In Verbindung stehende Artikel" geändert wird in „Schauen Sie auch hier nach", und zum anderen, dass Datum und Uhrzeit bei den verlinkten Nachrichten/Seiten *nicht* angezeigt werden.

Den Text ändern Sie einfach, indem Sie folgenden Code im Basistemplate `+ext tt_news Einzelansicht allgemein` einfügen:

```
plugin.tt_news {
  [...]
  _LOCAL_LANG.de {
    # Text für in Verbindung stehende News anpassen
    textRelated = Schauen Sie auch hier nach:
    }
  _LOCAL_LANG.en {
    # Text für in Verbindung stehende News anpassen
    textRelated = Look it up:
    }
[...]
}
```

Um das Datum bei den verlinkten Nachrichten/Seiten zu unterdrücken, ist etwas Detektivarbeit und der TypoScript Object Browser erforderlich. Bei den verlinkten Nachrichten und Seiten handelt es sich um in Beziehung stehende (*related*) Objekte. Und deren Erstellung wird im Plug-In `tt_news` unter `getRelatedCObject` gesteuert – danach gilt es nun zu suchen.

Wechseln Sie dazu in das Modul **Template** und wählen Sie das Basistemplate `+ext tt_news` aus. Wählen Sie jetzt die Ansicht **TypoScript Object Browser** aus. Nun wird Ihnen der gesamte TypoScript-Baum angezeigt, nicht nur die Werte aus dem Basistemplate `+ext tt_news`. Wenn Sie jetzt Änderungen durchführen, werden diese jedoch im gerade ausgewählten Template abgespeichert. Blättern Sie also nach unten und geben Sie im Suchfeld `getRelatedCObject` ein. Nach Klick auf **Suchen** wird der gefundene String rot markiert angezeigt, leider aber wird der Cursor nicht gleich dort platziert. Sie müssen also ggf. nach unten blättern, um den rot markierten String zu suchen.

Sie können diesen Weg auch „zu Fuß" beschreiten. Sie wissen ja, dass das Gesuchte sich in einem Plug-In verbirgt, und zwar in `tt_news`; klicken Sie also vor den Einträgen **[Plug-In]** und dann **[tt_news]** jeweils das Pluszeichen an, um den TypoScript-Baum zu erweitern. Jetzt finden Sie im letzten Drittel des TypoScript-Baumes für `tt_news` den gesuchten Eintrag **[getRelatedCObject]**. Erweitern Sie jetzt die Einträge **[10]**, **[1]** und **[20]** mit Klick auf das Pluszeichen. Nun sollten Sie Folgendes sehen:

```
[20] = TEXT
  [field] = datetime
  [strftime] = %d-%m-%y %H:%M
  [wrap] =  -  |
```

Im Eintrag **[20]** sehen Sie, dass hier das Datum formatiert wird. Sie könnten jetzt zum Beispiel auf **[strftime]** klicken und die Formatierung des Datums umstellen. Wenn Sie dann auf **Update** klicken, wird die Änderung in Ihrem Basistemplate `+ext tt_news` gespeichert. Da aber der TUS EASI 1970 gar kein Datum angezeigt haben möchte, können Sie die gesamte Formatierung auch löschen. Dazu müssen Sie den Pfad bis zum Eintrag **[20]** angeben und mit dem >-Zeichen löschen. Fügen Sie dazu folgenden Code in Ihr Basistemplate `+ext tt_news` ein:

```
plugin.tt_news {
[...]
  # Die Anzeige des Datums bei verlinkten
  # Nachrichten und Seiten unterdrücken
  getRelatedCObject.10.1.20 >
  getRelatedCObject.10.2.20 >
  getRelatedCObject.10.default.20 >
[...]
}
```

Die Anzeige des Alters der Nachricht wird umbrochen, da das Element mit 160px zu klein ist. Außerdem wird der Verweis auf die andere Nachricht nicht direkt nach dem Text eingefügt. Ändern Sie in `10_tt_news.css` den Code wie folgt ab:

```
.news-single-rightbox {
    clear: none;
    float: none;
    text-align: left;
    width: 300px;
}
[...]
.news-single-additional-info {
        margin-top: 15px;
        padding:3px;
        clear:both;
}
```

In dem HTML-Template `tt_news.html` muss für die Einzelansicht noch etwas geändert werden: Der Nachrichtentitel kann auskommentiert werden, da der Nachrichtentitel bereits als erstes Element der Seite angezeigt wird. Zudem stören die beiden Zeilen mit der Klasse `cl-right` den Aufbau der Anzeige, so dass die beiden Zeilen auch auskommentiert werden können.[7] Auch der Link für **Zurück** stört und kann auskommentiert oder ganz gelöscht werden.

```
<!-- ###TEMPLATE_SINGLE### begin
        This subpart is used to display single news items
```

7 Die Störung ist dem Seitenaufbau mit `float` und `clear` geschuldet. Bei einem anderen Seitenaufbau muss es nicht zu Störungen kommen.

```
-->
<div class="news-single-item">
###NEWS_CATEGORY_ROOTLINE###
###NEXT_ARTICLE###
###PREV_ARTICLE###
        <div class="news-single-rightbox">
                ###NEWS_DATE### ###NEWS_TIME### ###TEXT_NEWS_AGE### ###\
NEWS_AGE###
                ###CATWRAP_B### ###TEXT_CAT### ###NEWS_CATEGORY### ###\
NEWS_CATEGORY_IMAGE### ###CATWRAP_E###
                ###NEWS_AUTHOR###
        </div>
<!--            <h1>###NEWS_TITLE###</h1>-->
                ###NEWS_SUBHEADER###
<!--            <hr class="cl-right" />-->

                ###NEWS_IMAGE###
                ###NEWS_CONTENT###
<!--            <hr class="cl-right" />-->
                        ###ADDINFO_WRAP_B###


                                        ###TEXT_RELATED###
                                        ###NEWS_RELATED###

                                        ###TEXT_FILES###
                                        ###FILE_LINK###

                                        ###TEXT_LINKS###
                                        ###NEWS_LINKS###

                                        ###TEXT_RELATEDBYCATEGORY###
                                        ###NEWS_RELATEDBYCATEGORY###

                        ###ADDINFO_WRAP_E###
                        ###NEWS_SINGLE_PAGEBROWSER###
<!--            <div class="news-single-backlink">
                <!--###LINK_ITEM###-->###BACK_TO_LIST###<!--###LINK_ITEM\
###-->-->
                </div>-->
[...]
```

Als Ersatz für den **Zurück**-Link fügen Sie auf den Seiten mit den Einzelansichten unterhalb des Plug-Ins ein Inhaltselement vom Typ HTML ein:

```
<a href="javascript:history.back()" title="Zur&uuml;ck zur \
Listenansicht">&#187; Zur&uuml;ck</a>
```

Mit diesen Einstellungen ist die Einzelansicht allgemein fertig (Abbildung 18.54).

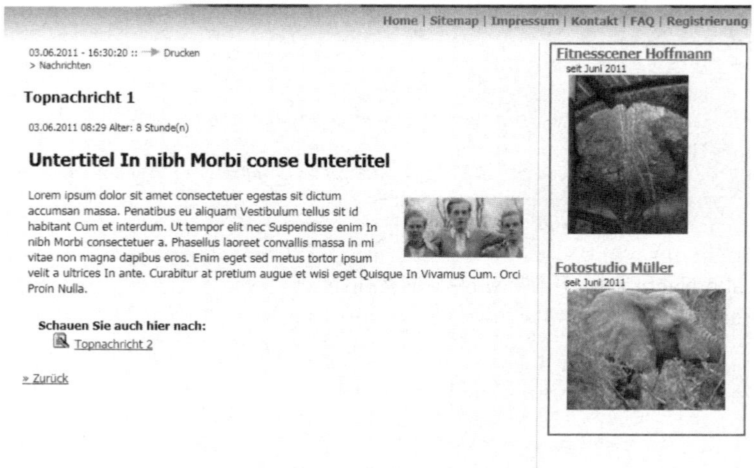

Abbildung 18.54: Einzelansicht – Veränderte Datumsanzeige und Linküberschrift

18.16 Nachrichtenanzeige der Abteilungsseiten erstellen

Die Nachrichtenanzeige der Abteilungsseiten unterscheidet sich von der Anzeige auf der Startseite darin, dass hier nur eine Topnachricht und anschließend bis zu fünf Nachrichten aus der jeweiligen Abteilung gezeigt werden, wobei die Topnachricht durchaus ebenfalls aus der Abteilung stammen kann. Es werden jeweils die jüngsten Nachrichten als erste angezeigt.

Sie benötigen auf einer Abteilungsseite stets zwei Plug-Ins im **Latest view (LATEST)**-Modus. In beiden Plug-Ins sollen die Nachrichten nach Datum/Uhrzeit absteigend sortiert werden.

Im ersten Plug-In wird nur die jüngste nicht archivierte Nachricht mit der Kategorie **Topnachricht** verwendet, und die Nachrichten werden **rekursiv unendlich** ab dem Nachrichtenordner gelesen. Damit nur eine Nachricht angezeigt wird, setzen Sie auf der Registerkarte **Template** im Feld **Maximale Anzahl von Einträgen in LIST-Ansicht (und LATEST-Ansicht, wenn 'latestLimit' nicht gesetzt ist)** den Wert auf `1`. Um nur Nachrichten anzuzeigen, welche der Kategorie **Topnachricht** zugeordnet sind, setzen Sie den Modus auf **Zeige alle Beiträge aus ausgewählten Kategorien (ODER)**.

Im zweiten Plug-In verwenden Sie nur Nachrichten aus dem Nachrichtenordner `Fußball`. Sie können zwar, müssen aber nun keine Unterscheidung mehr nach anzuzeigenden Kategorien treffen, da sich im Nachrichtenordner `Fußball` nur Nachrichten der Kategorie **Fußball** befinden. Damit fünf

Nachrichten angezeigt werden, setzen Sie auf der Registerkarte **Template** im Feld **Maximale Anzahl von Einträgen in LIST-Ansicht (und LATEST-Ansicht, wenn 'latestLimit' nicht gesetzt ist)** den Wert auf 5.

Legen Sie nun entsprechend einige Nachrichten im Nachrichtenordner einer Abteilung, z. B. `Fußball`, an, die entweder die abteilungsspezifische Hauptkategorie, hier Fußball, enthalten oder eine oder mehrere der Unterkategorien zu Fußball. Es ist nicht notwendig, die Hauptkategorie *und* die Unterkategorie anzugeben.

Im ersten Plug-In wird nun die jüngste Nachricht mit der Kategorie **Topnachricht** aus allen Nachrichtenordnern angezeigt. Im zweiten Plug-In werden alle Nachrichten des Nachrichtenordners `Fußball` angezeigt, ggf. einschließlich einer bereits angelegten Topnachricht. Allerdings ist `tt_news` von Haus aus so eingestellt, dass Nachrichten nicht doppelt angezeigt werden.

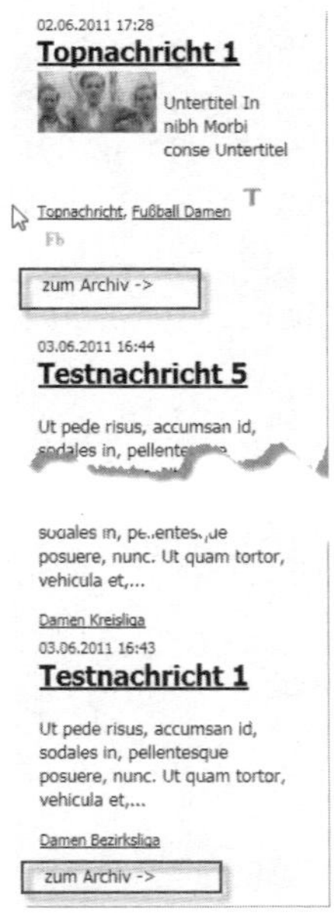

Abbildung 18.55: Abteilungsseite – Plug-Ins für Topnachrichten und Fußballnachrichten

Sie können das zweite Plug-In auf eine der Unterseiten von `Fußball`, z. B. `Damen`, kopieren. Dort schränken Sie die Anzeige der Nachrichten dergestalt ein, dass Sie dort nur Nachrichten anzeigen, die auch mindestens der Kategorie **Fußball Damen** angehören.[8]

[8] Während der Installation der Webseite anhand dieses Buches hat sich gezeigt, dass manchmal das Plug-In bzw. der Nachrichtendatensatz erst gespeichert werden muss, bevor eine Kategorie ausgewählt werden kann. Obwohl dies nur selten auftritt und nicht eindeutig reproduzierbar ist, weisen wir dennoch darauf hin. Also bitte ggf. erst mal speichern und dann die Kategorie auswählen.

18.17 Alle Nachrichten auf einer Seite einschließlich Kategoriemenü

Der TUS EASI 1970 möchte auf einer Seite alle aktuellen Nachrichten anzeigen. Dazu dient die bereits angelegte Seite `Nachrichten`. Normalerweise dient die Ansicht **Latest** genau diesem Zweck. Aber Sie können auch die **List**-Ansicht dazu bewegen, nur nicht-archivierte Nachrichten zu zeigen. Zudem können Sie auf diese Weise eine spezielle **List**-Ansicht verwenden. In der Spalte mit dem Hauptinhalt fügen Sie ein Plug-In mit der Ansicht **Advanced list view with 6 alternating template parts (LIST2)** ein. Vergeben Sie für das Plug-In die Überschrift `Aktuelle Nachrichten`.

Um ausschließlich nicht archivierte Nachrichten anzuzeigen, wählen Sie im Register **Allgemein** des Plug-Ins im Feld **Archiveinstellungen (für LIST Ansicht)** den Wert `Nur nicht-archivierte` aus. Die Sortierung erfolgt nach Datum/Zeit absteigend. Ausgangspunkt ist der `Nachrichtenordner` (rekursiv unendlich). Setzen Sie im Register **Template** die maximal anzuzeigende Anzahl an Nachrichten im Eintrag **Maximale Anzahl von Beiträgen in LIST (und LATEST, wenn 'latestLimit' nicht gesetzt ist)** auf 25.

Hier sind wieder einige Eingriffe erforderlich, um das Layout der Nachrichten anzupassen.

Führen Sie folgende Anpassungen in der Datei `10_tt_news.css` durch:

```
[...]
.news-list2-container,
.news-list3-container {
        background:transparent;
}
.news-list3-item,
.list2-subdiv-hdr {
        background:transparent;
}

.news-list2-container a {
        color: #000;
}
[...]
```

Im HTML-Template müssen Sie für das LIST2-Template noch die drei Zeilen mit der Klasse `clearer` auskommentieren oder löschen:

```
<!-- ###TEMPLATE_LIST2### begin
[...]
<!--     <hr class="clearer" /></div>-->
[...]
```

Nun sollte die Webseite aussehen wie in Abbildung 18.56.

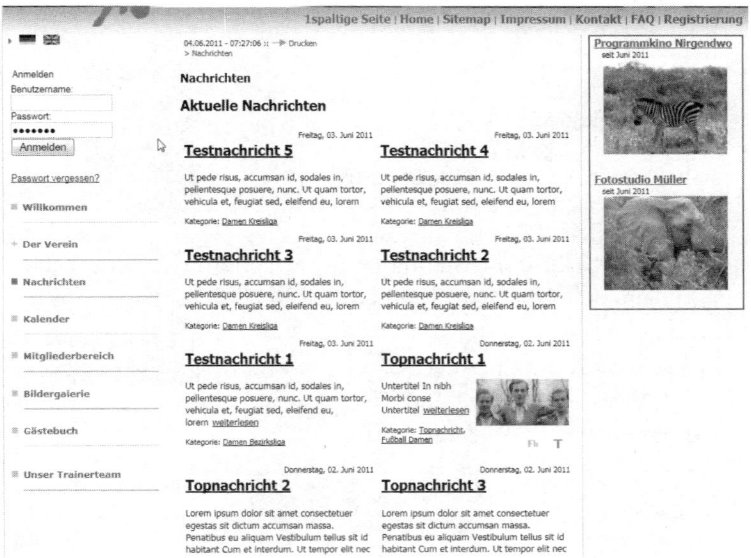

Abbildung 18.56: Plug-In Nachrichtenseite – korrigiertes Layout für aktuellste Nachrichten

In der rechten Spalte fügen Sie ein Plug-In mit der Ansicht **CATMENU** ein. Ausgangspunkt ist auch hier der `Nachrichtenordner` (rekursiv unendlich), und es soll keine Anzeige der Kategorie **Sponsor** erfolgen.

Jetzt gilt es wieder, die CSS-Datei `tt_news.css` anzupassen. Im Abschnitt `Categorymenu` fügen Sie folgenden Code hinzu:

```
.news-catmenu a, .news-catmenu a {
/* Farbe und Textdarstellung für die Links im Catmenu anpassen */
        color:#000;
        text-decoration:none;
}
```

Zuletzt sollen der Text **Kategorieauswahl** zu **Alle auswählen** geändert und die Icons der Kategorien angezeigt werden. Gehen Sie dazu in das Basis-template `+ext tt_news` und erweitern Sie das Setup wie folgt:

```
# TypoScript fuer allgemeine Verwendung von tt_news
plugin.tt_news {
  [...]
  #Kategoriemenü-Einstellungen
  displayCatMenu {
        # Icon der Kategorie anzeigen
        catmenuIconMode = 1
  }
```

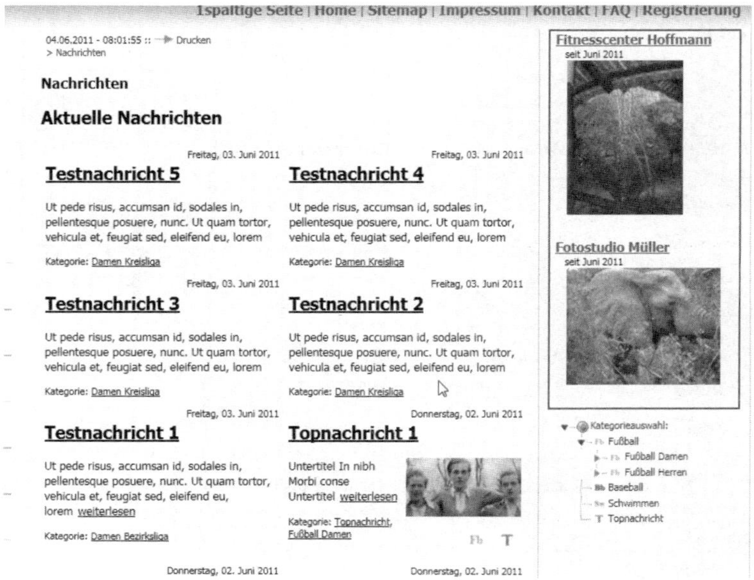

Abbildung 18.57: Plug-In Nachrichtenseite – Kategoriemenü in der rechten Spalte

Der Betrachter der Webseite kann nun gezielt eine Kategorie anklicken und sich alle Nachrichten zu dieser Kategorie anzeigen lassen. Sofern, wie für unsere Beispielseite, in den Konstanten **Use subcategories** ausgewählt bzw. per TypoScript `useSubCategories = 1` gesetzt wurde, werden auch Nachrichten angezeigt, welche mindestens einer der Unterkategorien zugeordnet sind.

18.18 Archivanzeige erstellen

Legen Sie nun eine Seite auf der gleichen Ebene wie die Seite `Nachrichtendetails allgemein` an, mit dem Seitentitel `Nachrichtenarchiv`. Die Seite soll im Menü angezeigt werden, setzen Sie also kein Häkchen bei **Im Menü verbergen**. In der Hauptinhaltsspalte fügen Sie zwei Plug-Ins ein.

Das erste mit der Ansicht **Archive menu (AMENU)** hat den Ausgangspunkt `Nachrichtenordner`, der wieder rekursiv unendlich durchsucht wird. Dadurch, dass die Sponsorennachrichten in einem gesonderten Ordner außerhalb des Ausgangspunktes `Nachrichtenordner` abgelegt sind, werden diese auch nicht in diesem Plug-In angezeigt und müssen nicht extra ausgeblendet werden.

Das zweite Plug-In hat die Ansicht **Advanced list view with 6 alternating template parts (LIST2)** und zeigt nur archivierte Nachrichten mit dem Ausgangspunkt Nachrichtenordner (rekursiv unendlich) an. Um nur bereits archivierte Nachrichten zu verwenden, wählen Sie im Feld **Archiveinstellungen (für LIST-Ansicht)** den Wert **Nur archivierte** aus.

Damit der Link **zum Archiv** zu den archivierten Nachrichten auch greift, z. B. von der Seite Willkommen am Ende der aufgelisteten Nachrichten, muss noch in den Konstanten von tt_news die PID der gerade angelegten Seite Nachrichtenarchiv angegeben werden. Gehen Sie zum Modul **Template**, wählen Sie das Basistemplate +ext tt_news und tragen Sie folgenden Code in den Konstanten ein, wobei Sie nnn durch die PID der Seite Nachrichtenarchiv in Ihrer Installation ersetzen:

```
plugin.tt_news.archiveTypoLink.parameter = nnn
```

Wenn Sie die vorherigen Abschnitte erst kürzlich durchgearbeitet haben, so sind noch keine Nachrichten archiviert. Das Archivierungsdatum wird erst 40 Tage nach dem Erstelldatum der Nachricht erreicht. Damit also überhaupt ein paar Nachrichten im Archiv angezeigt werden können, müssen Sie die Nachrichten künstlich altern lassen, indem Sie das Datum entsprechend in die Vergangenheit legen oder die Nachricht früher archivieren lassen.

Verwenden Sie eine der bereits angelegten Nachrichten oder legen Sie eine neue Nachricht an. Im Abschnitt **Datum/Zeit** können Sie das Erstellungsdatum zurückdatieren, z. B. auf 14:26 4-10-2010, so dass das Erstellungsdatum mindestens 40 Tage vor dem aktuellen Datum liegt. Damit greift die Archivierungsregel, die zu Beginn der Installation von tt_news in den Konstanten auf 40 Tage gesetzt wurde.

Sie können aber alternativ auch eine Nachricht abweichend von der 40-Tage-Regel früher archivieren, indem Sie das Datum der Archivierung im Feld **Archivdatum** explizit angeben. Geben Sie z. B. ein Datum zwei Tage vor dem aktuellen Datum an. Auch damit greift dann die Archivierung.

Nun muss wieder die CSS-Datei tt_news.css angepasst werden, und zwar im Abschnitt tt_news Archivemenu (AMENU):

```
.news-amenu-container LI {
        [...]

 /* Hintergrund auf transparent setzen */
        background-color: #FFF;
}
```

Wenn jetzt der Besucher der Webseite auf den Link **zum Archiv** klickt oder direkt die Seite Nchrichtenarchiv im Menü aufruft, wird ihm das Archivmenü und eine Liste von Nachrichten angezeigt.

Abbildung 18.58: Archivmenü mit Nachricht

18.19 Arbeiten mit Redakteuren

Die Zugriffsrechte und Bearbeitungsmöglichkeiten für Redakteure richten Sie am besten über Arbeitsumgebungen (Workspaces) ein, wie im Kapitel 12 beschrieben. Zusätzlich zu dem dort beschriebenen DB-Mount, der auf eine Seite zeigt, brauchen Sie für die Bearbeitung der Nachrichten mindestens einen weiteren DB-Mount, der auf den Nachrichtenordner zeigt, den der Redakteur bearbeiten darf. Damit kann der Redakteur nur in dem per DB-Mount zugewiesenen Nachrichtenordner neue Nachrichten anlegen und vorhandene bearbeiten.

Zusätzlich sollten Sie den Redakteuren auch eigene Ordner zuweisen, um die Ablage von Bildern, Unterlagen etc. zu strukturieren. Wechseln Sie dazu in das Modul **Dateiliste** und legen Sie im Ordner `fileadmin` einen neuen Ordner `unterlagen/fussball` an. Gehen Sie dann zum Modul **Liste** und klicken Sie auf die Seite mit der Weltkugel. Legen Sie einen neuen Datensatz an, indem Sie auf das **Neu**-Icon klicken und anschließend auf **Verzeichnisfreigaben**. Legen Sie jetzt die Verzeichnisfreigabe `Fußball` an und vergeben Sie die Bezeichnung `Dateiordner Fußball`. Unter **Basis** klicken Sie **relativ zu fileadmin** an und tragen im Feld darüber den Pfad `unterlagen/fussball` ein.

Weisen Sie diese Verzeichnisfreigabe Ihren Redakteuren zu.

18.20 Anzeige von geschützten Nachrichten im Frontend

Die Anzeige von geschützten Inhalten im Frontend erfolgt für Nachrichten auf die gleiche Weise wie für jeden anderen Inhalt. Der Frontendbenutzer muss sich zuerst angemeldet haben, bevor er Inhalte sehen kann, die für diesen Benutzer freigeschaltet sind bzw. für die Benutzergruppe, der er/sie angehört. Der grundsätzliche Umgang mit Frontendbenutzern wird im Kapitel 17 behandelt.

Sie können die Berechtigung für Frontendbenutzer sowohl bei der Kategorie als auch bei der Nachricht selbst vergeben. Ersteres bietet sich zum Beispiel für die Verwendung der Kategorie **vereinsinterne Nachrichten** an. Wenn eine Nachricht und eine Kategorie unterschiedliche Zugriffsrechte haben, so muss der Frontendbenutzer beiden Gruppen angehören.

Legen Sie nun eine Nachricht mit beliebigem Inhalt an. Wechseln Sie dann auf die Registerkarte **Access** und dort ganz nach unten zum Abschnitt **Zugriff**. Wählen Sie im rechten Block eine der angelegten Benutzergruppen aus und speichern Sie die Nachricht – im Beispiel die Frontendbenutzergruppe `EASI Vorstand`.

Legen Sie eine Nachrichtenkategorie `vereinsinterne Nachrichten` an und vergeben Sie das Zugriffsrecht für diese Kategorie an eine der angelegten Benutzergruppen. Weisen Sie einer Nachricht zusätzlich diese Kategorie zu.

Wenn Sie jetzt ins Frontend wechseln, so sehen Sie diese Nachricht erst, wenn Sie sich als berechtigter Benutzer anmelden (und ggf. wieder zu einer Seite mit Nachrichtenanzeige wechseln).

18.21 tt_news – ein Wort zum Abschluss

Sie haben gesehen, dass `tt_news` enorme Möglichkeiten bietet; wir konnten hier aus Platzgründen nur einen Teil vorstellen. So wurde u. a. das Thema „RSS-Feeds“ hier nicht behandelt, das für eine lebendige, viel genutzte Nachrichtenseite eventuell von Interesse ist.

Schauen Sie sich also bei Bedarf die aktuellste Version des Handbuchs von `tt_news` an, wenn Sie, was das Thema News-Seiten betrifft, über das Dargestellte hinausgehen wollen.

19

Kapitel

Gästebuch

Der Verein möchte für seine Besucher ein Gästebuch einrichten, in dem diese Kommentare zur Webseite oder zu dort behandelten Themen hinterlassen. Solche Nachrichten sind üblicherweise für jedermann sichtbar – wie in einem handgeschriebenen Gästebuch eben auch – und erscheinen in einer nach Datum sortierten Liste. Im Gegensatz zu einem Forum sind die Einträge voneinander unabhängig und nicht thematisch gegliedert. Der Verein möchte mit diesem Gästebuch nicht nur Feedback sammeln, sondern auch herausfinden, wer die Besucher sind und woher sie kommen.

Wir nutzen das *Modern Guestbook* (`ve_guestbook`) von Udo von Eynern. Es bietet eine Vorschau- (sog. *Teaser*) und eine Listenansicht der Einträge. In der Vorschau finden Sie auch das Formular für neue Einträge. Wichtig für den Verein ist, dass diese nicht sofort auf der Webseite erscheinen, sondern erst von einem Administrator freizugegeben sind. Der Verein ist nämlich für alle Veröffentlichungen auf der Webseite verantwortlich und muss daher sicherstellen, dass keine verbotenen Inhalte verbreitet werden. Darum erhält der Administrator eine E-Mail, sobald ein Eintrag ins Gästebuch erfolgt, um diesen freizugeben oder zu verwerfen. Damit das Gästebuch nicht durch Robots mit Spam gefüllt wird, nutzen wir zudem eine Captcha-Erweiterung. Abbildung 19.1 zeigt vorab ein Bild des Gästebuchs.

Abbildung 19.1: Gästebuch: Teaser und Formular im Frontend

In der Listenansicht stehen die veröffentlichten Beiträge untereinander (Abbildung 19.2).

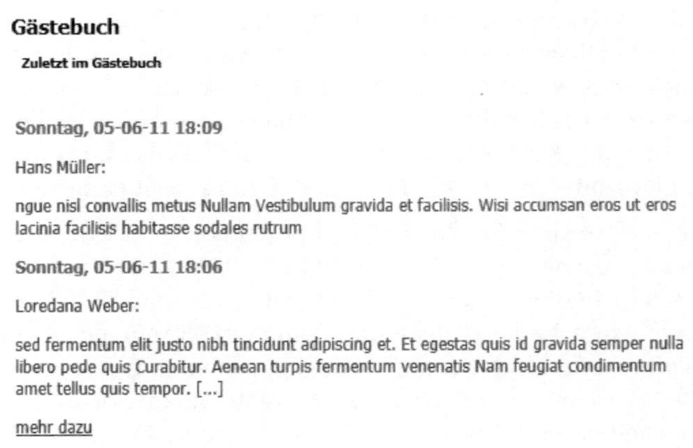

Abbildung 19.2: Gästebuch Liste im Frontend

Zunächst werden Name und Ort, dann die E-Mail-Adresse und gegebenenfalls die Webadresse des Besuchers, darunter das Erstellungsdatum und im Anschluss die Nachricht selbst angezeigt.

Installieren Sie die Erweiterung `ve_guestbook` über den Erweiterungsmanager und wenden Sie sich anschließend den Seiten für das Gästebuch zu.

19.1 Seiten anlegen

Erstellen Sie zunächst die notwendigen Seiten und fügen Sie dort die Plug-Ins ein. Im Seitenbaum im `Menu links` gehen Sie zur bereits erstellten Seite `Gästebuch`. Diese Seite ist im Menü sichtbar, und wir werden dort einen Ordner für die Beiträge, die Vorschauansicht sowie das Formular für neue Einträge platzieren.

Zuerst benötigen Sie einen Ordner für die Datensätze der Gästebucheinträge. Legen Sie also innerhalb der Seite eine Ebene tiefer einen Ordner an. Vergeben Sie den Namen `Gästebuch - Sysordner` für diese Seite.

Darunter legen Sie eine weitere Seite namens `Gästebucheinträge` an, die im Menü aber nicht sichtbar sein soll. Sie enthält später die Detailansicht der Gästebucheinträge, die hier als „Liste“ bezeichnet wird.

Eine weitere Seite namens `Danke`, ebenfalls im Menü versteckt, legen Sie darunter auf derselben Ebene an. Sie enthält einen kurzen Text, der einem Besucher angezeigt wird, sobald er einen Eintrag fürs Gästebuch abgesendet hat (Abbildung 19.3). Erstellen Sie einen entsprechenden Text als normales Inhaltselement auf dieser Seite.

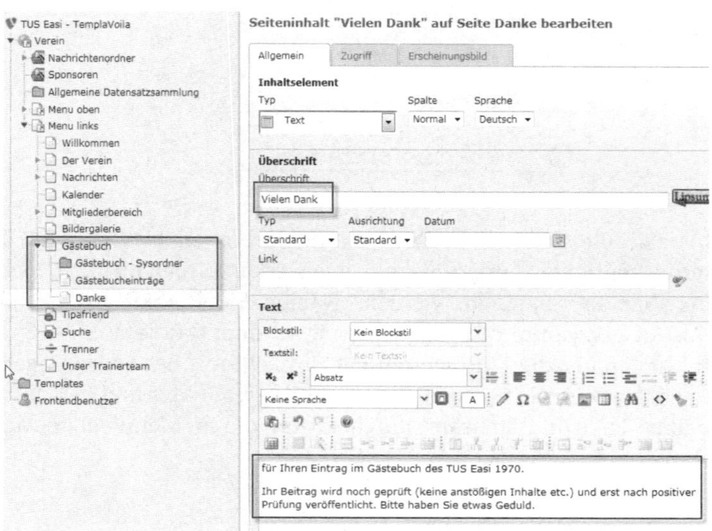

Abbildung 19.3: Gästebuch, Dankestext

Da der Verein die Beiträge erst nach einer Prüfung durch den Administrator freigibt, informieren wir mit diesem Text über die Vorgehensweise. Andernfalls würde sich der Besucher sicher wundern, dass sein Eintrag nicht umgehend erscheint. Da er einen Fehler vermuten würde, würde er wohl denselben Beitrag noch einmal senden oder sich an den Administrator wenden. Diesen für alle unnötigen Aufwand möchten wir natürlich vermeiden.

19.2 Plug-Ins einfügen

Damit das Gästebuch später auch korrekt funktioniert, müssen einige Inhaltselemente vom Typ **Plug-In** in die Seiten eingetragen werden.

19.2.1 Plug-In Teaser

Wechseln Sie auf die Hauptseite `Gästebuch` und fügen Sie die Plug-Ins in die Seite ein. Legen Sie dazu einen Seiteninhalt vom Typ **Plug-In** an. Wählen Sie aus der Liste **Gästebuch** (Abbildung 19.4) aus.

Abbildung 19.4: Plug-In Gästebuch

Vergeben Sie die Überschrift `Teaser`, die verborgen bleiben soll. In den **Erweiterungsoptionen** finden Sie die Registerkarte **Allgemein**. In der Auswahlbox **Was soll angezeigt werden?** wählen Sie **TEASER** aus (Abbildung 19.5). Als Ausgangspunkt tragen Sie den SysOrdner `Gästebuch - Sysordner` ein, der später die Einträge enthält. Im Feld mit der etwas ungewöhnlichen Schreibweise **Seite mit Gï¿½stebuch (fï¿½r Teaser und E-Mail)**[1] wählen Sie über das Icon **Datensätze durchblättern** die im Menü versteckte Seite `Gästebucheinträge` aus.

1 Dies liegt an fehlender UTF-8-Konformität.

Abbildung 19.5: Gästebuch Teaser: Registerkarte Allgemein

Die Registerkarte **Formular** bleibt für dieses Plug-In unberücksichtigt.

Wechseln Sie auf die Registerkarte **Liste & Teaser** (Abbildung 19.6). In das Feld **Wieviele Einträge?** geben Sie 5 ein. Damit erreichen Sie, dass auf jeder Seite im Frontend maximal fünf Einträge erscheinen. Sofern im Frontend der Teaser angezeigt ist, werden lediglich die fünf letzten Einträge gelistet. In der Auswahlbox **Sortierung nach diesem Feld** wählen Sie **Erstellungszeit** und **Absteigend** aus.

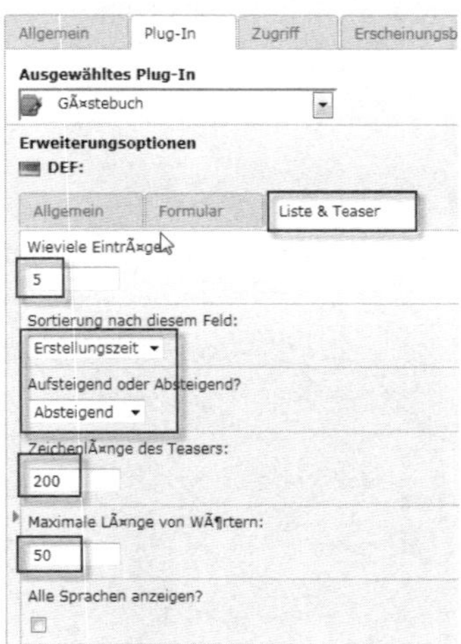

Abbildung 19.6: Gästebuch Teaser: Registerkarte Liste & Teaser

Im nächsten Schritt definieren Sie die Länge des Teasers. Geben Sie hier die Zahl 200 an, damit lediglich die ersten 200 Zeichen eines Gästebucheintrags angezeigt werden. Als maximale Wortlänge erlauben Sie 50 Zeichen. Wenn Sie Ihr Gästebuch nicht nach Sprachen trennen, sondern alle Sprachen erlauben möchten, setzen Sie den Haken bei **Alle Sprachen anzeigen?**. Der Verein betreibt eine zweisprachige Webseite und möchte auf der deutschen Seite nur deutsche Beiträge listen – also setzen Sie in diesem Fall den Haken nicht.

19.2.2 Plug-In Formular

Damit das Formular unterhalb der Teaser-Einträge steht, ist ein weiteres Plug-In mit der verborgenen Überschrift `Gästebuchformular` notwendig.

Legen Sie also unterhalb des ersten ein weiteres Plug-In des Gästebuchs an. In den Erweiterungsoptionen auf der Registerkarte **Allgemein** wählen Sie in der Auswahlbox **Was soll angezeigt werden?** den Punkt `FORM` aus. Der Ausgangspunkt ist natürlich wieder der Ordner mit den Gästebucheinträgen namens `Gästebuch - Sysordner`. Weitere Einträge sind hier nicht notwendig. Wechseln Sie auf die Registerkarte **Formular** (Abbildung 19.7).

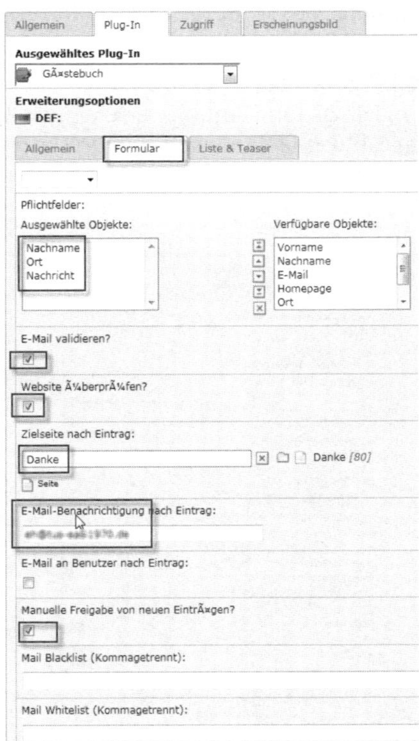

Abbildung 19.7: Gästebuch Formular: Registerkarte Formular

Über den Punkt **Pflichtfelder** können Sie alle vorhandenen Objekte auswählen. Diese Felder werden später im Formular angezeigt und müssen vom Besucher vollständig ausgefüllt werden. Wählen Sie hier als Pflichtfelder nur die Felder `Nachname`, `Ort` und `Nachricht` aus.

Setzen Sie nun die Häkchen bei **E-Mail validieren** und **Website überprüfen**, damit die Extension überprüfen kann, ob E-Mail- und Webseiten-Angaben eine korrekte Syntax nutzen. Als **Zielseite nach Eintrag** wählen Sie die Seite `Danke` aus.

In das Feld **E-Mail-Benachrichtigung nach Eintrag** geben Sie die E-Mail-Adresse des Gästebuch-Administrators ein, also der Person, die die Einträge überprüft und gegebenenfalls freigibt. Wenn Sie den Haken bei **E-Mail an Benutzer nach Eintrag** setzen, erhält der Benutzer, der den Eintrag getätigt hat, ebenfalls eine E-Mail. Damit der Administrator auch wirklich eine E-Mail erhält, wenn ein neuer Eintrag angelegt wurde, setzen Sie den Haken bei **Manuelle Freigabe von neuen Einträgen**.

In die Felder **Mail Blacklist (Kommagetrennt)** bzw. **Mail Whitelist (Kommagetrennt)** können Sie E-Mail-Adressen eingeben, deren Besitzer *keine* Einträge in Ihr Gästebuch (mehr) vornehmen dürfen bzw. die *ausschließlich* Einträge erstellen dürfen. So können Sie Spam vermeiden, „Spaßvögel" ausschließen oder eben generell nur bestimmte Personen zulassen. Beachten Sie jedoch, dass die Pflege von Blacklists einen gehörigen Aufwand erfordert, zumal gerade bei hoch frequentierten Seiten die Zahl verärgerter, weil – zu Recht oder Unrecht – ausgeschlossener Benutzer beträchtlich sein kann.

19.2.3 Plug-In Liste

Um alle Einträge im Gästebuch als Liste auszugeben, wechseln Sie nun auf die Seite `Gästebucheinträge` und fügen dort ebenfalls ein Plug-In für das Gästebuch ein (Abbildung 19.8), mit der verborgenen Überschrift `Liste der Gästebucheinträge`.

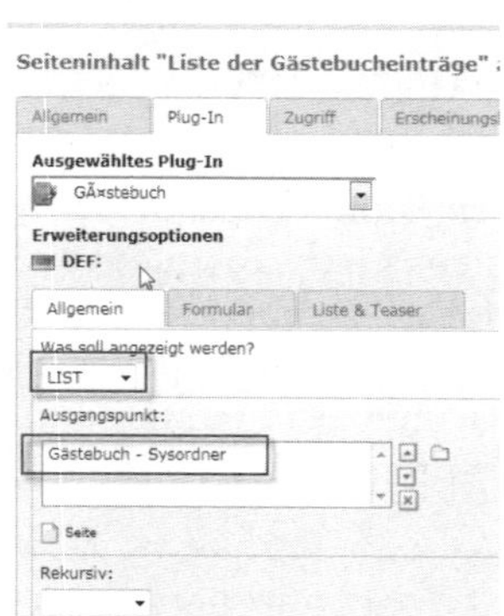

Abbildung 19.8: Gästebuch Liste: Registerkarte Allgemein

Aus der Auswahlbox **Was soll angezeigt werden?** wählen Sie **LIST** aus. Der Ausgangspunkt ist der Ordner mit den Gästebucheinträgen namens `Gästebuch - Sysordner`. Weitere Eintragungen sind hier nicht notwendig. Die Registerkarte **Formular** bleibt für dieses Plug-In unberücksichtigt.

Wechseln Sie auf die Registerkarte **Liste & Teaser**. Sofern Sie ins Feld **Wieviele Einträge?** keinen Wert eingeben, wird der Wert aus dem Plug-In mit der Teaser-Ansicht genommen; somit werden nur fünf Einträge pro Seite angezeigt. Tragen Sie hier `10` ein; Besucher können auf der Seite zu den nächsten Einträgen blättern.

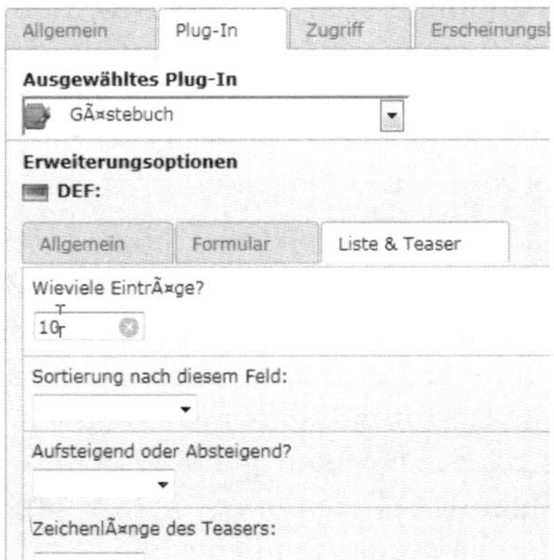

Abbildung 19.9: Gästebuch Liste: Registerkarte Liste & Teaser

In den Feldern für die Sortierung und die Wortlänge sind keine Einträge vorzunehmen, denn die Werte aus dem Teaser-Plug-In werden übernommen. Der normale Nachrichtentext wird jedoch nicht auf 200 Zeichen beschränkt, sondern in voller Länge angezeigt.

Damit sind alle notwendigen Seiten und Plug-Ins erstellt, und wir können uns nun dem TypoScript-Template für das Gästebuch widmen.

19.3 Grundkonfiguration

Wechseln Sie nun in Ihren Ordner `Templates` und legen Sie wie gewohnt ein neues Template namens `+ext ve_guestbook` an. In den Konstanten weisen Sie lediglich das HTML-Template zu, das Sie auf der buchbegleitenden Webseite zum Download finden. Kopieren Sie dieses HTML-Template ins Template-Verzeichnis unter `Fileadmin` und tragen Sie anschließend folgenden Code in die Konstanten des TS-Templates ein:

```
plugin.tx_veguestbook_pi1 {
    file.templateFile = fileadmin/templates/guestbook.html
}
```

Das Setup haben wir größtenteils aus der Beispielkonfiguration übernommen. Sie finden es ebenfalls auf der buchbegleitenden Webseite zum Download. Kopieren Sie das Setup von dort und fügen Sie es wie gewohnt ein.

Zunächst haben wir wieder das Default-CSS entfernt und unser CSS zugewiesen. Das Stylesheet für das Gästebuch haben wir wieder in die Datei `standard.css` eingebunden. Die Datei `11_guestbook.css` finden Sie im gleichen Verzeichnis ebenfalls zum Download auf der Webseite zum Buch.

```
plugin.tx_veguestbook_pi1._CSS_DEFAULT_STYLE =

plugin.tx_veguestbook_pi1.stylesheet = fileadmin/styles/standard.css
```

Der folgende Codeabschnitt definiert das Plug-In. Es wird zugewiesen und das HTML-Template aus den Constants eingelesen. Wenn Sie in den Flexforms der Plug-Ins Einträge für die Teaser- und Wortlänge (hier bezeichnet als `teasercut` bzw. `wordcut`) vorgenommen haben, werden die Einträge im Setup überschrieben.

Gleiches gilt für die Sortierung (`sortingField` und `sortingDirection`) und die maximal anzuzeigenden Beiträge je Seite (`limit`).

In die E-Mail-Definition können Sie den Absender der Benachrichtigungs-E-Mail schreiben. Dieser wird dann in der E-Mail an Besucher, die sich im Gästebuch eingetragen haben, angezeigt. Sofern Sie keinen Eintrag vornehmen, wird in der Absenderzeile z. B. `ve_guestbook [ve_guestbook@tus-easi1970.de]` angezeigt.

Wenn Sie im Nachrichtenfeld HTML-Tags erlauben möchten, können Sie hier angeben, welche Tags erlaubt sind – vorzugsweise keine. Weiter lassen sich Pflichtfelder für das Formular definieren, sofern Sie dies nicht bereits in den Flexforms tun möchten. Zudem werden die Datumsformate für die Gästebucheinträge definiert.

```
[...]
plugin.tx_veguestbook_pi1 {
  userFunc = tx_veguestbook_pi1->main
  templateFile = {$plugin.tx_veguestbook_pi1.file.templateFile}
  teasercut = 50
  wordcut = 50
  sortingField = crdate
  sortingDirection = desc
  limit = 5
  email_from_name = guestbookadmin
  email_from_mail = guestbookadmin@tus-easi1970.de
  #allowedTags = <a>,<br>,<b>,<li>,<ol>,<p>,<strong>,<u>,<ul>
  obligationfields =

  datetime_stdWrap.strftime=  %A, %d-%m-%y %H:%M
  date_stdWrap.strftime= %d.%m.%y
  time_stdWrap.strftime= %H:%M
  [...]
```

Um Emoticons in den Gästebucheinträgen zu erlauben, wird der folgende Setup-Eintrag benötigt. Gibt also der Benutzer im Frontend eine Zeichenfolge wie `:)` ein, wird sie später im Gästebuch durch ein Bild mit dem entsprechenden Smiley ersetzt. Wenn Sie keine Emoticons erlauben möchten, tragen Sie `active = 0` ein.

```
emoticons {
      active = 1
      10 = IMAGE
      10 {
        file = EXT:ve_guestbook/pi1/emoticons/###EMOTICON###.gif
        params = hspace="1" vspace="1"
        border = 0
        altText = Emoticon
        titleText = Emoticon
      }

      subst {
        11.str = :D
        11.val = 1
        12.str = :) || :-)
        12.val = 2
        13.str = :( || :-(
        13.val = 3
        14.str = :cry:
        14.val = 4
        15.str = :?:
        15.val = 5
        16.str = ;) || ;-)
        16.val = 6
      }
}
```

Im letzten Teil definieren Sie den Seitenbrowser (Pagebrowser) für die Anzeige zur nächsten oder vorigen Seite in der Listenansicht. Der Verein möchte maximal zehn Einträge je Seite erlauben. Wenn Sie möchten, dass lediglich die Seitenzahl angezeigt wird, schalten Sie den Text mit `showBrowserText = 0` einfach ab.

```
  pageBrowser {
    maxPages = 10
    # if you want the pagebrowser to display only numbers,
    # set showPBrowserText to 0.
    tableParams = cellpadding="5" cellspacing="0" border="0"
    showResultCount = 1
    activepage_stdWrap.wrap = <strong>|</strong>
    page_stdWrap.wrap = |
    pagelink_stdWrap.wrap = |
    previous_stdWrap.wrap =|
    next_stdWrap.wrap = |
  }
}
```

Da das Gästebuch kein statisches Template nutzt, ist die Grundkonfiguration hiermit abgeschlossen und Sie können Ihr Gästebuch im Frontend testen. Vergessen Sie aber nicht, das Template ins Haupt-Template Ihrer Webseite `main_verein` einzubinden.

Um Spammer oder sonstige Unbill zu vermeiden, sollten Sie sich vergewissern, dass der Spamschutz für Ihre E-Mail-Adressen im TypoScript-Template der Rootseite definiert ist. Es ist dann nicht notwendig, dies im Template des Gästebuches nochmals anzugeben. Um XSS-Attacken (sog. *Cross-Site Scripting*) auf Ihr System zu vermeiden, sollten Sie keine Tags in Ihrem Gästebuch erlauben.

19.4 sr_freecap

Die Gästebuch-Erweiterung unterstützt die Erweiterungen `Captcha` und `sr_freecap`. Eine Captcha-Erweiterung soll vermeiden, dass Gästebucheinträge durch Robots vorgenommen werden und das Gästebuch so mit Spam gefüllt wird. Im Frontend wird mit einer Captcha-Erweiterung ein Bild mit zufälligen Zahlen oder Buchstaben angezeigt. Diese Zeichenfolge muss der Benutzer in ein Eingabefeld eintragen, bevor er einen Gästebucheintrag verfassen kann.

Der Verein hat sich für die Erweiterung `sr_freecap` von Stanislas Rolland entschieden. Installieren Sie die Erweiterung wie gewohnt über den Erweiterungsmanager. Nach der Installation wählen Sie auf der Seite `Gästebuch` das zweite Plug-In mit der Überschrift `Gästebuchformular` aus. Im Plug-In wählen Sie in der Registerkarte **Formular** die Erweiterung `sr_freecap` aus (Abbildung 19.10). Im Frontend wird dann das Captcha-Bild angezeigt.

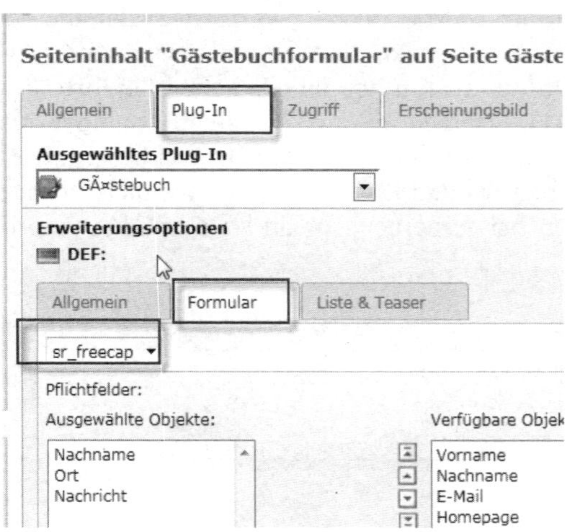

Abbildung 19.10: Gästebuch Formular: sr_freecap hinzufügen

Ist die Zeichenfolge nicht richtig zu erkennen, kann der Benutzer über einen Link ein neues Bild anfordern. Wenn Sie mehr über `sr_freecap` erfahren möchten, finden Sie der Erweiterung ein Handbuch in englischer Sprache beigefügt.

Abbildung 19.11: Gästebuch Formular: Sicherheitsabfrage mit Captcha

19.5 Der Gästebuch-SysOrdner

Nachdem Sie ein paar Testeinträge vorgenommen haben, werfen Sie einen Blick in den Ordner `Gästebuch - Sysordner`, der die Gästebucheinträge enthält. Wechseln Sie dazu ins Webmodul **Liste** und wählen Sie im Seitenbaum den Ordner aus. In der Tabelle sehen Sie Ihre Gästebucheinträge (Abbildung 19.12). Einträge, die der Administrator noch nicht freigeschaltet hat, sehen Sie als versteckte Einträge (Icon mit dem X). Um die Einträge freizugeben, öffnen Sie den Datensatz über das Bleistiftsymbol und entfernen das Häkchen bei **Verbergen**, sobald Sie den Inhalt geprüft haben.

Abbildung 19.12: Einträge im Gästebuch-SysOrdner

Kapitel

20

Calendar Base

Eine sinnvolle Ergänzung der Vereinsseite ist der von Mario Matzulla entwickelte *Calendar Base.* Der Verein möchte diesen Kalender nutzen, um seine Termine – möglichst nach Kategorien sortiert – darzustellen. Darunter fallen die Trainingstermine für die verschiedenen Mannschaften, Termine für Spiele, Feste, aber auch Trainermeetings. Letztere sollen natürlich nicht für die breite Öffentlichkeit sichtbar sein. Die Termine der unterschiedlichen Gruppen und Kategorien sollen auch optisch direkt unterscheidbar sein.

Folgende Funktionen sollen zur Verfügung stehen:

- Kalender für internen und öffentlichen Zugriff
- Jahres-, Monats-, Wochen- und Tagesansicht
- Detailansicht der Veranstaltungen, Veranstaltungsorte und Veranstalter
- Listenübersicht über Termine mit Link zur Detailansicht
- Monatsansicht und Miniliste (die nächsten drei Termine) auf allen Seiten (außer den Kalenderseiten) mit Link zur Listenansicht

- Veranstaltungen und Termine nach Kategorien sortierbar
- wiederkehrende Termine (z. B. Trainings)
- Besprechungstermine für Mitarbeiter
- Terminänderungen versenden
- Abonnieren von Terminen und Termine beobachten
- Suche im Kalender
- Frontend-Editing der Termine für autorisierte Benutzer

Alle wichtigen Dateien, also die TypoScript-Templates, die HTML-Templates wie auch die CSS-Datei, finden Sie auf der buchbegleitenden Webseite zum Download.

Zunächst sollen die Kalenderansichten angelegt und die Erweiterung vorläufig konfiguriert werden. Da der Kalender sehr umfangreiche Funktionen mitbringt, werden verschiedene TypoScript-Templates erstellt, und zwar jeweils an der Stelle im Seitenbaum, an der die entsprechenden Funktionen abgearbeitet werden.

Ein einziges TypoScript-Template würde hier nicht funktionieren, denn es käme zu Fehlfunktionen des Webauftritts, weil das TypoScript-Template vom Rootlevel an kumuliert und immer größer wird. Beim Aufruf einer Seite im Frontend wird das TypoScript dieser Seite in einem Feld in der Datenbank abgelegt. Bei der Übertragung zur Datenbank ist per Default ein Limit von 2 MB Datenvolumen festgelegt. Der Kalender besitzt eine Fülle an Einstellmöglichkeiten und erreicht damit sehr schnell diese Grenze; das führt zu einem Übertragungsfehler zur Datenbank, und das TypoScript kann nicht gespeichert werden. Folglich kommen Einstellungen, die man im TypoScript im Backend definiert hat, nicht zum Tragen.

Im weiteren Verlauf werden wir Kalender mit unterschiedlichen Zugriffsrechten und Kategorien erstellen. Auf dieser Basis erfolgen dann die Kalendereinträge.

Mögliche Verwendung der Erweiterung tt_address

Wichtiger Hinweis: Für den Fall, dass Sie `tt_address` für die Verwaltung der Orte verwenden möchten (was wir hier nicht tun), muss `tt_address` *vor* dem Kalender installiert sein. Im Erweiterungsmanager wählen Sie die Erweiterung `cal` aus; dann müssen Sie in der Combobox bei **Select the cal location data model** den Eintrag `tt_address` auswählen. Erstellen Sie anschließend einen Ordner für die `tt_address`-Kategorien und -Adressen und legen Sie dort Ihre Veranstaltungsorte an. Dazu müssen Sie das Häkchen bei **Is CAL location** setzen. Nun können Sie diese Daten im Ereignis auswählen. Wir verwenden `tt_address` hier allerdings nicht, sondern nutzen die Defaulteinstellungen des Kalenders.

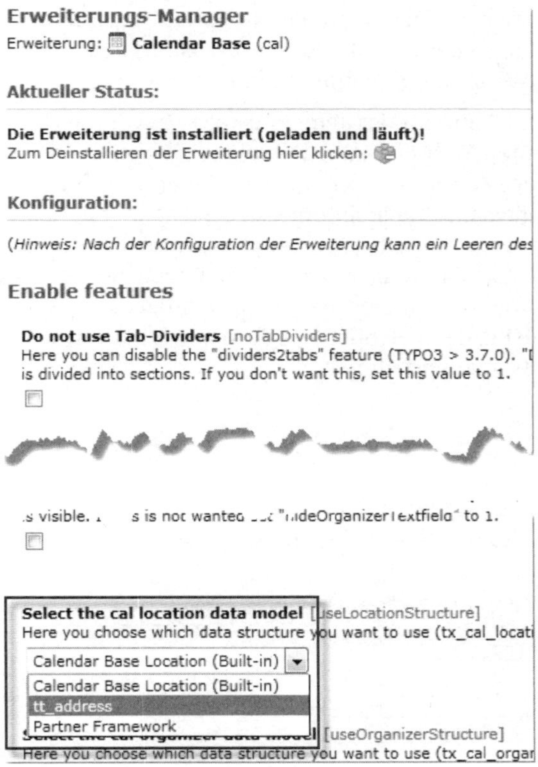

Abbildung 20.1: Erweiterungsmanager – tt_address für die Erweiterung cal verwenden

20.1 Installation

Installieren Sie zunächst die Erweiterung Calendar Base (`cal`) über den Erweiterungsmanager sowie den Kalender-Service **cal service for typoscript table configs** (`cal_ts_service`), der für die Einbindung von Tabellen – in diesem Falle von `tt_news` – via TypoScript notwendig ist (Abbildung 20.2).

Um später das Datum in den Kalenderterminen komfortabel eingeben zu können, installieren Sie zudem die Erweiterung `date2cal` von Stefan Galinski. Folgen Sie den Instruktionen im Erweiterungsmanager. Danach wird hinter jedem Datum ein Icon für den Minikalender zur Auswahl eines Datums angezeigt. Weitere Arbeiten sind nicht notwendig. Dieser kleine Kalender wird nicht nur für den Calendar Base verwendet, sondern für alle Datumsangaben in Backendformularen.

20.1.1 Statisches Template einbinden

Erstellen Sie in Ihrem Template-Ordner ein TypoScript-Template namens `+ext cal`. Weisen Sie die statischen Templates zu, wie in Abbildung 20.2 zu sehen, und speichern Sie den Datensatz ab. Dieses Template binden Sie in gewohnter Weise in Ihr Haupttemplate ein.

Konstanten und Setup für das Template `+ext cal` finden Sie wieder auf der buchbegleitenden Webseite zum Download. Kopieren Sie Konstanten und Setup zu diesem Zeitpunkt *noch nicht* ins Template! Zunächst wollen wir – damit wir möglichst schnell ein Ergebnis erzielen – mit den Defaulteinstellungen der Erweiterung arbeiten. Weiter unten in diesem Kapitel finden Sie ausführliche Informationen, welche Änderungen Sie vornehmen müssen, wenn Sie die Konstanten und das Setup einfügen. Sie können also nicht vorarbeiten, denn der Kalender würde nicht funktionieren, wenn Sie die Einträge bereits jetzt vornähmen.

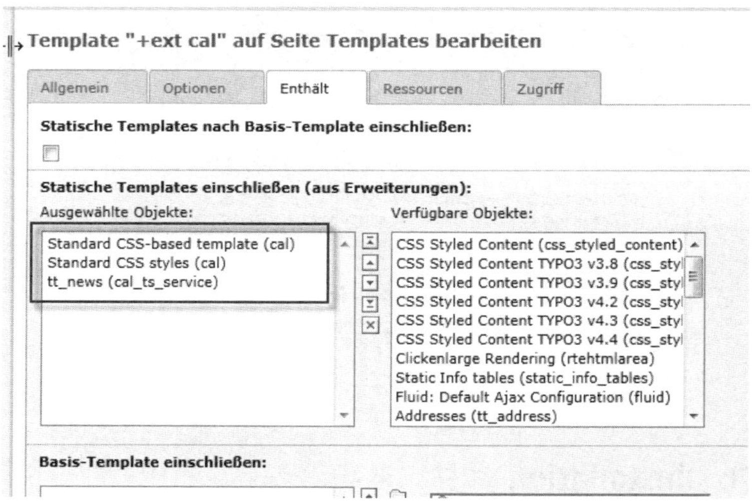

Abbildung 20.2: Statisches Template

20.2 Kalenderseiten

In den nächsten Schritten erstellen Sie die Kalenderseiten, den Ordner für die Kalendereinträge und die TypoScript-Templates. Die Seite `Kalender` innerhalb der Seite `Menu links` wurde bereits im Laufe des Buches angelegt.

20.2.1 Erweiterungstemplate +ext cal views

Wählen Sie dazu die Seite `Kalender` im Webmodul **Seite** aus. Legen Sie dort ein neues Template mit dem Namen `+ext cal views` an. Kopieren Sie, wie bereits erwähnt, von der Webseite Konstanten und Setup zu diesem Zeitpunkt *noch nicht* in dieses Template. Wählen Sie über die Registerkarte **Enthält** unter **Basis Template einschließen** das Template `+ext cal` aus und binden Sie es damit ein. Im Template `+ext cal` werden später die HTML-Templates und einige Spracheinstellungen global definiert. Wenn Sie dieses Template nicht einbinden, würden die Views, also die Ansichten, ihre Einstellungen nicht finden.

Eine Ebene unter der Kalenderhauptseite `Kalender` erstellen Sie folgende Seiten:

- `Tagesansicht` vom Typ **Standard**
- `Wochenansicht` vom Typ **Standard**
- `Monatsansicht` vom Typ **Standard**
- `Veranstaltungen` vom Typ **Standard**
- `Ereignisansicht` vom Typ **Standard** und im Menü versteckt
- `Veranstaltungssuche` vom Typ **Standard**

20.2.2 Ordner für Kalendereinträge

Weiterhin legen Sie auf dieser Ebene einen Ordner `Kalendereinträge` für die Kalendereinträge („Ereignisse" oder „Termine") an. Dieser muss – wie sollte es anders sein – den Kalenderseiten später als Ausgangspunkt zugewiesen werden, ebenso der Ordner, in dem die Frontendbenutzer verwaltet werden. Sie können natürlich mehrere Ordner für Kalendereinträge verwenden, müssen diese aber alle als Ausgangspunkte zuweisen.

20.2.3 Plug-In Jahresansicht

Auf der Startseite des Kalenders fügen Sie nun das Plug-In **Kalender** mit der verborgenen Überschrift `Kalender` ein und definieren die Anzeige über die Flexforms.

Im Plug-In in der Registerkarte **Allgemeine Einstellungen** (Abbildung 20.3) können Sie die möglichen Ansichten aus der Objektliste auswählen, die auf dieser Seite erlaubt sein sollen – in unserem Fall lediglich das Objekt **Jahr**. Sofern Sie die verschiedenen Kalenderansichten auf ein und derselben Seite ausgeben möchten, ist die zuerst gewählte, oben stehende Ansicht die

Standardansicht. Beim Verein TUS Easi 1970 sollen die verschiedenen Ansichten jedoch auf unterschiedlichen Seiten angezeigt werden.

Tragen Sie einen Namen für den Kalender (hier `Vereinskalender`) ins Feld **Kalendername** ein. Der Name des Kalenders wird in den einzelnen Ansichten als Überschrift angezeigt. Sofern Sie den Namen im TypoScript-Template definieren möchten, lassen Sie den Namen hier leer; ein Eintrag in den Flexforms überschreibt das TypoScript. Das gilt natürlich generell für alle Angaben in den Flexforms. Wählen Sie als Wochenstarttag den Montag aus.

Abbildung 20.3: Plug-In: Registerkarte Allgemeine Einstellungen

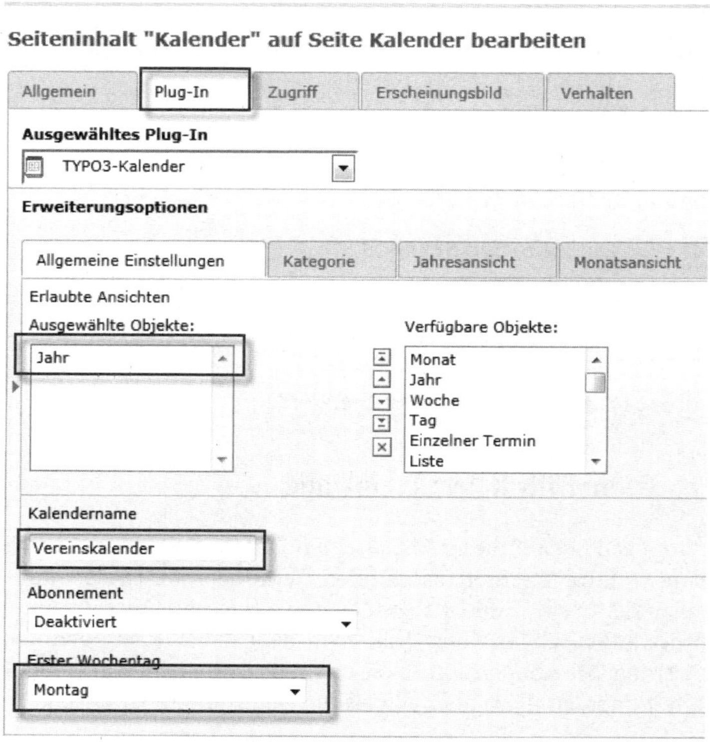

Über die Registerkarte **Kategorie** können Sie die Kalender auswählen, die für die Jahresansicht berücksichtigt werden sollen. Wählen Sie hier die Einstellung **Alle Kalender anzeigen (unabhängig von der Auswahl)**, damit alle eventuell vorhandenen Kalender in der Anzeige auftauchen. Die Kategorien behandeln wir weiter unten in diesem Kapitel. Zu diesem Zeitpunkt wählen Sie die Einstellung **Alle Kategorien anzeigen (unabhängig von der Auswahl)**, damit auch alle eventuell vorhandenen Kategorien bei der Anzeige berücksichtigt werden.

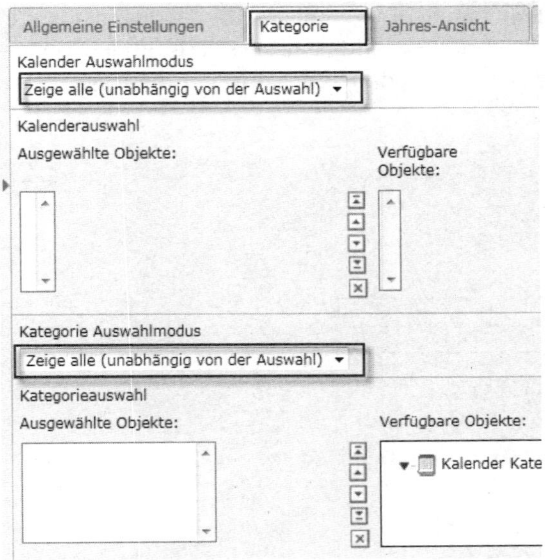

Abbildung 20.4: Plug-In: Registerkarte Kategorie

Auf der Registerkarte **Jahresansicht** weisen Sie die Seite für die Jahresansicht zu, die hier der aktuellen Seite `Kalender` entspricht. Sofern diese Übereinstimmung gegeben ist, muss die Seite nicht unbedingt auf der Registerkarte eingetragen werden – schaden kann es aber auch nicht. Analog gehen Sie für die Registerkarten **Monatsansicht** und **Wochenansicht** vor. Tragen Sie dort entsprechend die Seite `Monatsansicht` bzw. `Wochenansicht` ein.

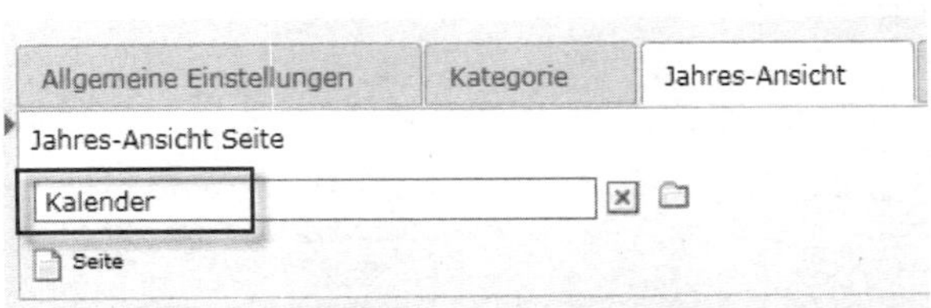

Abbildung 20.5: Plug-In: Registerkarte Jahresansicht

Auf der Registerkarte **Tagesansicht** wählen Sie nur die Seite für die Tagesansicht aus.

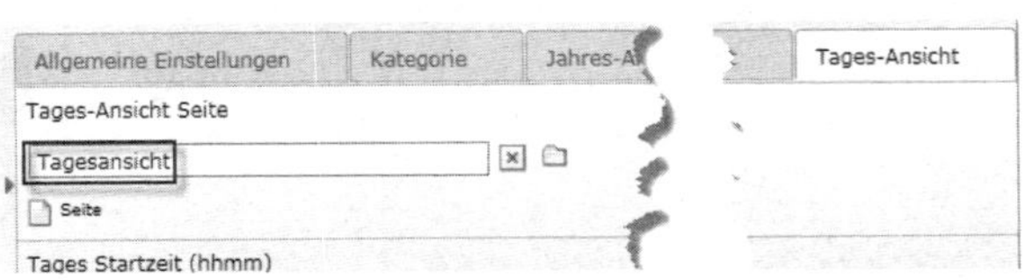

Abbildung 20.6: Plug-In: Registerkarte Tagesansicht

Auf der Registerkarte für die **Listenansicht** wählen Sie lediglich die Seite `Veranstaltungen` aus. Für Start- und Endzeit dienen die Standardeinstellungen aus dem TypoScript-Template. Die Optionen für die Seitenaufteilung lassen wir unberücksichtigt. Interessierte finden weitere Informationen im ausführlichen Handbuch der Erweiterung `cal`.

Abbildung 20.7: Plug-In: Registerkarte Listenansicht

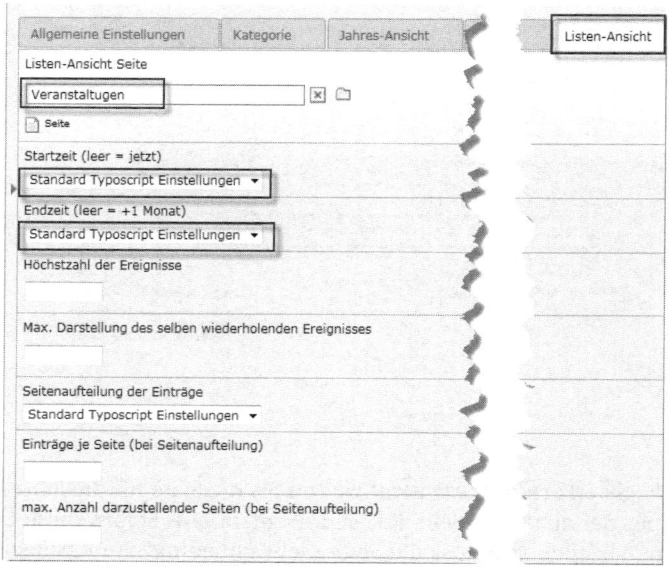

Auf der Registerkarte **Terminansicht** wählen Sie nur die Seite `Ereignisansicht` aus, auf der später die detaillierten Informationen eines einzelnen Termins zu sehen sind.

Abbildung 20.8: Kalender-Icons zur Navigation

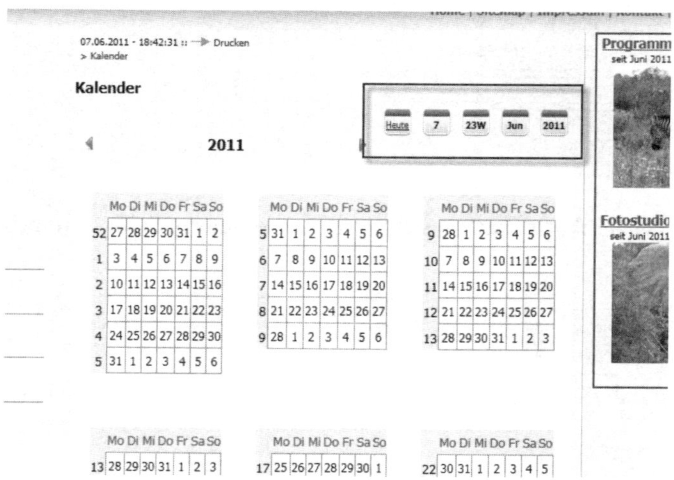

Mit der Angabe der Seiten in den Ansichten lösen Sie die Funktion der Kalender-Icons aus. Über diese können Sie zwischen den einzelnen Kalenderansichten Jahr, Monat, Woche und Tag wechseln, allerdings nicht zur Listenansicht, also zur Seite `Veranstaltungen` und nicht zur Einzelansicht.

Der **Ausgangspunkt** wird auf der Registerkarte **Verhalten** eingetragen. Ausgangspunkte sind der Ordner `Kalendereinträge` sowie der Ordner mit den Frontendbenutzern. Letzteren benötigen wir später, um einige Features speziell für Frontendbenutzer einzurichten.

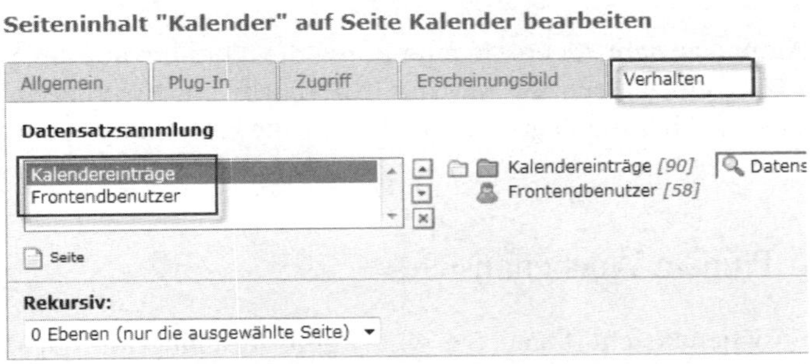

Abbildung 20.9: Registerkarte Verhalten

20.2.4 Plug-In Tagesansicht

Für die Tagesansicht benötigen Sie auf der Seite `Tagesansicht` das Plug-In **Kalender** mit der verborgenen Überschrift `Tagesansicht`. In der Folge werden Sie mehrere Kalender-Plug-Ins auch auf den anderen Seiten eintragen, deren Einstellungen im Wesentlichen gleich sind. Daher bietet es sich an, dass Sie das auf der Seite `Kalender` angelegte Plug-In kopieren und die spezifischen Änderungen nach erfolgter Kopie vornehmen. Fügen Sie das kopierte Plug-In auf dieser Seite ein und ändern Sie die Überschrift des Plug-Ins auf `Tagesansicht`. Wählen Sie über die Registerkarte **Allgemeine Einstellungen** als erlaubte Ansicht das Objekt **Tag** aus (statt **Jahr** wie in dem kopierten Plug-In). Die beiden Ordner mit den Kalendereinträgen und den Frontendbenutzern müssen Sie nicht mehr zuweisen, die sind ja bereits in der Kopie enthalten.

Über die Registerkarte **Kategorie** belassen Sie die Auswahl für alle Kalender und alle Kategorien wie bei dem zuvor auf der Seite `Kalender` angelegten Plug-In.

Auf der Registerkarte **Jahresansicht** tragen Sie die Kalenderhauptseite, die die Jahresansicht zeigt, ein. In gleicher Weise gehen Sie für die Monats-, Wochen- und Einzelansicht auf den entsprechenden Registerkarten vor.

Für die Registerkarte **Tagesansicht** lassen Sie die Start- und Endzeit unberücksichtigt, denn diese wird später über das Setup im TypoScript-Template für die Ansichten `+cal views` angegeben. Die Unterteilung der Stunden (hier 15 Minuten) definieren Sie jedoch an dieser Stelle. Sicher könnten Sie das auch über das Setup regeln, aber wenn Sie noch nicht sicher sind, ob Sie nicht doch lieber in 10-Minuten-Schritten oder mit halben Stunden arbeiten, können Sie diese Änderung schnell vornehmen, ohne später das Setup ändern zu müssen. Alle anderen Registerkarten bleiben unberücksichtigt.

20.2.5 Plug-In Monatsansicht

Für die Monatsansicht fügen Sie eine Kopie des Plug-Ins auf der Seite `Monatsansicht` ein. Passen Sie nur die Überschrift auf `Monatsansicht` an und wählen Sie über die Registerkarte **Allgemeine Einstellungen** die erlaubte Ansicht **Monat** aus.

20.2.6 Plug-In Wochenansicht

Für die Wochenansicht fügen Sie eine Kopie des Plug-Ins auf der Seite `Wochenansicht` ein. Passen Sie nur die Überschrift auf `Wochenansicht` an und wählen Sie über die Registerkarte **Allgemeine Einstellungen** die erlaubte Ansicht **Woche** aus.

20.2.7 Plug-In Listenansicht

Für die Listenansicht fügen Sie eine Kopie des Plug-Ins auf der Seite `Veranstaltungen` ein. Passen Sie nur die Überschrift auf `Listenansicht` an und wählen Sie über die Registerkarte **Allgemeine Einstellungen** die erlaubte Ansicht **Liste** aus.

Diese Seite listet später alle Termine, unabhängig von einer Kalenderansicht.

Das Feld **Abonnement** sollte auf **Deaktiviert** stehen. Dieses Feld ist für die Abonnierung von Terminen in dieser Ansicht zuständig. Auf das Abonnieren von Terminen gehen wir in diesem Kapitel ab Seite 591 näher ein.

Auf der Registerkarte der Listenansicht könnten Sie Start- und Stoppzeit zuweisen und festlegen, wie viele Ereignisse in der Liste maximal angezeigt werden dürfen. Belassen Sie daher in den Flexforms die Einstellung vorerst auf **Typoscript-Standard verwenden**. Die Werte für Startzeit, Stoppzeit und Anzahl der Ereignisse werden später im TypoScript vorgegeben.

Bei wiederkehrenden Terminen, z. B. unseren Trainingsterminen, sollen maximal zehn angezeigt werden, damit die Ansicht nicht unübersichtlich wird. Diesen Eintrag nehmen Sie hier vor, denn Änderungen sind hier sehr leicht möglich, ohne das TypoScript-Template ändern zu müssen. Tragen Sie im Feld **Maximale Anzahl Instanzen desselben wiederkehrenden Termins** den Wert 10 ein. Eine eigene Navigation ist hier nicht notwendig, weshalb wieder **TypoScript-Standard verwenden** auszuwählen ist. Im Falle von vielen Terminen soll eine Aufteilung der Termine auf Seiten erfolgen. Je Seite sollen maximal zehn Termine angezeigt werden, und die Höchstzahl der Seiten soll 100 sein. Weisen Sie diese beiden Werte hier in den Feldern **Termine pro Seite** und **Höchstanzahl Seiten** zu, damit Sie sie für die ersten Tests leicht ändern können, wieder ohne das TypoScript-Template ändern zu müssen. Alle weiteren Registerkarten bleiben unberücksichtigt.

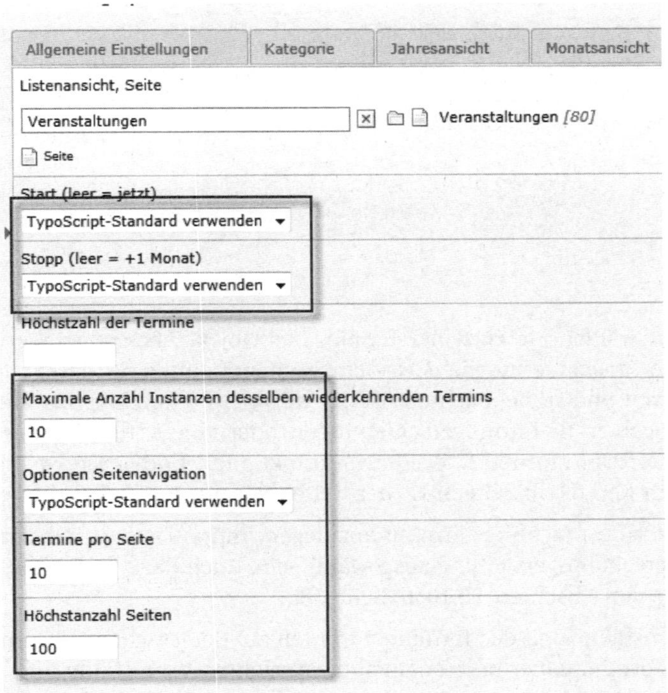

Abbildung 20.10: Flexforms Listenansicht

20.2.8 Plug-In Ereignisansicht

Diese Seite darf im Menü nicht sichtbar sein, weshalb Sie das Häkchen bei **In Menüs verbergen** bereits bei der Erstellung dieser Seite gesetzt haben. Könnte man die Seite selbst im Menü aufrufen, enthielte sie keine Inhalte. Es muss erst ein Termin in einer anderen Ansicht ausgewählt worden sein, damit TYPO3 in den Parametern des Links auch die ID des Kalendereintrags übergeben kann.

In die Seite `Ereignisansicht` fügen Sie ebenfalls das Kalender-Plug-In mit der verborgenen Überschrift `Ereignisansicht` ein. Definieren Sie unter **Allgemeine Einstellungen** die erlaubte Ansicht (Abbildung 20.11).

Abbildung 20.11: Flexforms Ereignisansicht

Zunächst wählen Sie **Einzelner Termin**. Das Objekt **Abonnementverwaltung** für diese Ansicht ermöglicht es den Frontendbenutzern, das Ereignis zu abonnieren und zu beobachten. Damit wird der Benutzer später auch über Änderungen, z. B. Terminverschiebungen oder eine Verlegung des Veranstaltungsortes, informiert. Weitere Informationen finden Sie weiter unten in diesem Kapitel ab Seite 591. Hier treffen wir nur die Vorbereitungen.

Um später Besprechungstermine anzulegen, muss das entsprechende Objekt **Besprechungsverwaltung** ausgewählt sein. Auch dazu finden Sie Weiterführendes im Abschnitt 20.10 ab Seite 588.

Der Veranstalter und der Terminort werden auf der gleichen Seite angezeigt wie der Termin, daher müssen auch die Ansichten **Veranstalter** und **Terminort** aktiviert werden.

Für die anderen Registerkarten gehen Sie wie gewohnt vor und weisen die einzelnen Seiten zu. Weisen Sie der Seite als Ausgangspunkt den Ordner mit den Kalendereinträgen und den Ordner der Frontendbenutzer zu.

20.3 Kalender anlegen

Im Ordner `Kalendereinträge` erstellen Sie nun zunächst einmal einen Kalender über das Webmodul **Liste | Neuen Datensatz anlegen | Kalender** (Abbildung 20.12).

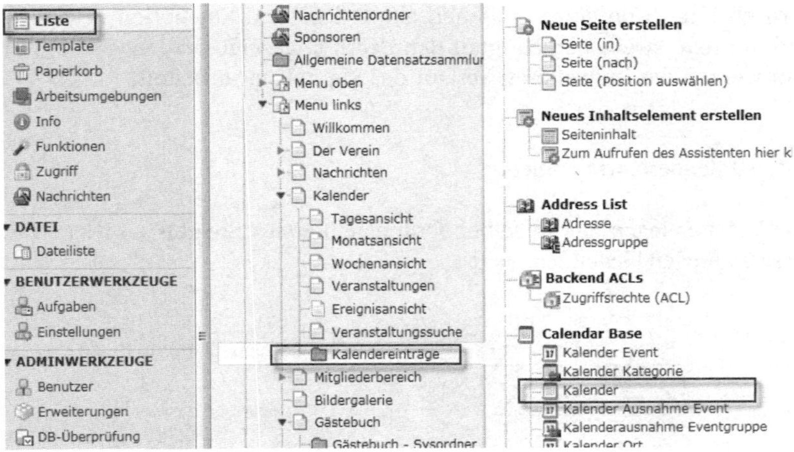

Abbildung 20.12: Kalender anlegen

Um öffentliche Termine anzuzeigen, erstellen Sie einen Kalender vom Typ **Standard Kalender(Datenbank)**, vergeben den Namen `Öffentlicher Kalender` im Backendformular und speichern den Datensatz ab.

Erstellen Sie einen weiteren Kalender für interne Termine vom Typ **Standard Kalender(Datenbank)** und vergeben Sie den Namen `Interner Kalender`. Wählen Sie jetzt den Besitzer dieses Kalenders aus: Weisen Sie den internen Kalender der Gruppe `Erweiterter Vorstand` zu. Damit sind alle Termine dieses Kalenders – natürlich erst nach dem Login – nur für diese Gruppe im Frontend sichtbar.

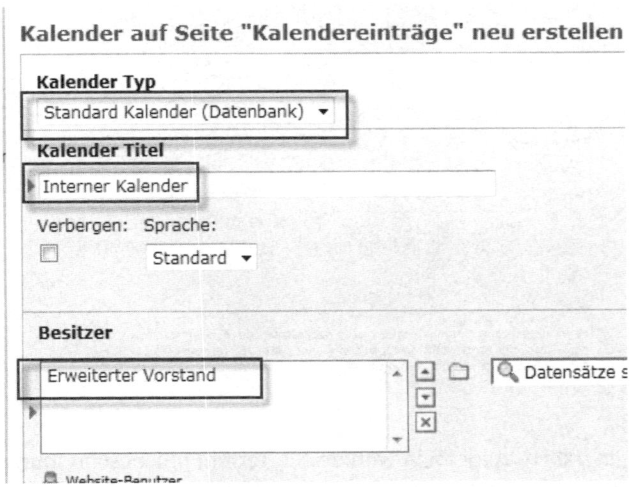

Abbildung 20.13: Interner Kalender: Besitzer zuweisen

Sie verfügen jetzt über zwei Kalender, um Ihre Termine anzuzeigen. Es handelt sich hierbei nicht um tatsächlich getrennte Kalenderinstanzen, sondern eher um Container, in denen alle Events und Kategorien gesammelt und nur den jeweils berechtigten Benutzern angezeigt werden. Dieses Konzept werden wir im weiteren Verlauf des Kapitels ausarbeiten.

Ersten Kalendereintrag anlegen

Als Nächstes legen Sie im selben Ordner ein erstes Ereignis an (**Neuen Datensatz anlegen | Kalender Event**).

Abbildung 20.14: Kalender-Ereignis anlegen

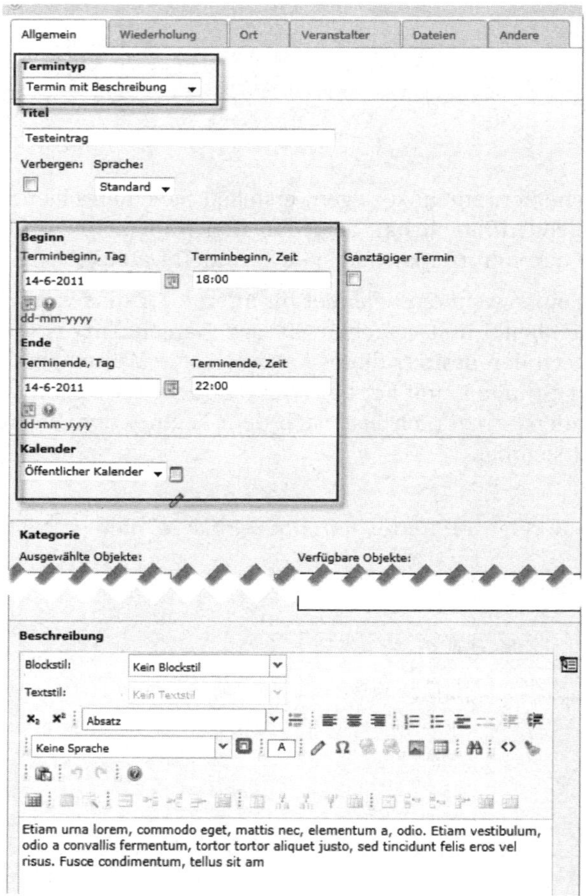

In der Registerkarte **Allgemein** wählen Sie **Termin mit Beschreibung**, was der Voreinstellung entspricht, vergeben einen Titel und weisen Terminbeginn und Terminende samt Uhrzeit zu. Im Feld **Kalender** wird eine Auswahl der verfügbaren Kalender angezeigt. Weisen Sie den öffentlichen Kalender zu. Zusammen mit einem kurzen Beschreibungstext für das Ereignis speichern Sie den Datensatz ab.

Im Frontend können Sie nun den Kalender mit Ihrem Testeintrag anzeigen lassen.

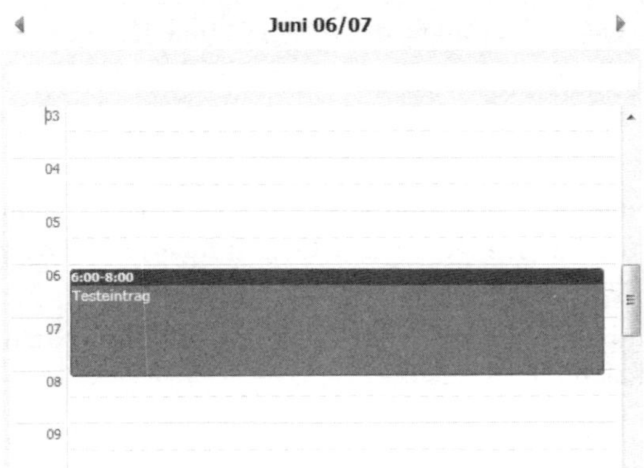

Abbildung 20.15: Kalender-Ereignis im Frontend, Tagesansicht

20.4 Kategorien

Ein erstes Erfolgserlebnis, nämlich den Kalender im Frontend mit einem ersten Testeintrag, haben wir uns damit verschafft. Da wir noch keine Anpassungen am Kalender vorgenommen haben, passt er noch nicht zum Design unseres Webauftritts. Das soll uns an dieser Stelle aber noch nicht stören, denn wir arbeiten nach wie vor mit den Voreinstellungen der Erweiterung.

Ein Verein verfügt naturgemäß über eine stattliche Anzahl an Terminen: Trainings, Mitarbeitertreffen, Mitglieder- und Vorstandstreffen, Feiern, Ausflüge, Trainingslager und natürlich die Spiele der verschiedenen Mannschaften.

Damit all diese Termine übersichtlich und zudem nur berechtigten Besuchern angezeigt werden, müssen wir uns nun um Kategorien und Rechte kümmern. Ein Mitglied sollte natürlich die vereinsinternen Termine sehen, ein Nichtmitglied aber wissen, wann welches Spiel stattfindet oder wann Trainingstermine anstehen. Ein Besucher möchte vielleicht wissen, wann und wo die Damenfußballmannschaft spielt oder wann ein Fest stattfindet. Damit er nicht alle Termine durchsuchen muss, soll der Besucher bestimmte Termine zur Darstellung auswählen können. Dabei helfen die Kategorien.

Legen Sie also im Ordner des Kalenders einige Kategorien an. Wechseln Sie dazu in den Ordner `Kalendereinträge` und legen Sie einen neuen Datensatz vom Typ **Kalender Kategorie** an. Vergeben Sie den Namen `Feste und Feiern` und weisen Sie über die Combobox **Kalender** den bereits erstellten öffentlichen Kalender zu. Bestätigen Sie die aufpoppende Box mit **Ok**.

Legen Sie eine weitere Kategorie namens `Trainingstermine` an und weisen Sie ebenfalls den öffentlichen Kalender zu.

Erstellen Sie die Kategorien `Fußball Damen`, `Fußball Herren` und `Baseball Jugend`, weisen Sie allen den öffentlichen Kalender zu und wählen Sie als Hauptkategorie jeweils `Trainingstermine` aus.

Einer weiteren Kategorie `Spiele` weisen wir ebenfalls den öffentlichen Kalender zu.

Außerdem werden die Kategorien `Damenfußball Spiele` und `Herrenfußball Spiele` für die Anzeige im öffentlichen Kalender benötigt. Die Hauptkategorie soll `Spiele` sein.

Für Besprechungen benötigen wir eine Kategorie `Besprechungen`, der wir den internen Kalender zuweisen.

20.4.1 Kategorie-Stile

Damit die Zugehörigkeit zu den verschiedenen Kategorien leicht erkennbar ist, erhält jede ein andersfarbiges Icon in der Jahres- und Monatsansicht und in den Überschriften der Tages- und Wochenansichten. In der Listenansicht soll die Kategorie ebenfalls farbig dargestellt werden. Der Kalender bietet bereits einige Bullets in unterschiedlichen Farben an. Um diese Bullets den einzelnen Kategorien zuzuweisen, wechseln Sie in die jeweilige Kategorie und fügen das entsprechende Style-Element ins Feld **Überschriften Style** ein. Im Stylesheet des Kalenders sind per Default die folgenden Stile vorhanden:

- **Blue Bullets** (`default_catheader`)
- **Green Bullets** (`green_catheader`)
- **Grey Bullets** (`grey_catheader`)
- **Orange Bullets** (`orange_catheader`)
- **Pink Bullets** (`pink_catheader`)
- **Red Bullets** (`red_catheader`)
- **Yellow Bullets** (`yellow_catheader`)

Wechseln Sie – immer noch im Webmodul **Liste** – in die Kategorie `Feste und Feiern`, indem Sie diese über das Bleistiftsymbol zur Bearbeitung auswählen. Setzen Sie für ein pinkfarbenes Bullet im Feld **Überschriften Style** die CSS-Zuweisung `pink_catheader`, damit dieses Icon bei jedem Event dieser Kategorie vorangestellt wird.

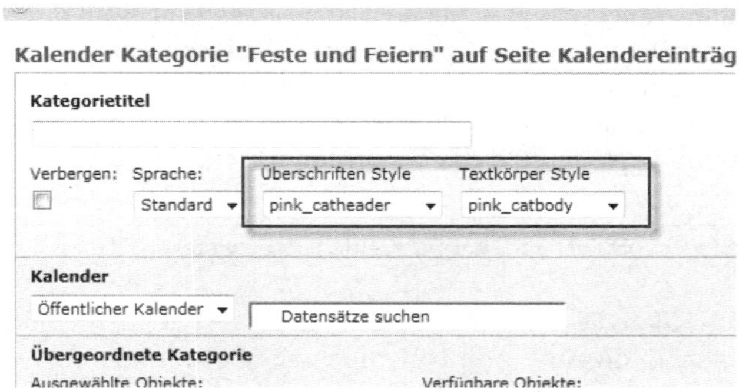

Abbildung 20.16: Kategorie-Stile

Wenn Sie eigene Icons erstellen möchten, bearbeiten Sie die CSS-Datei entsprechend und fügen Sie z. B. ein Bild als Element ein oder weisen Sie einfach eine andere Farbe und/oder Größe für das Icon zu.

In gleicher Weise gehen Sie für das Feld **Textkörper Style** vor, um den Kategorietitel verschiedenfarbig darzustellen. Auch hier bietet der Kalender einige Voreinstellungen, die analog den vorangestellten Icons angewendet werden können (Abbildung 20.16).

- Blue (`default_catbody`)
- Green (`green_catbody`)
- Grey (`grey_catbody`)
- Orange (`orange_catbody`)
- Pink (`pink_catbody`)
- Red (`red_catbody`)
- Yellow (`yellow_catbody`)

Eigene Stile definieren Sie analog zu den oben besprochenen `catheader`.

Wie bei der Kategorie `Feste und Feiern` gehen Sie auch für allen anderen Kategorien vor; wählen Sie die Farben aus, die Ihnen am ehesten zusagen.

20.5 Kalenderorte

Damit nicht alle Veranstaltungsorte samt Adresse jeweils neu angelegt und im Termin eingetragen werden müssen, lassen sich sogenannte Kalenderorte hinterlegen. In unserem Fall sind das z. B. die Anschriften des Vereinsheims und die verschiedenen Sportstätten. Wählen Sie im Webmodul **Liste** aus und im Seitenbaum den Ordner `Kalendereinträge`. Klicken Sie auf das Icon zum Anlegen eines neuen Datensatzes und wählen Sie aus der Liste **Kalender Ort** aus. Hier können Sie nun Adressen anlegen, die Sie später in den Ereignissen, also den Terminen, über eine Combobox zuweisen. Legen Sie einen Datensatz mit dem Namen `Vereinsheim` an und fügen Sie die Adresse und ggf. ein Bild des Vereinsheims ein.

Abbildung 20.17: Kalenderort anlegen

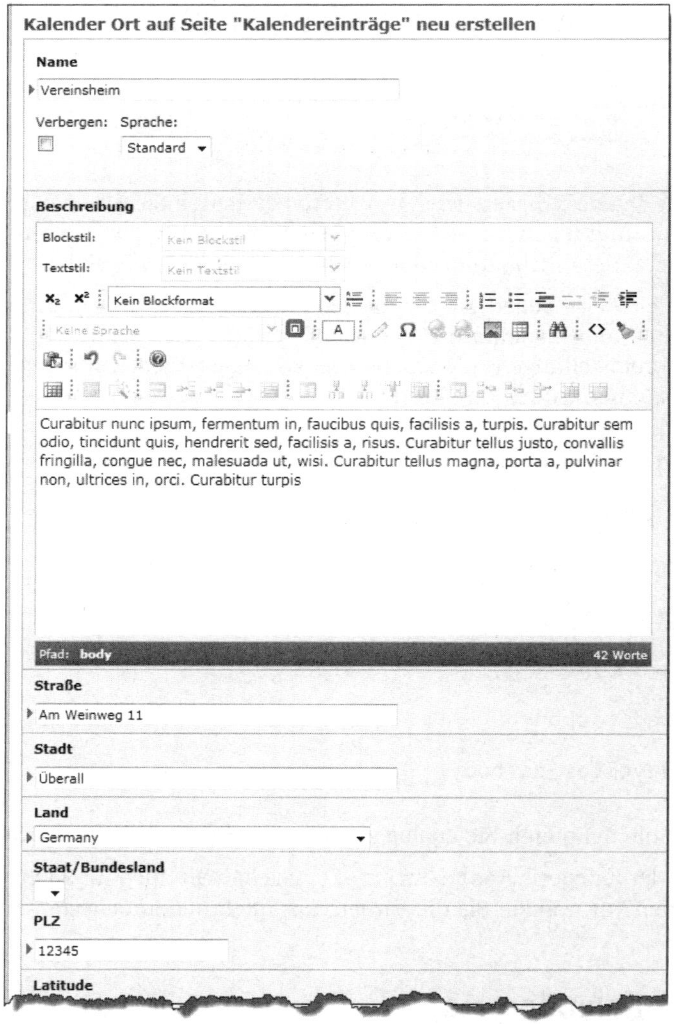

20.6 Kalenderterminveranstalter (Organisator)

Wie bei den Orten gehen Sie auch beim Anlegen von Organisatoren Ihrer Veranstaltungen vor. Hier können Sie ebenfalls die Adressen der Organisatoren hinterlegen und dann in den Terminen über eine weitere Combobox zuweisen.

Wählen Sie im Webmodul **Liste** aus und im Seitenbaum den Ordner für die Kalendereinträge. Klicken Sie auf das Icon zum Anlegen eines neuen Datensatzes und suchen Sie aus der Liste **Kalenderterminveranstalter** aus. Legen Sie einen Veranstalter mit dem Namen `TUS Easi 1970` an.

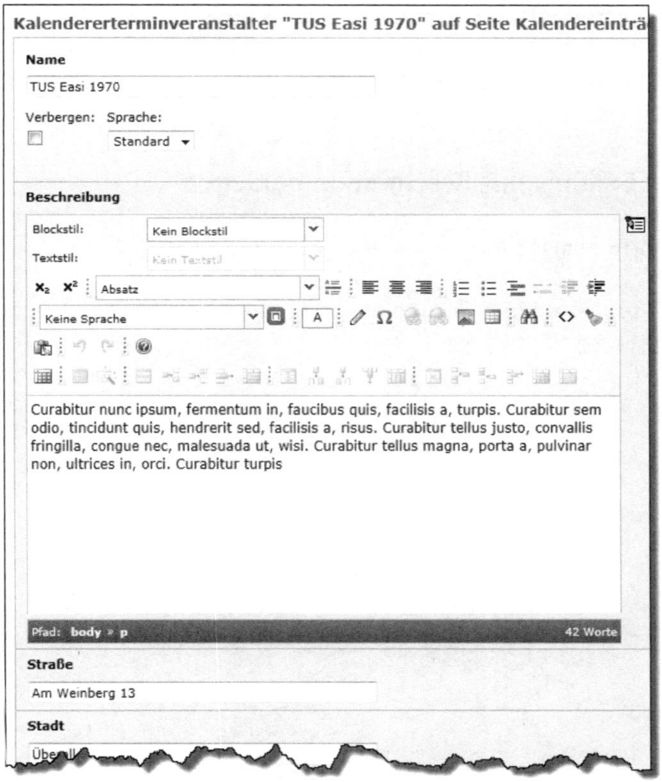

Abbildung 20.18: Kalenderterminveranstalter anlegen

20.7 Kalendertermine

Da wir bereits zwei Kalender und verschiedene Kategorien angelegt haben, können wir Termine den verschiedenen Kalendern und bestimmten Kategorien zuweisen, damit alle Einträge entsprechend zusammengehörend angezeigt werden.

Wählen Sie im Webmodul **Liste** aus und im Seitenbaum den Ordner `Kalendereinträge` für die Kalendereinträge. Klicken Sie auf das Icon zum Anlegen eines neuen Datensatzes und wählen Sie aus der Liste **Kalendertermin** aus.

Es gibt verschiedene Termintypen: Der Defaulteintrag des Kalendertyps ist ein **Ereignis mit Beschreibung**, das wir bereits für unseren ersten Test erstellt haben. Wenn Sie als Termintyp **Shortcut zu (interner) Seite** auswählen, können Sie den Eintrag mit einer beliebigen Seite Ihres Webauftritts verlinken. Wählen Sie **Link zu externer URL**, können Sie den Besucher auf eine externe Webseite weiterleiten. Wenn Sie Besprechungstermine für Mitarbeiter oder den Vorstand anlegen möchten, wählen Sie **Besprechung** aus. Und Sie können mit dem Eintrag **Todo** im Kalender sogar Aufgaben anlegen.

20.7.1 Ereignis mit Beschreibung anlegen

Registerkarte Allgemein

Legen Sie zunächst einen Termin für ein Sommerfest an. Vergeben Sie einen Titel, also `Sommerfest`.

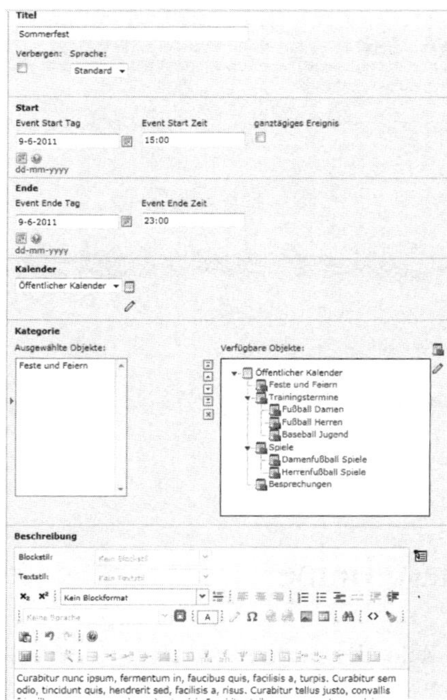

Abbildung 20.19: Termin für das Sommerfest anlegen

Legen Sie Terminbeginn und Terminende fest. Das Sommerfest endet natürlich am selben Tag wieder, an dem es begonnen hat. Sofern Sie hier **ganztägiges Ereignis** wählen, müssen Sie also lediglich das Startdatum angeben. Andernfalls müssen zwingend alle Felder für Terminstart und Terminende ausgefüllt werden. Unbefriedigend ist, dass ganztägige Ereignisse in der Tagesansicht nur oberhalb der Anzeige der Uhrzeiten angezeigt werden. Sofern Sie Ereignisse über einen ganzen Tag in der Tagesansicht sehen möchten, wählen Sie als Startzeit 00:01 und als Endzeit 23:59 aus.

Wählen Sie den Kalender aus, in dem das Ereignis angezeigt werden soll. Da der Termin für alle sichtbar sein soll, muss hier der öffentliche Kalender ausgewählt werden. Die Kategorie ist `Feste und Feiern`. Im Feld **Beschreibung** können Sie, sofern Sie den RTE verwenden, alle Features des Editors nutzen und eine Beschreibung des Ereignisses ergänzen.

Registerkarte Wiederholung

Bei unserem Sommerfest wird der Termin in jedem Jahr neu festgelegt, so dass in dieser Registerkarte kein Eintrag erfolgt.

Registerkarte Ort

Das Sommerfest findet im Vereinsheim statt. Wechseln Sie auf die Registerkarte **Ort** und wählen Sie dort `Vereinsheim` als Veranstaltungort aus.

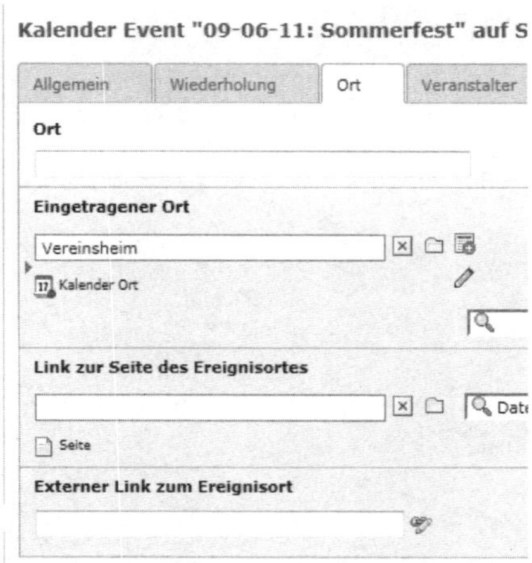

Abbildung 20.20: Registerkarte Ort

Sofern Sie keinen Ort für die Auswahl angelegt haben, können Sie den Veranstaltungsort auch direkt in das Textfeld eintragen. Allerdings erfolgt dann natürlich kein Link zu einer Einzelansicht, in der der Ort mit Adresse und gegebenenfalls einer Google-Map angezeigt wird.

Registerkarte Veranstalter

Der Veranstalter ist beim Sommerfest der Verein selbst. Wählen Sie diesen also auf der Registerkarte aus. Sie können einen Link zur Seite des Veranstalters setzen – hier ist das nicht notwendig, da der Besucher sich ja bereits auf der Seite des Veranstalters befindet. Haben Sie keine Adresse angelegt, können Sie – genau wie bei den Orten – einen Text eingeben.

Abbildung 20.21: Registerkarte Veranstalter

Registerkarte Dateien

Über diese Registerkarte können Sie Bild- und Downloaddateien zur Verfügung stellen, etwa ein Foto des Vereinsheims und eine (selbst erstellte) Anfahrtsbeschreibung als PDF-Datei.

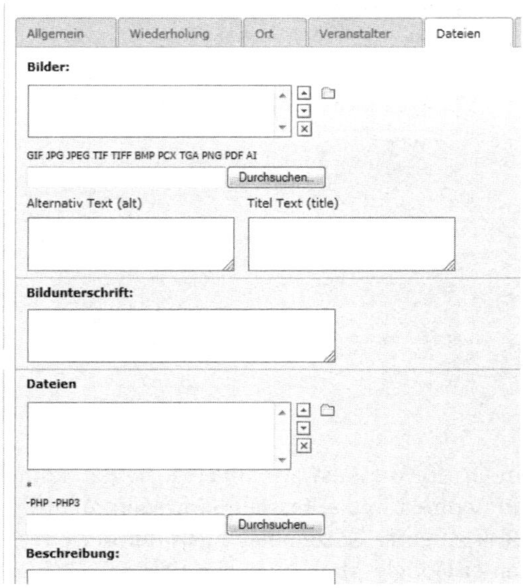

Abbildung 20.22: Registerkarte Dateien

Damit der Aufwand, den Kalender zu pflegen, nicht ausufert, verzichtet der Verein bei diesem Beispiel darauf.

Registerkarte Andere

Auf die letzte Registerkarte **Andere** kommen wir zu einem späteren Zeitpunkt zu sprechen. Wir werden sie für Ausnahmen (Abschnitt 20.7.3) und die Abonnentenverwaltung (Abschnitt 20.12) nutzen.

20.7.2 Wiederkehrende Kalendertermine

Wiederkehrende Termine – Terminserien – verlangen eine besondere Behandlung. Sie müssen sowohl die Frequenz der Wiederholung als auch eventuelle Ausnahmen korrekt vorgeben, wenn beispielsweise ein Wiederholungstermin auf einen Feiertag fällt.

Mit Version 1.4 des Kalenders hat der Entwickler Mario Matzulla neben anderen Verbesserungen und Erweiterungen auch dem Performanceproblem bei vielen wiederkehrenden Terminen Rechnung getragen. Er hat ein neues Verfahren eingeführt, das als Standard bei der Installation der Erweiterung bereits eingeschaltet ist. Sie finden die Einstellungen im Modul **Erweiterungen**. Hier können Sie auch den Zeitraum, der bei der Berechnung von wiederkehrenden Terminen berücksichtigt wird, einschränken (siehe Abbildung 20.23).

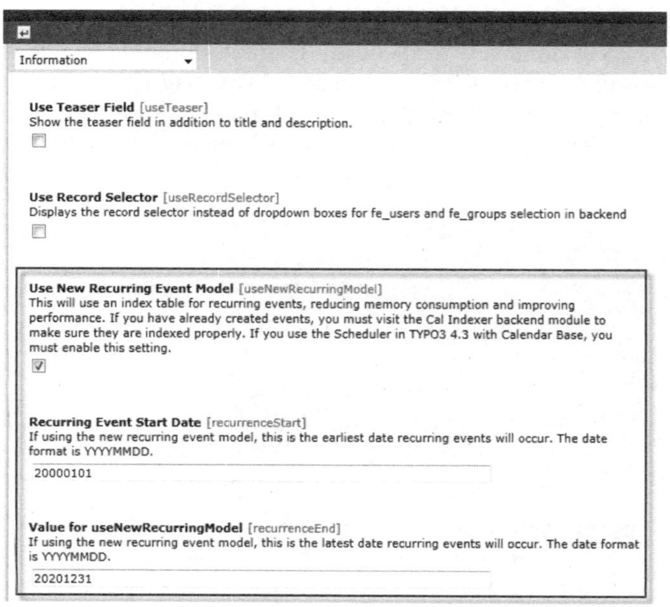

Abbildung 20.23: Erweiterungsmanager: Erweiterung cal – Einstellung für wiederkehrende Termine

Zusätzlich gibt es ein neues Modul unter **Admin Werkzeuge** mit dem Namen **Cal Indexer**, über das Sie auch nachträglich die wiederkehrenden Termine als Serien erstellen können.

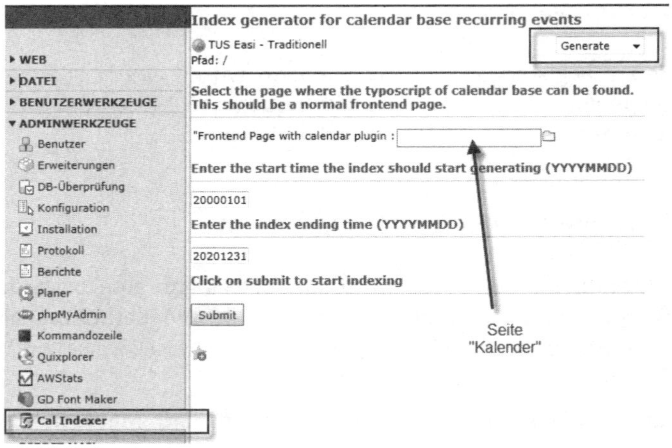

Abbildung 20.24: Cal Indexer – Terminserien generieren

Geben Sie hier die *Frontend*-Seite mit dem TypoScript-Template des `cal` an, in unserem Falle die Seite `Kalender`. Dieser Eintrag kann erforderlich werden, wenn Sie den Indexer nachträglich einsetzen müssen, weil beispielsweise bei der ersten Einrichtung des Kalenders noch nicht alles optimal eingestellt war.

Die automatische Indexierung bei der Speicherung eines wiederkehrenden Termins legen Sie per TypoScript fest. Gehen Sie dazu zur Seite mit den Kalendereinträgen, öffnen Sie die Seite zur Bearbeitung und fügen Sie dort als Seiten-TSconfig `options.tx_cal_controller.pageIDForPlugin = 25` ein. Dies dient als Verweis auf die Seite `Kalender` (hier im Beispiel mit der PID 25), die auch das Template `+ext cal views` enthält (siehe Abbildung 20.25).

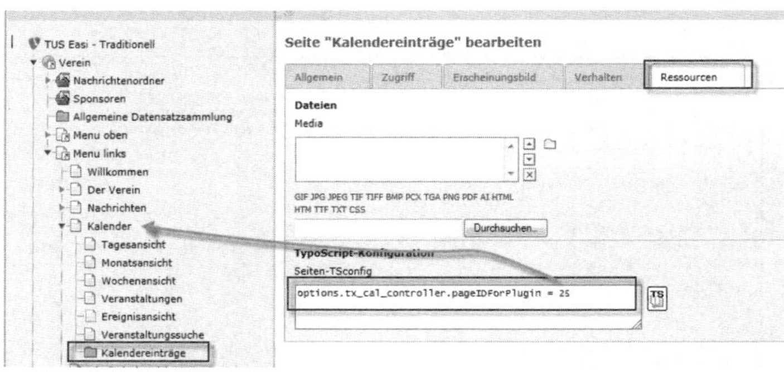

Abbildung 20.25: Verweis auf die Seite Kalender im Seiten-TSconfig

Wöchentliche Termine

Am Beispiel der Baseballjugend legen Sie einen Trainingstermin mit dem Titel `Baseballtraining` an. Legen Sie einen Termin mit Beginn und Ende fest und wählen Sie den öffentlichen Kalender aus. Wichtig ist, dass Beginn und Ende an einem Tag liegen, da ansonsten der Termin in der oberen Leiste des Kalender über zwei Tage angezeigt wird. Start und Ende beziehen sich auf diesen einen Trainingstermin, nicht auf Start und Ende der Terminserie.

In den Kategorien wählen Sie `Trainingstermine` aus. Als Kalender wählen Sie `Öffentlicher Kalender`, denn auch interessierte Besucher dürfen beim Training zusehen.

Wechseln Sie auf die Registerkarte **Wiederholung** und geben Sie dort eine Wiederholungsfrequenz an: Wählen Sie zunächst **wöchentlich** aus. Bestätigen Sie die Hinweis-Box mit **Ok**, so werden weitere Felder angezeigt:

Bis Datum
Über den Eintrag eines Termins können Sie vorgeben, bis wann dieser Termin wiederholt werden soll.

Anzahl
Mit einem Eintrag in diesem Feld bestimmen Sie, wie oft das Ereignis wiederholt werden soll. Sie sollten nur eines der beiden Felder ausfüllen. Die Terminserie endet, sobald einer der beiden möglichen Werte erreicht ist.

Intervall
Lassen Sie dieses Feld leer, gibt es keine Beschränkungen, das heißt: täglicher Termin. Setzen Sie das Intervall auf 1, findet das Training jede Woche statt. Bei 2 findet der Termin jede zweite Woche, bei 3 jede dritte Woche statt etc. Dieses Vorgehen über Intervalle gilt nicht nur für wöchentliche Terminserien, sondern auch für tägliche, monatliche und jährliche Terminserien.

Nach Tag
Sie können über die Vorgabe von Wochentagen eine Terminserie starten, z. B. wöchentlich jeden Dienstag, Donnerstag und Samstag.

In unserem Falle lassen Sie hier das Feld **Anzahl** leer und setzen die 1 bei **Intervall**, was wöchentliches Training bedeutet (Abbildung 20.26). Der Wochentag ist durch den ersten Trainingstermin, den Sie auf der Registerkarte **Allgemein** eingetragen haben, vorgegeben.

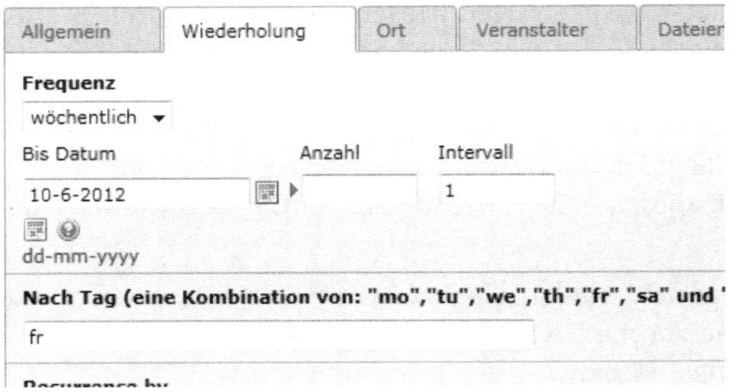

Abbildung 20.26: Registerkarte Wiederholung, Intervall einmal pro Woche

20.7.3 Kalenderausnahmen

Für die Trainingstermine haben Sie nun Terminserien angelegt. An Feiertagen fällt das Training allerdings aus. Hier kommen die sogenannten Ausnahmen ins Spiel. Ein Ausnahmeereignis ist ein Termin, der in der Frequenz übersprungen wird. Zunächst sollen das beispielhaft der 24.12. bis 26.12. für Weihnachten und der 31.12. für Silvester sein (Abbildung 20.27). Im Ordner `Kalendereinträge` legen Sie für jeden dieser Tage ein solches Ereignis vom Typ **Kalender Ausnahme Event** an, mit Frequenz **jährlich** und Anzahl **10**.

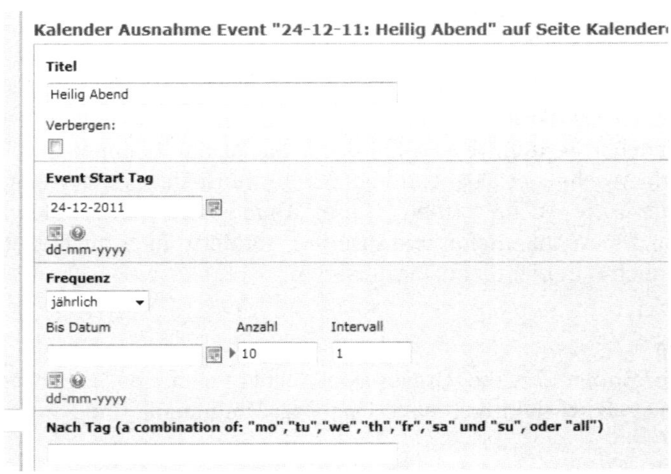

Abbildung 20.27: Kalender Ausnahmeereignis

Wechseln Sie jetzt in das Ereignis `Baseballtraining` und dort auf die Registerkarte **Wiederholung**. Bei **Ausnahme** klicken Sie auf das Icon **Datensätze durchblättern** und wählen die eben erstellten Ausnahmen Weihnachten und Silvester nacheinander aus. Speichern Sie den Datensatz. Im Frontend werden an diesen Tagen keine Baseball-Trainingstermine mehr angezeigt.

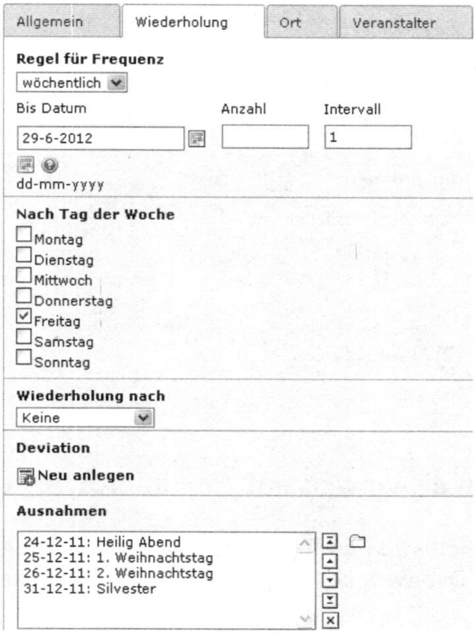

Abbildung 20.28: Kalenderausnahme zuweisen

Diese Ausnahmen einzeln zuzuweisen kann – beispielsweise bei zahlreichen Mannschaften mit eigenen Trainingsterminen – recht aufwendig sein. Darum lassen sich diese Ausnahmen auch gruppieren, wie im folgenden Abschnitt beschrieben.

Wenn Sie Tage als Ausnahmen definieren möchten, die nicht an ein Datum, sondern an einen bestimmten Wochentag gebunden sind, nutzen Sie die Wiederholfrequenz: also jährlich nach Tag der Woche oder nach Tag des Monats.

Kalenderausnahme-Eventgruppe

Erstellen Sie im Kalender-Ordner eine Kalenderausnahmen-Eventgruppe. Wählen Sie als Titel `Trainingsfreie Feiertage`; über die **Ausnahme Events** weisen Sie die Termine für Weihnachten und Silvester zu. Jetzt können Sie dem Trainingstermin `Baseball` über die Registerkarte **Andere** anstelle der einzelnen Ausnahmen diese Kalenderausnahmen-Eventgruppe zuweisen, so dass das Training sowohl Weihnachten als auch Silvester ausfällt. Ein Ausnahmeereignis wie beispielsweise `Heiligabend` kann auch in mehreren Kalenderausnahme-Eventgruppen verwendet werden, so dass Sie sich Ihre Gruppen thematisch zusammenstellen können.

Abbildung 20.29: Kalenderausnahme-Eventgruppe definieren

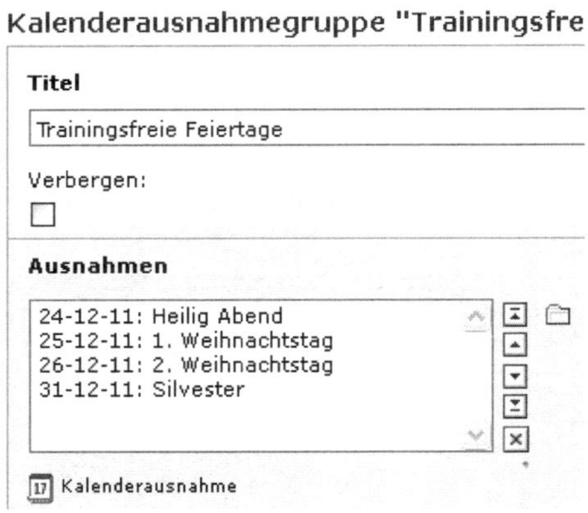

20.7.4 Termin als Verweis auf eine interne Seite

Wenn Sie ein Ereignis dieses Typs anlegen, können Sie das Ereignis statt zur Einzel- oder Detailansicht auf eine beliebige Seite Ihres Webauftritts verlinken.

Abbildung 20.30: Verweis auf interne Seite

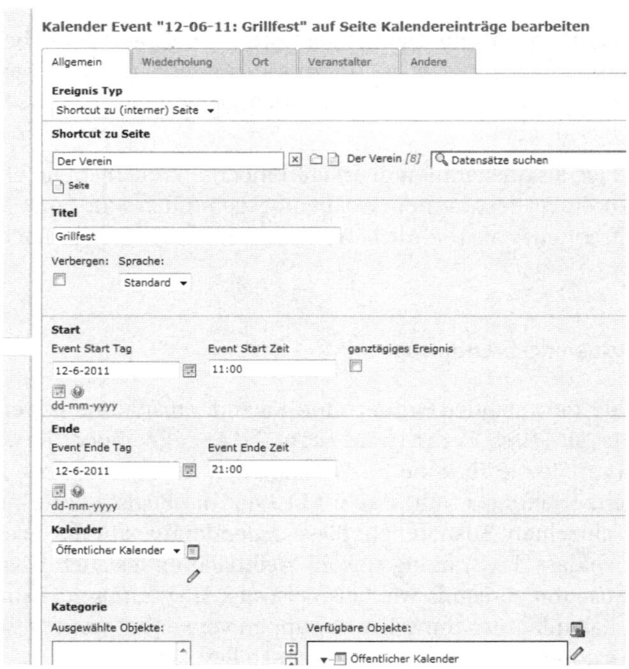

Ein praktisches Beispiel wäre der Termin für ein Grillfest mit einem Verweis zu einer Detailseite, auf der die anstehenden Vorbereitungen beschrieben sind. Wäre diese Seite beispielsweise eine Wiki-Seite, könnten sich hier freiwillige Helfer eintragen. Auch ein Formular wäre denkbar, um seine Bereitschaft zur Mithilfe bei den Vorbereitungen zu bekunden.

20.7.5 Termin als Verweis zu einer externen URL

In gleicher Weise gehen Sie bei diesem Termintyp vor, allerdings verlinken Sie auf die Seite eines externen Internetauftritts.

Der Verein könnte bei Auswärtsspielen seiner Mannschaften oder bei Festen befreundeter Vereine direkt auf deren Webseiten verlinken. In das Feld **Externe URL** tragen Sie den Link entweder manuell ein oder wählen das Hyperlinksymbol und geben die externe URL über das Pop-up-Fenster ein.

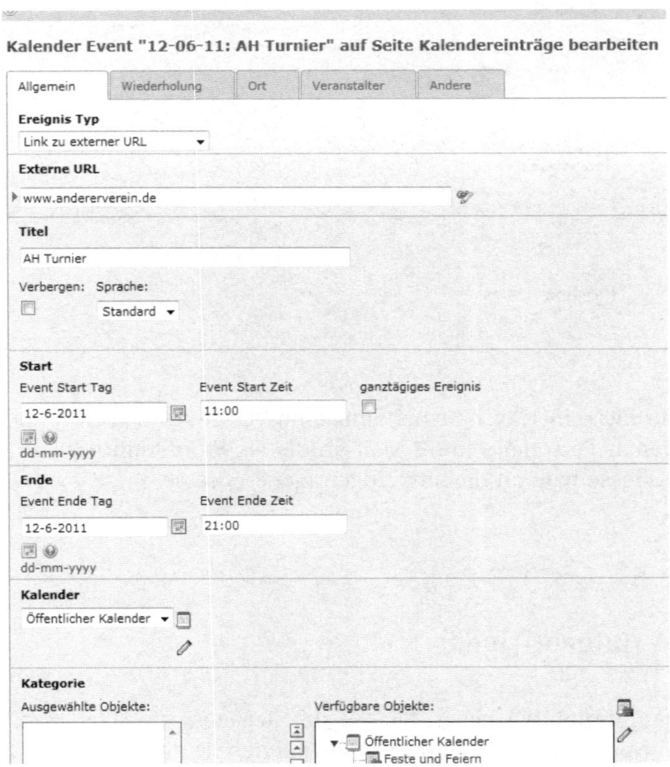

Abbildung 20.31:
Link zu externer URL

20.7.6 Termin als Besprechung

Bei diesem Termintyp gehen Sie auf der Registerkarte **Allgemein** vor wie bekannt.

Neu ist die Registerkarte **Teilnehmer**, auf der Sie die Teilnehmer dieser Besprechung eintragen. Dazu können Sie bereits bestehende Frontendnutzer oder eine Frontendnutzergruppe verwenden.

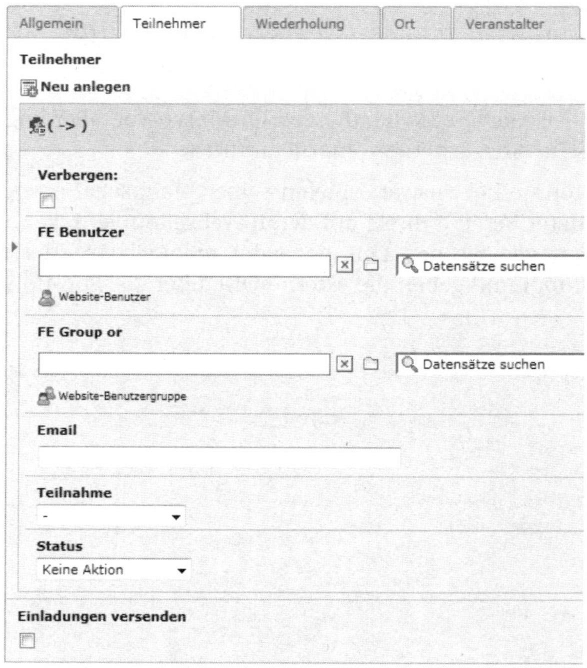

Abbildung 20.32: Besprechungsteilnehmer einladen

Wenn Sie hier ein Häkchen bei **Einladung versenden** setzen, erhalten die angegebenen Personen eine E-Mail an die als Frontendnutzer hinterlegte E-Mail-Adresse bzw. an die hier eingetragene Adresse.

20.7.7 Aufgabe (Todo)

Bei diesem Termintyp gehen Sie auf der Registerkarte **Allgemein** vor wie bekannt. Neu ist die Registerkarte **Todo**, auf der Sie den Status, die Priorität und den Fertigstellungsgrad der Aufgabe erfassen können.

Abbildung 20.33:
Registerkarte Todo

20.8 TypoScript-Template +ext cal

Passen Sie jetzt Konstanten und Setup an, indem Sie zunächst von der buchbegleitenden Webseite sowohl die Konstanten als auch das Setup jeweils in das Erweiterungstemplate `+ext cal` übernehmen.

20.8.1 Konstanten

In den Konstanten werden die Templates, Adressen und einige PIDs zugewiesen. Die Kommentare im Code sollten das Verfahren hinreichend erklären. Wir haben auch ein paar Anpassungen an den HTML-Templates vorgenommen, so dass in den Konstanten diese Templates referenziert werden müssen. Weisen Sie auch die korrekten Adressen (Seitenname, E-Mail etc.) sowie die PIDs zu den Seiten gemäß Ihrem Seitenbaum zu. Weiterhin werden in den Konstanten die Bildgrößen für eventuell im Kalender verwendete Bilder festgelegt.

Den Code finden Sie auf der buchbegleitenden Webseite zum Download als TypoScript-Template, das Sie in den Ordner `fileadmin/typoscript` herunterladen und über

```
<INCLUDE_TYPOSCRIPT: source="FILE: fileadmin/typoscript/cal_konstanten.\
ts">
```

einbinden.

HTML-Templates

Der Kalender verwendet für die verschiedenen Ansichten entsprechende HTML-Templates. Diese haben wir für den Verein geringfügig an unsere Bedürfnisse angepasst und entsprechende Klassen über die CSS-Datei definiert. Im Fileadmin-Verzeichnis haben wir für die Kalender-Templates einen eigenen Ordner namens `cal` als Unterordner von `templates` eingerichtet. Kopieren Sie diese Templates von der buchbegleitenden Webseite in diesen Ordner.

Hier eine Aufstellung der verwendeten HTML-Templates, die im Original im Ordner `typo3conf/ext/cal/standard_template` der Erweiterung hinterlegt sind:

Jahresansicht
: `fileadmin/templates/cal/year.tmpl`

Monatsansicht eines einzelnen Monats der Seite `Monatsansicht`
: `fileadmin/templates/cal/month.tmpl`

Wochenansicht
: `fileadmin/templates/cal/week.tmpl`

Tagesansicht
: `fileadmin/templates/cal/day.tmpl`

Die vorgenannten Templates wurden nur dahingehend verändert, dass das HMTL-InlineStyle `clear:both` entfernt wurde, wie Sie am folgenden Beispiel des Templates `year.tmpl` sehen können. Dieses `clear` sorgt ansonsten dafür, dass die Anzeige bei dem hier verwendeten Webseiten-Layout nach unten verrutscht.

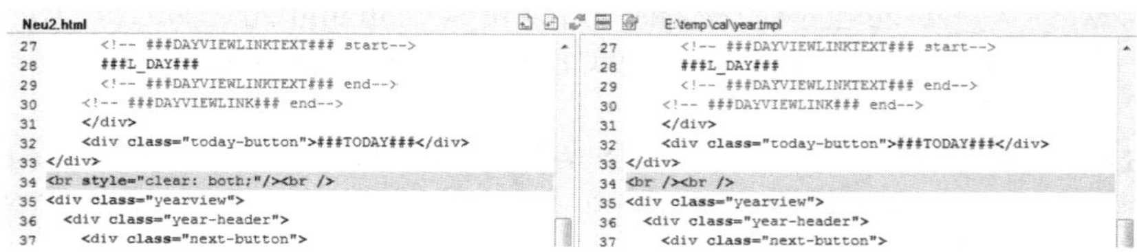

Abbildung 20.34: year.tmpl, Zeile 34 – links Original, rechts ohne clear

Näher wollen wir auf diese Templates nicht eingehen. Sie finden die Templates über den Erweiterungsmanager und können sie an Ihr Layout anpassen.

Die vollständige Liste und eine Beschreibung der Templates finden Sie auch im **Konstanten-Editor**, wenn Sie das Template `+ext cal` in diesem Modus aufrufen. Die Kategorie, die Sie dazu aufrufen müssen, ist **CALENDAR BASE (TEMPLATES)**.

20.8.2 Setup

Im Setup haben wir zunächst die Default-CSS-Styles entfernt und unser eigenes CSS `12_cal.css` zugewiesen. Diese CSS-Datei finden Sie zum Download ebenfalls auf der Webseite zum Buch. Sie binden Sie wie gewohnt über die Datei `standard.css` ein.

Im nächsten Schritt wird der Name des Kalenders angegeben. Sofern in den Plug-Ins bereits der Kalendername eingetragen ist, überschreibt die Einstellung im Plug-In die Einstellung im Setup.

Anschließend erfolgt die Formatierung der Anzeige von Zeit und Datum in den verschiedenen Kalenderansichten.

```
## Default-CSS entfernen und durch eigenes CSS ersetzen  ##
plugin.tx_cal_controller._CSS_DEFAULT_STYLE >

## Kalendernamen festlegen ##
plugin.tx_cal_controller.calendarName = Vereinskalender

## Formatierung von Zeit und Datum in den einzelnen Ansichten ##
plugin.tx_cal_controller.view.day.timeFormatDay = %H:00
plugin.tx_cal_controller.view.week.timeFormatDay = %H:00
plugin.tx_cal_controller.view.day.displayDate.strftime = %e. %B
plugin.tx_cal_controller.view.week.displayDate.1.strftime = %e. %b
plugin.tx_cal_controller.view.week.displayDate.2.strftime = %e. %b %Y
plugin.tx_cal_controller.view.week.dayViewLink.strftime = %e. %b
plugin.tx_cal_controller.view.day.event.timeFormat = %H:%M
```

20.9 TypoScript-Template +ext cal views

Bearbeiten Sie nun das bisher noch leere Template `+ext cal views`, das Sie auf der Kalenderhauptseite angelegt haben (vgl. Seite 553). Diesem Template haben wir bereits das Template `+ext cal` zugewiesen.

20.9.1 Setup +cal views

Kopieren Sie nun das Setup `+ext cal views` von der buchbegleitenden Webseite ins Setup des Templates. Die Einstellungsmöglichkeiten sind vielfältig und können hier nicht detailliert behandelt werden. Interessenten finden eine Referenz sowohl im Default-Setup `static/ts/setup.txt` als auch in dem der Erweiterung beigefügten Handbuch. Wir gehen hier nur kurz auf die einzelnen Abschnitte ein.

Kalenderveranstalter

Hier passen Sie die PID der Seite, auf der die Adresse des Organisators angezeigt werden soll, auf Ihre Installation an. In unserem Fall ist das dieselbe Seite wie die der Einzelansicht eines Termins.

```
## PID der Seite Ereignisansicht ##
plugin.tx_cal_controller.view.organizer.organizerViewPid = 81
```

Veranstaltungsort

Hier passen Sie die PID der Seite, auf der der Veranstaltungsort angezeigt werden soll, auf Ihre Installation an. In unserem Fall ist das dieselbe Seite wie die der Einzelansicht eines Termins.

```
## PID der Seite Ereignisansicht ##
plugin.tx_cal_controller.view.organizer.locationViewPid  = 81
```

Listenansicht

Für die Listenansicht wird die PID der Seite `Veranstaltungen` angegeben.

Um den Zeitraum der anzuzeigenden Ereignisse einzugrenzen, bietet es sich an, einen Zeitraum relativ zum aktuellen Tagesdatum vorzugeben. Wird beispielsweise die Startzeit auf **yesterday** gesetzt, werden Ereignisse beginnend ab dem Vortag angezeigt.

Für die Beispiel-Webseite wählen Sie den Eintrag **-1 week**. Die Endzeit definieren Sie mit **+6 months**, so dass alle Einträge des nächsten halben Jahres angezeigt werden, mit der Einschränkung, dass nur maximal 100 Termine erscheinen.

Anschließend wird der Pagebrowser für die Liste definiert: Je Seite dürfen nur zehn Termine angezeigt werden. Außerdem soll der Pagebrowser nur angezeigt werden, wenn er auch benötigt wird. Sind weniger als zehn Termine in der Liste, werden die Links zur vorigen bzw. nächsten Seite nicht angezeigt. Denken Sie auch daran, das im Plug-In selber die Anzeige ein und desselben wiederkehrenden Termins auf maximal zehnmal beschränkt wurde.

Im Anschluss wird das HTML-Template zugewiesen und allen Frontendbenutzern erlaubt, Termine zu abonnieren. Zudem werden die Datumsformate für die Listenansicht definiert. Bilduntertitel sollen in dieser Ansicht nicht angezeigt werden.

Ein Subheader darf maximal 230 Zeichen enthalten. Sofern kein Subheader angegeben ist, wird Bodytext (die Beschreibung des Termins) verwendet.

Es folgt ein Wrap mit einer Klasse für Kategorien (`News`); der Bildtitel ist zugleich der Alternativtext. Mit `linkTitleField = title` wird der Titel des Eintrags als Link zur Einzelansicht angegeben.

```
## Listenansicht ##
## relativer Zeitraum der anzuzeigenden Ereignisse
plugin.tx_cal_controller.view.list {
 starttime = -1 week
 endtime = +6 months
 maxEvents = 100
 pageBrowser {
  pagesCount =
  recordsPerPage = 10
  usePageBrowser = 1
  onlyShowIfNeeded = 1
  # mögliche Werte: default,piPageBrowser
  useType = default
  }

  subscribeFeUser = 1
}
```

Ereignisansicht

Für die Ereignisansicht geben Sie die PID der Seite `Ereignisansicht` an. Falls Sie Frontend Editing einsetzen, geben Sie die PID der Seite an, auf der die Ereignisse angelegt werden dürfen, sowie die Seiten, auf denen Events geändert oder gelöscht werden dürfen.

Anschließend werden die entsprechenden Templates zugewiesen, in diesem Fall das Template für die Einzelansicht selbst, das Template zum Anlegen eines Events für das Frontend Editing, das Bestätigungstemplate für abonnierte Termine und das Template für die Bestätigung, dass die Beobachtung eines Termins aufgehoben werden soll. Außerdem wird noch das Template für das Abonnieren der Termine selbst benötigt.

```
event {
 eventViewPid = 68

 createEventViewPid = 60
 editEventViewPid = 61
 deleteEventViewPid = 61
 phpicalendarEventTemplate = {$plugin.tx_cal_controller.view.event.\
phpicalendarEventTemplate}
 createEventTemplate = {$plugin.tx_cal_controller.view.event.\
createEventTemplate}
 confirmEventTemplate = {$plugin.tx_cal_controller.view.event.\
confirmEventTemplate}
 deleteEventTemplate = {$plugin.tx_cal_controller.view.event.\
deleteEventTemplate}
```

```
 subscriptionManagerTemplate = {$plugin.tx_cal_controller.view.event.\
subscriptionManagerTemplate}

 useTitleForLinkTitle = 1
 ownLinkTitleText =

 dateDayPosition = 0
 dateMonthPosition = 1
 dateYearPosition = 2
 dateSplitSymbol = -
```

Mit `useTitleForLinkTitle = 1` wird der Titel des Termins zum Link. Danach wird die Datumsanzeige angepasst. Mit `dateYearPosition = 0` geben Sie an, dass das Jahr zuerst angezeigt wird, gefolgt von Monat (`dateMonthPosition = 1`) und Tag (`dateDayPosition = 2`). `dateSplitSymbol = -` definiert ein Minuszeichen als Trennzeichen für das Datum.

Notify

Innerhalb der Event View werden die E-Mails für geänderte oder neu angelegte Termine konfiguriert. Für die Benachrichtigung bei Terminänderungen wird in diesem Abschnitt die PID der Seite gesetzt, auf der Termine abonniert werden dürfen; darüber hinaus werden die Templates zugewiesen, und zwar sowohl für das Abonnieren des Termins als auch für das Entfernen des Abonnements.

Für die Benachrichtigungen nach dem Anlegen eines Termins werden ebenfalls die Templates zugewiesen. Außerdem werden hier noch die E-Mail-Adressen des Absenders der Informationsmails, die URL sowie die Betreffzeile der Mails angegeben.

```
# Notification E-Mail für geänderte Termine
notify{
 subscriptionViewPid = {$plugin.tx_cal_controller.view.event.notify.\
subscriptionViewPid}
 confirmTemplate = {$plugin.tx_cal_controller.view.event.notify.\
confirmTemplate}
 confirmTitle = Please confirm the event monitoring on www.tus-easi1970\
.de
 unsubscribeConfirmTemplate = {$plugin.tx_cal_controller.view.event.\
notify.unsubscribeConfirmTemplate}
 unsubscribeConfirmTitle = Please confirm the event monitoring stop on \
www.tuseasi.de

 all.onCreateTemplate = fileadmin/templates/cal/notifyOnCreate.html
 all.onChangeTemplate = {$plugin.tx_cal_controller.view.event.notify.\
all.onChangeTemplate}

 ## Information beim Löschen
```

```
 all.onDeleteTemplate = {$plugin.tx_cal_controller.view.event.notify.\
all.onDeleteTemplate}

 emailaddress = webmaster@tus-easi1970.de
 emailreplyaddress = webmaster@tus-easi1970.de
 fromName = tus-easi1970.de
 replyToName =  TUS EASI 1970
 organisation = TUS EASI 1970

 # Datumsformat:Tag Monat Jahr Zeit:Stunde Minute
 dateFormat = %d%m%y
 timeFormat = %I:%M

 all.onCreateEmailTitle = Ein neuer Termin von TUS EASI: ###TITLE###
 all.onChangeEmailTitle = Der Termin ###TITLE### beim TUS EASI wurde \
geändert
 all.onDeleteEmailTitle = Der Termin ###TITLE### wurde gelöscht

 oldNewSeparator = ->
 } # Ende >Notify

} # Ende Event
```

Month View

Die Monatsanzeige erfolgt an unterschiedlichen Stellen auf verschiedene Weise. So erscheinen Monate in der Jahresansicht, im Minical, in der Monatsübersicht sowie u. U. als Anzeige Monat/nächster Monat ebenfalls in der Monatsübersicht.

Zunächst wird die PID der Monatsansichtsseite zugewiesen. Anschließend werden alle Templates angegeben. Für die Beschreibung der Termine ist die Länge der Titel auf 70 Zeichen begrenzt.

```
month {
 monthViewPid = 63
 monthTemplate = {$plugin.tx_cal_controller.view.month.monthTemplate}
 monthSmallTemplate = {$plugin.tx_cal_controller.view.month.\
monthSmallTemplate}
 monthMediumTemplate = {$plugin.tx_cal_controller.view.month.\
monthMediumTemplate}
 monthLargeTemplate = {$plugin.tx_cal_controller.view.month.\
monthLargeTemplate}
 thisMonthsEvents = 1

 title_stdWrap {
  crop = 70|..
  }

} # Ende Month
```

Week View

Für die Wochenansicht wird lediglich eine Start- und Endzeit definiert.

```
week {
 dateFormatWeekList = %a, %d %b
 } # Ende week
```

Day View

Für die Tagesansicht wird eine Start- und Endzeit festgelegt und ein Datumsformat zugewiesen.

```
day {
 dayStart = 0700
 dayEnd = 2300
 dateFormatWeekList = %a, %d %b
 dateFormatDay = %a, %d %b
} # ende day
```

Category View

Für die Kategorielinks wird ein Content Object vom Typ `TEXT` definiert und ein `dataWrap` (`span`-Klasse) darum gelegt. Das Trennzeichen zwischen zwei Kategorien soll ein Komma sein.

```
# Content Object für Event Category
category = TEXT
category {
 current = 1
 required = 1
 dataWrap = <span>%%%CATEGORY%%%:  |</span>
 }
category_link < .category
 categoryLink_stdWrap {
 wrap =
 }
 categoryLink_splitChar = TEXT
 categoryLink_splitChar {
 value = ,
 noTrimWrap= || |
 }
} # Ende view
```

DataWrap

Um den Kalender um bestimmte Stile und Klassen zu erweitern, müssen diese über den TypoScript Object Browser zugewiesen werden, nicht über

HTML-Templates. Diese werden in der Reihenfolge des Anlegens hier im Setup angehängt. Sofern Sie also die Beispieltemplates verwenden, lassen Sie diesen Code genau so stehen.

```
plugin.tx_cal_controller.view.event.description.dataWrap = <div class=\
description_text><label for="description">{LLL:EXT:cal/controller/\
locallan
g.xml:l_event_description}:</label>|</div>
plugin.tx_cal_controller.view.event.description.dataWrap = <div><label \
for="description">{LLL:EXT:cal/controller/locallang.xml:\
l_event_description}:</label><div class=description_text>|</div></div>
plugin.tx_cal_controller.view.event.description.dataWrap = <div><label \
for="description">{LLL:EXT:cal/controller/locallang.xml:\
l_event_description}:</label><p class="description_text"></p>|</div>
plugin.tx_cal_controller.view.event.description.dataWrap = <div><label \
for="description">{LLL:EXT:cal/controller/locallang.xml:\
l_event_description}:</label><br /><p class="description_text"></p>|</\
div>
plugin.tx_cal_controller.view.event.description.dataWrap = <div><br /><\
label for="description">{LLL:EXT:cal/controller/locallang.xml:\
l_event_description}:</label><br /><p class="description_text"></p>|</\
div>
plugin.tx_cal_controller.view.event.image.dataWrap = <div><!--<label \
for="image">{LLL:EXT:cal/controller/locallang.xml:l_event_image}:</\
label>-->|</div>
plugin.tx_cal_controller.view.event.title.dataWrap = <div><label for="\
title">{LLL:EXT:cal/controller/locallang.xml:l_event_title}:</label>|</\
div><br />
plugin.tx_cal_controller.view.event.enddatep.dataWrap = <div><label for\
="enddate">{LLL:EXT:cal/controller/locallang.xml:l_event_enddate}:</\
label>|</div><br />
plugin.tx_cal_controller.view.event.endtime.dataWrap = <div><label for\
="endtime">{LLL:EXT:cal/controller/locallang.xml:l_event_endtime}:</\
label>|</div><br />
```

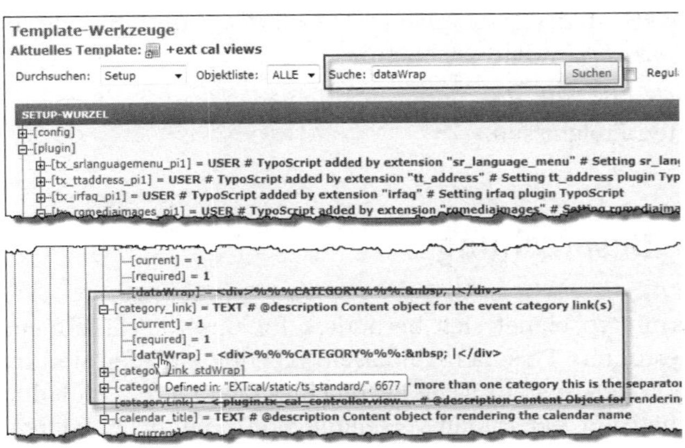

Abbildung 20.35: TypoScript Object Browser: dataWrap Category

Wie Sie den Kalender über den Object Browser manipulieren, betrachten wir am Beispiel des `dataWrap` für die Kategorien. Wollen Sie diesen bearbeiten, wechseln Sie ins Template `+ext cal views` und wählen aus der Combobox den **TypoScript Object Browser** aus. Suchen Sie die Stellen in den Views, in der der `dataWrap` definiert ist (Abbildung 20.35). Anschließend lokalisieren Sie über die Suchfunktion Ihres Browsers den Eintrag `category_link` (in diesem Beispiel die Zeile 6677 des Standard-TypoScript-Templates).

Wählen Sie ihn per Klick aus, und Sie können den Wrap bearbeiten. Ein Klick auf **Aktualisieren** speichert die Änderung (Abbildung 20.36). Falls Sie eine eigene Klasse zugewiesen haben, können Sie diese nun in der CSS-Datei definieren.

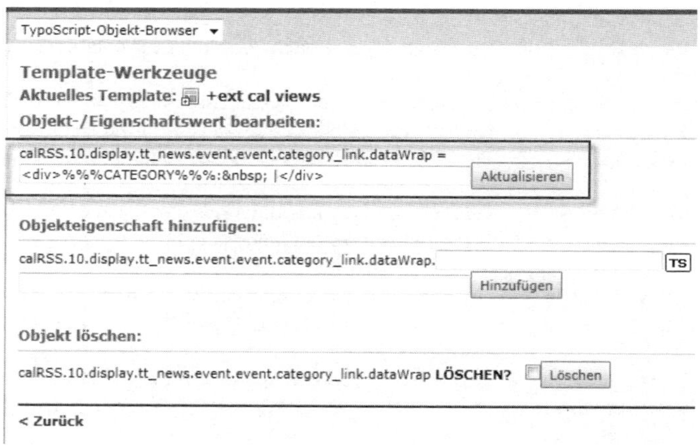

Abbildung 20.36: TypoScript Object Browser: dataWrap Category bearbeiten

Falls Sie sich intensiver mit der Konfiguration des Kalenders beschäftigen möchten, finden Sie weiterführende Informationen im Manual des Kalenders und den Default-Setup- und -Constants-Dateien über den Erweiterungsmanager. In der TSref erhalten Sie zudem weiterführende Informationen über das verwendete TypoScript.

Wenden wir uns nun den unterschiedlichen Arten von Terminen zu, den sogenannten Ereignissen.

20.10 Besprechung

Dieser Termintyp eignet sich besonders für unsere Trainermeetings. Wir können bestimmte Personen zu diesem Meeting einladen und dabei sogar die Funktion der Person für die Besprechung definieren. Einladungen werden automatisiert per E-Mail versendet, und potentielle Teilnehmer können sich über einen Link in dieser E-Mail zu diesem Termin anmelden oder ihn ablehnen. Im Kalender-Plug-In der Seite `Einzelansicht` haben wir auf der Registerkarte **Allgemeine Einstellungen** bereits das Objekt **Besprechungsverwaltung** hinzugefügt. Hier kann der Teilnehmer eine Besprechung akzeptieren oder seine Teilnahme absagen, sofern er diesen Termin in der Einzelansicht aufruft.

Es ist noch eine weitere Seite für die Besprechungen anzulegen. Erstellen Sie diese im Kalenderseitenbaum mit dem Titel `Besprechungen`. Diese Seite muss im Menü versteckt sein. Sie dient dem Akzeptieren einer Besprechung. Ein potentieller Teilnehmer erhält eine E-Mail mit Links auf diese Seite und kann mit dem ersten Link die Besprechung akzeptieren, mit dem zweiten absagen.

Fügen Sie auf dieser Seite das Kalender-Plug-In ein und wählen Sie aus den Objekten **Besprechungsverwaltung** und **einzelner Termin** aus. Ausgangspunkt ist wieder der Kalender-Ordner `Kalendereinträge` und der Ordner `Frontendbenutzer`.

Bevor Sie den Besprechungstermin anlegen, passen Sie zuerst im Ordner `Kalendereinträge` die Kategorie **Besprechungen** für den internen Kalender an.

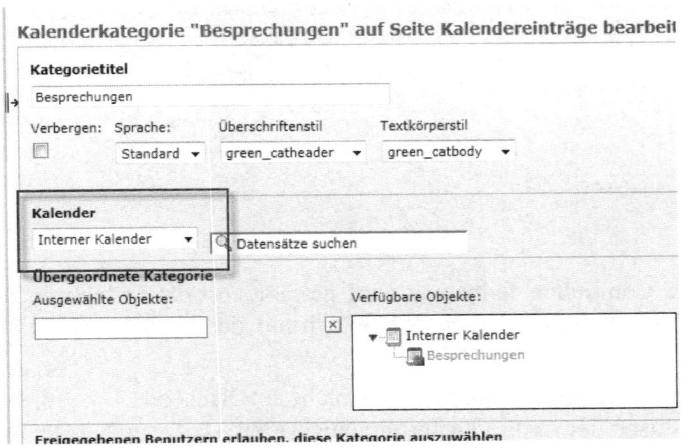

Abbildung 20.37: Kategorie Besprechung dem internen Kalender zuweisen

Legen Sie nun einen Besprechungstermin im Ordner `Kalendereinträge` an:

Registerkarte Allgemein

Legen Sie einen Kalendertermin an und ändern Sie den Inhaltstyp in **Besprechung**. Vergeben Sie den Titel `Trainermeeting` und legen Sie Datum und Uhrzeit genau wie bei Ereignissen mit Beschreibung fest. Wählen Sie den internen Kalender und die Kategorie **Meetings** aus.

Registerkarte Teilnahme

Wechseln Sie auf die Registerkarte **Teilnahme**, klicken Sie auf das Icon **Neu anlegen** und anschließend auf den Pfeil neben dem Teilnehmer-Icon, um alle Eingabemöglichkeiten angezeigt zu bekommen. Damit können Sie aus den Frontendbenutzern der Frontendbenutzer-Registrierung alle Teilnehmer auswählen, die an diesem Meeting teilnehmen sollen. Ist der gewünschte Teilnehmer kein Frontend-User, kann hier eine E-Mail-Adresse angegeben werden.

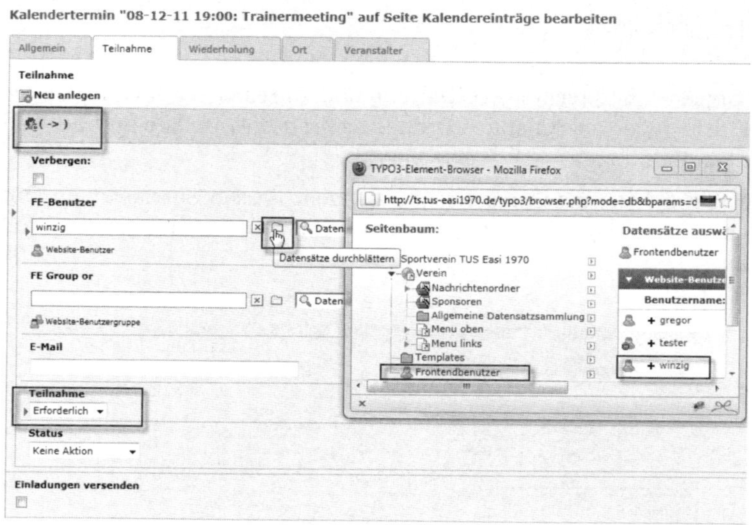

Abbildung 20.38: Teilnehmer aus Liste der Frontend-Benutzer auswählen

Über die Combobox **Teilnahme** wird gewählt, ob die Teilnahme optional oder erforderlich ist oder ob der Teilnehmer das Meeting eventuell sogar leiten soll.

Die Combobox **Status** befüllen Sie nicht im Backend. Der angemeldete Frontenduser, der zu diesem Termin eingeladen ist, diesen Termin im Frontend auswählt und in der Einzelansicht aufruft, kann diesen Termin zusagen bzw. absagen. Dadurch wird die Combobox im Backend entsprechend mit Ab- oder Zusage ausgefüllt. Wählen Sie zum Testen der Funktion einige Ihrer Testuser aus und erstellen Sie ein solches Meeting.

20.11 Suche

Über die Suchfunktion können Sie im Kalender z. B. nach den dargestellten Terminen suchen. Wir belassen die Einstellungen beim Default-TypoScript-Setup der Erweiterung. Dort finden Sie u. a. definiert, wie weit in die Vergangenheit oder Zukunft nach Terminen gesucht werden kann. Diese Angaben können Sie natürlich mit Ihrem eigenen TypoScript-Setup `+ext cal views` modifizieren.

Auf der Seite `Veranstaltungssuche` fügen Sie das Kalender-Plug-In ein und wählen aus den Objekten **Suche nach Termin** aus. Damit steht Ihnen ein Suchformular zur Verfügung.

In diesem Formular können Sie nach einer Kategorie, einem Veranstaltungsort, einem Zeitraum und/oder einem Stichwort nach einem Ereignis suchen. Als weitere Möglichkeit können Sie in den Flexforms auch, aber nicht zusätzlich, das Objekt **Alles suchen** auswählen. Damit stünde lediglich ein einzelnes Suchfeld zur Verfügung.

Sie können auch nach Veranstaltungsorten oder Organisatoren suchen, sofern Sie die entsprechenden Objekte auswählen. Bitte beachten Sie, dass Sie nur jeweils ein Objekt auswählen können. Wählen Sie z. B. Orts-Suche und Organisator-Suche, würde nur die Orts-Suche im Frontend angezeigt, weil dies der erste Eintrag in der Auswahlliste ist.

20.12 Abonnentenverwaltung

Einige Mitglieder des Vereins glänzen häufig durch Abwesenheit – das betrifft wichtige Zusatztrainings oder Auf- und Abbauarbeiten vor und nach dem Sommerfest. Aber auch die Mitgliederversammlung könnte besser besucht sein. Damit die Ausrede „Habe ich nicht gewusst" an dieser Stelle außer Kraft gesetzt wird, sollen die Mitglieder entsprechend zuverlässig über diese Termine informiert werden, und zwar nicht nur über den Kalendereintrag, sondern zusätzlich per E-Mail.

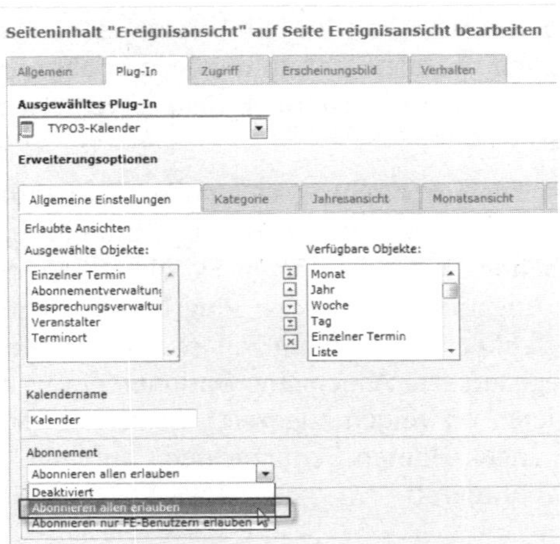

Abbildung 20.39: Termine abonnieren in der Ereignisansicht freigeben

Aber auch für andere Besucher können diese Benachrichtigungen interessant sein, und eben diesem Zweck dienen die Abonnements bestimmter Termine, so dass Abonnenten bei einer Terminänderung informiert werden. Damit dies möglich ist, muss im Plug-In auf der Seite `Ereignisansicht` die Einstellung **Abonnement** entsprechend auf **Abonnieren allen erlauben** gesetzt sein.

Soll es nur Frontendbenutzern gestattet sein, Termine zu abonnieren, wählen Sie in der Combobox **Abonnement** die Option **Abonnieren nur FE-Benutzern erlauben** aus. In unserem Fall wählen Sie aus, dass das Abonnieren allen erlaubt ist.

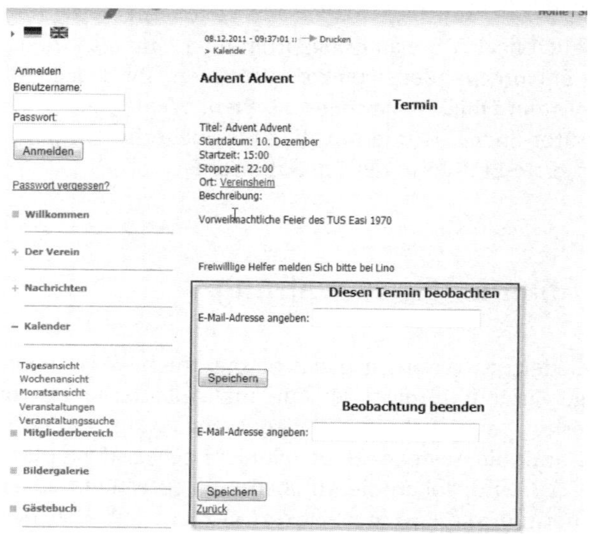

Abbildung 20.40: Termine abonnieren

Wenn Sie einen Termin in der Detailansicht anschauen (Abbildung 20.40), können Sie mit der Eingabe Ihrer E-Mail-Adresse einen Termin beobachten bzw. die Beobachtung beenden. Sofern der Termin abonniert ist, erhält der Frontendbenutzer eine automatisierte E-Mail – wenn er die Beobachtung beendet, ebenfalls.

Um sicherzustellen, dass nur echte User und keine Spambots Ihre Termine abonnieren, können Sie die Erweiterung `captcha` einsetzen, mit der `cal` gut zusammenarbeitet. Dazu installieren Sie die Erweiterung wie gewohnt über den Erweiterungsmanager. In den Plug-Ins der Seiten, auf denen Sie das Abonnieren erlauben – in unserem Fall ist das die Seite `Einzelansicht` –, wird auf der Registerkarte **Allgemeine Optionen** ein weiteres Feld **„Captcha" beim Abonnieren erzwingen** angezeigt. Setzen Sie dort das Häkchen, müssen alle nicht angemeldeten Benutzer den Captcha-Code angeben, um einen Termin zu abonnieren.

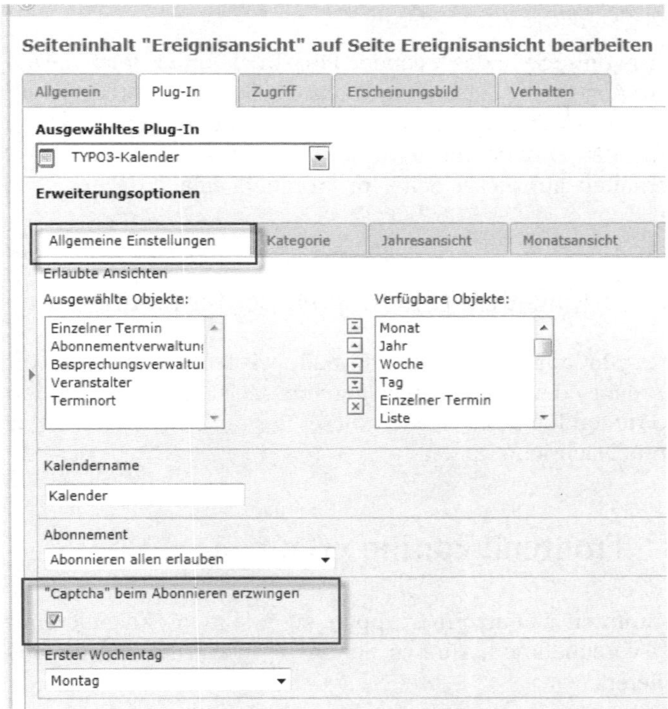

Abbildung 20.41: Abonnieren von Terminen mit Captcha absichern

Ihre Mitglieder müssen die Termine nicht abonnieren, das kann der Administrator für sie tun. Denn darauf, dass die Mitglieder sich selbst darum kümmern, möchte sich der Vorstand nicht verlassen. Sie können einen Termin, beispielsweise für eine Mitgliederversammlung, anlegen, und über die Registerkarte **Andere** fügen Sie nun alle Mitglieder aus der Frontendbenutzer-Registrierung als Beobachter ein. An diese Benutzer wird nun die E-Mail versendet. Für die nächste Mitgliederversammlung ändern Sie einfach den Termin, und schon werden wieder alle Beobachter informiert. Damit zweckentfremden wir den Kalender ein wenig als Newsletter-System.

20.12.1 Terminverwaltung

Damit beobachtete Termine nur von registrierten Frontendbenutzern verwaltet werden können, erstellen Sie eine Seite namens `Terminverwaltung`. Den Zugriff für diese Seite setzen Sie auf **Anzeigen, wenn angemeldet**. Da die Kalender-Erweiterung vorsieht, dass ausschließlich registrierte Benutzer Termine verwalten können, sollte die Seite auch nur diesen angezeigt werden. Würde die Seite auch nicht angemeldeten Benutzern angezeigt, erhielten sie eine Meldung, dass nur angemeldete Benutzer Zugriff haben. Das ist unnötig und wird durch die Definition **Anzeigen, wenn angemeldet** auf der Registerkarte **Zugriff** vermieden.

Fügen Sie in diese Seite das Kalender-Plug-In ein und wählen Sie auf der Registerkarte **Allgemeine Einstellungen** das Objekt **Abonnentenverwaltung** aus. Weisen Sie als Ausgangspunkt wieder den Kalender-Ordner `Kalendereinträge` und den Ordner mit den Frontendbenutzern zu. Angemeldete Benutzer erhalten auf dieser Seite im Frontend eine Liste der abonnierten Termine.

20.12.2 E-Mail-Benachrichtigung bei Terminänderung

Mit `notifyOnChange` wird eine E-Mail bei Terminänderung veranlasst. Wird ein mehr oder weniger freiwillig abonnierter Termin geändert, erhalten alle Frontendbenutzer, denen dieser Termin zugewiesen ist, eine entsprechende Nachricht.

20.13 Frontend Editing erlauben

Um bestimmten Benutzern/Gruppen zu gestatten, Kalendereinträge im Frontend vorzunehmen, können Sie das Frontend Editing für den Kalender aktivieren.

Wir wollen folgende Bereiche des Kalenders für privilegierte Benutzer freigeben: In der Kalenderjahresansicht soll über ein Icon erlaubt werden, Termine anzulegen. Außerdem erstellen wir eine neue Seite, auf der diese Termine erstellt werden. In der Jahresansicht, also der Kalenderhauptseite, wählt der Frontendbenutzer einen Termin über ein Create-Icon (grüner Kreis) und wird dann automatisch auf die Seite mit dem Formular zum Anlegen eines Termins geleitet. Diese Seite kann der Frontendbenutzer allerdings auch direkt aus dem linken Menü auswählen.

Legen Sie diese Seite mit dem Namen `Kalendereintrag erstellen` im Seitenbaum des Kalenders an. Setzen Sie den Zugriff auf diese Seite für die Gruppe, der Frontend Editing erlaubt ist – in unserem Beispiel die Gruppe `Registrierte Benutzer`. Dieser Gruppe weisen wir später noch die entsprechenden Rechte zu.

Fügen Sie zunächst das Kalender-Plug-In auf der Seite ein und wählen Sie auf der Registerkarte **Allgemeine Einstellungen** die Objekte **Termin erstellen**, **Termin bearbeiten** und **Termin löschen** aus. Weisen Sie wieder die beiden Ordner mit den Frontendbenutzern und den Kalendereinträgen als Ausgangspunkte zu. Da der Kalender in diesem Formular den RTE erlaubt, müssen wir die Größe des RTE angeben, sonst stimmt das Layout in der Breite nicht. Legen Sie dazu ein leeres Erweiterungstemplate mit dem Titel

RTE für cal auf dieser Seite an und setzen Sie im Setup lediglich folgenden Code. Damit weisen wir die erlaubte Höhe für den RTE, Sonderzeichen sowie unsere CSS-Datei zu:

```
plugin.tx_cal_controller.view.create_event.rte.height = 500

plugin.tx_cal_controller.view.create_event.htmlSpecialChars = 1

## Default-CSS-Dateien entfernen

plugin.tx_cal_controller._CSS_DEFAULT_STYLE =
plugin.tx_cal_controller.stylesheet = fileadmin/styles/standard.css
```

Zudem benötigen wir ein TypoScript-Template für unseren Kalender, das das Frontend Editing verwaltet. Erstellen Sie dieses Template in Ihrem Template-Ordner und nennen Sie es `+ext cal Frontendediting`. Fügen Sie den Code für das Setup von der buchbegleitenden Webseite ein. Die Kommentare im Code sollten die notwendigen Erklärungen liefern. Passen Sie für Ihre Webseite auf jeden Fall die PID der Seite an (im Beispielcode die Seite `Kalendereintrag erstellen` mit der PID 86 und die Benutzergruppe `Registrierte Benutzer` mit der UID 3).

Wir haben die Rechte auf die Benutzergruppe `Registrierte Benutzer` mit der UID 3 gesetzt. Sofern diese Gruppe, der Sie das Frontend Editing erlauben möchten, eine andere UID hat, ändern Sie das entsprechend.

Gleiches gilt für die PID des Ordners, in dem die im Frontend erstellten Termine abgelegt sind. Sofern die Termine nicht in einem separaten Ordner gespeichert werden sollen, geben Sie die PID des Ordners `Kalendereinträge`, in unserem Beispiel die PID 83, an. Weisen Sie über die Registerkarte **Enthält** das statische Template für das Frontend Editing zu. Binden Sie dieses Template ins Template `+ext cal views` ein (Registerkarte **Enthält | Basis-Template einschließen**).

Damit die Icons zum Anlegen eines Termins in der Jahresansicht erscheinen, muss das Template `newMediumMonth.tmpl` angepasst werden. Kopieren Sie dieses Template aus der Extension in einen lokalen Editor und fügen Sie im Subpart `DAY_SUBPART` den Marker `###CREATE_EVENT_LINK###` ein.

```
<!-- ###DAY_SUBPART### start-->
<td class="###DAY_CLASSES###">###CREATE_EVENT_LINK###<span>###DAY_LINK\
### <span class="popup"><ul>###ALLDAY### ###EVENTS###</ul></span></span\
></td>
<!-- ###DAY_SUBPART### end -->
```

Kopieren Sie das Template in den Template-Ordner im Fileadmin-Verzeichnis `/templates/cal`. Weisen Sie über die Konstanten des Templates `+cal` im Ordner `fileadmin/typoscript cal_konstanten.ts` das Template zu.

```
## Monatsansicht in der Jahresansicht - mit Marker für FE-Editing
plugin.tx_cal_controller.view.month.newMediumMonthTemplate = fileadmin/\
templates/cal/newMediumMonth.tmpl
```

Sobald ein angemeldeter Frontendbenutzer – die entsprechenden Rechte vorausgesetzt – in der Jahresansicht das grüne Kreuz-Icon über dem Datum auswählt, kann er einen Termin anlegen.

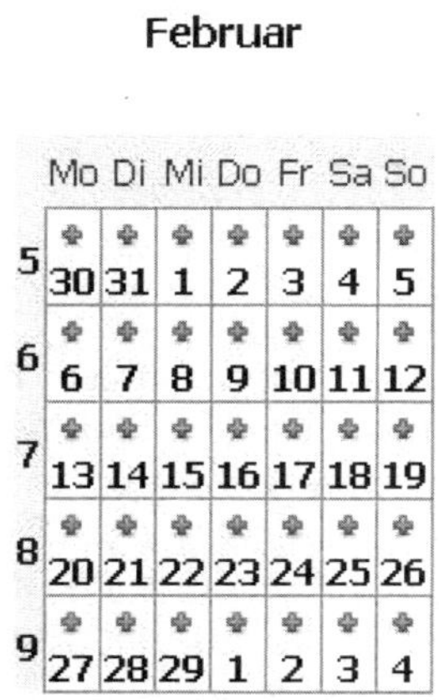

Abbildung 20.42: Frontend Editing: Icons zum Anlegen eines Termins im Frontend

Es wird die Seite `Kalendereintrag erstellen` aufgerufen und das Formular zum Anlegen eines Termins angezeigt.

Abbildung 20.43: Seite mit Formular zum Anlegen eines Termins

Wählt der Benutzer in der Jahresansicht einen Termin aus, also den Tag, wechselt er zur Einzelansicht eines Termins. Dort kann er den Termin bearbeiten (Bleistiftsymbol) oder löschen (Papierkorb). Für wiederkehrende Termine haben wir das Editieren nicht erlaubt, deshalb wird bei solchen Terminen auch kein Icon zum Bearbeiten oder Löschen eines Termins angezeigt.

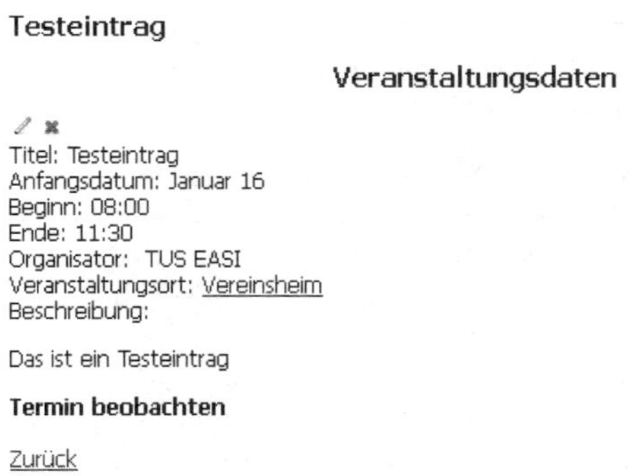

Abbildung 20.44: Einzelansicht im Frontend mit Bearbeitungsicons

20.14 tt_news-Datensätze im Kalender ausgeben

Der Verein möchte dieses Feature nicht nutzen, deshalb wollen wir die Kalenderservices für `tt_news` hier nur am Rande vorstellen. Interessenten finden weiterführende Informationen im Manual der Erweiterung.

Um `tt_news`-Datensätze im Kalender anzuzeigen, haben wir bereits die Erweiterung `cal service for typoscript table configs (cal_ts_service)`, die für die Einbindung kalenderfremder Tabellen notwendig ist, installiert. Weisen Sie das statische Template `tt_news (cal_ts_service)` dem Template `+cal views` zu. Außerdem müssen Sie den Ordner mit den `tt_news`-Datensätzen als Ausgangspunkt zuweisen, und zwar in allen Kalenderansichten, auf denen Sie `tt_news`-Datensätze ausgeben möchten. Eventuell müssen Sie für eine saubere Darstellung das HTML-Template der Services anpassen. Sie finden dieses Template sowie Setup und Constants wie gewohnt über den Erweiterungsmanager.

wec_map im Kalender ausgeben

Die Erweiterung `wec_map` ermöglicht es, die Kalenderorte in der jeweiligen Einzelansicht als Karte auszugeben. Der Verein möchte dieses Feature nicht nutzen, deshalb wollen wir die `wec_map` hier nur am Rande erwähnen. Interessenten finden weiterführende Informationen im Manual der Erweiterungen `wec_map` und `CAL`.

20.15 Minical

Die Anzeige des Kalenders soll in der rechten Spalte der Seite erfolgen. Die Konfiguration erfolgt über ein eigenes TS-Template, das Sie gleich anlegen werden, im Template-Ordner.

Ober- oder unterhalb des Kalenders sollen die nächsten drei Veranstaltungstermine angezeigt werden. Sofern Sie mehrere Ordner für Ihre Termine verwenden, setzen Sie die entsprechenden PIDs. Die Zuweisung der PIDs der beiden Ordner dient dazu, die Termine aus eben diesen anzuzeigen. Auch hier werden die Benutzerrechte berücksichtigt, die im Ordner, der den entsprechenden Kalender enthält, gesetzt sind. Alle Frontendbenutzer finden dort die öffentlichen Termine, alle angemeldeten Frontendbenutzer der Gruppen `Mitarbeiter` und `EASI Vorstand` dann auch Termine aus dem internen Kalender.

Im Haupt-Template der Webseite wird der Marker für den Minical in die rechte Inhaltsspalte gesetzt.

```
<div id="rechts">
 ###MINICAL###
 ###NEWSSPONSOR###
</div>
```

Im TS-Setup des Root-Templates wird dieser Marker im Markerbereich zugewiesen: `MINICAL < lib.minical`

Im Haupt-Template der Webseite ist noch ein DIV-Element für den Minical in der rechten Inhaltsspalte erforderlich. Tragen Sie in der HTML-Vorlage `main_verein_tv.html` folgenden Code in der rechten Spalte ein:

```
<div id="rechts">
  <div id="minical">
  </div>
  <div id="sponsoren">
  </div>
  <div id="rechterinhalt">
  </div>
</div>
```

Gehen Sie ins **TemplaVoila**-Kontrollcenter und mappen Sie das neue DIV-Element. Beim Eintrag für den Minikalender verwenden Sie die Vorgaben:

Field:	field_minical
Title:	`Minikalender`
Editing Type:	Typoscript Object Path
Object Path:	`lib.minical`
HTML-Path:	das HTML-Tag `<div id="minical">`
Sample Data:	`Hier steht der Minikalender`
Action Type:	INNER: Exclude Tag

Speichern Sie das neue Mapping ab, indem Sie das TemplaVoila-Template `TUS_MainTemplate` aktualisieren.

20.15.1 TypoScript-Template für den Minikalender

Erstellen Sie nun im Template-Ordner ein Template namens `+ext minical`. Über die Registerkarte **Enthält** weisen Sie das statische Template **Standard CSS-based Template (cal)** zu.

In die Constants setzen Sie die folgende Zeile, um das Template für die Events zuzuweisen:

```
plugin.tx_cal_controller.view.event.phpicalendarEventTemplate = \
fileadmin/templates/cal/phpi_cal_event.html
```

Hier der Code für das Setup des Minical:

```
## Minical und Teaser
lib.minical >

lib.minical < plugin.tx_cal_controller

lib.minical = COA


lib.minical {

wrap = <h3>  Die nächsten Termine:</h3>|

10 < plugin.tx_cal_controller
10 {
 ## Sysordner, der die Events enthält
 pages = 83
 view {
 # Entfernen nicht benötigter Views
 day >
 week >
 month >
 year >
 calendar >
 category >
 freeAndBusy >
 search >
 search_event >
 search_location >
 search_organizer >
 admin >
 location >
 organizer >
 rss >
 ics >
```

```
  create_event >
  edit_event >
  confirm_event >
  delete_event >
  create_calendar >
  edit_calendar >
  confirm_calendar >
  delete_calendar >
  create_category >
  edit_category >
  confirm_category >
  delete_category >
  create_location >
  edit_location >
  confirm_location >
  delete_location >
  create_organizer >
  edit_organizer >
  confirm_organizer >
  delete_organizer >
  translation >

  ## Erlaubte Ansicht ist Listenansicht
  allowedViews = list
  ## Template f&uuml;r die Miniliste
  list.listTemplate = fileadmin/templates/cal/list_mini.html
  ## Zielseite ist die Tagesansicht
  eventLinkTarget = day
  day.dayViewPid = 77
  weekStartDay = Monday
  ## Damit die Miniliste auf Kategorien eingeschränkt werden kann
  categoryMode = 1
  ## Erlaubte UIDS der anzuzeigenden Kategorien (hier Spiele, Feste und
  ## Feiern
  category = 1, 6
  ## Maximal 3 Events anzeigen
  list.maxEvents = 3
  ## PID der Seite für die Listenansicht
  list.listViewPid = 80
  ## PID der Seite für die Einzelansicht
  event.eventViewPid = 81
  }
}

  20 = TEXT
  ## Link, der zur Listenansicht führt
  20.wrap= <p class="weiteretermine">  |</p>
  ## Text dieses Links
  20.value= Weitere Termine
  ## PID der Seite der Listenansicht
  20.typolink.parameter= 80
```

```
## Minimonatsansicht
30 < plugin.tx_cal_controller
30 {
## Sysordner, der die Events enthält
pages = 83
view {
# Entfernen nicht benötigter Views

week >
year >
calendar >
category >
list >
freeAndBusy >
search >
search_event >
search_location >
search_organizer >
admin >
location >
organizer >
rss >
ics >
create_event >
edit_event >
confirm_event >
delete_event >
create_calendar >
edit_calendar >
confirm_calendar >
delete_calendar >
create_category >
edit_category >
confirm_category >
delete_category >
create_location >
edit_location >
confirm_location >
delete_location >
create_organizer >
edit_organizer >
confirm_organizer >
delete_organizer >
translation >

## Erlaubte Ansicht
allowedViews = month
## Template für die Monatsansicht
month.monthTemplate = fileadmin/templates/cal/month_mini.html
## Link zur Tagesansicht-Seite
day.dayViewPid = 77
weekStartDay = Monday
```

```
 dayLinkTarget = day
 ## PIDs der Seiten für Listen- und Einzelansicht
 list.listViewPid = 80
 event.listViewPid = 81

 #event.createEventViewPid =
 }
}

}

lib.minical.10.view.list.starttime = cal:today
```

Auf der buchbegleitenden Webseite finden sie das Setup für das Template des Minical zum Download. Fügen Sie den Code ins Setup ein. Weisen Sie dieses Template `+ext minical` dem Root-Template auf der Seite `Verein` wie gewohnt über die Registerkarte **Enthält** zu.

20.16 Mehrsprachigkeit

Unser Beispiel-Verein nutzt den Kalender ausschließlich für die Anzeige seiner lokalen Termine. Somit ist eine Übersetzung des Kalenders in andere Sprachen nicht notwendig.

Soll der Kalender allerdings auch für andere Sprachen zur Verfügung stehen, können Sie Seiten und Plug-Ins lokalisieren. Beachten Sie, dass Sie gegebenenfalls die HTML Templates anpassen müssen, da dort Texte in englischer Sprache stehen. Sprachabhängige Templates müssen Sie über Conditions zuweisen.

Um die einzelnen Termine in andere Sprachen übersetzen zu können, müssen Sie im Ordner mit den Kalendereinträgen einen neuen Datensatz vom Typ **Alternative Seitensprache** anlegen: **Neuen Datensatz erstellen | alternative Seitensprache**. Vergeben Sie den Seitentitel `english`.

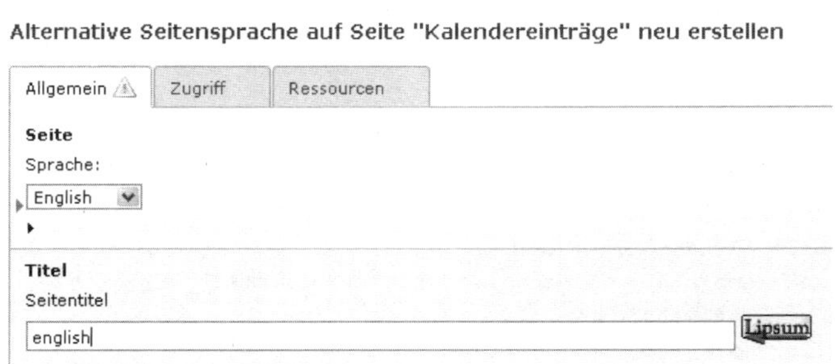

Abbildung 20.45: Neuen Datensatz anlegen: Alternative Seitensprache

In der Listenansicht der Kalendereinträge sehen Sie dann das Lokalisierungssymbol, und Sie können die Einträge entsprechend übersetzen (Abb. 20.46).

Abbildung 20.46: Lokalisierungsansicht

Sobald Sie das Flaggensymbol anklicken, gelangen Sie in das Formular, wo Sie die Übersetzungen durchführen (Abb. 20.47).

Abbildung 20.47: Termin übersetzen

In gleicher Weise gehen Sie auch für die Kategorien vor, denn diese müssen natürlich auch lokalisiert werden.

Kapitel 21

Suche mit Indexed Search

Indexed Search ist eine TYPO3-eigene Suchmaschine, die die Webseiten Ihrer Installation indexiert, während sie für das Frontend aufbereitet (gerendert) werden. Die Wörter auf der aufbereiteten Webseite werden erfasst und in speziellen Tabellen der Datenbank abgespeichert. Über eine Suchmaske kann der Besucher der Webseite im Frontend nach Inhalten auf der Webseite suchen. Über Zusatzprogramme ist es möglich, auch Dateien z. B. vom Typ PDF zu durchsuchen. Diese Zusatzprogramme sind nicht im Lieferumfang von Indexed Search enthalten.

Die Erweiterung ist sicher eine der komplexeren, so dass wir hier nicht alle Konfigurations-, Einsatz- und Optimierungsmöglichkeiten beschreiben können. Wir werden nur die Grundinstallation sowie die Aufbereitung für das Frontend behandeln. Für weitere Informationen empfehlen wir einen Blick in die Dokumentation auf der TYPO3-Webseite.[1]

[1] http://typo3.org/documentation/document-library/extension-manuals/doc_indexed_search/4.2.1/view/toc/0/

21.1 Installation und Konfiguration

Die Erweiterung *Indexed Search Engine* mit dem Extension Key `indexed_search` ist in den aktuellen Versionen von TYPO3 Bestandteil des Systems. Die Erweiterung wurde somit bereits mit der Installation der Webseite heruntergeladen, aber noch nicht installiert. Diesen Schritt müssen Sie nun nachholen.

Gehen Sie zum Erweiterungsmanager und wählen Sie in der Drop-Down-Box **Erweiterungen installieren** aus. Setzen Sie (sofern noch nicht geschehen) das Häkchen bei **Verborgene Erweiterungen zeigen.** Suchen Sie nach `Indexed Search` und klicken Sie auf das graue Pluszeichen links vom Eintrag.

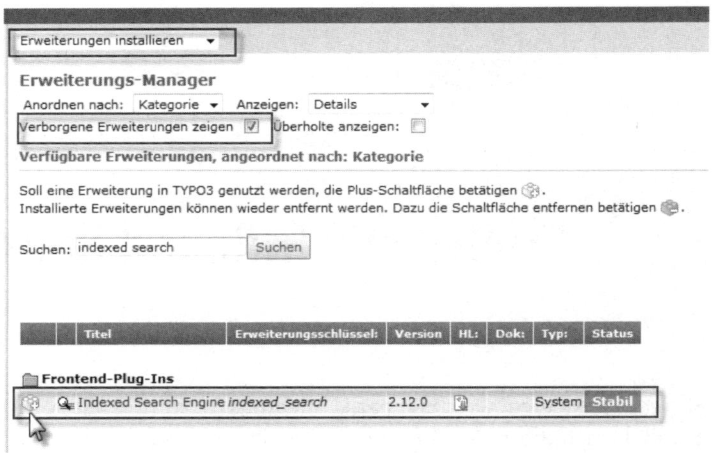

Abbildung 21.1: Indexed Search – Installation der Erweiterung

Danach werden Sie aufgefordert, die Erweiterung `doc_indexed_search` zu installieren. Führen Sie den Import und die Installation der Erweiterung durch. Anschließend können Sie die Erweiterung `indexed_search` installieren und die Updates der Datenbank durchführen.

Für die Erfassung von Inhalten aus Dokumenten sind verschiedene zusätzliche Tools in Ihrer Installation notwendig, wie etwa `pdftotext`, `pdfinfo`, `catdoc`, `xlhtml`, `unzip`, `ppthtml` und `unrtf`. Sie benötigen möglicherweise nicht alle, da Sie z. B. nicht mit Powerpoint-Dateien arbeiten. Häufig stellen bereits die Internetprovider diese Zusatzprogramme zur Verfügung; fragen Sie dort also zunächst nach. Sollte dem nicht so sein, müssen Sie die Programme aus dem Internet herunterladen, und zwar idealerweise als Binary. Da die Software allerdings abhängig vom Betriebssystem Ihres Servers ist, können wir aus der Vielzahl der Download-Möglichkeiten die für Sie richtige nicht benennen oder bereithalten.

Geben Sie in den Feldern **Path to PDF parsers [pdftools]**, **Path to unzip [unzip]**, **Path to WORD parser [catdoc]**, **Path to EXCEL parser [xlhtml]**, **Path to POWERPOINT parser [ppthtml]** sowie **Path to RTF parser [unrtf]** Ihre installationsspezifischen Dateipfade an oder löschen Sie den Standardeintrag `/usr/bin/`, falls Sie ein Zusatzprogramm nicht haben oder nicht verwenden wollen.

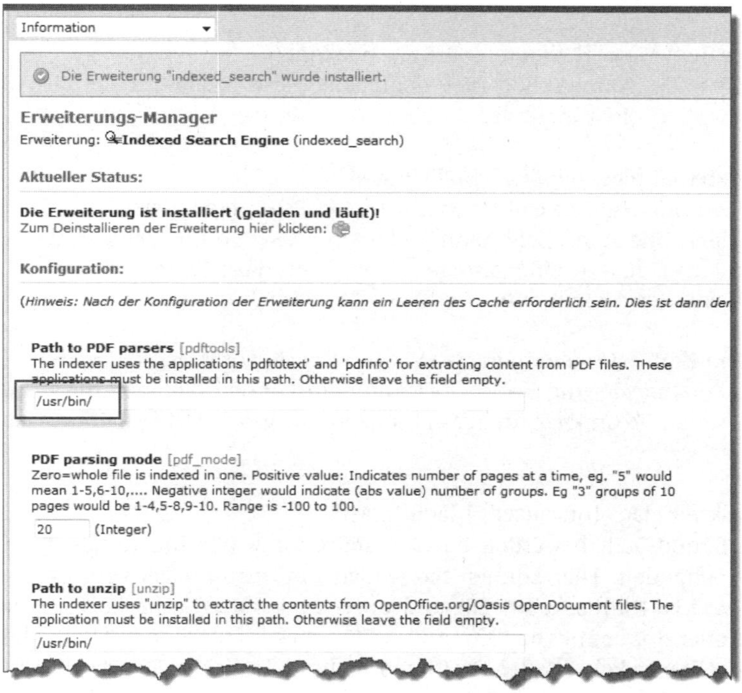

Abbildung 21.2: Indexed Search – Konfiguration

Weitere Einstellungsmöglichkeiten:

PDF parsing mode [pdf_mode]
: Hier können Sie vorgeben, wie viele Seiten eines PDF-Dokuments auf einmal indexiert und abgespeichert werden. Das ist sinnvoll, wenn Sie häufig PDF-Dokumente von großem Umfang verwenden. Das PDF-Dokument wird dann anhand der angegebenen Seitenanzahl für die Indexierung und Abspeicherung aufgeteilt.

Debug mode [debugMode]
: Hier sollten Sie kein Häkchen setzen, es sei denn, Sie wollen tatsächlich debuggen.

Full Text Data Length [fullTextDataLength]
: limitiert die Anzahl der Zeichen für die Volltextsuche.

Disable Indexing in Frontend [disableFrontendIndexing]
Falls Sie die Indexierung der Inhalte nur über den Crawler (via Cronjob) durchführen lassen wollen, können Sie hier die Indexierung im Frontend abschalten.

Min TTL (hours) for indexed page [minAge]
Alter der Seite in Stunden, bevor sie erneut indexiert werden kann.

Deprecated! Max TTL (hours) for ind... [maxAge]
Wie der Name schon sagt: deprecated, also veraltet; daher also diese Option nicht mehr verwenden.

Max external files to index [maxExternalFiles]
Anzahl externer Dokumente, wie z. B. PDFs, die indexiert werden sollen. Eine hohe Zahl kann bedeuten, dass die Indexierung der Seite länger dauert. Eine geringe Anzahl kann dazu führen, dass nicht alle externen Dokumente einer Seite berücksichtigt werden.

Use "crawler" extension to index ex... [useCrawlerForExternalFiles]
Zur Indexierung externer Dokumente können Sie auch die Erweiterung *Site Crawler* (`crawler`) nutzen, die gesondert installiert werden muss.

Bitmask for Flags (Advanced) [flagBitMask]
Grundsätzlich werden bei der Indexierung alle Inhalte gleichwertig behandelt. Hier können Sie jedoch mit der Bitmask vorgeben, dass `title` (Bitmaske = 128) und/oder `keywords` (Bitmaske = 64) und/oder `description` (Bitmaske = 32) eines Inhaltselements eine höhere Wertigkeit als der Rest des Inhalts haben. Der Standardwert 192 (Bitmaske aus 128 + 64) bedeutet, dass `title` mit dem Wert 128 und `keywords` mit dem Wert 64 eine höhere Wertigkeit als der Rest des Inhalts haben.

Ignore Extensions [ignoreExtensions]
Falls Sie Inhalte bestimmter Dokumente nicht indexiert haben wollen, können Sie hier die betreffenden Dateierweiterungen in einer kommaseparierten Liste vorgeben, z. B. `.ppt`.

Index External HTML URLs [indexExternalURLs]
Sie können über Indexed Search auch den Inhalt einer verlinkten externen Webseite durchsuchen lassen. Bitte vergessen Sie dabei aber nicht die Eigentumsrechte.

Denken Sie unbedingt daran, dass auch nach Installation dieser Erweiterung im Erweiterungsmanager die Sprachdateien aktualisiert werden müssen.

21.2 TypoScript-Template für Indexed Search

Um Indexed Search einzuschalten und weiter zu konfigurieren, müssen Sie wieder mit TypoScript arbeiten. Legen Sie dazu im Ordner `Templates` ein weiteres Basistemplate mit dem Titel `+ext indexedsearch` an.

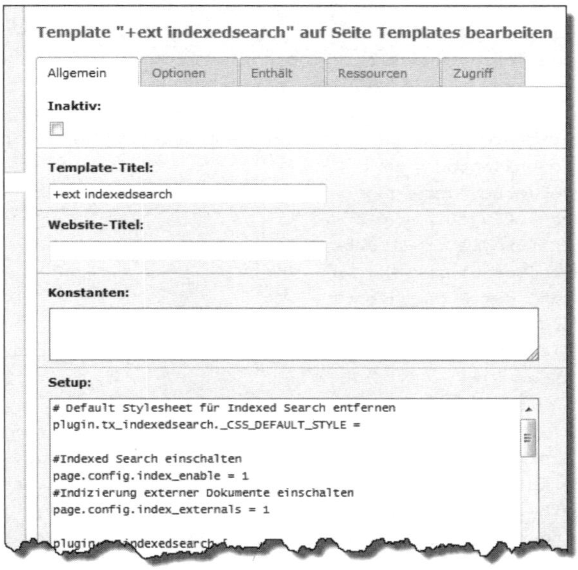

Abbildung 21.3: Indexed Search – Basistemplate +ext indexedsearch anlegen

Fügen Sie folgenden Code in das Setup ein – die Kommentare sollten notwendige Erklärungen liefern:

```
# Default Stylesheet für Indexed Search entfernen
plugin.tx_indexedsearch._CSS_DEFAULT_STYLE =

#Indexed Search einschalten
page.config.index_enable = 1
#Indexierung externer Dokumente einschalten
page.config.index_externals = 1

plugin.tx_indexedsearch {
# eigenes Template verwenden
        templateFile = fileadmin/templates/indexedsearch.html
# show = Anzeige auf der Suchseite festlegen: ein- (1) bzw.
# ausgeblendet (0)
        show {
        # Suchregeln
        rules = 1
        # Erstellungsinformationen des Hashes
        parsetimes = 0
```

```
# Zweite Ebene im BereichsDropdown anzeigen
L2sections = 0
# Erste Ebene im BereichsDropdown anzeigen
L1sections = 1
# Alle "nicht im menü" oder "im menü versteckten" Seiten
# anzeigen
LxALLtypes = 0
# Leeren des Suchfeldes nach erfolgter Suche
clearSearchBox = 0
# Aktuelles Suchwort zu den bisherigen Suchwörtern hinzufügen
clearSearchBox.enableSubSearchCheckBox = 0
# Anzeige von Suchergebnisse auch für Betrachter, die kein
# Zugriffsrecht haben - sollte ausgeschaltet (0) bleiben
forbiddenRecords = 0
# Pagebrowser anzeigen
alwaysShowPageLinks = 0
# Link für die erweiterte Suche
advancedSearchLink = 1
# Anzahl der Suchergebnisse
resultNumber = 0
# Medientypen, die angezeigt werden sollen (kommasepariert)
mediaList = 0
}

# Blinding of option-selectors / values in these (advanced
# search) (see $optValues array in source code for options
# + extResume checkbox)
# blind = # die Auswahlfelder für die Suchparameter werden ein-
# (0) bzw. ausgeblendet (1)
blind {
# Suchtyp (Ganzes, Wort, Wortteil, ..)
type = 0
# default option (Und, Oder)
defOp = 0
# Bereich(e) der Webseite, in denen gesucht wird, 0 bedeutet
# die ganze Seite
sections = 0
# Filter nur reguläre Ergebnisse
freeIndexUid = 1
# Suche in Medientypen
#media = 0
# Sortierung
order = 0
# Gruppierung
group = 0
# Sprachwahlbox
lang = 0
# Auswahl Sortierung
desc = 0
# Ergebnisse (Anzahl der Treffer pro Seite)
results = 0
# Suchart (jedes Wort oder)
```

```
        # defOp.1=1
        # Ansicht: Erweiterte Vorschau
        # extResume=1
        }
        rules_stdWrap {
        }
        sectionlinks_stdWrap {
        }
        path_stdWrap {
        }
        search {
        # ID der Rootseiten, falls mehrere vorhanden
                rootPidList =
        # Anzahl Ergebnisse je Seite
                page_links = 10
        # Wenn gesetzt, werden die Ergebnisse auf die einzelnen Domains
        # gemappt
                detect_sys_domain_records = 0
                defaultFreeIndexUidList =
        }

        result_link_target =

        flagRendering = CASE
        flagRendering {
                key.current = 1
                2 = TEXT
                2.value = German
                default = TEXT
                default.value = English
        }

        forwardSearchWordsInResultLink = 0

        # Setting default values for piVars (please see the source code
        # for the form-field names which you can preset values for
        # here)
        _DEFAULT_PI_VARS {
                extResume = 1
                type = 1
                group = flat
        }
}
```

Das Basistemplate muss nun in das Root-Template eingebunden werden (Abbildung 21.4).

Nun benötigen Sie noch von der buchbegleitenden Webseite das HTML-Template `indexedsearch.html`, auf das zu Anfang des Setup-Codes verwiesen wird, sowie das Stylesheet `13_suchen.css`. Das hier zur Verfügung gestellte HTML-Template ist mit `div`- statt mit `table`-Elementen gestaltet und entspricht damit heutigen Standards für Webseiten. Laden Sie beide herunter und legen Sie sie im Ordner `fileadmin/templates` bzw. `fileadmin/styles` ab. Das Stylesheet `13_suchen.css` müssen Sie noch im Stylesheet `standard.css` mit folgendem Code einfügen:

```
@import url(13_suchen.css);
```

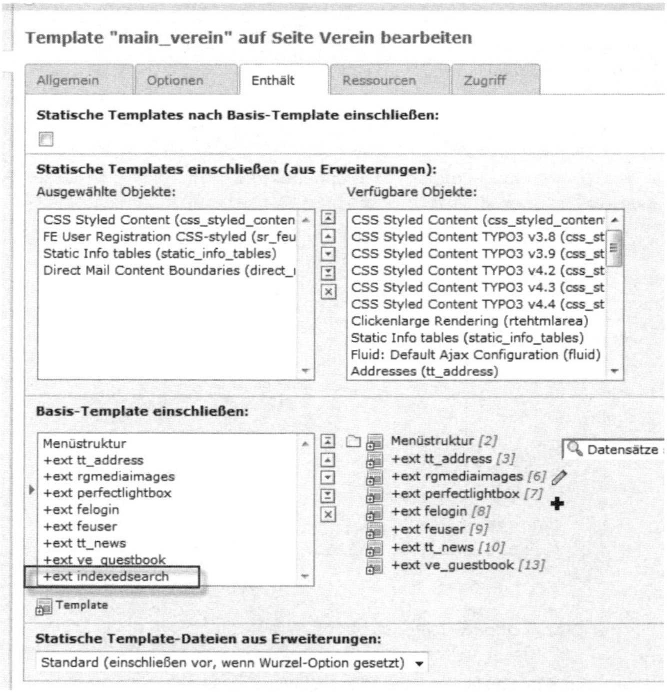

Abbildung 21.4: Basistemplate +ext indexedsearch im Root-Template einbinden

21.2.1 Macina Searchbox installieren

Mit der Erweiterung *Macina Searchbox* von Wolfgang Becker wird auf der Webseite eine Suchmaske zur Verfügung gestellt. Diese Suchmaske soll im linken Bereich der Webseite stehen, am besten oberhalb des Menüs. Die Macina Searchbox müssen Sie noch importieren und installieren. Gehen Sie dazu wieder in den Erweiterungsmanager, wählen Sie im Drop-Down-Menü **Erweiterungen importieren** aus und suchen Sie `macina_searchbox`. Klicken Sie nun auf den roten Pfeil links und installieren Sie die Erweiterung.

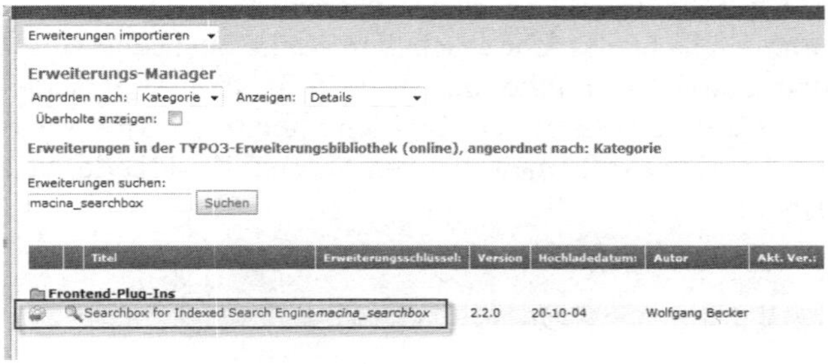

Abbildung 21.5: Macina Searchbox installieren

Für die Macina Searchbox fügen Sie folgenden Code im Basistemplate `+ext indexedsearch` ein:

```
### macina searchbox ###
plugin.tx_macinasearchbox_pi1 {
  # PID der Suchseite
        pidSearchpage = 30
        # Template file
        templateFile = fileadmin/templates/macinasearchbox.html
  }

// Lokale Sprache für macina Searchbox

plugin.tx_macinasearchbox_pi1._LOCAL_LANG {

en  {
 advanced = advanced search
 submit = search
 }


default  {
 advanced = Erweiterte Suche
 submit = suchen
 }

}
```

Nun benötigen Sie noch von der buchbegleitenden Webseite das HTML-Template `macinasearchbox.html`. Es ist mit `div`- statt mit `table`-Elementen gestaltet und entspricht damit heutigen Standards für Webseiten. Laden Sie die Datei herunter und legen Sie sie im Ordner `fileadmin/templates` ab. Die CSS-Anweisungen für die Suchmaske sind in der CSS-Datei `13_suchen.css` integriert. Laden Sie auch das Bild `lupe_grau.gif` herunter und speichern Sie das Bild im Ordner `fileadmin/images` ab.

Die im Codebeispiel angegebene PID der Suchseite `pidSearchpage = 30` müssen Sie noch anpassen, denn diese Suchseite legen Sie jetzt erst an.

21.3 Suchseite für Indexed Search anlegen

Legen Sie nun – falls noch nicht geschehen – eine Suchseite vom Typ **Standard** mit dem Seitentitel `Suche` an. Die Seite ist eine Unterseite der Seite `Menu links`. Damit die Seite nicht im Menü angezeigt wird, setzen Sie das Häkchen bei **Im Menü verbergen**. Merken Sie sich die PID der Seite (in unserem Beispiel 30).

Abbildung 21.6: Indexed Search – Suchseite erstellen

Die PID der Suchseite tragen Sie im Basistemplate `+ext indexedsearch` mit `pidSearchpage = 30` ein, wobei Sie den Wert durch die PID Ihrer Suchseite ersetzen.

Fügen Sie nun auf der Suchseite in der Hauptinhaltsspalte ein neues Inhaltselement ein, indem Sie auf das Icon für **Neu** klicken; wählen Sie dann **Allgemeines Plug-In** aus. Achtung: Kommen Sie nicht in die Versuchung, das Plug-In **Suchbox** zu installieren. Mit dieser Suchbox würden Sie nur den gerade angezeigten Inhalt der Seite durchsuchen, aber nicht die Suche mit Indexed Search ausführen.

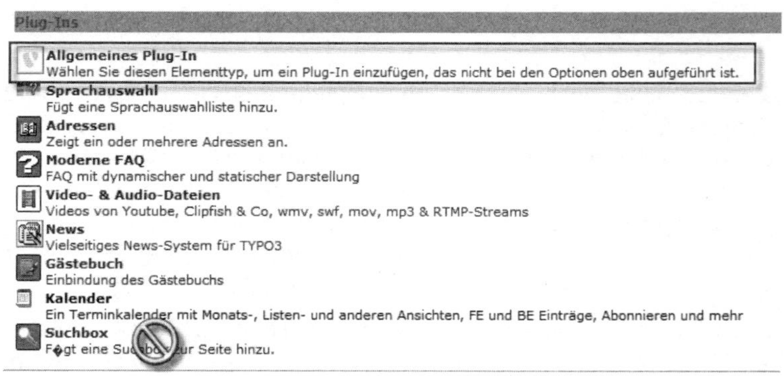

Abbildung 21.7: Indexed Search – Plug-In einfügen

Wählen Sie im Abschnitt **Plug-In** den Wert **Indexed search** aus und bestätigen Sie die Warnmeldung mit Klick auf **OK**. Vergeben Sie die Überschrift `Indexsuche`, die aber nicht angezeigt werden soll. Daher setzen Sie den **Typ** auf **Verborgen**.

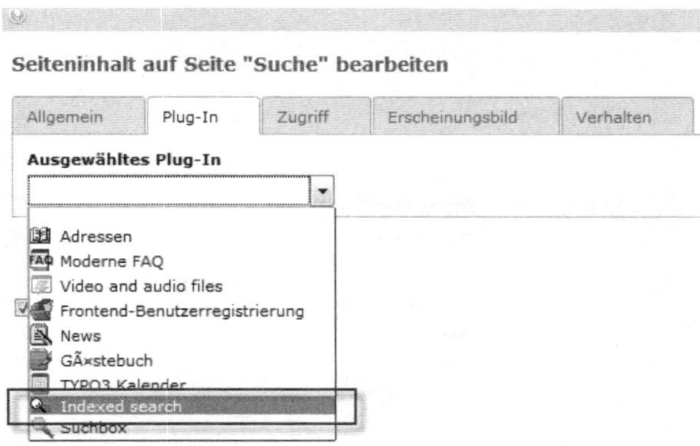

Abbildung 21.8: Indexed Search – Plug-In einfügen

Klicken Sie auf **Speichern und anzeigen**, so dass die Suchseite erscheint.

Abbildung 21.9: Indexed Search – Anzeige der Suchseite

Sie können nun einen Suchtext eingeben und auf **Suche** klicken. Wenn Sie nicht gleich das gewünschte Ergebnis erhalten, denken Sie daran, dass die Indexierung der Seite erst erfolgt, wenn Sie die Seite im Frontend aufrufen, ohne gleichzeitig im Backend eingeloggt zu sein. Denn es werden nur gecachte Seiten durchsucht.

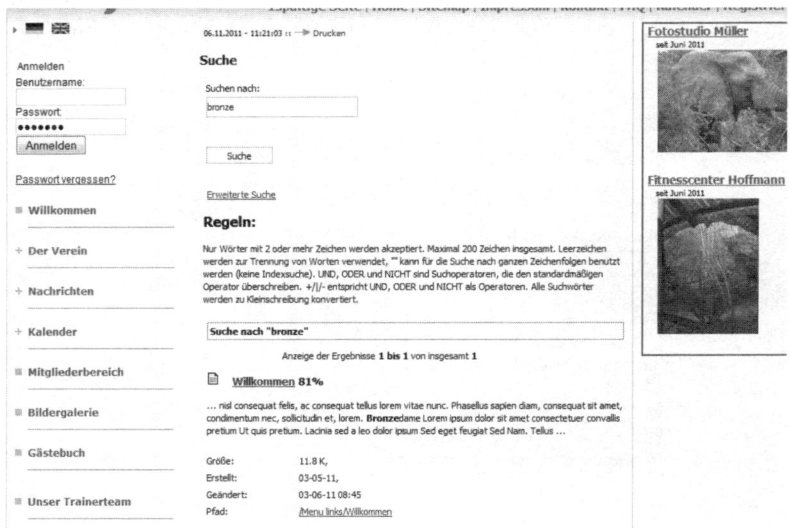

Abbildung 21.10: Indexed Search – Anzeige eines Suchergebnisses

Mit Klick auf **erweiterte Suche** werden Ihnen Einstellungsmöglichkeiten für eine differenziertere Suche angeboten. So können Sie z. B. den Vergleich bei der Suche statt auf **Wortteil** auf Wörter beschränken, die mit dem Suchbegriff beginnen, indem Sie bei **Vergleich** den Wert **Wortanfang** auswählen.

21.4 Suchbox auf allen Seiten anzeigen

Da die Seite `Suche` im Menü verborgen ist, müssen die Besucher der Webseite die Möglichkeit erhalten, von jeder Seite aus die Suchfunktion aufzurufen. Dazu muss generell das Plugin für die Macina Searchbox zur Verfügung stehen.

Passen Sie das HTML-Template `main_verein.html` an, indem Sie folgenden Code einfügen, also den Marker für die Suchbox definieren:

```
<div id="loginbox">###LOGIN###</div>
<div id="search">###SEARCHBOX###</div>
```

Im Root-Template Ihrer Webseite fügen Sie folgenden TypoScript-Code ein:

```
marks {
[...]
        # Macina Searchbox
        SEARCHBOX < plugin.tx_macinasearchbox_pi1
[...]
```

Passen Sie das HTML-Template `main_verein.html` an, indem Sie folgenden Code einfügen:

```
[...]
        <div id="loginbox"></div>
        <div id="search"></div>
[...]
```

Bilden Sie nun das neue Element wie folgt ab:

Feld:	`field_searchbox`
Titel:	`Macina Searchbox`
Voreinstellungen Element:	`Typoscript-Objektpfad`
Objektpfad:	`lib.searchbox`
HTML-Pfad:	HTML-Tag <div id="Search">
Aktion:	`INNER: Exclude Tag`

Speichern Sie die neue Abbildung und tragen Sie im Root-Template Ihrer Webseite folgenden Code ein:

```
[...]
### Loginbox ###
lib.login < plugin.tx_felogin_pi1
### Searchbox###
lib.searchbox < plugin.tx_macinasearchbox_pi1
[...]
```

Damit wird auf allen Seiten in der linken Spalte die Suchbox angezeigt.

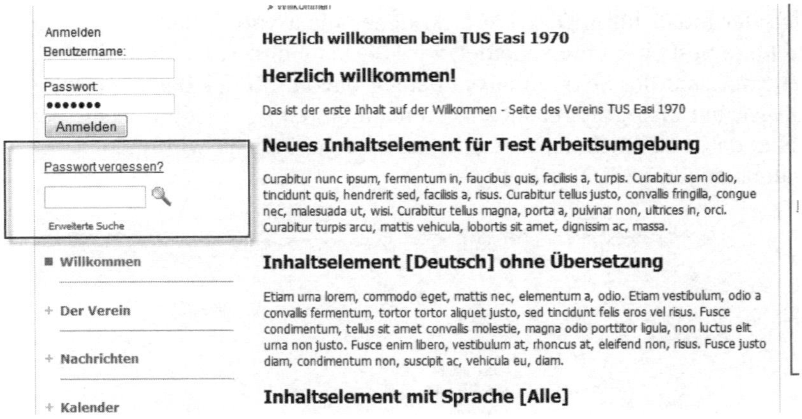

Abbildung 21.11: Indexed Search – Anzeige der Suchbox auf jeder Seite

Wenn der Besucher der Webseite einen Suchtext eingibt und auf das Lupensymbol klickt, startet die Suche, die mit der Darstellung des Suchergebnisses schließt. Zudem hat der Besucher die Möglichkeit, von vornherein eine erweiterte Suche durchzuführen, indem er auf **erweiterte Suche** klickt.

Die indexierte Suche sowie die Suchbox sind mehrsprachig einsetzbar. Übersetzen Sie lediglich die Suchseite und deren Inhalt. Die Sprachlabels für die `macina_searchbox` sind im TypoScript-Template bereits zugewiesen. Die Sprachen für die `indexed_search` haben wir aus den Defaulteinstellungen übernommen.

21.5 Modul Indexierung

Wie bereits erwähnt, werden Seiten indexiert, sofern ein Frontendbenutzer eine Seite aufruft. Im Prinzip tut sich die Arbeit also von allein. Eine Statistik der indexierten Daten stellt Ihnen die Erweiterung über das Modul **Indexierung** im Modulbereich unter **Admin-Werkzeuge** zur Verfügung. Detaillierte Informationen entnehmen Sie der Dokumentation, die Sie mit der Erweiterung `doc_indexed_search` installiert haben.

21.5.1 General Statistics

In den **General Statistics** sehen Sie eine Liste (Abbildung 21.12) der indexierten Datensätze. Im Falle des TUS EASI 1970 wurden fünf Seiten indexiert (`index_phash`), die insgesamt 207 Wörter (`index_words`) enthalten. `index_rel` zeigt die Anzahl der Datensätze, `index_grlist` weist aus, wie viele Datensätze abhängig vom eingeloggten Benutzer indexiert wurden. Das heißt, wenn ein Inhalt mit verschiedenen Logins angezeigt wird und sich der Inhalt für angemeldete Besucher nicht vom Inhalt für nicht angemeldete Besucher unterscheidet, wird die Seite nur einmal indexiert. Unterscheidet sich der Seiteninhalt abhängig davon, ob der Benutzer angemeldet ist, hat also gruppenspezifischen Inhalt, so wird jede Anzeige separat behandelt und auch separat indexiert. In der Tabelle wird jedoch nur ein Datensatz je `phash` angelegt.

Abbildung 21.12: Modul Indexierung

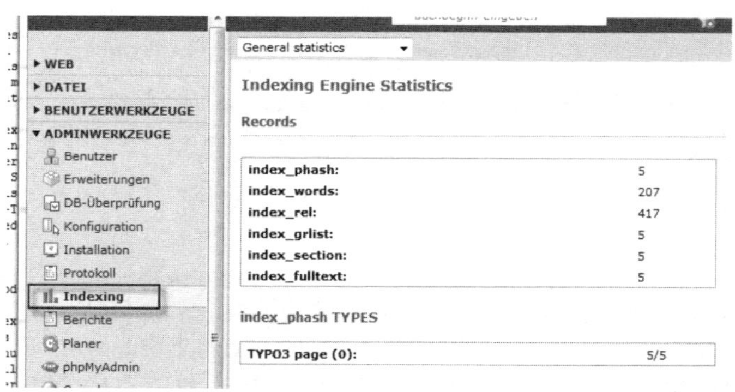

`index_section` zeigt, zu welcher Section ein Eintrag in `index_phash` gehört. `index_fulltext` gibt aus, welche Seiten für die Volltextsuche verwendet werden. Im Bereich `index_phash` TYPES wird gezeigt, wie viele TYPO3-Seiten, jpg- und txt-Dateien bereits indexiert wurden.

21.5.2 List: TYPO3 pages

Wählen Sie in der Combobox **List: TYPO3 pages**, erhalten Sie eine Liste aller indexierten Seiten mit allen Einzelheiten wie Seiten-ID, Titel, Dateigröße etc.

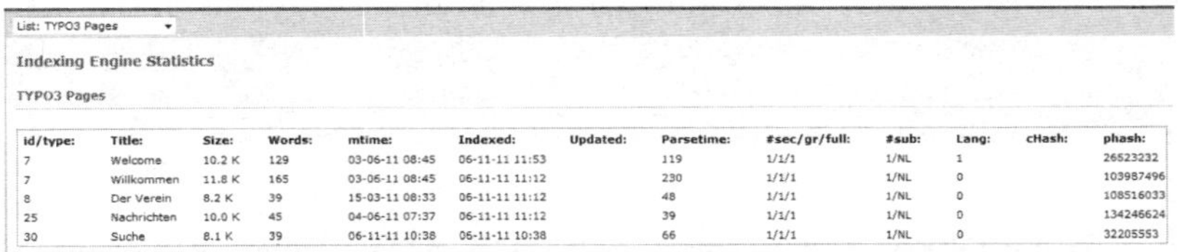
List: TYPO3 Pages

Indexing Engine Statistics

TYPO3 Pages

id/type:	Title:	Size:	Words:	mtime:	Indexed:	Updated:	Parsetime:	#sec/gr/full:	#sub:	Lang:	cHash:	phash:
7	Welcome	10.2 K	129	03-06-11 08:45	06-11-11 11:53		119	1/1/1	1/NL	1		26523232
7	Willkommen	11.8 K	165	03-06-11 08:45	06-11-11 11:12		230	1/1/1	1/NL	0		103987496
8	Der Verein	8.2 K	39	15-03-11 08:33	06-11-11 11:12		48	1/1/1	1/NL	0		108516033
25	Nachrichten	10.0 K	45	04-06-11 07:37	06-11-11 11:12		39	1/1/1	1/NL	0		134246624
30	Suche	8.1 K	39	06-11-11 10:38	06-11-11 10:38		66	1/1/1	1/NL	0		32205553

Abbildung 21.13: Modul Indexierung – List: TYPO3 pages

21.5.3 List: External documents

Wählen Sie in der Combobox **List: External documents**, werden alle Dokumente gelistet. Das sind alle Dateien wie Bilder oder Textdokumente, die nicht Seiten oder Seiteninhalte sind.

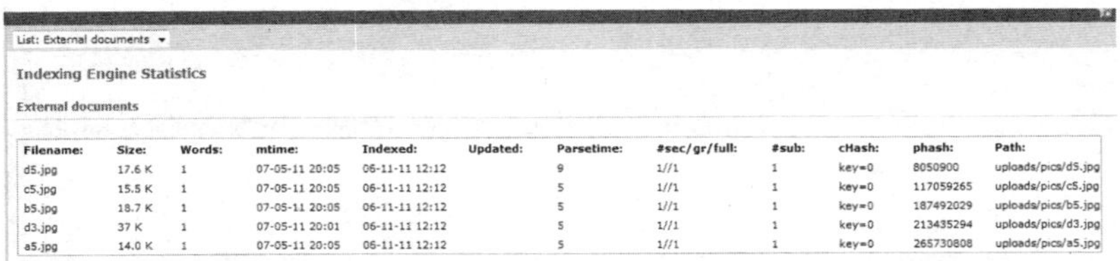
List: External documents

Indexing Engine Statistics

External documents

Filename:	Size:	Words:	mtime:	Indexed:	Updated:	Parsetime:	#sec/gr/full:	#sub:	cHash:	phash:	Path:
d5.jpg	17.6 K	1	07-05-11 20:05	06-11-11 12:12		9	1//1	1	key=0	8050900	uploads/pics/d5.jpg
c5.jpg	15.5 K	1	07-05-11 20:05	06-11-11 12:12		5	1//1	1	key=0	117059265	uploads/pics/c5.jpg
b5.jpg	18.7 K	1	07-05-11 20:05	06-11-11 12:12		5	1//1	1	key=0	187492029	uploads/pics/b5.jpg
d3.jpg	37 K	1	07-05-11 20:01	06-11-11 12:12		5	1//1	1	key=0	213435294	uploads/pics/d3.jpg
a5.jpg	14.0 K	1	07-05-11 20:05	06-11-11 12:12		5	1//1	1	key=0	265730808	uploads/pics/a5.jpg

Abbildung 21.14: Modul Indexierung – List: External documents

21.6 Indexierung prüfen

Um zu überprüfen, ob alle Seiten korrekt indexiert wurden, wechseln Sie ins Webmodul **Info**. Im Seitenbaum klicken Sie auf Ihre Rootseite und wählen in der Combobox **Indexierung** aus, in der Combobox darunter dann **Overview**, um Titel, Beschreibung, Dateigröße und Indexierungsdatum zu sehen. Alternativ lassen Sie sich über **Technical Details** weiterführende Informationen wie den `pHash` anzeigen. Daneben geben Sie in der anderen Combobox auch die Ebenentiefe an.

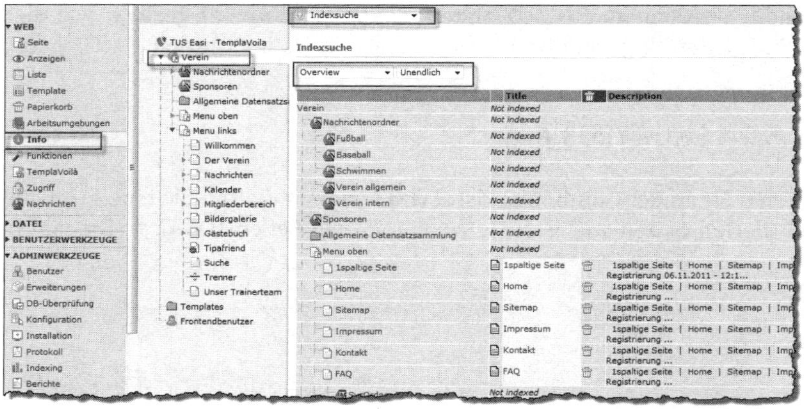

Abbildung 21.15: Indexierung prüfen

Sie erhalten eine Übersicht aller indexierten Seiten. Da `indexed_search` nur gecachte Seiten durchsucht, werden nur die Seiten angezeigt, die sich im Cache befinden. Einige Erweiterungen schalten den Cache aus und werden somit nicht indexiert. Auch Seiten oder Erweiterungen, bei denen Sie zu Testzwecken `nocache = 1` gesetzt haben, werden nicht indexiert. Überprüfen Sie das zuerst, wenn Sie Inhalte vermissen, die eigentlich indexiert sein sollten.

Wählen Sie in den Comboboxen **Words and content**, sehen Sie, welche Seiten mit welchen Inhalten indexiert wurden.

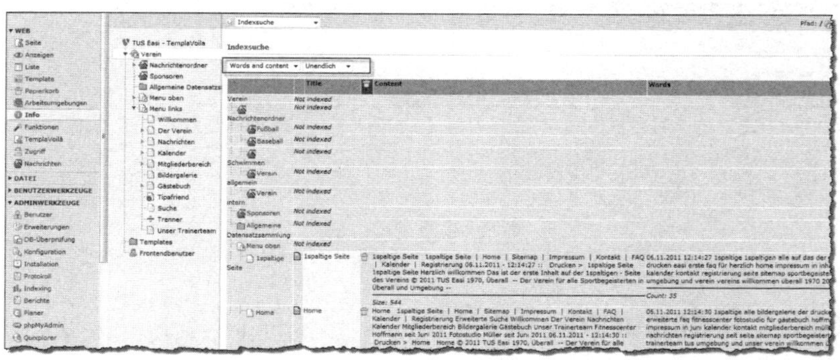

Abbildung 21.16: Indexierte Inhalte/Worte

Kapitel

22

Newsletter mit direct_mail

Direct Mail ist ein erweitertes Newsletter-System mit anspruchsvollen Optionen für personalisierte E-Mails inklusive Antwort-Statistik; es ist geeignet für kleinere und mittlere Webseiten. Die Erweiterung verwaltet die Backend-Generierung von Mailings und Newslettern, umfasst aber kein Tool zur Anmeldung. Es wird empfohlen, die Erweiterung in Verbindung mit Frontend-Anmeldungsplugins wie *Direct Mail Subscription* (`direct_mail_subscription`), *Frontendbenutzerregistrierung* (`sr_feuser_register`) oder *Email Address Subscription* (`sr_email_subscribe`) zu nutzen.

Der Verein setzt die Frontendbenutzerregistrierung ein, um Newsletter zu abonnieren. Dazu haben wir bereits in Kapitel 17.3 die Newsletter-Kategorien angelegt – allerdings mit einem Schönheitsfehler: Die Erweiterung hat keine Funktion, um Newsletter auch wieder abzubestellen. Zwar kann der Benutzer die Häkchen bei den Kategorien entfernen und erhält dann auch keine kategorisierten Newsletter mehr. Newsletter ohne Kategorieangaben werden trotzdem verschickt. Um das zu vermeiden, müssen Sie eine der beiden anderen Erweiterungen zur An- oder Abmeldung des Newsletters heranziehen oder ausschließlich kategorisierte Newsletter versenden.

Der Verein möchte das Newslettersystem nutzen, um

- Massen-E-Mails an unterschiedliche Empfängerlisten zu versenden,
- E-Mails an einzelne Benutzer zu versenden,
- Newsletter an unterschiedliche Empfängerlisten zu versenden und
- Newsletter nach verschiedenen Empfänger-Interessen, also nach Kategorien, zu sortieren.

Alle E-Mails und Newsletter sollen ausschließlich im Textformat – also nicht in HTML – versendet werden.

22.1 Installation

Importieren und installieren Sie die Erweiterung `direct_mail` über den Erweiterungsmanager; die Erweiterung `tt_address` wird vorausgesetzt. Sollte diese noch nicht installiert sein, wird sie angefordert. Da wir `tt_address` bereits im Einsatz haben, können Updates der Datenbankstruktur erforderlich sein. Klicken Sie dazu den Button **make updates**. Nach erfolgreicher Installation erscheint ein Bereich **Direct Mail** im Modulbereich.

Während der Installation erlaubt der Erweiterungsmanager die Bearbeitung folgender Konfigurationsvariablen:

Sprache des Cron-Prozesses
: Der TYPO3-Sprachcode der Sprache des Mail-Engine-Cron-Prozesses, wenn die „Fortschritts-Nachrichten" an den Administrator gesendet werden. Default ist `en`.

Anzahl der Nachrichten pro Zyklus
: Anzahl der gesendeten Nachrichten, die in einem Durchgang gesendet werden; eingetragen sind per Default 50.

Zusätzliche Datenbankfelder zur Empfängerliste
: Zusätzliche Felder, die in den Direct-Mail-Nachrichten ersetzt werden.

Aktivierung der Verzögerung
: Hier können Sie den Verzögerungsmodus einstellen. Dieser greift aber nur beim Versand mit Sendmail unter Unix/Linux. Der Default ist `0`. Diese Funktion steht nicht zur Verfügung, wenn PHP im Safe-Mode aktiviert ist.

Aktivierung von Plain Text der News

Dies aktiviert ein Skript, um News (`tt_news`-Datensätze) in Plain Text wiederzugeben und sie dann als Plain-Text-Inhalte per E-Mail zu versenden.

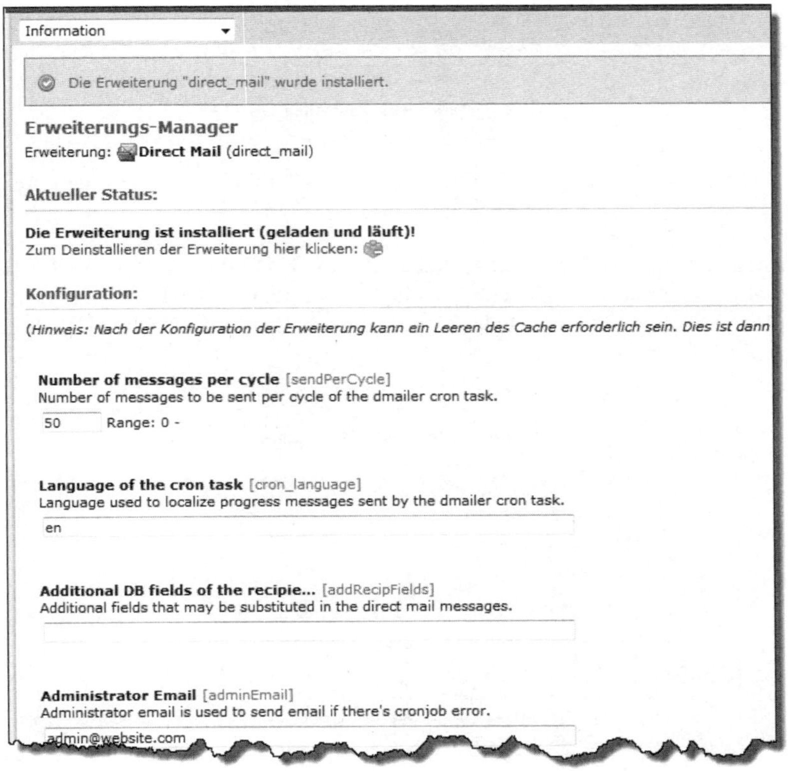

Abbildung 22.1: Direct-Mail-Einstellungen im Erweiterungsmanager

Klicken Sie auf **aktualisieren**, um die Einstellungen abzuspeichern, da ansonsten z. B. die Erstellung der Mail im Format Plain Text nicht funktioniert.

22.1.1 Ordner und Seiten für Direct Mail anlegen

Newsletter-Seiten sind grundsätzlich normale TYPO3-Seiten, die Sie wie gewohnt im Seitenbaum anlegen und bearbeiten. Wichtig ist, dass Direct Mail diese Seiten auch erkennt, und darum benötigen wir zunächst einen Ordner, in dem die Newsletter-Seiten als Unterseiten angelegt werden.

Wechseln Sie ins Webmodul **Seite** und legen Sie in Ihrem Seitenbaum einen Ordner für Direct Mail an – für den Verein liegt diese Seite direkt unterhalb der Root-Seite. Sie können die Seiten aber auch an jeder anderen Stelle im Seitenbaum platzieren.

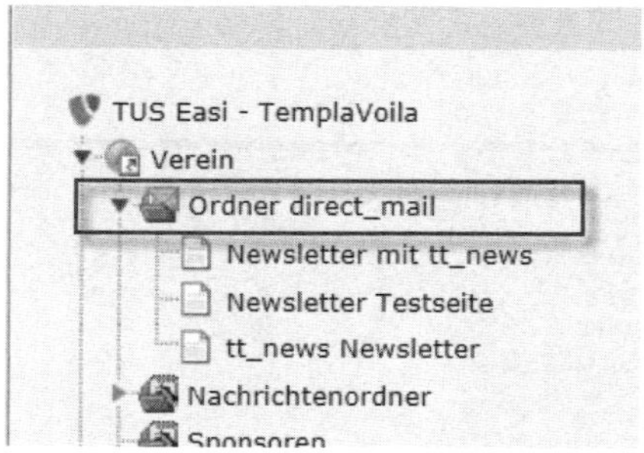

Abbildung 22.2: Direct Mail-Seitenbaum: Ordner direct_mail und weitere Seiten

Nennen Sie den Ordner `Ordner direct_mail`. Diesen Namen tragen Sie im Feld **Bezeichnung** ein. Wechseln Sie auf die Registerkarte **Optionen** und wählen Sie ganz unten im Feld **Enthält Erweiterung** die Erweiterung **Direct Mail** aus.

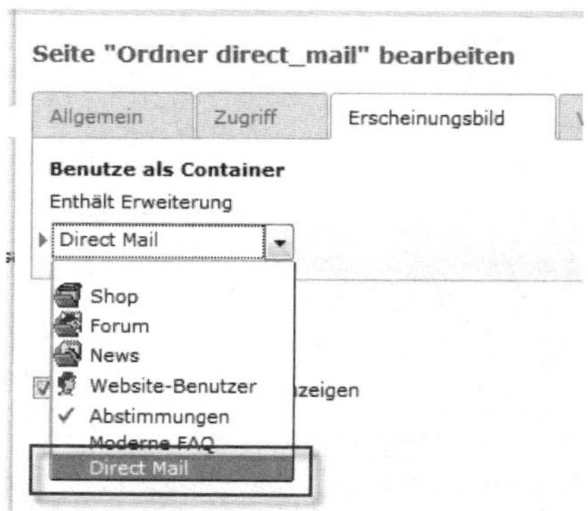

Abbildung 22.3: Direct Mail-Ordner anlegen

Im Feld für die Typoscript-Konfiguration wird jetzt die Konfiguration für die Kategorieauswahl eingefügt. Geben Sie dort folgenden Code ein:

```
### PID des Ordners mit den Kategorien
# Ordner Frontendbenutzer
TCEFORM.tt_content.module_sys_dmail_category.PAGE_TSCONFIG_IDLIST = 58
TCEFORM.fe_users.module_sys_dmail_category.PAGE_TSCONFIG_IDLIST = 58
TCEFORM.sys_dmail_group.select_categories.PAGE_TSCONFIG_IDLIST = 58
# Ordner mit tt_adress-Kategorien, falls tt_adress verwendet wird
# TCEFORM.tt_address.module_sys_dmail_category.PAGE_TSCONFIG_IDLIST =
# 123

### Anzeige der Kategorien
TCEFORM.tt_content.module_sys_dmail_category.disabled = 0
TCEFORM.tt_address.module_sys_dmail_category.disabled = 0
```

```
TCEFORM.fe_users.module_sys_dmail_category.disabled = 0
TCEFORM.sys_dmail_group.select_categories.disabled = 0
```

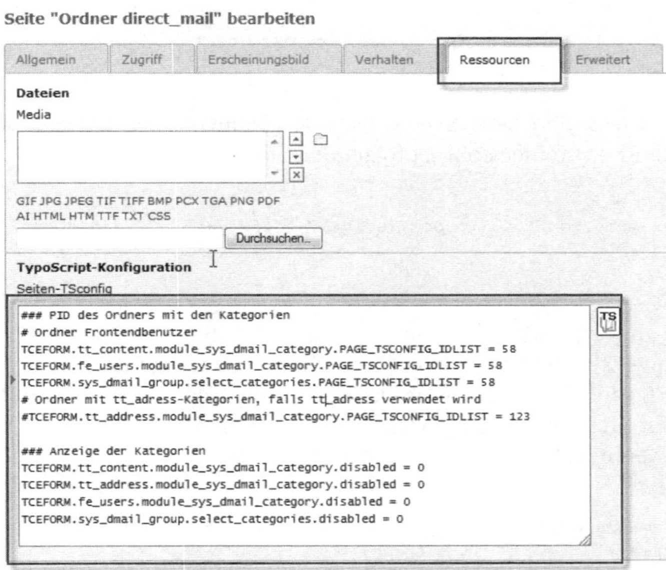

Abbildung 22.4: Direct Mail-Ordner – Registerkarte Ressourcen

Denken Sie daran, die PID des oder der Ordner entsprechend anzupassen. Für die `fe_users` geben Sie den Ordner mit den Frontendbenutzern und den Kategorien an – beim Verein ist das für beide die PID 35. Wenn Sie in Ihrer Installation `tt_address`-Datensätze nutzen möchten, dann geben Sie die PID des Ordners an, der die Adressen aus `tt_address` enthält.

22.2 HTML-Template für Plain-Text-E-Mails

Für den Versand von Newslettern im Textformat steht ein HTML-Template zur Verfügung. Dieses wollen wir im Folgenden an die Bedürfnisse des Vereins anpassen.

Wechseln Sie in den Erweiterungsmanager und klicken Sie dort auf die Erweiterung mit dem Extension Key `direct_mail`. In der Combobox oben wählen Sie **Dateien bearbeiten**. Suchen Sie die Datei `static/plaintext/constants.txt`, klicken Sie auf **Datei bearbeiten** und kopieren Sie den Inhalt in einen lokalen Editor. In gleicher Weise verfahren Sie mit der Datei `static/plaintext/setup.txt` sowie mit dem HTML-Template für die Text-E-Mails `pi1/tx_directmail_pi1_plaintext.tmpl`.

Das Template `pi1/tx_directmail_pi1_plaintext.tmpl` wollen wir nun anpassen. Löschen Sie zunächst die Zeilen:

```
Hello.

This is default template for plain-text mail content
```

Passen Sie jetzt den Link an, mit dem der Benutzer den Newsletter abbestellen kann – voreingestellt ist folgender Code:

```
http://example.com/?id=3&ospcmd=edit&aC=###SYS_AUTHCODE###&rU=###\
USER_uid###
```

Anstelle von `example.com` geben Sie die URL Ihrer Webseite an. Die ID (im Beispiel 3) ersetzen Sie durch die PID der Seite, auf der der Newsletter abonniert wird. In unserem Fall ist das die PID der Edit-Seite `Editieren` mit der Frontendbenutzerregistrierung (im Verein die Seite mit der PID 66). Für den Verein sähe die URL dann wie folgt aus:

```
http://www.tus-easi1970.de/?id=66&cmd=edit&aC=###SYS_AUTHCODE###&rU=###\
USER_uid###
```

Sobald sich der Frontendbenutzer angemeldet hat, kann er seine Benutzerdaten bearbeiten und die Häkchen bei den Kategorien entfernen; damit sollte er keine kategorisierten Newsletter mehr erhalten.

Im Fileadmin-Verzeichnis (`Dateiliste`) erstellen Sie im Template-Ordner ein neues Template namens `direct_mail_plaintext.html` und speichern es ab. Fügen Sie den Inhalt des eben geänderten HTML-Templates dort ein und speichern Sie das HTML-Template erneut, diesmal mit Inhalt.

22.3 TypoScript-Template erstellen

Damit wir das HMTL-Template im Newslettersystem nutzen können, erstellen wir jetzt ein eigenes TypoScript-Template für Direct Mail. Wechseln Sie in den Template-Ordner und erstellen Sie das Template `+ext Direct mail Plain Text`. Fügen Sie die statischen Templates für Direct Mail hinzu. Wechseln Sie dazu auf die Registerkarte **Enhält** und fügen Sie die statischen Templates in der gleichen Reihenfolge ein, wie in Abbildung 22.5 gezeigt.

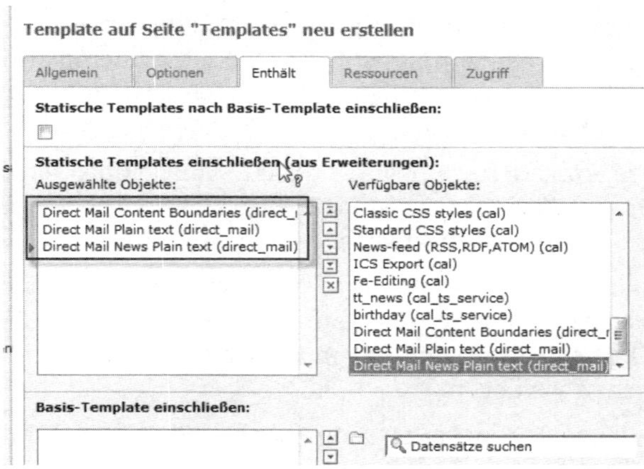

Abbildung 22.5: TypoScript-Template: Statische Templates zuweisen

Die statischen Templates definieren sich wie folgt: Wenn Sie die Direct-Mail-Kategorien nutzen möchten, fügen Sie das statische Template `Direct Mail Content Boundaries` ein. Das gewährleistet, dass die Inhaltsbereiche in die Seite eingefügt werden und dass angezeigt wird, wenn Kategorieanweisungen gefunden werden. Die Direct-Mail-Kategorien haben wir bereits angelegt, und zwar im Kapitel zur Benutzerregistrierung ab Seite 446. Anhand dieser Kategorien können Themengebiete für Newsletter eingeschränkt werden.

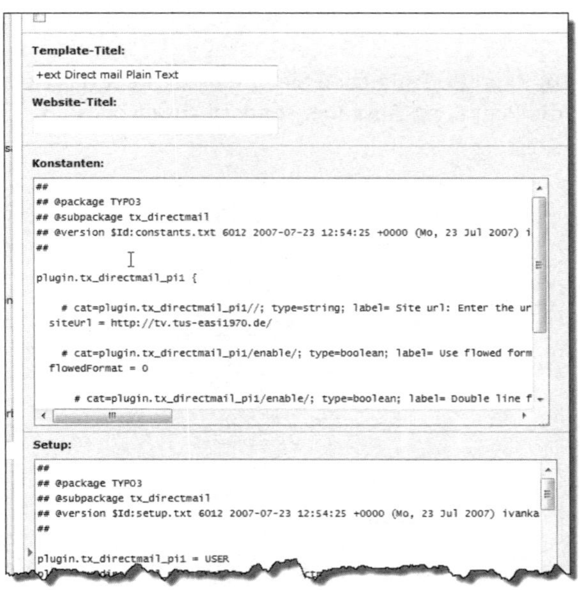

Abbildung 22.6: TypoScript-Template: Konstanten und Setup

Passen Sie in Ihrem lokalen Editor die zuvor kopierten Konstanten der Datei `static/plaintext/constants.txt` an, indem Sie die Konstante `siteUrl = http://www.example.test/` auf Ihre Domäne anpassen. Kopieren Sie alles ins Feld **Konstanten** Ihres Direct-Mail-Templates `+ext Direct Mail Plain Text`. Anschließend kopieren Sie den Inhalt der Setup-Datei in das Feld **Setup**.

Das statische Template `Direct Mail Plain text` enthält ein vordefiniertes Template zur Wiedergabe des Plain-Text-Inhalts von Newslettern und macht es als Seitentyp 99 zugänglich.

Wenn Sie später `tt_news`-Datensätze als Newsletter versenden möchten, benötigen Sie das statische Template `Direct Mail News Plain text`. Hier ist die Reihenfolge wichtig: Es muss *nach* dem `Direct Mail Plain Text` eingetragen werden.

Editieren Sie jetzt das TypoScript-Setup, um den Pfad zum HTML-Template für die Plain-Text-E-Mails ändern zu können. Suchen Sie die folgende Stelle im Code und ändern Sie den Pfad zum Template (`template.file =`) entsprechend Ihrer Installation.

```
tx_directmail_pi1.10 = TEMPLATE
tx_directmail_pi1.10 {
        template = FILE
        template.file = fileadmin/templates/direct_mail_plaintext.html
        marks.CONTENT < styles.content.get
        marks.CONTENT.renderObj = < plugin.tx_directmail_pi1
        marks.DATE = TEXT
        marks.DATE.data = date:U
        marks.DATE.strftime = %e. %B %Y
}
```

Durch diese Konfiguration sprechen Sie nun nicht mehr das Default-HTML-Template für die Plain-Text-Ausgabe, sondern Ihr eigenes an.

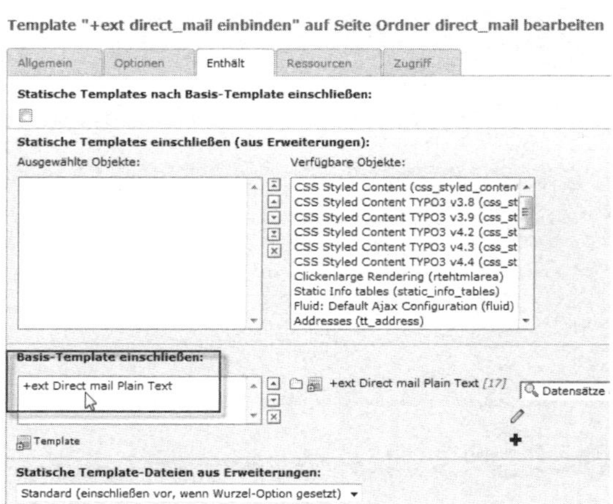

Abbildung 22.7: TypoScript-Template: Basis-Template einbinden

Aber das war noch nicht alles: Erstellen Sie ein zusätzliches Erweiterungstemplate namens `+ext direct_mail einbinden` auf der Seite bzw. dem Ordner `Ordner direct_mail`. Setup und Constants bleiben leer. Binden Sie das Template `+ext Direct mail Plain Text` über die Registerkarte **Enthält** ein.

Wenden wir uns nun der Konfiguration für den Versand der Newsletter zu.

22.4 Konfiguration

Nach der Installation von Direct Mail finden Sie im Modulbereich die Direct-Mail-Module.

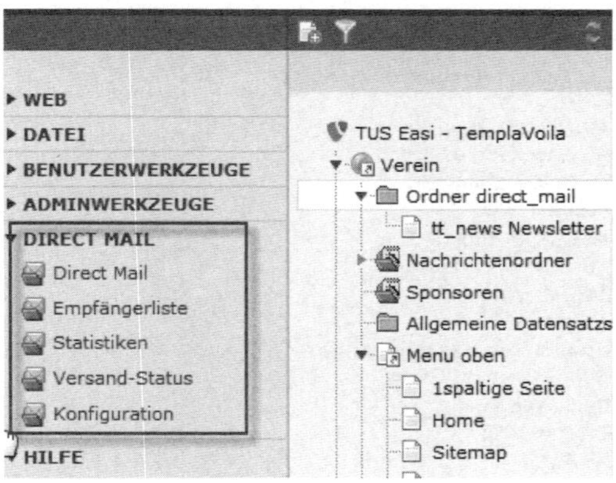

Abbildung 22.8: Direct-Mail-Modulbereich

Wählen Sie dort zunächst **Konfiguration** aus. Sie sehen jetzt im Seitenbaum nur noch den Ordner, der für Direct Mail konfiguriert wurde und dank des Eintrags unter **Enthält Erweiterung** auf der Seite `Ordner direct_mail` als solcher erkannt wird. Diesen Ordner müssen Sie jeweils auswählen, um mit dem Direct-Mail-Modul arbeiten zu können. Wenn Sie den Ordner nicht auswählen, wird eine leere Seite anstelle des gewünschten Moduls angezeigt.

Abbildung 22.9: Modulbereich: Konfiguration

Standardwerte für den E-Mail-Header setzen

Nun erscheint eine Liste mit den Modulbereichen. Klicken Sie auf den Pfeil vor **SETZE STANDARDWERTE DES DIRECT MAIL HEADERS FEST**. Die hier auszufüllenden Felder werden in den E-Mail-Headern der Empfänger verwendet bzw. dienen dem E-Mail-Versand. Zunächst sind Absenderadresse und Absendername einzutragen, damit der Kunde weiß, woher der Newsletter kommt. Gleiches gilt für die Empfänger-E-Mail und den Empfängernamen, falls der Kunde auf den Newsletter antworten möchte. Im Falle des Vereins sind Absender und Empfänger identisch. Das muss aber nicht zwangsläufig der Fall sein. Das Feld **Retouradresse** füllen Sie mit der E-Mail-Adresse, an die nicht zustellbare E-Mails zurückgeschickt werden. Für die ersten Tests sollten Sie Ihre persönliche E-Mail-Adresse verwenden.

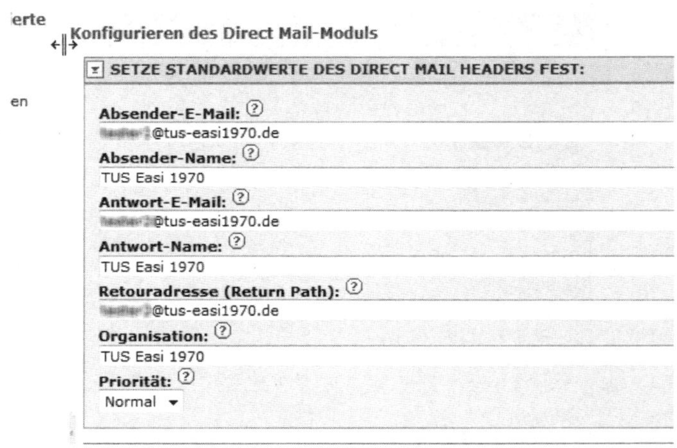

Abbildung 22.10: Konfiguration der Standardwerte des Headers

E-Mail-Format festlegen

Klicken Sie nun auf den Pfeil vor **SETZE STANDARDWERTE DES FORMATS VON E-MAIL-INHALTEN FEST** und legen Sie fest, in welchem Format die Newsletter versendet werden.

Zur Auswahl stehen **Nur Text** und **Nur HTML**, damit die Newsletter je nach Kundenwunsch entweder als HTML-E-Mail oder als reine Text-E-Mails versendet werden. Wenn Sie nur HTML-Newsletter versenden möchten, wählen Sie hier **Nur HTML** aus. Wollen Sie lediglich Plain Text versenden, wählen Sie entsprechend **Nur Text** aus. Der Verein versendet ausschließlich Text-E-Mails als Newsletter.

Wenn Sie das Häkchen bei **Bilder und andere Medien im HTML-Format einbinden** setzen, werden diese Medien in das HTML eingebunden. Dadurch werden die Newsletter allerdings ziemlich groß. Setzen Sie das Häkchen nicht, wird ein Link zu diesen Medien ausgegeben, also der direkte Pfad zum Bild oder Video.

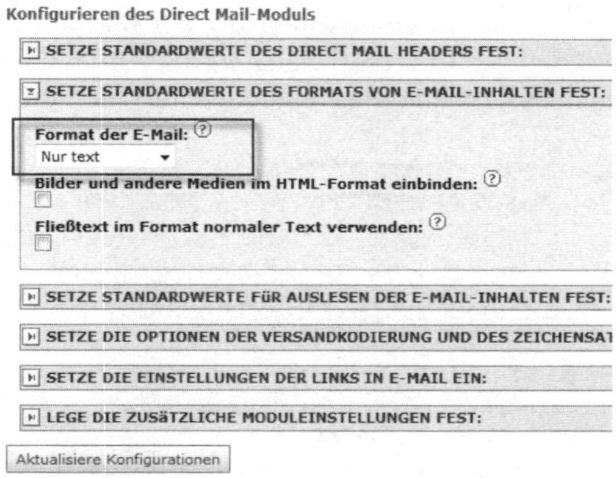

Abbildung 22.11: E-Mail-Format festlegen

Wenn Sie das Häkchen bei **Fließtext im Format normaler Text verwenden** setzen, wird der Inhalt von Text-E-Mails entsprechend dem Standard umbrochen. Diese Option funktioniert nicht, wenn **quoted printable** gesetzt ist (s. u.).

Standardwerte zum Auslesen der Inhalte

Klicken Sie auf den Pfeil vor **SETZE STANDARDWERTE FüR AUSLESEN DER E-MAIL-INHALTE FEST**. Lassen Sie das Feld für die zusätzlichen Parameter von HTML-E-Mails leer, setzen Sie aber ins Feld **Parameter, normaler Text** den Wert `&type=99` für den Seitentyp Plain Text. Die Domain für interne Links lassen Sie hier ebenfalls leer.

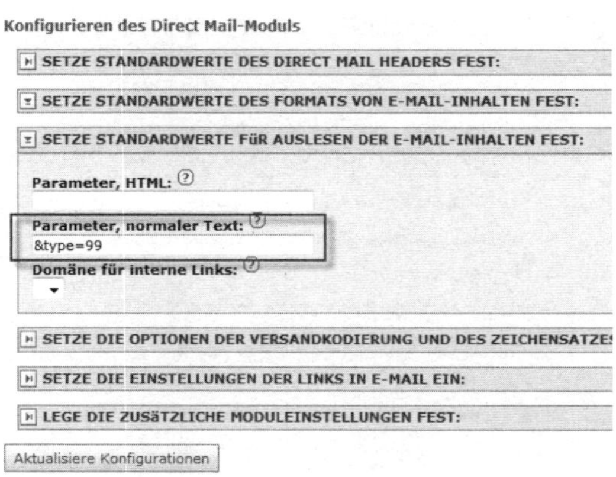

Abbildung 22.12: Standardwerte zum Auslesen der Inhalte

Zeichensatz festlegen

Klicken Sie auf den Pfeil vor **SETZE DIE OPTIONEN DER VERSANDKODIERUNG UND DES ZEICHENSATZES FEST**. Für die Quickmails wählen Sie **quoted-printable** aus, gleiches für die Standardkodierung der normalen E-Mails. Damit können Zeichen, die nicht im ASCII-Zeichensatz enthalten sind, verarbeitet werden. Als Zeichensatz wählen Sie ebenfalls für beide **utf-8** aus.

Abbildung 22.13: Zeichensatz festlegen

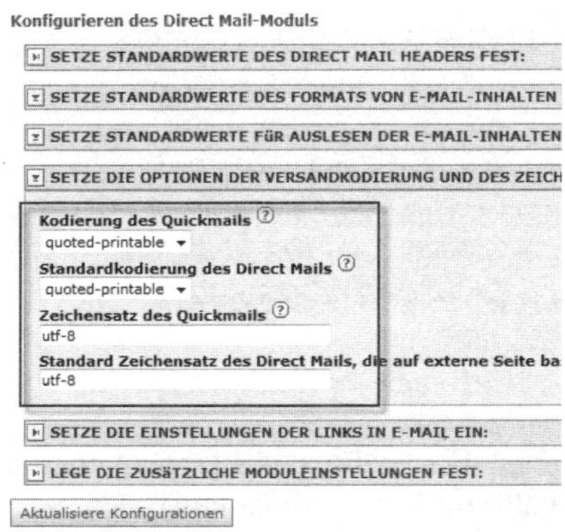

Einstellungen der Links

Klicken Sie auf den Pfeil vor **SETZE DIE EINSTELLUNGEN DER LINKS IN E-MAIL EIN**. Setzen Sie hier lediglich das Häkchen bei **Aktivere Jump URL's für mailto-Links**. Damit erhalten Sie Klickstatistiken, zählen also, ob und welche Links zur Ihrer Webseite in den E-Mails wie oft angeklickt werden.

Abbildung 22.14: Linkeinstellungen

Zusätzliche Moduleinstellungen

Klicken Sie auf den Pfeil vor **LEGE DIE ZUSÄTZLICHEN MODULEINSTELLUNGEN FEST**. Der Verein nutzt diese Optionen nicht, die Felder bleiben leer. Diese dienen dem Versand geschützter Inhalte bzw. dem Versand von Mails zu Testzwecken.

Speichern Sie diese Konfiguration mit einem Klick auf den Button **Aktualisiere Konfigurationen** ab.

22.5 Empfängerlisten erstellen

Im Modulbereich von Direct Mail klicken Sie auf **Empfängerliste**. Hier können Sie neue Empfängerlisten anlegen, CSV-Adressdaten importieren und daraus eine neue Empfängerliste generieren, zu einem bestehenden Empfängerlisten-Formular verlinken oder eine bestehende Empfängerliste auswählen. Dies leitet Sie zu einer Ansicht, in der Sie die Anzahl aller Abonnenten jedes Typs in einer Liste vorfinden. Sie haben die Möglichkeit, diese eben nur aufzulisten oder als CSV-Datei herunterzuladen.

Abbildung 22.15: Empfängerlisten anlegen

22.5.1 Typ Von Seiten

Klicken Sie auf **Neue Versandgruppe erstellen?**. Die Voreinstellung ist vom Typ **Von Seiten**.

Hier legen Sie die Versandgruppe der Frontendbenutzer an, um alle registrierten Benutzer in den Newsletterversand einzubeziehen. Erstellen Sie einen Titel für die Gruppe und ergänzen Sie einen kurzen Beschreibungstext zu dieser Gruppe. Als Ausgangspunkt wählen Sie den Ordner mit den Frontendbenutzern aus. Sie können Datensätze aus Unterseiten einbeziehen, wenn Sie die Checkbox **Einschließlich Baum ab Seite** aktivieren. Sie müssen die Art der Datensätze, die Sie selektieren wollen, aus der Tabelle auswählen: **Adresse**, **Webseitenbenutzer**, **Benutzergruppe**. Wenn **Webseitenbenutzer** ausgewählt ist und eine entsprechende Gruppe gefunden wird, werden alle Benutzer dieser Gruppe einbezogen. Sie können diese Auswahl später auch eingrenzen: durch die Kategorien. Setzen Sie das Häkchen bei **Web-Site-Benutzer** und **Web-Site-Benutzergruppe**.

Abbildung 22.16: Versandgruppe von Seiten

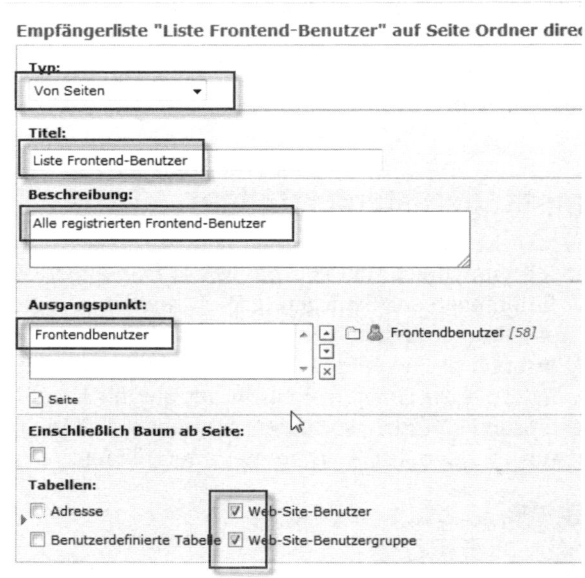

22.5.2 Typ Normale Liste

Sie können eine normale Liste mit E-Mail-Adressen erstellen, an die die Newsletter verschickt werden sollen. Die Liste eignet sich besonders gut zum Testen des Newsletterversands.

Abbildung 22.17: Versandgruppe Normale Liste

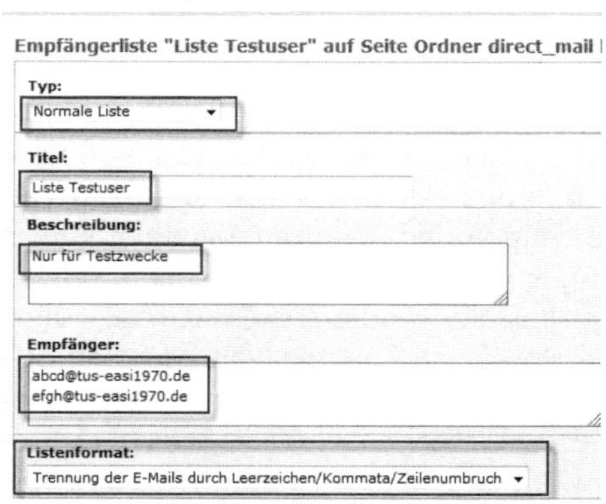

Klicken Sie wieder auf **Neue Versandgruppe erstellen?** und wählen Sie als Typ **Normale Liste** aus. Vergeben Sie wieder **Titel** und **Beschreibung** und geben Sie ein paar Testadressen an. Die E-Mail-Adressen können durch Komma, Leerzeichen oder Zeilenumbruch voneinander getrennt werden. Achten Sie darauf, dass dies in der Combobox **Listenformat** entsprechend ausgewählt ist.

22.5.3 Typ Statische Liste

Möchten Sie eine statische Empfängerliste erstellen, wählen Sie den Typ **Statische Liste** aus. Wieder tragen Sie **Titel** und **Beschreibung** ein. Über den Button **Datensätze durchblättern** können Sie nun verschiedene Adressen auswählen: Datensätze aus tt_address oder der Frontendbenutzerregistrierung. Für Letztere können Sie einzelne Adressen oder ganze Gruppen auswählen. Sobald Sie eine Auswahl treffen und den Ordner mit den Frontendbenutzern im aufpoppenden Fenster auswählen, können Sie einzelne Benutzer oder ganze Gruppen zuweisen. Wenn Sie also zur Vorstandssitzung einladen möchten, wählen Sie die Gruppe des erweiterten Vorstands aus.

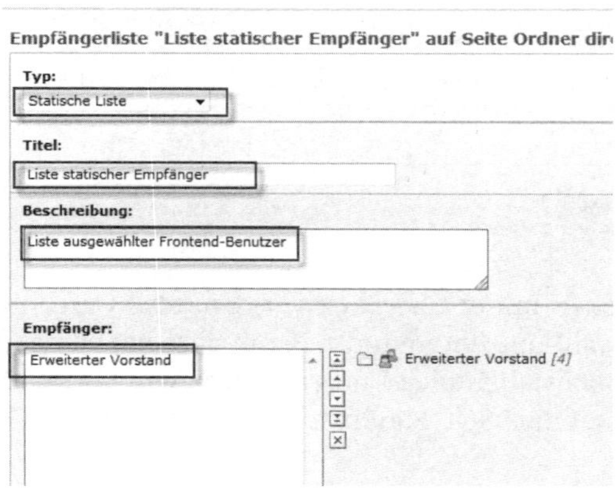

Abbildung 22.18: Versandgruppe Statische Liste

22.5.4 Typ Spezielle Anfrage

Hierbei handelt es sich um eine dynamische Liste, die über eine SQL-Abfrage erstellt wird. Nachdem Sie die Liste erstellt haben, können Sie die Query für eine der Tabellen spezifizieren: Adresse, Webseitenbenutzer oder individuell definierte Tabelle. Erstellen Sie eine solche Liste. Bevor die SQL-Abfrage gestaltet wird, müssen Sie die Liste speichern und schließen.

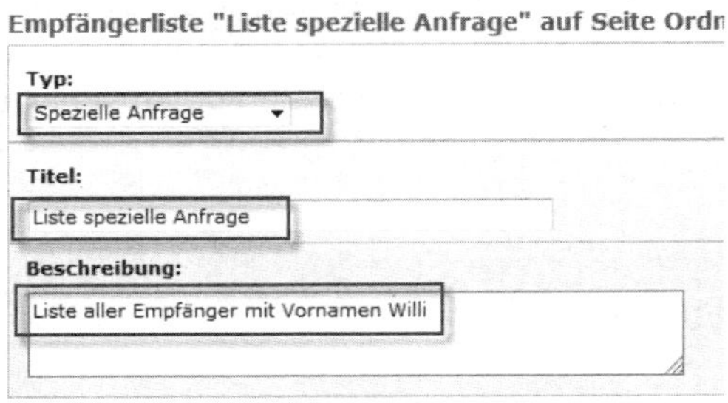

Abbildung 22.19: Versandgruppe Liste spezielle Anfrage

Klicken Sie dann auf den Titel der Liste (nicht auf das Bleistiftsymbol), um die Abfrage zu gestalten.

In Abbildung 22.20 sehen Sie eine solche Abfrage. Diese kleine Query versendet Newsletter nur an Empfänger, die im Benutzernamen die Zeichenfolge `Willi` enthalten.

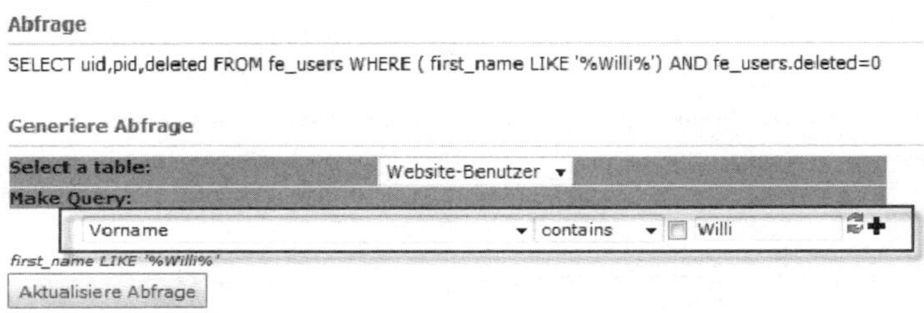

Abbildung 22.20: Query für Liste spezielle Anfrage

Mit einem Häkchen in der Checkbox vor dem Suchwert, hier „Willi", können Sie die Auswahl umkehren und z. B. mit **does not contain** alle ausschließen, die diese Buchstabenfolge im Benutzernamen verwenden (Abbildung 22.21). Das vollständige SQL-Statement sehen Sie oberhalb Ihrer Eingaben.

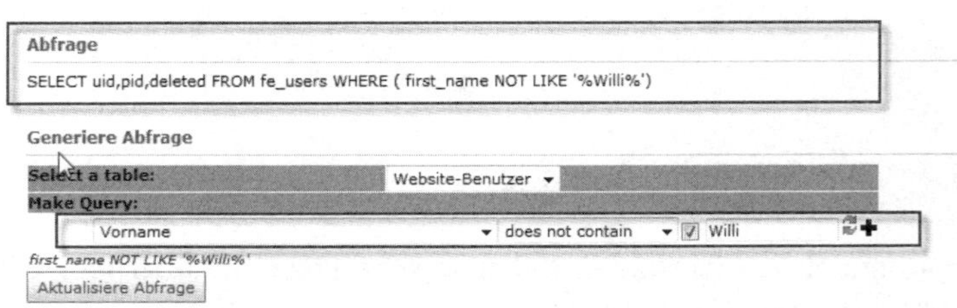

Abbildung 22.21: Liste spezielle Anfrage mit does not contain

Ein Klick auf das Update-Icon ändert die Abfrage. Klicken Sie auf das Pluszeichen, können Sie die Abfrage erweitern.

So setzen wir hier wieder die Zeichenfolge auf **equal**, also „ist gleich“, klicken auf das Pluszeichen, wählen **and** aus sowie aus der folgenden Liste das Feld `FIELD:deleted`, hier mit `is false`. Damit erhalten alle Frontendbenutzer, die diese Zeichenfolge im Benutzernamen haben und die nicht auf gelöscht gesetzt sind, einen Newsletter.

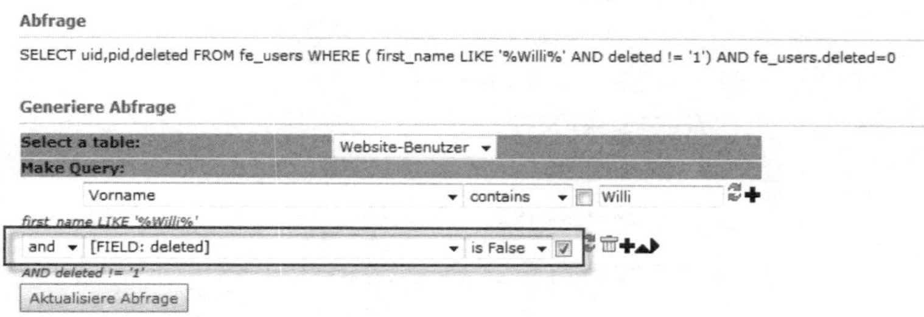

Abbildung 22.22: Liste spezielle Anfrage um den Status deleted erweitern

22.5.5 Typ Andere Empfängerlisten

Hier wird eine dynamische Liste aus anderen Empfängerlisten generiert. Dazu klicken Sie auf den Button **Datensätze durchblättern** und wählen den `Ordner direct_mail` aus. Alle Empfängerlisten, die Sie hier auswählen, werden beim Versand berücksichtigt.

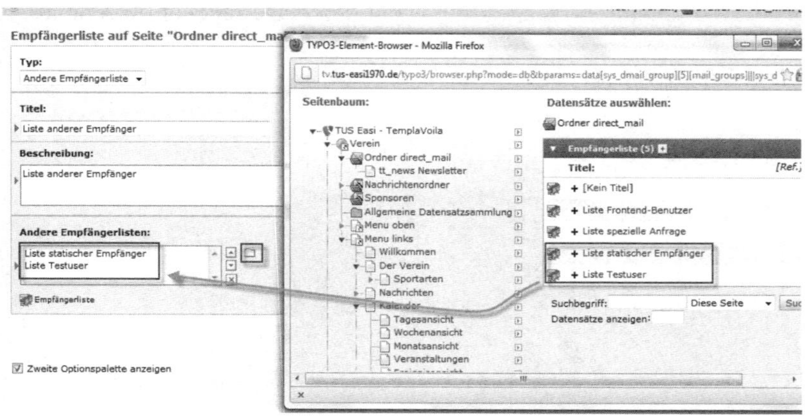

Abbildung 22.23: Liste anderer Empfänger

22.6 Direct Mails einrichten

Wechseln Sie im Modulbereich auf **Direct Mail**. Hier werden die eigentlichen Newsletter-E-Mails erstellt, und es erscheint der in Abbildung 22.24 gezeigte Wizard. Testen wir zunächst über **Quickmail**, ob überhaupt E-Mails versendet werden können.

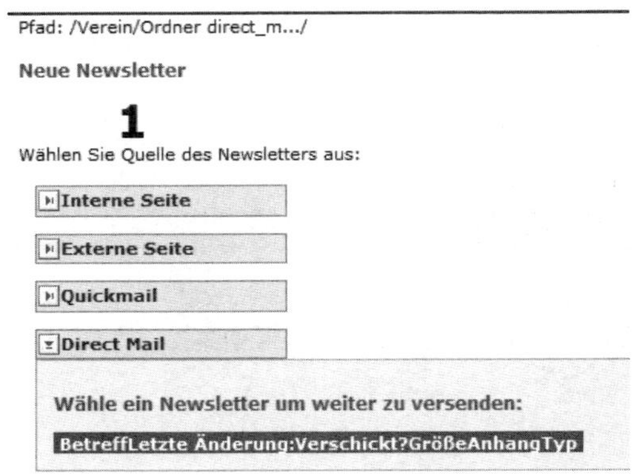

Abbildung 22.24: Direct Mail Wizard

22.6.1 Quickmail

Diese einfache Funktion ermöglicht den unmittelbaren Versand kurzer Mitteilungen an den angegebenen Empfänger. Hier sind weder Newsletter noch Direct Mails einbezogen. Wir nutzen Quickmail, um zu überprüfen, ob E-Mails versendet werden können. Klicken Sie wieder auf den Pfeil vor **Quickmail**. Es erscheint ein Mailformular mit den eingetragenen Absenderdaten.

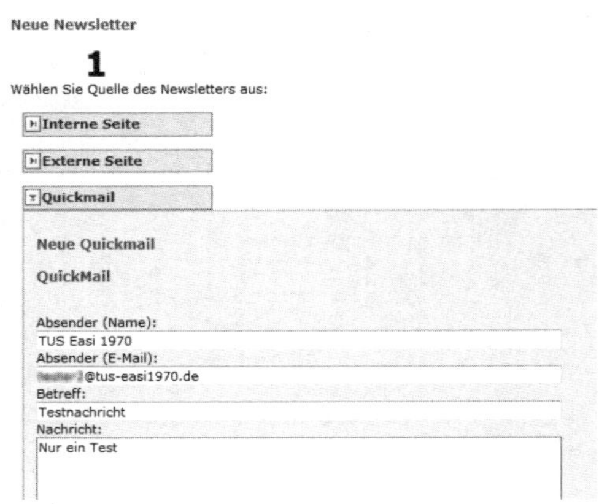

Abbildung 22.25: Quickmail-Formular

Füllen Sie die Betreffzeile und verfassen Sie einen kurzen Text. Klicken Sie den Button **Weiter** an. In Schritt 2 können Sie die Konfiguration überprüfen und gegebenenfalls ändern. Klicken Sie wieder auf **Weiter**.

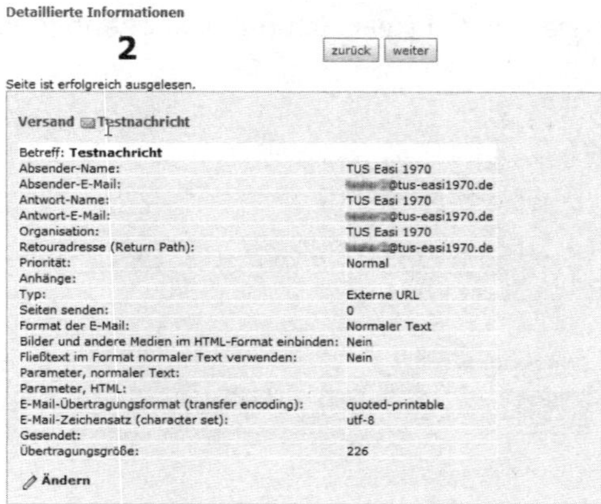

Abbildung 22.26: Quickmail-Konfiguration überprüfen

In Schritt 4, denn Schritt 3 wird hier automatisch übersprungen, geben Sie die E-Mail-Adresse des Empfängers an und klicken auf **Senden**.

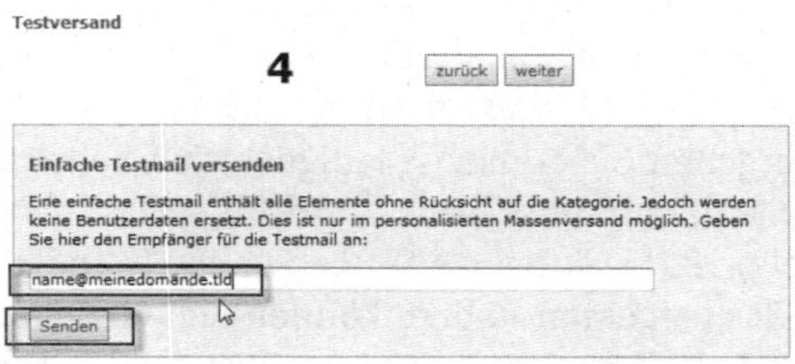

Abbildung 22.27: Quickmail versenden

Daraufhin erhalten Sie die Nachricht, dass die Mail versendet wurde.

Klicken Sie wieder auf **Weiter**, so können Sie eine Empfängerliste auswählen, an die diese zuerst testweise versendete E-Mail nun versendet werden soll. Mit Quickmail können Sie also auch Massen-E-Mails versenden.

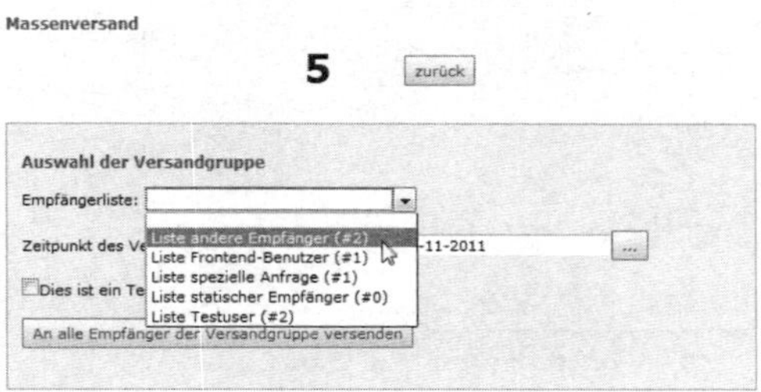

Abbildung 22.28: Quickmail an Empfängerliste versenden

22.6.2 Direct Mail

Wählen Sie wieder den Direct-Mail-Ordner aus und klicken Sie auf den Pfeil vor **Interne Seite**. Der Wizard stellt sich nun wie in Abbildung 22.29 dar.

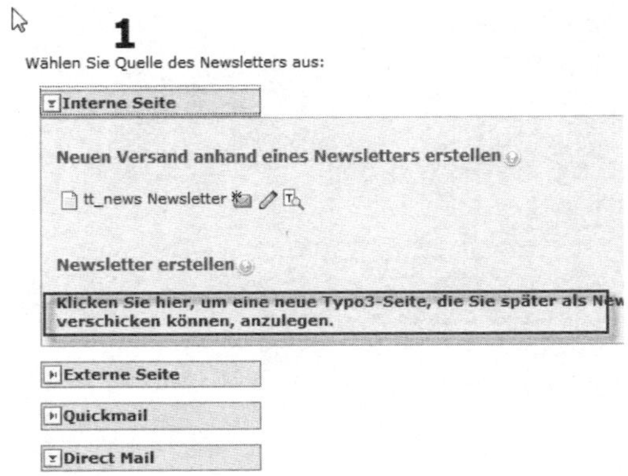

Abbildung 22.29: Direct Mail Wizard: Interne Seite

Um eine neue Seite für die Newsletter anzulegen, aktivieren Sie den Link **Klicken Sie hier, um eine neue Typo3-Seite, die Sie später als Newsletter verschicken können, anzulegen**. Sie erhalten das Formular zum Anlegen einer normalen TYPO3-Seite und direkt darunter das Formular zum Anlegen von Inhalten. Hier vergeben Sie zunächst lediglich den Seitentitel der Newsletterseite. Achten Sie darauf, dass unter **Zugriff** das Häkchen bei **Seite deaktivieren** nicht gesetzt ist. Deaktivierte Seiten sehen Sie im Direct-Mail-Modul nicht. Wenn Sie das vergessen haben, können Sie die Seite, die als eine Unterseite in `Ordner direct_mail` liegt, im Webmodul **Seite** aufrufen und das Häkchen auch nachträglich entfernen.

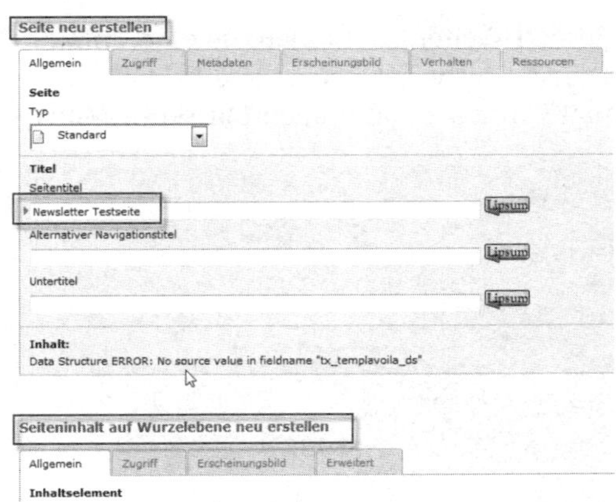

Abbildung 22.30: Neue Newsletterseite anlegen

Im Abschnitt **Seiteninhalt auf Wurzelebene neu erstellen** vergeben Sie für den Seiteninhalt eine Überschrift und fügen den Text ein.

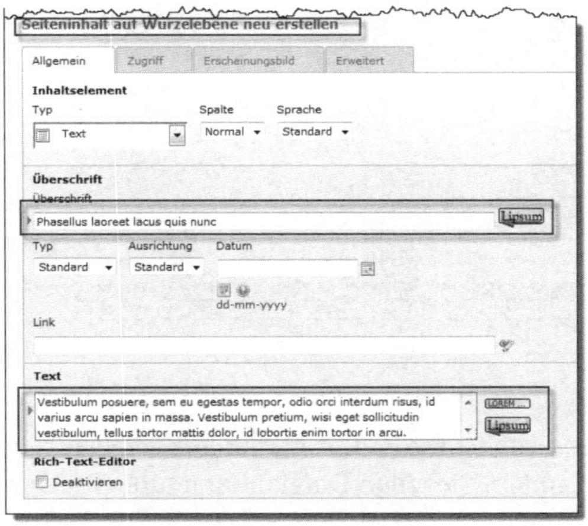

Abbildung 22.31: Seiteninhalt anlegen

Da, wie bereits erwähnt, Newsletterseiten normale TYPO3-Seiten sind, können diese auch wie üblich im Seitenbaum angelegt und editiert werden – vorausgesetzt, die Seite ist eine Unterseite des Direct-Mail-Ordners. Sie können auch eine bereits angelegte Seite über das Direct-Mail-Modul ändern, indem Sie wie üblich auf das Bleistift-Symbol klicken.

Allerdings ergibt sich hier ein Problem mit TemplaVoila: die Seite wird nicht geöffnet, da der Link auf das Standard-Page-Modul verweist. TemplaVoila erwartet hingegen das TemplaVoila-Page-Modul. Dies führt dazu, dass sich TYPO3 meldet: `Oops, an error occured! Fatal Error: This modul "web_layout" is not enabled in TBE_MODULES`. Entweder erlauben Sie auch das klassische Page-Modul, indem Sie über den Erweiterungsmanager bei TemplaVoila das Häkchen bei **Enable the classic Page module** setzen. Oder, besser, Sie editieren die im Direct-Mail-Ordner abgelegte TYPO3-Seite direkt im Modul **Seite**.

Ist eine Seite angelegt, können Sie diese von hier aus versenden. Das Vorgehen ist bei **Interne Seite** und **Direct Mail** identisch.

Mit **externe Seite** verfügen Sie auch über die Möglichkeit, den Inhalt einer externen URL als Inhalt des Newsletters zu versenden. Geben Sie die URL der Seite an, und der Newsletter hat dann die Inhalte dieser externen URL zum Inhalt. Der Verein verwendet diese Option nicht, zumal sich hier rechtliche Probleme ergeben können.

Über **Direct Mail** können Sie bereits angelegte Newsletterseiten für den erstmaligen oder erneuten Versand vorbereiten. Wenn Sie den Pfeil anklicken, erscheint in Schritt 1 die eben angelegte Seite mit dem Newslettertext. Wählen Sie die gewünschte Seite aus, indem Sie auf den Seitennamen klicken.

Abbildung 22.32: Direct Mail Wizard – Direct Mail

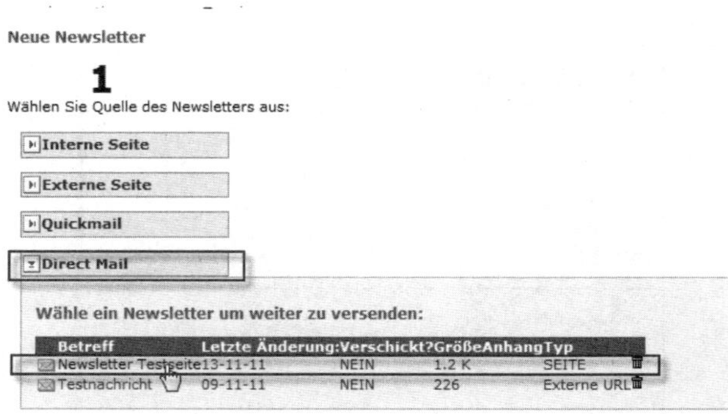

Sie können auf das Bleistift-Symbol für **Ändern** klicken, um die Nachricht anzupassen, z. B. indem Sie einen Dateianhang hinzufügen oder den Betreff ändern und die Änderungen speichern.

Abbildung 22.33: Direct Mail ändern, z. B. Betreff oder Dateianhang

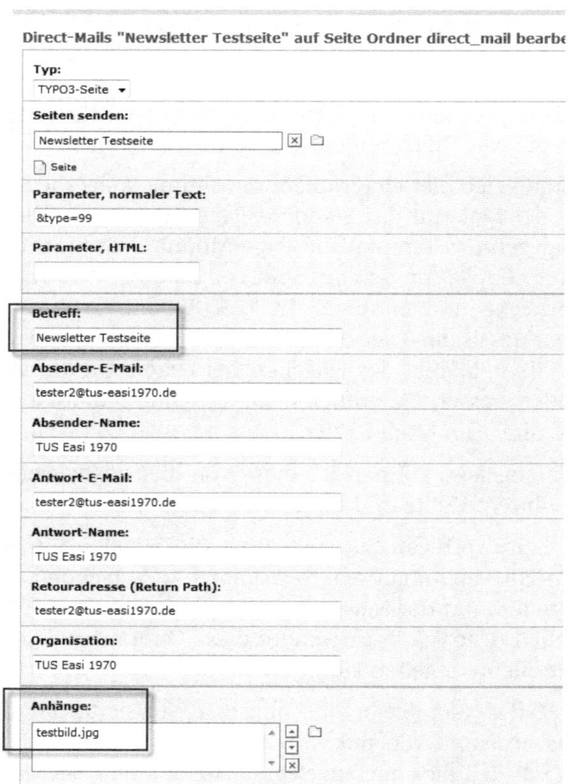

Klicken Sie auf **Weiter**, um die Konfiguration zu überprüfen (Schritt 2, vgl. auch Abbildung 22.26), wieder auf **Weiter**, um in Schritt 3 die Kategorieeinstellungen zu überprüfen. Die Auswahl steht zunächst auf **Alle**.

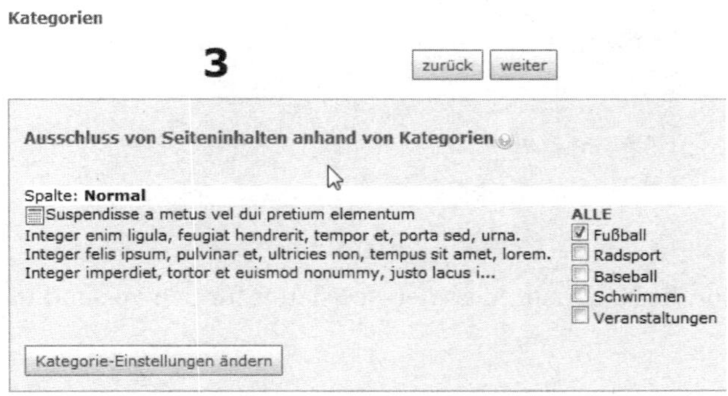

Abbildung 22.34: Kategorieauswahl – Alle

Wenn Sie ein Häkchen bei einer Kategorie setzen und auf den Button **Kategorie-Einstellungen ändern** klicken, ändert sich die Auswahl auf **Nur**, und nur die Adressaten, die die entsprechende Kategorie in ihrem Frontendbenutzer-Datensatz ausgewählt haben, erhalten diese E-Mail. Wenn Sie beim Anlegen des Newsletters selbst auf der Registerkarte **Zugriff** eine oder alle Kategorien ausgewählt haben, werden ausschließlich kategorisierte Mails versendet. Alle anderen Adressaten bleiben unberücksichtigt.

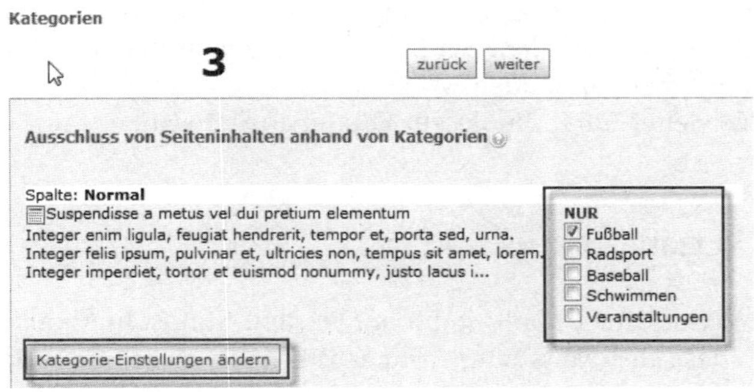

Abbildung 22.35: Kategorieauswahl – Nur ausgewählte Kategorien

Klicken Sie zweimal auf **Weiter** – Schritt 4 überspringen wir, denn die Testmail soll jetzt an die Empfängergruppe `Liste Testuser` versendet werden, die wir ja bereits für Testzwecke angelegt haben. Wählen Sie also die Empfängerliste mit den Testusern aus und klicken Sie auf den Button **An alle Empfänger der Versandgruppe versenden**. Wenn Sie möchten, setzen Sie das Häkchen bei **Dies ist ein Test-Newsletter**. Außerdem können Sie den Zeitpunkt des Versands einstellen. Passen Sie die Voreinstellung mit der aktuellen Zeit nicht an, damit der Versand sofort erfolgt.

Abbildung 22.36: Massenversand

Es erscheint die Nachricht, dass der Newsletter für den Versand freigegeben wurde.

Abbildung 22.37: Versandfreigabe

Damit ist der Newsletter aber noch nicht versendet! Für den Versand gibt es unterschiedliche Optionen: Sie können ihn manuell aufrufen oder einen Cronjob einrichten. Der Nachteil beim manuellen Versand ist, dass Sie nur 50 E-Mails gleichzeitig versenden können. Wenn Sie mehr Empfänger haben, müssen Sie entsprechend häufig klicken. Dafür ist es aber sehr einfach, die Mails zu versenden. Bei Bedarf kann Ihnen die Einrichtung eines Cronjobs die Arbeit abnehmen. Wie man einen solchen Cronjob einrichtet, erfahren Sie weiter unten in diesem Kapitel ab Seite 649.

22.6.3 Versand-Status

Wechseln Sie im Direct-Mail-Modul auf **Versand-Status**. In Abbildung 22.38 sehen Sie, dass der Newsletter `Testseite` noch nicht versendet wurde. Starten Sie den Versand manuell per Klick auf den Link **Versand anstoßen**.

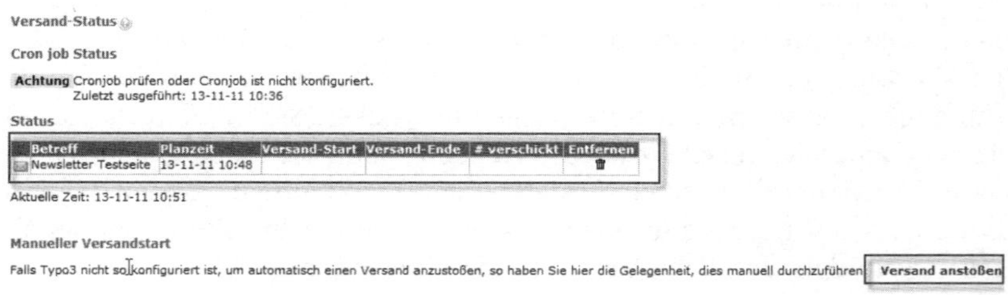

Abbildung 22.38: Versand manuell anstoßen

Anschließend erhalten Sie eine Statistik.

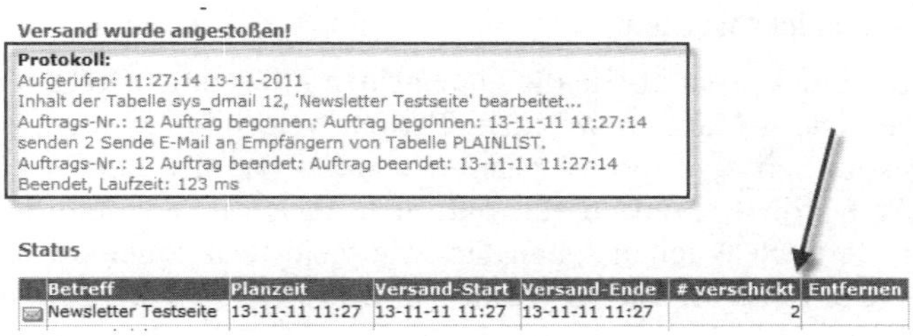

Abbildung 22.39: Versandinformationen, Anzahl verschickter E-Mails

Wenn Sie unter `# verschickt` keine Zahl oder eine unerwartet geringe Zahl sehen, dann stimmen möglicherweise Ihre Einstellungen der Kategorien nicht: Beispielsweise wurde die Kategorie Fußball ausgewählt, aber keiner der Empfänger hat diese Kategorie angegeben.

22.7 Statistiken

Wenn Sie Newsletter versendet haben, können Sie im Direct-Mail-Modul die **Statistiken** auswählen. Hier erhalten Sie eine Übersicht über die versendeten Newsletter. Klicken Sie einen Newsletter an, dessen Statistik Sie sehen möchten (Abbildung 22.40).

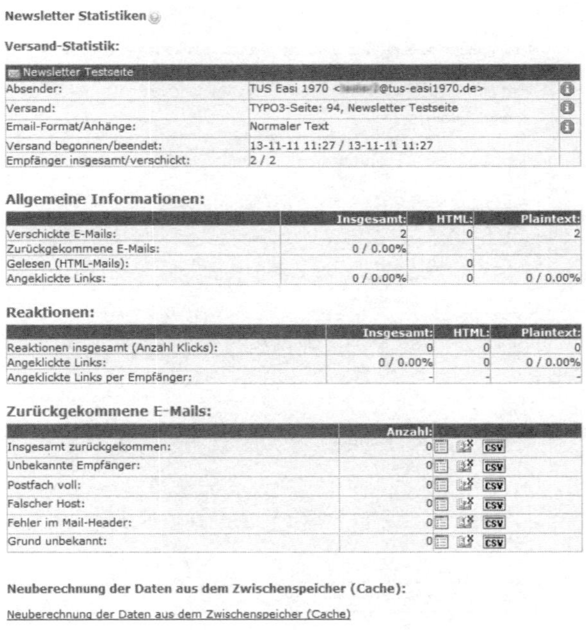

Abbildung 22.40: Statistiken

Der erste Block **Versand-Statistik** informiert Sie über Absender, welche Seite mit Seitentitel versendet wurde sowie wann und an wie viele Empfänger die E-Mails verschickt wurden.

Im zweiten Block erhalten Sie die **Allgemeinen Informationen.** Hier wird gelistet, wie viele E-Mails in welchem Format versendet wurden, wie viele zurückgekommen sind, ob sie gelesen wurden (HTML) oder ob ein Link angeklickt wurde – vorausgesetzt natürlich, dass im Newslettertext Links standen. Unter **Reaktionen** sehen Sie, wie viele Reaktionen es insgesamt gab, wie viele Links angeklickt wurden und wie viele Links pro Empfänger angeklickt wurden. Da unsere ersten Testmails keine Links enthielten, steht alles auf Null.

Falls E-Mails nicht zustellbar waren, finden Sie die Informationen im nächsten Block. Unter **Zurückgekommene E-Mails** sehen Sie, wie viele E-Mails aus welchen Gründen zurückgekommen sind. Sei es, dass der Empfänger unbekannt ist, das Postfach des Empfängers voll war oder Ähnliches.

22.8 Plaintext-E-Mails personalisieren

Bislang enthielten unsere E-Mails keine persönliche Anrede. Künftig möchte der Verein die Empfänger aber direkt mit Namen ansprechen. Um Ihre E-Mails zu personalisieren, müssen entsprechende Marker, auch bei Verwendung von TemplaVoila, in den Seiteninhalt eingebunden werden.

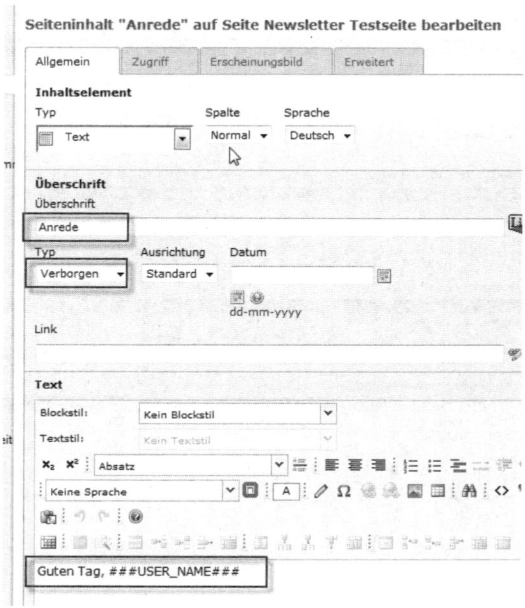

Abbildung 22.41: Marker für die persönliche Anrede

Gehen Sie zum Modul **Seite** und zur Seite `Newsletter Testseite` und legen Sie einen zusätzlichen Seiteninhalt an. Stellen Sie sicher, dass keine Standardanrede im Plain-Text-Template steht, andernfalls enthält der Text zwei Anreden. Sofern Sie den Marker wie unten gezeigt setzen, stellen Sie sicher, dass die entsprechenden Felder in der Registrierung auch genutzt werden. Kein Inhalt – keine Anrede. Im Handbuch der Erweiterung `direct_mail` finden Sie die möglichen Marker.

Sie können den Marker `###USER_NAME###` im Überschriftenfeld oder, wie hier, auch im Textfeld verwenden. Sobald der Marker gesetzt ist, wird er durch Vor- und Nachnamen des Empfängers ersetzt.

Wenn Sie bisher lediglich Newsletter an verschiedene E-Mail-Adressen versendet haben, kann die Anrede nicht greifen, denn es existiert gar kein Benutzername. Diese Funktion können Sie also nur nutzen, wenn Sie z. B. Frontendbenutzer anschreiben, deren Benutzerdaten Sie bereits erfasst haben.

22.9 HTML-E-Mails mit eigenem Template versenden

Da der Verein keine HTML-E-Mails versendet, gehen wir hier nur kurz darauf ein. Wenn Sie keine Konfiguration für den Versand von HTML-E-Mails vornehmen, wird die komplette Webseite als E-Mail-Newsletter versendet – damit auch die Navigation etc.

Um das zu vermeiden, müssen Sie ein eigenes HTML-Template erstellen und im Fileadmin-Verzeichnis ins Template-Verzeichnis kopieren. Außerdem müssen Sie ein Trailerbild für die Seite erstellen. Die Zuweisung erfolgt über die Konstanten des Templates `+ext Direct Mail Plain Text` und über das TypoScript-Setup des Ordners `Ordner direct_mail`. Auf der buchbegleitenden Webseite finden Sie eine auskommentierte Beispielkonfiguration. Dort finden Sie auch ein Beispiel für ein HTML-Template, das Sie anpassen können.

22.10 Statische tt_news-Datensätze als Newsletter versenden

Sie können Ihre Newsletter aus `tt_news`-Datensätzen erstellen, richtiger: `tt_news`-Datensätze in Ihre Newsletter einbinden. Statisch, weil Sie die `tt_news`-Datensätze explizit auswählen.[1] `tt_news` haben wir bereits installiert. Gehen Sie nun wie folgt vor: Im TypoScript-Template von Direct Mail muss das statische Template `Direct Mail News Plain text (direct_mail)` enthalten sein. Auch das haben wir bereits veranlasst.

22.10.1 Seite für tt_news-Newsletter anlegen

Erstellen Sie nun im Ordner von Direct Mail eine neue Seite `Newsletter mit tt_news` für einen Newsletter auf Basis von `tt_news`. Eine neue Seite ist zwar nicht zwingend notwendig, erhöht aber die Übersicht. Sie könnten auch eine bestehende Seite nutzen und Ihre `tt_news`-Datensätze dort einbinden.

Wenn Sie nun einen News-Datensatz einstellen, können Sie dies über **Datensatz einfügen** als Inhaltselement tun. Erstellen Sie also auf dieser Seite erst einen Seiteninhalt vom Typ **Text**, den Sie dann auf den Typ **Datensatz einfügen** ändern.

Abbildung 22.42: Inhalt vom Typ Datensatz einfügen

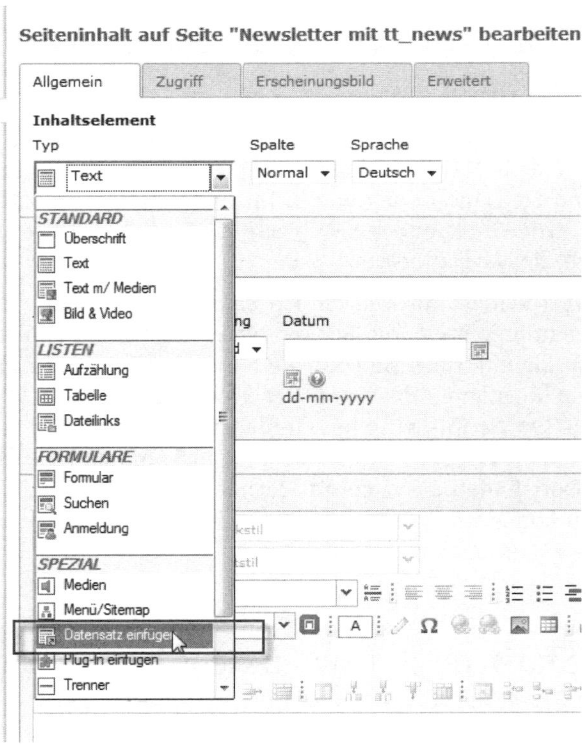

[1] Sie können auch auf einer Newsletter-Seite ein Plug-In von `tt_news` anlegen, z. B. mit dem Typ Liste, und dann über die Auswahl von Nachrichtenordnern und Kategorien, z. B. Kategorie Topnachricht, die Liste der Nachrichten dynamisch erstellen.

Wählen Sie anschließend über die Registerkarte **Datensatz einfügen** die gewünschte(n) News aus dem Ordner der `tt_news`-Datensätze aus. Dazu verwenden Sie das Icon **Datensätze durchblättern** und suchen aus dem Ordner von `tt_news` den oder die gewünschten Datensätze für den Versand aus.

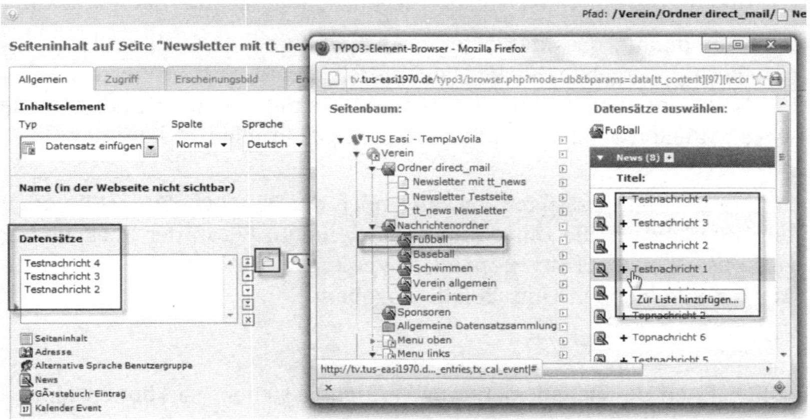

Abbildung 22.43: tt_news-Datensatz auswählen

22.11 Alte Newsletter-Seiten löschen

Um ein wenig Ordnung zu schaffen, sollten Sie „alte" Newsletterseiten regelmäßig löschen. Das veranlassen Sie zunächst über das Webmodul **Liste**. Wählen Sie den Ordner `Ordner direct_mail`. Hier finden Sie alle Direct-Mail-Tabellen: die Seiten, die Direct Mails und die Empfängerlisten, die hier bearbeitet werden können. Beachten Sie, dass hier gelöschte Datensätze in der Datenbank lediglich als gelöscht markiert (`deleted = 1`) sind. Räumen Sie also auch Ihre Datenbank regelmäßig auf.

22.12 Cronjob einrichten

Wie bereits erwähnt, lässt sich der Versand der E-Mails über einen Cronjob erledigen. Dazu ist die Datei `dmailerd.phpcron` im Installationsverzeichnis

```
[Pfad_zur_Installation]/typo3conf/ext/direct_mail/res/scripts/
```

aufzurufen. Das Beispiel laut Handbuch von Direct Mail zeigt die Ausführung der Datei `dmailerd.phpcron` alle fünf Minuten. Den Pfad müssen Sie gemäß dem Pfad Ihrer Installation anpassen:

```
*/5 * * * * /home/[...]/public_html/typo3conf/ext/direct_mail/res/\
scripts/dmailerd.phpcron> /dev/null
```

Wie Sie einen Cronjob einrichten, wurde während der TYPO3-Installation ab Seite 86 beschrieben. Sofern Ihnen Ihr Provider die Möglichkeit bietet, die Crontab über ein Werkzeug zu pflegen, sollten Sie dies auch nutzen.

Achten Sie darauf, dass die Datei `dmailerd.phpcron` auch Ausführungsrechte besitzt. Vergeben Sie der Datei mittels `chmod` Ausführungsrechte (oktal 770). Bei der Ausführung kann es allerdings mit der zur Drucklegung des Buches aktuellen Version von `direct_mail` zu Problemen kommen:

- Die Datei `dmailerd.phpcron` kann noch die Windows-Linefeed enthalten.[2] Sie können die Datei umwandeln, indem Sie in der Shell im Verzeichnis `[Installationspfad]/typo3conf/ext/direct_mail/res/scripts/` folgenden Unix-Befehl eingeben:

  ```
  dos2unix dmailerd.phpcron
  ```

  Sollte Ihnen der Befehl nicht zur Verfügung stehen, so können Sie beispielsweise die Datei herunterladen und mit einem Tool wie *PSPad* von Windows-Linefeed auf Unix-Linefeed umstellen. Sie finden diese Konvertierung in PSPad unter dem Menüpunkt **Format**. Laden Sie die so korrigierte Datei wieder hoch in Ihre Installation.
- Je nach Hoster kann es erforderlich sein, dass der volle Pfad im Skript `dmailerd.phpcron` benötigt wird.

22.13 Mehrsprachigkeit

Um Newsletter in verschiedenen Sprachen zu versenden, können Sie Ihre Newsletterseiten einfach in der entsprechenden Sprache verfassen und die englischen Kategorien zuweisen. Sie können zudem einen eigenen Ordner für die englischen Newsletterseiten einrichten. Das ist zwar nicht unbedingt notwendig, erhöht aber die Übersicht.

2 `http://bugs.typo3.org/view.php?id=9139`

Kapitel

23

Suchmaschinenoptimierung

Es ist für den Erfolg der allermeisten Websites unabdingbar, mit Suchmaschinen wie Google, Yahoo, AskJeeves, MSN usw. gut gefunden zu werden. Ob die Website bei einer solchen Suche auf Platz 1 erscheint oder auf Platz 50, kann über das ökonomische Wohl und Wehe eines Anbieters von Waren oder Dienstleistungen entscheiden. Aber auch bei Websites, die kein kommerzielles Interesse verfolgen, ist es wünschenswert, dass sie von Internetbenutzern gefunden werden, wenn diese nach Begriffen suchen, zu denen die Website Relevantes bietet.

Unter dem Stichwort *Search Engine Optimization* (SEO) versteht man alle Maßnahmen, die dazu dienen, das Ranking einer Webpräsenz in Bezug auf Suchmaschinen zu optimieren. Das Ranking bestimmt darüber, wie gut die Seite gefunden wird, d. h. auf welchem Platz sie in der Liste der Treffer zu einer Suche angezeigt wird. Ein zunehmend wichtiger Faktor ist die Geschwindigkeit der Webseite.[1] Das Thema SEO ist sehr umfangreich, und

[1] Empfehlenswert ist Google Pagespeed, das Sie als Firefox Add-on installieren können, um die Ladezeiten Ihrer Webseite zu überprüfen und zu verbessern.

ein erschöpfendes Ausloten aller relevanten Techniken und Strategien würde den Rahmen dieses Buches bei Weitem sprengen – wir wollen uns hier deshalb auf einige grundlegende Maßnahmen beschränken.

Teilen wir das Thema zunächst in zwei Bereiche ein: *Off-Page Optimierung* erfolgt über externe Links auf Ihre Seite, während *On-Page Optimierung* jene Maßnahmen umfasst, die Sie auf der Webseite selbst vornehmen.

23.1 Off-Page-Optimierung

Hinter dem Begriff *Page Rank* verbirgt sich ein von Google-Mitbegründer Larry Page an der Universität Stanford mitentwickelter und patentierter Algorithmus, verlinkte Dokumente im Web zu bewerten. Einfach ausgedrückt: Je mehr Links von anderen, eventuell „wichtigen" Seiten auf Ihre Webseite weisen, desto interessanter wird die Seite für Google und umso höher der Page Rank.

Tragen Sie also dafür Sorge, dass möglichst viele Links von anderen Seiten auf Ihre Webseite verweisen. Tauschen Sie dazu Links mit anderen, thematisch relevanten Webseiten.

Diese Links von anderen Webseiten sollten nicht nur auf die Hauptseite `tus-easi1970.de` verweisen, sondern auch auf Unterseiten, wie etwa `tus-easi1970.de/fussball.html`, auf denen ein Thema ausführlich behandelt wird.

Gängige Praxis ist auch, alle möglichen Blogs, Foren und Gästebücher zu besuchen und dort Links auf die eigene Webseite zu platzieren. Damit sollten Sie allerdings vorsichtig sein. Nehmen Sie solche Arbeiten niemals „am Stück" vor. Setzen Sie mal hier, mal da, mal heute und mal in zwei Wochen einen solchen Link. Andernfalls laufen Sie Gefahr, als Spammer nicht mehr in einer Suchmaschine gelistet zu werden. Auch werden solche Links sehr oft vom Seitenbetreiber auf „No follow" gesetzt, was im Einzelfall zu prüfen wäre. Mit „No follow" wird das Weiterverfolgen von Weblinks unterbunden, indem diese mit dem `nofollow`-Attribut versehen oder durch das *Robots Exclusion Standard Protocol* (siehe auch Seite 663) geblockt werden.

Achten Sie auch darauf, in welcher „Nachbarschaft" Sie sich auf diesen Seiten befinden, damit Sie nicht in Verruf geraten. Oft sind Links von Seiten, die massive Verlinkung zulassen, nicht gerade seriös, und auch das merkt die Suchmaschine und schließt sie im schlimmsten Fall aus dem Index aus. Das Thema „Link Building" ist also sensibel zu behandeln.

In Foren und Blogs sollte man sich aber durchaus engagieren, d. h. dort gehaltvolle Beiträge verfassen. Dabei ist es zweitrangig, ob die Links (im Text oder im Footer) mit „No follow" markiert sind, denn mit etwas Glück werden Benutzer den weiterführenden Links oder Hinweisen auf Ihre Seite folgen und dann bei entsprechend interessantem Inhalt im besten Falle direkte Links von ihren Webseiten/Blogs auf Sie setzen – diese Form des Link Building ist eine der wichtigsten Formen der Off-Page-Suchmaschinenoptimierung überhaupt.

Für unseren Beispielverein wäre der Linktausch kein Problem. Die Fußballjugend eines befreundeten Vereins verweist auf unsere Fußballjugend, die Schwimmer verfahren natürlich ebenso. In Newsseiten, Kalendern, Foren, Gästebüchern etc. kann auf Veranstaltungen, z. B. Sommerfeste etc., aber auch Auswärtsspiele verwiesen werden, im Gegenzug setzen wir dann wiederum Links auf Seiten befreundeter Vereine. Links von Besuchern der Vereinsseite werden gerne gesetzt, wenn Berichte über gemeinsame Reisen oder Veranstaltungen publiziert werden. Auch die Bildergalerien sind sehr beliebt und auf den eigenen Webseiten verlinkt.

In diesem Zusammenhang sei noch der sogenannte „.edu-Mythos" erwähnt. Dahinter verbirgt sich die Verlinkung mit Seiten auf .edu-Domains, die z. B. von Universitäten genutzt werden. .edu-Seiten stehen bei Google immer recht gut da, weil Universitäten für Google als vertrauenswürdig gelten. Das erklärt sich auch dadurch, dass Universitäten eine Menge relevanter Inhalte haben, untereinander stark verlinken, aber auch von Besuchern häufig Backlinks erhalten. Und das nicht nur auf der Rootseite, sondern auf allen Ebenen. Gerüchte besagen, dass Links und auch Subdomains verkauft wurden, die dann von Seitenbetreibern genutzt werden können, den Page Rank zu erhöhen. Auch in Foren und Blogs von .edu-Seiten finden sich häufig Kommentare und Links zu Seiten, die ausschließlich dazu dienen, die Gewichtung der eigenen Seite zu verbessern. Auch hier gilt es, Vorsicht walten zu lassen.

Google hat im November 2008 Webseiten, die Links verkaufen, massiv abgestraft und deren Page Rank, zumindest den veröffentlichten, zunächst herabgesetzt.

23.1.1 Social Bookmarking

In sogenannten Social-Bookmark-Netzwerken werden Links, Nachrichten und Videos gesammelt. *Social Bookmarks* sind also Lesezeichen, die von Benutzern durch gemeinschaftliches Indexieren gebildet werden. Zu den größten Anbietern im englischsprachigen Bereich zählen Delicious (ehemals del.icio.us),[2] Digg[3] und StumbleUpon.[4] Es gibt aber auch rein deutschsprachige Dienste, wie z. B. Mister Wong,[5] Icio,[6] Linkarena[7] und Oneview.[8]

2 `http://delicious.com`
3 `http://digg.com`
4 `http://www.stumbleupon.com`
5 `http://www.mister-wong.de`
6 `http://www.icio.de`
7 `http://linkarena.com`
8 `http://www.oneview.de`

Zu den deutschen Vertretern, die sich auf das „Bookmarken" von Nachrichten spezialisiert haben, gehören unter anderem ShortNews,[9] Webnews[10] und YiGG.[11] Besucher können hier eigene Lesezeichen hinzufügen, löschen, bewerten, kommentieren und mit Kategorien oder Schlagwörtern versehen. Zudem kann man Bookmarks anderer einsehen und Interessantes in seine eigene Lesezeichensammlung aufnehmen. Die Anbieter der Netzwerke erlauben meist, die vorhandenen Bookmarks nach verwandten Themen, Schlagworten oder anderen Kategorien zu listen.

Im Hinblick auf Suchmaschinenoptimierung sind solche Social Bookmarks unter Umständen sehr interessant. Sie können Ihre Webseite bekannt machen und auch zum Link Building beitragen, indem Sie zusätzliche Backlinks auf Ihre Seite erhalten.

Auch hier gilt wieder: Übertreiben Sie es nicht. Einige Anbieter verbieten das Weiterverfolgen von Weblinks, indem sie diese mit dem `nofollow`-Attribut versehen oder durch das Robots Exclusion Standard Protocol (siehe auch Seite 663) blocken.

Communities

Und natürlich gibt es noch Social Communities wie Myspace,[12] Facebook,[13] StudiVZ,[14] Twitter,[15] Xing[16] etc. Auch hier gilt es in erster Linie, eine positive Reputation aufzubauen und darüber dann die „Freunde" auf die eigene Seite zu lenken. Schreiben Sie also interessante Beiträge in Foren, die inhaltlich zu Ihrer Seite passen, und verweisen Sie auf Ihre zum Thema gehörenden Seiten.

23.2 On-Page-Optimierung

Das wichtigste Kriterium für die On-Page-Optimierung ist natürlich der Inhalt. Stellen Sie auf der Webseite gut strukturierte und interessante Inhalte bereit.

Zunächst einmal sollte die Seite weitgehend fehlerfrei sein, d. h. HTML und CSS sollten valide sein. Weitgehend heißt hier, dass eigentlich nur die Tags entsprechend richtig geöffnet und geschlossen sein müssen, manchmal interessiert die Suchmaschine nicht einmal das. Achten Sie trotzdem darauf,

9 `http://www.shortnews.de`
10 `http://www.webnews.de`
11 `http://www.yigg.de`
12 `http://www.myspace.com`
13 `http://www.facebook.de`
14 `http://www.studivz.net`
15 `http://www.twitter.com`
16 `http://www.xing.de`

Ihre Seiten möglichst fehlerfrei zu halten. Der Webserver sollte zuverlässig und flott laufen; die Fehlerbehandlung sollte ebenfalls korrekt funktionieren. Achten Sie bei der Browseroptimierung auf Ihre Zielgruppen und die von diesen Gruppen verwendeten Browser.

23.2.1 Überschriften h1–h6

Ein wichtiger Aspekt ist auch die richtige Verwendung von Überschriften in Inhaltselementen. Zunächst einmal sollte die Hauptüberschrift aussagekräftig sein. Verwenden Sie Überschriften 1. Ordnung auch nur dort, wo eine Überschrift 1. Ordnung, also `h1`, benötigt wird, und verwenden Sie für Überschriften 2. Ordnung `h2`. Auf eine Überschrift 2. Ordnung folgt eine Überschrift 3. Ordnung, also `h3`, und niemals `h1`. Eine `h1` sollte je Seite Ihres Webauftritts nur einmal vorkommen – sie hat die höchste Priorität für die Suchmaschinen. Mehrere `h1`-Überschriften auf einer dargestellten Seite könnten zu einer Abwertung durch die Suchmaschine führen. Wie Sie Seitentitel als Überschriften 1. Ordnung vorgeben, ist im Kapitel 8.2 bereits beschrieben worden.

23.2.2 Fehlercodes

Sobald ein Fehler auf der Seite auftritt, sollte der korrekte Statuscode für die Fehlermeldung ausgeliefert werden. Es kann sein, dass eine Seite nicht mehr existiert, aber noch im Cache einer Suchmaschine vorhanden ist. Beim Aufruf sollte der Robot dann informiert werden, dass diese Seite nicht mehr existiert, korrekter Code wäre der Fehler 404 `Not Found`. Durchsucht der Robot den Webauftritt, bekommt er beim Aufruf der Seite diese Fehlermeldung, weiß damit, dass die Seite nicht mehr existiert, und entfernt sie aus dem Index.

Normalerweise wird der HTTP-Fehler vom Webserver ausgegeben. In älteren TYPO3-Versionen werden aber z. B. alle HTML-Seitenaufrufe von TYPO3 aufgefangen, und es wird lediglich eine Fehlerseite generiert. Die aber liefert nicht den Fehlercode 404, sondern den Status OK. Der Besucher weiß dann, dass die Seite nicht existiert, die Suchmaschine aber nicht. Und deshalb mussten in TYPO3 die HTTP-Fehlermeldungen konfiguriert werden.

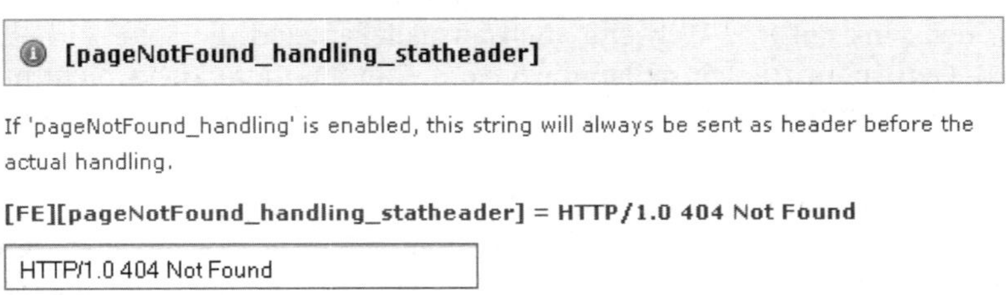

Abbildung 23.1: Install Tool: Not Found Handling

Die Konfiguration der Fehlermeldung können Sie im Install Tool unter **All Configuration** vornehmen. Suchen Sie dort nach `pageNotFound_handling_statheader` und tragen Sie die Statusmeldung ein, wie in Abbildung 23.1 zu sehen.

Alternativ können Sie den Eintrag in der Datei `typo3conf/localconf.php` vornehmen. Definieren Sie dort den Statuscode wie folgt:

```
$TYPO3_CONF_VARS['FE']['pageNot Found_handling'] = '1';
$TYPO3_CONF_VARS['FE']['pageNot Found_handling_statheader'] = 'HTTP/1.0
404 Not Found';
```

Seit Version 4.1 funktioniert das Fehlerhandling korrekt. Sie können das Fehlerhandling Ihrer Webseiten online über folgenden Link überprüfen: `http://www.seoconsultants.com/tools/headers.asp`.

Ist eine Seite Ihres Webauftritts umgezogen, erhält also eine andere URL, sollte man mit dem Statuscode 301 auf die neue Seite weiterleiten. So erhält man auch existierende Links von außen am Leben, ansonsten verliert die Website durch das Entfernen verlinkter Seiten Backlinks und damit an Gewicht im Suchmaschinenranking.

Diese Einstellung definieren Sie in der Datei `.htaccess`, im Root-Verzeichnis des Webauftritts, wie das folgende Codebeispiel zeigt. Diese sollte bereits vorhanden sein, aber u. U. als `_.htaccess`, also unter vorangestellten Unterstrich. Benennen Sie die Datei zunächst um in `.htaccess`. Die Seite `fussball.html` ist beispielhaft die Seite, die umgezogen ist; `http://tus-easi1970.de/index.php?id=181` ist die neue URL der Seite.

```
Redirect 301 /fussball.html http://tus-easi1970.de/index.php?id=181
```

23.2.3 Seitentitel

Den Seitentitel definieren Sie im Root-Template der Webseite. Der Seitentitel hat, genau wie die Beschreibung (`description`), doppelte Funktion: Zum einen ist die Angabe des Seitentitels wichtig, weil der Titel bei der Indexierung durch Suchmaschinen ein besonderes Augenmerk erhält. Zum anderen sieht ein Benutzer der Suchmaschine außer der URL, dem Titel und der Beschreibung zunächst einmal nichts von Ihrer Webseite. Mit diesen Informationen müssen Sie den Benutzer der Suchmaschine motivieren, den Link auf Ihre Webseite auch anzuklicken und die Seite zu besuchen. Gerüchten zufolge zählen die Suchmaschinen diese Klicks nicht nur, sondern verwenden sie positionierungsrelevant nach dem Muster: je mehr Klicks, desto bessere Positionierung.

In den Defaulteinstellungen von TYPO3 wird der jeweilige Titel der Seite ausgegeben; etwas aussagekräftiger wird der Seitentitel, wenn wir – wie in unserem Beispiel – den Namen des Vereins voranstellen oder folgen lassen und, sofern vorhanden, den Untertitel, der eine kurze Beschreibung enthält, verwenden. Sehen wir uns das folgende Codebeispiel an:

```
config.disablePrefixComment = 1

# Seitenname soll nicht als Seitentitel ausgegeben werden
config.noPageTitle = 2
page.headerData.3 = TEXT
page.headerData.3.field = subtitle //title
page.headerData.3.wrap = <title>TUS EASI 1970:   | </title>
```

Zunächst wird mit `config.noPageTitle = 2` definiert, dass das Title-Tag nicht generiert werden soll. Würde der Wert auf 1 gesetzt, würde der Seitentitel definiert. Anstelle des Seitentitels soll ein Text ausgegeben werden (`page.headerData.3 = TEXT`). Falls vorhanden, soll der Untertitel verwendet werden, falls nicht, der Seitentitel (`page.headerData.3.field = subtitle //title`). Jedem Titel soll der Vereinsname vorangestellt werden (`page.headerData.3.wrap = <title>TUS EASI 1970:   | </title>`). Mit dem HTML-Tag ` ` wird ein Leerzeichen nach dem Vereinsnamen eingefügt. Noch sinnvoller ist es eventuell, den Subtitel der Seite entsprechend dem Inhalt der einzelnen Seite zu definieren und dem Vereinsnamen voranzustellen.

```
page.headerData.3.wrap = <title>| TUS EASI 1970:</title>
```

Experimentieren Sie also mit dem oben angegebenen Codeabschnitt und passen Sie ihn an Ihre Vorstellungen an. Fügen Sie ihn dazu unterhalb von `config.disablePrefixComment = 1` ein. Im Frontend erscheint nun der Titel der Seite wie in Abbildung 23.2 gezeigt.

Abbildung 23.2: Seitentitel im Frontend

23.2.4 Menü

Für Menüpunkte können Sie Title-Attribute verwenden, um die Seite, die mit diesem Menüpunkt angesprochen wird, näher zu erläutern, falls der

Menüpunkt allein nicht aussagekräftig genug ist. Mit `ATagTitle.field = subtitle // title` kann dieser Titel gesetzt werden. Dazu können Sie zum Beispiel das Feld für den Untertitel verwenden. Sofern kein Untertitel vorhanden ist, soll der Seitentitel verwendet werden.

```
# 1. Ebene #
MENU_LINKS.1 = TMENU
MENU_LINKS.1 {
 NO {
  ATagTitle.field =  subtitle // title

  expAll = 1
  ATagParams = class="menu-item"
  beforeImg = fileadmin/images/link_no.gif
  beforeROImg = fileadmin/images/link_ro.gif
  linkWrap = |<br />

  ATagTitle.field =  subtitle // title
        stdWrap.cObject = COA
        stdWrap.cObject {
         10 = TEXT
         10.field = title
         }

  RO = 1
}
}
```

In den Seiteneigenschaften der Seite `Willkommen` haben wir einen entsprechenden Untertitel definiert, wie Abbildung 23.3 zeigt.

Abbildung 23.3: Seiteneigenschaften: Untertitel definieren

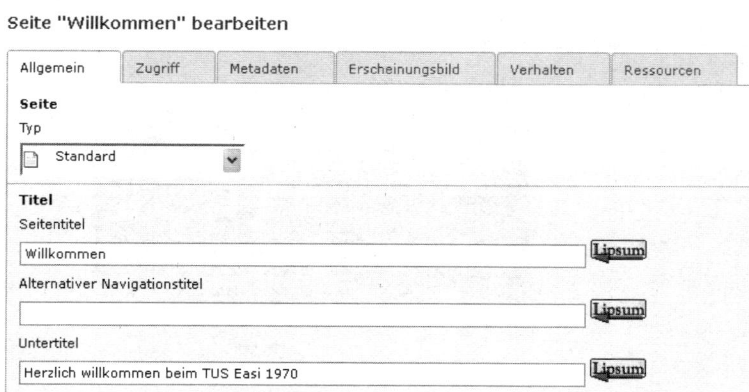

Im Frontend sehen Sie diesen Text dann, wenn Sie den Menüpunkt im Normalzustand mit der Maus überfahren. Sie müssen also `ATagTitle.field` für alle Menüzustände setzen. Wenn Untermenüs verwendet werden, natürlich auch dort.

23.2.5 Keywords und Description

Weitere Meta-Angaben, die das Ranking der Seiten verbessern können, sind Beschreibung und Keywords. Metatags stehen im Headerbereich `<head>` der HTML-Webseiten. Die Anzahl der Zeichen, die Ihnen zur Verfügung stehen, ist begrenzt, nutzen Sie mindestens 60, maximal 200–250 Zeichen. Schlüsselwörter, also Keywords, sollten sparsam verwendet werden und aussagekräftig sein.

Wechseln Sie also ins TS-Setup Ihres Haupt-Templates und fügen Sie dort folgenden Code ein:

```
page.meta {
    AUTHOR = Name des Autors
    keywords.field = keywords
   # keywords.ifEmpty (
   #      Verein, Sport ...
   # )
    description.field = description
   # description.ifEmpty (
   #      TUS EASI 1970: Im Verein ist Sport am schönsten.
   # )
    robots = INDEX,FOLLOW
 }
```

Mit `page.meta` leiten Sie die Metadaten ein. Nun können Sie, wenn gewünscht, dem Metatag AUTHOR den Namen des Autors des Internetauftritts zuweisen. Dies ist für die Suchmaschinenoptimierung jedoch von untergeordneter Bedeutung.

Für die Angaben der Schlagwörter weisen Sie den gewünschten Inhalt dem Feld `keywords` zu; dieses Feld editieren Sie über die Seiteneigenschaften und dort auf der Registerkarte Meta. So können Sie jeder Seite spezifische Stichwörter zuordnen. Sie könnten auch im TS-Setup der Rootseite `Verein` festlegen, dass für Seiten, zu denen keine Stichwörter definiert wurden (`ifEmpty`), die hier angegebenen Stichwörter in das Metatag `keywords` übernommen werden sollen. SEO-Spezialisten raten allerdings davon ab, solche Metadaten im Root-Template zu definieren. Deshalb sind sie im Codebeispiel nur zur Information angegeben und auskommentiert. Durch die runden Klammern definieren Sie, dass sich der hier erscheinende Text über mehrere Zeilen im Setup erstrecken kann.

Ebenso wie für die Keywords verfahren Sie für den Beschreibungstext der Seite, das Metatag `description`. Hier ist zu beachten, dass die Anzahl der verwendeten Zeichen auf 256 begrenzt ist, benutzen Sie, wie gesagt, sinnvollerweise zwischen ca. 60 und 250 Zeichen.

Übertreiben Sie es jedoch nicht mit den Metainformationen: Pro Seite sollten nicht mehr als fünf Schlüsselwörter definiert sein. Achten Sie darauf, dass die Schlüsselwörter auch im Text der Seite vorkommen – ein Schlüsselwort wie „Fußball“, das auf einer Seite im Metatag verwendet wird, die keine Inhalte zum Thema Fußball bietet, ist eher wertlos.

Beachten Sie auch, dass die Keywords von den Suchmaschinen häufig ignoriert werden. Für die Suche (z. B. mit `indexed_search`) auf der eigenen Seite können sie dennoch sinnvoll sein. Google verwendet die Keywords nach eigenen Angaben zwar nicht, aber andere Suchmaschinen nutzen sie.

Wenn Sie Erweiterungen einsetzen, die eine eigene Einzelansicht verwenden, wie beispielsweise tt_news, sollten Sie sich vor Augen führen, dass die Seite für die Einzelansicht immer dieselbe ist. In Einzelansichtsseiten dürfen Sie also keine Metaangaben über die Seiteneigenschaften anlegen, denn diese würden global für alle Seiten gelten. Doch hier ändert sich ja der Inhalt der Seite. Also müssen die Metadaten für die einzelnen Datensätze gelten. tt_news liefert bereits den Titel der News als Seitentitel aus und stellt ein Feld für die Keywords bereit. Damit diese Daten ausgelesen werden können, ist etwas Typoscript erfoderlich.

```
page.meta >
page.meta {
  keywords.data = register:newsKeywords
  keywords.ifEmpty =
}
[globalVar = TSFE:id = 71]
page.meta.description >
page.meta.description.cObject = RECORDS
page.meta.description.cObject {
  tables = tt_news
  source.data = Gpvar:tx_ttnews|tt_news
  conf.tt_news = TEXT
  conf.tt_news.field = bodytext
  conf.tt_news.required = 1
  conf.tt_news.stripHtml = 1
  conf.tt_news.crop = 250 | ... | 1
}
[end]
```

Die ersten fünf Zeilen lesen die Keywords von tt_news aus und stellen sie im Quelltext dar. Der nächste Abschnitt, die Condition, bezieht sich auf die Einzelansichtsseite der News (hier die ID 71). Für die Description dient der Inhalt aus dem bodytext, denn den legen die Redakteure in jedem Fall an. Zudem sollen die HTML-Tags entfernt und der Text nach 250 Zeichen umgebrochen werden. Auf die gleiche Art und Weise können Sie diese Metaangaben auch für andere Erweiterungen mit Einzelansichtsseiten angeben.

23.2.6 Verlinkung der eigenen Seite

Verlinken Sie auch Ihre eigenen Seiten innerhalb des Webauftritts miteinander, aber nur auf thematisch relevante Seiten.

Beachten Sie dabei auch, den Linktitel anzugeben. Zum einen erfahren die Besucher beim Überfahren des Links mit der Maus, was sie hinter diesem Link erwartet, zum anderen bietet Ihnen der Text wieder die Möglichkeit, relevante Begriffe für diese Seite zu wiederholen.

In diesem Zusammenhang sei das PHP-Script doSEO von René Schäfer erwähnt, mit dem Bild- und Linkbeschreibungen individuell analysiert sowie Arbeitsschritte zur Ergänzung optimierender Schlagwörter automatisiert werden können. Das Tool findet Bilder und Links, die nicht ausgewiesen sind. Alle Bilder bzw. Links können damit gleichzeitig bearbeitet, also mit `alt`- und/oder `title`-Tags ausgewiesen werden.[17]

Eventuell fassen Sie alle Links zu Partnerseiten auf einer besonderen „Linkseite" zusammen, das ist für Besucher Ihrer Webseite vielleicht interessant, weil sie sich so schnell einen Überblick verschaffen können. Für Suchmaschinen hat eine solche Linksammlung aber wenig Gewicht. Streuen Sie Links also zusätzlich – oder sogar stattdessen – auch auf verschiedenen Seiten ein, z. B. inhaltlich passend im Fließtext. Sofern Sie Linkseiten erstellen möchten, überlegen Sie aber, was Sie mit einer Linkseite bezwecken wollen. Eventuell geht es darum, Partner zufriedenzustellen, doch in erster Linie möchten Sie den Besucher natürlich auf Ihrer Webseite halten. Der Nutzen solcher Linkseiten ist also grundsätzlich zu überdenken.

23.2.7 Bilder

Alle Bilder sollten aussagekräftige Alt-Tags erhalten. Im Kapitel 8 auf Seite 271 haben wir über das Title-Tag diskutiert. Für die Suchmaschinen wäre das Title-Tag mit `page:title` oder mit `page:keywords` ausreichend. Der Übersichtlichkeit halber, gerade für sehbehinderte Besucher, sollten Sie diese Bildtexte sehr genau auswählen, damit inhaltlich bedeutsame Bilder – im Gegensatz zu reinen Designelementen – korrekt beschrieben werden. Zudem können Sie hier wieder relevante Begriffe für diese Seite wiederholen. Je Bild haben Sie hier sogar dreimal die Möglichkeit: die Bildunterschrift, den Alt-Tag und den Title-Tag. Die Probleme, die der Seitentitel aufwerfen kann, haben wir ebenfalls bereits im Zusammenhang mit den Single-View-Seiten auf Seite 271 erörtert.

23.2.8 Seitenstrukturierung

Beim Aufbau einer Webseite sollten Sie darauf achten, dass die Seitenhierarchie logisch aufgebaut ist. Dazu müssen die wichtigen Inhalte in der obersten Navigationsebene liegen, der Suchmaschinen einen höheren Stellenwert zuschreiben. Also achten Sie darauf, dass möglichst alle wirklich wichtigen Seiten mit einem Klick erreichbar sind. Je flacher die Struktur,

[17] `http://www.doseo.de`

desto besser. Zudem sollten die Menüpunkte natürlich aussagekräftige Namen erhalten. Menüpunkte wie **Weitere Informationen** oder **Sonstiges** sollten Sie auf keinen Fall verwenden. Klar strukturierte Seiten ermöglichen sowohl dem Webcrawler als auch dem Besucher, die Seiten inhaltlich zu erfassen und Ihre interessanten Inhalte zu finden. Außerdem können für schlankere Seiten das JavaScript und CSS ausgelagert werden und Kommentare aus dem Code entfernt werden.

```
config.removeDefaultJS = external
config.inlineStyle2TempFile = 1
page.config.disablePrefixComment = 1
```

23.2.9 Simulate Static Documents

Auch die URL einer Webseite kann für das Ranking in Suchmaschinen wichtig sein. Die URL, die bei TYPO3 per Default verwendet wird, ist allerdings nicht optimal. Eine URL wie `tus-easi1970.de/index.php?id=181` ist nicht suchmaschinenfreundlich zu nennen. Mit `Simulate Static Documents` können Sie mit TYPO3-eigenen Mitteln die URL suchmaschinenfreundlicher gestalten.

Setzen Sie dazu im Config-Bereich des Setups Ihres Root-Templates `Verein` folgenden Code:

```
[...]
config {
simulateStaticDocuments = 1
}
```

In der Datei `.htaccess` sollte die Umschreiberegel bereits enthalten sein.

```
RewriteEngine On
RewriteRule   ^[^/]*\.html$  index.php
```

Durch diese Einträge ändert sich die URL von `tus-easi1970.de/index.php?id=181` in `tus-easi1970.de/181.html`. Wenn Sie der Seite, in unserem Beispiel ist das die Seite `Fußball`, nun einen Alias vergeben, wird an Stelle der PID der Alias der Seite übergeben. Wechseln Sie dazu in die Seiteneigenschaften und tragen Sie im Feld **Alias** den Alias `fussball` ein. Verwenden Sie im Alias keine Umlaute. TYPO3 würde den Umlaut nicht akzeptieren und löschen. Damit würde der Alias dann leider `fuball` lauten.

Sofern Sie einen korrekten Alias eingegeben haben, erhalten Sie die URL `tus-easi1970.de/fussball.html`.

Um schöne URLs zu erhalten, empfielt sich der Einsatz von Erweiterungen wie *Cooluri* oder *realurl*. Wir werden hier nicht näher auf diese Erweiterungen eingehen. Detaillierte Informationen finden Sie in den Handbüchern der Erweiterungen.

23.2.10 Google AdWords

Sie können sich bei Google relevante Keywords für Ihre Seiten anzeigen lassen.[18] Übernehmen Sie diese jedoch nicht blind, sondern prüfen Sie, was Google für relevant hält. Dabei kann ein ganz anderes Ergebnis als das Gewünschte herauskommen. Wenn man sich die Wörter anschaut, die Google für relevant hält, stimmen diese nicht unbedingt mit den Suchworten überein, die für die Seite wirklich – also inhaltlich – relevant sind.

23.2.11 Sitemap und Glossar

Auch eine Sitemap, wie im Kapitel 8 ab Seite 254 beschrieben, dient dem besseren Auffinden in Suchmaschinen. Weiter kann ein Glossar helfen, das Ranking Ihrer Seite zu verbessern. Ein Glossar können Sie auf einer beliebigen Seite erstellen und dort bestimmte Begriffe erläutern. Verlinken Sie von den Seiten, auf denen die Begriffe verwendet werden, auf das Glossar. Eigene Sitemaps für Suchmaschinen wie Google können ebenfalls hilfreich sein. Diese XML Sitemaps signalisieren die Struktur Ihrer Seite und setzen einen Zeitstempel. Daran kann die Suchmaschine erkennen, wann die letzten Änderungen durchgeführt wurden.

23.2.12 Eigene Gästebücher und Foren

Wägen Sie gut ab, wie Sie Links in Ihren eigenen Foren, Blogs und Gästebüchern handhaben. Denn was für andere Seiten gilt, gilt auch für Ihre eigene. Spammer und Link Builder könnten diese missbrauchen, was zu einem Ausschluss aus der Indexierung Ihrer eigenen Seite bei Google führen kann. Am besten verwenden Sie Captcha in Ihren Foren und erlauben den Eintrag in Gästebüchern erst nach einer Prüfung durch den Administrator. Viele Benutzer fühlen sich abgeschreckt, wenn sie sich erst auf einer Webseite registrieren müssen, um Einträge vornehmen zu können. Dennoch kann es sinnvoll sein, den Zugang zu Foren und Gästebüchern nur registrierten Benutzern zu erlauben.

23.2.13 robots.txt

Es kann angebracht sein, eigene Seiten auf `nofollow` zu setzen, damit Links, die Ihrer Reputation schaden könnten, nicht ausgeführt werden. Dabei hilft Ihnen der *Robots Exclusion Standard*. Richten Sie im Root-Verzeichnis auf Ihrem Webserver eine Datei namens `robots.txt`[19] ein. Die-

18 `https://adwords.google.de/select/KeywordToolExternal?defaultView=2`

19 Weitere Informationen zu `robots.txt` finden Sie im Internet unter dem gleichnamigen Stichwort.

se Datei teilt der Suchmaschine mit, welchen Seiten sie folgen darf und welchen nicht. Wenn Sie beispielsweise in `robots.txt` folgenden Code definieren, verbieten Sie allen Webcrawlern die Durchsuchung der Seite `forum.html`.

```
# Suche verbieten
User-agent: *
Disallow: /forum.html
```

Wenn Sie diesen Code verwenden, wird das Forum von der Suche ausgenommen. Das kann aber auch nicht in Ihrem Sinne sein, denn von den „Guten" möchten Sie ja gefunden werden. Definieren Sie darum als `User-agent` nur die Crawler, denen Sie die Suche verbieten möchten.

Das Thema Suchmaschinenoptimierung (SEO) insgesamt ist, wie eingangs erwähnt, sehr umfangreich, darüber hinaus jedoch ist es von ständigem Wandel betroffen, da Suchmaschinenbetreiber bemüht sind, die Tricks und Schliche, die von Optimierern eingesetzt werden, zu identifizieren und zu unterbinden. Im Endeffekt soll natürlich die Relevanz des Inhalts einer Website über ihr Ranking entscheiden, und nicht der Einsatz von Optimierungstechniken. Aber dennoch: Wenn Sie möchten oder gar darauf angewiesen sind, dass Ihre Seite in Suchmaschinen gut gefunden wird, dann sollten Sie die hier dargestellten Hinweise berücksichtigen und sich eventuell zusätzlich in das Thema einlesen.

Index

C